LA CUISINE ET LA TABLE

MODERNES

VINGT-QUATRIÈME MILLE

TOUS DROITS DE REPRODUCTION,
DE TRADUCTION, D'ADAPTATION ET D'EXÉCUTION
RÉSERVÉS POUR TOUS PAYS.

LA CUISINE ET LA TABLE MODERNES

PAR MM.

Le Dr LAMBLING, professeur à la Faculté de médecine de Lille; Dr A. MOREAU, du Service vétérinaire de la Ville de Paris; DOUANE, ingénieur-constructeur; GUSTAVE VOULQUIN; MOURIER, propriétaire des restaurants Foyot, du Café de Paris, à Paris, du Pavillon d'Armenonville au bois de Boulogne; LEGROS, de la maison Vilmorin-Andrieux; GILOT, MERMET, NORTIER, POTRON, négociants en denrées alimentaires; METZGER, de la maison Briffault de Paris; F. MOREAU, de la maison Albert Cuvillier de Bercy; BEDET, chef de cuisine du restaurant du Pavillon d'Armenonville.

Introduction de M. MARGUERY, membre de la Chambre de Commerce de Paris, président du Comité de l'Alimentation parisienne.

603 gravures, dont 135 reproductions de photographies, 4 cartes.

LIBRAIRIE LAROUSSE. — PARIS
13-17, RUE MONTPARNASSE. — SUCC^{le}, 58, RUE DES ÉCOLES

TABLE DES MATIÈRES

Pages.

INTRODUCTION; par M. Marguery, Membre de la Chambre de commerce de Paris, Président du Comité de l'Alimentation parisienne.

LES ALIMENTS; par M. le Dr Lambling, Professeur à la Faculté de médecine de Lille.

Physiologie et hygiène de l'alimentation 1
Les aliments simples 5
Les aliments composés 11
   Aliments d'origine animale. — Les viandes de boucherie. — Volailles et gibier. — Poissons et animaux inférieurs. — Conserves de viandes. — Le lait. — Le beurre et le fromage. — Les œufs. 12
   Aliments d'origine végétale. — Les céréales, les farines et le pain. —Les légumineuses. — Les racines et les tubercules. — Les légumes, les herbes et les salades. — Les fruits 29
Comparaison des divers aliments d'origine animale et d'origine végétale. 37
Des condiments et des artifices culinaires en général. Influence de l'appétit sur la digestion. 39
Le régime normal de l'homme. Le végétarisme et les arguments des végétariens. — Avantages et inconvénients des aliments d'origine végétale. — Avantages et inconvénients des aliments d'origine animale. Avantages du régime mixte bien compris. — La ration normale de l'homme. 41
Les variations de la ration alimentaire selon les conditions de la vie. 57
L'alimentation et les repas. — Préparation, consistance et volume des aliments. — Température des aliments. — Règles à observer pendant et après le repas. Les boissons pendant et entre les repas. — Répartition de la ration quotidienne entre les différents repas. — Réalisation pratique du régime adopté. — Quelques types de menus adaptés à diverses conditions 63

TABLE DES MATIÈRES.

LE PAIN.
Pages.
Historique. — Fabrication. — Variétés 87

LES CONDIMENTS ET LES HORS-D'ŒUVRE.
Les condiments simples et composés. 93
Les hors-d'œuvre. 100

LA VIANDE DE BOUCHERIE ET LA CHARCUTERIE;
Par M. le Dr A. Moreau, du Service vétérinaire de la Ville de Paris. 103
Origine, préparation, conservation des viandes 105
Caractères de la viande saine; qualités; catégories. 111
Viandes insalubres. — Inspection vétérinaire 113
Les viandes par espèces animales. — La viande de bœuf. — La viande de mouton. — La viande de veau. — Triperie et abats. — La viande de porc et les produits de la charcuterie. 121

LA VOLAILLE ET LE GIBIER.
La volaille. — La poule. — Le poulet. — La poularde. — Le dindon. Le canard. — L'oie. — Le pigeon. — La pintade 161
Préparation de la volaille. 171
Le gibier. — Le lapin. — Le lièvre. — Cerf, chevreuil, daim, sanglier, ours. — La perdrix, le perdreau. — La caille. — Le faisan. — Bécasse, bécassine. — Le râle des genêts. — Le menu gibier. — Le gibier d'eau. Conservation du gibier. 187
Préparation du gibier. 195

POISSONS, CRUSTACÉS, MOLLUSQUES.
Les poissons. — Poissons d'eau douce, de mer. 206
Les crustacés. — Langouste, homard, écrevisses, crevettes, crabes. . . 220
Les mollusques. — Huîtres, moules, escargots 222
Préparation du poisson. 224

LES LÉGUMES.
Légumes frais. — Légumes secs, desséchés, conservés. — Les entremets de légumes. 239

LES CONSERVES ALIMENTAIRES.
Généralités. Modes d'emploi 255

LES FROMAGES.
Historique. — Confection. — Variétés. — Falsifications. — Saisons et qualités. 261

TABLE DES MATIÈRES.

LES FRUITS.

Récolte et expédition. — Fruits frais. — Fruits secs. — Conservation . . . 269

LA PATISSERIE.

Historique. — Confection. 290

LES BOISSONS.
Avec la collaboration de M. Félix MOREAU, de la maison Albert Cuvillier, de Bercy.

Le vin. — LES VINS DE FRANCE. Vins de Bordeaux. — Vins de Bourgogne. — Vins de Touraine. — Vins d'Anjou. — Vins de Champagne. — Autres régions. 301

VINS D'ALGÉRIE ET VINS ÉTRANGERS 310

LE VIN A LA CAVE. — La cave. — Premiers soins à donner au vin. — Transport du vin 311

SOINS A DONNER AU VIN CHEZ SOI. — Collage du vin. — Age auquel les vins sont mis en bouteilles. — Rinçage des bouteilles. — Mise en bouteilles, bouchage, cachetage, capsulage. — Comment placer les bouteilles. 314

LES MALADIES DU VIN. — Acescence. — Goût d'évent. — Vins tombant à l'amertume. — Vins tournés. — Vins qui graissent, qui plombent, qui jaunissent, qui ont le goût de croupi et de moisi. — Vins qui cassent, qui fermentent. — Service des vins. 321

La bière. — Historique, fabrication, composition, falsifications, altérations, sortes commerciales. 327

Le cidre. — Historique, fabrication, altérations 330

Vins de dessert. Eaux-de-vie. Liqueurs 331

LE FROID, LA GLACE ET LES APPAREILS RÉFRIGÉRANTS
par M. DOUANE, ingénieur-constructeur.

Généralités. — Glacières, appareils à glace. — Emploi de la glace. — Meubles-glacières. — Locaux réfrigérés 333

LA CUISINE ET SON MATÉRIEL; par M. METZGER,
de la maison Briffault, de Paris.

La cuisine moderne. — LE LOCAL. — Éclairage. — Ventilation. — Aménagement, entretien, nettoyage. 345

LE FOURNEAU. — Le fourneau potager. — Le fourneau de construction et le fourneau portatif 360

LES COMBUSTIBLES. — Le charbon, le coke, l'anthracite, le bois. 365

INSTALLATION DES FOURNEAUX. 368

ENTRETIEN D'UN FOURNEAU 370

LES APPAREILS A GAZ. 371

L'ÉLECTRICITÉ DANS LA CUISINE. 372

TABLE DES MATIÈRES

	Pages.
Batterie de cuisine.	373

Objets en bois, en verre, en porcelaine, en métal. — Batterie de cuisine pour petit ménage; — pour maison bourgeoise; — pour hôtel particulier ou château; — pour habitation princière; — pour grand hôtel, casino, hospice 373

MÉTAUX DIVERS ENTRANT DANS LA COMPOSITION D'UNE BATTERIE DE CUISINE. — Le fer. — Le cuivre. — Le nickel. — L'aluminium. — Les métaux plaqués. — Tringles de cuisine 382

LE SERVICE DE TABLE; par M. Gustave VOULQUIN .. 395

CALENDRIER GASTRONOMIQUE; par MM. LEGROS, MERMET, NORTIER, POTRON 409

LES MENUS. 419

DICTIONNAIRE-INDEX.

Recettes culinaires. — Termes de cuisine 435

Festin d'Assourbanipal. — Bas-relief assyrien.

INTRODUCTION

De tous les sujets susceptibles de tenter la plume du savant, du professionnel, et même de l'amateur, aucun n'a été plus fécond et plus exploité que celui de l'alimentation, et incalculable est le nombre des ouvrages qui en traitent soit dans son ensemble, soit dans les diverses sciences qui en dérivent.

En de graves discussions et de sévères considérations, les uns ont exposé son importance au point de vue économique, philosophique et social; d'autres, s'arrêtant à ce qui est sa ramification directe, « la cuisine », en ont fait l'objet de savants traités techniques; tandis que d'autres encore, en d'alertes récits où claironne le vieil esprit gaulois, ont chanté et glorifié la gastronomie, qui est l'essence philosophique de la cuisine. Et quelle que soit la valeur intrinsèque de chacun de ces ouvrages, de tous se dégage au moins une idée à approfondir ou un principe à discuter; tous constituent des documents qui établissent irréfutablement la part prépondérante qu'a toujours prise la France au développement et au perfectionnement de l'art du bien manger, qui, il n'est pas paradoxal de l'avancer, a toujours suivi et parfois devancé la marche du progrès humain et de la civilisation.

Chacun de ces livres est le jalon indicateur planté sur la route des années défuntes, qui marque l'histoire d'un temps, les mœurs et les aspirations d'une époque, les goûts d'une génération.

Cependant, si élevé qu'en soit le nombre, si variés qu'en soient les genres, il n'y en aura jamais trop ; et plus il s'en produira de nouveaux, plus grande sera l'émulation ; mieux se répandront les enseignements scientifiques sur lesquels doit s'équilibrer une alimentation raisonnée ; plus vite se vulgariseront les procédés de la pratique, et plus s'affirmeront, enfin, les progrès de l'alimentation générale dans toutes ses branches.

Or, pourquoi la faveur du public va-t-elle, sans se lasser, à ces ouvrages dont la lecture est parfois aride et l'étude souvent difficile, sinon parce qu'on leur reconnaît une utilité indéniable et absolue ; parce que le sujet qu'ils traitent, et qui est le premier entre tous, indique les moyens de satisfaire un besoin dominateur qui est le même pour tous et dont nul ne peut s'affranchir, une nécessité qui est une loi formelle de l'existence ? Et si cette fonction vitale a pris tant d'importance, c'est que la science en a fait un plaisir qui est de tous les âges, et le dernier peut-être qui subsiste victorieusement ; c'est que l'art culinaire, civilisateur et pacificateur, est le plus invincible des facteurs de sociabilité.

« Dîner » est le but des actions humaines, a dit un vieil humoriste, et Rabelais a proclamé, en son langage énergique, la puissance tyrannique de « mester Gaster ».

On peut planer haut, très haut, vivre dans les régions éthérées et dédaigner ce qui charme l'existence, il n'en subsiste pas moins pour tout mortel l'impérieuse obligation de descendre à l'heure dans la salle à manger.

A quoi tendent d'ailleurs cette continuité sans défaillance et cette éternité de labeur, cette persévérance dans l'effort, cette formelle obligation du travail pour le plus grand nombre des humains, sinon à assurer la pitance journalière ? Et si on examine un instant la multiplicité des industries de l'alimentation, si on dénombre les professions et les emplois qui gravitent autour d'elle, on constate de suite l'énormité de la place qu'elle tient dans l'activité humaine.

Cette question de la nourriture est justement considérée

comme primordiale, puisque elle seule assure, avec la réfection des forces dépensées, la souplesse des muscles, la vigueur du corps et la pondération de l'esprit. Mais, pour réaliser le problème d'une alimentation bien comprise, il faut nécessairement connaître d'abord les propriétés, bonnes ou mauvaises, des substances alimentaires, agents directs des mets de réfection ; pouvoir les associer et les traiter selon les prescriptions de l'hygiène et les règles de la pratique culinaire ; savoir aussi la valeur propre et l'usage des assaisonnements et des condiments, adjuvants indispensables de la nutrition, sans lesquels ne peut s'atteindre la note vibrante de l'harmonie savoureuse.

Où trouver ces renseignements précis, certains, ces procédés sanctionnés par la pratique qui, joints aux données scientifiques, permettent de discerner sans nul effort comment approprier l'alimentation aux goûts, aux âges, aux tempéraments et aux professions selon les climats? Dans l'étude des bons livres ; et bien accueilli par tous doit être celui qui, dans une moisson de conseils et de préceptes, apporte quelque connaissance nouvelle dans l'art de se maintenir en bonne santé en se nourrissant bien, et qui réalise en ses pages l'*utile dulci* du bon Horace.

La Cuisine et la Table modernes me semble réunir au suprême degré tout ce qu'il y a intérêt à savoir sur le sujet, et il est d'autant plus recommandable qu'il se présente sous le couvert d'une haute autorité médicale, de célébrités professionnelles et de notabilités industrielles et commerciales.

Si j'ai accepté d'en analyser brièvement le contenu, c'est que j'estime rendre un service au public intéressé, en lui signalant quels enseignements ce livre lui apporte, quelle peut être son utilité et quels services il peut rendre.

Que demande-t-on à un livre? D'être un guide sûr et un conseiller certain : celui-ci est appelé à devenir le *vade mecum* de tout ménage, simple ou fortuné. Dans la vie, tout est relatif: l'ordinaire d'un ménage besogneux n'est pas à comparer au menu copieux d'un bourgeois aisé, c'est certain ; mais, est-ce que les mêmes connaissances, les mêmes soins ne doivent pas présider à l'apprêt des mets qui composent celui-ci ou celui-là? Est-ce que le but final cherché n'est pas le même pour tous?

De plus en plus la cuisine tend à s'entourer de toutes les

garanties hygiéniques, à s'appuyer sur des faits démontrés, à baser ses formules sur d'immuables données scientifiques et mathématiques, à devenir en un mot la science exacte par excellence, définitivement allégée de l'imputation d'empirisme, et les progrès rapides des sciences appliquées, surtout de la chimie, ont puissamment contribué à l'enrayer dans cette voie, en lui révélant la solution de bien des problèmes relatifs à la salubrité des aliments.

On nous dit : « Le corps est comparable à une machine dont le combustible est la nourriture. » C'est parfait, mais pour l'apprêt de ce combustible alimentaire, il est de première et absolue nécessité qu'un savoir éclairé préside à la transformation des substances qui le constituent et que son appropriation soit réglée selon les âges, les tempéraments et la somme de forces à récupérer. Il est extrêmement important de répandre et de faire comprendre ces vérités fondamentales; de démontrer surtout que le point capital, dans l'œuvre de réfection, est que tout aliment soit ingéré avec plaisir, et ceci est justifié par l'axiome on ne peut plus juste, « que l'on ne vit pas de ce que l'on ingère, mais de ce que l'on digère ».

Ceci admis et compris, tout coule de source, et une étude attentive des prescriptions si nettes, si claires et si précises formulées au commencement de ce livre, tant sur la valeur alibile des substances alimentaires que sur leur digestibilité, permet leur sûre application au régime adopté et à ce que les sommités scientifiques appellent « la ration d'entretien », base en somme de réfection pour chaque individu. Et ce que je tiens à faire ressortir hautement, c'est que l'intérêt de ces dissertations savantes est doublé en nombre d'endroits par l'exposé fait avec une admirable compétence de l'emploi de ces substances au point de vue culinaire.

Un rapide historique du pain et des procédés de panification ancienne et moderne avaient leur raison d'être dans ce livre, et le chapitre des hors-d'œuvre, dont Berchoux a si bien dit l'utilité, contestée cependant par certains, n'en est pas moins intéressant.

Les viandes de boucherie jouent un trop grand rôle dans l'alimentation usuelle pour n'avoir pas fait l'objet d'une étude toute spéciale, qui présente un caractère d'autant plus sérieux qu'elle a été rédigée par quelqu'un qui était qualifié pour le faire avec toute la précision désirable. Un commentaire de ce chapitre serait peut-être nécessaire ; j'en laisse le soin aux futurs lecteurs et lectrices, qui certainement penseront comme moi qu'il était difficile de le faire plus complet. En effet, quand l'auteur a traité successivement de l'origine, préparation et conservation des viandes, qu'il a indiqué les caractères physiques extérieurs d'une viande saine, ses qualités et sortes, catégories et division des morceaux ; puis signalé explicitement les maladies dont les animaux de boucherie peuvent être atteints, il semble que tout est dit. L'emploi des abats de boucherie et l'apprêt de la viande de porc, sous le nom de « charcuterie », sont également très bien décrits, et des images expressives indiquent enfin l'apprêt classique par le boucher des morceaux choisis.

Volaille et gibier ne sont pas moins minutieusement traités, tant au point de vue de la production des espèces que de la qualité, du choix et des traitements préalables à leur faire subir, et ici la photographie vient heureusement appuyer et même compléter la théorie. Par elle, toutes les manipulations préliminaires, prolégomènes du traitement culinaire, comme piquage, bridage, bardage, sont fidèlement indiquées, et cette succession d'opérations, reproduites instantanément, constitue un véritable cours démonstratif. Il en est de même pour les poissons et crustacés, et, chose appréciable, de nouvelles figures indiquent la façon de découper, avec aisance et dextérité, poulet, canard, jambon, gigot, etc.

C'est une bonne idée d'avoir appliqué si heureusement « l'instantané » aux opérations de la cuisine ; mais l'utilité réelle qui se dégage de ce chapitre est l'indication des temps de cuisson en regard de chaque article.

La partie complémentaire : légumes, fruits, fromages, pâtisserie, est traitée aussi de façon fort habile dans les détails et se résume en intéressants tableaux synthétiques.

La conserve alimentaire, qui joue aujourd'hui un si grand rôle, n'a pas été omise ; et, après avoir traité de la cuisine au point de vue technique, il était logique d'indiquer l'ameublement et la tenue de la pièce où elle s'exécute. Et c'est ainsi que l'installation d'une cuisine petite, moyenne ou grande devient on ne peut plus facile, puisque le détail de son meuble principal : le fourneau, la composition de sa batterie, les différents agents de chauffage, la tenue et l'entretien, sont clairement expliqués et pour ainsi dire réglementés. Il est encore un meuble dont l'usage se généralise rapidement et dont l'utilité est grande : je veux parler des ustensiles réfrigérants où, sans aucun dommage, peuvent être conservées les substances alimentaires sur lesquelles l'attente ou les variations atmosphériques produiraient de désastreux effets. Ce n'est pas l'un des moindres progrès de l'industrie d'avoir su appliquer si ingénieusement le froid, quelle que soit sa source de production, et le jour n'est peut-être pas loin où le plus petit ménage aura sa glacière économique.

Je dois signaler aussi l'importance donnée au service de la table, ce qui était nécessaire, du reste, pour justifier pleinement le titre de l'ouvrage. Les maîtresses de maison trouveront dans cette partie de très jolis modèles de couverts dressés non seulement avec des indications précieuses, mais aussi avec goût, et les merveilleux accessoires que les orfèvres parisiens créent chaque jour : grâce à eux, le moindre service prend tout à coup un caractère d'élégante somptuosité.

Cependant ce livre si complet aurait été incomplet s'il avait négligé un sujet dont l'importance est immense : celui des boissons, parmi lesquelles le vin tient incontestablement la première et la plus large place. Il n'est guère de maison, si petite soit-elle, qui n'ait sa cave, sinon approvisionnée d'une sélection de grands crus, du moins pourvue de quelques bonnes marques rouges et blanches, et quel que soit le breuvage adopté pour l'usage quotidien, son choix ne peut être abandonné au hasard, surtout en ce qui concerne le vin car il y a là une grave question d'hygiène.

En notre temps de falsifications et de sophistications, il importe que le chef de famille, dont la direction de la cave est l'attribution formelle, soit renseigné au moins approximativement pour faire son choix, selon ses ressources et ses préférences, sur les différents crus de grands centres producteurs, et puisse, en toute connaissance de cause, diriger les différents apprêts qui précèdent la mise en bouteilles ; il faut qu'il se pénètre bien aussi de cette vérité que, quand son vin est en cave et en bouteilles, le dernier mot n'est pas dit, mais qu'il doit encore l'entourer d'une surveillance attentive, car ce jus de la vigne, ces pleurs de raisin, comme disent les poètes, n'est pas une chose inerte, comme on le croit trop généralement : il vit, se modifie, ressent l'influence des lieux et du milieu, subit l'effet des changements de saisons et des variations de la température.

Comme nous, il a ses trois âges : la jeunesse, l'âge mûr et la vieillesse, et c'est pourquoi quiconque a une cave et de bons vins dedans ne doit rien ignorer de ce qui concerne cette partie de la maison.

Quand j'aurai signalé le « calendrier gastronomique », indiquant les époques où les diverses substances alimentaires, ayant acquis la plénitude de leurs qualités, sont mûres pour la consommation ; un pratique tableau permettant de confectionner rapidement un menu, des modèles de menus, et un « dictionnaire-index » donnant une série de recettes culinaires habilement sélectionnées et savamment expliquées, j'aurai suffisamment indiqué le caractère véritablement encyclopédique de l'ouvrage.

Ce livre est donc bien celui de tout le monde, aussi bien de la simple ménagère que de la bourgeoise aisée et de la maîtresse de grande maison. Il sera aussi le livre d'éducation ménagère de la jeune fille, qui comprendra avec lui l'importance hygiénique et économique de la cuisine, dont on ne lui enseigne point assez les ressources et le grand rôle social ; le guide de la maman, revenue, grâce à lui, de ses incertitudes dans ses achats et de ses hésitations dans l'exécution de ses mets, et même un ami pour le chef de famille, qui, outre le sujet qui le concerne spécialement, s'intéressera à cette succession d'exposés savants. Il aura sa place au salon où, au hasard de la conversation, il sera feuilleté pour fixer un point douteux, et à chaque instant on le consultera à la cuisine.

Sans doute, on objectera que les différents chapitres qu'il traite ont pu l'être en d'autres ouvrages. D'accord ; mais ils y ont été spécialisés, alors qu'ici nous les trouvons réunis, coordonnés, se complétant harmoniquement, de sorte que de leur étude facile surgiront de multiples et précieuses connaissances : nouvel ornement de l'esprit.

Il ne m'étonnerait pas même qu'il en sorte un regain de faveur pour la pratique de la cuisine, trop délaissée par la femme en général, et à tort assurément, car cette science mère n'est-elle pas son apanage incontestable?

Cependant, constatons un fait : depuis quelques années, un revirement s'est opéré dans les habitudes et les idées, et une campagne vigoureusement menée a, sinon détruit, du moins fortement ébranlé les préjugés anticulinaires qui sévissaient avec tant de force il y a quelque vingt ans. En mettant à la disposition du public féminin des ouvrages comme *La Cuisine et la Table modernes*, le mouvement ne peut que s'accentuer, et nous devons l'encourager.

Il faut, il est nécessaire que les jeunes filles d'aujourd'hui, les ménagères ou maîtresses de maison de demain, soient bien convaincues que ce n'est point déchoir que de s'occuper des soins de la cuisine, et qu'il est noble, au contraire, de veiller avec discernement sur la santé des siens, en surveillant l'exécution des mets qui leur sont destinés.

C'est un lieu commun de répéter que la table est le reposoir familial et le lien des nations civilisées; que c'est autour d'elle que la conversation prend son tour le plus spirituel; que, bien souvent, s'y traitent les affaires (*inter pocula*), et que, entre la poire et le fromage, de graves diplomates y ont réglé parfois les destinées d'une nation. Mais ce qu'il importe de dire, c'est qu'elle jouera toujours un rôle prépondérant dans les relations sociales, et c'est à la femme de la rendre attrayante par ces prodiges d'exquise délicatesse dont elle a le secret, par ces mièvreries charmantes et cette instinctive intuition du beau et du bon qu'elle seule possède suprêmement.

MARGUERY,
Membre de la Chambre de commerce de Paris.
Président du Comité de l'Alimentation parisienne.

La Cuisine et La Table Modernes

LES ALIMENTS

PHYSIOLOGIE ET HYGIÈNE DE L'ALIMENTATION

Si une bonne table, au sens hygiénique du mot, est élément capital d'une bonne santé, si donc la nature même des choses a étroitement uni la cuisine avec l'hygiène, on peut dire que, dans la pratique ordinaire de la vie, celle-là ignore généralement les règles que celle-ci édicte doctement dans ses traités.

Sans doute le médecin est là, qui de temps à autre donne quelques conseils; mais si on l'écoute volontiers pour les malades de la maison, son influence sur l'alimentation des gens bien portants n'est le plus souvent que très intermittente, et à la cuisine la routine de tous les jours, à table la puissance des habitudes ou, au contraire, l'influence de la mode, tendent sans cesse à annuler ou du moins à contrarier son action. Faire une place à ses enseignements et à ses conseils dans un ouvrage où l'art culinaire tout entier est étudié sous des aspects si variés et si nouveaux est donc une idée heu-

1

reuse, qui pourra contribuer à la longue à éliminer bien des préjugés et à introduire un peu de précision scientifique dans l'art de se bien nourrir, encore si complètement empirique.

On m'objectera ici que cet empirisme a suffi à nos pères pendant des siècles, et qu'il ne les a pas empêchés de se bien porter ni d'engendrer des générations vigoureuses. J'en conviens volontiers, encore que, sur ce dernier point, ou pourrait ajouter que l'on mesure mal ce que les fautes de nos devanciers en matière d'hygiène alimentaire font peser sur beaucoup d'entre nous d'hérédités morbides accumulées. Mais nos pères faisaient ce qu'ils pouvaient, et puisque nous sommes en mesure de faire mieux, saisissons les avantages qui nous sont offerts. Il est d'autant plus indiqué d'en profiter que la civilisation moderne a rendu notre vie infiniment plus compliquée, c'est-à-dire plus fatigante, qu'elle ne l'était autrefois, que ainsi elle a augmenté notre surface vulnérable, je veux dire nos chances de maladie, et qu'il est sage de compenser ces inconvénients par une ordonnance plus scientifique des choses.

N'est-ce point là, au reste, la caractéristique de toute la transformation qui s'opère autour de nous ? La science est en train, ici plus vite, là plus lentement, de pénétrer toutes choses. Dans l'industrie, dans le commerce, partout l'empirisme pur et simple cède la place, peu à peu, à la méthode scientifique. N'est-il pas temps que dans l'opération qui doit chaque jour ravitailler et entretenir la machine animale on tienne compte, autant qu'il est possible, des données précises de la science ?

Sans doute il sera difficile dans la pratique, sauf peut-être pour la cuisine de grandes agglomérations, de se conformer exactement, numériquement, à ces règles scientifiques ; mais on en pourra tirer toujours un ensemble de directions, dont la présente étude établira, je l'espère, l'intérêt et l'indiscutable utilité.

La machine animale et les aliments.

Il y a longtemps que l'on compare notre organisme à une lampe ou à un foyer qui brûle les aliments comme un poêle consomme le combustible qu'on lui fournit. Déjà en l'an 180, le vieux Galien, un des pères de la médecine, disait que « le sang est comme une huile et le cœur comme une mèche », et chacun sait que le langage courant, comme celui des poètes, a transmis jusqu'à nous cette comparaison, puisque sans cesse on parle du flambeau de la vie ou de la vie qui vacille, s'éteint ou se rallume comme une flamme.

Cette comparaison est légitime, bien qu'il ne faille pas la prendre à la lettre, ni la pousser trop loin. Notre grand chimiste français, l'immortel Lavoisier, a définitivement établi, vers la fin du xviiie siècle, que nous sommes bien comme une lampe qui se consume ou comme un foyer qui brûle. La digestion fournit le combustible nécessaire ; la respiration représente, avec le poumon, à la fois le soufflet qui alimente d'air le foyer en combustion et la cheminée qui emporte en sens inverse les gaz produits; enfin, la chaleur fournie par cette combustion de nos aliments est celle qui maintient notre corps à la température convenable. Puis, on a étendu encore cette comparaison, et comme notre organisme est non seulement un foyer qui produit de la chaleur, mais encore une machine capable de fournir du travail, on a comparé notre corps à une machine à vapeur, dont le combustible fournit par sa destruction à la fois chaleur et travail.

Cette comparaison est acceptable et, bien qu'on doive s'abstenir de la prendre à la lettre, elle suffit comme point de départ à cet exposé, à condition qu'on y ajoute immédiatement l'importante remarque que voici. Dans une machine à vapeur qui travaille, ce qui brûle et se détruit, c'est le charbon. La machine elle-même ne présente dans ses pièces métalliques qu'une usure très médiocre et tout à fait négligeable, si on la compare à la consommation de la houille. Chez l'homme, au contraire, il y a pour ainsi dire identité entre la machine et le combustible. Nous sommes comme un poêle ou comme un moteur qui serait construit en bois ou en charbon. Pendant que notre poêle chauffe et que notre machine travaille, toutes les pièces, c'est-à-dire tous nos tissus s'usent et se détruisent, et les produits de cette usure, c'est-à-dire les déchets de nos tissus, sont sans cesse déversés au dehors. Il faut donc qu'inversement nos aliments remplissent un double rôle, qui est tout à la fois d'alimenter en combustible notre moteur animé et d'en réparer sans cesse les pièces.

Voyons quels sont les matériaux qui sont capables de remplir chez l'homme cette double fonction.

Aliments simples et aliments composés.

Les matériaux à l'aide desquels l'homme répare sans cesse les pertes qu'il subit sont empruntés par lui aux tissus des végétaux et des animaux. Les végétaux nous fournissent, par exemple, des *graines*, comme les graines de céréales (donnant les farines et le pain), ou les graines de légumineuses (pois, haricots, lentilles, etc.), ou des *racines* et des *tubercules* (comme les carottes, les navets et les pommes de terre), ou d'autres parties de la plante et spécialement les parties encore jeunes et en voie de développement comme les *feuilles* (salade, oseille, épinards, choux), ou enfin des *fruits*, soit *charnus* (pommes, poires, oranges, cerises, prunes, pêches, abricots, raisins, etc.), soit *secs* (amandes, marrons). Aux animaux nous empruntons surtout trois catégories de produits : la chair musculaire, c'est-à-dire la *viande*, accompagnée de quantités variables de graisse, le *lait* et les produits qu'il fournit (beurre et fromage), et enfin les *œufs*.

Les aliments que nous venons d'énumérer, pain, pommes de terre, fruits, lait, œufs, viandes, représentent ce que l'on appelle les *aliments composés*, c'est-à-dire l'ensemble infiniment complexe des denrées alimentaires de toute nature que l'homme a empruntées de tout temps au règne animal ou végétal et dont l'industrie humaine toujours en éveil, la rapidité chaque jour plus grande des communications, l'ingéniosité des cultures nouvelles, tendent sans cesse à accroître la variété.

Mais dans ces aliments composés et sous ces aspects extérieurs si variés, quel est ou quels sont les agents véritablement nutritifs? De bonne heure l'homme s'est posé cette question; mais ce n'est que près de nous que la chimie a apporté peu à peu, au cours du siècle dernier, la solution de ce mystérieux problème. Quatre types d'*aliments simples* se dégagent alors successivement de cette masse complexe des aliments composés, végétaux et animaux:

1º Le type des *albumines;*
2º Le type des *graisses;*
3º Le type des *amidons* et *sucres,* ou encore des *matières féculentes et sucrées,* que les physiologistes et les chimistes réunissent sous la dénomination commune d'*hydrates de carbone;*
4º Le type des *matières minérales* ou *salines.*

La première fois que ces catégories sont apparues avec netteté, c'est le jour où l'on eut l'idée d'aller chercher dans le lait, cette nourriture unique du jeune enfant, le tableau complet de nos besoins alimentaires. C'est aussi au lait que nous allons nous adresser pour donner au lecteur une première idée, à la fois simple et pratique, des quatre types que nous venons de distinguer.

Abandonnons, en effet, le lait au repos dans un vase convenable, et nous verrons se séparer peu à peu, à la surface, la crème en couche jaunâtre. Cette crème, séparée et barattée, se concrète en beurre, et voici que nous avons isolé un premier type d'aliment simple, *l'aliment gras.* Le lait écrémé, additionné d'un peu de présure (1), comme le font les fromagers, se prendra en caillots ou grumeaux de caséine, qui, rassemblés et convenablement traités, fourniront un fromage, c'est-à-dire un aliment simple du type *albumine.* Le liquide séparé des caillots, ou petit-lait, introduit dans une bassine et concentré sur le feu, abandonnera par refroidissement, surtout si l'on dispose à travers le liquide des ficelles ou des baguettes, des cristaux durs, un peu jaunâtres, à peu près disposés comme ces masses de sucre candi que l'on achète chez l'épicier, concrétées autour d'une ficelle. C'est un sucre, le sucre de lait, c'est-à-dire un aliment du type des *matières féculentes et sucrées* ou *hydrates de carbone.* Enfin, concentrons encore davantage le liquide restant, de façon à chasser presque toute l'eau, et nous verrons se déposer finalement une petite masse à aspect de sel de cuisine; ce sont les sels minéraux ou *matières minérales* du lait.

(1) Voir à la page 23.

Nous avons donc isolé successivement :
1° Un aliment albumineux, la caséine ou fromage ;
2° Un aliment gras, le beurre ;
3° Un aliment du type des matières féculentes et sucrées, le sucre de lait ;
4° Enfin un mélange de sels minéraux.

L'analyse chimique de toutes les denrées alimentaires a montré que sous l'infinie variété d'aspects que revêt l'aliment composé, c'est-à-dire qu'il s'agisse de viande, d'œufs, de légumes ou de fruits, etc., ce sont toujours une ou plusieurs de ces quatre variétés d'aliments simples qui se cachent et qui seuls confèrent le caractère d'aliment.

Évaluer la valeur alimentaire d'une denrée, c'est dire ce qu'elle contient en fait d'albumine, de graisses, de matières féculentes et sucrées, de matières salines. Pratiquement ces quatre types représentent, en ce qui concerne nos besoins alimentaires, ce qui est nécessaire et suffisant. Les associer en quantités convenables, sous les formes les plus favorables aux besoins de chaque individu, tel est le problème fondamental de l'alimentation. Or ces aliments simples, nous les trouvons, en proportions très variables, dans nos aliments composés. Pour constituer une ration quotidienne exactement adaptée aux besoins de chacun, il faut donc chaque jour associer dans les divers repas des quantités d'*aliments composés*, lait, pain, viande, légumes, etc., telles que l'individu trouve dans ce total les quantités d'*aliments simples*, albumine, graisses, matières féculentes et sucrées et matières salines, qui sont nécessaires à un bon entretien de l'organisme.

Nous aurons donc à étudier successivement :
1° Les *aliments simples* ;
2° Les *aliments composés*, c'est-à-dire les denrées alimentaires, telles que nous les fournissent la nature et le commerce ;
3° La manière dont il convient d'associer ces denrées pour constituer un *régime* ; puis, en faisant intervenir les questions de quantité, une *ration* convenable à chaque cas ;
4° La manière de répartir cette ration entre les divers *repas*.

Aliments simples, aliments composés, régimes, rations, repas, telles seront donc les principales étapes de cet exposé.

LES ALIMENTS SIMPLES

Les aliments simples, qui constituent la partie véritablement nutritive de ce que nous mangeons, se présentent à nous sous des apparences extérieures infiniment variées. On éprouve tout d'abord quelque difficulté à se faire à cette idée que la viande et le blanc d'œuf, par exemple, sont en somme essentiellement constitués par le même principe alimentaire, à savoir l'albumine. Mais quiconque veut exercer un contrôle utile sur la manière dont il est nourri doit s'habituer à voir, sous l'apparence extérieure de l'aliment composé qu'il consomme, les aliments simples qui lui sont réellement offerts. Voyons donc ce que représentent exactement ces aliments simples.

Les albumines. — Le type de ces matériaux est représenté par le blanc de l'œuf, que les Latins appelaient *albumen* et qui est une solution d'albumine à peu près pure dans de l'eau. Ce qui caractérise essentiellement cet aliment — et nous nous en tiendrons à ce seul caractère chimique — c'est qu'il est le seul qui contienne de l'azote, d'où le nom d'*aliments azotés*, par lequel nous désignerons parfois dans la suite les albumines. Tous les tissus animaux et végétaux renferment à des degrés divers de l'albumine; c'est dire qu'on en trouve dans tous nos aliments complexes. Ainsi, la *viande* est presque entièrement composée d'albumines diverses, associées les unes aux autres : c'est l'aliment azoté par excellence. Nous venons de citer l'albumine du *lait*, la *caséine* ou fromage. Le *pain* contient aussi, à côté d'une certaine quantité d'amidon, une matière azotée ou albumineuse, le *gluten*. C'est elle que l'on tâche d'isoler et de conserver seule, quand on fabrique pour les diabétiques ces pains spéciaux dits « pains de gluten »; dont on a éliminé autant que possible l'amidon, nuisible au malade. Enfin, tous les légumes et les fruits contiennent des quantités variables, quelquefois très petites, d'albumine. Même l'herbe que pâture le bœuf sur le pré contient de petites quantités d'albumine, aliment indispensable à tous les êtres vivants.

Toutes ces albumines, qu'elles soient liquides comme celles du blanc d'œuf ou à l'état de masse molle comme celles de la viande, par exemple, ont cette propriété commune d'être *coagulées* par la chaleur, c'est-à-dire d'être transformées en une masse relativement dure et élastique. C'est le phénomène qui se passe quand on fait d'un œuf cru un œuf dur ou d'un morceau de bœuf cru un morceau de bouilli.

Les graisses. — Cette catégorie des aliments simples est la plus familière au grand public, par la raison que la majeure partie des graisses que nous consommons ne sont pas, comme les albumines, dissimulées et cachées dans les aliments composés, sous des aspects extérieurs différents, mais doivent au contraire être ajoutées à notre ration par un acte volontaire. Il n'y a guère, en effet, que certaines espèces de viandes qui soient accompagnées de la quantité de graisse nécessaire à une préparation culinaire correcte. La plupart des autres aliments, et principalement les légumes, exigent l'addition de graisse que l'industrie de l'homme nous procure et qui provient soit du règne animal, comme le *beurre* et le *saindoux*, soit du règne végétal, comme l'*huile d'olive*, l'*huile d'œillette* ou l'*huile de noix*.

Les hydrates de carbone ou aliments féculents et sucrés. — Ce type comprend les féculents (amidons et fécules) et les sucres. Nous en consommons quotidiennement de grandes quantités, comme on le montrera plus loin, soit que nous les trouvions dans nos aliments composés, soit que nous les ajoutions nous-mêmes à notre ration.

Considérons d'abord les féculents. Le grand public les connaît surtout sous deux aspects et deux appellations différentes, *amidons* et *fécules*, mais qu'au point de vue de l'alimentation on peut confondre complètement. L'amidon est l'hydrate de carbone de la farine. Nous le retrouverons par conséquent dans le pain, qui en renferme, pour un kilogramme, de 500 à 600 grammes. La fécule, au contraire, est un amidon extrait de la pomme de terre, et des quantités considérables d'un hydrate de carbone analogue existent dans les haricots, les pois, les lentilles, etc. Nos aliments végétaux nous apportent donc naturellement des quantités considérables d'hydrates de carbone, amidons ou fécules, et l'art culinaire les introduit encore *artificiellement* dans un grand nombre de préparations culinaires. A la fécule, que l'industrie de l'homme a extraite depuis longtemps de la pomme de terre, s'est ajoutée, en effet, toute une série de fécules exotiques, l'*arrow-root*, le *tapioca*, le *sagou*, extraites des racines ou du tronc d'un certain nombre de plantes des pays tropicaux, et sur lesquelles nous reviendrons, à propos de l'étude des aliments composés.

A côté des féculents (amidons et fécules) se placent les *sucres*. La plus petite partie des sucres que nous consommons nous sont fournis *naturellement* par certains de nos aliments d'origine végétale, comme les *fruits sucrés* (raisins, poires, abricots, pêches, etc.) ou par des produits spéciaux, tels que le *miel*. Bien plus considérable est la quantité de corps sucrés que nous introduisons *artificiellement* dans nos aliments sous la forme de *sucre de canne* ou *de betterave*, dont la consommation augmente sans cesse, et qui a pris dans notre alimentation une place dont nous mesurerons plus loin l'importance.

Pour quelles raisons, maintenant, a-t-on rangé les amidons et fécules d'une part, les sucres d'autre part, dans la catégorie unique des hydrates de carbone, et pourquoi peut-on, au point de vue de la nutrition, les confondre en un tout unique? Cela tient à ce fait qu'*au cours de la digestion les amidons et fécules sont transformés en sucres*. Déjà commencée dans la bouche sous l'action de la salive, cette transformation s'achève dans l'intestin. Aucune parcelle d'amidon ou de fécule ne franchit à cet état la paroi de l'intestin. Quelle que soit la forme sous laquelle les hydrates de carbone sont présentés, c'est toujours à l'état de sucre qu'ils sont absorbés par le tube digestif et offerts finalement à la consommation de nos tissus. *Matières féculentes ou matières sucrées représentent en réalité pour nos tissus un seul et même aliment.*

Les matières minérales ou salines. — Tous nos besoins ne sont pas satisfaits par les trois catégories d'aliments, albumines, graisses, matières féculentes et sucrées, que nous venons de passer en revue. Il nous faut encore des *matières minérales*, des *sels*. Ce type d'aliment est bien connu par un sel particulier que l'homme ajoute lui-même à sa nourriture, je veux parler du *sel de cuisine* ou sel ordinaire, le chlorure de sodium des chimistes. Nous étudierons dans un instant, d'une manière particulière, à quoi correspond ce singulier besoin qui nous pousse ainsi à saler nos aliments. Mais ce sel-là n'est pas le seul que nous consommions. A notre insu, nous en absorbons encore chaque jour un grand nombre d'autres, qui sont dans notre alimentation un appoint indispensable. Nous avons vu, en effet, plus haut, lorsque nous avons décomposé le lait en ses matériaux essentiels, que cet aliment contient une certaine quantité de substances salines. Or de telles substances se retrouvent dans tous nos aliments; ce sont elles qui constituent les *cendres* que laisse n'importe quel organe ou être vivant végétal ou animal lorsqu'on le brûle complètement. Les cendres sont constituées par des sels divers et surtout par des sels (sulfates, phosphates, chlorures) de potasse, de soude, de magnésie, de chaux, de fer.

Les sels font également partie intégrante de nos organes, et ils sont nécessaires à leur construction, à leur réparation et à leur bon fonctionnement. Il nous faut du fer pour construire et entretenir les globules rouges de notre sang, de la chaux et des phosphates pour maintenir en bon état notre squelette. Ces matériaux représentent dans nos tissus une masse beaucoup plus considérable qu'on ne le suppose généralement. Ainsi, un adulte d'un poids moyen de 70 kilogrammes a fixé dans son corps environ 3 000 grammes de matières minérales, c'est-à-dire qu'il laisserait, si on le soumettait à la crémation, 3 kilogrammes de cendres.

Dans la pratique, nous n'avons pas à nous préoccuper de ces aliments salins. Nos aliments composés, pain, viande, légumes, fruits, etc., convenablement associés, en contiennent des quantités suffisantes. Il n'y a qu'une matière minérale que nous ajoutons nous-mêmes à notre ration, c'est le sel de cuisine, le sel ordinaire. Pourquoi cette addition, quelle est la raison profonde de cette habitude qui paraît être aussi vieille que l'homme lui-même? C'est par cette intéressante question que nous allons terminer l'étude des aliments salins.

Pourquoi notre instinct nous pousse-t-il à saler nos aliments? — Lorsqu'on examine d'abord ce qui se passe chez les animaux sauvages, chez lesquels aucune intervention extérieure n'est venue faire dévier le primitif instinct, on constate que, seuls, les herbivores recherchent le sel avec avidité. Ce penchant des herbivores pour le sel est bien connu, et dans nombre de récits de voyage on signale l'habitude qu'ont les ruminants et solipèdes sauvages (antilopes, etc.) de rechercher et de lécher les roches ou les efflorescences salines, et le profit qu'en tirent les chasseurs, qui les guettent en ces endroits ou même les y attirent en y répandant du sel. Jamais des faits de ce genre n'ont été signalés pour des oiseaux de proie, pour des carnivores. D'ailleurs, nos animaux domestiques présentent les mêmes différences. On connaît l'avidité des moutons pour le sel, et l'on sait que c'est sur les prairies voisines de la mer et sur lesquelles les vents du large répandent sans cesse de la poussière d'eau salée, que l'on élève les moutons de choix, ceux qui nous donnent la savoureuse côtelette de *pré salé*. Si les carnivores domestiques, comme le chien et le chat, consomment néanmoins des aliments salés, c'est là chez eux un résultat de l'habitude et des nécessités que leur impose leur état de domestication. D'ailleurs des aliments très salés leur répugnent visiblement.

La cause profonde de cette différence entre les herbivores et les carnivores tient à la nature de leur alimentation. Les végétaux que consomment les premiers sont très riches en sels de potasse et relativement pauvres en sels de soude. Quand les sels de potasse, absorbés par le tube digestif, pénètrent dans le sang, ils y rencontrent des sels de soude et, en particulier, le chlorure de sodium, le sel ordinaire, et les réactions chimiques qui se passent alors aboutissent à ce résultat que la potasse chasse en quelque sorte la soude et la pousse vers les voies d'élimination. L'alimentation végétale a donc pour effet d'inonder sans cesse l'organisme de grandes quantités de sels de potasse et d'en chasser chaque fois une quantité correspondante de sels de soude. Or, comme le chlorure de sodium ainsi perdu est absolument nécessaire à l'organisme, celui-ci est poussé instinctivement à réparer sans cesse cette perte en absorbant du sel avec ses aliments. Dans les aliments du carnivore, au contraire, la potasse et la soude s'équilibrent d'une manière convenable, et l'organisme du carnivore ne subit, par le fait de son alimentation, aucune perte en chlorure de sodium. Aussi n'éprouve-t-il pas ce besoin instinctif de sel que manifeste l'herbivore.

En résumé, et pour laisser de côté toute explication chimique, nous dirons que l'alimentation végétale doit créer un instinctif besoin de sel; le régime carné, au contraire, ne doit pas produire un tel besoin. Voilà la thèse. Mais s'applique-t-elle aussi à l'homme?

Le savant ingénieux qui en est l'auteur, le physiologiste Bunge, de Bâle, s'est livré là-dessus à une enquête historique et ethnographique dont les éléments sont des plus curieux. « Partout, dit-il, où existent et partout où ont existé des peuples agricoles et végétariens, le sel a été recherché avec avidité et a occupé dans l'alimentation, et par conséquent dans la vie, une place importante. Au contraire, les peuples chasseurs et pêcheurs, c'est-à-dire à régime carné habituel, ne se sont visiblement jamais souciés de cet aliment, et parfois n'ont pas même de mot propre à leur langue pour désigner cet objet. »

Il serait trop long de rapporter ici tous les faits que Bunge a réunis à l'appui de sa thèse. Contentons-nous de dire que leur ensemble est remarquablement démonstratif et qu'il paraît bien établi que c'est l'alimentation végétale qui est la cause du besoin de sel. Ce besoin est d'autant plus vif que le végétal consommé est plus riche en potasse. Ainsi la pomme de terre est remarquable par sa forte teneur en sels de potasse; aussi la voyons-nous partout consommée avec de grandes quantités de sel ou associée volontiers à des aliments salés. Au contraire, le riz est très pauvre en potasse. Aussi voit-on les peuples qui consomment principalement le riz, comme aliment végétal, ne marquer pour le sel qu'un médiocre penchant. La même remarque s'applique aux animaux. Ainsi dans le foin le rapport de la potasse à la soude est tel que l'animal qui le consomme peut se passer d'un appoint de sel, et de fait nous voyons des animaux tels que les lapins, les vaches ne jamais recevoir de sel dans leur ration. Cela ne veut pas dire qu'ils n'en souffrent pas parfois dans une certaine mesure, et c'est une observation faite par beaucoup d'éleveurs que ces animaux mangent mieux et prospèrent davantage lorsqu'on ajoute du sel à leur ration.

L'abus du sel et des aliments salés. Ses inconvénients. — Ce qui précède démontre que l'alimentation végétale apporte trop de sels de potasse et qu'il nous faut rétablir l'équilibre et corriger ce défaut en ajoutant nous-même un sel de soude, à savoir le sel ordinaire. La quantité de sel nécessaire pour rétablir cet équilibre varie, bien entendu, avec le régime. Elle est modeste avec un régime mixte. Le paysan irlandais, au contraire, qui jadis ne vivait guère que de ses pommes de terre — heureux encore quand il en pouvait manger à sa faim — était tenté de consommer en même temps des quantités considérables de sel, et cette constatation montre — il est intéressant de le faire remarquer en passant — combien l'impôt sur le sel est une taxe injuste et à contre-sens, puisqu'elle pèse sur cette partie de la population que sa pauvreté réduit précisément à une alimentation exclusivement végétale. Ajoutons que la gabelle du temps passé était plus absurde encore, puisque le fisc déterminait lui-même combien de sel tout contribuable devait acheter chaque année aux greniers du roi sans qu'il pût le revendre. Or, nous venons de voir que la quantité de sel dont chacun a besoin dépend de l'alimentation plus ou moins végétale que lui imposent les ressources du pays où il vit.

Avec le régime mixte habituel, on peut calculer que l'addition de quelques grammes de sel à nos aliments, 4 grammes environ, devrait suffire par jour. En réalité, beaucoup en consomment bien davantage, 15 à 20 grammes quotidiennement, et plus encore. C'est que, l'habitude aidant, le sel est devenu pour nous *un aliment de jouissance gustative*, que nous ajoutons indistinctement à tous nos aliments. Que de personnes dont le bras s'étend vers la salière d'un

geste inconscient avant même qu'elles aient goûté au contenu de leur assiette !
L'industrie a fait aussi du sel un moyen de conservation (conserves salées), si
bien que l'abus du sel est peu à peu devenu général. Remarquons que l'habitude des boissons alcooliques à doses excessives accentue encore cette tendance à l'usage immodéré des aliments salés. C'est surtout au lendemain des
jours où il a abusé des boissons alcooliques que le buveur habituel ou occasionnel éprouve le besoin de réveiller son palais émoussé par les sensations
plus accusées que procurent les salaisons. Or les inconvénients d'un tel abus
peuvent devenir à la longue d'autant plus graves qu'ils passent pendant longtemps tout à fait inaperçus.

Il arrive, en effet, que tout ce sel doit être chaque jour éliminé par le rein.
Avec une alimentation mixte ordinaire, la quantité de sel que nous excrétons par cette voie est de 8 à 15 grammes par jour ; mais elle s'élève à
25 ou 30 grammes chez beaucoup de personnes. Or il n'est pas sage d'imposer
chaque jour au rein le passage de masses de sel aussi considérables et le
travail supplémentaire qui en résulte pour l'organe. Pour un rein normal, c'est
une fatigue quotidienne ; pour un organe malade, c'est un danger sérieux. Que
de personnes circulent avec un rein atteint, un commencement d'albuminurie,
et qui, alors qu'elles devraient ménager cet organe, lui imposent chaque jour,
par un usage de sel immodéré et inutile, une fatigue supplémentaire ! Le physiologiste Bunge, à qui j'ai emprunté toute cette discussion, ajoute à ce propos
très judicieusement : « Il n'est point d'organe de notre corps qui soit aussi impitoyablement malmené que le rein. L'estomac, lorsqu'il est surchargé, réagit
aussitôt. Le rein, au contraire, est obligé de tout supporter patiemment. Le
dommage qu'il subit ne devient manifeste que lorsqu'il est trop tard, le plus
souvent pour remédier aux lésions produites. »

Autres aliments simples. Les dangers d'une alimentation trop uniforme ou trop spéciale. — On aurait pu intituler ce paragraphe « les aliments simples mystérieux ou mal connus ». C'est qu'en effet les quatre types
que nous venons de définir, les albumines, les graisses, les matières féculentes
et sucrées et les matières salines, s'ils représentent de beaucoup la masse la
plus importante de nos aliments, ne satisfont pas à la totalité de nos besoins.
Si l'on se procurait à un état de *pureté absolue* de l'albumine, de la graisse et
un hydrate de carbone — de l'amidon ou du sucre, par exemple — et si l'on y
ajoutait tous les sels nécessaires à la vie, ceux que l'on trouve dans le lait, par
exemple, en donnant au tout l'aspect le plus appétissant, on ne réussirait pas
à entretenir la vie d'un homme avec une telle ration. A la vérité, cette expérience n'a pas été faite sur l'homme, parce que la préparation d'une telle
ration à l'état de pureté absolue, et en quantité suffisante pour un temps assez
long, serait à la fois très laborieuse et très coûteuse. Elle a été faite sur un mammifère plus petit, sur la souris. Or toutes les souris qu'on a essayé de nourrir
de la sorte ont péri au bout de vingt à trente jours, et cependant elles
acceptaient avec une satisfaction visible le mélange qui leur était offert
et que l'on avait eu soin de griller un peu afin de lui donner un arome
agréable.

La conclusion qu'on doit tirer de cette intéressante expérience, c'est que
quelque chose manquait à cette ration que l'on croyait absolument complète.
Quel est donc ce surplus mystérieux dont l'absence a causé la mort de ces
animaux, malgré l'abondance avec laquelle tout le reste était offert? On n'est
encore qu'incomplètement renseigné sur ce point, mais on sent clairement
ce que ces premières lueurs présagent de vérités nouvelles.

On sait que certains organes, la glande thyroïde, par exemple — celle qui augmente de volume et dégénère chez le goitreux — contient de petites quantités d'une *albumine iodée*. Or l'extirpation chirurgicale de cette glande produit une série d'accidents et une dégénérescence spéciale que l'on réussit à combattre en faisant ingérer à ces malades des glandes thyroïdes d'animaux de boucherie ou les *albumines iodées* extraites de ces glandes (1). On a découvert encore tout récemment que certains de nos organes contiennent d'une manière constante un peu d'*arsenic*, dont le rôle serait très important et dont une petite quantité serait donc, pour nous, comme l'iode, un aliment indispensable. Bornons-nous à ces exemples et constatons qu'il faut à notre mécanique animale, outre la grosse masse des combustibles alimentaires décrits plus haut — albumines, graisses, matières féculentes et sucrées — d'autres substances en quantités très petites, comme les substances iodées, par exemple, nécessaires à la glande thyroïde. Il faut donc veiller à ce qu'elles ne manquent pas. Mais comment?

L'expérience de tous les jours nous apprend comment on arrive à ce résultat. Elle nous montre qu'avec une alimentation mixte variée les générations se suivent, vigoureuses et normalement organisées. C'est donc qu'une telle alimentation contient tout ce qui est nécessaire à la vie et en particulier ce surplus des choses inconnues ou mal connues. La conclusion est donc qu'*il faut se garder d'adopter des régimes exclusifs, bornés systématiquement à tels ou tels aliments*, mais, au contraire, varier son alimentation. Cela est vrai surtout pour les jeunes enfants, qu'on a tendance, au moment du sevrage, à nourrir d'une façon très exclusive, et notamment avec des farines artificiellement combinées, que le commerce prône à tort comme aliments complets, alors qu'ils ne sont que des adjuvants utiles.

LES ALIMENTS COMPOSÉS

Nous venons d'étudier les divers aliments simples — albumines, graisses, matières féculentes et sucrées (ou hydrates de carbone) et matières salines — artificiellement isolés. Or, pratiquement, ces aliments nous sont offerts, non à l'état de pureté, mais diversement associés les uns aux autres et mélangés avec des substances non alimentaires, réfractaires à la digestion. Il nous faut étudier maintenant ces mélanges, qui sont les aliments composés, afin d'établir par l'examen de leur composition ce que chacun d'eux peut nous offrir réellement.

Nous indiquerons cette composition dans une série de petits tableaux, dont chacun comprendra un groupe d'aliments appartenant à une même famille. Est-il nécessaire d'ajouter que *ces tableaux sont là moins pour être lus que pour être consultés?* Pour montrer toute leur utilité, je ne saurais citer de meilleur exemple que celui qui m'est fourni par le tableau relatif à la composition de la chair des

---

(1) On s'est rappelé alors l'efficacité des iodures dans le traitement du goitre, et ces médicaments, souvent singuliers, que nos pères employaient contre cette affection (éponges calcinées, corail, coquilles d'huîtres, saumure de harengs, huile de foie de morue) et qui tous, chose remarquable, contiennent un peu d'iode.

poissons. On y voit quelle différence il y a entre les *poissons gras* et les *poissons maigres*, et l'on comprend, à l'inspection de ce tableau, qu'un estomac délicat n'accueille pas avec la même faveur la chair d'anguille à 28 pour 100 de graisse et le filet de sole qui n'en contient pas même 1 pour 100. Signalons encore ce qui a trait à la valeur alimentaire, tant discutée, du bouillon, question que quelques chiffres permettent de trancher très promptement. On pourrait multiplier ces exemples. Ils justifient, ce semble, la place que dans cet exposé nous avons faite à ces tableaux, où chacun pourra trouver le renseignement qui lui expliquera peut-être telle observation faite sur lui-même.

ALIMENTS D'ORIGINE ANIMALE

Nous empruntons au règne animal les denrées alimentaires que voici :

1° Les diverses sortes de *viandes de boucherie*, accompagnées de ce que les hommes du métier appellent les « abats » ou les « issues » rouges (foie, rognons, etc.) ou blanches (cervelles, pieds, etc.). A l'étude de ces viandes nous ajouterons quelques indications sur le *bouillon* et les *extraits de viande*.

2° Les *volailles* le *gibier* de plume et de poil.

3° Les *poissons*, auxquels nous rattacherons les *animaux inférieurs* consommés par l'homme : huîtres, homards, crevettes, moules, etc., et que nous ferons suivre de la composition des *conserves*.

4° Le *lait*, avec les sous-produits qu'il fournit, à savoir le *beurre* et les *fromages*.

5° Les *œufs*.

LES VIANDES DE BOUCHERIE

La viande est constituée par les muscles, c'est-à-dire par ce tissu spécial qui relie les diverses pièces du squelette et dont les alternatives de contraction et de relâchement produisent les mouvements du corps. Ces muscles, composés de fibres associées les unes aux autres et dont la direction est encore visible sur la viande cuite, sont le plus souvent attachés aux os, qu'ils doivent faire mouvoir par l'intermédiaire des *tendons*, masses blanches, élastiques, résistantes au couteau et à la dent. De plus chaque muscle est entouré d'une gaine blanchâtre qui l'isole des voisins et lui permet de glisser sur eux. Cette gaine envoie dans l'intérieur du muscle des divisions secondaires servant de cloisons aux faisceaux dont l'ensemble constitue le muscle. Dans certains groupes de muscles, ceux qui fournissent les *morceaux de qualité inférieure*, ces gaines de tissu blanc sont plus épaisses, plus résistantes et plus abondantes. Ce sont elles qui restent comme résidu, avec les conduits artériels et veineux, lorsqu'on pulpe la viande pour les malades, c'est-à-dire lorsque, avec le dos ou le tranchant d'un couteau, on racle une tranche de viande crue ; le tissu musculaire proprement dit se détache alors peu à peu en une purée rouge et molle, tandis que sous le couteau il reste un réticule blanchâtre constituant ce que le public appelle à tort les « nerfs » (1). Dans d'autres muscles, au contraire, dans ceux qui constituent le *filet*, par exemple, le réticule est particulièrement fin et délicat, ce qui assure à ces morceaux une texture très fine et une supériorité marquée au point de vue culinaire.

A l'état normal, chez un animal se développant librement, comme il arrive pour le gibier, par exemple, on ne trouve de dépôts de *graisse visibles* qu'entre les muscles et surtout à certains endroits. Chez les animaux de boucherie, au contraire, qui ont été poussés artificiellement à l'engraissement, le muscle lui-même, c'est-à-dire la chair, est infiltré, entrelardé de graisse en quantité parfois considérable, au détriment, bien entendu, de la force musculaire, de l'activité de l'animal. Pour se rendre compte du fait il suffit de comparer à la fois l'apathie du porc et ses chairs infiltrées de graisse, avec la vigueur, l'aptitude à la course et les chairs fermes et compactes de son proche parent, le sanglier, ce « loup de l'espèce porcine ». On conçoit que ces différences d'engraissement se traduisent par des différences sensibles dans la composition de la viande, ainsi qu'on va le montrer dans un instant.

Notons aussi que la viande d'animaux fraîchement abattus est dure et coriace et le devient plus encore sous l'action de la chaleur. C'est un fait bien connu des troupes en campagne, souvent obligées de consommer la viande immédiatement après l'abatage. Aussi convient-il d'attendre environ vingt-quatre heures, c'est-à-dire jusqu'à ce que la rigidité musculaire (cadavérique) ait disparu. Pendant ce temps, la petite quantité de matières féculentes que contient la viande se transforme en un *acide* (l'acide lactique) qui produit une action de gonflement et de désagrégation, et qui rend la viande plus tendre et plus friable. C'est en somme l'action que l'art culinaire recherche lorsqu'on fait macérer la viande dans des *liquides acides*, comme le vinaigre ou le vin.

Le tableau suivant indique combien 100 grammes de viande crue contiennent de grammes d'eau, d'albumine et de graisse. On n'y a pas fait figurer les matières féculentes et sucrées, parce que la viande n'en contient presque pas, ni les sels parce que toutes en contiennent fort peu, environ 1 pour 100.

Composition des viandes de boucherie fraîches.

	EAU p. 100.	ALBUMINE p. 100.	GRAISSE p. 100.
Viande de bœuf (très gras)	53	17	29
— (moyennement gras)	73	21	5
— (maigre)	76	21	2
Viande de veau (gras)	72	19	7
— (maigre)	78	20	1
Viande de mouton (très gras)	53	16	29
— (moyennement gras)	76	17	6
Viande de porc (gras)	47	14	37
— (maigre)	72	20	7

Rien n'est aride comme des colonnes de chiffres; mais la vérité scientifique n'est-elle pas finalement une collection de chiffres? Déjà l'*Ecclésiaste* l'avait dit : *Omnia in numero et pondere*. Le tout est de savoir écouter ce que disent les nombres. Voyons donc ce que disent ceux-là.

Ils nous apprennent d'abord que ce que la viande nous apporte le plus abondamment, c'est... de l'eau. Quelle est la maîtresse de maison qui, lorsqu'elle a commandé un morceau de bœuf ou de mouton « pas trop gras », se doute que

(1) Les nerfs, organes de transmission des sensations et des volitions, sont des cordons le plus souvent très minces, assez mous et que la cuisson détruit à peu près totalement.

le boucher lui apporte dans un kilogramme de viande (sans os) à peu près 750 grammes d'eau, soit une livre et demie d'eau pour une demi-livre de marchandise réelle? Au surplus, la chose n'a rien de surprenant, si l'on réfléchit à ce fait que notre propre corps contient, pour 100 kilogrammes, environ 64 kilogrammes d'eau. Ce tableau nous apprend en outre que 100 grammes de viande maigre, c'est-à-dire grossièrement débarrassée de la graisse visible, contiennent environ 20 grammes d'albumine, soit le cinquième de son poids. A côté de cette albumine figurent des quantités variables de graisse, pouvant s'élever, dans la viande très grasse, jusqu'à 30 et 37 pour 100, c'est-à-dire jusqu'au tiers du poids total. Enfin la viande ne contient pas d'aliment féculent ou sucré. Il y en a bien un peu dans la viande tout à fait fraîche, mais ces matériaux sont à peu près détruits quand le produit arrive chez le consommateur. Ce fait est la caractéristique la plus marquée du régime animal, si l'on met à part toutefois le lait. Des trois grands aliments d'origine animale, viande, œufs, lait, les deux premiers représentent un régime d'albumine et de graisse; le troisième seul, le lait, contient en outre un aliment de l'ordre des féculents et des sucres (ou hydrates de carbone). Un régime d'œufs et de viande ne comporterait donc pas de féculents si nous n'y ajoutions du pain.

Une dernière remarque s'impose ici à propos de la *viande de veau*. Les Allemands disent, en un dicton populaire, qui est une manière de calembour : « *Kalbfleisch ist Halbfleisch* », c'est-à-dire « la viande de veau n'est que la moitié d'une viande ». L'expérience quotidienne apprend, en effet, que le veau « tient » beaucoup moins longtemps que les autres viandes, c'est-à-dire que la sensation de réconfort que procure en général un repas dure moins longtemps, à quantités égales, avec le veau qu'avec une autre viande. Cela tient à plusieurs causes. D'abord le veau, même tué à trois mois, est un peu plus aqueux que les autres viandes, parce que d'une manière générale les jeunes organismes sont toujours plus riches en eau que les adultes. En outre, chacun sait que l'on abat le plus souvent des veaux à peine âgés de quelques semaines, parfois de quelques jours seulement. La richesse en eau de la viande de veau atteint alors 80 pour 100, et sa teneur en albumine tombe à 16 ou 17 pour 100. Enfin, la viande contient plusieurs sortes d'albumine, dont la valeur nutritive n'est pas la même et parmi lesquelles figure toujours une certaine quantité de *gélatine* (ou tout au moins de la substance qui par la cuisson fournit la gélatine). La valeur alimentaire de la gélatine est inférieure à celle de l'albumine proprement dite. Or la viande de veau fournit précisément beaucoup de gélatine : chacun sait la tendance que présentent les sucs et jus de cette viande à gélifier par le refroidissement. Toutes ces raisons expliquent pourquoi, à poids égal, le veau « tient » moins que le bœuf.

Rôtissage et grillage des viandes. — La température de 130° à laquelle on rôtit la viande au four a pour effet de « saisir » rapidement la surface de la viande, c'est-à-dire d'y coaguler les albumines (v. p. 6) en produisant une croûte ou coque qui se rétracte et empêche ou diminue la sortie du jus. La viande n'est complètement cuite que lorsque la température a atteint au moins 56° dans les parties les plus profondes, ce qui exige un certain temps et laisse subsister dans les parties centrales du morceau la couleur rouge du sang, le « saignant », qui est d'ordinaire recherché. Mais il ne faut pas se dissimuler que là où cette couleur persiste, les parasites de la viande ne sont pas nécessairement tués. Ces derniers ne sont sûrement annihilés qu'à 70°, température qui supprime définitivement la couleur rouge de la viande et réalise par conséquent un degré de cuisson que beaucoup de personnes ne désirent pas atteindre.

En outre, la chaleur produit à la surface de la viande des modifications chimiques analogues à celles que subit le sucre quand on le caramélise à chaud, c'est-à-dire qu'il se forme des produits nouveaux, à odeur agréable et donnant au rôti son goût spécial. Enfin le *rôti perd de l'eau*, soit : pour le mouton environ 22 à 23 pour 100, pour le veau 21 pour 100 et le bœuf 17 pour 100 du poids. En chiffres ronds, on peut dire que *5 livres de viande crue* (pesée sans os) *fournissent à peu près 4 livres de rôti*.

La *sauce* qui se forme par la fusion de la graisse de la viande (augmentée de celle qu'on a ajoutée) et par l'exsudation des sucs de la viande sous l'influence du feu contient en outre des sels, des matières extractives (v. p. 16) et les produits odorants du rôtissage dont il a été question plus haut. Elle est très riche en graisse et en acides gras, et c'est à cette dernière circonstance qu'il faut attribuer sans doute ce fait que cette sauce est souvent mal supportée par les estomacs délicats.

Rôtie sur le gril ou à la broche, la viande subit à peu près les mêmes modifications qu'au four, avec cette différence peut-être que, saisie plus vivement à la surface, elle laisse exsuder moins de jus.

Ébullition de la viande : le bouilli et le bouillon. — On n'examinera pas ici au point de vue de leur valeur culinaire les diverses manières de préparer le bouillon, mais simplement les résultats que fournissent ces divers procédés.

Lorsqu'on introduit un morceau de viande dans de *l'eau froide* et que l'on chauffe progressivement, les sels, les matières extractives (c'est-à-dire une série de substances sapides) et une partie des sucs albumineux et de la matière colorante du sang passent peu à peu en dissolution dans l'eau. Vers 56° les albumines commencent à se coaguler, mais le liquide reste un peu rougeâtre jusqu'à 70°. A ce moment la matière colorante du sang est à son tour détruite, et le bouillon prend peu à peu sa couleur jaunâtre, tandis que les albumines et le sang, primitivement dissous dans le liquide, sont maintenant coagulés en grande partie et se rassemblent à la surface du bouillon sous la forme d'une écume grisâtre. Le bouillon ainsi obtenu est très savoureux, mais la viande au contraire est fortement rétractée, dure et insipide. Tous ces résultats sont portés à leur maximum si l'on met la viande en petits morceaux dans de l'eau froide, pour chauffer ensuite lentement, quelques heures après. La sapidité du bouillon est alors maxima, mais la viande est tout à fait sacrifiée.

Au contraire, lorsqu'on introduit la viande dans *l'eau bouillante*, la surface du morceau est immédiatement « saisie » par la chaleur, et la coque d'albumine coagulée qui se produit à la périphérie empêche ou ralentit la sortie des matériaux solubles. L'écume est beaucoup moins abondante et la viande reste plus souple, plus tendre et plus savoureuse ; par contre, le bouillon est moins riche en albumine, moins aromatique et moins agréable.

Un *procédé mixte*, souvent employé, consiste à ne mettre d'abord dans l'eau froide que les os (parmi lesquels autant que possible un os à moelle), et à chauffer pendant deux heures environ, après quoi l'on ajoute dans le liquide bouillant la viande et les autres ingrédients. On obtient ainsi un bouillon assez riche — car les os, si on les a employés en quantité suffisante, fournissent au liquide une proportion très appréciable de matériaux nutritifs — et le bouilli conserve aussi les qualités de mollesse et de sapidité convenables.

La pratique apprend que *100 grammes de viande crue ne donnent guère que 57 grammes de bouilli*. Cette perte de 43 grammes est surtout représentée par de l'eau, si bien que le bouilli a perdu encore plus d'eau que le rôti, ce qui montre bien avec *quelle force l'ébullition contracte et exprime la viande,* bien que toute l'opération se passe au sein de l'eau. L'action de l'eau bouillante sur la viande peut être finalement représentée par le résumé qui suit :

	EAU	ALBUMINE	GRAISSE
100 grammes de bœuf cru contenant....	73	21	5
donnent 57 grammes de bouilli contenant.	33	19	4,3
et il passe dans le bouillon 43 grammes de matériaux composés de..........	40	2	0,7

Ces nombres ne sont, bien entendu, qu'approximatifs, ces résultats variant avec la qualité de la viande, la quantité d'eau employée, etc. Ajoutons qu'il n'a pas été tenu compte dans ce petit tableau des sels et d'autres matériaux que la viande cède au bouillon en petites quantités.

De ces données il ressort que le bouilli a surtout perdu de l'eau. Il est donc devenu plus riche que le bœuf cru. De fait 100 grammes de bouilli contiennent 56 grammes d'eau, 34 grammes d'albumine et 8 grammes de graisse. *Le bouilli reste donc un aliment très nutritif.* Il n'a guère perdu, avec un peu d'albumine, que des sels et des matières extractives de goût agréable. Voyons, d'autre part, la valeur de ce que le bouillon a gagné.

Valeur alimentaire du bouillon et de l'extrait de viande. — Un litre de bouillon fait à la manière ordinaire (c'est-à-dire sans sacrifier absolument le bouilli), puis partiellement dégraissé, comme on fait d'ordinaire, renferme approximativement les matériaux que voici :

Matériaux contenus dans un litre de bouillon.

Albumine.................	3 à 4	grammes.
Gélatine..................	3 à 6	—
Graisse...................	5 à 10	—
Sels de la viande et sel de cuisine ajouté..	13 à 15	—
Matières extractives.............	6 à 7	—
TOTAL......	30 à 45	grammes.

De ce tableau il ressort ce premier fait qu'un litre de bouillon contient de 955 à 970 grammes d'eau et seulement de 30 à 45 grammes de matières solides. *Avec une assiettée de potage largement servie (250 grammes environ) nous ne consommons donc guère que 7 à 11 grammes de substances pouvant être alimentaires.* Mais le sont-elles toutes ?

Parlons d'abord des *matières extractives.* Ce sont des substances spéciales à la viande, ayant sans doute des propriétés excitantes, mais ce ne sont pas de véritables combustibles alimentaires nous apportant de la force. On en peut dire autant des *sels,* qui sont utiles à l'organisme pour la construction et l'entretien de certains tissus, mais qui ne nous fournissent pas d'énergie. Restent donc les matières albumineuses (albumine et gélatine) et les graisses.

Un litre de bouillon ne contient que 4 grammes environ d'albumine, proportion médiocre et qui a de quoi surprendre tout d'abord. Mais rappelons-nous que la viande a été plongée dans un liquide *bouillant* et qui de plus devient promptement *acide,* puisque la viande est un peu acide quand elle vient de chez le boucher (v. p. 13). Toutes les conditions sont donc réalisées non pour que l'albumine se dissolve, mais au contraire pour qu'elle se trouve coagulée soit déjà dans l'intérieur du morceau de viande, soit dans le bouillon. Et, de fait, l'écume que l'on enlève n'est que de l'albumine coagulée. Si néanmoins le bouillon contient un **peu d'albumine dissoute,** c'est parce que la coagulation n'est pas complète et parce qu'une partie de l'albumine, ayant subi par la longue action de la chaleur une sorte de digestion, parvient à se redissoudre, mais toujours en quantité nécessairement limitée.

Quant à la *gélatine*, sa proportion est nécessairement restreinte, car des solutions de gélatine qui contiennent 10 grammes de cette substance par litre commencent déjà à se prendre en gelée par le refroidissement. Or nous ne voulons pas d'un bouillon qui serait en gelée lorsqu'il est froid.

Reste la *graisse*. Ici les quantités peuvent varier évidemment dans de larges limites. Dans un bouillon très gras il m'est arrivé de doser de 30 à 35 grammes de graisse par litre. Mais de telles proportions répugnent généralement. Le bouillon très gras est lourd pour beaucoup de personnes et n'a plus les propriétés stomachiques, préparatoires d'une bonne digestion, qui font sa principale qualité. Un bouillon bien dégraissé ne contient guère que 4 grammes de graisse par litre.

La quantité de combustibles alimentaires qu'emporte avec lui le bouillon est donc nécessairement limitée, pour les raisons que l'on vient d'exposer. Les extraits de viande, qui ne sont au total que du bouillon évaporé jusqu'à consistance d'extraits semi-solides ou encore fluides, sont, bien entendu, à volume égal beaucoup plus riches que le bouillon.

D'après A. Gautier, l'extrait de viande Liebig peut contenir au delà du tiers de son poids d'albumines assimilables. Il est donc évident qu'un bouillon ou une sauce, enrichis par une large addition d'un tel extrait, gagneront par là un supplément de valeur alimentaire appréciable, d'autant plus que ces albumines sont très assimilables, comme le démontrent les expériences de A. Gautier sur le cobaye, et qu'elles sont accompagnées de substances à propriétés stimulantes précieuses (voy. plus loin).

Mais ce qui reste acquis, contrairement aux idées généralement répandues dans le grand public, c'est que le bouillon riche et l'extrait de viande ne contiennent pas sous un volume réduit toute ou presque toute la « force » d'une masse considérable de viande. En réalité ces deux produits ne sont porteurs que d'une fraction nécessairement très petite de la valeur alimentaire de la viande dont ils proviennent. Un homme bien portant ne pourra donc emprunter au bouillon qu'une petite partie de ce qui lui est nécessaire chaque jour, mais pour un malade, un convalescent, chez qui le moindre apport alimentaire constitue un bénéfice précieux, le bouillon (dégraissé) est une des formes culinaires les plus utiles pour fournir à un organisme ébranlé un premier aliment, agréable, facile à digérer, et qui de plus possède des propriétés stimulantes remarquables.

Retenons surtout ce dernier point. Si dans la ration des vingt-quatre heures d'un homme bien portant le bouillon ne peut représenter qu'une petite fraction de l'apport total d'énergie nécessaire (voy. p. 52), il est, d'autre part, un *stimulant précieux*. C'est cette action de stimulation qui explique la sensation de réconfort que procure rapidement l'ingestion d'une ration de bouillon après une marche ou un jeûne prolongés. Elle est d'ordre purement nerveux, comme celle des fameux « aliments d'épargne » (kola, coca, etc.) et doit être rapportée sans doute aux sels et surtout aux matières extractives du bouillon. Ces matières extractives sont quelque chose de tout à fait spécial à la viande, et c'est par elles que Liebig expliquait les effets particuliers au régime carné ou animal, c'est-à-dire l'élan, l'énergie physique et morale que cette alimentation procure habituellement et qui paraît faire défaut avec un régime végétal, comme on le verra plus loin aux pages 43 et 46.

Il est probable aussi que le bouillon exerce une action heureuse sur l'estomac lui-même. Certains physiologistes soutiennent que le bouillon est *peptogène*, c'est-à-dire qu'il favorise et stimule la sécrétion de la pepsine, ferment contenu dans le suc gastrique et agent essentiel de la digestion stomacale. Ainsi on s'explique pourquoi le bouillon est devenu pour nos repas une « entrée en matière » si générale et si justement appréciée.

Notons, enfin, que le bouillon est un véhicule précieux pour d'autres aliments, jaune d'œuf, pâtes diverses, pain. Il est clair que la valeur alimentaire de ces mélanges s'augmente alors de toute la valeur de l'ingrédient ajouté au bouillon.

Abats et graisses. Quelques mots sur l'opération de la friture. — Aux viandes de boucherie se rattache ce que les gens du métier appellent les *abats* ou les *issues rouges* (foie, rognons, etc.) ou *blanches* (cervelles, etc.). Ces abats sont un peu moins riches en albumine que la viande. La langue de bœuf est très riche en graisse (jusqu'à 18 pour 100). Constatons aussi que la cervelle, quoique passablement aqueuse (75 à 80 pour 100 d'eau) et peu riche en albumine (10 pour 100 seulement), n'en constitue pas moins un aliment précieux, sans doute par les substances phosphorées spéciales qu'elle contient (lécithines) et par d'autres matériaux encore mal connus (voir à la page 10, ce qui a été dit au sujet des substances de ce genre). Ajoutons qu'il est toujours sage de ne consommer les viscères (foie, rognons, etc.) que bien cuits, ces organes étant infiniment plus sujets à être envahis par des germes de maladies que la chair musculaire.

Un mot, pour terminer, sur les *graisses animales*. Il est probable que ce sont elles surtout qui contribuent à donner à la viande de chaque animal son goût spécial. Celle que l'on emploie pour la *friture* est la graisse de rognons de bœuf (pure ou mélangée avec 1/3 de graisse de panne de porc) et son emploi appelle ici quelques réflexions.

Cet emploi est fondé sur ce fait que la graisse peut atteindre une température de 160 à 180° sans subir la moindre décomposition. Il suit de là qu'une viande, une pomme de terre ou du pain, plongés dans de la graisse chaude, sont instantanément portés à une température supérieure à celle d'un four, et sa surface non seulement se dore et se rôtit en quelque sorte, mais encore se *coagule*. Il se forme donc comme pour le rôti une *croûte protectrice* qui empêche la sortie des sucs de l'aliment considéré, comme aussi la pénétration d'une trop forte quantité de graisse. Si, au contraire, la graisse n'est pas assez chaude, la croûte en question se formera tardivement ou manquera, et le résultat sera, par exemple, une pomme de terre fortement imprégnée de graisse, c'est-à-dire lourde à l'estomac.

L'art de faire des *pommes de terre soufflées* consiste précisément à utiliser pour le soufflage les propriétés de cette croûte. Les tranches de pommes de terre sont d'abord cuites à point dans de la friture, chaude, mais non fumante. La croûte en question se forme alors à la surface de chaque tranche. Puis les pommes sont introduites brusquement dans une friture *très chaude*, fumante même, qui les « souffle » instantanément, c'est-à-dire que l'eau qui est encore incluse dans chaque tranche se vaporise brusquement, mais la vapeur, étant emprisonnée dans la pellicule coagulée de la surface, ne peut s'échapper et « souffle » par conséquent la pomme. Il faut avoir soin de ne pas blesser les pommes déjà cuites et non encore soufflées par des coups d'écumoire maladroits, car toute pomme dont la croûte protectrice est crevée ne « souffle » plus, quand on la met dans la friture fumante.

VOLAILLES ET GIBIER

Les viandes que nous réunissons sous ce titre sont en général caractérisées par une richesse en albumine plus forte que celle des viandes de boucherie. Avec cette albumine se trouve confondue d'autre part une moindre quantité de gélatine que dans nos viandes ordinaires (v. p. 14), double circonstance qui assure une haute valeur alimentaire aux produits que nous allons énumérer. De plus, ces viandes sont en général riches en matières extractives (v. p. 16 et 17), ce qui est en rapport sans doute avec leur saveur à la fois plus délicate et plus prononcée. Voici ce que l'on trouve dans 100 grammes de chacune de ces viandes.

Composition de la viande de volailles et de gibier.

	EAU gr.	ALBUMINE gr.	GRAISSE gr.
Lièvre	74	23,5	1
Lapin gras (1)	67	21,5	10
Chevreuil	76	20	2
Poule maigre	76	20	1,5
Poule grasse (1)	70	18,5	9
Oie grasse (1)	38	16	45
Pigeon	75	22	1
Canard sauvage (1)	71	23	3
Perdrix	72	25	1,5

On vérifie d'abord dans ce tableau une règle que nous avons énoncée plus haut, à savoir que la chair des animaux qui vivent à l'état sauvage est plus compacte, plus ferme, moins riche en graisse, et par conséquent plus riche en albumine que celle des animaux élevés à l'état de domesticité. Parmi ces derniers, ceux qui sont poussés à l'engraissement arrivent à un état de surcharge graisseuse qui représente une véritable obésité pathologique. Tel est le cas des oies grasses, celles qui fournissent les foies gras pour les pâtés, dont l'organisme arrive à contenir par rapport à la chair musculaire jusqu'à 45 pour 100 de graisse, tandis que le canard sauvage, analysé comparativement, n'en fournit que 3 pour 100. Remarquons aussi que la chair du pigeon est très pauvre en graisse ; ce n'est donc pas un excès de graisse qui a pu lui valoir la réputation, sans doute mal fondée, de viande difficile à digérer.

Nous n'examinerons pas ici la question des viandes noires, rouges ou blanches. Elle viendra mieux à propos de la digestibilité des aliments et de la question des régimes.

POISSONS ET ANIMAUX INFÉRIEURS

La chair de la plupart des poissons est blanche ; des chairs rouges, comme celle du saumon, sont l'exception. Elle est en général riche en eau, surtout pour les poissons à chair maigre. La proportion de graisse partage, en effet, les poissons, au point de vue alimentaire, en deux classes nettement tranchées, ainsi que le montre le tableau suivant, qui nous apprend combien on trouve

---

(1) Pour ces divers animaux, on a analysé la chair d'une moitié du corps mêlée à la graisse fournie par cette même moitié, tandis que pour les autres on a simplement pris la chair telle qu'elle se présentait.

de grammes d'eau, d'albumine et de graisse dans 100 grammes de la chair des divers poissons pris à l'état frais.

Composition de la chair des poissons.

	EAU gr.	ALBUMINE gr.	GRAISSE gr.
Poissons gras :			
Saumon	64	22	13
Anguille (d'eau douce)	57	13	28
Hareng	75	14	9
Maquereau	71	19	8
Alose	70	19	9
Poissons maigres :			
Brochet	80	18	0,5
Morue	82	16	0,3
Sole	86	12	0,2
Carpe	77	22	1
Truite	77	19	2

On voit quelle différence très nette il y a entre les poissons gras et les poissons maigres, et combien l'analyse chimique éclaire et explique certaines différences que l'expérience culinaire et aussi les révoltes de certains estomacs avaient révélées. On comprend aisément qu'un estomac un peu délicat, qui ne supporte pas la chair d'anguille avec ses 28 pour 100 de graisse, s'accommode fort bien du filet de sole, qui n'en apporte presque pas.

Nous donnons encore ci-après la composition de la chair de quelques-uns des animaux inférieurs qui entrent dans l'alimentation de l'homme ; 100 grammes de chair (ou de l'animal) pris à l'état frais contiennent les quantités suivantes (en grammes) d'eau, d'albumine et de graisse.

Composition de quelques animaux inférieurs.

	EAU gr.	ALBUMINE gr.	GRAISSE gr.
Homard	82	14	2
Écrevisse	81	16	0,5
Crabe	80	16	1,5
Moule	84	9	1
Huître (chair)	80	9	2
Huître (liquide)	96	1,5	»
Grenouille (en conserve)	64	24	1
Escargot (cuit)	76	15	1

Ces diverses chairs, très pauvres en graisse, ne représentent donc guère qu'un apport d'albumine, plus important toutefois qu'on le croit généralement. Même la chair de l'huître, aliment qui nous paraît si aqueux, apporte encore 9 pour 100 d'albumine, moitié moins qu'un poids égal de veau cru, et c'est une albumine tendre, légère, accompagnée de sucs excitants.

CONSERVES DE VIANDES

Elles comprennent les salaisons, les viandes fumées et les viandes conservées en boîtes ou vases clos, soit par stérilisation et fermeture hermétique, soit par enrobage dans des graisses. La place nous fait défaut pour étudier ici en détail la composition et la valeur de ces produits. On se bornera donc au court tableau que voici et qui indique le nombre de grammes d'eau, d'albumine et de graisse contenus dans 100 grammes de la denrée considérée.

Composition de quelques conserves de viande et produits analogues.

	EAU	ALBUMINE	GRAISSE
	gr.	gr.	gr.
Jambon.	28	25	36
Lard salé.	9	10	76
Pâté de foie gras de Strasbourg.	46	15	34
Saucisson.	58	22	12
Morue salée et fumée.	50	27	0,3
Hareng salé.	46	18	17
Anchois salés.	58	22	2
Caviar d'Astrakan.	44	31	16

On voit que les conserves sont en général riches en albumine, quelques-unes aussi riches en graisse, et qu'elles constituent par conséquent une ressource précieuse, surtout à la campagne ou dans des temps difficiles. En général, elles ne servent que d'appoint, mais la saveur relevée de certaines d'entre elles leur confère une action de stimulation dont certains estomacs se trouvent bien. On remarquera l'extrême richesse en corps gras du pâté de foie gras, qui contient le tiers de son poids de graisse, ce qui en fait pour beaucoup de personnes un aliment difficile à digérer. Dans le même ordre d'idées, notons que l'anchois salé, qui ne contient que 2 pour 100 de graisse, est substitué avec avantage, pour beaucoup de personnes, au hareng, qui en renferme 17 pour 100. On a insisté ailleurs sur les inconvénients de l'usage immodéré des aliments salés (v. p. 9 et 10).

Digestibilité des viandes et des graisses.

Précisons d'abord ce que nous entendrons dans la suite par « digestibilité » d'un aliment. Pour le public, en général, un aliment facile à digérer est celui dont l'ingestion, même en quantité assez considérable, ne provoque pas d'accidents ou de sensations pénibles, telles que lourdeurs, sensation de plénitude et de satiété se prolongeant pendant longtemps, etc. Ce sont là des signes qui assurément constituent des renseignements précieux pour chacun de nous, mais qui ne correspondent à rien de précis, parce qu'ils ne peuvent donner lieu à aucune mesure. Une indication plus scientifique serait celle que fournirait la durée du séjour des aliments dans l'estomac ou dans telle portion du tube digestif, ou encore le temps nécessaire à la digestion complète de telle quantité de tel aliment. On trouve dans beaucoup d'ouvrages des tableaux donnant des indications de cette nature. En fait elles sont très contradictoires, et toutes les recherches faites dans ce sens ont été des plus décevantes. D'ailleurs le peu que l'on a acquis dans cette direction vient d'observations faites sur des opérés, des blessés atteints de fistules stomacales ou intestinales, c'est-à-dire sur des sujets qui n'étaient pas dans des conditions normales.

La seule manière précise d'exprimer la digestibilité d'un aliment consiste à dire dans quelle proportion il est absorbé par le tube digestif. Voici un individu auquel on donne 250 grammes de viande renfermant 50 grammes d'albumine et 20 grammes de graisse, par exemple. Combien disparaît-il de grammes de cette albumine et de cette graisse dans l'intestin ; combien au contraire traversent le tube digestif sans avoir été absorbés ? C'est là une notion précise et dont on va voir toute l'importance pratique.

Chez l'homme bien portant, toutes les espèces de viandes sont à peu près complètement digérées, même lorsque la quantité s'élève à 900 grammes et 1 000 grammes en vingt-quatre heures. C'est à peine si quelques centièmes de l'albumine passent inaltérés. Toutefois on admet en général que la viande rôtie est plus digestible que la viande crue ou bouillie. Les volailles et le veau rôtis, c'est-à-dire les *viandes blanches*, sont réputées très digestibles et sont choisies de préférence pour l'alimentation des malades. Ces différences tiennent sans doute à la délicatesse plus ou moins grande des fibres musculaires (v. p. 12), qui opposent, par conséquent, une résistance variable à l'action des sucs digestifs, et surtout à la quantité et à la nature de la graisse qui accompagne chaque viande.

Ce dernier point est particulièrement important. Disons d'abord que la *digestibilité des graisses* chez l'homme bien portant est en général bonne. Nous verrons dans la suite que 150 grammes de graisse en tout dans la ration des vingt-quatre heures représentent une consommation que l'on n'atteint guère d'une manière courante que dans les pays du Nord. Or l'expérimentation a montré que notre tube digestif est capable d'en absorber des quantités beaucoup plus considérables. Ainsi dans une expérience faite avec une ration de pain additionnée dans la journée de 214 grammes de beurre, 6 grammes seulement, soit 3 pour 100 du beurre ingéré ne furent pas absorbés. Mais avec d'autres graisses le résultat n'est plus aussi bon. Ainsi avec la graisse de mouton, qui ne fond qu'à 45-50° — chacun sait combien cette graisse se fige vite sur l'assiette — le déchet est plus considérable, et 10 pour 100 environ échappent à l'absorption. Au contraire, les graisses liquides, comme l'huile d'olive, ou facilement fusibles, comme le beurre, qui fond à 31-33°, et que la chaleur de notre corps maintient donc aisément liquide, sont plus complètement digérées.

En général notre estomac paraît avoir une certaine susceptibilité vis-à-vis des graisses, en ce sens d'abord que la graisse en quantité un peu considérable répugne promptement et qu'alors, par voie nerveuse, notre digestion se trouve arrêtée ou contrariée. Chacun de nous a pu constater sur lui-même les effets très réels de ces impressions, et on donnera plus loin des preuves de l'importance de cet ordre de sensations dans le phénomène de la digestion (v. p. 39). Les expériences de laboratoire apprennent aussi que la graisse, qui normalement n'est pas digérée par l'estomac et dont la digestion ne commence que dans l'intestin, exerce une sorte d'action de ralentissement sur le travail stomacal. Il est probable que ces actions sont plus vives selon les tempéraments et on peut s'expliquer ainsi la susceptibilité de certains estomacs vis-à-vis d'aliments riches en graisses et notamment vis-à-vis de certaines viandes ou chairs de poissons plus riches en graisses que d'autres.

LE LAIT

Pratiquement nous n'avons à tenir compte au point de vue culinaire que du lait de vache, le seul qui entre d'une manière habituelle dans l'alimentation de l'homme, en faisant abstraction, bien entendu, de la première période de sa vie, durant laquelle il ne reçoit ou ne devrait recevoir que le lait maternel ou celui de la nourrice. Exceptionnellement, cependant, l'homme consomme dans nos pays du lait de chèvre;

mais d'autres laits, celui de la jument, par exemple, ne parviennent jusqu'à nous que sous la forme de boissons fermentées (koumys) et représentent alors plutôt un médicament qu'un aliment.

Nous avons plus haut décomposé méthodiquement le lait en ses matériaux constitutifs essentiels, caséine, beurre, sucre de lait ou lactose et sels (v. p. 4). Nous compléterons ces données par l'indication de quelques propriétés du lait utiles à connaître.

Le lait est une denrée alimentaire qui s'altère avec une extrême facilité. Même recueilli avec une propreté minutieuse, et plus encore quand il est manipulé, comme il arrive souvent, par des mains malpropres et dans des vases suspects, il porte avec lui des germes venant de l'air et qui lui font subir assez vite une modification importante. Sous l'action du ferment du lait aigri, le *ferment lactique*, il devient peu à peu acide, parce qu'une partie de son sucre de lait est transformée par ce germe en acide lactique. Lorsque la quantité d'acide produite a atteint une certaine limite, ce corps coagule la caséine, c'est-à-dire fait passer le fromage du lait de l'état liquide à l'état de grumeaux solides. On dit alors que le lait est *caillé*. Cette fermentation acide est beaucoup plus rapide à 15-25° qu'à une température voisine de 0°, c'est pourquoi le lait se caille beaucoup plus vite en été qu'en hiver. On retarde cet accident en faisant bouillir le lait (c'est-à-dire en tuant le ferment lactique); mais parfois cet essai de sauvetage précipite le désastre que l'on voulait éviter, car il peut arriver que la quantité d'acide fabriquée par le ferment soit encore insuffisante pour coaguler le lait à froid, mais suffise pour le coaguler à chaud.

Ajoutons que ce lait caillé jouit dans beaucoup de régions, du moins à la campagne et en été, d'une grande faveur et que, consommé en petite quantité (une tasse à thé environ, prise vers cinq heures du soir), il constitue, pour ceux dont l'estomac l'accepte, un bon remède contre la constipation.

Tirons encore de ces observations un enseignement, c'est que, dans les préparations culinaires, le lait s'accommode mal, surtout à chaud, du mélange avec un acide ou un aliment acide quelconque.

Le lait subit un autre genre de coagulation : celle qui l'attend peu après son entrée dans l'estomac. Le suc gastrique de chaque mammifère sécrète un ferment apte à coaguler le lait, et particulièrement celui de la même espèce animale. C'est là un phénomène absolument normal, et c'est à tort que l'on explique parfois tel accident gastro-intestinal consécutif à une ingestion de lait en disant que ce lait « a tourné sur l'estomac ». Le premier devoir d'un estomac bien organisé est, au contraire, de faire tourner le lait qu'il reçoit. C'est cette propriété qu'utilisent les fromagers quand ils se servent de la présure, c'est-à-dire du contenu de la « caillette » ou quatrième estomac du jeune veau, pour la fabrication du fromage.

La rapide altération du lait et le danger qu'il peut présenter au point de vue de la transmission de certaines affections telles que la tuberculose peuvent être combattus par la *stérilisation*. Il y aurait beaucoup à dire sur ce point ; mais, comme la seule stérilisation que l'on pratique en matière culinaire est l'ébullition, nous nous bornerons à quelques indications à ce sujet. Cette stérilisation est très efficace à condition que l'ébullition soit prolongée pendant quelques minutes. Lorsque le lait « monte » pour la première fois, ce phénomène est dû au départ des gaz qui, en s'échappant, font mousser et soulèvent le liquide, mais la température n'a pas encore atteint 100° et les germes dangereux ne sont pas à ce moment sûrement tués. Il faut alors retirer le lait du feu, rompre ou écarter avec une cuiller le chapeau de mousse qui le couvre, puis remettre sur le feu. On voit alors, quelquefois après une dernière montée, s'établir un bouillonnement tranquille qui est la vraie ébullition du lait.

Le lait de vache, le seul qui intervienne pratiquement dans les préparations culinaires, contient par litre les matériaux suivants :

	LAIT MOYEN gr.	LAIT RICHE gr.
Albumine (caséine)...	35	40 à 45
Graisse (beurre).....	36	45 à 50
Sucre de lait.......	50	50 à 60
Sels...........	0,8	1,2

On voit donc qu'un litre de lait moyen apporte à peu près 120 grammes de matériaux nutritifs et 880 grammes d'eau. C'est donc un aliment assez aqueux et volumineux.

Le lait est un aliment complet, puisqu'il suffit à lui seul à l'entretien et à l'accroissement du jeune mammifère ; mais cela n'est vrai d'une manière absolue que pour le nouveau-né recevant le lait de l'espèce correspondante. Plus on avance dans l'étude du lait et de la nutrition en général, plus on constate avec quelle précision chaque lait est adapté aux besoins de l'être qui doit le consommer. Ne citons ici qu'un exemple de cette adaptation. L'analyse montre que l'on trouve en moyenne :

Dans un litre de lait de femme.......	15 grammes d'albumine.
— — de vache	36 — —
— — de chienne	74 — —
— — de lapine	104 — —

Ces différences énormes s'expliquent quand on compare la vitesse d'accroissement des êtres qui doivent normalement consommer ces laits. En effet :

Un enfant double son poids en........	180 jours.
— veau — —	47 —
— petit chien — —	9 —
— petit lapin — —	6 —

L'albumine constituant la matière première la plus importante des tissus nouveaux à construire, on conçoit que les nouveau-nés aient besoin d'un lait d'autant plus riche sous ce rapport qu'ils doivent augmenter plus rapidement leur poids. Une telle adaptation se poursuit dans des détails d'ordre bien plus délicat encore, et cette précision est la raison profonde des difficultés que nous rencontrons quand, rompant l'ordre établi par la nature, nous faisons servir le lait d'une espèce (vache, par exemple) à la nourriture d'une autre espèce (enfant).

Il est clair que chez l'adulte, qui n'emploie le lait de vache que comme complément de sa ration, on ne se heurte plus aux mêmes difficultés ; mais on les voit reparaître quand on essaye de faire du lait l'aliment unique, c'est-à-dire quand on institue le *régime lacté absolu*.

Inconvénients et avantages du régime lacté absolu. — Un gros inconvénient du régime lacté est d'abord le volume considérable de la ration, qui doit être portée à 3,5 ou 4 litres de lait par jour, et une telle quantité, outre qu'elle répugne promptement, fatigue le tube digestif chez beaucoup de personnes. De plus, l'expérience montre que le régime lacté absolu, même lorsqu'il est bien supporté, est le plus souvent suivi, au bout d'un certain temps, de sensations de fatigue, de pâleur, d'amaigrissement. On se sent mou, sans élan, sans vigueur. La raison de ces phénomènes ne peut être indiquée avec précision. Évidemment le lait, qui suffit au nouveau-né, n'apporte pas tout ce qui est nécessaire à l'adulte.

Parmi les matériaux qui manquent, il faut ranger probablement le fer. Le lait est un des aliments les plus pauvres en fer que nous connaissions. Le nouveau-né est adapté à cet état de choses, car il apporte avec lui au moment de la naissance une provision de fer qu'il utilise peu à peu, pendant la période de l'allaitement. Mais pour l'adulte cette pauvreté en fer fait du lait un aliment anémiant. Du moins il est permis de le croire, lorsqu'on considère ce qui se passe chez des enfants ou des animaux dont on prolonge l'allaitement (ou la nourriture au lait) au delà des limites ordinaires. Les médecins sont unanimes à constater que les enfants qui sont nourris au sein jusqu'à quinze ou dix-huit mois et même deux ans — ainsi que la chose se pratique dans les pays slaves et chez les populations du midi — sont chétifs, anémiés et marchent tardivement. De même, les adultes nourris exclusivement au lait deviennent pâles, s'essoufflent vite et présentent des signes d'anémie.

En dépit de ces inconvénients, le lait est un facteur précieux dans notre alimentation, puisque nous corrigeons sans cesse ce qu'il peut avoir de défectueux par l'adjonction d'autres aliments. Chez les malades sa grande qualité est qu'il constitue *l'alimentation la plus antiseptique* qui soit connue. Sous ce rapport le lait est aux antipodes des viandes noires, du gibier, surtout du gibier faisandé, des fromages avancés. C'est avec le lait que les phénomènes de putréfaction postdigestive sont réduits à leur minimum et que l'on risque le moins de produire par des fermentations intestinales ces substances toxiques nuisibles à l'organisme et surtout au rein. Aussi le régime lacté plus ou moins complet est-il indiqué chaque fois que le rein est touché.

Digestibilité du lait. — Elle est en général très bonne. En donnant deux litres de lait à un homme on a constaté que le sucre de lait est entièrement absorbé et que 6 à 7 pour 100 seulement de la quantité d'albumine et 4 pour 100 de beurre traversent l'intestin en échappant à l'absorption. On n'a pas constaté chez l'adulte de différences sensibles, sous ce rapport, entre le lait cru et le lait bouilli. Chez le nouveau-né, la question est plus complexe, mais elle est en dehors du cadre que nous nous sommes tracé pour cet exposé.

Ajoutons encore que le fromage ajouté au lait améliore la digestibilité de ce dernier chez beaucoup d'individus, c'est-à-dire en rend l'absorption plus complète.

LE BEURRE ET LE FROMAGE

La rapidité avec laquelle le lait s'altère a de bonne heure amené les hommes à extraire de ce liquide une partie des matériaux nutritifs qu'il contient et à les mettre dans un état qui leur assure une plus longue conservation. Ces matériaux sont le beurre et le fromage. Ajoutons immédiatement que le lait tout entier peut être mis en état de conservation sous la forme de lait stérilisé ou de lait condensé.

Beurre. — Le beurre moyen, pris au marché, ne renferme guère que 82 à 85 pour 100 de graisse pure, le reste étant représenté par un peu de caséine et surtout par de l'eau, de 12 à 15 pour 100. Certains beurres, mal exprimés ou même intentionnellement manipulés d'une certaine façon, contiennent jusqu'à 30 et même jusqu'à 37 pour 100 d'eau. Inutile d'ajouter que, malgré leur prix relativement bas, ils sont plus chers que les beurres les plus coûteux, puisque par kilogramme de beurre on paye près d'une demi-livre d'eau au prix du beurre.

Abandonné à lui-même, le beurre, surtout quand il est mal lavé, devient acide et prend le goût de rance. Salé à raison de 30 grammes de sel par kilogramme, il se conserve pendant longtemps, mais en perdant les qualités de finesse que l'on réclame d'ordinaire du beurre de table. Comme beurre de cuisine, il reste une ressource précieuse, mais la présence du sel en interdit l'emploi pour diverses préparations culinaires. Dans certains pays on conserve aussi à l'état fondu le beurre destiné à la cuisine.

La *digestibilité* du beurre est excellente. On a dit plus haut combien sont grandes les quantités de beurre qu'un intestin normal peut maîtriser et absorber sans difficulté et presque sans perte, ce qui tient sans doute à son point de fusion, qui est très bas, 31-33°. Il représente — lui ou la crème d'où il provient — un des moyens les plus efficaces pour fournir à l'organisme sous un petit volume et sous une forme facilement acceptée l'aliment gras si remarquable par son pouvoir calorifique (v. p. 53).

Fromages. — Le fromage est généralement obtenu en coagulant le lait avec la présure, et le caillot formé emprisonne et emporte avec lui la majeure partie du beurre. Cette masse est alors traitée diversement, salée ou épicée, plus ou moins comprimée et soumise à une maturation de durée variable. On obtient ainsi les diverses sortes de fromages. Au point de vue alimentaire, une distinction importante doit être faite d'abord parmi ces produits, selon la quantité de matière grasse qu'ils renferment et qui dépend, bien entendu, de la composition du lait employé à le fabriquer. Sous ce rapport, on divise les fromages en quatre catégories :

1° *Fromages de crème* ou *ultra-gras;* ils sont préparés à l'aide de la crème ou du lait entier (c'est-à-dire non écrémé) additionné de crème. Ces fromages contiennent plus de graisse (beurre) que de caséine. — Type : *gervais*.

2° *Fromages gras;* ils sont faits avec le lait riche complet et contiennent *à peu près* autant de graisse que de caséine. — Types : *brie, camembert, port-salut*.

3° *Fromages demi-gras;* ils sont préparés avec un mélange de lait partiellement écrémé (lait du soir, écrémé douze heures après) et de lait complet du matin. Ils renferment sensiblement moins de graisse que de caséine. — Types : *gruyère, hollande*.

4° *Fromages maigres;* ils sont obtenus avec du lait plus ou moins écrémé et sont pauvres en graisse. — Type : *parmesan*.

Au point de vue hygiénique, il faut séparer les fromages fortement épicés ou que l'on ne consomme que très avancés de ceux qui ont un goût moins prononcé. La maturation de tout fromage est une œuvre microbienne, c'est-à-dire une sorte de fermentation ou de putréfaction spéciale. Selon la nature des microbes et les conditions de la maturation, les effets produits sont, abstraction faite de la question de goût, plus ou moins favorables à l'alimentation. Le résultat bienfaisant est que les matières albuminoïdes, subissant une sorte de digestion, se transforment en peptone; d'autre part, des substances sapides prennent naissance qui rendent l'aliment plus agréable et facilitent sa digestion. Les inconvénients sont que cette fermentation crée des produits toxiques, irritants pour le tube digestif et sans doute aussi pour le rein, et ce sont surtout ces toxines qui classent certains fromages « hauts en goût » parmi les aliments que beaucoup de personnes doivent s'interdire.

Pour terminer, nous donnons la composition moyenne des divers types de fromages, c'est-à-dire le nombre de grammes d'eau, d'albumine et de graisse que l'on trouve dans 100 grammes de chacun de ces produits.

Composition de quelques types de fromages.

	EAU gr.	ALBUMINE gr.	GRAISSE gr.
Fromages ultra-gras :			
Gervais.	53	12	30
Fromages gras :			
Brié.	50	19	26
Camembert.	52	19	21
Port-salut.	48	24	24
Chester.	34	28	27
Fromages demi-gras :			
Gruyère.	36	30	24 à 30
Hollande.	37	32	24
Fromages maigres :			
Parmesan.	32	41	16 à 20

Tous ces fromages contiennent aussi un peu de sucre de lait, mais en quantité pratiquement insignifiante.

Digestibilité du fromage. — Les physiologistes ont étudié surtout la digestibilité du fromage en même temps que celle du lait. Elle est en général très bonne. Une quantité de 200 grammes de fromage, ajoutée dans divers essais sur l'homme à des quantités moyennes de lait, a été très bien digérée et a augmenté, ainsi qu'on l'a dit à propos du lait, le coefficient d'absorption de ce dernier. Ajouté à des aliments féculents, il en a également amélioré l'absorption. Peut-être est-ce la raison physiologique de l'usage qu'on fait du fromage après les repas copieux. On lui attribue en général, lorsqu'il est pris en petite quantité, une action favorable sur la digestion. Déjà Shakspeare fait dire à Achille, dans *Troïle et Cressida :* « Eh! mon fromage, ma poudre digestive! »

Le fromage est, par sa richesse considérable en albumine et souvent en graisse, et par sa facile absorption, un aliment de premier ordre. Dans les classes moins aisées de la population, il représente dans la ration un appoint précieux et parfois considérable. Enfin pour le voyageur, le touriste, il est souvent, dans les régions pauvres et à l'écart, l'une des rares ressources sur lesquelles ils puissent compter.

LES ŒUFS

C'est surtout l'œuf de poule qui entre dans notre alimentation. Les œufs de canard, d'oie et de dinde sont consommés plus rarement; ceux de vanneau constituent une exception. Le long des côtes, l'œuf de mouette entre aussi parfois dans l'alimentation de l'homme.

Le poids de l'œuf de poule varie entre 45 et 70 grammes; le poids moyen est de 53 grammes. L'œuf d'oie pèse de 120 à 180 grammes, celui du canard 70 grammes, celui du vanneau 25 grammes, celui de la mouette de 90 à 120 grammes. En général l'écaille représente 12 pour 100 du poids total, le blanc 58 pour 100, et le jaune 30 pour 100. Un œuf moyen de 53 grammes donne donc 6 grammes d'écaille, 31 grammes de blanc et 16 grammes de jaune. Si l'on choisit les œufs dans la belle moyenne, on peut admettre qu'ils pèsent, défalcation faite du poids de la coquille, 50 grammes (au lieu de 47 pour l'œuf moyen), c'est-à-dire que deux beaux œufs représentent 100 grammes d'œuf net.

Comme l'œuf fécondé et couvé donne naissance au bout d'un certain temps à un organisme très analogue au nôtre, muni de son sang, de ses muscles, de son système nerveux, de ses os, etc., et que tout cela est sorti des matériaux de l'œuf sans aucun secours extérieur, on peut conclure de là, sans plus, à la haute valeur alimentaire de l'œuf, et l'examen de sa composition vérifie bien cette conclusion.

Voici les poids d'eau, d'albumine et de graisse que contiennent respectivement 100 grammes de blanc, 100 grammes de jaune et 100 grammes d'œuf total (blanc et jaune).

	EAU	ALBUMINE	GRAISSE
	gr.	gr.	gr.
Blanc d'œuf .	86	13	—
Jaune d'œuf . .	51	16	32
Œuf total. . . .	74	12,5	12

On voit donc que le *blanc* est beaucoup plus aqueux que le jaune et qu'il ne contient que de l'albumine (et des sels, mais en petite quantité).

Le *jaune*, au contraire, renferme à la fois de l'albumine et une quantité considérable de graisse, accompagnée d'autres substances très précieuses pour la nutrition. C'est que le jaune constitue le véritable centre du développement du futur poulet, le blanc ne représentant en somme qu'une réserve, qu'un grenier d'albumine. Ces autres substances sont des phosphates, de la potasse, de la chaux, du fer et des matériaux phosphorés rentrant dans la catégorie de ces aliments mystérieux ou mal connus dont il a été question plus haut (v. p. 10) et dont l'importance est sans doute considérable. Le jaune, qui représente donc la partie la plus riche de l'œuf, constitue un aliment précieux, surtout pour les enfants, les vieillards et les convalescents. Il s'incorpore facilement au bouillon, au lait, au café, en ajoutant aux qualités propres à ces liquides sa saveur fine et agréable.

L'œuf représente donc sous un petit volume un apport de « force » considérable ; deux œufs d'une belle moyenne, soit donc 100 grammes d'œuf net, apportent autant d'albumine et de graisse que 350 grammes de lait ; ils fournissent autant d'albumine et quatre à cinq fois plus de graisse que 50 grammes de viande de bœuf moyennement grasse.

Digestibilité des œufs. — Les œufs sont rarement consommés à l'état cru ; ils sont d'ailleurs moins facilement digérés que les œufs cuits, et, comme le blanc d'œuf cru ingéré en quantité un peu considérable provoque parfois le départ d'un peu d'albumine par les reins, certaines personnes doivent s'interdire de consommer les œufs à cet état. En général, c'est l'œuf à la coque mollet, l'œuf en omelette ou l'œuf coagulé en fins grumeaux (œuf battu dans un liquide chaud quelconque) qui est le plus facilement digéré. La perte en « non digéré » est tout à fait insignifiante, à peu près 2 pour 100. L'œuf dur, avec son albumine coagulée en masse compacte, est plus résistant, à moins qu'il ne soit divisé avec beaucoup de soin. L'observation montre que les œufs produisent plus vite qu'une quantité équivalente de viande la sensation de satiété, sans qu'on sache à quoi attribuer ce phénomène.

ALIMENTS D'ORIGINE VÉGÉTALE

Tandis que les aliments composés d'origine animale — à l'exception du lait — renferment surtout, en tant qu'aliments simples, de l'albumine et de la graisse, les denrées alimentaires végétales nous apportent, au contraire, de l'albumine et des hydrates de carbone ou matières féculentes et sucrées. Il y a bien des graines ou des fruits qui sont riches en graisse, comme l'olive par exemple, mais ils interviennent dans notre alimentation par l'huile qu'en extrait l'industrie beaucoup plus qu'en nature. En fait, et en faisant abstraction de certaines régions très restreintes, *nos aliments végétaux nous apportent surtout de l'albumine et des matières féculentes et sucrées.*

Il y a entre les deux catégories d'aliments composés une autre différence essentielle au point de vue pratique. Dans les végétaux les principes nutritifs ne sont pas en quelque sorte à l'état de liberté et directement accessibles à l'action des sucs digestifs. Ils sont, au contraire, enfermés dans des enveloppes de cellulose (1) assez compactes et qui ne se laissent entamer qu'assez difficilement. Aussi est-il nécessaire pour presque tous ces aliments — et avantageux pour tous — de les soumettre à la cuisson, qui fait éclater ces enveloppes et met à nu les substances alimentaires qu'elles contiennent. En outre, ces parois de cellulose, et un grand nombre d'autres matériaux que nous apportent les végétaux, sont réfractaires à la digestion, et leur ensemble constitue dans le tube digestif des résidus bien plus volumineux que ceux fournis par le régime animal. Nous montrerons plus loin l'importance capitale de ce fait pour l'hygiène de l'alimentation. Enfin l'alimentation végétale nous apporte une grande quantité de sels. On a déjà exposé l'une des conséquences de ce phénomène à propos de l'habitude que nous avons de saler nos aliments (v. p. 8). On en dira plus loin une autre, d'importance capitale au point de vue du choix de notre régime (v. p. 48).

Nous étudierons dans ce qui suit : 1° les céréales, les farines et le pain ; 2° les graines de légumineuses (haricots, pois, lentilles, etc.); 3° les racines et les tubercules (pommes de terre, carottes, navets); 4° les légumes, les herbes et les salades; 5° les fruits.

LES CÉRÉALES, LES FARINES ET LE PAIN

Les céréales, auxquelles nous empruntons à l'heure actuelle surtout le froment et le riz, et qui nous fournissent aussi le seigle,

---

(1) La cellulose est représentée, par exemple, par la substance blanche qui sépare et habille les quartiers d'orange. Le coton, le papier sont constitués par de la cellulose à peu près pure.

l'orge, l'avoine et le maïs, occupent la place la plus considérable dans le groupe des aliments végétaux, et leur importance dans l'alimentation de l'homme ne saurait être prisée assez haut. On a dit très justement qu'avec la culture des céréales commence à proprement parler la période de civilisation du genre humain, car c'est elle qui fixa l'homme à la glèbe et mit ainsi fin à sa vie nomade.

La valeur nutritive des céréales est considérable, ce qui n'a rien de surprenant si l'on réfléchit à ce fait que nous consommons la graine de ces plantes, c'est-à-dire, en somme, un œuf, un organe dans lequel la plante mère a déposé toutes les réserves nécessaires à la formation du nouvel être. Nous ne donnerons pas ici la composition de ces graines, car, sauf pour le riz, dont il sera question plus loin, nous ne consommons guère que le produit de la mouture de ces graines, les farines.

La *farine de froment*, qui sert aujourd'hui presque exclusivement à la fabrication du pain dans nos pays et qu'on emploie surtout dans l'art culinaire, peut nous servir de type pour toutes les autres. Elle contient, à côté d'une très petite quantité de graisse, d'un peu de son et de quelques sels, de l'eau, une albumine spéciale, le *gluten*, et de l'amidon, c'est-à-dire un hydrate de carbone. Rien n'est plus simple de séparer ces deux matériaux. Faisons, en effet, avec de la farine et de l'eau, un pâton de la grosseur d'un œuf; puis, après l'avoir laissé reposer un peu, pétrissons-le dans la main, sous un mince filet d'eau coulant dans une terrine. L'eau qui s'écoule devient laiteuse et laisse déposer après un repos suffisant une couche d'amidon, tandis que dans la main il reste, après un pétrissage suffisant, une masse grisâtre, élastique et molle, représentant le gluten; 100 grammes de farine contiennent de 10 à 12 grammes de gluten et de 72 à 75 grammes d'amidon, avec 12 à 13 grammes d'eau, environ 1 gramme de graisse et quelques sels, principalement des phosphates. C'est le gluten qui fait que la farine peut donner avec l'eau une *pâte liée*, c'est lui aussi qui constitue la trame résistante et élastique du pain.

L'*orge perlé* est formé de grains d'orge simplement débarrassés de leur enveloppe. Dans le *gruau d'orge* et dans le *gruau d'avoine*, ces grains sont en outre moulus. Ces gruaux ont à peu près la même composition que la farine de froment.

Le pain. — L'homme emprunte au pain, si l'on en croit la statistique, à peu près la moitié et, dans les classes moins aisées, jusqu'aux deux tiers des matériaux alimentaires dont il a besoin. On ne décrira pas ici en détail l'opération de la panification. Disons simplement qu'elle consiste dans ce fait que la levure que l'on incorpore à la pâte fait fermenter la petite quantité de sucre qui accompagne l'amidon et la transforme en alcool et en gaz carbonique. C'est ce dernier qui gonfle et fait « lever » la pâte. Quand cette pâte est ensuite cuite à 200°-250°, la couche périphérique, promptement saisie par la chaleur, est coagulée et durcie, et la croûte formée empêchant la sortie des gaz et de la vapeur d'eau, l'intérieur du pain reste tendre et mou, en même temps que les bulles de gaz emprisonnées augmentent encore de volume et complètent la formation des pores du pain. En outre, une partie de l'amidon est transformée en empois et devient ainsi plus accessible à l'action des sucs digestifs, tandis que dans la croûte prennent naissance des corps analogues au caramel qui dorent la surface du pain et lui donnent son arome particulier.

Le pain de froment de bonne qualité contient dans 100 grammes les matériaux que voici :

Eau.	34 à 35 grammes	
Albumine (gluten).	7	—
Matière féculente (amidon).	55	—
Graisse.	0 gr. 2	
Sel.	1	—

On voit donc que le pain apporte, à côté de l'eau (1/3 du poids du pain frais), principalement de l'amidon et secondairement de l'albumine. Remarquons en passant que l'on peut incorporer au pain une quantité d'eau bien plus considérable que les 34-35 pour 100 signalés plus haut. Il suffit pour cela d'enfourner le pain dans un four très chaud, afin d'en saisir la surface très promptement. Le pain retient alors jusqu'à 40 et 42 pour 100 d'eau, fraude d'autant plus condamnable qu'elle atteint surtout les pauvres gens. A. Gautier a calculé que chaque 1 pour 100 d'eau, en plus des 34 pour 100 qui devraient être réglementaires, correspond par jour, à Paris, à 13 500 livres d'eau, vendues à l'ouvrier parisien au prix du pain, c'est-à-dire à raison de 47 centimes et demi le kilogramme !

Le *pain noir* est fabriqué avec de la farine de seigle, et le *pain bis* avec un mélange de farine de froment et de seigle.

Notons encore le *pain complet*, fait avec le grain de froment ou de seigle entier, sans élimination du son, et le *pain dit de Graham*, fort en vogue dans les pays anglo-saxons, fait avec du son, sans levure, tous deux recommandés contre la constipation.

Digestibilité du pain. — Elle varie énormément selon la qualité du pain et est toujours bien meilleure pour la partie « amidon » que pour la partie « albumine ». Dans des expériences faites sur du *pain blanc* et où la ration ingérée était exclusivement composée de 450 à 770 grammes de pain, on a constaté que l'amidon avait été digéré à 1 pour 100 près, mais l'albumine (c'est-à-dire le gluten) à 20 pour 100 près seulement. Le cinquième de l'albumine a donc échappé à la digestion et a traversé le tube digestif sans être atteint. Avec le *pain noir*, cette perte en gluten non digéré s'élève à 22-32 pour 100 et atteint par conséquent presque le tiers. Elle s'élève même à 42 pour 100 avec le pain de seigle du soldat allemand, que se rappellent tous ceux qui ont vu l'invasion allemande en 1870. Le pain complet et le pain de Graham se comportent à peu près de même. Enfin avec le *pain bis* la perte est intermédiaire.

On voit donc qu'il est pécuniairement plus avantageux de se nourrir de pain blanc que de pain noir, malgré la différence de prix. Par contre, ces pains incomplètement utilisés, pain noir, pain complet, ont l'avantage d'accélérer et de faciliter la progression du contenu intestinal dans l'extrémité inférieure du tube digestif. Nous touchons ici à la question des avantages et des inconvénients du régime végétal, que nous aurons à exposer plus loin.

Le *maïs* n'entre guère dans l'alimentation de nos populations françaises, mais le *riz* y tient une place assez importante. Le riz décortiqué, tel que nous le consommons, renferme, avec 13 pour 100 d'eau, 8 pour 100 d'albumine et 77 pour 100 d'amidon. C'est un aliment précieux, facile à digérer, et s'il présente l'inconvénient de faciliter la constipation, par contre il est, par sa faible teneur en sels, l'un des aliments qui imposent au rein le moindre travail (v. p. 9). Ce n'est pas un aliment complet, si importante que soit la place que lui font les Orientaux dans leur alimentation. Il est nécessaire d'ajouter aux aliments de ce genre, riz, maïs, de la graisse et de les rendre un peu plus riches en albumine. C'est ce que font les Italiens avec leur polenta au fromage et les Orientaux par des additions du même genre.

Les *fécules exotiques*, comme le *tapioca*, le *sagou*, contiennent, à côté de 16 pour 100 d'eau, 82 pour 100 d'amidon, c'est-à-dire qu'elles n'apportent guère que l'aliment féculent. Elles sont très bien digérées, mais il faut se rappeler que, cuites à l'eau, elles absorbent des quantités considérables de cette dernière et se gonflent énormément, si bien que nous en consommons en réalité beaucoup moins que nous ne le croyons.

Les *pâtes*, telles que les *nouilles*, les *macaronis*, représentent un aliment plus riche. Elles renferment, telles que nous les achetons, pour 100 grammes :

EAU	ALBUMINE	MATIÈRES FÉCULENTES
13 gr.	9 gr.	77 gr.

Elles sont en général très bien digérées.

LES LÉGUMINEUSES

Les légumineuses, représentées surtout par les *haricots*, les *pois*, les *lentilles*, constituent l'aliment le plus riche que le règne végétal mette à notre disposition. Ces graines renferment, en effet, autant et même plus d'albumine que l'aliment animal le plus riche, c'est-à-dire la viande, et nous apportent en sus une quantité considérable d'aliments féculents.

Voici d'ailleurs ce que l'on trouve dans 100 grammes de ces divers aliments.

Composition des légumineuses.

	EAU	ALBUMINE	MATIÈRES FÉCULENTES	CELLULOSE
	gr.	gr.	gr.	gr.
Haricots (Soissons)...	15	24	49	7
Pois cassés........	13	21	61	2,5
Petits pois........	78	6,5	12	1,8
Lentilles..........	12	26	53	4

On n'a point tenu compte dans ce tableau d'une petite quantité de graisse (de 1 à 2 pour 100) et des sels (de 2 à 3 pour 100).

On voit que, outre une quantité d'albumine très considérable, les légumineuses apportent encore la moitié de leur poids en matières féculentes. Peu d'aliments sont aussi riches. D'ailleurs, ne sait-on pas que la fameuse « Revalescière du Barry », qu'on a tant vantée à nos pères, n'est autre chose que de la farine de lentilles? Seuls les petits pois, que nous consommons à l'état de graines non encore mûres et par conséquent très aqueuses, font exception à cette règle. Pourtant, malgré leur valeur nutritive considérable et leur prix modique, les légumineuses n'occupent pas dans l'alimentation le même rang que le pain et les pommes de terre, par exemple. C'est que leur usage ne va pas sans certains inconvénients. Lorsque ces aliments sont cuits dans l'eau bouillante, la fécule crue qu'ils contiennent se transforme en empois et toute la masse absorbe une quantité d'eau considérable, si bien qu'à 300 grammes de pois cassés, par exemple, transformés en purée, est venu s'ajouter finalement près d'un litre d'eau (v. aussi p. 73). Le volume considérable qu'acquièrent ainsi les légumineuses fait qu'on n'en peut consommer que difficilement de grandes quantités. De plus, ces aliments déterminent chez beaucoup de personnes des ballonnements pénibles. Notons encore que les légumineuses ne deviennent bien tendres que lorsqu'on les fait cuire avec de l'eau peu riche en sels de chaux. Les eaux dites « dures », c'est-à-dire riches en chaux, durcissent les légumineuses et surtout les haricots.

Digestibilité des légumineuses. — L'expérience montre ici très nettement l'influence considérable qu'exerce sur le degré de digestibilité d'un aliment l'état physique sous lequel il est offert. Des expériences précises ont montré qu'avec les lentilles et les haricots simplement bouillis, mais non écrasés au préalable, le tiers, soit 30 à 40 pour 100 environ, de l'albumine passe à travers le tube digestif sans être absorbé. Au contraire, par des recherches qu'il institua sur lui-même, un physiologiste allemand a fait voir que les haricots et les pois *réduits en farines* sont bien mieux utilisés, et que 15 à 17 pour 100 seulement de l'albumine restent dans les parties réfractaires. Dans ces conditions ces aliments sont donc utilisés par le tube digestif aussi bien que le pain ou les pâtes de bonne qualité.

LES RACINES ET LES TUBERCULES

Ces aliments, qui comprennent les *pommes de terre*, les *carottes* et les *navets*, sont bien moins riches en matériaux utiles que les précédents, puisque leur teneur en eau s'élève jusqu'à 75-90 pour 100 de leur poids. Ils sont, de plus, pauvres en albumine et ne valent guère que par la proportion de substances féculentes qu'ils apportent.

Voici ce que contiennent 100 grammes de chacun d'eux.

Composition des racines et des tubercules.

	EAU	ALBUMINE	MATIÈRES FÉCULENTES ET SUCRÉES	CELLULOSE
	gr.	gr.	gr.	gr.
Pommes de terre.	75	2	21	1
Carottes.	87	1	9	1,5
Navets.	89	1,5	7	1

Les 21 grammes de matières féculentes contenus dans 100 grammes de pommes de terre sont représentés par la fécule; mais sur les 9 grammes fournis par la carotte il y a près de 7 grammes de sucre, et sur les 7 grammes apportés par le navet 4 grammes sont également constitués par du sucre; ce qui explique la saveur un peu sucrée qu'ont ces deux espèces de racines.

La *pomme de terre* a pris dans notre alimentation une place considérable, et la faveur dont elle jouit s'explique par plusieurs raisons, d'après Munk. D'abord sa récolte est très abondante, 1 200 à 1 600 kilos par hectare, de sorte que l'hectare de pommes de terre produit presque deux fois plus d'albumine et quatre fois plus de matière féculente que la même surface en céréales. Ensuite, la pomme de terre se conserve très bien, avec cette restriction cependant que vers la fin de l'hiver une partie de l'amidon s'est transformée en sucre, ce qui donne naissance à une saveur douceâtre déplaisante. Ajoutons encore que la pomme de terre doit être conservée dans un endroit ni trop chaud ni trop froid, car la congélation transforme une partie de l'amidon en sucre, et une atmosphère trop chaude provoque la germination, laquelle s'accompagne aussi d'une production de sucre.

La pomme de terre présente en outre cet avantage de devenir comestible et savoureuse par une série très variée de préparations culinaires, rapides et peu coûteuses et que chacun connaît. Quand elle est bouillie avec de l'eau, la fécule qu'elle contient se gonfle en absorbant de l'eau, et notamment celle des sucs cellulaires de la pomme de terre elle-même. Par conséquent, plus cette dernière est riche en fécule, plus elle paraît, après la cuisson, pauvre en eau, sèche et « farineuse ». Au contraire, une pomme de terre pauvre en fécule se gonfle peu et paraît humide et aqueuse après la cuisson. L'aspect d'une pomme de terre bouillie permet donc d'apprécier à peu près sa richesse en fécule. On a expliqué plus haut (p. 8) la raison pour laquelle la pomme de terre est l'un des aliments végétaux que notre instinct nous pousse à saler le plus fortement.

Les *carottes*, les *navets* et les autres racines (scorsonères, panais, etc.) ont bien moins d'importance dans l'alimentation de l'homme que la pomme de terre. Le tableau de la page 33 montre que ces racines sont très aqueuses et constituent, par conséquent, plus encore quand elles sont cuites, des aliments très volumineux.

Digestibilité des racines et des tubercules. — On a étudié surtout la *digestibilité de la pomme de terre;* la question présente, en effet, un intérêt d'ordre social considérable, puisque ce tubercule représente un appoint important dans l'alimentation du peuple, surtout à la campagne, et que certaines populations en font leur nourriture presque exclusive : on sait que lorsque la pomme de terre manque en Irlande, la famine menace le pays. L'expérience la plus précise sur ce point a été faite par un médecin allemand sur un robuste soldat bavarois, originaire du Palatinat, et habitué dès son enfance à consommer des quantités considérables du précieux tubercule. On lui en donna à satiété pendant toute une journée avec du sel ou du beurre, à l'huile et au vinaigre, frits ou rôtis. Bref il en mangea toute la journée et parvint finalement à en consommer de 3 kil. à 3 kil. 1/2; mais l'analyse montra que le *tiers* de l'albumine de cette colossale ration resta non absorbée et fut perdue avec les résidus de la digestion. De la fécule, au contraire, il ne se perdit que 7 p. 100. Nous touchons ici à l'une des causes qui font l'infériorité du régime végétarien, à savoir le volume considérable de la masse alimentaire, d'où résulte une perte en « non digéré » très considérable. Nous y reviendrons plus loin (v. p. 49).

Réduite en *purée*, la pomme de terre est au contraire bien mieux utilisée. L'albumine est alors absorbée dans la proportion des quatre cinquièmes et la fécule presque entièrement, résultat qui est en bon accord avec ce fait que la purée de pomme de terre est en général bien tolérée par les malades et les convalescents.

Quant aux *carottes*, elles sont mal utilisées chaque fois qu'on les consomme en quantité considérable. Ainsi un adulte ayant ingéré, en une journée, 2560 grammes de carottes, on constata que 39 pour 100 de l'albumine et

18 pour 100 des matières féculentes échappèrent à la digestion. C'est le résultat le plus médiocre que l'on ait observé dans des expériences de ce genre. Il tient à la grande richesse des carottes en eau et au volume considérable d'une telle ration.

LES LÉGUMES, LES HERBES ET LES SALADES

On range dans cette classe une série de parties végétales encore jeunes et en pleine voie de développement, telles que des feuilles, des tiges, des racines, des semences. Ici, nous sommes en présence d'aliments encore plus aqueux et moins riches que les racines et les tubercules. La quantité d'eau s'élève à 90 ou 95 pour 100 du poids total, et les matériaux réellement nutritifs sont réduits à 5-8 pour 100.

Le tableau suivant donne la composition de 100 grammes de chacun d'eux.

Composition des légumes, herbes et salades.

	EAU	ALBUMINE	MATIÈRES FÉCULENTES	CELLULOSE
	gr.	gr.	gr.	gr.
Choux-fleurs. .	91	2,5	5	1
Choux blancs. .	90	2	5	2
Choux verts. . .	87	3	6	1
Epinards. . . .	88	2,5	4	1
Asperges. . . .	94	2	2,5	1
Salades.	93	1,5	3	1
Concombres . .	96	1	2	1

Tous ces légumes nous apportent donc surtout de l'eau, accompagnée de quantités insignifiantes de matériaux alimentaires. Mais plusieurs d'entre eux renferment des substances odorantes et possèdent une saveur piquante. Ainsi l'oseille renferme du sel d'oseille (oxalate acide); la laitue pommée, du citrate acide de potasse; le raifort, le radis et l'oignon contiennent de l'essence de moutarde; l'ail, de l'essence d'ail. Aussi représentent-ils dans nos plats plutôt un assaisonnement que de véritables aliments, consommés en quelque quantité. D'autres légumes, comme les choux, les épinards, les salades cuites, ont un rôle alimentaire un peu moins secondaire. Ajoutés à des aliments plus riches, comme la viande, les œufs, ils contribuent par leur goût spécial à l'agrément de la préparation dans laquelle ils entrent et jouent en outre ce rôle important de donner à la ration alimentaire un volume suffisant (v. p. 47).

Les *champignons* frais sont aussi très aqueux (73 à 91 pour 100 d'eau), ils renferment de 2 à 6 pour 100 d'albumine. Desséchés, ils en contiennent de 16 à 24 p. 100. Leur goût est délicat et agréable, mais leur tissu est feutré et coriace, et les personnes à tube digestif susceptible doivent éviter d'en ingérer des quantités notables.

LES FRUITS

Les *fruits charnus* sont divisés en *fruits à pépins* (pommes, poires, oranges, citrons), en *fruits à noyau* (prunes, cerises, pêches, abricots), et en *fruits à baies* (raisin, framboises, fraises, groseilles).

Ces fruits sont très riches en eau, moins riches cependant que les légumes que nous venons d'étudier; la quantité d'albumine qu'ils apportent est tout à fait insignifiante, mais ils contiennent des quantités importantes de matières féculentes et de sucre, et de plus ils renferment des substances sapides qui sont des acides ou des sels acides, et des substances odorantes (éthers de fruits) souvent très agréables et qui leur confèrent une valeur de condiments dans beaucoup d'associations culinaires. Ces sels acides, remarquons-le, sont surtout des sels de potasse qui sont brûlés dans l'organisme et ramenés à l'état de carbonate de potasse, c'est-à-dire d'un sel alcalin, ayant la même action que les principes alcalins de l'eau de Vichy, par exemple. Une cure de fruits est donc au fond une *cure alcaline*, bien que la denrée alimentaire consommée soit *acide*. Nous reviendrons sur cet important phénomène à propos de la discussion des divers régimes (v. p. 48).

Le tableau ci-dessous indique ce qu'apportent avec eux 100 grammes des différents fruits pris à l'état frais.

Composition des principaux fruits charnus.

	EAU	ALBUMINE	SUCRE	MATIÈRES FÉCULENTES	CELLULOSE ET NOYAUX
	gr.	gr.	gr.	gr.	gr.
Pommes. . . .	85	0,5	7	6	1,5
Poires.	83	0,5	8	3,5	4
Prunes.	85	0,5	3,5	4,5	4
Cerises.	80	0,7	10	1,5	6
Raisin	78	0,5	24	2	3,5
Oranges . . .	89	0,7	4,5	1	2

On voit que la quantité d'albumine est insignifiante et que ces aliments n'ont de valeur nutritive que par le sucre et la matière féculente qu'ils contiennent. Les plus riches en sucre sont les cerises et surtout le raisin. Enfin, la cellulose, c'est-à-dire la partie réfractaire à l'action des sucs digestifs devient assez considérable; elle contribue pour sa part et dans un sens spécial (v. p. 47) à l'heureuse influence que les fruits exercent sur notre organisme. Les fruits secs sont naturellement beaucoup plus riches, mais on ne les consomme guère que cuits, et alors ils reprennent sensiblement l'eau qu'ils avaient perdue lors de la dessication.

Les fruits cuits sont bien mieux supportés et digérés que les fruits crus, et beaucoup de personnes ne peuvent les consommer utilement qu'après cuisson. Comme les fruits introduisent dans l'organisme une quantité d'eau considérable, leur usage diminue le besoin en boissons aqueuses et aussi en boissons alcooliques. La statistique allemande établit que la consommation des boissons alcooliques est d'autant moindre que celle des fruits est plus grande.

Les *fruits secs* — nous entendons par là les fruits naturellement secs — jouent dans notre alimentation un rôle plus secondaire et interviennent plutôt comme condiments. Voici un tableau qui nous apprend ce qu'apportent 100 grammes de chacun d'eux.

Composition des principaux fruits secs.

	EAU	ALBUMINE	GRAISSE	MATIÈRES FÉCULENTES ET SUCRÉES
	gr.	gr.	gr.	gr.
Amandes....	5	24	54	7
Noix......	5	16	63	8
Noisettes...	4	16	66	9
Marrons....	51	5,5	1,5	38

On voit que les amandes, les noix et les noisettes sont remarquables par leur richesse en albumine et en graisse, et par leur pauvreté en matières féculentes et sucrées. On sait d'ailleurs que l'amande et la noix fournissent toutes deux une huile, la première employée en médecine, et la seconde constituant dans certaines régions une huile comestible, à goût un peu spécial, mais très recherchée. Ces fruits sont à recommander aux diabétiques qui, privés souvent des fruits charnus, trop sucrés, peuvent introduire grâce à ces fruits secs un peu de variété dans leurs menus. Mais on ne peut pas en consommer beaucoup sans qu'ils provoquent la sensation de satiété, peut-être à cause de leur grande richesse en graisse. Enfin, le marron — qui n'est autre chose, comme on le sait, que la châtaigne de première qualité — est au contraire pauvre en graisse, mais très riche en féculents. Comme d'autre part la teneur en albumine est encore assez notable, ces fruits ont une valeur alimentaire considérable, supérieure à celle de la pomme de terre, qu'ils remplacent dans l'alimentation de beaucoup de populations du Midi. Il est regrettable que la châtaigne et les marrons, même loin de leurs pays d'origine, ne soient pas appelés à jouer un rôle plus important. Tous deux se prêtent à des formes culinaires variées; le grillage notamment développe en eux des substances aromatiques agréables qui en font un mets savoureux.

COMPARAISON DES DIVERS ALIMENTS D'ORIGINE ANIMALE ET D'ORIGINE VÉGÉTALE

Après avoir donné au lecteur, en une sorte de dictionnaire des diverses denrées alimentaires, le détail des indications nécessaires à l'établissement d'une ration quelconque, il est utile de terminer par un rapprochement de tous ces aliments. Le procédé le plus simple semble être au premier abord de dresser une liste par ordre de valeur nutritive en commençant par les plus riches, pour finir par les plus pauvres. Mais une telle comparaison n'est pas directement possible. En effet, si la viande, par exemple, est plus riche en albumine que le pain, par contre celui-ci est plus riche en matières féculentes que la viande. Un classement est néanmoins possible en considérant que, parmi les trois aliments simples, le plus important et pratiquement le plus coûteux est l'albumine, et l'on verra plus loin que c'est aussi celui qui ne peut être remplacé par aucun autre. Nous pourrons donc utilement ranger les aliments par ordre de richesse décroissante en albumine, en nous bornant aux types les plus importants fournis par les tableaux qu'on vient de lire. C'est ce qui a été fait dans le tableau suivant, qui indique ce qu'apportent 100 grammes des divers aliments à l'état naturel.

Tableau comparatif de la composition des principaux aliments.

	ALBUMINE	GRAISSE	MATIÈRES FÉCULENTES ET SUCRÉES
	gr.	gr.	gr.
Fromage de gruyère. .	30	30	—
Lentilles.	26	—	53
Pois.	23	—	52
Bœuf maigre.	21	5	—
Jaune d'œuf.	16	32	—
Œuf total.	12,5	12	—
Riz.	8	—	77
Pain.	7	—	55
Lait de vache.	3,5	4	5,7
Pommes de terre. . .	2	—	21
Carottes.	1	—	9
Pommes.	0,5	—	13

Ainsi par sa richesse en albumine le fromage se place en tête de cette liste ; après lui, et mieux placés que la viande, viennent les légumineuses, pois et lentilles. Mais, si l'on se reporte à ce qui a été dit relativement à la digestibilité de chacun de ces aliments, on voit clairement que la viande reprend l'avantage sur les légumineuses, parce qu'elle est bien plus complètement digérée et absorbée que ces dernières. On remarquera aussi la richesse remarquable du jaune d'œuf par rapport aux autres aliments, et au contraire la pauvreté des racines, tubercules et fruits, qui viennent en dernier lieu.

Il est intéressant de présenter ces résultats sous une autre forme. Nous verrons plus loin (p. 55) que notre existence est liée à l'absorption quotidienne d'une certaine quantité d'albumine. On n'est pas très bien fixé sur ce point, mais il semble que 100 grammes d'albumine constituent pour un homme d'un poids moyen et menant une existence active une ration largement suffisante. Bien que l'homme ne se nourrisse jamais d'une seule denrée alimentaire, il est néanmoins intéressant de savoir *sous quel poids il nous faudrait consommer de chacun des aliments précités pour trouver ces 100 grammes d'albumine.* Ces poids sont les suivants :

Fromage de gruyère.	330 grammes.	Riz.	1 250 grammes.
Lentilles.	385 —	Pain.	1 660 —
Pois.	430 —	Lait de vache. . . .	3 000 —
Bœuf maigre.	480 —	Pommes de terre.	5 000 —
Jaune d'œuf.	620 —	Carottes.	8 300 —
Œuf total.	800 —	Pommes.	25 000 —

Ce tableau montre que l'organisme ne pourra trouver dans beaucoup des aliments végétaux les 100 grammes d'albumine que nous avons considérés provisoirement comme étant la ration d'albumine nécessaire, à moins de les consommer en quantités très considérables. Il est évident que 5 kilogrammes de pommes de terre, 8 kilogrammes de carottes et 25 kilogrammes de pommes représentent des masses qu'aucun tube digestif ne pourrait assimiler. Et nous ne tenons pas compte ici de la fraction considérable d'albumine qui échapperait nécessairement à la digestion, ni des deux autres catégories d'aliments, graisse et féculents, que beaucoup de ces aliments n'apporteraient pas en quantité suffisante pour compléter la ration. Quoi qu'il en soit, il était intéressant de comparer à ce point de vue les divers aliments.

DES CONDIMENTS ET DES ARTIFICES CULINAIRES EN GÉNÉRAL
INFLUENCE DE L'APPÉTIT SUR LA DIGESTION

On peut dire que, d'une façon plus ou moins consciente, l'art culinaire poursuit deux buts principaux que parfois il atteint dans une seule et même opération. Le premier consiste à modifier l'état physique et chimique des denrées alimentaires dans un sens favorable à la digestion. Une pomme de terre crue serait très incomplètement digérée. Lorsqu'elle est cuite, au contraire, ses grains de fécule gonflés, transformés en empois, sont devenus beaucoup plus faciles à dissoudre; de même, son albumine, auparavant emprisonnée dans des loges à parois résistantes, est mise à nu, parce que la cuisson a fait éclater toute la charpente du tubercule. Le second but consiste, par une série d'artifices — grillage, rôtissage, addition de condiments de tous genres, associations variées — à donner aux aliments l'aspect, le goût et l'odeur les plus agréables.

A considérer les choses à un point de vue tout à fait spartiate, le premier de ces deux résultats paraît seul utile, disons même qu'il est indispensable pour que nous puissions tirer d'une ration donnée tout l'effet utile qu'elle comporte, tandis que la recherche du second semble viser seulement une jouissance purement sensuelle, prélude agréable, mais non indispensable, à une bonne réparation de nos forces. En réalité il n'en est rien. Ce facteur « appétit » ou « jouissance », que l'art culinaire sollicite ou recherche par tant et de si savants artifices, a une influence capitale sur la digestion même, grâce à une série de mécanismes et d'adaptations dont la finesse et la précision ne sont apparues que dans ces derniers temps.

Sans doute, chez l'homme bien portant, l'appétit est mécaniquement créé par le besoin d'aliments, par la durée du jeûne et par l'étendue des pertes subies par l'organisme, et non pas par le plus ou moins de finesse des aliments offerts. Mais la manière dont cet appétit sera satisfait et le bénéfice que l'organisme va retirer de l'opération dépendent, dans une large mesure, des sensations qui accompagneront le repas. D'abord, tel qui ferait un repas copieux devant une table délicatement servie ne mange que du bout des dents lorsqu'il est mis en face d'aliments grossiers et mal préparés, et quitte finalement la table avec une sensation de satiété, bien qu'en réalité il n'ait pas mangé en proportion de ses véritables besoins.

Mais ce n'est pas tout. Le public a raison de croire que l'aliment mangé sans appétit « profite mal ». C'est qu'ici interviennent en effet une série de mécanismes très délicats, engrenés en quelque sorte les uns sur les autres, et dont la première mise en route est déterminée par l'appétit, ou plus exactement par cet ensemble de sensations d'agréable excitation que produisent la vue, l'odeur des aliments préférés, convenablement présentés, et même simplement l'attente, l'idée des sensations agréables que le repas va provoquer.

En expérimentant sur des chiens opérés d'une manière spéciale, et chez lesquels les aliments mastiqués et avalés n'arrivaient pas jusque dans l'estomac, mais retombaient par terre, les physiologistes de l'École de Saint-Pétersbourg ont, en effet, constaté que la vue, l'odeur et la saveur, ou même simplement l'attente des aliments préférés, excite d'une façon remarquable la sécrétion du suc gastrique. De plus, cette sécrétion gastrique et les produits qu'elle fournit sont à leur tour le meilleur excitant de la digestion dans l'intestin. Au contraire, lorsque des aliments même excellents étaient introduits directement dans l'estomac du chien *à son insu* (par une fistule), c'est-à-dire sans que l'animal eût *l'idée, l'attente du plaisir de manger*, l'estomac restait presque inerte au contact de ce repas.

Voilà qui renverse ou modifie bien des idées. On pensait jusqu'à présent qu'il suffisait du contact des aliments avec la muqueuse de la bouche, puis avec celle de l'estomac pour provoquer la mise en route de l'opération digestive, et c'est sans scrupule que l'on forçait, par exemple, les enfants à manger des aliments pour lesquels ils n'ont aucun goût. Pourvu, pensait-on, que l'estomac soit plein, la digestion se fera toute seule. Sans doute elle finit par se faire, mais elle se fait mal, aussi bien dans l'estomac que dans l'intestin, parce qu'il a manqué à l'opération la première excitation, la première mise en train de l'appareil digestif, laquelle est fournie par l'idée, par l'attente du plaisir de manger.

N'est-ce point la justification des artifices de l'art culinaire, à savoir le choix d'aliments variés, leur préparation correcte et raffinée, leur association heureuse, l'emploi habile des condiments et, enfin, une table et une salle à manger où il y ait un peu de luxe et de joie pour les yeux?

Un mot encore sur les condiments. Ils sont d'ordres très divers. Il y a d'abord ceux que nos aliments nous apportent en quelque sorte par-dessus le marché. Tous sont, en effet, accompagnés de substances qui donnent à chacun d'eux sa saveur et son odeur particulières et qui sont comme les condiments naturels de nos divers aliments simples. En outre, l'art culinaire modifie heureusement ces qualités ou en fait apparaître de nouvelles. C'est ainsi que le fait de rôtir la viande provoque la formation de substances ayant un arome agréable (v. p. 14). Enfin l'art culinaire intervient encore par l'addition directe à nos aliments des condiments proprement dits, sel, poivre, moutarde, citron, muscade, gingembre, girofle, cannelle, anis, coriandre, fenouil, vanille, etc., et que la sensualité gustative a varié, à l'infini, selon les peuples et les latitudes. Assurément tous ces condiments ne sont pas indispensables au bon fonctionnement de la nutrition, mais ce qui précède montre assez que les sensations auxquelles ils correspondent le sont évidemment. L'impérieuse nécessité d'une certaine variété dans l'alimentation, condition *sine qua non* du plaisir de la table, suffirait d'ailleurs à elle seule pour le démontrer.

LE RÉGIME NORMAL DE L'HOMME

Quel est le régime normal de l'homme? Est-ce le régime *animal*, le régime *végétal* ou un régime *mixte*? Définissons d'abord ces différents régimes, afin d'éviter toute confusion, car ils ne sont pas, en général, rigoureusement pratiqués : dans la réalité certains tempéraments sont admis, qu'il convient d'indiquer immédiatement.

Le *régime animal* absolu ne comprendrait que la viande sous toutes ses formes, le lait et les œufs. En réalité, dans notre société actuelle, il n'est jamais pratiqué sous cette forme, puisqu'on ajoute toujours aux trois aliments d'origine animale qu'on vient d'énumérer un aliment végétal, qui est le pain. Je doute que même les populations sauvages ou à demi-sauvages, comme les Toungouses ou les Kamtschadales, pratiquent un régime rigoureusement carné et n'ajoutent pas le moindre produit de la terre à celui de leur chasse ou de leur pêche.

Le *régime végétal* ou *végétarien* ne comprend, s'il est pratiqué d'une manière absolue, que des produits de la terre à l'exclusion de tout aliment d'origine animale. Ainsi compris, il n'a pas été en général pratiqué spontanément, mais seulement par système et en conformité d'une discipline imposée ou choisie. Il est probable que les peuples agricoles et végétariens ont toujours eu à leur disposition, dans quelque mesure, du lait et peut-être aussi des œufs, et nos paysans français, qui il y a soixante ou quatre-vingts ans ne mangeaient encore de la viande que deux ou trois fois l'an, ont toujours ajouté, ici ou là, à leurs aliments végétaux du lait, du fromage, des œufs et parfois du lard. Leur régime était donc à type végétal prédominant, mais non pas absolu. Cependant on cite des populations dont le régime librement choisi serait strictement végétal, ainsi que nous le montrerons quand nous étudierons la doctrine des végétariens.

Le régime végétarien absolu a été pratiqué et l'est encore sous l'influence d'idées religieuses ou de caste. Aux Indes, les brahmines ou brahmes (la race supérieure, celle qui selon la tradition est issue de la tête de Brahma) ne peuvent manger de viande ni aucune substance provenant d'un cadavre (1), mais les races inférieures sont autorisées à en user. Beaucoup d'ordres religieux, et surtout les trappistes et les chartreux, pratiquent un végétarisme plus ou moins absolu. Enfin, de nos jours, les adeptes du végétarisme mènent en faveur de leurs idées une campagne très active et recrutent chaque jour des adhérents, surtout dans les pays anglo-saxons. Mais il faut ajouter qu'un petit nombre d'entre eux pratiquent le végétarisme absolu. Les groupes les plus puissants se rattachent à la Société végétarienne de Manchester et acceptent sa formule : V. E. M., c'est-à-dire *Vegetables, Eggs, Milk* (végétaux, œufs, lait). Ils pratiquent donc un régime mixte.

Par *régime mixte* on entend en général notre régime habituel de viandes, lait, œufs, pain, légumes et fruits; mais le régime V. E. M. des végétariens anglais et le régime maigre des prescriptions religieuses sont aussi des régimes mixtes, le lait et les œufs étant d'origine animale.

Cela posé, quel régime devons-nous adopter comme étant le meilleur pour la santé de l'individu et la vigueur de la race? Il serait impossible de résumer ici les différents aspects sous lesquels ce problème a été envisagé et le débat qui s'en est suivi, surtout depuis que l'ardente campagne des végétariens a saisi de la question non seulement les médecins, mais plus encore le public. Le lecteur que cette discussion intéresse trouvera un exposé impartial du pour et du contre dans le petit livre récemment publié par le Dr Contet (2). Ici on s'en tiendra nécessairement aux termes essentiels du débat.

LE VÉGÉTARISME ET LES ARGUMENTS DES VÉGÉTARIENS

Occupons-nous d'abord du végétarisme. Les arguments mis en avant par ses adeptes sont d'ordres très divers. Il y en a qui sont d'ordre sentimental, presque religieux; d'autres sont empruntés à l'anatomie comparée, à l'histoire, à l'ethnographie; d'autres, enfin, sont la conclusion d'expériences individuelles.

L'argument d'ordre sentimental se résume en ceci que le végétarien ne veut pas manger de viande parce qu'il lui répugne de tuer et d'être « nécrophage », c'est-à-dire de manger des choses « mortes », deux arguments qui

---

(1) Ces prescriptions seraient d'ailleurs observées d'une façon moins stricte et moins générale qu'on ne le raconte d'ordinaire.

(2) Dr F. Contet, *le Végétarisme et le régime végétarien* (publié dans la *Petite bibliothèque médicale*, à 2 francs le volume, chez J.-B. Baillière et fils; Paris, 1902). J'ai fait dans ce qui suit de nombreux emprunts à ce travail.

sont à mes yeux de nulle valeur. D'abord, le végétal aussi est chose vivante, qu'il faut tuer pour s'en nourrir. Et puis, souhaiter, dit Bunge, que toutes les créatures puissent vivre en paix l'une à côté de l'autre est un non-sens. Chaque créature vivante, depuis l'animal le plus infime jusqu'à l'homme, est entourée d'un essaim d'ennemis, grands ou petits, animaux de proie, parasites, microbes de tous genres..., qui le guettent, l'assiègent ou l'envahissent pour vivre à ses dépens. Même l'herbivore vit aux dépens d'autres êtres, car il leur enlève plus ou moins leur subsistance. Il n'y a point de parcelle végétale, point de feuille tombant par terre qui reste sans être consommée. Ce que les oiseaux ou les mammifères ne dévorent pas est dévoré par les insectes. Ce que laissent les insectes est la proie des vers de terre ; ce que les vers abandonnent est consommé par les microbes. Et celui qui ne trouve rien meurt de faim ou succombe, épuisé, sous l'assaut des autres.

Cette lutte est partout, et les rêveries des végétariens n'y mettront point fin. Partout où notre regard pénètre, dans l'air, la terre, l'eau, dans l'océan profond comme dans chaque goutte d'eau, il n'aperçoit que cet éternel combat, partout la lutte et la mort, principe et condition même de la vie, qui sans cesse renaît, éternellement rajeunie, à la surface du globe.

Un ordre d'arguments plus sérieux est celui qui consiste à invoquer la structure anatomique de l'homme, sa dentition, la disposition et la longueur de son tube digestif, pour démontrer qu'il n'est pas un carnivore. Nous reviendrons plus loin sur quelques-unes de ces données. Bornons-nous à dire ici qu'elles n'apportent que des indications assez vagues et qu'elles placent l'homme quelque part entre les carnivores et les herbivores, mais sans fournir, ni dans un sens ni dans l'autre, les éléments d'une démonstration inattaquable (v. p. 47).

Viennent ensuite les arguments d'ordre historique et ethnographique. On dit que le régime primordial de l'homme a été le régime végétal, que toutes les sociétés primitives ont été végétariennes, qu'actuellement ce régime est encore très répandu et que la supériorité demeure aux peuples qui le pratiquent, par rapport aux races nécrophagiques, au double point de vue des avantages physiques et intellectuels ; que si l'on passe, enfin, des peuples aux individus, on constate que les hommes de génie sont nombreux qui ont été les apôtres ou les adeptes du végétarisme : Çakya-Mouni, Pythagore, etc., et de nos jours, Newton, Gassendi, Voltaire, Rousseau, Lamartine, Michelet, la grande reine Élisabeth, etc. Mais sur ce terrain encore il est impossible d'aboutir à une conclusion démonstrative. Sans doute il a existé et il existe encore des populations qui pratiquent le régime végétarien. Le Play, dans son étude sur les travaux et les conditions morales des ouvriers européens, pouvait écrire encore en 1855 que des paysans français comme ceux du Morvan et du Maine ne mangent de viande que quelquefois par an. Les mineurs de l'Amérique du Sud (Chili) se nourrissent de figues, de pain, de fèves cuites et de blé rôti et fournissent un travail très dur. Les porteurs de Smyrne, les coureurs japonais, les paysans russes sont végétariens et témoignent cependant d'une grande résistance à la fatigue. Enfin des guerres récentes ont montré que certaines populations végétariennes peuvent fournir des soldats possédant les qualités militaires les plus remarquables (soldats turcs, japonais, abyssins, etc.). On pourrait multiplier ces exemples.

Mais écoutons maintenant les observations contraires, que voici. Lors de la construction de la ligne de Rouen, la Compagnie des chemins de fer de l'Ouest ne put obtenir de ses hommes, soumis à un régime analogue à celui du paysan français, un rendement en travail égal à celui des ouvriers anglais qu'elle avait engagés et qui prenaient, suivant leur usage national, une ample ration de viande, qu'en leur donnant l'alimentation suivante : *viande*, 600 grammes ; pain blanc, 550 grammes ; pommes de terre, 1 000 grammes ; bière, 1 000 grammes.

Les ouvriers employés aux forges du Tarn, nourris avec des denrées végétales, perdaient en moyenne chacun quinze jours de travail par an. En 1883, M. Talabot, député de la Haute-Vienne, ayant pris la direction de l'établissement, introduisit de notables quantités de viande dans le régime des forgerons, et la santé générale des ouvriers s'améliora à tel point qu'ils ne perdirent plus que trois journées de travail par an. La nourriture animale a donc fait gagner à chaque homme douze journées de travail par an, et Segond calcule qu'appliqué aux 20 millions de travailleurs français ce changement de régime pourrait faire gagner 240 millions de journées de travail par an. Le régime mixte, avec viande, paraît donc favorable à la production du travail, à tout le moins autant que le régime végétarien, et cette conclusion éclectique est encore confirmée, comme le fait très justement remarquer le Dr Contet, par l'observation des lutteurs. Tandis que les athlètes grecs se nourrissaient exclusivement de pain, de figues, de noix et de fromage, nos lutteurs et coureurs modernes prennent en général des rations très riches en viande (1). Enfin, aux hommes de génie ou de talent qui ont été végétariens, il serait facile d'opposer la liste de tous ceux qui ont pratiqué le régime mixte.

Si l'on passe des individus aux peuples, on ne voit pas qu'il y ait de collectivité à qui l'usage de la viande paraisse avoir nui. Sur ce terrain, les partisans de la viande triomphent même par des observations qui frappent, au moins au premier abord. L'alimentation carnée, disent-ils, procure un élan, une énergie physique et morale qui fait défaut aux populations strictement végétariennes. Leur régime de viande a-t-il nui à l'énergie, à l'endurance, à l'esprit d'entreprise des Anglais ? « Au contraire, dit Geoffroy Saint-Hilaire, dans ses lettres sur les substances alimentaires : voyez l'Irlande, voyez l'Inde ! L'Angleterre régnerait-elle paisiblement sur ce peuple en détresse, si la pomme de terre presque seule n'aidait celui-ci à prolonger sa lamentable existence ? Et, par delà les mers, 140 millions d'Hindous obéiraient-ils à quelques millions d'Anglais, s'ils se nourrissaient comme eux ! Les brahmes, comme autrefois Pythagore, avaient voulu adoucir les mœurs ; ils y ont réussi, mais en énervant les hommes. »

N'insistons pas davantage sur cette démonstration. On voit clairement qu'elle ne conduit à aucune conclusion de tout repos. Dire qu'un peuple a été supérieur à un autre parce qu'il a mangé ou n'a pas mangé de viande, c'est appliquer à l'explication de phénomènes politiques et sociaux infiniment complexes une méthode vraiment trop simpliste. Pour l'Irlandais, par exemple, on peut dire que la misère, l'alcoolisme, toutes les conditions de sa vie politique et sociale l'ont déprimé au moins autant que son genre d'alimentation. Quant aux Hindous, périodiquement visités par d'horribles famines, on comprend — à ne considérer que cette seule cause — qu'ils soient de médiocre résistance.

Laissons donc les grands phénomènes sociaux et historiques, où les faits sont si complexes et l'observation si difficile, et voyons si les expériences individuelles actuelles sont probantes dans un sens ou dans l'autre. Les publications végétariennes relatent toujours un grand nombre d'observations où de nouveaux convertis ou bien d'ardents apôtres de la cause font l'éloge du régime

---

(1) Ajoutons immédiatement que les publications végétariennes ont souvent la satisfaction d'annoncer le triomphe de tel coureur ou lutteur, adepte convaincu du **régime végétarien**.

végétarien et déclarent que jamais ils ne se sont mieux portés et n'ont eu une plus libre et plus facile disposition de leurs forces. Mais ces observations ne sont pas toujours bien probantes, pour plusieurs raisons. D'abord, les végétariens sont en général des tempérants en matière de boissons alcooliques, ou même des abstinents, observation importante et sur laquelle nous aurons l'occasion de revenir. Le nouveau venu dans la famille végétarienne suit d'ordinaire cet exemple et ressent naturellement les bons effets de cette réforme hygiénique, mais en compliquant nécessairement l'interprétation de l'expérience qu'il fait.

En outre, le régime suivi n'est pas toujours indiqué avec précision. Qu'il soit possible de se maintenir en bonne santé avec le régime des végétariens de l'école de Manchester, V. E. M., *végétaux, œufs, lait*, cela ne fait aucun doute. Mais ce n'est là que la contrefaçon du régime mixte ordinaire. Il suffit de passer en revue les aliments animaux étudiés plus haut pour se rendre compte combien il est facile de trouver dans des œufs, du beurre, du fromage et du lait — aliments d'origine animale, — autant d'albumine et de graisse que dans la viande. Mais peut-on se nourrir exclusivement de végétaux sans qu'il en résulte à la longue aucun dommage ni pour l'individu, ni surtout pour la race? C'est ce qui n'est pas démontré.

A côté des succès individuels enregistrés par les végétariens, il y a des échecs. Le Dr Contet cite la relation de plusieurs cas de ce genre, où des gens convertis au végétarisme ont dû revenir au bout d'un certain temps au régime mixte, parce qu'ils sentaient leurs forces décliner, et, en ce qui concerne la race, le Dr Monin conclut, avec un jeu de mots amusant, que les années où la viande est chère sont des années de stérilité, et que la table de Pythagore — un des pères du végétarisme — n'est pas, contre toute apparence, « une table de multiplication ». Du reste, le volume considérable des rations purement végétales, leur pauvreté relative en albumine, la médiocre utilisation de beaucoup de ces aliments dans le tube digestif exposent à chaque instant ceux qui se soumettent à ce régime à ne consommer chaque jour que des rations insuffisantes ou à peine suffisantes, bien que le volume considérable de ce qu'ils ont consommé leur procure la sensation de la satiété. De là, à la longue, un dommage sérieux pour l'individu — ou au moins pour certains individus — et pour la race (voir encore page 49).

Finalement, on arrive, avec le Dr Contet, à cette conclusion que les faits actuellement enregistrés ne démontrent nullement que le régime végétarien mixte de Manchester soit supérieur au régime mixte ordinaire, et moins encore que le régime végétarien strict soit préférable pour l'individu et pour la race.

Mais alors, *que conclure au point de vue pratique?* Je conclus que, puisque le régime mixte ordinaire paraît avoir réussi à l'espèce humaine pour le moins aussi bien et probablement mieux que les autres, puisque c'est celui qui permet d'introduire dans notre alimentation le plus de variété, il faut le conserver, mais en le pratiquant avec discernement, et en en modifiant les combinaisons possibles, selon le climat et selon l'âge, les occupations, les susceptibilités individuelles de chacun. Or pour cela il faut connaître et peser les avantages et les inconvénients de deux catégories d'aliments. Cette comparaison est déjà contenue d'une façon plus ou moins explicite dans ce qui précède, mais le moment est venu de la dégager d'une manière plus nette et plus ramassée.

AVANTAGES ET INCONVÉNIENTS DES ALIMENTS D'ORIGINE VÉGÉTALE

Au point de vue de l'hygiène du tube digestif et de la nutrition générale, on peut dire d'abord que l'aliment végétal est exempt des inconvénients que présentent à leur maximum les viandes noires, et surtout faisandées; en un mot, l'aliment végétal n'est pas « échauffant », comme on dit communément. Il est assez difficile de donner ici le détail scientifique de ce qu'il faut entendre par là. Notons seulement que la viande contient par elle-même des produits excitants (v. page 25), auxquels sont dus sans doute, au moins en partie, les effets spéciaux du régime carné, mais qui, introduits quotidiennement dans l'organisme en grande quantité, sont à la longue nuisibles. En outre, la viande, et spécialement les viandes noires, se prêtent tout particulièrement à des fermentations anormales — soit au cours de la digestion, soit dans l'extrémité inférieure de l'intestin — d'où résultent des substances toxiques, nuisibles pour le tube digestif et pour d'autres organes. L'aliment végétal est exempt de cet ordre d'inconvénients. Il est « rafraîchissant », comme on dit en langage courant.

A cet avantage s'en ajoutent une série d'autres qui, par certains côtés et au delà d'une certaine limite, constituent aussi pour l'aliment végétal des inconvénients. L'aliment végétal est, à richesse égale, bien plus volumineux que l'aliment animal, parce qu'il contient, soit naturellement, soit par le fait de la cuisson, beaucoup plus d'eau. Les végétaux riches en féculents, et notamment les pois, les pommes de terre, absorbent et retiennent des quantités considérables d'eau, parce que leur fécule se transforme en empois, et chacun sait combien une petite quantité d'amidon ou de fécule peut emprisonner d'eau dans l'empois qu'elle fournit (v. pages 32 et 73). De plus, les végétaux contiennent des substances réfractaires à la digestion, comme la cellulose, qui ne font que traverser le tube digestif et qui conservent par conséquent à la masse alimentaire un certain volume (v. pages 31, 33 et 34). De là plusieurs avantages.

Le premier, que les végétariens font sonner haut, et non sans raison, est qu'avec l'aliment végétal on fait difficilement de la suralimentation; on est frugal sans effort. En effet, celui qui suit un régime mixte, où la viande prédomine, en arrive aisément à manger chaque jour au delà de son vrai besoin, car une telle ration n'est pas très volumineuse, et la sensation de satiété ne vient qu'assez tard. Au contraire, avec les aliments végétaux, très volumineux, on en arrive assez vite à la réplétion stomacale, et l'on s'arrête, rassasié, à un moment où la quantité d'aliments réellement utilisables n'est pas encore excessive, et où souvent même on risque qu'elle ne soit pas suffisante. Aussi tout ce groupe d'affections qu'engendre une table constamment trop riche, et dont la goutte est le type le plus net et le plus connu, ne se rencontre qu'à l'état d'exception là où le régime est surtout végétal.

En second lieu, la présence de la cellulose non digérée conserve à la masse alimentaire un certain volume. Sans doute, ce volume considérable a des inconvénients, que nous montrerons dans un instant; mais les avantages qu'il assure sont encore plus importants. Pour bien comprendre les choses, voyons ce qui se passe chez un herbivore. Ces animaux, qui consomment des aliments très pauvres en substances nutritives, sont obligés d'en ingérer des quantités considérables, et l'extraction de la petite fraction de substance nutritive apportée par la ration est une opération digestive longue et laborieuse. Corrélativement, ces animaux ont *un tube digestif très long*. Ces deux choses, volume considérable de la masse alimentaire et grand développement du tube digestif, sont dans une dépendance mutuelle. L'intestin est, en effet, un tuyau capable de se contracter sur lui-même et de faire ainsi cheminer la masse qu'il contient, et l'excitant de ces contractions, c'est précisément cette masse elle-même, *à condition qu'elle reste toujours suffisamment volumineuse*.

Rien n'est plus démonstratif à cet égard que l'expérience suivante que l'on a faite sur des lapins. Lorsqu'on substitue à la nourriture habituelle de ces animaux — laquelle est riche en cellulose — des aliments où cette substance fait défaut (soit un mélange de lait, de sucre et de poudre de viande), les lapins paraissent tout d'abord prospérer comme d'habitude, puis ils sont rapidement emportés par des inflammations intestinales. A l'autopsie, on constate que l'extrémité inférieure de l'intestin est garnie de matières compactes, à consistance de mastic de vitrier, qui ne progressent plus parce qu'elles n'ont pas le volume et la légèreté des matières normales. Lorsque au contraire on ajoute à cette même ration une substance non digestible, comme de la râpure de corne, capable de remplacer la cellulose des végétaux, les animaux supportent parfaitement la ration en question, parce que la corne de cerf, non digérée, assure à la masse alimentaire *un volume suffisant* pour que les contractions du tube intestinal soient convenablement provoquées et entretenues.

Le carnivore, qui a un tube digestif très court, n'a pas besoin de cette excitation. Mais chez l'homme, qui se place par la conformation de son tube digestif entre les carnivores et les herbivores, on conçoit qu'un régime aboutissant à des masses alimentaires trop réduites puisse amener peu à peu l'atonie de la musculature du tube digestif. En effet, si l'on représente la longueur du corps par 1, la longueur de l'intestin peut être approximativement représentée :

Chez le chat et chez le chien, par	4 à 5
— l'homme, par	6 à 8
— le porc, par	16
— le bœuf, par	20
— le mouton, par	26

On voit donc que l'homme se place sous ce rapport entre les carnivores et les herbivores, et l'on conçoit que son tube digestif ne puisse pas se passer de l'excitation mécanique favorable qu'exercent précisément sur sa musculature le volume plus considérable et les résidus plus abondants de l'aliment végétal. Consommée habituellement en quantité suffisante, cette catégorie d'aliment nous défend donc contre l'atonie des parois intestinales et la constipation.

Enfin, l'aliment végétal a encore l'avantage d'apporter avec lui des matériaux alcalins. C'est là un fait sur lequel on ne saurait trop attirer l'attention du public. Expliquons d'abord les termes dont nous allons nous servir. Un acide est une substance qui nous donne à la bouche la sensation que donne le vinaigre ou le citron. Une base ou alcali ou matière alcaline a, au contraire, un goût de lessive; c'est le goût des eaux alcalines fortes du type de l'eau de Vichy. Lorsqu'on mélange, en proportions convenables, un acide comme le vinaigre avec un liquide alcalin comme de l'eau de Vichy ou une solution de cristaux de soude dans de l'eau, l'un *neutralise* l'autre et on n'a plus ni acide, ni alcali, mais un sel neutre. Or la vie se passe en milieu alcalin. Tous nos tissus, le contenu de toutes les cellules qui constituent notre organisme sont alcalins. Nous fabriquons à la vérité ici ou là des liquides acides, tel notre suc gastrique, par exemple; mais dans l'intimité de nos tissus, dans le sang, dans la lymphe, etc., *l'organisme défend et maintient jalousement sa réaction alcaline contre l'ennemi, qui est donc l'acide.*

D'autre part, l'organisme est un appareil de combustion, brûlant constamment, à la manière d'un foyer, les aliments qu'il a reçus du dehors. Or ces aliments contiennent des corps tels que le soufre, le phosphore, qui en brûlant donnent de l'acide sulfurique et de l'acide phosphorique, et ainsi l'ennemi, c'est-à-dire les acides, prennent à chaque instant naissance dans la place même, et l'organisme ne peut défendre ses cellules contre les atteintes dangereuses de ces acides qu'en neutralisant constamment ceux-ci au moyen des matériaux alcalins dont il dispose. Mais ses réserves alcalines seraient bien vite épuisées si nos aliments n'en apportaient pas constamment avec eux. Les aliments d'origine animale n'en contiennent relativement que très peu; mais l'organisme du carnivore est adapté à cette situation, grâce à des mécanismes spéciaux. Les aliments végétaux, au contraire, en apportent beaucoup. *Ils sont donc nos grands pourvoyeurs d'alcalins.* Tous, particulièrement certains d'entre eux, et notamment les fruits, représentent pour nous une sorte de cure alcaline naturelle, continue et lente, probablement supérieure à celle que représentent les cures médicamenteuses, comme l'eau de Vichy.

Voilà une assertion qui paraît au premier abord tout à fait contraire aux faits. Ne constate-t-on pas à chaque pas que les fruits, tous les sucs végétaux, jusqu'au vulgaire jus d'herbe, sont acides? Cela est exact et le goût un peu acide et piquant de beaucoup de produits végétaux les fait même particulièrement rechercher. Mais cela n'empêche pas ces produits d'être pour nous de véritables greniers à matériaux alcalins. En effet, l'expérience montre que lorsqu'on brûle les végétaux tous les acides qu'ils contiennent et qui sont combustibles sont détruits, et les cendres qui restent sont alcalines. N'est-ce point ainsi d'ailleurs que l'on préparait jadis la « potasse d'Amérique », la « potasse de Russie », et aujourd'hui encore, dans les pays où l'on brûle du bois dans les foyers, les ménagères ne font-elles pas passer sur les cendres de bois l'eau de leur lessive, laquelle devient ainsi alcaline et lave mieux, par conséquent?

Dans l'organisme, le même phénomène se passe. Lorsque nos aliments végétaux sont brûlés, ils laissent à notre disposition leurs cendres alcalines, et ainsi la neutralisation des acides qui prennent naissance dans l'organisme est toujours largement assurée. Au contraire, avec une alimentation où les végétaux font défaut, ces acides sont chaque jour incomplètement neutralisés, et bien que la médecine n'ait pas clairement établi les inconvénients d'une telle situation, on admet néanmoins en général que cette « suracidité organique » est l'un des facteurs des états arthritiques (rhumatisme, goutte, etc.), de la gravelle urique.

Notons encore ce fait que l'alimentation végétale porte infiniment moins à l'abus des boissons alcooliques que le régime animal. On a déjà cité plus haut ce fait, établi par des statistiques allemandes, que la consommation des boissons fermentées baisse durant les années où les fruits sont abondants. On peut ajouter que, réciproquement, ceux qui abusent des boissons alcooliques sont par là même détournés de l'usage des végétaux, et spécialement des fruits sucrés, que les enfants et les femmes, non atteints par l'alcoolisme, recherchent au contraire avec plaisir.

Enfin l'aliment végétal est le moins coûteux et, à ce point de vue, son importance dans l'alimentation des masses est tout à fait capitale.

Voyons maintenant le revers de la médaille, c'est-à-dire les *inconvénients de l'alimentation végétale*. Ce volume plus considérable de l'aliment végétal, dû à la présence d'une grande quantité d'eau et de matériaux non digestibles comme la cellulose, et que nous invoquions tout à l'heure comme un avantage, devient évidemment, à partir d'une certaine limite, un inconvénient, à cause de la surcharge ainsi imposée au tube digestif et de la médiocre utilisation des matériaux vraiment alimentaires. Nous ne redirons pas ici ce qui a été exposé à propos de la digestibilité de chacun des aliments végétaux et de la masse considérable sous laquelle ils doivent être ingérés, quand on veut ne s'adresser qu'à eux. Ce qui accentue encore cet inconvénient, c'est que les matières féculentes, d'ordinaire très complètement absorbées, échappent en partie à la digestion, lorsque le volume de la ration devient trop considérable, et subissent dans l'extrémité inférieure de l'intestin un commencement de fermentation acide. Il se produit alors de l'acide lactique, de l'acide butyrique, et sous leur influence l'intestin, activant ses contractions, accélère encore la progression et la descente de la masse alimentaire, si bien que l'utilisation de la ration par le tube digestif devient encore plus incomplète. Notons encore les ballonnements désagréables produits par les aliments végétaux consommés en grandes quantités et notamment par les légumineuses.

AVANTAGES ET INCONVÉNIENTS DES ALIMENTS D'ORIGINE ANIMALE

Ces aliments sont très riches en matériaux nutritifs, surtout en albumine et en graisse. Ils restaurent par conséquent puissamment, sous un volume relativement petit, donc sans charger notablement les voies digestives. D'autre part, leur utilisation par les sucs digestifs est en général très bonne, presque complète, ce qui compense en partie ce fait qu'ils sont en général bien plus coûteux que les aliments végétaux. En outre, l'aliment animal le plus important, la viande, et les produits qu'il fournit (bouillon, extrait de viande) paraissent produire sur notre organisme des effets spéciaux et procurer un élan, une énergie physique et morale que n'assurent pas au même degré l'alimentation végétale ou même le régime animal « maigre » (lait, œufs, fromage). On n'insistera pas plus longuement sur cette question déjà discutée plus haut. Contentons-nous d'ajouter que les résultats remarquables obtenus dans le traitement de la tuberculose par l'emploi de la viande crue (ou portée tout au plus à 60°)

montrent bien le caractère spécial de cet aliment. Il reste le réconfortant par excellence.

Les *inconvénients des aliments d'origine animale* sont d'abord d'ordre purement digestif. Ils résultent du petit volume et de la grande digestibilité de cette ration. Le petit volume fait que la sensation de satiété est atteinte moins vite qu'avec les aliments végétaux, d'où danger de suralimentation, et la très bonne utilisation de ces aliments par le tube digestif, comme aussi leur constitution spéciale, aboutissent à ce résultat que les résidus de la digestion sont d'un volume restreint et par suite progressent difficilement dans l'intestin. Celui-ci, médiocrement sollicité par des masses aussi petites, se contracte peu, d'où tendance à la constipation. On sait d'ailleurs que le lait et les œufs présentent tout particulièrement cet inconvénient.

En outre, les viandes, et spécialement les viandes noires, les fromages avancés, etc., sont « échauffants » et donnent lieu aisément à des fermentations intestinales nuisibles. Enfin les aliments animaux n'apportent que peu de substances basiques, et on a longuement exposé plus haut l'importance de ces matériaux pour une bonne hygiène de la nutrition et la préservation de certaines affections (arthritisme, gravelle).

AVANTAGES DU RÉGIME MIXTE BIEN COMPRIS

Le régime mixte est celui qui est habituellement adopté dans notre société actuelle. C'est celui que nous recommanderons, mais en ajoutant quelques réflexions sur la manière dont il convient de le pratiquer. Notons d'abord que le *régime mixte des classes aisées, en France, a pris d'une manière beaucoup trop prononcée le type animal*. Beaucoup de causes ont contribué à cet état de choses.

Il y a d'abord la place prépondérante que, sous l'influence des idées de Liebig, l'aliment « viande » a pris dans les préoccupations des médecins et du public. Sans doute cet aliment a une importance capitale, mais nous montrerons plus loin qu'on ne peut lui demander qu'une fraction de ce qui est nécessaire pour satisfaire nos besoins (v. p. 61) et qu'il ne peut suffire, pour être bien nourri, de manger beaucoup de viande. Au contraire, on court ainsi au-devant de deux dangers, dont le premier est d'être insuffisamment alimenté en dépit de cet abus de viande, et dont le second est l'ensemble des prédispositions morbides que crée, nous l'avons vu, le régime carné exclusif.

Ajoutons à cela que le public est d'autant plus tenté d'abuser de la viande que les médecins font à cet aliment une place de plus en plus grande dans le traitement de beaucoup d'entre les maladies que la vie de plus en plus enfiévrée de la société moderne tend à multiplier sans cesse. L'anémie, l'épuisement général, la tuberculose sont utilement combattues par la viande sous toutes ses formes. Comment les gens bien portants ne donneraient-ils pas sur leur table une place prépondérante à un aliment si précieux pour tant de malades?

De plus, la viande, avec les formes si multiples sous lesquelles elle s'offre à nous, viandes de boucherie, abats divers, gibier, volailles, poisson, conserves, pâtés, etc., est certainement l'aliment qui contribue le plus à introduire de la variété dans notre régime. Enfin, c'est aussi celui qui se prête aux préparations culinaires les plus rapides. Quoi de plus promptement improvisé qu'un déjeuner dans lequel succède à une couple d'œufs une viande grillée quelconque, suivie d'un morceau de fromage ! Combien plus fastidieuse et plus longue est la préparation de légumes variés, de fruits cuits ! Pour préparer un plat d'épinards suffisant pour quelques personnes, il faut un travail d'épluchage de plusieurs heures, et ce n'est pas là une des moindres causes des résistances que rencontre, non pas dans les ménages, mais dans les cuisines, le régime végétarien. Même pour obtenir un régime mixte abondamment pourvu de plats d'origine végétale il faut, du moins dans les grandes villes, la persévérante intervention de la maîtresse de maison, et là où cette action fait défaut, et où la cuisinière est abandonnée à elle-même, on remarque que peu à peu le régime prend un type de plus en plus animal.

Ajoutons enfin que les hommes acceptent cet état de choses d'autant plus aisément que ce sont eux qui fournissent le plus de clients à un alcoolisme plus ou moins discret, et que les palais émoussés par l'abus des apéritifs et des boissons fortes ont peu de goût pour les légumes et les fruits sucrés, et recherchent plutôt les plats de viande fortement épicés ou les conserves salées (v. p. 10). C'est là un fait bien connu. D'ailleurs ce régime, par le faible volume des aliments qui le constituent, est celui qui encombre le moins le tube digestif. La sensation de plénitude et l'inaptitude au travail intellectuel qui suivent le repas sont donc de courte durée.

Pour toutes ces causes le régime mixte habituel des classes aisées a pris de plus en plus un type animal prédominant, dont l'expression la plus complète nous est fournie par le *dîner d'apparat*. Et à une certaine époque de l'année, combien de gens font par semaine plusieurs dîners de ce genre ! Là, entre une longue série de plats de viande, se glisse, comme honteux et se faisant tout petit, un plat de légumes. Chaque convive en prend la valeur d'une cuillerée, et s'il y ajoute encore à la fin du repas quelques grains de raisin ou un petit quartier de pomme, il croira en avoir fait assez.

Un tel régime n'est plus mixte que de nom et offre tous les inconvénients du régime animal, tel qu'on vient de les exposer. On notera que la partie dite « maigre » de nos repas n'est pas un correctif à ces inconvénients. Tel qui déjeune de deux œufs, d'une viande grillée et d'un morceau de fromage se dit qu'il n'a mangé qu'*un* plat de viande sur trois, et il ne s'aperçoit pas qu'au point de vue des inconvénients qu'on vient de rappeler ces trois plats se valent et ajoutent leurs effets, puisque aucun d'eux n'est d'origine végétale.

Il faut donc réagir contre cette tendance et mieux équilibrer dans notre régime la partie animale et la partie végétale. La partie animale, très riche, peu volumineuse et pauvre en matériaux alcalins, sera corrigée et complétée heureusement par un appoint végétal suffisant, qui apportera, outre sa part d'aliments, non négligeable à coup sûr, le volume et les bases alcalines nécessaires. Et ainsi on constituera une ration mixte qui sera assez riche, tout en n'atteignant pas un volume excessif, qui sera néanmoins assez volumineuse pour exciter convenablement les contractions de l'intestin, et dont la partie végétale sera assez abondante pour qu'elle puisse neutraliser par ses matériaux alcalins les acides qui prennent naissance par la combustion de nos aliments.

Pour atteindre ce résultat on peut se guider d'après les proportions relatives d'albumine végétale et d'albumine animale. Soit une ration devant contenir 100 grammes d'albumine en vingt-quatre heures. On admet en général que la partie végétale de la ration doit fournir tout au plus les deux tiers de l'albumine totale, soit dans l'espèce 66 grammes, la partie animale fournissant le reste. Ainsi constituée, la ration présente un volume qui, bien que n'étant pas excessif, est encore assez considérable. Aussi demande-t-on plus souvent à l'albumine animale à peu près la moitié et même les deux tiers de l'albumine totale. On diminue ainsi notablement le volume de la ration, mais il ne faudrait pas dépasser cette limite. Les médecins qui ont étudié spécialement cette question estiment en général que la santé est menacée lorsque la viande arrive à couvrir quotidiennement les trois quarts du besoin d'albumine.

Nous donnerons plus loin, avec menus détaillés à l'appui, des exemples numériques de ces divers cas. Pour l'instant disons simplement que l'on devra veiller à ce que dans chacun des principaux repas les aliments végétaux soient représentés, et non pas uniquement par le pain ou des pâtes comme le macaroni ou l'éternelle pomme de terre, mais aussi autant que possible par des légumes verts, des fruits cuits ou même crus. Sans doute, il y a des époques de l'année où ce programme devient plus difficile à remplir, mais quand on *veut* s'y conformer, on y parvient toujours.

Tels sont les principes généraux qui doivent nous guider dans le choix et la constitution du *régime*. Voyons maintenant, en faisant intervenir la considération des *quantités* des divers aliments, comment on établit une *ration*.

LA RATION NORMALE DE L'HOMME

Les conditions que doit remplir notre ration alimentaire ont été énoncées déjà, d'une manière plus ou moins explicite, dans ce qui précède. Le moment est venu de les réunir en une formule plus précise.

Nos aliments doivent représenter pour nous un double apport de matière et d'énergie.

1° *Un apport de matière.* En effet, le fonctionnement de la machine animale a pour conséquence une usure de nos tissus et les déchets résultant de cette usure sont constamment déversés au dehors. Inversement, ces pertes sont sans cesse réparées par l'arrivée de matériaux nouveaux, apportés par nos aliments et qui sont adaptés à l'organisme par le travail de réparation.

2° *Un apport d'énergie.* Nous dirons dans la suite de cet exposé un *apport de force*, car bien que cette seconde expression n'ait pas au regard de la physique le sens du mot *énergie*, qui devrait seul être employé ici, elle sera plus commode pour nous et prête moins à l'équivoque. Tous nos aliments ne représentent pas pour nous un tel apport, en d'autres termes tous ne sont pas de véritables combustibles. Ainsi les matières minérales, qui traversent l'organisme sans être brûlées, ne nous apportent pas de force et ne représentent pour nous que des matériaux de construction et de réparation. Au contraire, nos aliments organiques, c'est-à-dire les albumines, les graisses, les matières féculentes et sucrées (ou hydrates de carbone), que l'organisme brûle et décompose complètement, sont pour nous une source de force.

On évalue d'une manière commode et précise la quantité de force que nous apportent nos aliments en les brûlant dans un calorimètre, comme ils brûlent dans notre organisme, et en mesurant la quantité de chaleur, le nombre de calories (1) que fournit un poids donné de chacun d'eux. On a trouvé ainsi que

1 gramme d'albumine   fournit, en brûlant, 4,1 calories.
1   —   de graisse   —   —   9,3   —
1   —   de matière féculente ou sucrée   —   —   4,1   —

Notons dès à présent le pouvoir calorifique considérable des graisses, qui fournissent environ deux fois plus de chaleur qu'un poids égal de chacun des deux autres aliments.

Cette force, que nos aliments nous fournissent ainsi sous la forme de chaleur, nous la dépensons sous des formes diverses, de même que la chaleur de la houille qui brûle sous une machine à vapeur peut être dépensée dans l'usine à des usages divers, travail des machines ou métiers, éclairage électrique de l'usine ou chauffage des ateliers à la vapeur. Mais dans l'un et l'autre cas il est commode d'exprimer toutes ces dépenses en quantités de chaleur, et de dire, par exemple, d'un homme qu'il a dépensé en vingt-quatre heures une quantité de force égale à 2500 calories.

Notre alimentation doit donc finalement satisfaire deux besoins :
1° Le besoin d'un certain nombre de *matériaux de réparation;*
2° Le besoin d'une certaine quantité de *force*, d'un certain nombre de *calories*.

Lorsque ces deux besoins sont exactement couverts, on dit que l'organisme est en *état d'entretien* : il équilibre alors exactement ses recettes et ses dépenses, et la ration quotidienne qui le maintient dans cet état s'appelle une *ration d'entretien* ou *d'équilibre*. Établissons donc successivement la grandeur de ces deux ordres de besoins, en commençant, pour la commodité de l'exposition, par le besoin d'une certaine quantité de force ou d'un certain nombre de calories.

Le besoin total de calories. Grandeur de notre dépense en force pour la période des vingt-quatre heures. — Le procédé le plus sûr et le plus simple pour déterminer la quantité de force que dépense en vingt-quatre heures un adulte en état d'entretien, dans les conditions ordinaires de la vie, consiste à observer un nombre considérable de personnes, choisissant librement leur nourriture. L'expérience montre que la ration instinctivement adoptée dans ces conditions est, pour la grande majorité des individus, celle qui répond à l'état d'entretien. Ce qui le démontre suffisamment, c'est la constance remarquable

(1). On appelle *calorie* la quantité de chaleur nécessaire pour élever de 1 degré la température de 1 kilogramme d'eau.

du poids du corps telle qu'elle se maintient pendant des mois et des années chez des adultes bien portants.

Prenons comme exemple cette observation d'un médecin de Copenhague âgé de trente-sept ans, pesant d'une manière à peu près constante 73 kilogr. 500 et qui pendant un temps prolongé s'est livré à l'analyse quotidienne de ses aliments. Or, ces aliments contenaient en moyenne par jour 135 grammes d'albumine, 140 grammes de graisse et 250 grammes de matières féculentes et sucrées, d'où l'on déduit immédiatement la dépense en force que voici, en utilisant les valeurs calorifiques données plus haut :

Albumine................. $135 \times 4{,}1 = 553$ calories.
Graisse................... $140 \times 9{,}3 = 1302$ —
Matières féculentes et sucrées. $250 \times 4{,}1 = 1025$ —
                          Total.... 2880 calories.

Si l'on divise ce nombre par le poids du sujet, soit 73 kilogr. 500, on trouve une dépense de 39 calories par kilogramme de poids vif et par jour.

De telles observations ont été répétées sur un grand nombre d'individus et dans diverses catégories sociales — on en citera plus loin des exemples — et elles ont été vérifiées par des expériences de laboratoire dans lesquelles l'état d'équilibre était obtenu et vérifié par une balance exacte des entrées et des sorties. De ces recherches on peut déduire que pour un travail mécanique modéré, celui que fournit un adulte vaquant aux occupations d'une profession libérale, par exemple, la dépense en force est de 35 calories environ par kilogramme de poids vif et par jour, c'est-à-dire qu'un homme d'un poids moyen de 70 kilogrammes dépense par jour à peu près 2 500 calories.

Demandons-nous maintenant *sous quelle forme* nous dépensons quotidiennement cette quantité de force. Notre plus forte dépense se fait directement *sous la forme de chaleur*. On sait, en effet, que l'homme se maintient à lui-même une température constante de 37^b, indépendante des variations du milieu extérieur. Or, comme il perd constamment de la chaleur, qu'il rayonne autour de lui, il lui faut nécessairement en produire à chaque instant de nouvelles quantités. De ce chef nous dépensons en vingt-quatre heures à peu près 1 600 à 1 800 calories, soit plus de la moitié de notre dépense totale.

Viennent ensuite des dépenses en *travaux mécaniques*. L'homme se remue, marche, soulève son propre poids, et il exécute même, lorsqu'il gagne sa vie avec ses bras, des travaux considérables. Pour l'homme des carrières libérales que j'ai pris pour exemple plus haut, on peut évaluer cette dépense à 500-800 calories pour un poids moyen de 70 kilogrammes. Nous accomplissons, en outre, des travaux intérieurs qui coûtent de la force. Notre cœur, véritable pompe aspirante et foulante, travaille sans relâche, ainsi que nos muscles respiratoires.

Notre tube digestif, qui pétrit et fait progresser la masse alimentaire, nous coûte aussi du combustible, c'est-à-dire de la force, et l'on peut calculer que tous ces travaux correspondent à une dépense d'environ 300 calories.

Nos deux grosses dépenses de force sont donc la dépense de chaleur pour le maintien de notre température propre, et la dépense de travail mécanique; et l'on devine dès à présent que les facteurs qui influent le plus directement sur nos besoins en combustibles alimentaires doivent être la température extérieure, c'est-à-dire *la saison* et *le climat*, et le travail mécanique fourni, c'est-à-dire *le genre de vie* et *la condition sociale*. C'est ce que nous allons vérifier plus loin, mais pour l'instant bornons-nous à ce renseignement que l'adulte des classes aisées, pesant environ 70 kilogrammes, dépense en moyenne dans nos climats tempérés 2500 calories par jour.

En tant que combustible, c'est-à-dire pour la production de ces 2500 calories, les trois aliments simples peuvent se remplacer les uns les autres, non pas à poids égaux, mais *dans le rapport de leur valeur calorifique*. Ainsi, si l'on supprime dans une ration 100 grammes de graisse, on ne peut pas les remplacer par 100 grammes de matière féculente ou sucrée, parce que 100 grammes de graisse valent une quantité de force égale à $100 \times 9,3 = 930$ calories, tandis que 100 grammes de matière féculente ou sucrée n'apporteraient que $100 \times 4,1 = 410$ calories. Il est facile de calculer que pour remplacer 100 grammes de graisse (valant 930 calories) il faut 227 grammes de matière féculente ou sucrée ou encore 227 grammes d'albumine (valant aussi 930 calories). C'est ce que les physiologistes expriment en disant que 100 grammes de graisse, 227 grammes d'albumine et 227 grammes de matières féculentes ou sucrées sont *isodynames*, c'est-à-dire apportent la même quantité de force, à savoir 930 calories.

Le besoin d'un certain nombre de matériaux de réparation. — Si nos aliments ne jouaient que le rôle de combustible alimentaire, il nous suffirait de satisfaire au besoin total de calories. En ingérant alors la quantité voulue de graisse ou de sucre, par exemple, pour arriver à 2500 calories, nous aurions fait face à tous nos besoins. Mais il nous faut aussi certains matériaux déterminés. Nous avons d'abord à fournir un ensemble de matières minérales, de sels, mais sur lesquels il est inutile de nous étendre davantage, puisque en dehors du sel ordinaire — question déjà traitée (v. p. 7) — ces matériaux sont toujours représentés dans toute alimentation mixte et nous sont donnés en quelque sorte par surcroît, sans que nous ayons à nous en préoccuper. Restent les aliments organiques, albumine, graisse, matières féculentes et sucrées.

Ici l'expérience a montré qu'une ration est suffisante à tous égards lorsqu'elle renferme :

1° *Une certaine quantité minima d'albumine*, soit environ 1 gramme par kilogramme de poids vif et pour vingt-quatre heures, donc 70 grammes environ pour un homme d'un poids moyen de 70 kilogrammes.

2° *Un complément de graisse et de matières féculentes ou sucrées*, qui peuvent être associées en proportions très variables, mais dont la quantité totale doit être telle que le besoin total de calories soit satisfait, c'est-à-dire que l'organisme trouve, dans l'exemple ci-dessus, environ les 2500 calories dont il a besoin.

Ainsi, soit un adulte du poids de 70 kilogrammes. Si l'on évalue son besoin total de force à 35 calories par kilogramme, le produit est de $70 \times 35 = 2450$ calories environ. Or, son besoin minimum d'albumine sera couvert, à raison de 1 gramme d'albumine par kilogramme, par 70 grammes d'albumine qui apporteront $70 \times 4,1 = 287$ calories. Il restera donc à fournir $2450 - 287 = 2163$ calories, qui pourront être fournies par beaucoup de graisse et peu de matières féculentes, ou inversement. On pourrait même fournir ce complément uniquement en graisse, ou uniquement en sucre ; mais pratiquement on se heurterait à des difficultés provenant de la répugnance du sujet ou de la fatigue du tube digestif. Il vaut donc mieux que ce complément soit fourni par un mélange de graisses et de matières féculentes et sucrées, mais dont les proportions pourront être très variées. On pourra, par exemple, constituer la ration ainsi qu'il suit :

Albumine................	70 gr. donnant	$70 \times 4,1 =$	287 calories.
Graisse.................	100 —	$100 \times 9,3 =$	930 —
Matières féculentes et sucrées.	300 —	$300 \times 4,1 =$	1 230 —
		TOTAL....	2 447 —

ou encore :

Albumine................	70 gr. donnant	$70 \times 4,1 =$	287 calories.
Graisse.................	50 —	$50 \times 9,3 =$	465 —
Matières féculentes et sucrées.	414 —	$414 \times 4,1 =$	1 697 —
		TOTAL....	2 449 —

En général, il est bon de ne pas rester si près de la limite inférieure de 70 grammes d'albumine (1 gramme par kilogramme) et de consommer, par exemple :

Albumine................	120 gr. donnant	$120 \times 4,1 =$	492 calories.
Graisse.................	100 —	$100 \times 9,3 =$	930 —
Matières féculentes et sucrées.	250 —	$250 \times 4,1 =$	1 025 —
		TOTAL....	2 447 —

De nombreuses expériences de laboratoire ont démontré que l'état d'équilibre ou d'entretien est réalisé lorsque la ration employée est constituée d'après les principes que l'on vient d'établir. Au contraire l'équilibre est rompu au détriment de l'organisme dans deux cas :

1° Il peut arriver que la ration d'albumine soit insuffisante. Ainsi un individu de 70 kilogrammes auquel on ne donnerait que 40 grammes d'albumine serait sûrement en déficit : il prélèverait chaque jour sur ses tissus un complément d'environ 30 grammes d'albumine, même si on le gorgeait de quantités énormes, surabondantes, de graisses et de matières féculentes et sucrées, même si la ration lui apportait non pas 2500, mais 3000 ou 4000 ou 5000 calories. En d'autres termes, *au-dessous d'un certain minimum, l'albumine ne peut être remplacée par aucun autre aliment*. On saisit ici l'importance particulière de cette catégorie d'aliments.

2° Il peut arriver que, l'albumine étant représentée en quantité suffisante ou même surabondante, la ration n'apporte pas le nombre de calories voulu. Une ration qui contiendrait beaucoup d'albumine, par exemple 200 grammes, mais dont la valeur totale en force ne serait que de 1800 calories, alors que le sujet en demande 2500, serait insuffisante de 700 calories environ, que l'organisme se procure en prélevant sur ses réserves de graisse et d'albumine de quoi fournir ce complément.

La ration d'albumine ne doit donc pas descendre au-dessous d'un certain minimum. En sens inverse elle peut s'élever jusqu'au maximum tolérable par le tube digestif. L'expérience montre ici qu'elle dépasse ou qu'elle atteint très rarement 200 grammes (qui seraient représentés par 1 kilogramme de viande sans os). Il n'est pas bon de se tenir trop près de la limite inférieure, car on risque ainsi d'être à chaque instant en déficit et de forcer l'organisme à prélever sur ses réserves d'albumine, c'est-à-dire sur les parties les plus nobles de l'organisme. D'autre part, se tenir habituellement trop près du maximum, c'est s'exposer d'une manière constante aux inconvénients du régime carné. La meilleure solution du problème est évidemment une ration intermédiaire, mais où se place-t-elle ? De plus, par quelles quantités de graisse et de matières féculentes et sucrées doit-on compléter pratiquement la ration d'albumine pour arriver, selon chaque cas, à l'état d'entretien le plus favorable à l'individu ? C'est ce que va nous apprendre l'observation directe, pratiquée sur des hommes choisissant librement leur nourriture et vivant dans des conditions sociales ou sous des influences de climat différentes.

LES VARIATIONS DE LA RATION ALIMENTAIRE
SELON LES CONDITIONS DE LA VIE

Les règles que l'on vient d'établir représentent en quelque sorte le tableau théorique de nos besoins alimentaires, tel que nous le réalisons dans les expériences artificiellement combinées du laboratoire. Mais dans la vie ordinaire, comment les choses se passent-elles ? Comment les hommes, uniquement guidés par leur instinct, réalisent-ils leur entretien alimentaire? Puisqu'ils vivent, durent et se reproduisent, c'est que dans les conditions si différentes à tant d'égards où ils se trouvent placés, et à travers les difficultés si variables qu'ils doivent vaincre pour conquérir leur subsistance, ils ont trouvé l'*état d'entretien* qui, au moins dans une certaine mesure, convenait à chaque cas. Quel est cet état, ou, en termes plus précis, à l'aide de quelles proportions absolues et relatives d'albumine, de graisses, de matières féculentes et sucrées les hommes couvrent-ils, selon les circonstances, leurs besoins alimentaires?

C'est ici qu'apparaîtra nettement combien est commode et féconde la considération des valeurs calorifiques des aliments. Ce ne sont pas, en effet, uniquement les *poids* des divers aliments simples qu'il faut comparer entre eux, mais aussi les *apports calorifiques*, si l'on veut se rendre compte de l'importance relative de chaque fraction de la ration. C'est ce que nous allons faire dans l'exposé qui va suivre.

Influence des conditions sociales. — Cette influence est évidemment complexe, car l'ouvrier se nourrit autrement que le rentier, non seulement parce que le travail considérable qu'il fournit l'y oblige, mais aussi parce qu'il dispose de moindres ressources. Toutefois, l'influence la plus marquée est celle du travail à produire, et il résulte de là que la comparaison de l'alimentation des diverses classes sociales est intéressante pour tout le monde.

D'ailleurs, l'adulte des classes aisées, lorsqu'il se livre à certains sports très fatigants, devient momentanément un travailleur, dépensant autant de force qu'un ouvrier, et il n'est pas sans intérêt pour lui de savoir comment l'ouvrier se nourrit pour pouvoir fournir son labeur.

Lorsqu'on analyse la nourriture d'individus fournissant des travaux de plus en plus pénibles, on constate d'abord que la dépense totale de calories va en croissant, ce qui était évident à priori. Ainsi la ration d'un certain nombre de bourgeois (médecins, etc.), analysée par plusieurs physiologistes, s'est trouvée contenir en moyenne de 2 500 à 2 800 calories en vingt-quatre heures. Chez l'ouvrier moyen, on a trouvé une consommation de 3 000 calories à peu près, chez l'ouvrier à travail plus pénible, de 3 600 à 3 800 calories; chez des travailleurs spéciaux (briquetiers, ouvriers de ferme au moment de la moisson, etc.), de 4 000 à 5 000 calories. Enfin, chez les bûcherons, travaillant en plein air dans les Alpes bavaroises, par des froids très vifs, Liebig a même constaté une dépense quotidienne de 6 000 calories. C'est sans doute l'extrême limite de ce que l'organisme humain peut emprunter à une ration, comme force à dépenser.

A mesure que la dépense totale augmente de la sorte, comment l'homme, uniquement guidé par son instinct, l'a-t-il répartie entre les trois aliments, albumine, graisse, matières féculentes ou sucrées?

En ce qui concerne d'abord l'*albumine*, on remarque que la consommation de cet aliment n'augmente pas en proportion de la quantité de travail à fournir. On montrera d'ailleurs plus loin que l'albumine, c'est-à-dire l'aliment dont le type est la viande, ne peut jamais fournir qu'une fraction assez faible de la dépense totale de force. Chez l'adulte des classes aisées, la consommation est ordinairement de 1 gr. 2 à 1 gr. 5 ou 1 gr. 7 d'albumine par kilogramme de poids vif, soit donc de 84 à 105 ou 120 grammes par jour pour un homme de 70 kilogrammes, c'est-à-dire que l'organisme se tient à égale distance du minimum indispensable et du maximum encore toléré par le tube digestif. Chez les ouvriers la consommation d'albumine est inférieure ou à peine égale à celle de la classe bourgeoise, pour cette raison que l'aliment albumineux est en général le plus coûteux et que c'est aux matières féculentes et sucrées que le travailleur va demander, principalement, sous la forme de pommes de terre et de pain, le surplus de force dont il a besoin. Mais lorsque le travail à fournir devient très considérable, alors on voit l'ouvrier consommer jusqu'à 150 à 180 grammes d'albumine en vingt-quatre heures, c'est-à-dire plus que le bourgeois richement alimenté.

Quant aux graisses et aux matières féculentes et sucrées, elles doivent fournir chaque fois le complément des calories nécessaires pour arriver aux dépenses totales de 2 500 à 6 000 calories citées plus haut, c'est-à-dire que l'on constate les consommations moyennes que voici :

	ALBUMINE	GRAISSE	MATIÈRES FÉCULENTES ET SUCRÉES
	gr.	gr.	gr.
Adulte des classes aisées.	120	70 à 110	250 à 350
Ouvrier moyen.	125	50 à 100	400 à 500
Ouvriers fournissant un travail plus pénible.	125 à 150	70 à 110	500 à 600
Ouvriers briquetiers, moissonneurs.	150 à 180	90 à 115	600 à 700
Bûcherons.	135	200 à 250	800

Mais il est plus intéressant encore de considérer quelle est la part relative de chaque aliment simple dans la somme totale de force fournie par la ration. C'est ce que nous apprend le tableau suivant :

Sur 100 calories, c'est-à-dire sur 100 unités de force apportées par la ration, l'organisme en a trouvé :

	DANS L'ALBUMINE	DANS LA GRAISSE	DANS LES MATIÈRES FÉCUL. ET SUCRÉES
I. — Jeunes médecins, intendants, etc.	19	30	51
II. — Homme de peine, menuisier, ouvrier moyen.	17	16	67
III. — Ouvriers fournissant un travail plus considérable.	19	18	63
IV. — Mineurs, briquetiers, ouvriers de ferme.	13	21	66
V. — Bûcherons.	8	39	53

Si l'on essaye d'interpréter ces résultats, on voit que les classes aisées demandent aux albumines, c'est-à-dire à la viande et aux aliments du même ordre, une plus grande partie de leur entretien que les classes moins fortunées, que l'alimentation de l'ouvrier est au contraire caractérisée par un apport de calories considérable demandé aux matières féculentes et sucrées (pain, pommes de terre). La part des graisses est au contraire médiocre, 16 pour 100 environ pour l'ouvrier moyen; mais elle se relève au fur et à mesure que le travail devient plus pénible, puisqu'elle finit par atteindre 39 pour 100. Ce fait s'explique sans effort. L'ouvrier emprunte le surplus de force que réclame la dépense en travail d'abord aux matières féculentes (du pain, de la pomme de terre) dont il absorbe des quantités croissantes, à mesure qu'augmente le travail à fournir. Mais il arrive un moment où le volume de la ration devient très considérable et où il ne pourrait plus être augmenté davantage sans qu'il s'ensuive une surcharge exagérée du tube digestif. L'aliment gras, combustible très puissant, intervient alors comme un complément extrêmement précieux.

C'est donc bien plus avec un surplus de graisse qu'avec un surplus d'albumine que l'ouvrier *améliore* un régime qui lui paraît insuffisant, et cet instinctif penchant s'est traduit dans le langage populaire... et même politique, par un grand nombre d'expressions (« tenir l'assiette au beurre », « promettre plus de beurre que de pain », « mettre du beurre dans les épinards ») qui toutes traduisent l'importance que l'observation de tous les jours avait conduit à attribuer à l'aliment gras. Cette constatation du rôle important de la graisse comme aliment de renfort est un enseignement que nous utiliserons plus loin.

Influence du climat ou de la saison. — L'action du froid se traduit par une demande plus importante adressée par l'organisme à la ration, ce qui se comprend aisément puisque la perte de chaleur devient plus considérable. Là aussi on constate que l'aliment appelé à fournir le surplus nécessaire est d'instinct l'aliment gras. Ainsi un médecin allemand a observé sur lui-même et sur quatre ouvriers qui choisissaient librement leur nourriture une consommation quotidienne de 75 grammes de graisse en hiver et 50 à 55 grammes seulement en été. Tout le monde connaît d'ailleurs la répugnance instinctive que l'on éprouve en été pour les aliments trop gras et au contraire le penchant que manifestent pour les graisses et les huiles les habitants des pays froids. Le médecin de Copenhague cité plus haut consommait par jour 140 grammes de graisse, quantité que l'on n'atteint pas d'ordinaire dans nos régions plus tempérées.

Influence de l'âge. — L'observation montre que le vieillard a une dépense totale moindre que celle de l'adulte. Ainsi, dans la nourriture quotidienne de groupes de vieillards ne se livrant à aucun travail, divers médecins allemands ont trouvé 90 grammes d'albumine, 40 grammes de graisse et 350 grammes de matières féculentes et sucrées, ce qui donne, comme dépense totale de force, 2176 calories, soit donc sensiblement moins que pour l'adulte. Mais on voit que l'association des aliments reste à peu près la même.

Il n'en va pas de même chez l'enfant, qui, proportionnellement à son poids, a des besoins beaucoup plus grands que ceux de l'adulte, pour cette double raison que son organisme doit faire face à un travail de construction considérable, et ensuite que le refroidissement qu'il subit est beaucoup plus intense que celui de l'adulte (1).

Ainsi j'ai observé un enfant au sein qui consommait au quarante-troisième jour 715 gr. de lait, valant 437 calories, soit 95 calories par kilogramme et par jour, alors qu'un adulte se contente de 30 à 35 calories. Le besoin d'albumine est aussi beaucoup plus intense. Les jeunes enfants exigent 2 à 4 grammes d'albumine par kilogramme et par jour, alors que 1 gramme à 1 gr. 5 suffisent à un adulte. Enfin, le petit tableau suivant nous montre quelles différences ca-

---

(1) C'est là une question de géométrie, en quelque sorte. Le refroidissement dépend de la grandeur de la surface ; or, l'enfant a, par rapport à son poids, une surface beaucoup plus grande que celle de l'adulte. Cette loi se vérifie d'ailleurs pour toute la série des animaux à sang chaud. Un moineau a une consommation seize à dix-sept fois plus grande que celle d'un cheval, si on la rapporte au kilogramme de poids vif.

ractéristiques il y a entre la nourriture de l'enfant au sein et celle de l'adulte au point de vue du rôle joué par chaque aliment simple.

Sur 100 calories, c'est-à-dire sur 100 unités de force apportées par la ration, l'organisme en a trouvé :

	DANS L'ALBUMINE	DANS LA GRAISSE	DANS LES MATIÈRES FÉCUL. ET SUCRÉES
Chez l'enfant nourri au sein..	18	53	29
Chez l'adulte.........	19	30	51

Ainsi, tandis que l'alimentation de l'adulte est caractérisée par le rôle prépondérant que jouent les matières féculentes et sucrées, au contraire, chez le nourrisson, ce sont les graisses qui fournissent la part la plus importante dans l'apport total de force. D'ailleurs la physiologie nous apprend que le tube digestif du nourrisson ne sécrète pas encore les ferments nécessaires à la digestion de l'amidon ou de la fécule. Dès lors le passage de l'alimentation au sein à celle des grandes personnes consistera essentiellement dans ce fait que les graisses devront céder peu à peu le pas aux matières féculentes et sucrées. Ce n'est point là une vue de l'esprit, c'est la transition que réalisent sans s'en douter les mères de famille lorsque, tout en maintenant le lait comme facteur principal de l'alimentation, elles ajoutent peu à peu à la ration de l'enfant des jaunes d'œufs, du pain, puis des purées de pommes de terre ou de pois, du riz, etc. Ainsi une fillette de vingt mois que j'ai observée recevait par jour 1 lit. 200 de lait de vache, 30 grammes d'une farine alimentaire, 30 grammes de pain ou de biscottes, 40 grammes de sucre et un peu de beurre. J'ai calculé qu'elle trouvait ainsi :

Dans l'albumine...............	17 p. 100 des calories.
— la graisse.............	43 — —
— les matières féculentes et sucrées.	40 — —

On voit que cette enfant avait un régime intermédiaire entre celui des adultes et celui de l'enfant au sein et qu'elle était en train de s'acheminer vers l'alimentation des grandes personnes.

Quelques déductions pratiques. — Lorsqu'on passe en revue les renseignements que nous venons de réunir sur la manière dont l'homme, abandonné à son libre instinct, a résolu le problème de l'alimentation, la réflexion qui se présente tout d'abord est relative au *rôle secondaire que joue l'albumine* — c'est-à-dire l'aliment simple dont le type est la viande — *dans le bilan total des recettes et dépenses en calories, c'est-à-dire en force*.

Certes l'aliment albumineux conserve à côté des deux autres cette position particulière sur laquelle on a insisté plus haut. Le besoin impérieux d'un certain minimum d'albumine — minimum pour lequel l'albumine ne peut être remplacé par aucun autre aliment — démontre suffisamment le rôle *essentiel* joué par cet aliment. Mais, pour beaucoup de raisons déjà exposées (v. p. 50), l'aliment albumineux a pris dans les préoccupations des médecins et du public une place exagérée. A l'homme bien portant qui doit fournir un travail considérable, quel conseil répète-t-on à satiété ? « Alimentez-vous largement, mangez beaucoup de viande, des œufs, etc... » Et lorsqu'il s'agit de refaire l'organisme affaibli d'un convalescent, ne semble-t-il pas que l'on ait cause gagnée lorsqu'on a réussi à assurer un **apport aussi large que possible d'albumine**, sous la forme de viande, par exemple ?

Sans doute, une absorption abondante d'albumine est un côté capital de la nutrition. Il est essentiel de consommer assez de viande et d'autres aliments de ce type pour être sûr de toujours atteindre et même de largement dépasser le minimum d'albumine indispensable, mais à condition que l'on veille aussi au reste de la ration, de telle façon que le besoin total de calories soit couvert. Il importe, en effet, de bien se pénétrer de ce fait que les albumines ne peuvent jamais fournir qu'une assez faible fraction de la quantité totale de calories, c'est-à-dire de force, dont nous avons besoin.

Chez l'homme bien portant, un des tableaux précédents montre que l'albumine n'apporte d'ordinaire qu'environ 8 à 20 pour 100 des calories nécessaires. Il est, d'autre part, facile de se rendre compte que, même en poussant la consommation d'albumine jusqu'aux limites extrêmes tolérées par le tube digestif, on reste encore bien loin d'avoir satisfait au besoin total de calories. En effet, en dehors de quelques tours de force observés çà et là (1), la quantité d'albumine consommée en vingt-quatre heures, même par les gros mangeurs de viande, ne dépasse pas 200 grammes (que l'on trouverait dans 1 kilogramme de viande maigre et désossée). Or 200 grammes d'albumine valent $200 \times 4,1 = 820$ calories, et comme il faut environ 2 500 calories à un adulte de 70 kilogrammes, il resterait toujours à fournir la différence, soit 1 680 calories ou 67 pour 100 du besoin total. *Ainsi le plus gros mangeur de viande ne peut emprunter au maximum à cet aliment que le tiers de ce qui est nécessaire pour couvrir ses besoins.*

Mieux vaut, par conséquent, une alimentation un peu moins riche en albumine, mais couvrant largement le besoin total de calories, que des rations très riches en viande et aliments du même type, mais ne contenant que des quantités de graisses et de matières féculentes et sucrées insuffisantes pour parfaire la somme totale des calories nécessaires. Plus d'un mondain, grand mangeur de viande, mais qui repousse sur son assiette d'une fourchette dédaigneuse la maigre portion de légumes de nos dîners modernes, met ainsi, sans s'en douter, sa nutrition à la marge du déficit quotidien. Et comment s'en douterait-il? Ne consomme-t-il pas en quantité considérable de la viande, l'aliment qu'il a entendu citer cent fois autour de lui comme l'aliment de force par excellence, celui-là même dont on extrait le bouillon et ces jus concentrés (2), dernière ressource des malades! On vient de montrer où est le point faible de cette manière de voir, encore très répandue aujourd'hui.

En ce qui concerne les malades, le même raisonnement subsiste pleinement. On a beau gaver un convalescent de viandes râpées et lui assurer par là une ration d'albumine très largement établie, l'organisme n'en restera pas moins en déficit, si le complément de force nécessaire n'est pas fourni par une quantité suffisante de graisses et de matières féculentes ou sucrées. Et cet avertissement tire, dans l'espèce, plus de force encore de ce fait, à savoir que, chez beaucoup de malades, une alimentation où prédominent trop fortement les albumines (viandes, œufs, etc.) n'est que difficilement acceptée, tandis que les graisses et matières féculentes ou sucrées, sous la forme de crème, de beurre, de sucre

---

(1) Voici une observation de ce genre, recueillie par un médecin allemand. Un individu de 70 kilogrammes consomme en vingt-quatre heures la masse énorme de 1 kilogr. 832 de viande de bœuf, contenant 389 grammes d'albumine et assaisonnés avec 70 grammes de graisse. En dépit de cet apport colossal d'albumine, la balance exacte des entrées et des sorties montra que l'organisme avait encore dû sacrifier environ 30 grammes de sa propre graisse.

(2) On a montré plus haut combien est en réalité restreinte la valeur alimentaire du bouillon et des extraits de viande (p. 16).

et de fécule, se prêtent à des formes culinaires variées et peuvent tout au moins fournir un complément précieux, qui est en général facilement accepté par les malades et les enfants.

Un deuxième fait mis en lumière par le tableau de la page 59 est *l'appoint considérable représenté par les matières féculentes ou sucrées dans la force totale apportée par notre ration*. C'est là un enseignement qu'il ne faut pas perdre de vue. Il ne manque point de personnes et même de médecins qui, d'une manière plus ou moins confuse, considèrent toutes les « sucreries » comme des consommations d'agrément, ayant peu de valeur alimentaire. Peut-être d'anciens souvenirs, la cherté du sucre pendant le blocus continental, ont-ils contribué à faire envisager le sucre comme un luxe, comme un pur agent de jouissance gustative. Il ne faudrait pas oublier cependant que chaque gramme de sucre représente 4,1 calories. Les 15 grammes de sucre que nous mettons dans une tasse de café noir nous apportent donc 60 calories environ, tandis que le blanc d'un œuf ne vaut que de 16 à 20 calories.

Les plats sucrés, dans lesquels les matières féculentes ou sucrées sont associées aux graisses (crème ou beurre), ont donc une valeur alimentaire considérable. Ainsi une crème à la vanille faite avec un litre de lait, huit jaunes d'œufs et 200 grammes de sucre, représente, par 100 grammes, un apport de 146 calories, quantité de force que nous ne trouvons que dans 178 grammes de viande (crue), souvent bien plus difficile à faire accepter par un convalescent qu'une crème. Je ne veux pas dire par là que la viande doive être totalement remplacée par de tels aliments, mais simplement qu'il ne faut pas méconnaître la richesse des plats de ce genre et la ressource précieuse qu'ils nous offrent.

En ce qui concerne, enfin, les *graisses*, le tableau de la page 59 n'est pas moins instructif au point de vue pratique. Il montre que, quand l'ouvrier pousse le travail aux dernières limites, c'est à l'aliment gras qu'il demande instinctivement le supplément nécessaire. Cet aliment a, en effet, cette supériorité que c'est lui qui, sous le poids et le volume les plus faibles, apporte le plus de force. En effet, nous trouvons :

Dans 100 grammes de viande maigre . . . . 86 calories.
— 100 — de pain . . . . 254 —
— 100 — de beurre (à 85 p. 100 de graisse pure). 790 —

On voit que, comme *combustible alimentaire*, 100 grammes de beurre valent près de dix fois plus que 100 grammes de viande. Sans doute il faut user des graisses avec modération, car beaucoup d'estomacs les supportent mal (v. p. 22); mais, tout en tenant compte de cette indication, ne perdons pas de vue la haute valeur de cet aliment et le secours précieux qu'il représente là où on ne peut atteindre qu'avec peine le total des calories nécessaires. Ainsi un convalescent amaigri pesant 50 kilogrammes a besoin de $50 \times 35 = 1750$ calories. En lui donnant 50 grammes de beurre en vingt-quatre heures, sous des formes diverses, on lui aura fourni environ 400 calories, soit déjà près du quart de son besoin total !

L'ALIMENTATION ET LES REPAS

Nous avons donné dans ce qui précède les principes et les directions générales qui doivent présider à l'établissement de nos rations alimentaires. Après avoir démontré la supériorité d'un *régime mixte* bien compris sur le régime végétarien ou sur le régime à type animal prédominant, nous avons établi ensuite quels sont, selon les divers cas, les *besoins* de l'organisme. Nous constatons, par exemple, qu'un adulte des classes aisées, vaquant à ses occupations sans fournir de travaux mécaniques particulièrement fatigants, doit consommer en vingt-quatre heures, pour un poids moyen de 70 kilogrammes, une ration valant en tout environ 2500 calories et comprenant, par exemple, 100 à 120 grammes d'albumine, 100 grammes de graisse et 300 grammes de matières féculentes ou sucrées, tandis qu'un sujet fournissant un travail plus considérable (ouvrier, touriste faisant des marches considérables, cycliste, etc.) doit trouver dans sa ration des vingt-quatre heures de 3500 à 4000 calories, avec 120 à 140 grammes d'albumine, 100 ou 150 grammes de graisses et 400 à 500 grammes de matières féculentes et sucrées.

Il nous reste à montrer maintenant comment on peut mettre en pratique les règles générales que nous venons de poser et de justifier, comment on peut réaliser de la manière la plus convenable ce régime mixte que nous recommandons et ces rations alimentaires adaptées aux besoins de chacun, tant par leur richesse totale que par leur composition, comment enfin devront être composés et distribués les repas pour que la ration choisie produise son effet utile maximum.

Il convient de faire remarquer encore que toutes les observations qui précèdent et les règles que nous allons en tirer ne sont vraies que d'une manière générale. Ce sont des limites supérieures ou inférieures entre lesquelles notre alimentation peut se mouvoir, ou bien des indications moyennes, s'appliquant donc à la moyenne des individus d'une catégorie donnée et non pas exactement à tel individu pris en particulier.

Préparation, consistance et volume des aliments.

Nous ne développerons pas ici la question de la *préparation* des aliments, puisque ce mot contient en fait l'art culinaire tout entier, avec les multiples artifices qu'il comporte. Nous avons suffisamment insisté sur l'utilité d'une bonne préparation des aliments, tant au point de vue de l'excitation des actes mêmes de la digestion (p. 39) qu'à celui du bon résultat de la digestion. Nous avons montré notamment qu'une cuisson convenable est surtout importante en ce qui concerne les aliments végétaux : ce sont eux qui, au point de vue de la digestibilité, retirent le plus de bénéfice d'une préparation culinaire bien faite (v. p. 29 et 33).

La *consistance des aliments* a aussi une certaine importance. L'expérience a montré que des aliments solides, tels que les œufs durs ou la viande, même incomplètement mastiqués et avalés en morceaux assez gros, sont très bien digérés par les individus bien portants. Mais chez ceux dont le tube digestif est moins robuste, les aliments ingérés en morceaux d'un certain volume ou ceux qui se prennent après leur ingestion en masses d'une certaine consistance, comme le lait (v. p. 23), provoquent des contractions douloureuses de l'estomac. Ces sensations pénibles, que le public exprime en disant que l'aliment est lourd et difficile à digérer, ne se rapportent pas, le plus souvent, à l'acte même de la digestion, qui est à peine en route à ce moment, mais proviennent presque toujours de la nature et de la forme de l'aliment en question. Généralement il suffit de réduire en pulpe ou purée très bien divisée l'aliment considéré comme indigeste pour observer aussitôt la disparition ou une atténuation considérable des accidents.

Mais il ne faut pas tomber dans l'extrême opposé, car l'expérience a montré aussi que, chez l'homme même bien portant, une alimentation de consistance toujours liquide ou pâteuse détermine à la longue une diminution de l'appétit et de la répugnance. C'est donc une alimentation liquide ou semi-liquide, combinée avec des aliments plus consistants, qui représente le juste milieu dans lequel on doit se tenir, chacun variant cette association dans un sens ou dans l'autre, selon son expérience personnelle.

Le *volume* des aliments n'est pas moins important à considérer. On a déjà discuté cette question à propos de l'étude des divers régimes, animal, végétal ou mixte (v. p 46). Il faut que nos repas occupent un certain volume, c'est-à-dire remplissent l'estomac à un certain degré pour qu'ils produisent la sensation de satiété, car c'est à cette sensation, bien plus qu'à la valeur alimentaire du repas, qu'est liée à son tour la sensation de réconfort que nous recherchons et qui nous rend la libre disposition de nos forces. Si donc le repas consommé occupe un volume trop petit (1), il ne produira pas la satiété, même s'il est en réalité très riche ou même trop riche, et par conséquent il ne mettra pas fin à cette inaptitude au travail qu'engendre la sensation de la faim. C'est ici qu'interviennent utilement, ainsi que nous l'avons déjà montré, les aliments végétaux, bien plus volumineux que les aliments d'origine animale et qui, loin de diminuer de poids par la cuisson, comme la viande par exemple, augmentent au contraire leur volume par l'absorption de nouvelles quantités d'eau. On évitera, bien entendu, de tomber dans l'excès opposé et de donner à la masse alimentaire un volume trop considérable par l'ingestion d'une trop forte proportion de denrées végétales. On a exposé ailleurs, à propos du végétarisme, les inconvénients d'un tel régime.

L'expérience a montré qu'*un régime mixte bien compris donne une masse alimentaire de 1 500 à 1 800 grammes par jour* chez l'homme, et un peu moindre chez la femme, abstraction faite des boissons qui viennent s'ajouter à cette masse. Il convient d'éviter des variations brusques de ce volume, mais de s'adapter au contraire progressivement aux changements que les conditions de la vie peuvent imposer. Une ration des vingt-quatre heures pesant 2 000 à 2 500 grammes doit être en général considérée comme trop volumineuse. Nous apprécierons plus loin le poids de quelques menus détaillés.

---

(1) Notons ici que certains aliments produisent la sensation de satiété beaucoup plus vite que d'autres, même sous un faible volume. Ainsi se comportent les œufs. Cette sensation est atteinte aussi pour un volume alimentaire d'autant plus petit que l'aliment est plus riche en graisse.

Température des aliments.

La température des aliments a de l'influence non seulement sur les phénomènes mêmes de la digestion, mais encore, par voie réflexe, sur tout l'organisme. C'est ce que l'on observe très nettement chez les jeunes enfants nourris au biberon. Une nourriture trop chaude leur procure un sommeil agité et des transpirations. Trop froide, elle provoque souvent des coliques ou de la diarrhée. L'adulte est, bien entendu, moins sensible à cette influence, mais n'y échappe pas complètement. L'eau et la bière glacée, ingérées rapidement et en grandes quantités, déterminent souvent des phénomènes douloureux du côté du cœur, de la dyspepsie et des indigestions graves. Les fruits charnus froids provoquent aussi des accidents analogues : on a remarqué notamment que le raisin est d'autant plus laxatif qu'il est plus froid. Enfin, une nourriture habituellement froide réagit d'une manière défavorable sur l'état général. Munk, à qui j'emprunte ces détails, dit que tous les inspecteurs de fabrique appellent l'attention sur ce point : l'ouvrier qui, retenu loin de son domicile, ne consomme habituellement que des aliments froids à midi ne retire pas d'un tel repas la sensation de bien-être ordinaire et cherche à se la procurer par l'ingestion d'alcool.

Une température trop élevée est également nuisible ; beaucoup de médecins estiment que l'usage habituel d'aliments trop chauds est une cause de gastrites et de gastralgies et peut-être même d'ulcères de l'estomac. Cette observation s'applique surtout au potage trop chaud, qui, dans l'estomac encore vide, agit sur la muqueuse avec le maximum d'intensité. Des expériences sur le chien ont montré que des boissons à 45° congestionnent encore très nettement la muqueuse stomacale et qu'à 55-56° il se produit des extravasations sanguines et des ulcérations.

Voici, finalement, quelles sont, d'après Munk, les règles que l'on peut poser à cet égard.

1° La température la plus favorable pour la nourriture de l'homme est celle du sang, par conséquent environ 38°.

2° Tout aliment ou boisson qui présente une température très élevée ou trop basse peut être mal supporté, surtout s'il est ingéré rapidement et en grande quantité. La température est trop élevée et provoque une sensation de brûlure lorsqu'elle dépasse 55°. Elle est trop basse et donne de la douleur dentaire et une sensation de froid glacial à l'estomac lorsqu'elle est inférieure à + 6-7° (v. ci-après).

3° Lorsqu'on désire apporter de la chaleur à l'organisme, il suffit de prendre les aliments ou boissons à une température supérieure de 10-12° à celle du sang, soit donc à 47-50°. Si l'on désire, au contraire, rafraîchir, on ajoutera aux aliments chauds quelques aliments froids et surtout des boissons (v. ci-après).

4° On doit éviter de passer brusquement des substances chaudes aux boissons très froides, ne fût-ce que par égard pour les dents.

Je donne ci-après quelques indications pratiques sur la température de divers aliments, que j'emprunte à Munk.

L'*eau de source* ou *de puits* a généralement de 8 à 16°. A 8°, elle donne la sensation d'une eau très froide. Une température de 12 à 13° donne la sensation la plus agréable et est en même temps la plus favorable. A 20-21°, l'eau ne rafraîchit plus, à 25°, elle provoque souvent un état nauséeux. Pour les eaux gazeuses, la mise en liberté du gaz carbonique augmente en général la sensation de froid.

Le *vin rouge* (bordeaux) est généralement bu par les gourmets à 17-18°, le vin blanc à 10°, le champagne à 8-10°. Frappé, il est en général à 2°, mais il ne provoque pas, sans doute à cause de l'alcool, une sensation de froid aussi intense que l'eau à la même température.

La *bière* est très rafraîchissante à 12° et ne devrait pas être bue plus froide. Des médecins allemands recommandent même de ne pas la refroidir au-dessous de 15°.

Le *café* que l'on vient d'infuser et de verser en tasse présente encore une température de 60-65° et donne la sensation de brûlure. A 40-43°, il donne la sensation agréable que l'on recherche avec les boissons chaudes aromatiques de ce genre, et il ne devrait pas être bu plus chaud. A 15-20°, il désaltère parfaitement et constitue une excellente boisson. Ce qui précède s'applique également au *thé*.

Le *potage*, quand il est agréablement chaud, possède une température d'environ 37° à 45°. Bien chaud, il a 46-54°; très chaud, 53-56°; brûlant, 58° à 63°. C'est la température de 37-45° qui est la plus favorable.

Le *lait*, refroidi à 5-6°, produit une sensation de froid plus intense que celle de l'eau à la même température et telle qu'il ne peut être consommé que par petites portions. A 10°, il est encore très froid; à 12-13°, il est froid, et à 16-18° il est frais et très agréable. Il est prudent de ne pas descendre au-dessous de cette température, sous peine de provoquer facilement des douleurs gastriques, des coliques et de la diarrhée.

Les *bouillies* ou *purées* au riz ou à la pomme de terre, par exemple, se refroidissent dans la bouche et dans l'estomac beaucoup plus lentement que les soupes. Du bouillon, qui possède dans la cuiller une température de 60° et qui brûle la langue, peut à la rigueur être avalé sans provoquer de douleur le long de l'œsophage, tandis que du riz au lait pris à la même température causerait pendant la déglutition une brûlure très pénible. La température la plus convenable pour ces bouillies est de 37° à 42°. Refroidis à 15-16°, elles sont en général très mal tolérées.

Le *rôti* doit avoir environ 40°. A une température moins élevée, la graisse se fige et la viande est plus consistante. Le mouton surtout doit être servi assez chaud, parce que sa graisse se solidifie le plus rapidement par le refroidissement.

Règles à observer pendant et après le repas. Les boissons pendant et entre le repas.

Il est presque superflu d'insister sur l'importance de la *mastication* pour une bonne digestion des aliments. C'est une règle d'hygiène alimentaire dont chacun mesure l'importance, ce qui n'empêche pas qu'on la transgresse fréquemment. On a déjà donné dans ce qui précède plusieurs exemples de l'influence qu'exerce sur la digestibilité de certains aliments leur état de division plus ou moins parfaite (v. p. 33), mais il faut remarquer qu'à la division des aliments s'ajoute encore dans la bouche l'opération de l'insalivation, premier acte physique et chimique de la digestion, et dont l'importance, un instant méconnue en physiologie, attire aujourd'hui à nouveau l'attention des médecins.

Il importe donc grandement de manger avec lenteur et de n'avaler chaque bouchée que lorsqu'elle est bien mâchée, et non pas simplement parce que la suivante est là qui demande qu'on lui fasse place nette. Il n'est pas inutile de citer ici quelques chiffres, ne serait-ce que pour montrer au lecteur combien il est souvent loin de compte en cette matière. Prenez une bouchée de viande du volume ordinaire, accompagnée d'un peu de pain et comptez le nombre de fois qu'il faut la mâcher pour la réduire en une purée bien homogène et telle que la langue n'y sente plus de fragments distincts du reste de la masse. Il faut au moins trente mastications et souvent quarante. Observez maintenant quelques-uns de vos commensaux et vous verrez que la plupart avalent déjà après dix ou douze mastications et quelquefois moins. Et c'est là une habitude que l'on ne modifie d'une manière durable qu'au prix d'une discipline et d'un effort de volonté pénibles à beaucoup de personnes.

Il est important, en outre, de ne se livrer à aucun *travail intellectuel* pendant le repas, parce que cette opération appelle le sang au cerveau au détriment de l'appareil digestif. Il n'est pas moins important d'éviter tout travail de l'esprit au moins pendant une heure après le repas. *Plenus venter non studet libenter* est un vieux dicton plein de vérité. Il est beaucoup de personnes chez qui tout effort de ce genre amène presque aussitôt une sensation très nette de lourdeur et d'arrêt de la digestion, d'autant plus que d'ordinaire on se place en même temps dans la position assise, avec le corps incliné en avant, c'est-à-dire que l'on comprime les viscères abdominaux. Ajoutons que toute *compression* de ce genre doit être évitée, et notamment, chez les femmes, celle d'un corset mal adapté et trop serré. Cette pratique fâcheuse est souvent le premier facteur de troubles digestifs que le temps aggrave sans cesse. Une hygiène alimentaire médiocre, le manque d'exercice d'une vie trop sédentaire ajoutent bientôt à ces accidents la constipation chronique, ce fléau de l'existence de tant de femmes.

On doit s'abstenir d'*exercices violents* immédiatement après le repas, mais les médecins et le public sont moins d'accord sur la question de savoir si le repos complet est préférable à un exercice modéré. Les uns s'en tiennent à la règle des anciens : *Post cœnam stabis, seu passus mille meabis* (après le repas, tu te tiendras debout ou tu feras mille pas) et conseillent un exercice modéré, la promenade très lente, la partie de billard pour les hommes, etc. D'autres, tenant compte de la sensation de fatigue qu'éprouve l'homme après le repas, rappellent que le nourrisson s'endort après chaque tétée et conseillent le repos et même la sieste. On a fait observer à ce sujet qu'il n'est point du tout démontré que l'une ou l'autre de ces opinions soit seule exacte. Il est un fait acquis, que beaucoup de personnes, surtout arrivées à un certain âge, éprouvent après le repas un irrésistible besoin de repos et même de sommeil, ne fût-ce que pendant un temps très court; sans ce repos elles n'ont pas pendant le reste de la journée la libre disposition de leurs moyens et de leurs forces. Il paraît certain que ce besoin doit être respecté, mais il est inutile de le créer par une habitude artificiellement imposée, là où il ne se fait pas sentir. Il ne faut recommander le repos après les repas qu'à des personnes faibles et atteintes de troubles dyspeptiques. Les autres s'en tiendront à ce que leur indiquera leur expérience personnelle à ce sujet.

Je terminerai par la question des *boissons* pendant et entre les repas. Il est certain que l'habitude de boire des quantités considérables de liquide pendant les repas est fâcheuse. Bunge fait observer que l'instinct encore intact de l'enfant se révolte en général contre l'ingestion de quantités trop considérables de soupes très liquides, et il note aussi ce fait que l'animal ne boit en général que quand il a mangé. En raisonnant les choses théoriquement, on peut dire qu'il est mauvais de diluer dans une grande masse de liquide notre suc gastrique, dont on affaiblit nécessairement la puissance digestive. On augmente aussi de la sorte le volume de la masse alimentaire et la distension de l'estomac. Notre repas le plus important représente d'ordinaire un poids de 800 grammes environ (v. p. 74 et 77). Si l'on ajoute encore à cette masse déjà considérable un à deux litres de liquide bus tant pendant le repas qu'immédiatement avant, sous la forme du fâcheux apéritif, on en arrive à charger l'estomac d'une masse de près de 3 kilogrammes. Sans doute, il est des personnes qui supportent ces pratiques pendant des années sans dommage apparent pour leur santé, mais combien d'autres marchent ainsi vers la dyspepsie et la dilatation d'estomac !

Il convient donc, en règle générale, de ne boire que modérément pendant le repas. Deux verres de liquide, soit environ 300 à 350 grammes, représentent une dose suffisante; mais alors il faut, le plus souvent, boire un peu entre les repas. Un courant d'eau d'une certaine intensité traversant l'organisme est, en effet, nécessaire à une bonne élimination de nos déchets, à une convenable lixiviation de nos tissus. A cet égard, notre excrétion rénale nous fournit un bon contrôle : il est utile que de ce côté nous éliminions par jour un volume d'environ 1 500 centimètres cubes pour les hommes et 1 300 centimètres cubes pour les femmes.

Enfin, nous devons nous demander *ce qu'il faut boire*. Théoriquement, la réponse est très simple : l'eau suffit à nos besoins. Des générations entières, se succédant saines et vigoureuses, l'ont surabondamment prouvé dans le passé. Mais plaçons-nous dans les conditions actuelles de la vie, où l'usage de boissons fermentées, vin, bière, cidre, est devenu général, et demandons-nous si cette habitude est nuisible ou utile.

Tout d'abord, l'abus est certainement nuisible, **non seulement par l'action de retard ou d'arrêt que l'alcool en grande quantité exerce sur l'acte chimique de la digestion, mais encore par la détérioration progressive de l'appareil digestif, puis de tous les autres appareils.** Et il importe de noter que l'abus commence beaucoup plus tôt qu'on ne le croit généralement. Il n'est pas nécessaire d'aller habituellement jusqu'à l'ivresse pour devenir un alcoolique. Il y a beaucoup de personnes qui consomment journellement, avant, pendant et après chacun de leurs deux repas, un apéritif, une bouteille de vin et un petit verre, quelquefois davantage. C'est là évidemment de l'alcoolisme chronique, et je ne répéterai pas ici le tableau complet, tant de fois tracé d'ailleurs, des méfaits de ce fléau social.

Mais l'usage modéré du vin est-il nuisible aussi pour l'appareil digestif et pour la santé en général ? Et par usage modéré nous entendrons, je suppose, une bouteille de vin par jour, soit environ 800 grammes de vin de qualité moyenne. Si l'on veut se tenir ici sur le terrain strictement scientifique et ne pas se laisser guider par des préoccupations étrangères, comme celles que dicte, par exemple, le souci de la propagande antialcoolique, d'ailleurs si urgente, on doit reconnaître qu'il n'est pas démontré que l'usage *modéré* d'un bon vin naturel, coupé d'eau, soit nuisible à la santé. Beaucoup de médecins soutiennent même qu'on en obtient une stimulation utile des organes digestifs.

Quant à la bière, on l'a souvent dénoncée en Allemagne comme exerçant une action défavorable sur la digestion. Pourtant, dans beaucoup de régions, dans le nord de la France notamment, on consomme habituellement aux repas une bière légère, dont l'usage est courant dans toutes les classes de la société. Ajoutons encore que l'on met en vente trop souvent des bières ou des vins avariés ou mal réussis et dont les défectuosités sont masquées par l'addition de substances chimiques ou par des manipulations nuisibles à la santé, et cette circonstance n'est pas étrangère, sans doute, aux difficultés et aux contradictions auxquelles on se heurte, lorsqu'on essaye de faire une enquête médicale sérieuse sur cette question.

Enfin les boissons distillées (eaux-de-vie, etc.) ne doivent être consommées qu'exceptionnellement. Prises en petites quantités après le repas, elles exercent chez certains individus une action de stimulation et donnent comme un coup de fouet à la digestion. Mais ce sont là des effets que l'on doit n'utiliser que rarement, comme ceux de tout autre médicament.

Répartition de la ration quotidienne entre les différents repas.

Avec le régime mixte que nous recommandons, les aliments nécessaires en vingt-quatre heures pèsent environ 1 500 à 1 800 grammes. Or l'observation montre que la sensation de satiété est obtenue avec un repas (de midi, par exemple) pesant de 700 à 900 grammes. Il faut donc, de toute nécessité, que notre ration des vingt-quatre heures soit consommée en plusieurs fois. De fait, l'usage s'est établi de prendre au moins trois repas par jour, à savoir le petit déjeuner du matin, le repas de midi et celui du soir. Beaucoup de personnes, et en particulier presque tous les ouvriers, les enfants à croissance rapide, font encore deux collations supplémentaires, vers neuf ou dix heures du matin et vers quatre ou cinq heures du soir. Voyons comment, de quel accord, à peu près unanime, se fait la répartition de la ration entre ces différents repas.

Prenons d'abord le cas des trois repas quotidiens. Le moins important est le premier déjeuner, bien que ce soit celui qui succède au jeûne le plus prolongé (de dix à douze heures environ) et que, le jour, la sensation de la faim reparaisse au contraire cinq à sept heures après le repas. Cela tient à ce fait que durant le repos de la nuit les dépenses de l'organisme sont abaissées à un minimum et que les réserves créées par le repas du soir sont encore, au moins en partie, disponibles le matin. Aussi constate-t-on en moyenne que dans les régimes librement choisis le premier déjeuner ne contient guère que du sixième au quart de la quantité totale des principes nutritifs (albumine, graisse, matières féculentes et sucrées) apportés par la ration de la journée.

Les deux autres repas fournissent le complément, mais leur importance relative varie dans d'assez larges limites. Chez les ouvriers, le repas de midi est d'ordinaire le plus considérable et fournit à peu près la moitié de la ration, ou un peu moins, s'il y a encore deux goûters intermédiaires, le matin et le soir. Ce repas est donc assez riche, conséquemment assez volumineux. Mais l'expérience montre qu'à la condition de ne pas se livrer à des efforts violents immédiatement après avoir mangé, l'ouvrier se trouve bien de cette restauration puissante. Enfin il complète sa ration par un repas du soir apportant environ le tiers des substances nutritives. Finalement on voit que le premier déjeuner a fourni 1/6, le repas de midi 3/6 et celui du soir 2/6 de la quantité totale de principes nutritifs, albumine, graisse et matières féculentes ou sucrées.

Dans les classes aisées, la répartition est un peu différente et varie avec les occupations, avec l'organisation de la vie sociale. Dans les grandes villes, à Paris notamment, où le maximum d'activité est dépensé entre neuf heures du matin et six heures du soir, le repas de midi n'est qu'un second déjeuner, assez rapide, en général riche en viandes ou tout au moins en albumine, et pas trop volumineux, de façon qu'il restaure puissamment sans produire une surcharge fâcheuse du tube digestif et une sensation de plénitude et de lourdeur qui nuirait à l'activité physique et surtout intellectuelle du sujet. Par contre, le Parisien dîne le soir, c'est-à-dire qu'il fait à ce moment le repas le plus important, si bien que chez lui le premier déjeuner fournit environ le 1/6, le second déjeuner les 2/6 et le dîner les 3/6 des principes nutritifs de la ration totale.

Cette répartition de la ration est bien comprise et adaptée aux habitudes des grandes villes, où en général on se couche assez tard. Le repas du soir, tout en étant le plus important, ne nuit donc pas au sommeil, à condition qu'il n'ait pas lieu trop tard (à sept heures ou sept heures et demie au plus tard), parce qu'au moment du coucher, à onze heures, la digestion est déjà bien en route. Une telle organisation des choses s'impose surtout aux personnes qui doivent fournir dans l'après-midi un travail de cabinet ou de bureau exigeant la position assise peu après le repas de midi.

Telles sont les indications générales que l'on peut énoncer et que chacun doit modifier en les adaptant aux conditions de son genre de vie. Nous donnerons plus loin des exemples numériques de quelques-unes de ces combinaisons.

Ajoutons que s'il y a une ou deux collations intermédiaires elles ne doivent pas comprendre plus du 1/10 des matériaux nutritifs de la ration totale.

Réalisation pratique du régime adopté.

Je ne voudrais pas dissimuler ici au lecteur la difficulté que présente l'application pratique des données qui précèdent, lorsqu'on la veut précise et complète. Établir un régime dont toutes les parties soient connues exige une discipline et une série d'opérations (pesées des aliments, etc.) auxquelles se soumet pour quelque temps un chercheur à la poursuite de quelque vérité scientifique, mais qui paraîtraient promptement intolérables à toute autre personne. Le tableau complet que je vais dresser plus loin, pour une ration des vingt-quatre heures exactement étudiée, me dispense d'insister davantage sur ce point. Est-ce à dire que les différentes données qui précèdent vont demeurer inutiles? Il n'en est rien, car, à défaut d'applications aussi précises que celles des laboratoires, ces données permettent des approximations et fournissent des directions générales dont l'utilité paraît incontestable.

Montrons d'abord par un exemple comment on établit d'une manière complète la valeur d'un régime mixte, entièrement connu dans toutes ses parties.

La ration dont je vais donner le détail est prise dans le régime habituel d'un médecin, âgé de quarante-quatre ans et se livrant à des travaux de laboratoire. Ces travaux, qui sont presque toujours exécutés debout, consistent en manipulations diverses, dont le plan a été médité à l'avance et qui n'exigent pas un effort intellectuel considérable pendant qu'on les effectue. Comme d'autre part le sujet en question souffre parfois d'insomnie, surtout après les gros repas, il était tout indiqué pour lui de faire le repas le plus important à midi et de souper légèrement le soir. Enfin, le régime choisi était le régime mixte, que conseillait d'ailleurs le tempérament arthritique de l'individu et que l'on se contentait de réaliser au « juger », approximativement, simplement avec le souci de maintenir dans la ration une quantité suffisante de légumes et de fruits. Comme contrôle et par curiosité scientifique, le sujet pesait de temps à autre ce qu'il mangeait pendant toute une journée, c'est-à-dire qu'il avait à côté de lui sur un guéridon une balance sur laquelle il établissait la tare de son assiette vide, puis à mesure qu'il se servait au gré de son appétit, il pesait la portion choisie. Il calculait ensuite, d'après les tableaux donnés plus haut, la composition de la ration ainsi consommée.

Une difficulté se présentait ici. Les tableaux en question donnent la composition des aliments frais ou crus, tels que le commerce les fournit aux ménages. Au contraire, à table, on pesait les aliments cuits ou apprêtés, c'est-à-dire modifiés dans leur composition. Pour les diverses sortes de viandes (bouilli, viande rôtie, etc.) il est facile de tenir compte de la modification de composition qu'elles ont subie à la cuisine, en utilisant les indications que nous avons fournies précédemment (p. 15). Pour les légumes, qui absorbent souvent des quantités d'eau considérables, mais variables selon l'opération culinaire, on a fait quelques déterminations très simples que chacun peut répéter et qui ont produit les résultats suivants : 100 grammes des aliments ci-dessous, pesés d'abord à l'état frais, ont donné, après cuisson à l'eau puis égouttage sur un tamis, les poids respectifs que voici :

Pommes de terre.	100	grammes.
Haricots verts.	140	—
Petits pois.	105	—
Lentilles.	201	—
Haricots de Soissons.	187	—
Salade cuite.	86	—

On voit que les pommes de terre et les petits pois ne varient pas sensiblement de poids par la cuisson, que la salade cuite à l'eau (puis exprimée comme d'ordinaire) perd même un peu de son poids, c'est-à-dire devient moins aqueuse, enfin que les haricots verts, les haricots de Soissons et les lentilles absorbent des quantités considérables d'eau.

On a donc tenu compte de ces données pour apprécier combien on avait réellement consommé de chaque aliment considéré à l'état cru, avant la préparation culinaire. C'est donc le poids des aliments crus qui figure dans le tableau ci-dessous. C'est d'ailleurs le seul qui fournisse une base exacte, le poids de l'aliment cuit variant trop avec le mode opératoire employé.

Voici maintenant quelle a été la composition des trois repas consommés dans une journée. On va comprendre que la ration, bien que combinée « au juger », a réalisé approximativement le régime que l'on se proposait d'atteindre.

	POIDS DES ALIMENTS CONSOMMÉS	COMPOSITION DES ALIMENTS		
		Albumine.	Graisse.	Matières fécul. et sucrées.
Petit déjeuner :	gr.	gr.	gr.	gr.
Pain.	100	7	»	55
Lait (1).	250	8,7	9	12,5
Beurre.	15	»	12,7	»
Sucre.	14	»	»	14
	379	15,7	21,7	81,5
Repas de midi :				
Bouillon (2).	250	2	3	»
Tapioca.	12	»	»	9,8
Petits pois.	110	7	»	13
Pommes de terre.	190	3,8	»	39,9
Viande (veau).	105	20	8	»
Graisse d'assaisonnement.	12	»	12	»
Pain.	110	7,7	»	60,5
Fromage.	20	6,5	4,9	»
Biscuit.	15	1,3	»	11
Sucre (du café noir).	14	»	»	14
	838	48,3	27,9	148,2
Repas du soir :				
Pain.	95	6,6	»	52,2
Viande.	75	15,7	3,7	»
Beurre.	6	»	6	»
Cerises (cuites).	105	0,7	»	10,7
Sucre.	20	»	»	20
Gervais.	35	6,2	16	»
	336	29,2	25,7	82,9

Montrons que ce régime a satisfait cependant avec une approximation suffisante aux conditions que l'on s'était posées. Tout d'abord le poids total de la ration — abstraction faite des boissons — est d'environ 1 550 grammes, ce qui est suffisant pour produire la sensation de satiété, sans surcharge fâcheuse pour le tube digestif. Le repas du matin pesait 379 grammes, celui de midi 838 grammes, celui du soir 336 grammes. La répartition a donc bien été celle que l'on cherchait, à savoir que le repas de midi, auquel succédait un travail « debout », a été le plus volumineux. Ce repas a apporté aussi la plus grande quantité d'aliments simples, car celui du matin a représenté 25 pour 100, celui de midi 46 pour 100 et celui du soir 29 pour 100 du poids total des aliments *simples* consommés.

(1) Il n'a pas été tenu compte ici du café noir qui accompagnait le lait et dont la valeur alimentaire est tout à fait négligeable.
(2) Ce bouillon avait été spécialement analysé pour la circonstance.

La ration en question contenait 93 grammes d'albumine, 75 grammes de graisse et 312 grammes d'aliments féculents et sucrés. Sa valeur totale, calculée comme il a été dit à la page 54, était de 2 366 calories, soit un poids de 63 kilogrammes, 37 à 38 calories par kilogramme (1), ce qui est largement suffisant, sans être cependant excessif, étant donné que le sujet travaille debout, va et vient activement pendant la majeure partie de la journée.

La quantité d'albumine est largement au-dessus du minimum indispensable (v. p. 55) et représente 1 gr. 7 par kilogramme de poids vif, soit donc à peu près 1 gr. 5, si l'on tient compte d'une perte en « non digéré » d'environ 10 pour 100.

On remarquera en outre que l'apport en graisse n'a été que de 75 grammes en vingt-quatre heures, ce qu'explique ce fait que l'observation en question a été prise à la fin du mois de juin, par une température relativement élevée. En hiver, la même personne consomme habituellement 90 grammes de graisse environ.

Enfin l'équilibre entre la partie végétale et la partie animale de la ration a été convenable. On peut calculer, en effet, que sur les 93 grammes d'albumine ingérés, 59 grammes, soit 63 pour 100, viennent des aliments animaux et 34 grammes, soit 37 pour 100, ont été apportés par des aliments végétaux. Mais sur les 63 pour 100, 38 pour 100 seulement ont été fournis par la viande, et le surplus, soit 23 pour 100, par les autres aliments animaux, c'est-à-dire le lait et le fromage. On voit donc que la viande, qui est l'aliment dont le sujet tenait à éviter un excès, ne représentait guère, en chiffres ronds, que le tiers de la ration d'albumine, et finalement le but visé a été atteint, à savoir que la ration a été très largement établie, l'apport d'albumine abondant, et que l'on a évité l'excès de viande, sans tomber d'autre part dans les inconvénients du régime à type végétal prédominant.

En s'aidant du modèle que je viens de tracer, et des tableaux donnant la composition des divers aliments composés, chaque lecteur pourra de la sorte étudier et diriger son alimentation. Assurément l'obligation de peser chaque aliment est une contrainte qui deviendrait promptement intolérable, mais à laquelle il n'est pas indispensable de se soumettre constamment, ni même souvent. Il suffit d'avoir pratiqué ici ou là quelques pesées des aliments les plus importants, pain, viande, pommes de terre, fromage, pour se rendre compte approximativement du type auquel appartient le régime que l'on pratique. Il suffit même de peser un certain nombre de fois la quantité de viande consommée pour obtenir déjà un renseignement utile. Soit un individu consommant 300 à 350 grammes de viande (fraîche) par jour ; cela fait un apport de 65 à 75 grammes d'albumine, et comme l'apport total d'albumine est le plus souvent un peu supérieur à 100 ou 110 grammes, ce seul renseignement établit déjà que voilà un régime à type animal marqué, puisque la viande fournit sans doute les deux tiers de l'albumine consommée.

D'ailleurs, pour faciliter des enquêtes approximatives de ce genre, nous donnons ci-après un certain nombre de menus types, en expliquant chaque fois quel genre de régime ils réalisent.

(1) Ces nombres représentent l'apport brut, c'est-à-dire sans déduction des pertes en matériaux non digérés. On peut évaluer cette perte à 10 p. 100 en moyenne. Il ne vient donc en réalité que 33 à 34 calories par kilogramme de poids vif.

Quelques types de menus adaptés à diverses conditions.

Dans les menus en question, on a laissé de côté tous les détails culinaires chaque fois qu'ils sont indifférents au point de vue de la valeur nutritive de l'aliment envisagé. Que 100 grammes de veau soient consommés en escalope ou à l'état de « veau sauté Marengo », leur valeur alimentaire reste sensiblement la même, bien qu'au point de vue culinaire la différence soit grande. On a dû régulièrement renoncer à introduire dans ces menus des plats trop compliqués, du genre du « vol-au-vent », par exemple, et dans lesquels il entre trop de matériaux différents et en proportions trop variables pour qu'on en puisse tenir compte par le calcul. Bref, ce ne sont que des types, des cadres dans lesquels nous n'avons fait figurer que des mets simples. J'ajoute que *leur mode d'association n'a aucune prétention culinaire*. En outre, on ne donnera pas en détail, comme il a été fait dans le tableau précédent, la valeur de chaque plat en albumine, graisse, matières féculentes et sucrées, mais seulement la valeur de la ration et le type qu'elle réalise.

Il ne faut pas prendre ces types à la lettre et considérer ces cadres comme absolument rigides. Ce ne sont en réalité qu'un ensemble de directions, applicables à la moyenne des individus, mais qui ne conviendront pas nécessairement à telle ou telle personne prise en particulier.

Menus pour personnes à existence très active. — Je n'ai pas en vue ici des personnes fournissant des travaux manuels considérables comme ceux de l'ouvrier. On a, du reste, suffisamment expliqué dans ce qui précède les caractéristiques de l'alimentation des ouvriers (v. p. 58). Mais dans les classes aisées il y a des personnes qui arrivent à fournir une quantité de travail presque égale à celle d'un ouvrier. Ce sont, par exemple, des chefs d'industrie, des ingénieurs, des commissionnaires en marchandises, qui sans cesse en mouvement, allant et venant, montant et descendant, ajoutent à cette fatigue musculaire une tension nerveuse considérable. Ces personnes ont besoin d'une alimentation riche, capable de maintenir chez elles l'élan, l'énergie physique et morale qui leur est nécessaire. Leur ration doit donc être riche en albumine, riche aussi comme apport total de force, c'est-à-dire de calories, et pas trop volumineuse, de façon à ne pas produire une sensation de plénitude pénible, mais à laisser au contraire à l'individu, peu de temps déjà après le repas, la libre et facile disposition de ses moyens. Le repas de midi pourra être relativement abondant, puisqu'il n'est pas suivi, au moins immédiatement, d'un travail « assis », mais au contraire d'allées et venues actives. Enfin on devra éviter les inconvénients d'une alimentation trop riche en albumine et surtout en albumine animale et trop pauvre en végétaux.

Cela posé, voici un type de ration qui pourra réaliser les conditions voulues.

LES ALIMENTS.

Petit déjeuner.

100 grammes de pain, 15 grammes de beurre, 200 grammes de lait, 15 grammes de chocolat (1), 15 grammes de sucre. — Poids total du repas : 345 grammes.

Repas de midi.

Deux œufs (pesant net 100 grammes); 125 grammes de pain; 2 côtelettes de mouton (pesant net 160 grammes), après grillage et déduction faite des os (2); 100 grammes de pommes de terre frites; 12 à 15 grammes de graisse d'assaisonnement; 25 grammes de fromage « Gervais » avec 6 grammes de sucre; plus 15 grammes de sucre avec le café noir. — Poids total du repas (sans les boissons) : environ 530 grammes.

Repas du soir.

175 grammes de potage; 125 grammes de pain; 125 grammes d'un poisson maigre (sole, cabillaud); 80 grammes de filet; 100 grammes de haricots verts; 12 grammes de graisse d'assaisonnement; 2 pêches (pesant net environ 130 grammes [3]) avec 10 grammes de sucre; plus 15 grammes de sucre avec le café noir. — Poids total du repas : environ 770 grammes.

Ces trois repas pèsent en tout, tels qu'ils sont ingérés, c'est-à-dire après cuisson, environ 1 650 grammes. Ils apportent en tout 129 grammes d'albumine, 87 grammes de graisse et 321 grammes de matières féculentes et sucrées. Le repas de midi ne pèse que 530 grammes; il ne peut donc pas produire une sensation de plénitude exagérée, bien qu'il restaure puissamment. Celui du soir est un peu plus volumineux (770 grammes), mais n'est pas excessif, et, si le coucher a lieu suffisamment tard, la digestion ne risquera pas de troubler le sommeil. Enfin, les aliments, considérés non plus d'après leur poids brut, mais d'après leur valeur nutritive, sont convenablement répartis, puisque le repas du matin apporte 140 grammes d'aliments simples, celui de midi 210 grammes et celui du soir 180 grammes.

La quantité totale de force apportée par ces trois repas est de 2 480 calories environ, ce qui, pour un homme de 65 à 70 kilogrammes, représente de 35 à 38 calories par kilogramme. La ration renferme, d'autre part, 124 grammes d'albumine, soit donc 1 gr. 8 d'albumine par kilogramme de poids vif et par jour, ce qui donne à peu près 1 gr. 6, déduction faite des pertes en « non digéré ». La part de l'albumine animale est de 91 grammes, soit 73 pour 100; celle de la viande (viande et poisson) de 64 grammes, soit 51 pour 100 de la quantité totale. La majeure partie de cette albumine est donc facilement absorbable. En ce qui concerne la graisse, une dose de 87 grammes est facilement acceptée en hiver, puisque dans les pays à hiver rigoureux on va souvent jusqu'à 150 grammes par

---

(1) Le chocolat renferme, pour 100 grammes, 2 grammes d'eau, 6 grammes d'albumine, 21 grammes de graisse, 55 grammes de sucre et 13 grammes de matières féculentes.

(2) Une côtelette de mouton pèse en moyenne, à l'état cru, 105 à 110 grammes; grillée, 90 grammes, dont il faut défalquer à peu près 28 grammes d'os. Il reste donc net, à l'état cru, 80 grammes et à l'état grillé environ 60 grammes.

(3) Une belle pêche pèse au moins 75 grammes et, après déduction du noyau et de la pelure, il reste net à peu près 65 grammes. La chair a la même composition que celle de la prune, comme apport de matériaux nutritifs.

jour. En été, cette dose produit, chez certaines personnes, une sensation de satiété frisant la répugnance. Mais on a vu que l'instinct est ici un sûr régulateur. Il suffirait d'ailleurs, dans la ration ci-dessus, de supprimer au déjeuner du matin les 15 grammes de beurre et les 15 grammes de chocolat (qui apportent à peu près 6 grammes de graisse) pour diminuer déjà la ration d'une vingtaine de grammes de graisse.

Ces trois repas représentent donc une ration capable de maintenir dans un bon état d'entraînement et d'activité physique une personne menant une existence fatigante; mais, au point de vue d'un bon équilibre entre le régime animal et le régime végétal tel qu'on l'a défini plus haut, je considère ce type de ration comme une limite extrême qu'il ne faudrait pas dépasser et même qu'il ne faudrait pas atteindre habituellement. Une ration aussi riche en albumine, et surtout en albumine animale, doit certainement être considérée comme présentant déjà les inconvénients des régimes à type animal trop prédominant (v. p. 50). Sans doute, il est difficile de tracer ici des limites précises, et beaucoup de personnes pourront pendant longtemps pratiquer sans dommage un tel régime. Je n'en considère pas moins ce type comme une limite dont il vaut mieux s'éloigner un peu, en y pratiquant quelques modifications. Il faudrait y diminuer la quantité de viande et y augmenter les légumes et les fruits, résultat qui est obtenu par les trois menus que voici :

Petit déjeuner.

Le même que ci-dessus.

Repas de midi.

Deux œufs; 125 grammes de pain; 1 côtelette de mouton; 125 grammes de pommes de terre; 12 grammes de graisse d'assaisonnement; 25 grammes de fromage « Gervais » avec 6 grammes de sucre; 150 grammes de cerises; 15 grammes de sucre (avec le café noir). — Poids total du repas : environ 630 grammes.

Repas du soir.

125 grammes de potage; 125 grammes de pain; 80 grammes de poisson maigre; 80 grammes de filet; 120 grammes de haricots verts; 12 grammes de graisse; 2 pêches avec 10 grammes de sucre; 15 grammes de sucre avec le café noir. — Poids total du repas : environ 700 grammes.

Le poids total des trois repas est encore d'environ 1 680 grammes. Le repas de midi est devenu un peu plus volumineux, mais n'a rien d'excessif, puisque beaucoup de personnes atteignent sans inconvénients 800 grammes pour un repas (voyez l'exemple de la page 74). La valeur totale de la ration s'est élevée d'une centaine de calories (2 575 calories), mais l'albumine a été abaissée à 104 grammes, dont 68 grammes, soit 67 pour 100, proviennent de l'albumine animale. Cette albumine est donc, en grande partie, facilement absorbable, sans que la viande occupe dans la ration une place excessive, puisqu'elle ne fournit que 45 grammes, soit 43 pour 100 de l'albumine totale. De plus, la présence d'une quantité plus considérable de légumes et de fruits assurent un apport suffisant de matériaux basiques et une neutralisation convenable des acides (v. p. 48).

J'ajoute que l'on pourrait sans inconvénients diminuer encore de temps à autre l'apport d'albumine pour les personnes dont l'existence n'est pas si active et qui, menacées d'arthritisme ou de gravelle, par hérédité ou par tempérament, auraient intérêt à éviter une alimentation trop riche en albumine. Je supprimerai dans ce cas l'un des deux plats de viande (filet ou poisson) du repas du soir, ce qui ramènerait l'apport d'albumine à environ 90 grammes, dont 54 grammes, soit environ 60 pour 100, proviendraient alors de l'albumine animale.

On voit par ce qui précède qu'il ne suffit pas d'énumérer les plats qui composent les repas de la journée ; mais qu'il est nécessaire d'indiquer, au moins approximativement, les quantités qu'il en faut consommer pour réaliser un régime déterminé. On peut partager la même table avec des personnes qui ont un régime très mal compris, et cependant, si la variété des plats est suffisante, en tirer une alimentation convenablement équilibrée. Et, de même, on a beau servir des repas bien combinés, l'hygiène alimentaire n'en est pas moins méconnue si, laissant là les légumes et les fruits, les convives s'attaquent presque exclusivement aux œufs et à la viande.

Dans le cadre que nous venons de tracer, et en respectant le type de régime que réalise la ration ci-dessus, on peut introduire par substitution l'infinie variété des autres aliments, en tenant compte, si l'on veut conduire les choses d'une manière précise, de leur richesse en matériaux nutritifs, c'est-à-dire en consultant les tableaux de composition que nous avons donnés plus haut. Ainsi, on peut substituer à la côtelette une quantité équivalente d'une autre viande, une tranche de gigot, par exemple, et remplacer les pommes de terre par des haricots. Bien entendu, la ration devient ainsi un peu plus riche ; car, dans une portion de haricots, mettons 150 grammes, il y a environ 75 à 80 grammes de haricots crus, et si le lecteur veut se reporter à la page 32 il constatera que le haricot est bien plus riche en albumine et en substances féculentes que la pomme de terre. Avec cette substitution, la ration est donc devenue un peu plus riche ; mais le lendemain on consommera, je suppose, du veau aux épinards, légumes très pauvres en matériaux alimentaires, ce qui fera compensation. Un autre jour on substituera aux œufs des sardines, des filets de hareng ou des anchois avec beurre. A la vérité, deux sardines, par exemple, pesant 35 grammes, n'apporteront que 8 grammes d'albumine environ et 4 grammes de graisse, tandis que deux œufs fournissent 13 à 14 grammes d'albumine et 10 à 11 grammes de graisse. Mais, en même temps, on consommera du beurre, une dizaine de grammes, et plus de pain, si bien que la compensation se fera à peu près, et si elle ne se fait pas ce jour-là, elle sera réalisée les jours suivants, ou un peu plus loin, au cours du même repas, par quelque autre substitution.

Au surplus, notre organisme est, heureusement, une machine infiniment souple et dont le fonctionnement est indépendant de ces variations quotidiennes. Quand il reçoit plus d'aliments qu'il ne lui en faut, il ne fait pas de « consommation de luxe », selon l'expression des physiologistes ; il met le surplus de côté et, quand il est en déficit, il prélève sur les réserves qu'il s'est ainsi créées. Il suffit donc que notre ration oscille entre certaines limites et autour d'un type donné, qu'elle réalise approximativement.

Comme direction générale, les indications que l'on vient de donner suffisent par conséquent, et ce serait faire étalage d'une précision de pure apparence que de chercher à dresser des tableaux où les divers plats seraient énumérés avec l'indication des quantités suivant lesquelles on peut les substituer les uns aux autres. Ce serait inutile, parce que, dans la pratique journalière de la vie, personne ne fera cette substitution la balance à la main, et inexact, parce que la composition des aliments, et plus encore celle des plats, étant très variable, il n'arrive presque jamais qu'un plat contienne tout juste autant de chacun des trois aliments simples que tel autre.

Montrons encore qu'avec le « maigre » des prescriptions religieuses ou avec le régime des végétariens de Manchester, V. E. M., on peut constituer des rations répondant à tous les besoins.

Petit déjeuner.

Il serait constitué comme précédemment ou d'une façon analogue.

Repas de midi.

35 grammes d'anchois, de filets de harengs ou de sardines (1); 10 grammes de beurre; 125 grammes de pain; 2 œufs; 60 grammes de macaroni (2), avec 10 grammes de graisse et 25 grammes de fromage de gruyère; 120 grammes de pommes (d'arbre); 15 grammes de sucre. — Le poids total du repas est d'environ 700 grammes.

Repas du soir.

150 à 200 grammes de soupe maigre (3); 125 grammes de pain; 125 gr. de poisson (maigre); 200 grammes de choux-fleurs; 20 grammes de graisse d'assaisonnement; 100 grammes de crème à la vanille; 1 biscuit de 15 grammes. — Le poids total du repas est d'environ 700 grammes.

Ces trois repas ont un poids total de 1 750 à 1 800 grammes. On saisit ici l'influence du régime végétarien, même mixte, sur le volume de la ration, qui aussitôt s'élève. Mais ce volume n'a encore rien d'excessif et comporte pour le bon fonctionnement du tube digestif des avantages sur lesquels on a longuement insisté plus haut (p. 47). La ration vaut en tout environ 2 800 à 2 850 calories et apporte 100 grammes d'albumine, 98 grammes de graisse et 375 grammes de matières féculentes et sucrées. L'apport d'albumine est donc un peu plus faible qu'avec les rations de viande, mais représente encore à peu près 1 gr. 5 par kilogramme de poids vif, soit 1 gr. 3, déduction faite des pertes digestives, ce qui est bien suffisant, surtout avec un apport total de 2 800 calories. D'autre part, la présence d'une quantité convenable de légumes et de fruits assure à cette ration un apport de substances basiques suffisant pour assurer la neutralisation des acides formés. Enfin la distribution des matières nutritives entre les trois repas a été bonne, puisque le repas du matin a apporté à peu près 140 grammes, celui de midi 230 grammes et celui du soir 200 grammes d'aliments simples.

J'ajoute que l'on pourrait aisément, pour des végétariens de l'école mixte, remplacer le poisson par quelque aliment végétal très riche (purée de pois, de haricots, de marrons, etc.), de façon à retrouver le même total de matériaux alimentaires, mais en augmentant, bien entendu, le volume de la ration.

Menus pour personnes à existence moins active ou sédentaire. — Il est clair que, les dépenses de l'organisme étant moins considérables chez ces per-

---

(1) Une sardine de taille ordinaire pèse de 15 à 20 grammes.

(2) 60 grammes de macaroni pesés à l'état sec représentent, après cuisson à l'eau, 280 grammes; mais lorsqu'on achève ensuite au four la préparation de ce plat, une partie de l'eau absorbée est chassée.

(3) On peut compter que 100 grammes de soupe maigre apportent 0 gr. 1 d'albumine, 1 gr. 5 de graisse et 5 grammes de matières féculentes.

sonnes, les recettes doivent être diminuées corrélativement. Cette diminution doit surtout porter sur les graisses et sur les matières féculentes et sucrées, tandis que la quantité d'albumine pourra être maintenue au taux de 100 à 110 grammes. La valeur totale de la ration ne devra pas dépasser 2 200 à 2 300 calories pour un poids de 70 kilogrammes. On évitera ainsi d'encombrer l'organisme de dépôts de graisse ou de favoriser les tendances à l'arthritisme ou à la gravelle.

Le choix des aliments mérite ici quelques indications spéciales. Tandis que l'adulte bien portant, à existence active, n'est soumis qu'aux règles générales d'hygiène qui ont été énoncées au cours de cet exposé et que, dans la limite de ces règles, il choisit ses aliments à sa guise, au contraire, l'existence sédentaire, surtout quand elle est accompagnée de travaux intellectuels considérables, impose quelques précautions spéciales.

Il convient que ces personnes évitent non seulement les repas trop copieux, c'est-à-dire contenant plus de matériaux alimentaires qu'elles n'ont besoin d'en consommer, mais encore les rations trop volumineuses, c'est-à-dire celles qu'il faudrait pousser jusqu'à un poids supérieur à 1 600 grammes environ pour y trouver la quantité suffisante de substances nutritives. De plus, les aliments devront être de digestion facile et ne pas provoquer de ballonnements.

Comme les rations moins volumineuses sont en même temps de digestion plus facile, il faudrait donc tendre à diminuer ce volume, c'est-à-dire à constituer un régime plutôt animal, dans lequel 50 à 60 pour 100 au moins de l'albumine nécessaire soient empruntés à des aliments animaux. Mais on est limité dans cette direction par cette double condition qu'il faut d'abord atteindre le volume suffisant pour produire la sensation de satiété (v. p. 65), et ensuite qu'un certain volume de la ration et la présence de résidus non digestibles en quantité suffisante sont nécessaires au fonctionnement régulier de l'extrémité inférieure du tube digestif. On a vu que ces matières non digestibles sont surtout apportées par le régime végétal et que la constipation menace là où elles font défaut. Or, cette infirmité est surtout le lot des personnes à existence sédentaire, des hommes d'étude et de bureau, si bien qu'il faut ici louvoyer entre deux écueils, car avec trop d'aliments végétaux la sensation de plénitude devient pénible et la digestion laborieuse, et avec de trop petites quantités de ces aliments le tube digestif fonctionne mal.

On tournera cette difficulté d'abord en se donnant autant de mouvement qu'il sera possible, et en s'habituant peu à peu à des repas un peu plus volumineux. On veillera surtout à ne consommer les légumes que réduits en purée fine chaque fois qu'on le pourra, et les fruits après cuisson, et en s'astreignant à une discipline sévère en ce qui concerne la mastication (v. p. 67). On a vu ailleurs à quel degré considérable la digestibilité des aliments végétaux est améliorée par une cuisson soignée et par une division parfaite. Bref, on réalisera partout les conditions qui augmentent la digestibilité des aliments choisis (1). On choisira de préférence du riz et des pommes de terre en quantité modérée, des asperges, des carottes, des fruits bien mûrs; on ne consommera qu'en petites quantités les légumineuses et surtout les haricots, les choux feuillus, les navets, les oignons, les champignons. On obtiendra ainsi un maximum d'effet utile pour une ration qui sera néanmoins d'un volume suffisant.

En résumé, le fond de la ration sera composé par des aliments riches, peu volumineux, tels que les diverses viandes, des œufs, du fromage, avec des quantités *modérées* de pain, de pâtes, de pommes de terre, de pois, de marrons, de

---

(1) Voir, à partir de la page 21, ce qui a été dit à propos de la digestibilité de chaque aliment composé.

haricots. A ces aliments, qui constitueront l'apport principal en matériaux nutritifs, on ajoutera des légumes et des fruits, tels que salades cuites, épinards, asperges, choux-fleurs, tomates, etc., dont la valeur alimentaire est médiocre, mais qui feront volume, achèveront par conséquent de procurer la sensation de satiété, et qui apporteront, en outre, ces substances basiques si utiles à l'organisme.

J'ajoute que la régularité des heures de table et toutes les autres prescriptions à observer pendant et après le repas (v. p. 67) sont tout particulièrement à recommander aux personnes à vie sédentaire. Les boissons seront peu abondantes pendant le repas et constituées par l'eau ou des vins légers coupés d'eau. Les vins capiteux et astringents, les bières fortes seront évités. On fera un usage modéré des épices, des viandes faisandées, des fromages forts, et les viandes seront alternativement rouges et blanches, rarement noires. Voici un type de menus de ce genre que j'extrais avec quelques modifications de ceux qui précèdent.

Petit déjeuner.

100 grammes de pain; 175 grammes de lait; 10 grammes de beurre; 15 grammes de sucre. — Poids total du repas : 300 grammes.

Repas de midi.

Deux œufs; 100 grammes de pain; 80 grammes de mouton; 50 grammes de pois secs (donnant à peu près 100 grammes de purée), avec 12 grammes de graisse; 20 grammes de gervais, avec 6 grammes de sucre; 80 grammes de pruneaux secs, donnant après cuisson 160 grammes de fruits cuits, pesant net, déduction faite des noyaux, environ 150 grammes. — Poids total du repas : 570 grammes.

Repas du soir.

150 grammes de potage aux pâtes; 100 grammes de filet; 100 grammes de pain; 100 grammes de haricots verts; 15 grammes de camembert; 120 grammes de pommes cuites au beurre; 15 grammes de sucre. — Poids total du repas : 520 grammes.

Ces trois repas pèsent en tout de 1 380 à 1 400 grammes et seront donc peu encombrants. Si avec ce volume réduit la sensation de satiété n'était pas atteinte, il faudrait l'augmenter en élevant la quantité des légumes et des fruits. La valeur totale de la ration est de 2 300 calories, ce qui fait encore 33 calories par kilogramme pour un poids de 70 kilogrammes, soit donc, net, une trentaine de calories. La quantité d'albumine apportée par cette ration est de 99 grammes, celle des graisses de 74 grammes, celle des matières féculentes et sucrées de 295 grammes. Sur ces 99 grammes d'albumine 59 grammes, soit donc à peu près 59 pour 100, proviennent de l'albumine animale, et 34 pour 100 de la viande. Cela fait donc une ration d'albumine facilement digestive. Par kilogramme de poids vif, il vient à peu près 1 gr. 4 à 1 gr. 5 d'albumine, soit donc 1 gr. 25 à 1 gr. 35, déduction faite des pertes digestives. Cela est suffisant pour des personnes sédentaires. Quant à la répartition des matériaux nutritifs, elle est convenable, puisque le repas du matin a apporté 107 grammes, soit environ un cinquième, et les deux autres respectivement 189 et 170 grammes, soit à peu près pour chacun deux cinquièmes de la quantité totale des aliments simples, albumine, graisse, matières féculentes et sucrées.

Parmi les personnes à existence sédentaire rentrent les *vieillards*, à qui l'âge ou les infirmités interdisent d'ordinaire le travail ou tout exercice prolongé. Le besoin de nourriture est donc moins considérable chez le vieillard : c'est d'ailleurs un fait d'observation banale. La ration journalière chez un vieillard comprendra environ 90 grammes d'albumine, 50 grammes de graisse et 300 grammes de matières féculentes et sucrées, ce qui donne un total de 2 000 calories environ. Il sera en général inutile et même nuisible de dépasser ce total, et l'observation montre que la ration de beaucoup de vieillards bien portants n'atteint pas ce total.

Comme la perte des dents rend souvent la mastication pénible, les aliments seront autant que possible de consistance molle. Les légumes seront bien divisés et passés, les viandes choisies avec soin et souvent consommées à l'état haché ou pulpé ou bien soigneusement divisées sur l'assiette. Les aliments seront choisis de digestion facile, avec un minimum de graisse, car la musculature de l'estomac et de l'intestin est affaiblie, et le cœur, moins vigoureux, n'entretient plus une circulation abdominale aussi active. On défendra les aliments flatueux, tels que les haricots, les choux, la salade verte, le pain grossier, qui provoquent des ballonnements d'autant plus incommodes que toute la musculature digestive est affaiblie. On préférera aux fromages à pâte ferme, comme le gruyère, les fromages mous, comme le fromage blanc, et non fermentés.

On aura donc surtout recours au lait, au chocolat, aux soupes au lait, à la viande maigre tendre, telle que la volaille, le gibier en petite quantité, aux œufs à la coque, aux pâtes, au riz, aux asperges, aux fruits mûrs. Bien qu'on dise des vins généreux qu'ils sont le lait des vieillards, je crois que ces derniers devront en user avec modération et même les éviter absolument, s'ils ont quelque tendance aux congestions cérébrales ou à l'artériosclérose (c'est-à-dire durcissement des artères), ce qui est presque la règle.

En répartissant sur trois ou quatre repas 400 à 500 grammes de lait, 300 grammes de pain, 150 grammes de viande maigre et bien tendre, 1 œuf, 200 à 300 grammes de légumes et fruits, 15 grammes de graisse, 15 grammes de beurre et 40 grammes de sucre, on obtient une ration pesant en tout 1 300 à 1 400 grammes et contenant environ 80 grammes d'albumine d'une absorption facile, 50 à 55 grammes de graisse et 300 grammes de matières féculentes et sucrées, le tout valant à peu près 2 000 calories. C'est là une ration largement suffisante et que le vieillard ne doit pas dépasser.

Aux vieillards, comme aux enfants, on peut particulièrement recommander les jaunes d'œufs, aliment riche et en général bien toléré. Un jaune d'œuf ajouté quotidiennement, ou tout au moins très souvent, soit au potage, soit le matin à un peu de café noir, constitue un appoint très utile, sans préjudice, bien entendu, des œufs, qui figureront de temps à autre dans les repas sous d'autres formes.

Toutes les données numériques qui précèdent s'appliquent aux adultes du sexe masculin, d'un poids moyen de 65 à 70 kilogrammes. Les femmes, qui pèsent en général un peu moins (de 55 à 60 kilogrammes), ont des besoins alimentaires un peu moins considérables, et les quantités indiquées dans les menus ci-dessus peuvent être diminuées proportionnellement, soit d'environ un sixième.

J'ajouterai qu'un bon contrôle de l'alimentation est fourni par des pesées fréquentes de l'individu. Avec l'état général et l'aspect extérieur du sujet, c'est là un excellent moyen de suivre le développement des enfants et le maintien d'une bonne santé chez les adultes. Il est rare, en effet, que des vices graves du régime alimentaire ne retentissent pas au bout d'un certain temps sur le poids, qu'il y ait soit amaigrissement, soit marche vers l'encombrement par les graisses. J'ai connu un négociant d'une quarantaine d'an-

AGE	HOMMES		FEMMES	
	TAILLE	POIDS	TAILLE	POIDS
Années.	m. cent.	kilogr.	m. cent.	kilogr.
0	0,50	3,20	0,49	2,91
1	0,70	9,45	0,69	8,79
2	0,79	11,34	0,78	10,67
3	0,86	12,47	0,85	11,79
4	0,93	14,23	0,91	13,00
5	1,00	15,77	0,97	14,36
6	1,04	17,24	1,03	16,00
7	1,10	19,19	1,08	17,54
8	1,16	20,76	1,14	19,08
9	1,22	22,65	1,19	21,36
10	1,27	24,52	1,25	23,52
11	1,33	27,10	1,30	25,65
12	1,38	29,82	1,35	29,82
13	1,44	34,38	1,40	32,94
14	1,49	38,76	1,45	36,70
15	1,55	43,62	1,50	40,37
16	1,59	49,67	1,53	46,57
17	1,63	52,85	1,55	48,31
18	1,66	57,85	1,56	51,03
20	1,67	60,06	1,57	52,28
25	1,68	62,93	1,58	53,28
30	1,68	63,65	1,58	54,33
40	1,68	63,67	1,58	55,23
50	1,67	63,46	1,54	56,16
60	1,64	61,94	1,52	54,30
70	1,62	59,52	1,51	51,50
80	1,61	57,83	1,51	49,37
90	1,61	57,83	1,51	49,35

nées qui, réformé pour obésité au moment de son service militaire, avait réussi à faire rentrer et à maintenir son poids dans des limites normales, grâce aux exercices physiques et à un régime alimentaire bien conduit. Mais la bascule (1) était devenue un meuble à demeure

(1) On trouve aujourd'hui dans le commerce, à des prix très abordables, de petites bascules pesant 100 kilogrammes au maximum, de dimensions très réduites et par conséquent peu encombrantes. C'est une dépense d'hygiène domestique pleinement justifiée, sans compter que l'instrument rend service dans bien d'autres circonstances.

de son cabinet de toilette, et tous les matins, au saut du lit et dans l'appareil le plus léger, toujours à jeun et dans les mêmes conditions, il se mettait sur l'instrument encore garni de ses poids. Quand la série de ces pesées accusait une visible tendance à l'engraissement, il tenait aussitôt compte de cet avertissement.

J'attache une grande importance à ce contrôle d'une alimentation hygiénique et bien conduite et crois ne pouvoir mieux compléter cet exposé qu'en donnant ci-contre le poids et la taille de l'homme et de la femme aux divers âges de la vie. Les âges sont exprimés en années, les tailles en mètres et les poids en kilogrammes.

Ce tableau ne fournit, bien entendu, que des *moyennes*, obtenues par plusieurs milliers de pesées et de mensurations. Les tailles sont prises après enlèvement des chaussures, et les poids défalcation faite de celui des habits (1).

Enfin, je voudrais, en terminant, revenir sur l'importance capitale du *plaisir de manger*. On a vu plus haut (p. 39), à propos de la justification physiologique de tous les artifices de l'art culinaire, que le meilleur excitant de la digestion gastrique, puis intestinale, c'est l'idée, l'attente du plaisir que l'on se promet lorsqu'on est en face d'une bonne table. Il faut donc tout mettre en œuvre pour que l'acte de manger soit un plaisir, et rien de ce qui peut, de près ou de loin, contribuer à ce résultat ne doit être négligé. Ce n'est donc pas sans raison que dans le présent ouvrage on va étudier non seulement les opérations culinaires en elles-mêmes, mais encore ce qui, de près ou de loin, complète l'art de bien manger : le service de table, l'art de découper et de présenter les aliments, les soins à donner aux vins, etc. Oui, il faut parer la table, décorer la salle à manger, afin que tout y soit une joie pour les yeux ; il faut exciter l'attente des convives, la curiosité du palais, l'intérêt de l'estomac ; bref, il faut créer un milieu agréable, qui chasse les préoccupations moroses et laisse place libre au plaisir de manger.

Pourquoi la dyspepsie visite-t-elle si souvent les gens très occupés, comme les financiers, les hommes de lettres, les politiciens, sinon parce qu'ils se mettent à table l'esprit obsédé par une foule de soucis et par suite incapable de s'ouvrir à la saine joie d'un repas agréable ? Décidément Harpagon avait tort : il ne faut point manger pour vivre, mais vivre pour manger, en ce sens que le plaisir de la table n'est pas seulement pure recherche sensuelle, mais condition d'une bonne digestion, c'est-à-dire d'une bonne santé.

(1) On répète d'ordinaire que l'adulte normalement constitué pèse en kilogrammes les centimètres de sa taille, c'est-à-dire qu'à une taille de 1 m. 65, par exemple, correspond un poids de 65 kilogrammes. Cela est vrai approximativement pour l'adulte pesé avec ses habits ; mais on voit sur le tableau ci-contre que le poids net est toujours inférieur de 5 à 6 kilogrammes au nombre de kilogrammes représenté par les centimètres de la taille.

Que l'on ne m'objecte pas que la réalisation d'un tel programme suppose un train de maison qu'une minorité seule est en mesure de soutenir. Chaque maîtresse de maison peut, dans la limite des moyens dont elle dispose, veiller à une préparation correcte et délicate des aliments, parer sa table et égayer sa salle à manger à peu de frais. Je goûte fort cette obligation que l'usage impose à chaque membre des familles anglaises aisées de faire chaque jour un bout de toilette pour l'heure du dîner. Tout de suite, autour d'une table quelque peu parée, le repas prend un air de fête et dispose chacun à goûter pleinement cette forme de la joie de vivre qui est la joie de manger. Tout cela n'est point un raffinement inutile, mais de bonne hygiène. Le mari d'une femme qui connaîtrait par cœur son Brillat-Savarin, dit le Dr Romme, ne serait jamais dyspeptique. C'est la grâce que je souhaite aux lecteurs de ce livre.

Dr LAMBLING,
Professeur à la Faculté de médecine de Lille.

Fac-similé d'une gravure du xviiie siècle.

Les Boulangers, bas-relief en grès flammé, par A. Charpentier.

LE PAIN

Historique. — Il est probable que la fabrication du pain a pris naissance, avec la civilisation elle-même, en Orient. Son introduction en Égypte est extrêmement ancienne.

Pour la cuisson on se servait à l'origine de pierres plates chauffées fortement, sur lesquelles on déposait les espèces de galettes constituant alors le pain. Puis on fit usage d'un gril posé sur les charbons ou d'une poêle. On inventa ensuite de petits fours ou fourneaux portatifs faits de brique ou de terre.

A Rome, il ne paraît point y avoir eu de boulangerie jusqu'à l'époque de la guerre contre Persée : les citoyens cuisaient eux-mêmes leur pain dans les fours domestiques. Les boulangers publics ne formèrent une sorte de corporation que sous Trajan.

Un boulanger au XVI° siècle.
D'après Jost Amman.

Depuis cette époque lointaine la fabrication du pain a acquis un haut degré de perfection.

En France le commerce du pain était jadis strictement réglementé. A Paris, avaient seuls le droit de pétrir et de débiter le pain les maîtres de la corporation des boulangers dite, jusqu'au milieu du xive siècle, « des talmeliers ». Les boulangers étaient tenus de marquer le poids exact de chaque pain. Les plus gros pains, dits *pains de brasse*, pesaient 12 livres; les plus petits, petits pains, 2 livres seulement. Le *pain de Sigovie* était une sorte de pain au centre duquel était figurée une tête. Le *pain à la corne* ou *pain cornu* était un pain ayant quatre cornes, quelquefois plus. On faisait aussi jadis des pains de farine d'orge, de farine d'avoine, de farine de maïs, etc.

Huche à pain du xvie siècle.

Fabrication. — La fabrication du pain, ou *panification*, comporte un certain nombre d'opérations successives : l'hydratation de la farine et sa transformation en pâte par l'adjonction du levain, enfin la cuisson de la pâte fermentée dans des fours.

On mélange la farine avec une quantité convenable d'eau, qui dissout les parties solubles (dextrine, glucose et sels) et gonfle, en les hydratant, les parties insolubles (amidon et gluten); on forme ainsi, en malaxant convenablement, une pâte homogène.

Le malaxage de la farine avec l'eau constitue l'opération que l'on nomme *pétrissage*. Autrefois le pétrissage s'opérait à la main ; aujourd'hui encore nombre de boulangers préfèrent le travail exécuté à la main au pétrissage mécanique, le premier permettant d'obtenir une homogénéité plus grande dans la masse de la pâte.

Le pétrissage à la main s'exécute dans une sorte de caisse que l'on nomme *pétrin*. L'ouvrier chargé de ce travail s'appelle *gindre*. C'est dans cette caisse que le gindre place la farine qu'il doit mélanger à l'eau. En même temps qu'il mouille la farine, il y introduit une certaine quantité de sel de cuisine, pour améliorer le goût du produit et le rendre plus digestif; puis, comme élément essentiel de la fabrication, une certaine quantité de ferment alcoolique (levain de pâte fermentée, levure de bière) destiné à faire gonfler la pâte, à la faire « lever » et à la rendre ainsi plus digestible. Lorsque la fermentation est terminée, la pâte, divisée en pâtons, est placée dans des panetons de forme déterminée, puis retirée et soumise, dans les fours, à une température assez haute. Cette opération, appelée *cuisson*, élimine l'excès d'eau. En même temps elle dilate les bulles d'acide carbonique emprisonnées dans la pâte, dont elle augmente ainsi la porosité et la légèreté. En outre, elle gonfle, fait crever les grains d'amidon hydratés, ce qui, d'une part, empêche la mie de pain de s'affaisser par le refroidissement et, d'autre part, rend la substance amylacée plus facilement attaquable par les sucs nutritifs.

Les parties les plus voisines de la surface, subissant une température plus élevée, éprouvent des modifications plus profondes. Ici, non seulement l'amidon hydraté se gonfle, mais encore il se convertit en dextrine plus ou moins brune, par la torréfaction, et forme avec le gluten desséché et légèrement torréfié lui-même ce que l'on nomme la « croûte du pain ».

Quant au pétrissage mécanique, il s'opère, comme son nom l'indique, au moyen de machines dites « pétrins mécaniques », sortes de malaxeurs dans lesquels le mélange de la farine, de l'eau, du sel et du levain s'exécute à l'aide de bras métalliques.

Quel que soit le mode de pétrissage usité, on distingue trois espèces de pâtes, qui diffèrent entre elles par la quantité relative d'eau et de farine : la *pâte ferme*, qui contient le plus de farine ; elle donne moins de déchet à la cuisson et fournit un pain qui se conserve mieux ; la *pâte douce*, qui demande une cuisson plus courte et donne un déchet très considérable ; enfin, la *pâte bâtarde*, qui se place entre les deux autres.

Variétés. — Le pain reçoit des noms marchands d'après la nature de la pâte qui a servi à le fabriquer et aussi parfois d'après les formes que le boulanger lui donne. Il existe de nombreuses variétés de pain, que l'on peut diviser en deux classes : les *pains ordinaires* et de *ménage* et les *pains de luxe*.

Les pains ordinaires et de ménage comprennent : le *pain long*, de deux et quatre livres ; c'est un pain de forme cylindrique, très allongé, sur la croûte duquel le boulanger a figuré des traits obliques et parallèles ; léger et de bonne qualité, il est des plus répandus ; le *pain bouleau fariné*, assez tendre ; le *pain en couronne*, de forme annulaire, comme l'indique son nom ; le *pain polka fariné*, dont la croûte est striée de lignes diagonales se coupant de façon à former des losanges ou de petits carreaux ; il possède une croûte fort dure ; le *pain fendu*, sorte de pain long fait de deux parties presque cylindriques accolées l'une à l'autre suivant la longueur et que sépare imparfaitement une entaille longitudinale sur la face supérieure ; il est très épais, sa croûte est molle, de couleur tantôt rougeâtre, tantôt

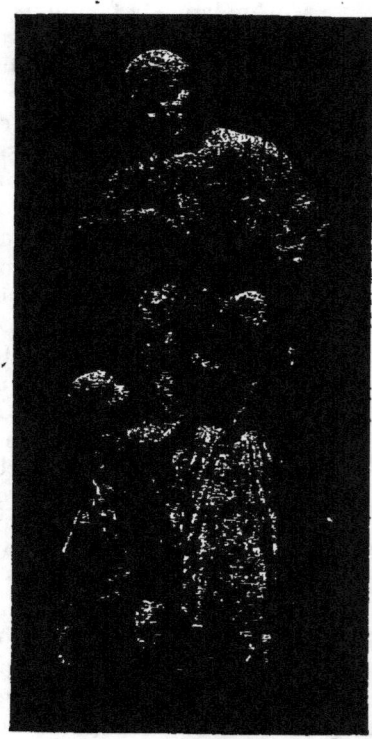

Le Pain, par Albert Lefeuvre.

1. Pain galette. — 2. Pain de mie. — 3. Pain impérial ou pain empereur. — 4. Petit pain fendu. — 5. Pain riche. — 6. Pain bis. — 7. Pain Richelieu. — 8. Gros pain.

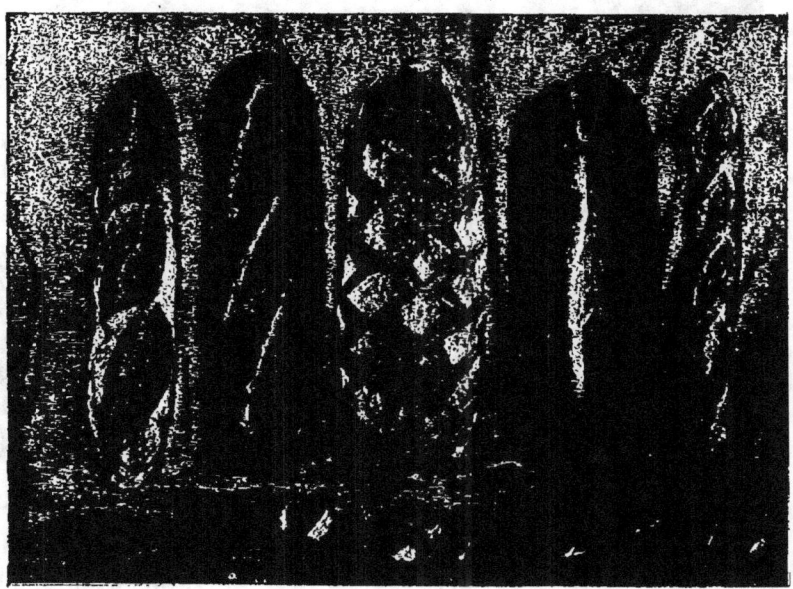

1. Pain bouleau fariné. — 2. Pain ordinaire. — 3. Pain polka fariné. — 4. Pain fendu. — 5. Pain de deux livres long. — 6. Flûte pour potage. — 7. Petit pain de seigle. — 8. Croissant. — 9. Pain beurré. — 10. Pain de gruau.

Les différentes sortes de pains.

noirâtre, souvent brûlée sur certaines parties; le *pain ordinaire*, allongé, épais et lourd; le *pain rond*, assez épais et rappelant la forme

Une boulangerie moderne.

d'un disque dont la surface supérieure serait renflée; enfin le *gros pain* et le *pain bis*, ce dernier fabriqué avec une farine de moins bonne qualité qui donne à la mie une coloration bise, d'où son nom; le *pain de seigle*, qui jouit de propriétés rafraîchissantes, constitué par un mélange de farine de seigle et de farine de froment; le *pain de ménage* ou *pain de cuisson*, très répandu à la campagne; il est pétri et cuit dans les fermes par ceux mêmes qui le consomment. Citons encore : le *pain complet*, dans la composition duquel entre de la farine brute et du rebulet ou petit son; le *pain de mie*, qui a peu de croûte et beaucoup de mie, de manière qu'on puisse l'émietter facilement pour paner les viandes; enfin le *pain de munition*, destiné à la troupe et appelé vulgairement par elle « boule de son ».

Tous les pains de luxe sont des *pains blancs*, pains de belle qualité, faits avec de la fleur de farine et dont la mie est blanche. Ils sont généralement petits; on en fait usage surtout dans les grands restaurants ou dans les maisons bourgeoises lors des grands dîners. Ce sont : le *pain riche*, un des plus appréciés, à la mie extrêmement blanche, fait avec de la fine fleur de farine et que l'on dore sur toute sa partie supérieure au moyen de sirop de sucre et de jaunes d'œufs; le *pain viennois*, dans la pâte duquel entre une certaine quantité de lait; le *pain de gruau*, riche en gluten, fait de fine fleur de froment, très délicat et très recherché; le *pain galette*, rond et aplati, avec une croûte épaisse et peu de mie; le *pain Richelieu*, très tendre; le *petit pain fendu*, assez dur sous la dent; le *pain impérial* ou *pain empereur*, rond, souple et tendre. Enfin les petits pains connus sous les noms de *croissants* et de *pains beurrés*, si tendres, accompagnent de préférence le café au lait, le chocolat ou le thé. Signalons encore le *pain sans mie*, très digestif, recommandé aux estomacs délicats; la *flûte*, légère et cassante, utilisée surtout dans les potages.

Boulangerie du xvᵉ siècle.
(D'après un manuscrit de la collection Bastard.)

LES CONDIMENTS ET LES HORS-D'ŒUVRE

I. LES CONDIMENTS.

Les condiments sont des ingrédients ajoutés aux aliments pour en relever la saveur (v. p. 39), pour stimuler l'appétit et faciliter la digestion.

Les condiments sont simples ou composés : les premiers, dons de la nature; les seconds, œuvres de l'art culinaire.

Condiments simples. — Ils peuvent se diviser en sept classes : condiments salins, acides, âcres, aromatiques, aromatico-âcres, sucrés, gras.

Salins. C'est le sel marin (chlorure de sodium) et le nitre ou salpêtre (nitrate de potasse); ce dernier très peu employé, les cuisiniers ne s'en servant que pour le bœuf à la mode. En revanche le sel entre dans la plupart des préparations culinaires; c'est, sans contredit, l'assaisonnement par excellence, le meilleur et le plus sain; il excite modérément la muqueuse buccale, augmente la sécrétion de la salive et provoque l'appétit.

La plupart des aliments et surtout les féculents ne se digèrent bien qu'assaisonnés de sel (1).

Acides. Le vinaigre, le citron, etc., constituent des condiments acides; ils doivent être pris en quantité modérée et très étendus; ils excitent les glandes salivaires, tempèrent la soif et surtout contribuent à rendre plus digestibles certaines substances, notamment les mucilagineuses.

---

(1) Voir p. 7 et suivantes les avantages et les inconvénients de l'usage et de l'abus du sel.

Acres. Cette classe comprend un certain nombre de produits végétaux appartenant surtout à la famille des liliacées (genre *allium*, ail), poireau, oignon, échalote, civette, ciboule, etc., auxquels il faut joindre les crucifères : moutarde, cresson, radis, raifort, et encore les câpres, boutons des fleurs du câprier, les fleurs et les fruits de la capucine. Beaucoup de ces végétaux sont habituellement confits dans du vinaigre.

Aromatiques. Plusieurs de ces condiments se trouvent couramment en France : le persil, le cerfeuil, de la famille des ombellifères ; le thym, le romarin, le serpolet, de celle des labiées. Les condiments exotiques les plus usuels sont la cannelle, les clous de girofle, la vanille.

Aromatico-âcres. Il faut placer en première ligne le poivre, qui sollicite avec énergie les forces digestives. Aussi son usage est-il opportun en toute alimentation fade, lourde, indigeste (cardons, choux-fleurs, concombres, poissons huileux, parties tendineuses) ; les peuples équatoriaux le prodiguent jusque dans leurs boissons. Après viennent le gingembre, le piment ou poivre long : de ce dernier il ne faut pas abuser, car un demi-grain répandu en fumée dans une chambre suffit à provoquer la toux et l'éternuement.

Sucrés. Le sucre convient à tous les âges, à tous les tempéraments, sous tous les climats, mais il doit être interdit aux diabétiques ; la nature semble nous indiquer ses propriétés condimentaires en nous le montrant combiné presque toujours avec les gommes, les mucilages, les matières fades, aqueuses, féculentes et acides. Tous les animaux semblent aussi en être très friands.

Gras. Ce sont les diverses huiles comestibles (huiles d'olives, de noix, d'amandes douces, etc.), les graisses et les beurres. Ces substances ne deviennent condimentaires que par l'artifice des préparations et sont presque toujours associées à d'autres assaisonnements, tels que sel, aromates, sucre, etc.

Les tableaux des pages 95 à 99 reproduisent les diverses plantes qui fournissent les principaux condiments simples. Une légende explicative décrit en quelques mots les propriétés naturelles de ces condiments et l'usage culinaire qui en est fait.

Condiments composés. — Ces condiments consistent soit en une façon particulière de préparer des substances qui par leur nature sont de véritables aliments, et alors ils portent plus généralement le nom de *hors-d'œuvre* et vont être étudiés dans la seconde partie du présent chapitre, soit en une combinaison plus ou moins complexe des assaisonnements simples. Les compositions gastronomiques, les sauces qu'ils comprennent sont si nombreuses, que nous ne pouvons songer à les énumérer ici.

LES CONDIMENTS ET LES HORS-D'ŒUVRE.

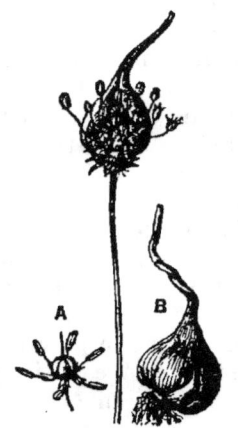

Ail. — A, fleur ; B, gousse.
Sorte d'oignon d'une odeur très forte.
On coupe la gousse en petits morceaux
pour en assaisonner une foule de mets.

Capucine.
Plante grimpante.
Les fruits sont confits dans du vinaigre ;
les feuilles sont elles-mêmes mangées en
salade ; le goût ressemble à celui du
cresson.

Câprier.
Arbrisseau épineux.
Les boutons floraux, confits
dans du vinaigre, sont excitants et digestifs ; on s'en
sert pour un grand nombre
d'assaisonnements.

Céleri-rave.
Plante bisannuelle,
dont on coupe les fleurs en petits
morceaux pour les mettre dans les
potages, les ragoûts. La racine et les
feuilles tendres se mangent en salade
après avoir été coupées en morceaux.

Cerfeuil.
a, fleur ; *b*, graine.

Cerfeuil frisé.

Plantes ombellifères, de diverses variétés, que l'on hache menu dans les sauces, les salades, les omelettes, etc. Le goût est aromatique et très agréable. Le cerfeuil passe pour rafraîchissant.

Citronnier.

Arbre originaire de l'Asie, dont le fruit, coupé, donne quand on le presse un suc acide, composé en forte proportion d'acide citrique et d'eau.

Ciboule. **Ciboulette.**

Plantes intermédiaires entre l'ail et l'oignon. On hache en menus morceaux. C'est un stimulant dont il ne faut pas abuser.

Estragon.

Plante aromatique dont les feuilles ont un goût agréable et piquant. On s'en sert pour parfumer la salade, le vinaigre, la moutarde et aussi la volaille.

Cornichon.

Variété de concombre, dont les fruits sont confits dans le vinaigre avant leur maturité. On découpe ces fruits en petites tranches que l'on mange mêlées aux viandes.

LES CONDIMENTS

LES CONDIMENTS ET LES HORS-D'ŒUVRE.

Giroflier.

a, clou de girofle.

Arbre originaire des Moluques. Le bouton floral porte le nom de « clou de girofle »; jeté dans un bouillon, il le rend aromatique et stimulant.

Moutarde.

Herbe dont les graines, après avoir été pulvérisées, sont mises à macérer dans du sel, du vinaigre et des plantes aromatiques, par différents procédés; ce qui constitue la moutarde que tout le monde connaît.

Échalote

Plante du genre ail, excitant l'appétit et surtout la soif. Est coupée en morceaux et mêlée à la salade. Il ne faut pas en abuser.

Laurier commun.

a, fleur; *b*, fruit.

Les feuilles du laurier ont une odeur pénétrante et très aromatique; on en jette une petite partie pour parfumer les sauces, etc.

Gingembre. *a*, fleur.

Plante exotique dont le rhizome et la racine finement hachés fournissent un condiment très aromatique plus tonique que le poivre. On en met quelques pincées dans les ragoûts.

LES CONDIMENTS

Oignon de Danvers.

Oignon de Mulhouse.

Oignon jaune soufre d'Espagne.

Oignon rouge pâle de Niort.

Oignon de Madère rond.

Oignon de Madère plat.

Plantes du genre ail, dont la bulbe a une saveur forte et piquante, ayant la propriété d'irriter les yeux. L'oignon, haché, frit, farci, en purée, etc., entre dans la composition d'une infinité de mets. Temps de cuisson : 20 à 25 minutes.

LES CONDIMENTS

LES CONDIMENTS ET LES HORS-D'ŒUVRE.

Panais rond hâtif.

Plante bisannuelle dont la racine sert surtout à donner de l'arome au pot-au-feu. On la sert aussi découpée comme légume.

Persil.

a, ordinaire; *b*, frisé; *c*, fleur.

Plante aromatique dont on se sert comme assaisonnement. Le persil frisé est la meilleure garniture des mets frits

Raifort.

Racine d'un goût âcre, brûlant; coupée ou râpée, elle est d'une odeur pénétrante. Sert à accompagner les viandes froides ou bouillies.

Piment.

Plante dont les fruits sont âcres et brûlants. Confits avec les cornichons, ils fournissent un condiment très violent dont on se sert aussi comme poivre. Il ne faut pas en abuser

Safran.

Les stigmates des fleurs du safran servent à donner un goût aromatique au beurre, aux fromages, aux pâtisseries et à certaines liqueurs.

Thym.

Plante dont on écrase les feuilles, on les passe ensuite au tamis. On prend une pincée de cette poudre ou un brin de la plante pour parfumer certaines sauces.

LES CONDIMENTS

II. LES HORS-D'ŒUVRE.

Les hors-d'œuvre sont des mets accessoires que l'on sert au commencement du déjeuner, et au dîner après le potage, avant le premier service, pour ouvrir l'appétit des convives. D'une variété infinie, les

1. Sardines. — 2. Crevettes. — 3. Anchois. — 4. Rondelles de beurre. — 5. Champignons.
6. Ronds de saucisson. — 7. Moules à la mayonnaise.

Hors - d'œuvre.

hors-d'œuvre comportent des légumes, des poissons, de la charcuterie, etc. Les hors-d'œuvre froids les plus usités sont : le beurre frais, les radis, les olives, les ronds de saucisson ; les poissons, tels que sardines à l'huile, anchois, thon mariné, filets de harengs salés, fumés ou marinés ; les artichauts crus, les concombres en salade, les langues fourrées, les rillettes, et surtout, quand l'époque de l'année

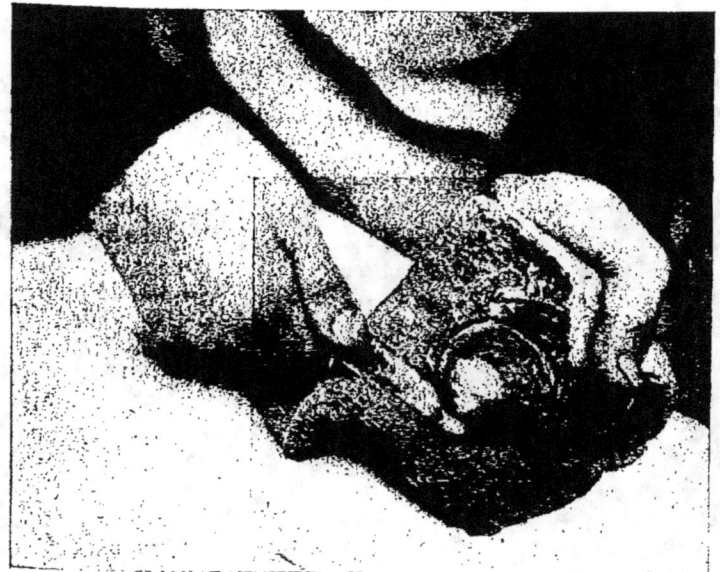

Premier mouvement.

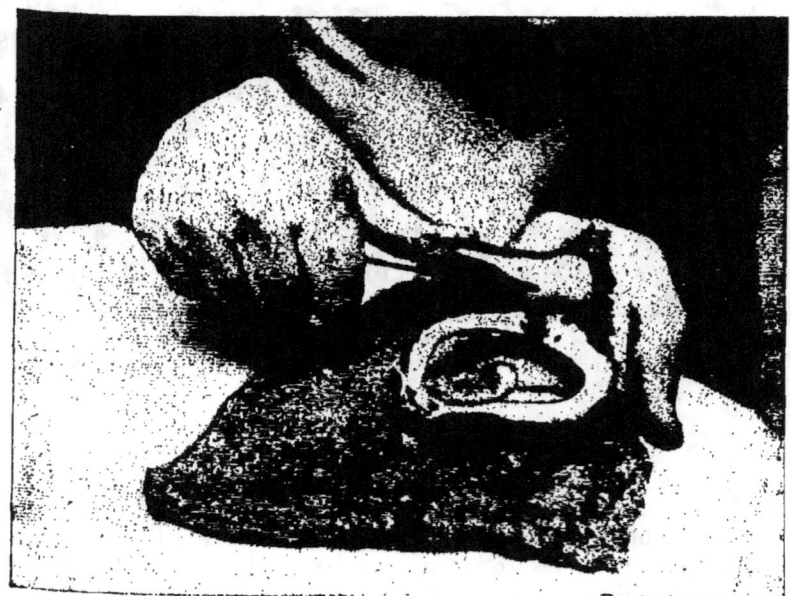

Deuxième mouvement.
Ouverture des huîtres.

le permet, les crevettes, les huîtres, les moules, les escargots. Les hors-d'œuvre chauds, confectionnés par la pâtisserie, ne sont habituellement servis qu'au repas du soir. Certains hors-d'œuvre sont des stimulants chargés de préparer l'estomac aux mets qui doivent suivre.

L'huître, parmi les aliments servis au commencement des repas, compte comme un des plus reconstituants et des plus légers. Les huîtres les plus goûtées sont celles du littoral de la Manche, venant de Cancale, Étretat, Dieppe, Courseulles, Granville, et celles de l'Océan, venant de Marennes, d'Arcachon. Les plus grandes sont dites « pied-de-cheval ». L'huître s'est démocratisée grâce à une variété nommée « portugaise », qui ne manque pas de saveur, tout en étant bon marché.

Une écaillère moderne.

L'huître doit se manger aussi fraîche que possible, soit légèrement saupoudrée de poivre, soit arrosée de quelques gouttes de jus de citron ; d'autres amateurs préfèrent le vinaigre parfumé d'échalote et fortement poivré ; certains amateurs, enfin, s'abstiennent de toute espèce d'assaisonnement. L'huître cuite se sert en garniture de grosses pièces de poisson ou en écailles, mais cette manière de la servir ne paraît pas s'être vulgarisée.

Certaines personnes peuvent sans inconvénient avaler deux et même trois douzaines d'huîtres ; d'autres, au contraire, ne peuvent supporter cet aliment. Le mieux est, comme de toutes les bonnes choses, d'en user et non d'en abuser ; de se contenter d'une douzaine de bonne qualité, bien proprement ouvertes, sans que l'eau que chaque huître contient soit perdue.

G. V.

Une boucherie au moment du concours agricole, à Paris.

LA VIANDE DE BOUCHERIE
ET LA CHARCUTERIE

La viande (anciennement *vivenda*, *vivande*, du latin *vivere*, vivre) est la chair des animaux terrestres servant de nourriture à l'homme. C'est, dans un sens plus limité, cette partie du corps des vertébrés supérieurs comprenant le tissu musculaire et les parties molles (graisse, vaisseaux et nerfs) qui l'entourent et le pénètrent.

On entend par *viande de boucherie* ou *grosse viande* la chair du bœuf, du veau, du mouton et du porc que débitent les bouchers et les charcutiers. Elle fera le sujet du présent chapitre.

L'histoire de l'alimentation carnée, les enseignements qui ressortent de l'analyse des viandes, les modifications que la chaleur détermine dans la constitution des substances protéiques, dans leur digestibilité et dans leur valeur nutritive, toutes ces questions d'ordre général ont été traitées en tête de ce volume, au chapitre « les Aliments »; nous y renvoyons le lecteur.

La viande de boucherie entre pour une part très importante dans la ration alimentaire azotée nécessaire à l'homme civilisé. En France, la consommation annuelle de viande est en moyenne de 34 à 35 kilogrammes par habitant. A Paris, cette moyenne s'élève à 84 kilogrammes ; dans les campagnes, elle descend à 20 kilogrammes. Car si la viande est devenue l'aliment par excellence, elle est restée un aliment coûteux, et sa consommation est en raison des ressources et de la richesse de la population.

La digestibilité des viandes dépend beaucoup de leur état de cohésion ; c'est ainsi que la viande des animaux jeunes, les viandes réduites en pulpe, sont plus facilement digérées. La plus ou moins grande digestibilité dépend aussi du temps écoulé depuis l'abatage (la viande trop fraîche est dure et indigeste), de l'espèce, du sexe de l'animal, de son état d'engraissement, etc.

Même chez les peuples sauvages, la viande est rarement consommée crue. Dans cet état, cependant, elle est plus facilement digérée et mieux utilisée que lorsqu'elle est cuite. Mais la cuisson développe dans la substance musculaire des principes sapides qui la parfument, la rendent plus agréable au goût et favorisent ainsi sa digestibilité. Un aliment est d'autant mieux digéré qu'il est pris avec plus de plaisir.

La cuisson a encore ce grand avantage de détruire les parasites de toutes sortes, les germes virulents ou les poisons d'origine microbienne qui peuvent accidentellement se rencontrer dans la viande ; mais, pour que cette stérilisation soit complète, il est nécessaire que la température pénètre à un degré suffisant jusqu'au centre du morceau.

La cuisson ne peut évidemment augmenter le pouvoir nutritif des viandes ; au contraire, lorsque l'opération est poussée trop loin, que la température est trop élevée ou lorsque la viande est cuite dans certaines conditions (viandes bouillies), il y a transformation ou destruction des éléments les plus utiles : les albuminoïdes protéiques.

Les modes de cuisson si multipliés de notre cuisine peuvent se rattacher soit au rôtissage, soit à l'ébullition dans l'eau. Les ragoûts, daubes, viandes braisées sont des procédés mixtes, participant plus ou moins du rôtissage ou de la cuisson dans l'eau. Les modifications profondes que subit la viande dans ce dernier procédé ont été exposées au début de ce volume ; elles démontrent, à l'encontre de l'opinion généralement admise, que notre traditionnel pot-au-feu constitue une véritable erreur culinaire et économique, que le bouillon n'a que peu ou point de valeur nutritive et que dans le bouilli les sucs et les matières utiles de la viande sont transformés en substances collagènes non assimilables. Le grand public ne doit plus ignorer ces notions, basées sur l'analyse et l'expérimentation.

Il est d'utilité pratique de connaître les *pertes de poids* que subissent les viandes à la cuisson. Pour la viande de bœuf de bonne qualité cuite à l'eau, les pertes sont de 34 à 42 pour 100. Pour le taureau de bonne qualité, âgé de trois ans, ces pertes ne sont que de 22 pour 100.

Pour le porc, la perte est seulement de 4 à 6 pour 100. Dans le rôtissage les pertes sont encore considérables : pour le veau, elles s'élèvent à 25 pour 100 ; pour le mouton, à 22 et 25 pour 100 ; pour le porc, à 23 pour 100 (Goubaux).

I. — ORIGINE, PRÉPARATION, CONSERVATION DES VIANDES

Il y a certes des différences importantes au point de vue de la saveur de la viande entre les diverses races d'animaux de boucherie ; mais le consommateur doit, sur ce sujet, s'en rapporter nécessairement à la sagacité de son boucher. Celui-ci, directement intéressé à satisfaire ses clients par la bonne qualité et le choix de ses viandes, a encore à se préoccuper du *rendement*, c'est-à-dire de la proportion de viande que peut lui fournir tel ou tel animal, cette proportion variant pour le bœuf de 54 à 64 pour 100.

Le mode d'alimentation des animaux a une influence certaine sur les qualités gustatives de la viande. L'engraissement à l'herbage procure une tout autre saveur que l'engraissement à l'étable. Il convient même de distinguer parmi les animaux d'herbage ou d'embouche ceux qui proviennent des grasses vallées normandes ou des prés salés, à la chair fine et savoureuse, de ceux qui ont pâturé dans les prairies marécageuses et dont la viande a pris une saveur désagréable. L'utilisation de tourteaux de graines oléagineuses, de résidus de féculeries ou de sucreries communique à la viande un aspect peu engageant et un goût particulier (goût de suif, de rance, etc.).

Les animaux de l'espèce bovine les plus recherchés par la boucherie française appartiennent aux races limousine et nivernaise, qui donnent les viandes les plus juteuses et au grain le plus fin. Puis viennent les races normande, agenaise, garonnaise, mancelle, Durham-mancelle, flamande, parthenaise, etc.

Pour les veaux, le boucher subordonne son choix à la qualité, au mode d'alimentation, à l'âge plutôt qu'au pays d'origine. Cependant les races normande, flamande et hollandaise approvisionnent surtout le marché de la Villette, à Paris. Les veaux de premier choix que nous envoient les départements de l'Eure et de l'Aube sont nourris abondamment et uniquement avec du lait. Dans certaines contrées d'Auvergne et de Normandie, les veaux suivent leur mère au pâturage et broutent ; ce mode d'alimentation mixte leur donne une viande rouge peu estimée (veaux *broutards* ou *caennais*).

En tête des races ovines françaises se placent les types berrichon et solognot, puis viennent les métis southdown et dishley, plus précoces, d'un rendement plus considérable, mais dont la viande n'a pas la succulence de celle de nos moutons du centre. Les limousins, les mérinos du Valois, de la Brie et de la Beauce,

Vache charolaise-nivernaise.
Prix d'honneur au concours agricole de Paris.

Bœuf nivernais blanc (4 ans).
Prix d'honneur au concours agricole de Paris.

les gascons, les picards, etc., sont des animaux de 2ᵉ et 3ᵉ choix. Il en est de même des algériens, autrefois réputés de qualité inférieure, mais aujourd'hui considérablement améliorés. Parmi les moutons d'origine étrangère qui complètent notre approvisionnement, en quantité sinon en qualité, nous citerons les variétés allemande, hongroise, russe, valaque, piémontaise, toscane. Il convient encore de mentionner les moutons de l'Amérique du Sud, qui sont importés à l'état de viande congelée.

Les porcs des races les plus réputées sont les craonnais, les manceaux, les vendéens, les normands et les bretons ; ils donnent une viande ferme et savoureuse, plus abondante que le lard. Dans les races anglaises (Yorkshire) et leurs métis limousins et marchois, plus précoces, le gras prédomine et la viande est fade. Le mode de nour-

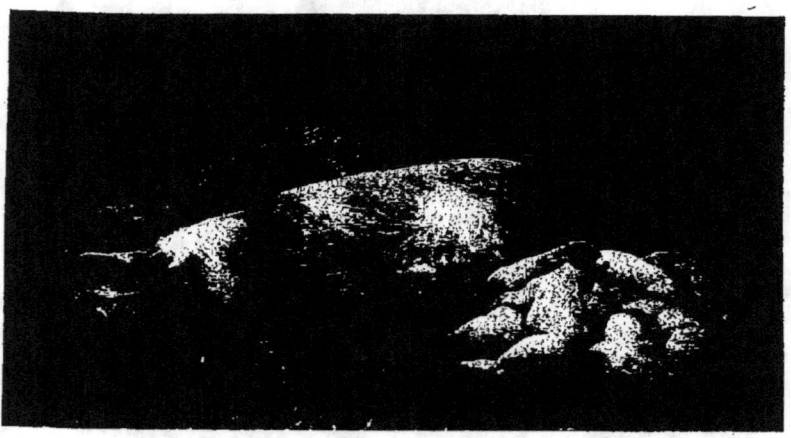

Truie et ses petits (race normande).

riture intervient fort nettement dans la qualité de la viande de porc : la glandée donne au porc une viande bien plus ferme que la nourriture au son et aux soupes.

Il conviendrait d'ajouter à ces notions sommaires quelques détails sur la chèvre et le cheval. Mais la chèvre est bien rarement vendue comme telle ; elle est trop souvent baptisée « mouton » et débitée sous cette qualification fallacieuse. Nous verrons plus loin à quels caractères il est possible de reconnaître cette tromperie. Quant au cheval, il n'appartient encore qu'à la basse boucherie, et le préjugé qui s'attache à l'usage de sa chair tient surtout à ce qu'on n'utilise — et pour cause — pour la boucherie que le cheval vieux, usé ou estropié, ne pouvant plus remplir son rôle principal de moteur animé. La viande se ressent de l'état de décrépitude de l'animal qui la fournit. Il n'en est plus de même lorsqu'on a affaire à un animal jeune, en pleine santé : alors la viande hippique peut soutenir la comparaison avec celle du bovidé. Nous reviendrons sur les caractères distinctifs de la viande de cheval.

Pour mémoire, nous noterons que dans certains pays, en Chine et aussi en Europe, on élève et on engraisse des chiens en vue de la consommation. Dans certains abattoirs d'Allemagne, un local spécial est consacré à l'abatage des chiens de boucherie.

Préparation. — De l'étable ou du champ de foire, l'animal de boucherie passe dans l'écurie du boucher. Il doit y séjourner au moins vingt-quatre heures avant d'être sacrifié, car l'animal abattu avant d'être reposé donne une viande plus fade et plus facilement putrescible.

L'abatage a lieu soit chez le boucher, dans un local spécial appelé *tuerie*, soit dans un établissement public, l'*abattoir*. On comprendra quelle différence de garanties présentent la tuerie particulière et l'abattoir public. A l'abattoir, la surveillance est constante ; un vétérinaire contrôle la salubrité des animaux vivants, puis il visite leurs viscères et leur viande après l'abatage.

Un tueur aux abattoirs de Vincennes.

Dans les tueries particulières, au contraire, il n'existait aucune vérification, aucune inspection sanitaire ; mais des réglementations législatives ont mis fin à cette situation éminemment dangereuse pour la santé publique.

Les modes d'abatage les plus usuels sont : pour les bœufs et les porcs, l'assommement suivi de la saignée ; pour les veaux et les moutons, l'égorgement immédiat. On obtient par ces moyens des viandes dans lesquelles la quantité de sang restant est à son minimum : condition nécessaire à la bonne conservation.

L'animal est ensuite vidé et dépouillé ; mais le porc est grillé ou échaudé. Le bœuf est séparé en quatre parties pour être plus facilement transporté à l'étal du boucher. Les abats ou organes intérieurs sont emportés dans des locaux spéciaux, où ils sont nettoyés et préparés.

Dans les grandes villes, à Paris notamment, il existe des bouchers en gros ou *chevillards* qui se chargent de l'achat des bestiaux vivants (sur pied) et de leur abatage. Ils vendent ensuite ces animaux tout préparés aux bouchers détaillants.

La construction des abattoirs, l'agencement des divers organes qui les constituent (écuries, salles d'abatage, etc.) sont depuis quelques années l'objet de perfectionnements importants, à l'étranger principalement. En France, nous avons gardé nos antiques modèles d'abattoirs, avec leurs cases ou échaudoirs, et les établissements les plus récents ne sont pas sortis de la vieille formule dont la Villette est le type. Nous espérons cependant que le progrès finira par pénétrer dans ces repaires de la routine et que nous verrons un jour en France des abattoirs installés rationnellement, avec halles communes d'abatage, resserres et chambres froides.

Conservation. — Entre sa préparation à l'abattoir et le moment de sa cuisson, la viande doit rester à l'abri de toute corruption. Un des plus simples procédés de conservation consiste à exposer la viande dans un courant d'air froid et sec. Cette aération est réalisée dans les abattoirs et chez les bouchers. En même temps, l'éclairage doit être réduit au strict nécessaire, afin d'éloigner les mouches. Mais, dans les grandes chaleurs de l'été, ces moyens sont trop souvent insuffisants : la viande peut alors, et surtout par les temps orageux, se putréfier en quelques heures.

On a préconisé une multitude de produits conservateurs, qui tous ont l'inconvénient de donner mauvais goût ou mauvaise odeur à la viande, quand ils ne lui transmettent pas leurs propriétés toxiques. Le conseil d'hygiène a condamné l'usage de tous ces produits, y compris celui du biborate de soude.

Le froid (1) est le mode de conservation le plus sûr et le plus inoffensif. La *congélation* prévient et arrête la putréfaction ; elle permet de conserver la viande pour ainsi dire indéfiniment, et la fabrication artificielle du froid a rendu possible le transport des viandes à grande distance.

Depuis les premiers essais du *Frigorifique*, en 1876, l'importation des viandes congelées américaines s'est considérablement développée et concourt à l'approvisionnement des grandes villes d'Europe, en Angleterre et en Allemagne surtout.

Les viandes congelées sont aussi nutritives, aussi digestibles que la

---

(1) Voir le chapitre « le Froid dans l'alimentation ».

viande fraîche abattue. Après être sorties du froid, elles se conservent aussi longtemps que les viandes fraîches, à la condition que leur dégel soit entouré de certaines précautions sans lesquelles la viande perd ses principales qualités. Ce dégel doit être opéré lentement, par exposition dans un endroit frais et surtout sec, afin que la viande ne se couvre ni de givre ni de rosée. On peut encore placer le morceau à dégeler dans un courant d'air, en essuyant fréquemment avec un linge sec.

Malgré toutes ces précautions, la viande congelée, lorsqu'elle est cuite et surtout rôtie, diffère sensiblement d'aspect et de goût de la viande fraîche. Le gigot a une teinte plus brune; la bouchée est plus sèche, moins sapide.

La viande congelée constitue, en somme, une ressource alimentaire précieuse pour la population, mais cette viande est plus fade, moins appétissante que la viande fraîche. Non dégelée, elle se reconnaît facilement au toucher et à l'aspect terne de la graisse. Lorsqu'elle est dégelée dans de mauvaises conditions, elle garde une odeur spéciale, dite de *relent*; elle prend un aspect sale, devient molle et flasque, et se couvre rapidement de moisissures : dans cet état elle est impropre à la consommation.

Lorsque les viandes sont refroidies à une température oscillant entre $-2°$ et $+2°$, il n'y a pas congélation. La viande, maintenue à cette basse température dans des chambres où l'air est desséché à un degré convenable, peut se conserver pendant plusieurs semaines sans perdre aucune de ses qualités, sans être modifiée en rien dans son aspect. A part l'impression de froid qu'elle donne, il est impossible de la distinguer d'une viande d'animal abattu récemment; il en est de même après la cuisson.

Ce procédé de conservation par la *réfrigération modérée* est utilisé dans beaucoup de pays pour le transport des denrées facilement putrescibles et pour la conservation du stock de viandes dans les abattoirs. En France, le transport de ces viandes a lieu sur les voies ferrées, grâce à des wagons spéciaux; dans les villes, par des automobiles construites à cet effet.

Les bouchers, tripiers, charcutiers détaillants font usage d'armoires-glacières, aujourd'hui très bien construites, où la viande trouve les conditions requises de température et de sécheresse. On ne saurait trop persévérer en cette voie, et le consommateur serait mal inspiré en reprochant à son boucher de mettre sa viande en glacière; il ne doit plus confondre viande *congelée* avec viande *refroidie*. Il serait même désirable qu'en été, tout au moins, le boucher ne fasse plus étalage de sa viande, que toute sa marchandise reste renfermée au froid; la viande se trouverait ainsi garantie de toute décomposition et le consommateur ne risquerait plus si souvent de recevoir, en guise d'aliment frais et sain, une substance en voie de putréfaction et pouvant occasionner les plus graves accidents.

Dans les localités où l'approvisionnement en glace ne peut se faire, les boucheries importantes auraient tout intérêt à installer des chambres froides avec générateur frigorifique. On en fabrique aujourd'hui de tous modèles, du plus réduit au plus grand, produisant et entretenant le froid à un très faible prix de revient.

Il existe d'autres procédés de conservation de la viande; mais ils sortent du cadre qui nous est tracé, et nous ne les citerons que pour mémoire. Ce sont la dessiccation (*carnesecca*, *tasajo* du Paraguay, poudres de viande); la stérilisation en vase clos (procédés Appert, Fastier, etc.); l'enrobage (graisse, gélatine, etc.); le salage et le fumage, dont nous dirons quelques mots à la fin de ce chapitre.

II. — CARACTÈRES DE LA VIANDE SAINE. QUALITÉS. CATÉGORIES

Pour l'appréciation de la viande chez le boucher, la plus grande attention est nécessaire. L'acheteur doit faire appel à ses qualités d'observation pour synthétiser les renseignements que lui fournissent la vue, l'odorat, le toucher et le goût; mais il devra fermer l'oreille, en général, aux conseils pressants, sinon désintéressés, du vendeur.

Caractères physiques extérieurs. — La couleur pâle et la consistance molle caractérisent la viande des animaux jeunes, tandis que la coloration foncée du muscle et sa fermeté, chez le bœuf et le mouton, sont propres aux viandes d'animaux adultes. Mais entre la jeunesse et l'âge adulte, la viande prend des caractères intermédiaires. Il existe encore des différences de coloration suivant le sexe: c'est ainsi qu'à âge égal la viande de taureau est plus foncée que celle du bœuf.

La consistance ordinairement ferme et élastique de la bonne viande varie suivant le temps écoulé depuis l'abatage. La viande fraîchement tuée, encore pantelante, est molle; à la cuisson, elle devient plus dure que la viande rassise; dans la pratique on ne consommera la viande que douze heures après l'abatage. Une température chaude et humide retarde le phénomène de rigidité musculaire: la viande peut rester molle, terne et se putréfier plus facilement. La viande des animaux malades reste molle et humide.

A la coupe, la viande dégage une odeur faible spéciale, variable suivant l'espèce, le sexe, l'âge, la nature de l'alimentation, mais qui doit toujours être *douce*, *fraîche* et *agréable*. La ménagère n'hésitera pas à refuser toute viande dégageant une odeur anormale quelconque.

La coupe de la viande fraîchement pratiquée permet aussi de juger de la finesse du grain — au toucher surtout —, de la richesse en graisse et d'apprécier l'état des parties profondes, qui doivent présenter une coloration uniforme, sans taches, infiltrations, ni extravasations sanguines ou séreuses. Le jus qui, dans certaines régions du bœuf, s'écoule de la section musculaire est de couleur vermeille, plus pâle et plus liquide que le sang; il est de réaction légèrement acide. Les os sectionnés doivent montrer une moelle ferme, solide, de coloration blanc rosé.

Pour les régions de l'animal qui appartiennent aux parois du ventre et de la poitrine, la face qui regarde l'intérieur du corps doit présenter intacte sa membrane séreuse (péritoine ou plèvre), lisse et transparente. Si la membrane a été grattée ou arrachée, il faut soupçonner un état maladif dont on a voulu faire disparaître les traces.

Qualités et sortes. — L'état d'engraissement plus ou moins avancé de l'animal de boucherie sert à déterminer sa *qualité*. Plus un animal est gras, plus il a de qualité, commercialement parlant, car au point de vue du consommateur il n'en est pas toujours exactement ainsi. Certains animaux primés dans nos concours ne sont à proprement parler que des masses de graisse; l'adiposité a envahi chez eux tout l'organisme, et leur viande, peu appétissante, ne saurait être consommée qu'après un large dégraissage.

Le sexe, l'âge, le mode de nourriture interviennent aussi dans la distinction des trois qualités de viande. Nous en indiquerons les caractères principaux lorsque nous traiterons des viandes par espèces animales.

Chacune des trois qualités se subdivise elle-même en trois *sortes*. Mais la distinction de ces sous-qualités, assez mal définies, n'a pour le consommateur aucune importance pratique.

C'est dans la troisième sorte de la troisième qualité, c'est-à-dire tout à fait en bas de l'échelle, que doivent être classés les animaux *maigres*, mais sains et possédant encore dans leur chair une certaine valeur nutritive. Ils peuvent être consommés; mais il est rare que le prix de vente de cette viande descende à sa valeur réelle. L'analyse démontre que la viande maigre renferme jusqu'à 70 pour 100 d'eau, c'est-à-dire deux fois plus que la viande grasse, qui n'en renferme que 38 pour 100. La graisse a été remplacée par de l'eau, et la disparition de cette eau lors de la cuisson fait que le volume de la viande se réduit considérablement : le morceau se ratatine, le gigot se retrousse et son manche s'allonge notablement. En outre, il y a dans la viande maigre une atrophie réelle de la fibre musculaire; les os, les tendons, les aponévroses (nerfs et peaux) n'ont pas varié, et leur poids devient prédominant. L'achat de viande maigre constitue, en somme, une fausse économie : c'est de l'eau, des os et des nerfs que l'on reçoit surtout, tandis que la partie nourrissante, le muscle, est en grande partie disparue.

Catégories de morceaux. — Quelle que soit la qualité propre de l'animal, toutes ses parties n'ont pas la même valeur ou plutôt ne sont pas également recherchées. Cette valeur relative de la viande d'après la situation qu'elle occupe dans l'animal est la base de la classification des morceaux en trois *catégories*.

La manière de diviser l'animal de boucherie, la coupe des morceaux, leur nomenclature et leur classification en catégories, varient beaucoup suivant les pays. Nous donnerons plus loin la coupe de Paris, comme étant la plus répandue et parce qu'elle est l'une des meilleures, celle même qui respecte le mieux les connexions anatomiques. Nous indiquerons pour chaque espèce le nom des morceaux, leur catégorie et les particularités culinaires qui s'y rattachent.

Nous pouvons dire dès maintenant que, d'une manière générale, les morceaux les plus estimés appartiennent aux régions musculaires qui entourent le bassin, la colonne vertébrale (moins le cou et la queue) et la cuisse. Les morceaux de troisième catégorie ou bas morceaux sont situés aux régions extrêmes (jambes, cou, joues) et aux parties inférieures des parois abdominales et thoraciques.

Une coutume de la boucherie de détail consiste à comprendre dans la pesée le *quart d'os* ou *réjouissance*. La proportion d'os ainsi surajoutés doit être basée sur le quart de la viande proprement dite, de telle sorte que le poids de la réjouissance forme le cinquième du total.

C'est là un usage qu'il serait avantageux d'abandonner. La ménagère peut toujours exiger sa viande sans addition d'os, en payant en conséquence, bien entendu ; elle saura mieux ainsi ce qu'elle fait et laissera généralement moins d'argent au boucher.

III. — VIANDES INSALUBRES. INSPECTION VÉTÉRINAIRE.

La viande, aliment de première nécessité, n'est pas une denrée ordinaire dont tout consommateur est à même d'apprécier la bonne qualité. Il est peu de marchandises, au contraire, qui puissent donner lieu à autant de tromperies et surtout, par sa nature essentiellement périssable, devenir plus rapidement impropres à la consommation, voire même nuisibles à la santé. De plus, des altérations particulières, causées par des états maladifs divers atteignant l'animal de boucherie, peuvent rendre dangereuse la manipulation de la viande et, à plus forte raison, occasionner de graves accidents, parfois même mortels, lorsqu'elle est consommée.

La nécessité impérieuse de veiller à la salubrité des viandes a été reconnue depuis fort longtemps. Chez les peuples anciens, cette surveillance a fait l'objet d'une réglementation détaillée. Elle était à la charge des prêtres chez les Israélites. En Égypte, en Grèce, des officiers de police visitaient les vivres; chez les Romains, la surveillance des approvisionnements (celle des viandes, entre autres) formait l'une des attributions des édiles.

Aujourd'hui l'inspection des viandes est l'un des chapitres les plus importants de l'hygiène publique. Elle est organisée d'une manière suffisante dans nos grandes villes possédant des abattoirs et elle y est confiée à des vétérinaires, qui seuls peuvent présenter sur cet objet toutes les garanties de savoir et de compétence nécessaires.

Le rôle de l'inspecteur vétérinaire commence sur le marché d'approvisionnement par la visite sanitaire des animaux vivants; cet examen se continue à l'abattoir et il s'y complète par l'inspection des animaux abattus, de leurs organes et de leurs chairs. Le contrôle se poursuit en dehors de l'abattoir par la visite des viandes exposées en vente dans les halles et marchés et dans les boutiques de détail.

Dans l'état actuel de notre législation et de nos usages, le vétérinaire inspecteur fait retirer de la consommation toute viande susceptible de renfermer des principes virulents ou toxiques pour l'homme ou présentant dans ses propriétés organoleptiques des altérations qui la dénaturent, la rendent répugnante, indigeste, insuffisamment nutritive, ou précipitent sa décomposition.

Ces viandes sont saisies, c'est-à-dire qu'elles font l'objet d'une véritable expropriation, sans préjudice des poursuites correctionnelles, s'il y a lieu. Elles sont détruites ou, plus exactement, dénaturées au moyen de produits qui les dissolvent (acide sulfurique) ou les transforment en matière absolument immangeable. Dans certains pays elles sont détruites par le feu.

Telles sont les sérieuses garanties qui entourent le commerce des viandes dans la plupart des villes; le consommateur y peut acheter sa viande en toute sécurité. Mais il n'en est pas de même dans les campagnes. Ici l'inspection n'existe pas. Le boucher tue chez lui, à l'abri de tous regards indiscrets, et, bien qu'il ait intérêt à satisfaire ses clients, il peut se trouver tenté de débiter certaines viandes insalubres ou dangereuses sur lesquelles les altérations sont peu visibles, plutôt que de se condamner lui-même à une perte sèche qui peut être importante.

Il est donc nécessaire que le consommateur apprenne à connaître dans la limite du possible les caractères principaux des altérations, lésions ou maladies qui peuvent atteindre la viande.

Altérations spontanées ou de cause extérieure. — Un premier paragraphe comprendra les altérations dues aux phénomènes vulgaires de la décomposition ou putréfaction.

Nous avons déjà signalé les premières modifications qui se produisent dans la viande après l'abatage : mollesse de la viande chaude, puis rigidité musculaire. Après vingt-quatre à trente-six heures, la viande devient plus tendre : c'est la *mortification*, phénomène se rattachant à des modifications chimiques des éléments de la fibre et préparant les voies aux agents de la putréfaction.

Au contact de l'air sec, la section ou coupe de la viande se dessèche et noircit plus ou moins rapidement suivant la température; il se produit, dans les conditions favorables, une croûte jouant un rôle protecteur, croûte que devra éliminer le boucher lorsqu'il entamera le morceau. Si l'air est humide, la viande se ternit et poisse; puis elle répand une odeur spéciale dite de *relent;* dans ces conditions, les morceaux doivent être soigneusement rafraîchis par des coupes minces comprenant les surfaces altérées.

A un degré plus avancé et après un temps qui varie beaucoup selon la saison et les conditions atmosphériques, l'*avarie* ou putréfaction commence. Elle est la conséquence d'une véritable fermentation et a pour agents des microrganismes particuliers. La chaleur, le temps orageux, la saignée incomplète, l'insufflation d'air sous la peau et sous la graisse, l'abatage de l'animal non reposé ou en état de fièvre, enfin l'état de graisse très avancé du sujet sont les principales conditions qui favorisent la putréfaction de la viande.

Les premiers indices de l'avarie ne doivent pas échapper à un œil attentif. Ils se traduisent par des teintes verdâtres, d'abord très pâles et estompées, qui s'observent surtout à la surface de la graisse et des aponévroses. Dans le gigot, ces colorations révélatrices se remarquent surtout à la face interne, au voisinage du quasi; leur existence, en si minime proportion que ce soit, est une cause de rejet; car la viande de mouton corrompue, même à un très faible degré, est complètement inutilisable : la cuisson exagère toujours dans cette viande les effets de la putréfaction. La viande de veau est celle qui se corrompt le plus rapidement; les premiers signes s'observent sur la graisse du bassin, au quasi, autour des rognons, au cou. Pour cette viande, l'avarie au début n'est que superficielle et, par un épluchage judicieux des parties graisseuses et musculaires atteintes, on peut encore rendre la viande utilisable.

Dans toutes les espèces, la putréfaction envahit dès les premières heures le voisinage des os; c'est le long de l'os, au voisinage des articulations, que la sonde doit être poussée dans l'examen des jambons. Lorsque l'avarie a atteint un degré tel que la fibre musculaire est macérée, verdâtre, il devient impossible au boucher le plus malintentionné de mettre cette viande en vente.

En résumé, la ménagère doit porter son attention sur les teintes anormales que peut présenter la viande à la surface de la graisse, au voisinage des os; elle ne doit pas se laisser arrêter par une fausse honte : en cas de doute, elle ne craindra pas de sentir, de flairer sa viande; ce qui échappe à la vue est généralement décelé par l'odorat.

Indépendamment de ses caractères répugnants, la viande avariée renferme des produits toxiques, les *ptomaïnes*, résultant de la décomposition des albumines. Ces violents poisons, qui ont trop souvent déterminé des accidents mortels, peuvent se produire avant toute putréfaction évidente de la viande, notamment chez le veau et le porc malades ou surmenés; ils disparaissent lorsque la putréfaction s'accentue, de telle sorte que ces viandes sont plus dangereuses lorsqu'elles commencent seulement à s'avarier que lorsqu'elles sont tout à fait putréfiées. Certains cas d'empoisonnement par la viande se sont produits même en dehors de toute putréfaction et sans qu'il fût permis d'incriminer le boucher ou le charcutier (Gautier, Brouardel).

Une autre altération moins grave, qui se classe dans ce même paragraphe, c'est la présence sur la viande de *larves de mouches*, vers ou asticots. L'éclosion des œufs a lieu en quelques heures et les larves grouillantes envahissent les interstices musculaires. Toute répugnante qu'elle soit, la présence de ces bestioles n'emporte pas en elle-même l'insalubrité de la viande, si celle-ci n'est pas putréfiée. Il suffit ordinairement d'enlever les larves et d'éliminer la couche de viande sur ou dans laquelle elles se trouvaient pour pouvoir sans inconvénient consommer le reste.

Altérations dues à la maladie ou à un état particulier de l'animal. — La recherche des diverses causes d'insalubrité dues à la maladie ou à certains états de l'animal constitue la partie la plus difficile de la tâche de l'inspecteur. L'examen de l'animal entier ou en quartiers, surtout à l'abattoir, lorsque les principaux organes peuvent être visités, permet de reconnaître avec certitude s'il existe des états maladifs rendant la viande impropre à la consommation. Il n'en est plus de même dans la boutique du boucher, lorsque l'animal a été coupé en morceaux et qu'il ne reste plus pour asseoir le jugement que l'examen des différentes sections musculaires ou osseuses, de l'état de la graisse, de ce qui reste des membranes séreuses, des vaisseaux sanguins et des ganglions lymphatiques.

Ces causes d'insalubrité peuvent être classées en cinq groupes:

1. *Viandes non alibiles*. — Ce sont d'abord les viandes d'animaux trop jeunes: veaux, agneaux, chevreaux abattus trop tôt après la naissance. La viande est molle, pâle, gélatineuse; la moelle des os est rouge; la graisse est grisâtre, grumeleuse. Ces viandes ne possèdent aucune valeur nutritive et leurs propriétés purgatives les font ranger dans la catégorie des viandes malsaines. Il en est de même, et à plus forte raison, des fœtus, dont la chair est parfois préparée et vendue dans les localités sans surveillance.

La *maigreur extrême* accompagnée d'une réduction considérable du volume des muscles, ou bien la maigreur avec altérations caractérisant la *cachexie*, sèche ou humide (muscles décolorés, infiltrés; moelle des os fluide), fait perdre à la viande ses qualités d'aliment. La vente de cette substance constitue une véritable tromperie.

2. **Viandes répugnantes.** — L'*ictère* très accentué, c'est-à-dire la coloration jaune intense de la graisse et des tissus blancs, rend la viande invendable. Il ne faut pas confondre cette altération ictérique maladive avec la coloration jaune que prend la graisse des bœufs normands nourris au pré : bœufs d'herbe d'excellente qualité.

Dans cette catégorie rentrent aussi les viandes à *odeur anormale* déterminée soit par l'ingestion de médicaments (éther, ammoniaque, assa fœtida) ou d'aliments (ail sauvage, fenugrec, viande et poisson avariés), soit par des sécrétions (urineuse, etc., chez le taureau, le bélier, le verrat), soit par suite d'éviscération tardive. Dans tous les cas la viande est écartée de la consommation.

3. **Viandes malades.** — Dans cette classe rentrent les viandes d'animaux atteints de maladies inflammatoires aiguës. Les altérations variables qu'elle présente, et qui sont surtout visibles dans les parties charnues volumineuses (cuisse), font donner à la viande malade différentes qualifications :

Elle est dite *fiévreuse* lorsque sur une coupe la chair est terne, décolorée et devient rosée à l'air; qu'elle laisse suinter une sérosité abondante et exhale une odeur particulière, assez fugace, qu'on a comparée à l'odeur de l'haleine d'un fiévreux. Il existe entre les muscles des dépôts séreux ou sanguinolents.

Dans la viande *saigneuse*, on remarque une coloration générale rouge de tous les tissus, la surcoloration des muscles et la présence du sang dans les veinules intermusculaires. Les animaux malades, mal saignés, saignés après la mort, donnent des viandes présentant ces caractères.

La viande est dite *surmenée* quand ses fibres sont de coloration brun très foncé, presque noire, de consistance dure et collant aux doigts; l'odeur en est aigrelette (réaction acide); le bouillon est acide, malodorant; le bouilli est dur et coriace.

Ces viandes se corrompent facilement et peuvent, principalement les viandes surmenées, déterminer des accidents toxiques.

La mort naturelle, la mort accidentelle non suivie de saignée et d'éviscération donnent à la viande des caractères analogues. De même chez les animaux empoisonnés.

Les maladies chroniques déterminent généralement un état cachectique spécial, avec graisse infiltrée d'une sérosité abondante; la viande est elle-même infiltrée, décolorée, molle : c'est la viande *hydroémique*.

4. **Altérations parasitaires.** — *Ladrerie.* Maladie vermineuse des muscles qui est observée principalement sur le porc et le bœuf. Elle est caractérisée par la présence de petites vésicules transparentes logées dans l'épaisseur de la chair musculaire.

Chez le *porc*, la maladie est assez fréquente dans les races auvergnate et limousine. La vésicule, ovoïde, a un grand diamètre, qui varie entre 5 et 10 millimètres. On remarque à sa surface un petit point blanc, opaque, qui se détache bien sur le fond rosé de la surface du muscle ou de sa section; ce point blanc n'est autre chose que l'embryon ou larve du *tænia solium*. Introduit dans le tube digestif de l'homme, il se développe et se transforme en ver adulte : le ver solitaire. Le nombre des vésicules ladriques ou cysticerques est parfois considérable et la viande en paraît comme criblée; mais, dans les cas ordinaires, les grains de ladre sont beaucoup plus rares sur les coupes, sauf dans certaines régions (muscles de la poitrine, du ventre, de la langue, du cœur) où leur découverte est toujours plus facile. La cuisson tue le germe du ténia dès que la température atteint 60°; c'est pourquoi en France, où l'usage du porc à l'état cru est fort peu répandu, les cas d'infestation par le *tænia solium* sont rares. La salaison de la viande de porc détruit aussi le parasite après deux ou trois semaines; de même la réfrigération. Dans la viande salée, la vésicule diminue beaucoup de volume, il ne reste plus guère de visible que le petit point blanc.

La viande ladre est retirée de la consommation, et la ménagère ne doit point oublier qu'il convient de regarder de près la viande de porc; pour plus de précaution, cette viande sera toujours soumise à une cuisson prolongée.

Chez le *bœuf*, la ladrerie est beaucoup plus rare, au moins en France. Le cysticerque se loge surtout dans les muscles des mâchoires et dans l'épaisseur du cœur; la vésicule est plus grosse que celle du porc, elle renferme l'embryon du *tænia mediocanellata*, qui, dans l'intestin de l'homme, se transforme en un ver semblable au ver solitaire (ténia inerme). Sur dix ténias humains observés, neuf appartiennent à cette espèce d'origine bovine; cette particularité s'explique par l'usage de plus en plus répandu des viandes saignantes (rosbifs et biftecks) dans lesquelles la chaleur n'a pas atteint un degré suffisant pour tuer le parasite.

Trichinose. La *trichine* est un tout petit ver qui vit à l'état de larve dans les muscles des mammifères et particulièrement du porc. Rare en France, la trichinose est beaucoup plus fréquente en Allemagne et en Amérique. Dans ces pays, toutes les viandes de porc sont soumises dans les abattoirs à un examen microscopique, dans le but d'éliminer de la consommation les viandes trichinées. Un grossissement de 50 à 80 diamètres permet de reconnaître, entre les fibres musculaires, le petit ver enroulé en spirale et logé dans une sorte de coque oblongue.

Chez l'homme infesté de trichinose, la maladie est des plus graves, souvent mortelle; elle a parfois été observée sous forme d'épidémies. En France, ces accidents sont rares : nos porcs indigènes sont indemnes de trichines, et nos habitudes culinaires nous en garantissent par surcroît. La cuisson tue la trichine lorsque la température atteint ou dépasse 70°. La salaison à fond (*fully cured*, mode employé en Amérique pour les viandes exportées) tue aussi le parasite. Une surveillance spéciale des salaisons importées a été instituée en vue d'empêcher l'introduction des viandes trichinées.

Il existe d'autres parasites (*actinomycoses, coccidies, sarcosporidies, distomes, cœnures, echinocoques*) qui sont des causes d'altération pour la viande; mais, à part les sarcosporidies, qui peuvent envahir tout le système musculaire des animaux de boucherie, presque tous ne déterminent que des lésions localisées à certains organes (langue, joues, poumons du bœuf pour l'actinomycose; foie du mouton, du porc et du bœuf pour les coccidies, les distomes et les échinocoques; cerveau du mouton pour le cœnure).

5. **Maladies virulentes.** — Nous devons placer en première ligne les maladies des animaux transmissibles à l'homme; savoir : le charbon, la rage, la tuberculose, la morve, le tétanos et la septicémie.

La *fièvre charbonneuse* donne à la viande du bœuf des caractères particuliers : le muscle est décoloré sur sa coupe, qui prend à l'air une teinte saumonée; la graisse est injectée; les séreuses sont livides. Ce sont, en somme, exagérées, les altérations de la viande fiévreuse. Si on examine au microscope une goutte de sang puisée dans une veine profonde, on reconnaît la présence de la bactéridie charbonneuse. Chez le mouton, les altérations musculaires dues au charbon, ou sang de rate, sont bien moins accentuées, et un œil exercé peut seul découvrir ces viandes éminemment dangereuses tant par leur manipulation (inoculation de la pustule maligne) que par leur ingestion (charbon intestinal mortel). Le porc prend quelquefois le charbon; sa chair présente alors les mêmes caractères que ceux que l'on observe dans le charbon du bœuf.

La *rage* ne détermine dans la viande aucune lésion particulière; la salive et les centres nerveux renferment seuls le virus rabique. L'usage alimentaire de la chair des animaux abattus comme enragés ou contaminés de rage est légalement interdit.

Dans la *morve* et le *farcin*, maladies particulières au cheval et à l'âne, les altérations s'étendent au poumon, aux muqueuses et à la peau. La viande ne présente aucun caractère spécial; la vente en est rigoureusement interdite.

La *tuberculose* peut atteindre tous les animaux. Chez le bœuf, elle se caractérise par des tumeurs arrondies, jaunâtres, dures, souvent pierreuses, de volume parfois considérable, que l'on observe dans le poumon, sur les plèvres, le péritoine, dans les organes intestinaux et les ganglions lymphatiques. Ordinairement limitées aux cavités thoracique et abdominale, ces lésions peuvent envahir tout l'organisme, les muscles, les os et les articulations. Ces formes généralisées sont les plus dangereuses. Le bacille tuberculeux n'existe que dans le tubercule et la viande n'est nocive qu'en raison des lésions tuberculeuses, parfois très petites, que le muscle ou ses ganglions lymphatiques peuvent contenir. Les viandes peuvent être encore souillées de matière tuberculeuse provenant des organes atteints et transportée par le couteau ou les mains du boucher.

La transmissibilité de la tuberculose du bœuf à l'homme a été remise en question par le professeur Koch ; mais des expérimentateurs très autorisés (Nocard, Arloing) ont démontré que la transmission n'est pas douteuse : le bacille bovin serait même particulièrement actif à l'égard de l'organisme humain.

Il convient donc de surveiller l'état de santé des animaux qui nous fournissent le lait et la viande.

Contrairement à l'opinion généralement admise, le lait de campagne offre beaucoup moins de sécurité que le lait des nourrisseurs de ville ; à la campagne, les vaches laitières ne sont jamais inspectées, bien que très fréquemment tuberculeuses (20 à 50 pour 100 et plus) ; à la ville, au contraire, les animaux sont surveillés et la proportion de vaches laitières tuberculeuses est infiniment moindre (1 pour 100 à Paris). En tout cas, il est d'élémentaire prudence de faire bouillir le lait dont on ignore la qualité ou la provenance.

Pour les viandes, on condamnera la consommation des chairs renfermant des lésions tuberculeuses musculaires ou ganglionnaires et même de celles d'animaux maigres atteints de tuberculose des principaux organes. Les organes ou abats présentant des tubercules à leur surface ou dans leur substance doivent toujours être rejetés ; on doit même se garder de les abandonner aux petits animaux, qui, comme nous, peuvent prendre ainsi la tuberculose.

Chez le veau, la tuberculose est particulièrement grave et dangereuse ; il en est de même chez le porc. La maladie est rare chez le mouton, la chèvre et le cheval.

Le *tétanos* s'observe surtout chez le cheval, quelquefois chez la vache après la parturition et chez le veau nouveau-né. Les contractures musculaires et l'état fébrile qui caractérisent la maladie donnent à la viande les caractères fiévreux avec une particulière intensité (décoloration, odeur fade, sérosité) ; elle ne saurait être consommée, même au début, quand ces altérations ne sont pas accusées, car on a constaté quelques cas de transmission à l'homme.

La *septicémie*, fréquente chez le cheval et qui atteint aussi le bœuf, est causée par le vibrion septique, agent de l'œdème malin ou gangrène septique de l'homme. Les lésions musculaires sont ordinairement considérables : coloration rose pâle, consistance molle et friable du muscle ; les séreuses sont livides et plombées ; il existe des infiltrations de liquide sanieux et de gaz putrides.

Nous indiquerons ensuite d'autres maladies virulentes qui, sans être transmissibles à l'homme, dénaturent la viande des animaux qui en sont atteints, lui donnent les caractères que nous avons précédemment énumérés dans la viande malade ou la rendent toxique par les produits microbiens qui y sont élaborés. Ce sont : l'*infection purulente*, caractérisée par des abcès multiples dans les principaux organes et même dans les muscles ; le *charbon symptomatique*, qui chez le bœuf envahit une ou plusieurs régions musculaires ; la *peste bovine*, la *clavelée* maligne du mouton, la *fièvre aphteuse grave*, l'*omphalophlébite* et la *polyarthrite* du veau, le *rouget* et la *pneumo-entérite* du porc, etc.

IV. — LES VIANDES PAR ESPÈCES ANIMALES

LA VIANDE DE BŒUF

Les caractères généraux de la viande de *bœuf* sont les suivants : coloration rouge vif ; consistance ferme et élastique ; odeur douce, fraîche, rappelant quelquefois l'étable ; chez les animaux gras, les muscles sont séparés par des lames de graisse dessinant un marbré ou un persillé plus ou moins riche ; la graisse extérieure ou couverture, répandue sur toute l'étendue du dos et des lombes, est ferme, blanche, quelquefois jaune, suivant la race et le genre de nourriture.

Chez le *taureau*, les masses musculaires sont ordinairement très épaisses, surtout dans l'épaule et le cou ; à leur surface on remarque souvent un reflet bleuâtre dû aux aponévroses, qui sont épaisses et résistantes ; la graisse est peu répandue en couverture, elle est plus blanche que celle du bœuf. La chair n'est de coloration foncée, avec un grain grossier et une odeur particulière (dans les muscles de la cuisse surtout), que chez le taureau de trois à cinq ans ; chez l'animal plus jeune, qui n'a pas encore servi à la reproduction, la viande est, au contraire, moins colorée que chez le bœuf, et, si l'animal a été bien engraissé, il peut avoir assez de graisse de couverture pour tromper un œil exercé : dans ces conditions, du reste, la chair du jeune taureau diffère peu comme qualité de celle du bœuf.

La distinction est souvent très difficile à établir entre la viande de bœuf et la viande de *vache* bien engraissée et non épuisée par le travail et la lactation ; seul le grain de la viande diffère ; il est plus fin chez la vache. En somme, la viande de vache ne mérite pas le discrédit qui la frappe communément : à égales conditions d'âge et d'engraissement, il n'y a pas de différence entre la viande de bœuf et celle de vache. Le préjugé encore très répandu contre la viande de vache a la même origine que celui qui atteint la viande de cheval : on compare illogiquement la viande d'un bon bœuf avec celle d'une mauvaise vache ou d'un vieux cheval usé.

Chez les vaches abattues dans un état avancé de gestation, il arrive parfois que la viande acquiert une odeur lactée peu agréable.

Il importe de connaître à quels caractères on peut distinguer la *viande de cheval* de la viande de bœuf. Les signes les plus certains sont basés sur les caractères anatomiques et principalement sur les différences qui existent entre les os analogues du cheval et du bœuf. Il nous est impossible d'entrer dans ces détails, de même que dans les recherches analytiques sur la quantité de glycogène musculaire, plus grande chez le cheval que dans les autres espèces ; nous nous bornerons à indiquer les caractères propres à la viande de cheval en morceaux : seuls ils ont une utilité pratique.

La viande de cheval prend immédiatement après l'abatage une teinte rouge brun plus ou moins foncée ; cette coloration devient ensuite rouillée ou terre de Sienne. Sur une coupe fraîche, la viande est luisante, comme huilée, et si l'on y applique du papier buvard, celui-ci est vite maculé de taches graisseuses. Chez le bœuf, cette expérience reste négative. La fibre musculaire du cheval est plus molle, plus friable que celle du bœuf ; elle dégage, lorsqu'elle est malaxée quelque temps entre les doigts, une odeur spéciale qui ne peut être définie. La graisse, lorsqu'elle existe, tapisse surtout les parois intérieures du ventre ; chez les chevaux gras, il peut y avoir une certaine couverture ; mais ce n'est que très exceptionnellement que la graisse pénètre l'épaisseur des muscles pour donner du persillé. La couleur jaune, l'aspect huileux et la consistance molle de cette graisse suffisent à faire reconnaître la viande chevaline.

Chez l'âne et le mulet, les caractères de la viande et de la graisse sont les mêmes que chez le cheval. Souvent les parois de l'abdomen de l'âne contiennent des quantités considérables de graisse.

Qualités dans la viande de bœuf. — On distingue, avons-nous dit, trois qualités.

Première qualité. — Elle est caractérisée par une couche de graisse de couverture, bien répartie, de 1 à 2 centimètres d'épaisseur, ferme, blanche ou jaunâtre. La graisse pénètre abondamment les interstices des muscles et même leur épaisseur, donnant à la chair cet aspect *entrelardé*, *marbré* ou *persillé* (suivant les degrés) si remarquable dans certaines races (limousine, charolaise) et dans certaines régions du corps (entrecôte). Le muscle est rouge vif, de consistance ferme. Les rognons sont enveloppés d'une épaisse couche de graisse. La vache jeune et bien nourrie peut aussi entrer dans la première qualité ; mais le taureau, même jeune et bien engraissé, reste toujours classé dans la qualité inférieure.

Deuxième qualité. — C'est la viande ordinaire ; la graisse de couverture et celle des rognons est moins épaisse et moins fine. Cette viande donne un bouillon clair et pauvre en arome ; le rôti manque de tendreté et de succulence. Elle est ordinairement fournie par des bœufs de huit à dix ans et par des vaches pleines.

LA VIANDE DE BOUCHERIE ET LA CHARCUTERIE.

Troisième qualité. — La couverture est très réduite ou n'existe plus du tout; il y a peu de graisse autour des rognons; la couleur de la viande est ou trop pâle (animaux non faits) ou trop foncée (animaux vieux, taureaux); la fermeté est moins grande, la coupe est humide, on n'y voit plus trace de marbré.

Coupe du bœuf et catégories de morceaux. — Le bœuf sort de l'abattoir divisé en quatre parties, qui comprennent, pour chaque moitié de l'animal, le demi-bœuf et l'épaule.

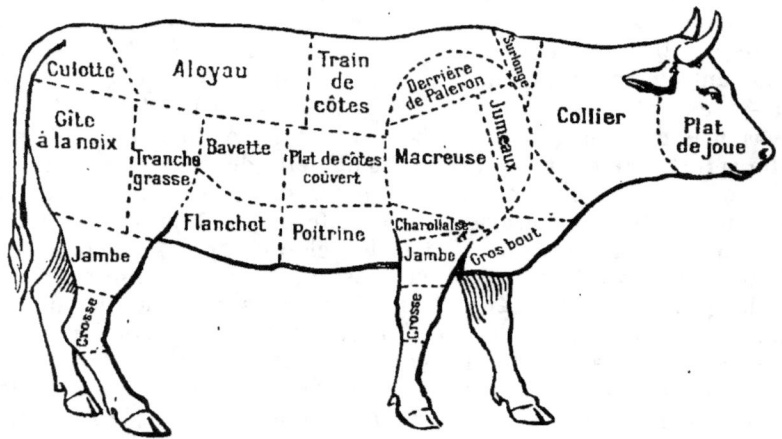

Bœuf, vue extérieure.

Demi-bœuf. — Le demi-bœuf du côté droit porte la queue; on le désigne sous le nom de « côté queue ». Lorsque du demi-bœuf on a retiré la cuisse, il reste le *creux de bœuf*. Quand la section est faite en avant de l'aloyau, il reste le *devant de bœuf*, c'est-à-dire la région thoracique; la cuisse réunie à l'aloyau prend le nom de *quartier de derrière*.

L'aloyau comprend la région lombaire depuis la dernière côte jusques et y compris la partie supérieure du bassin (sacrum). On y distingue le filet, le faux filet et le romsteck.

Le *filet*, partie la plus estimée de l'animal, est une masse musculaire de forme pyramidale située sous les lombes, à proximité des reins; sa partie antérieure, mince et effilée (queue de filet), sert à la confection de bifteks; la partie moyenne est épaisse (milieu de filet) : après avoir été dégraissée et débarrassée de ses aponévroses, elle fournit des rôtis tendres et délicieux; en arrière, il reste la tête de filet, partie moins fine, plus tendineuse que le milieu, employée aux mêmes usages. L'aloyau sans le filet prend le nom de « coquille d'aloyau ».

Le *faux filet* ou « contre-filet » est la partie située au-dessus des lombes, de part et d'autre de l'échine ; sa viande appartient aussi à la première catégorie, elle s'emploie pour rôtis après avoir été désossée, parée et ficelée en forme de carré long ; on l'utilise aussi découpée en biftecks.

Le *romsteck*, partie arrière de l'aloyau, est formé par les plans charnus épais qui recouvrent le bassin ; c'est la partie la plus succulente de l'animal, surtout dans la région désignée sous le nom d'« aiguillette de romsteck ». Le romsteck fournit d'excellents rôtis ; sa viande convient admirablement pour braiser, bouillir et saler ; on y coupe très fréquemment les biftecks.

La *cuisse* comprend tout le membre postérieur et une partie du bassin. Elle donne par division :

La *culotte*, qui représente ce qui reste de la région de la croupe après la séparation de l'aloyau. C'est un morceau de première catégorie, employé aux mêmes usages que le romsteck ; la pointe de culotte, plus osseuse que le reste, donne d'excellents pot-au-feu.

Ce qui reste de la cuisse lorsqu'on a enlevé de part et d'autre la culotte et la jambe prend le nom de *globe* ; il se subdivise en trois morceaux :

La *tranche grasse*, située en avant et comprenant le fémur, se divise elle-même en trois parties : le plat (en dehors), le mouvant (en dedans) et le rond (en avant). Morceau de première catégorie ; après enlèvement des parties tendineuses et aponévrotiques, la viande est coupée en biftecks ; la tendreté en est augmentée par le battage au moyen du couperet frappé à plat (dilacération des fibres).

Le *tende de tranche*, ou « tranche », partie interne de la cuisse, morceau de première catégorie, subdivisé en trois parties : en bas, le milieu ou tende de gîte (biftecks, pot-au-feu, bœuf mode) ; en avant, la fausse pointe (biftecks) ; en arrière, la pointe, moins tendre (bœuf mode et pot-au-feu).

Le *gîte à la noix* ou « semelle », région postérieure et externe de la cuisse, appartient aussi à la première catégorie de viande. On le divise aussi en trois morceaux : faux morceau, en bas ; tende de gîte, en avant ; rond de gîte, avec sa tranche au petit os, en arrière. Le gîte à la noix fournit un bouillon excellent, mais le bouilli en est sec.

Jambe, comprend toute la région tibiale supérieure ; se débite en sections transversales ou *gîtes de derrière*, morceaux de troisième catégorie utilisés pour le pot-au-feu.

Crosse du gîte de derrière, formée des os du jarret, est vendue comme réjouissance.

Les parties restantes des parois du ventre prennent les noms de « bavette d'aloyau » et de « flanchet » ; ces régions forment avec les

LA VIANDE DE BOUCHERIE ET LA CHARCUTERIE.

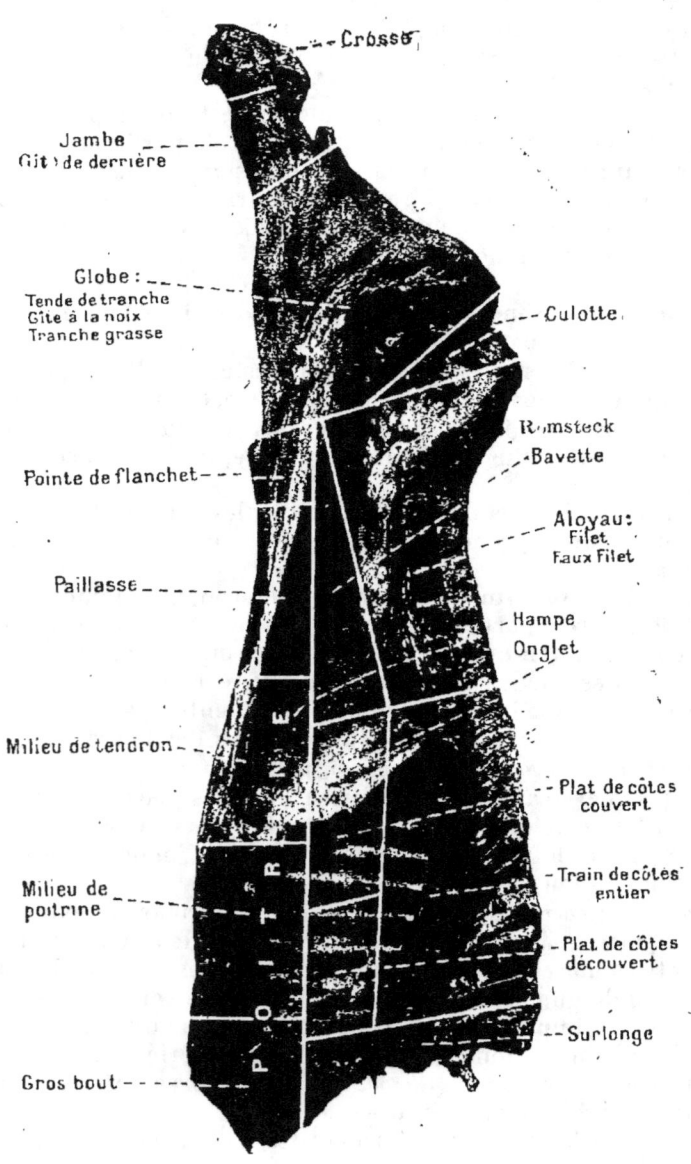

Demi-bœuf.

D'après M. Angot, de Vincennes.

parties inférieures de la poitrine (tendrons, milieu et gros bout) ce que l'on appelle le *pis de bœuf*.

La *bavette d'aloyau* forme la paroi latérale du ventre; elle appartient à la deuxième catégorie et sert à la confection de biftecks et de pot-au-feu.

Le *flanchet* ou « paillasse » constitue la partie inférieure du ventre; on distingue en arrière la pointe de flanchet; il appartient à la troisième catégorie (pot-au-feu, quelquefois biftecks).

Les *tendrons* correspondent aux fausses côtes et à la partie moyenne et antérieure du ventre. Les *milieu* et *gros bout de poitrine* comprennent les régions sternales moyenne et antérieure. Ces trois parties de la région thoracique inférieure appartiennent à la troisième catégorie de morceaux et sont utilisées pour le pot-au-feu.

Le devant de bœuf comprend encore :
La *hampe*, bande musculaire (diaphragme) tendue entre le ventre et la poitrine; après avoir été soigneusement débarrassée des séreuses et aponévroses, elle donne d'excellents biftecks.

L'*onglet*, masse charnue située à la partie supérieure de la hampe, au voisinage du filet; il sert aussi à la préparation de biftecks savoureux.

Le *train de côtes*, formé par les muscles qui recouvrent la partie supérieure des côtes et les vertèbres du dos. On le divise en train de côtes *découvert*, de la quatrième à la septième vertèbre, et en train de côtes *couvert*, de la huitième à la dernière vertèbre dorsale. Il est classé par les uns dans la première catégorie, par les autres dans la deuxième. Après avoir été désossé, il se débite par tranches transversales ou *entrecôtes;* il sert aussi à faire des rosbifs et le train de côtes à l'anglaise.

Le *plat de côtes*, partie moyenne de la paroi thoracique latérale, se divise en plat de côtes *découvert*, situé sous l'épaule (de la quatrième à la septième côte), et en plat de côtes *couvert* (de la huitième à la onzième côte); il appartient à la deuxième catégorie et fournit, chez les bœufs de bonne qualité, un excellent bouilli, entrelardé et juteux.

La *surlonge*, située en avant du train de côtes et comprenant les trois premières vertèbres dorsales; c'est un morceau de deuxième catégorie; il donne un bouilli de bon goût.

Le *plat de côtes de surlonge* comprend la partie moyenne des trois premières côtes; on remarque à sa surface extérieure une large section musculaire (pièce parée) que le boucher examine volontiers pour apprécier la finesse de la viande. Ce morceau appartient à la seconde catégorie; il fournit un excellent bouilli.

Épaule. — L'épaule comprend le paleron, le collier et la joue.
La *joue* est un morceau de troisième catégorie qui, désossé, est employé pour le pot-au-feu.

LA VIANDE DE BOUCHERIE ET LA CHARCUTERIE.

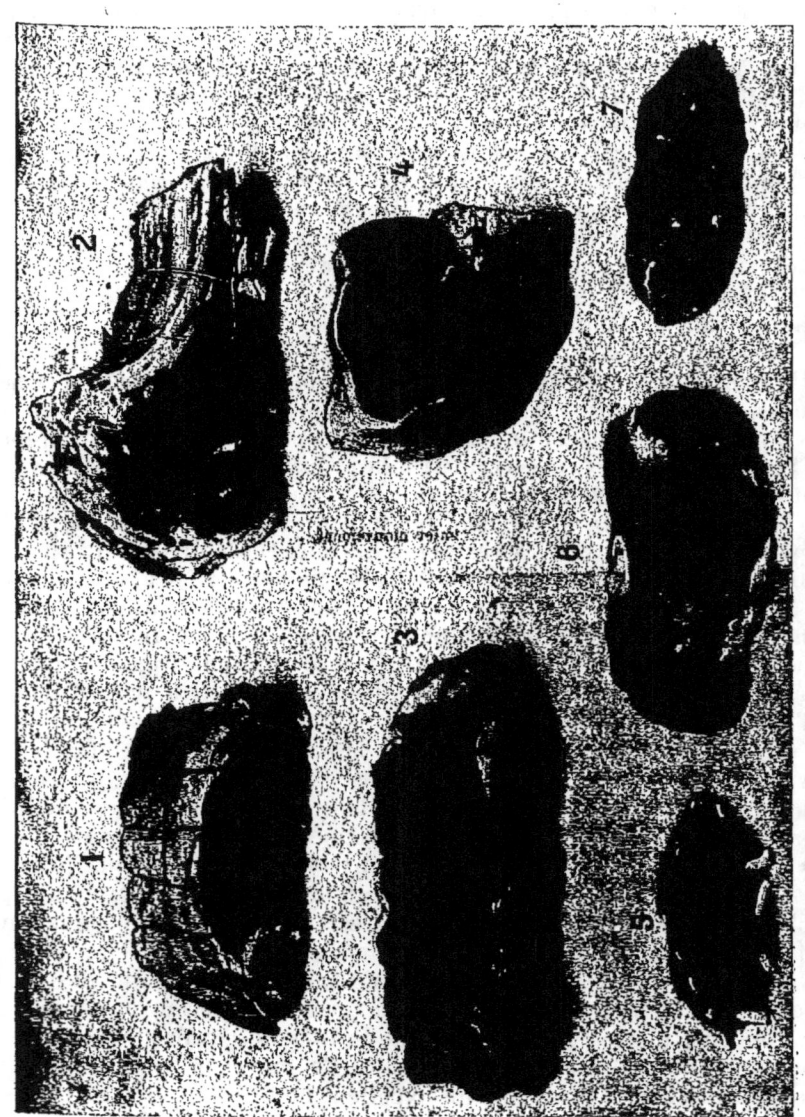

1. Rôti de faux filet. — 2. Côte de bœuf. — 3. Rôti de romsteck. — 4. Gîte à la noix. — 5. Bifteck piqué. — 6. Filet de bœuf. — 7. Bifteck de bœuf.

Les morceaux tels que le boucher doit les préparer et les livrer à la ménagère.

Préparations de la maison Amblard, rue de Turenne, à Paris.

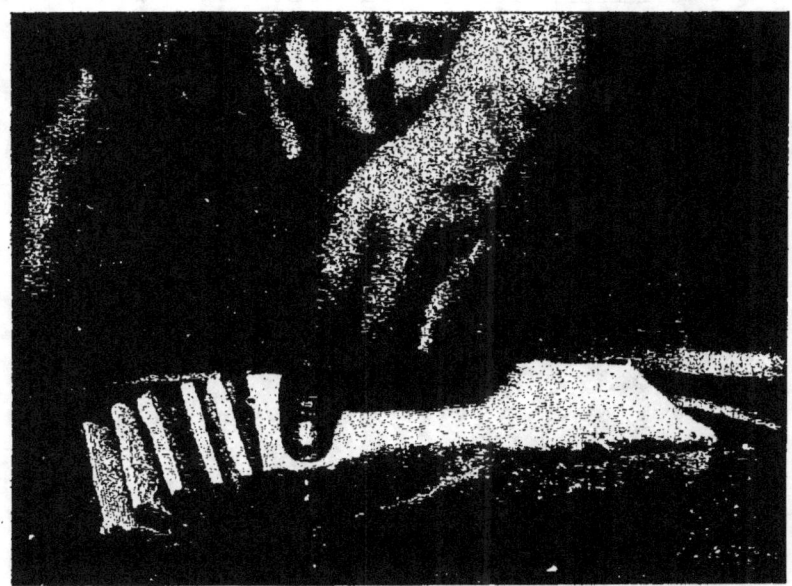

Premier mouvement.

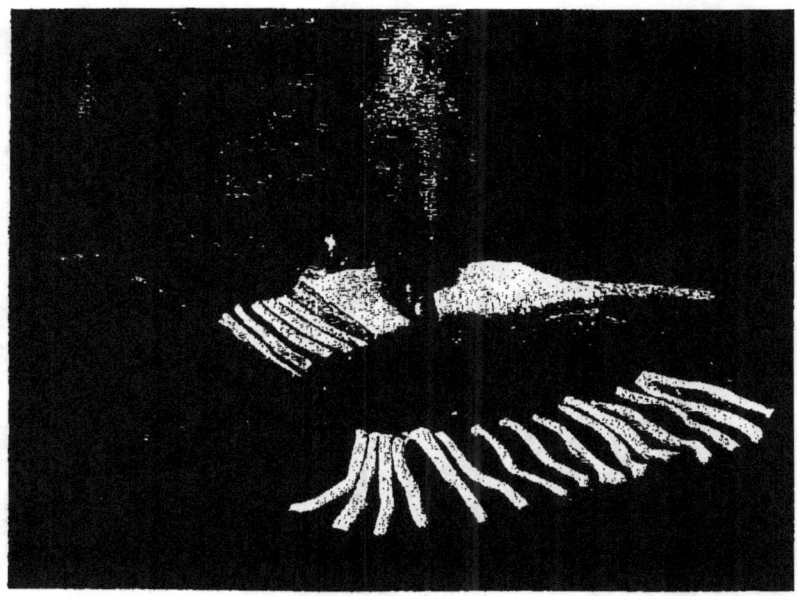

Deuxième mouvement.

Découpage du lard pour le filet de bœuf.

Photographies exécutées sous la direction de M. Mourier, propriétaire du Café de Paris,
du Pré Catelan et du Pavillon d'Armenonville, au bois de Boulogne.

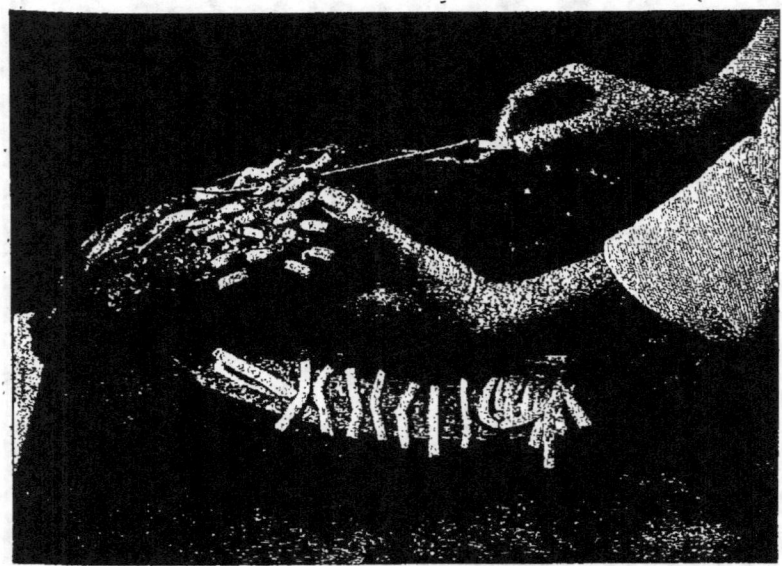

Premier mouvement.

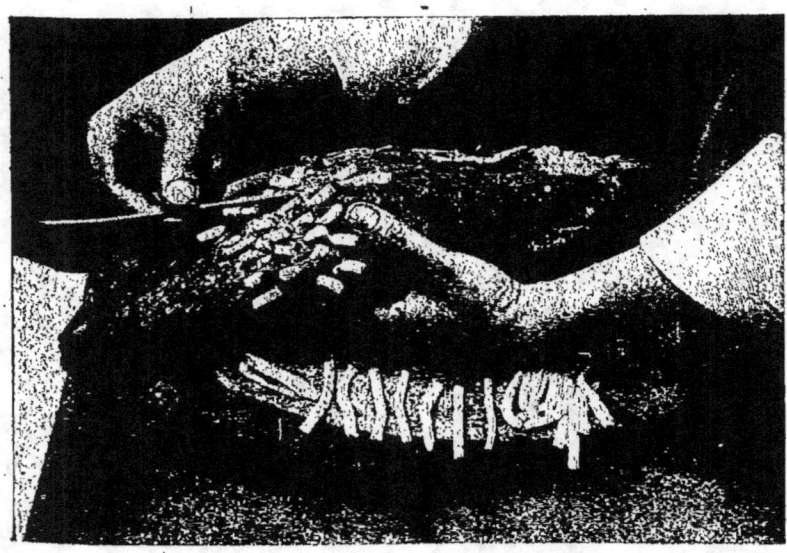

Deuxième mouvement.

Piquage du filet avec la lardoire.
Photographies exécutées sous la direction de M. Mourier.

Le *collier*, où l'on distingue une veine grasse et une veine maigre (ou deuxième talon), séparées par les vertèbres, appartient aussi à la dernière catégorie. Il sert ordinairement pour le pot-au-feu et aussi à la fabrication de saucissons et cervelas. Le collier de jeune taureau

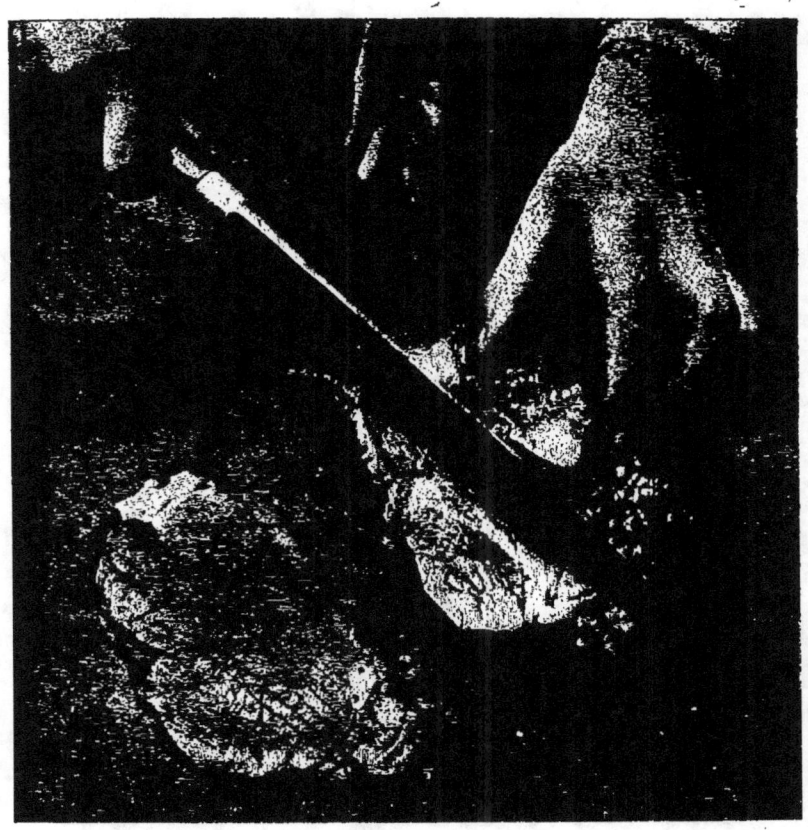

Découpage du filet cuit.

est aussi désossé, piqué de gros lardons et roulé dans une toilette : c'est le bœuf à la mode à bon marché.

Le *paleron* se subdivise en plusieurs morceaux :

Talon de collier, situé en avant et en dedans; sa viande, qui appartient à la deuxième catégorie, sert comme pot-au-feu et bœuf à la mode; dans les bœufs de bonne qualité, il peut fournir quelques biftecks.

Pointe ou *derrière de paleron*, comprend l'extrémité supérieure de

LA VIANDE DE BOUCHERIE ET LA CHARCUTERIE. 131

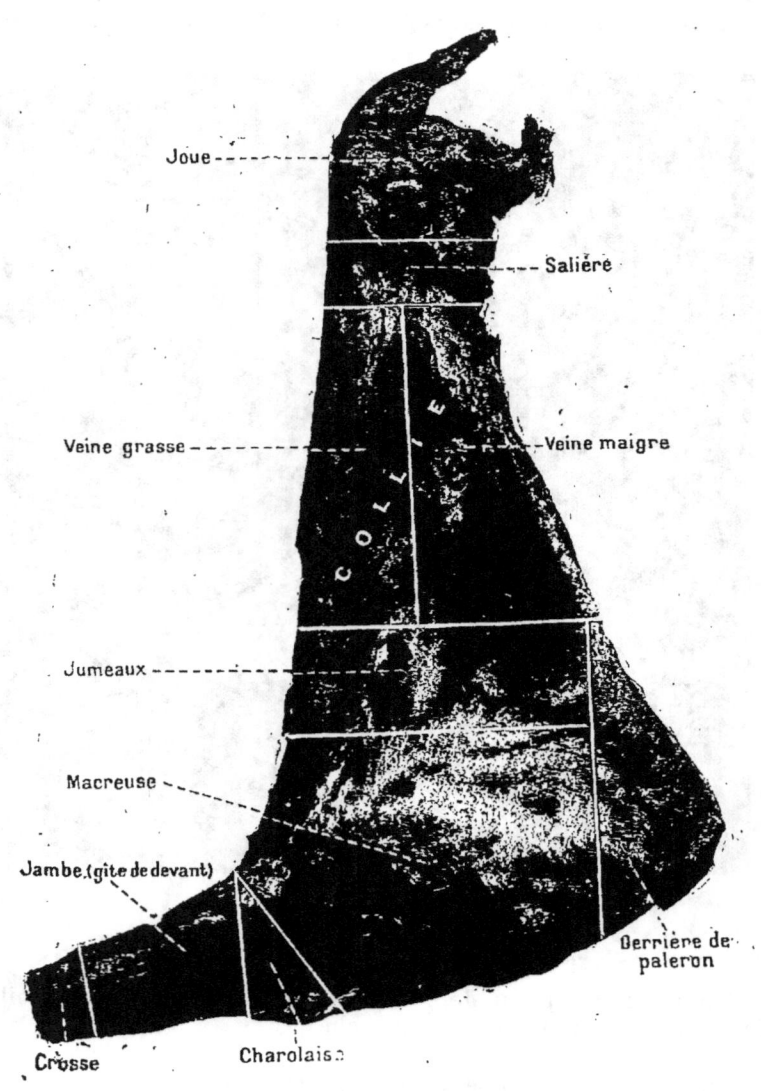

Épaule de bœuf.

D'après M. Angot, de Vincennes.

l'omoplate et son cartilage ou croquant; appartient à la deuxième catégorie et fournit un bouilli agréable au goût.

Jumeaux, partie musculaire d'apparence symétrique située en avant de l'omoplate; la tête de l'humérus entourée de graisse qui s'y trouve fait quelquefois confondre ce morceau avec le gîte à la noix. C'est une viande de deuxième catégorie, qui donne un bouilli sec.

Macreuse, large masse charnue située à la partie moyenne du paleron; elle est débitée en morceaux qui, désossés, sont parfois vendus pour de la tranche. Découpée par tranches qui comprennent cha-

Croquettes de bœuf.

cune une section de l'humérus, elle donne les « boîtes à moelle ». C'est un morceau de deuxième catégorie qui fournit aussi un bouilli un peu sec.

Jambe, contient les os de l'avant-bras; se débite en sections transversales ou *gîtes de devant*, analogues aux gîtes de derrière, comme eux de troisième catégorie et employés pour le pot-au-feu; encore moins estimés.

Charolaise, partie presque exclusivement osseuse et tendineuse située entre la jambe et la macreuse (correspond au coude); utilisée dans le pot-au-feu et vendue comme réjouissance.

Crosse du gîte de devant, extrémité de la jambe, entièrement composée d'os et de ligaments et débitée comme réjouissance.

LA VIANDE DE MOUTON

Le *mouton* de bonne qualité donne une viande d'un rouge légèrement brunâtre, dont le grain est d'autant plus fin que la castration a

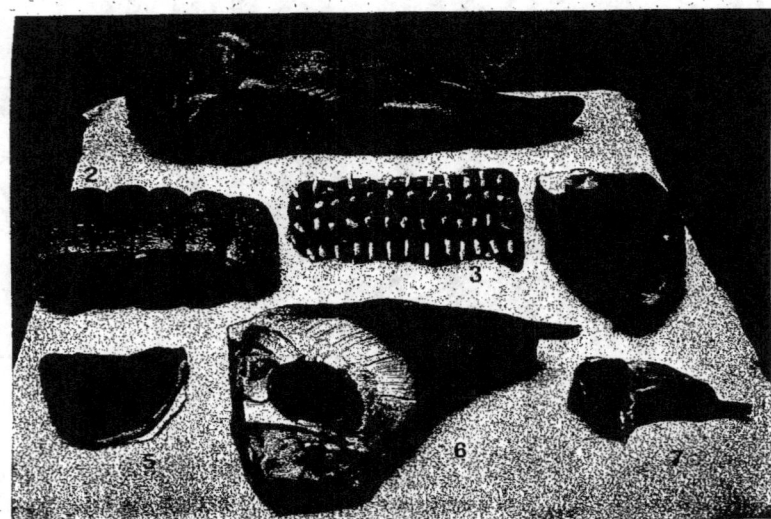

1. Langue de bœuf. — 2. Faux filet. — 3. Filet piqué et bardé. — 4. Gîte à la noix. — 5. Bifteck. — 6. Gigot de mouton. — 7. Côtelette de mouton.
Les morceaux tels que le boucher doit les préparer et les livrer à la ménagère.

Préparations de la maison Amblard, de Paris.

été plus parfaite; la graisse, blanche et ferme, forme des couches plus ou moins épaisses à la surface (régions des reins et de la poitrine) et dans les principaux interstices musculaires. La viande de mouton se distingue encore de celle du bœuf par la dimension réduite des os et des masses musculaires. Son odeur rappelle la bergerie, la laine et quelquefois le suint; chez certaines races (algériens et métis mérinos), cette odeur s'exagère beaucoup à la cuisson et rend la viande peu appétissante, sinon inutilisable. Il n'est pas, à notre connaissance, de moyen pratique permettant au consommateur de reconnaître ce défaut à l'avance, lorsqu'il n'est pas sensible sur la viande à l'état cru; il appartient au boucher de faire un choix judicieux parmi les sortes de moutons dont il approvisionne son étal, afin de prévenir les justes réclamations de ses clients.

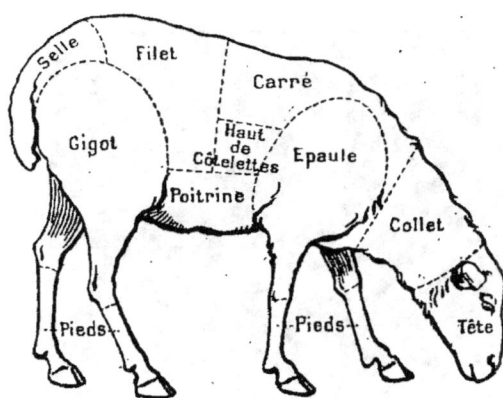

Mouton, vue extérieure.

La *brebis* qui n'a pas porté a la chair fine et tendre; elle se distingue du mouton par la disposition de la graisse dans les régions génitales.

Le *bélier* a des masses musculaires plus volumineuses; sa chair est plus foncée, moins fine, plus dure, et dégage, surtout à la cuisson, une odeur spéciale, désagréable.

Il arrive que certains bouchers peu scrupuleux vendent de la chèvre pour du mouton. On reconnaîtra la *chèvre* aux caractères suivants : allongement du cou et des gigots, aplatissement de la poitrine, saillie de l'échine, petitesse de la queue (le mouton a la queue grosse et longue), il n'y a pas (ou peu) de graisse de couverture et le tissu cellulaire est ordinairement insufflé (pour aider au dépouillement), le suif est blanc et souvent abondant malgré l'apparence de maigreur générale. A la cuisson, cette viande est dure, avec un goût particulier. Le *bouc* a le cou et les gigots volumineux, sa viande a un fumet détestable.

L'*agneau* de bonne qualité doit avoir des reins larges et épais, une graisse blanche, ferme et abondante (surtout aux rognons). Il est vendu avec sa fressure laissée en place dans la poitrine. On juge de sa fraîcheur à la fermeté du gigot, à l'état du rognon et par l'aspect de la saignée.

Le *chevreau* ou bicot est tué plus jeune que l'agneau, sa peau étant d'autant plus estimée qu'il est moins âgé. Chaque printemps la viande de chevreau fait l'objet d'importantes expéditions sur Paris; elle est débitée par les marchands de volaille. C'est une chair fade, fort peu nourrissante, jouissant pour beaucoup de personnes de propriétés laxatives. Pour être mangeable sans inconvénients, le chevreau doit avoir les rognons couverts de graisse blanche et ferme.

Depuis quelques années de nombreux agneaux abattus très jeunes sont vendus concurremment aux chevreaux et dans les mêmes conditions.

Qualités dans la viande de mouton. — Le mouton de première qualité a la viande rouge vif, dense et ferme; la graisse est abondante,

Côtelettes de mouton.

blanche, ferme, répandue à la surface des muscles et entre les muscles; le panicule charnu donne aux régions dorsale et lombaire une belle coloration rouge (découpée en zébrures à l'abattoir); le gigot est épais et garni à sa base d'une épaisse couche de graisse. Ces caractères sont à leur maximum dans la sorte dite de *pré salé*.

Dans la deuxième qualité, le mouton a la graisse moins abondante, le rognon moins couvert; la chair est moins rouge, moins ferme; le rôti manque de tendreté et de finesse.

Chez le mouton de troisième qualité, le rognon est à peine couvert de graisse, celle-ci manque dans les régions superficielles (vieilles brebis, béliers).

Coupe du mouton et catégories de morceaux. — Le mouton transporté entier à l'étal est d'abord partagé en deux *demis*. Lorsqu'on a détaché l'épaule, le collet et la poitrine, il reste le *pan de* mouton. Le *creux* de mouton est constitué, au contraire, par le demi-mouton, moins le gigot.

Première catégorie. Dans la première catégorie on trouve :

1° Le *gigot*, ordinairement coupé avec la *selle* ou région du sacrum. Lorsqu'il est vendu ainsi complet, la selle est désossée, le manche est fait et l'on pare la graisse de quasi. Le plus souvent la selle est séparée et vendue à part : il reste alors le gigot proprement dit ou gigot sans selle.

On observe quelquefois, en arrière et à la partie moyenne du gigot, dans la noix, une petite tumeur, ou même un petit abcès profondément situé (adénophlegmon poplité) déterminé ordinairement par la morsure des chiens de berger ou conducteurs ; c'est une trouvaille particulièrement désagréable sous le couteau du découpeur ; elle peut être prévenue par l'examen attentif de la région dans la profondeur et son épluchage, s'il y a lieu, avant la cuisson.

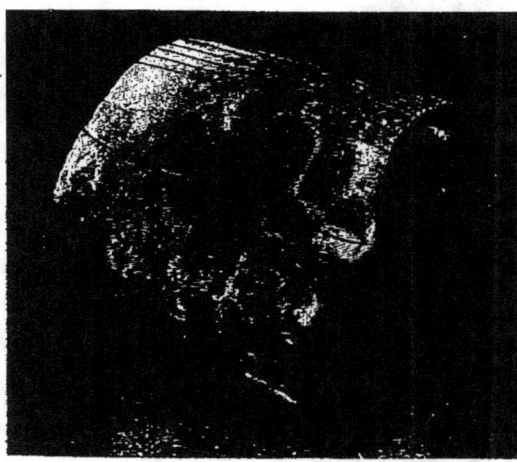

Selle de pré salé.

2° Le *carré complet* qui comprend :

Le *filet* ou région lombaire, correspond à l'aloyau du bœuf. Après avoir été désossé et roulé, il sert à la confection de rôtis ; ou bien il est découpé en tranches et donne les côtelettes de filet. Le filet double d'un mouton non fendu, avec ou sans une partie des côtes, prend le nom de *selle anglaise ;* il se fait rôtir entier, sans désossage.

Le *carré de côtelettes*, que l'on subdivise en *carré découvert*, situé sous l'épaule et donnant les côtelettes découvertes, et en *carré couvert*, placé en arrière de l'épaule. Les côtelettes couvertes prennent les noms de *côtelettes bouchères* (les plus proches de l'épaule, elles portent un morceau du croquant ou cartilage) et de *côtelettes premières* (les plus recherchées, comprenant les quatre dernières côtes).

Deuxième catégorie. A la deuxième catégorie appartient :

L'épaule, comprenant tout le membre antérieur ; le collet doit en

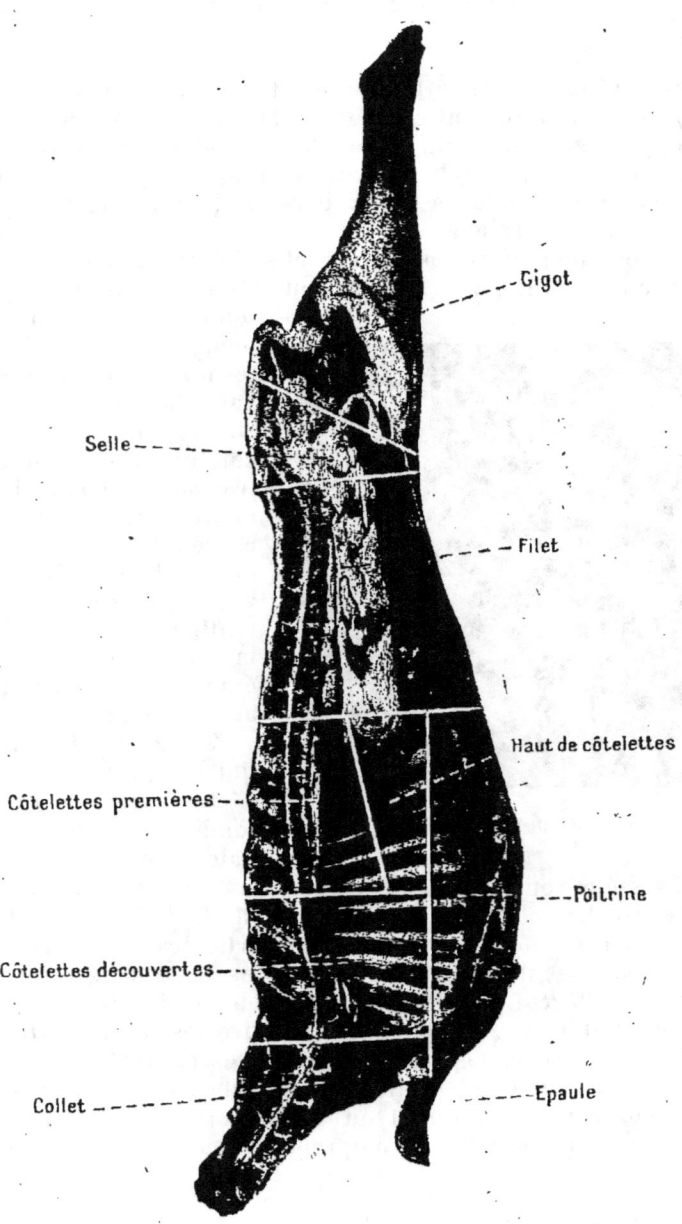

Demi-mouton.

D'après M. Angot, de Vincennes.

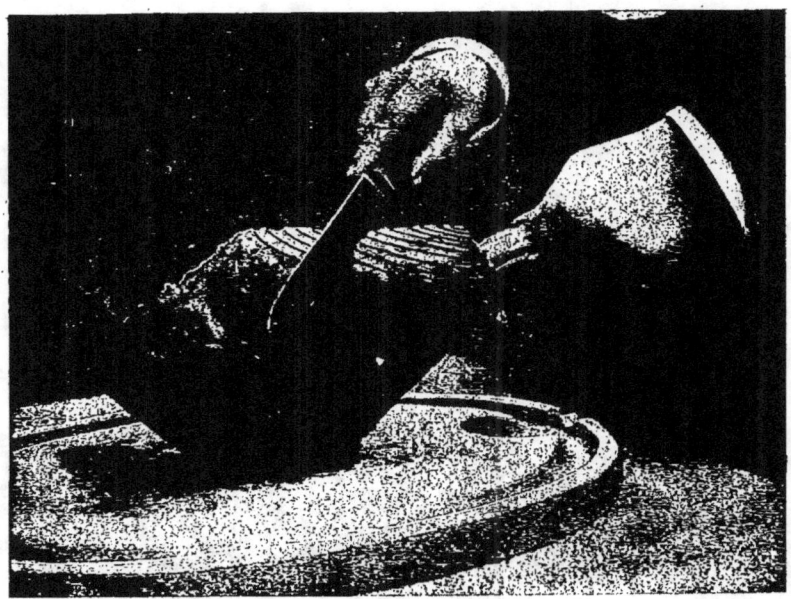

Premier mouvement.

Deuxième mouvement.
Découpage du gigot.
Par un maître d'hôtel du Pavillon d'Armenonville, au bois de Boulogne.

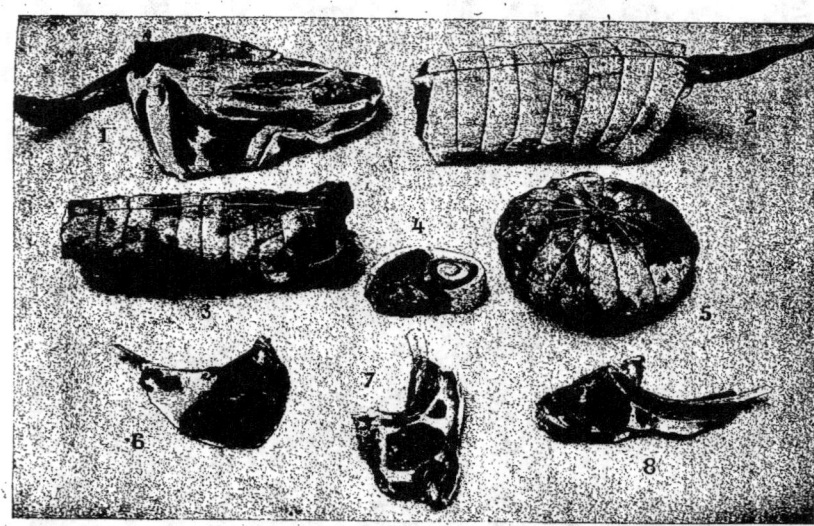

1. Épaule de mouton. — 2. Selle de gigot. — 3. Épaule de mouton roulée en long. — 4. Côte de mouton dans le filet. — 5. Épaule roulée en rond. 6. Côte de mouton première. — 7. Côte de mouton seconde. — 8. Côte de mouton découverte.
Les morceaux tels que le boucher doit les préparer et les livrer à la ménagère.

Préparations de la maison Amblard, de Paris.

être éliminé. Elle sert à faire des rôtis : on la désosse en laissant un manche, on la roule et on la ficelle.

Troisième catégorie. Dans la troisième catégorie on trouve :

La *poitrine*, c'est-à-dire ce qui reste de la région thoracique quand les carrés ont été découpés. La partie de la poitrine comprenant l'extrémité des côtes prend le nom de *haut de côtelettes*.

Le *collet*, qui est formé des muscles du cou.

Ces deux morceaux sont mangés en ragoûts.

LA VIANDE DE VEAU.

La couleur de la viande du veau varie, suivant sa nourriture, du blanc rosé au rouge plus ou moins accentué. A âge égal, la génisse donne une viande plus fine que le veau mâle. La graisse, blanche et ferme, forme des amas autour des reins et s'étale en surface à la poitrine et sur les lombes. Son odeur, très faible, rappelle celle du lait.

La viande de porc est onctueuse au toucher ; cette sensation ne se rencontre pas dans la viande de veau, qui, en outre des caractères anatomiques, se distingue encore de la première par la consistance très ferme de la graisse.

Qualités dans la viande de veau. — La première qualité est définie par un animal âgé de deux à trois mois, nourri exclusivement de lait et d'œufs (vers la fin de l'engraissement) et présentant une viande blanche et assez ferme, une graisse abondante bien répartie et d'un blanc satiné.

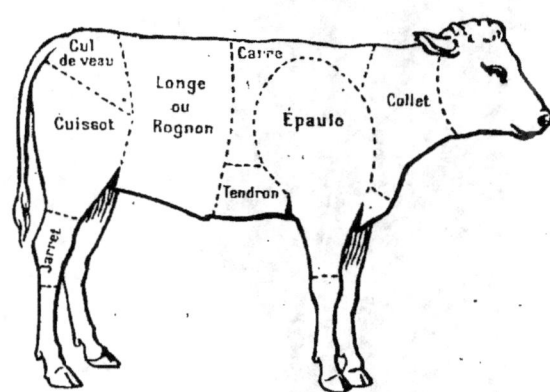

Veau, vue extérieure.

Dans la deuxième qualité, la chair, moins blanche, se rapproche de celle du porc. Elle est de couleur rouge, avec une graisse peu abondante et grisâtre, chez les veaux de troisième qualité (animaux jeunes ou, au contraire, trop âgés ; veaux nourris à l'herbe ou de mauvaise venue).

Coupe du veau et catégories de morceaux. — Les veaux transportés à la boucherie sont d'abord fendus en deux *demis*. Chaque demi-veau fournit ensuite les morceaux suivants :

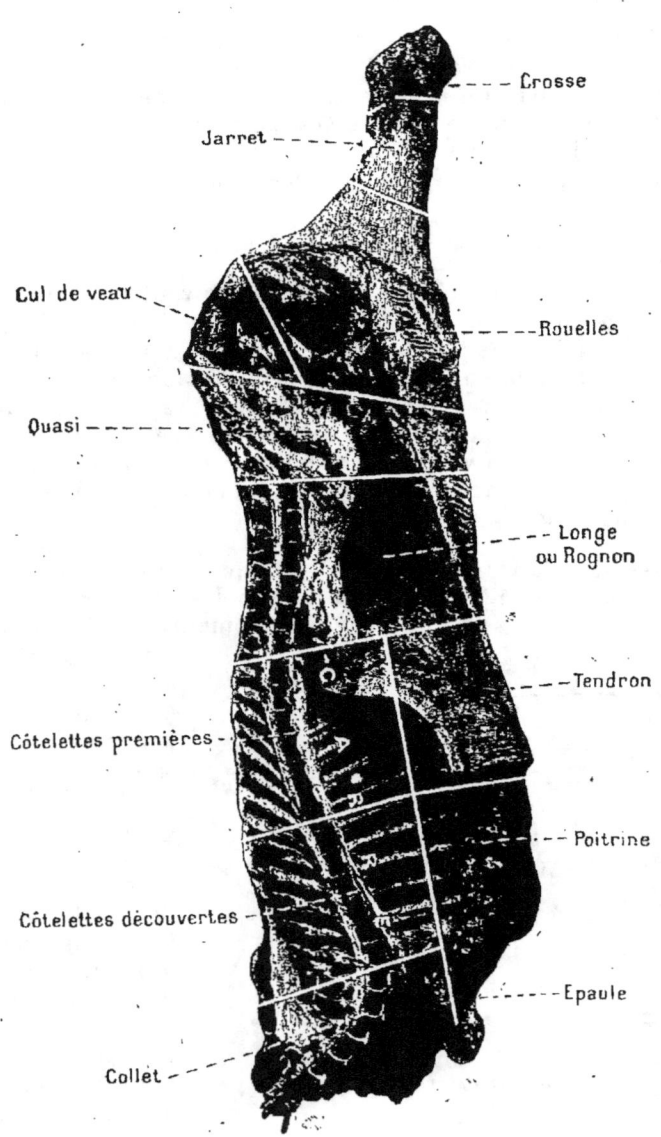

Demi-veau.

D'après M. Angot, de Vincennes.

Dans la première catégorie, le cuissot, la longe et le carré.

Le *cuissot* comprend tout le membre postérieur avec le bassin. On le subdivise en tranches transversales ou *rouelles;* la plus rapprochée du jarret, la moins estimée, est appelée *talon de rouelle;* viennent ensuite le *milieu,* le *quasi* ou os barré et l'*entre-deux de quasi.* Le plus souvent on sépare le cuissot de veau de la même manière que la cuisse de bœuf; les morceaux prennent alors les noms suivants : *noix pâtissière* correspondant à la tranche grasse; *noix de veau* ou *tende de tranche; sous-noix* ou gîte à la noix. Le *cul de veau* correspond au romsteck et à la culotte chez le bœuf. Toutes ces pièces du cuissot

Fricandeau piqué.

sont utilisées dans la préparation des escalopes (aplatissage à la batte) et du fricandeau (paré, tapé entre deux linges et piqué).

La *longe* ou rognon comprend la région des reins et des flancs; elle est employée en rôtis, après désossage partiel, dégraissage du rognon et raccourcissement de la bavette, que l'on roule autour du rognon.

Le *carré,* partie supérieure et moyenne de la poitrine; on le divise en carré couvert et en carré découvert. Le *carré couvert* est formé des sept dernières côtes; il donne les côtelettes premières (les trois ou quatre dernières côtes) et les côtelettes secondes; il sert aussi à faire des rôtis, après désossage de l'échine et raccourcissement des côtes : la bavette ainsi formée est enroulée comme dans le rôti de longe. Le *carré découvert,* situé sous l'épaule, prend aussi le nom de « bas de carré »; classé généralement dans la deuxième catégorie, il est surtout utilisé en ragoûts.

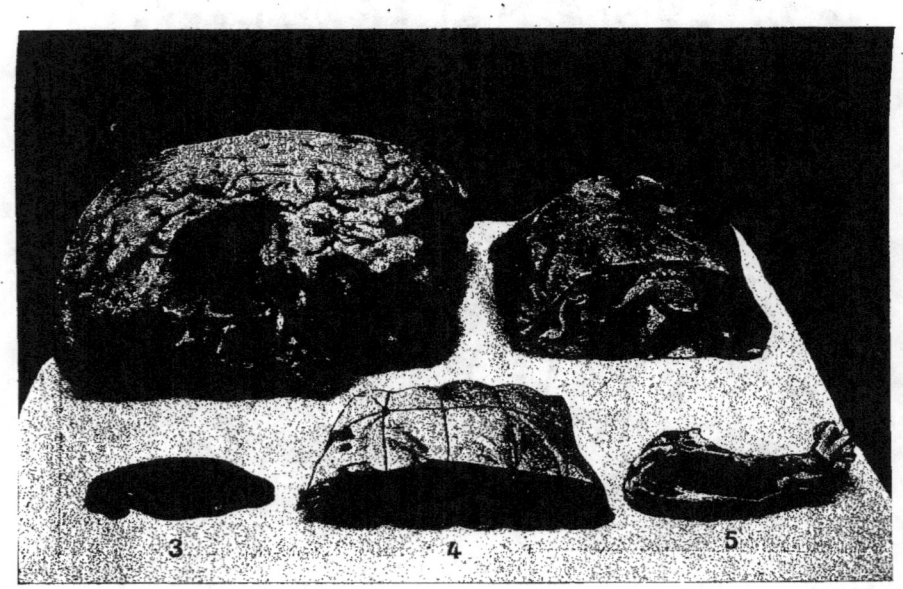

1. Cuissot de veau. — 2. Longe de veau. — 3. Escalope de veau. — 4. Rôti bardé. — 5. Côtelette de veau.
Les morceaux tels que le boucher doit les préparer et les livrer à la ménagère.

Préparations de la maison Amblard, de Paris.

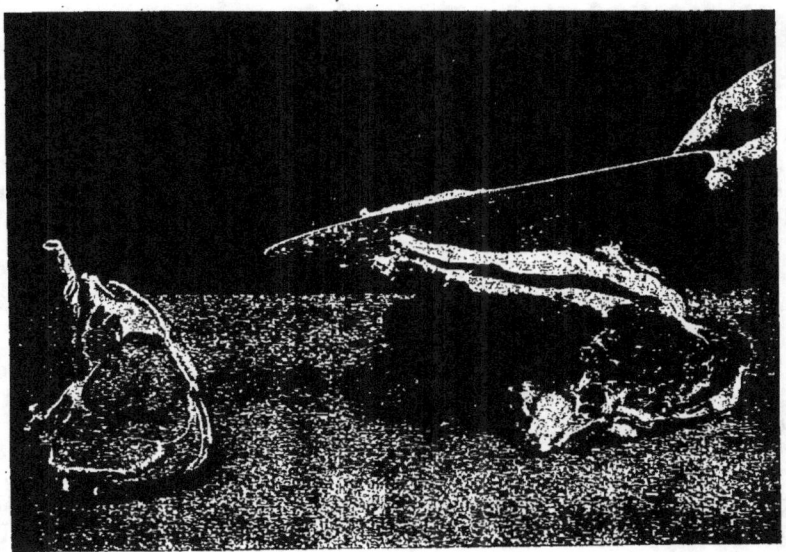

Découpage des côtelettes.

Parement d'un contre-filet,
Veau.

Photographies exécutées par M. Mourier.

Dans la deuxième catégorie, nous trouvons encore :

L'*épaule*, c'est-à-dire tout le membre antérieur; elle est utilisée en rôtis, après avoir été désossée, roulée et ficelée. Viande peu succulente, surtout si l'on ne prévient pas sa dessiccation par enveloppement dans une toilette ou crépine.

La *poitrine*, partie inférieure des côtes et sternum; elle est employée surtout comme ragoût (blanquette). Sa moitié postérieure prend le nom de « tendron ».

Dans la troisième catégorie sont classés le *collet* et les *jarrets*.

TRIPERIE ET ABATS.

Les principaux organes abdominaux et thoraciques, ainsi que les extrémités, prennent le nom d'*abats*. Ils sont débités par les tripiers; quelques-uns sont aussi vendus par les bouchers.

Sang. — Le sang rentre dans la catégorie des *issues* (avec la dégraisse, la peau, les cornes, etc.); car, à l'exception du sang de porc, utilisé dans la confection du boudin, le sang des animaux de boucherie n'est employé qu'aux usages industriels. On s'est longtemps illusionné sur son utilité dans l'anémie; en réalité, le sang a une valeur alimentaire presque nulle; il est, de plus, très difficilement digéré, et sous certains climats son ingestion peut donner lieu à des accidents funestes; la loi hébraïque en défend absolument l'usage. Nous parlons du sang proprement dit, du sang des vaisseaux : il convient de ne pas le confondre avec le sang ou jus de rôti, lequel n'a de commun avec le sang véritable que sa coloration plus ou moins rouge.

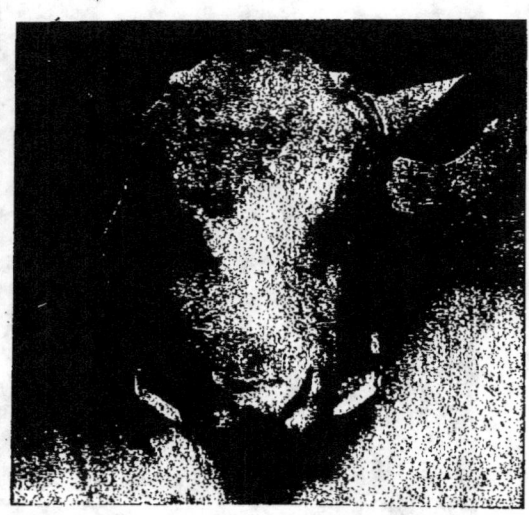

Tête de veau.

Tête. — Ce qui reste de la tête du bœuf, les quartiers séparés, fait aussi partie des issues et est vendu comme os frais.

Les *têtes de veau* sont vendues échaudées; pour juger de leur état de fraîcheur, il suffit de passer le doigt à la surface de la peau, en allant du mufle vers

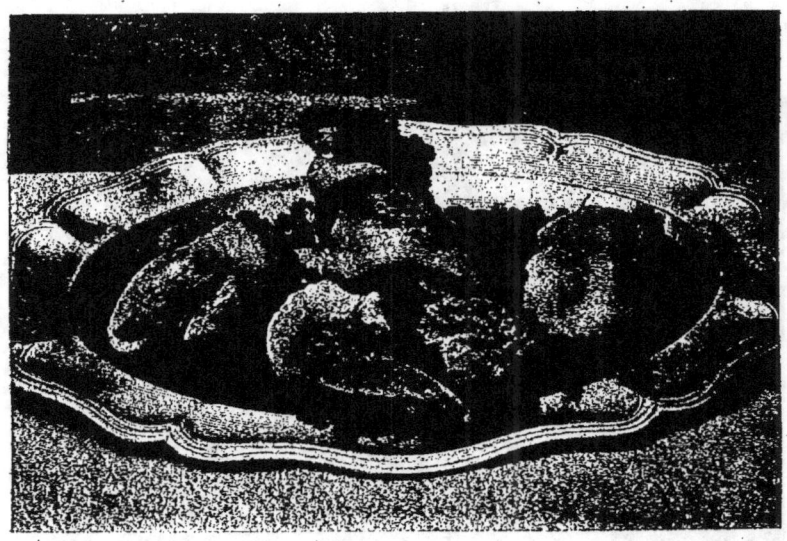

Morceaux de tête de veau.

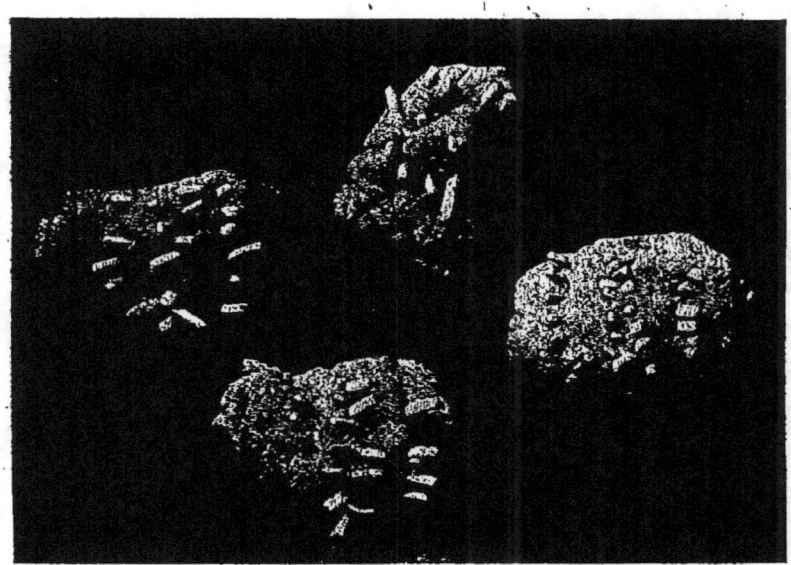

Ris de veau piqués.

Veau.

Photographies exécutées par M. Mourier.

Ouverture des rognons.

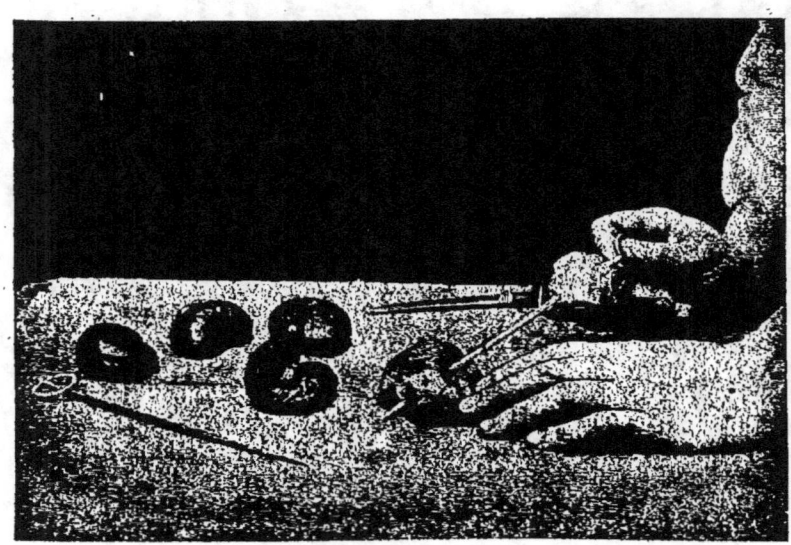

Piquage des rognons.

Rognons.

Photographies prises par M. Mourier.

le front : si la tête est fraîche, la peau est rugueuse; si, au contraire, la peau semble lubréfiée, gluante, l'échaudage remonte à plus de quarante-huit heures. On peut encore examiner la section du cou, la langue, l'œil, où se montrent les premiers signes de la putréfaction. Des cornillons à peine visibles indiquent que le veau a été abattu trop jeune.

La *tête de mouton*, ordinairement privée de la langue et de la cervelle (vendues à part), est utilisée grillée (fendue en deux) ou bouillie.

Cervelle. — La cervelle de bœuf pèse de 500 à 700 grammes; celle de mouton 100 grammes environ; celle de veau de 250 à 300 grammes et celle de porc 150 grammes. C'est un mets très fin, mais de difficile conservation; il est surtout riche en principes gras. Chez le mouton, on trouve quelquefois à sa surface une *boule d'eau* ou cénure; cette altération, très limitée, est due à la larve du *tænia cœnurus*, qui vit chez le chien à l'état parfait.

Langue. — La langue de bœuf est vendue avec le larynx et une portion de la trachée (cornet); ces parties sont enlevées pour la cuisson, de même que les débris glandulaires (fagoues) qui se trouvent à la base de la langue. Après ébullition, on enlève la muqueuse, très épaisse et garnie de volumineuses papilles.

Chez le veau, la langue reste attachée à la tête; elle est vendue avec elle. Chez le mouton, au contraire, la langue et les parties voisines sont séparées au moyen de deux incisions profondes longeant en dedans les branches du maxillaire. Les langues de mouton sont ordinairement vendues cuites.

Poumons. — Les poumons (le mou) sont insufflés après leur extraction de la poitrine. Les poumons de bœuf et de mouton servent presque exclusivement à la nourriture des petits animaux. La présence fréquente de lésions parasitaires (échinocoques, strongles, filaires) ou pathologiques (hépatisation, tuberculose, etc.) dans ces organes doit faire conseiller de ne pas les donner à l'état cru aux chiens et aux chats. Le mou de veau et le mou de porc sont consommés en ragoûts ou civets; c'est un plat des moins substantiels. La putréfaction donne à ces organes un aspect sale; ils poissent à la main et dégagent une odeur nauséabonde.

Cœur. — La chair et la graisse du cœur ont les mêmes caractères que la viande et la graisse de l'animal d'où l'organe provient. Le cœur du bœuf est livré au tripier avec les poumons; il sert aussi à la nourriture des petits animaux. Chez le mouton, la chèvre et le porc, le cœur reste uni aux poumons, au foie et à la rate, et le tout constitue la *fressure*. Le cœur est consommé en ragoûts.

Foie. — Le *foie de bœuf* a sur la coupe un aspect brillant; il est de couleur brun chocolat, quelquefois claire (foie blond); sa surface peut présenter des nuances variées, parfois grises, lorsque l'organe a été en contact avec la glace. Lorsqu'il est indemne de lésions parasitaires (échinocoques, distomes des foies nerveux et pierreux) ou pathologiques fréquentes, le foie de bœuf est utilisé dans l'alimentation.

Le *foie de veau*, beaucoup plus estimé, est plus petit (poids moitié moindre) et de couleur plus claire que le foie de bœuf; il est aussi plus tendre.

Le *foie de mouton* est fréquemment envahi par les douves; il est de coloration brun foncé et n'est guère utilisé que pour la nourriture des chiens et des chats.

Le foie se corrompt très facilement; il devient friable et, en même temps, prend sur la coupe une teinte feuille-morte (foie tourné): c'est un des premiers signes de la décomposition. Le foie des moutons russes est de couleur noire et ne peut être consommé. Le foie de cheval n'a pas de vésicule biliaire (poche du fiel).

Rate. — Chez les différentes espèces, la rate est surtout utilisée pour la nourriture des petits animaux. La rate du bœuf et la rate du porc entrent quelquefois dans le pot-au-feu. La rate est gravement altérée dans beaucoup de maladies, notamment dans le charbon.

Reins ou rognons. — L'aspect lobulé des *rognons* du bœuf et du veau est caractéristique. Chez le mouton et le porc, le rein est lisse et ressemble à un haricot. Les calculs (concrétions pierreuses) qu'on trouve quelquefois dans les reins n'entachent pas en général leur salubrité. Il n'en est pas de même des lésions inflammatoires ou dégénératives et des altérations dues à l'avarie. Le contact de la glace donne aux rognons un aspect terne, peu appétissant. La putréfaction se manifeste par la coloration verdâtre de la graisse, par l'odeur repoussante et par la teinte terreuse de la coupe.

Estomacs. — Les quatre estomacs du bœuf (panse, réseau, feuillet et franche-mule), préalablement vidés, nettoyés et échaudés, servent à la préparation des tripes et du gras-double. Le gras-double de mouton se distingue par sa minceur du gras-double du bœuf; il est vendu moitié moins cher.

Intestins. — L'intestin du bœuf, du mouton et du porc est ordinairement utilisé dans la charcuterie, comme enveloppe de diverses préparations. Chez le veau, le mésentère avec l'intestin ouvert en long constitue la *fraise* ou ventre de veau; cette préparation possède toujours une odeur spéciale, peu agréable, et s'altère très rapidement.

L'épiploon, crépine ou *toilette* de veau sert à envelopper les rôtis; il forme à leur surface une couche protectrice et contribue à augmenter la succulence de la viande.

Ris ou thymus. — Organe particulièrement développé chez les jeunes animaux et situé à l'entrée de la poitrine. Le ris de veau est un mets très recherché, mais qui s'avarie très vite. Les ris d'agneau et de chevreau sont vendus aux pâtissiers pour la préparation des vol-au-vent.

Mamelles ou tetines. — Les mamelles de vache sont vendues cuites à l'eau ; elles sont mangées grillées ou frites.

Pieds. — Les pieds de veau et de mouton sont échaudés et débarrassés de leurs poils et onglons. Les pieds de mouton sont réunis par bottes. Les pieds de porc sont séparés par moitiés dans leur longueur.

LA VIANDE DE PORC ET LES PRODUITS DE LA CHARCUTERIE.

L'aspect extérieur du porc abattu diffère sensiblement suivant qu'il a été échaudé ou grillé. Il est plus uniformément blanc lorsqu'il est échaudé, tandis que le grillage donne à la peau des tons dorés par places. Les deux procédés sont équivalents.

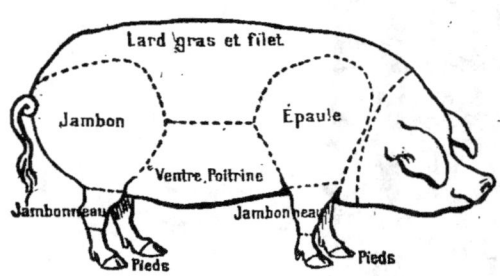

Porc, vue extérieure.

La viande de porc est de couleur rosée ; mais on remarque entre les divers muscles d'une même région des différences de nuance très accentuées. Il convient de rappeler que c'est sur la surface du muscle ou sur sa coupe que se voient les petites vésicules à point blanc qui caractérisent la ladrerie.

La graisse est blanche et onctueuse, très abondante à la surface du corps (*lard*) ; elle pénètre dans les interstices musculaires et imprègne le muscle tout entier. La paroi intérieure du ventre est garnie d'une couche de graisse (*panne*), qui sert à la préparation du saindoux.

Les porcs nourris de résidus en décomposition, de poisson, de débris d'équarrissage, de soupe, etc., ont la chair pâle, lavée, d'odeur parfois repoussante.

La *truie* qui a porté a la chair brune et flasque ; son lard est mince et peu consistant. Chez le *verrat*, la viande est brun foncé, compacte, d'odeur forte et désagréable ; la couenne du dos est souvent le siège d'un épaississement considérable qui rend le lard de cette région absolument inutilisable (*lard routé*).

Qualités dans la viande de porc. — Le porc de première qualité a la chair rose pâle, marbrée de graisse, d'un grain fin ; le lard est

LA VIANDE DE BOUCHERIE ET LA CHARCUTERIE. 151

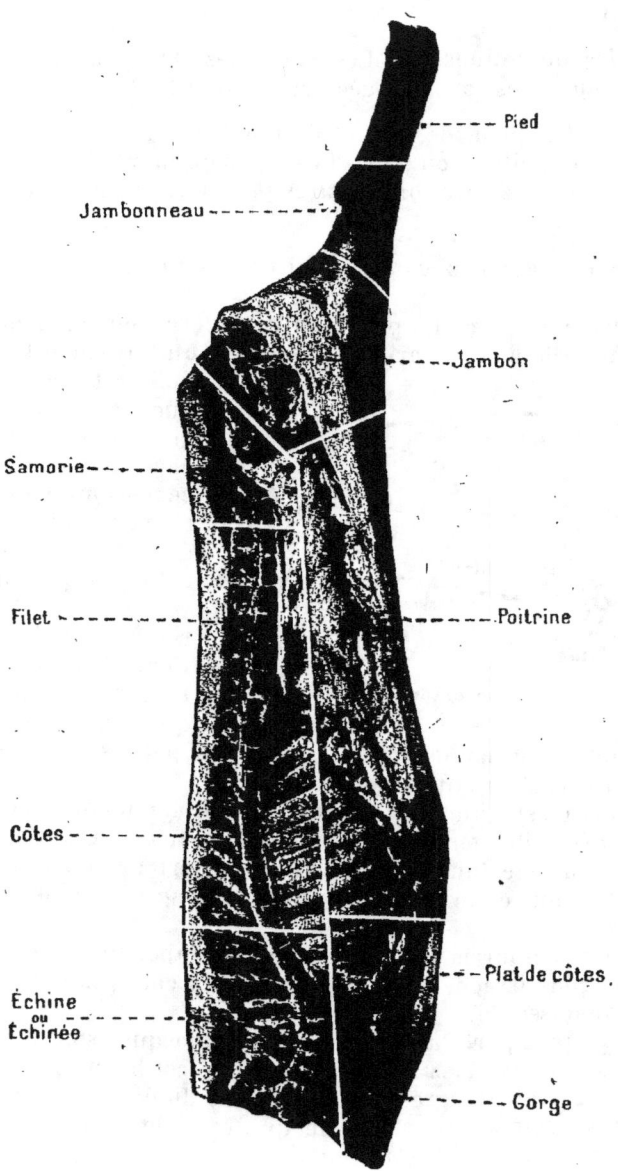

Demi-porc.

D'après M. Angot, de Vincennes.

épais, blanc, ferme et d'un grain fin. Dans la deuxième qualité, le lard manque de fermeté ; il prend mal le sel : le verrat et la truie jeunes et engraissés se classent dans cette qualité. Le porc de troisième qualité a une viande à grain grossier, sans marbré ; le lard est mince et de consistance molle (verrat et truie).

Coupe du porc. — Après séparation de la tête, le porc est fendu en deux moitiés à l'abattoir.

Chez le charcutier, on coupe le *jambon* par deux sections, l'une passant en avant du pubis, l'autre par le milieu du bassin. Le *jambonneau* est isolé par deux traits passant au-dessus et au-dessous du jarret.

On enlève ensuite la *panne* qui garnit les reins et la face interne du ventre ; puis l'on sectionne en long la poitrine et le ventre : on obtient ainsi, d'une part, le *rein complet* et, d'autre part, la *poitrine* avec le plat de côtes. Le jambon et le rein complet appartiennent à la première catégorie de viande.

Le *lard gras* est cette épaisse couche de graisse qui recouvre extérieurement le rein complet. On l'enlève ordinairement, et ce qui reste se subdivise en *échinée* (moitié antérieure du dos avec partie du cou), *filet* (le reste du dos avec les côtes et les lombes) et *samorie* (région du sacrum). Toutes ces parties et surtout le milieu de filet (région des reins) conviennent pour la préparation de rôtis (après deux heures de mise au sel).

Les bas morceaux de poitrine, de collet, la queue, etc., servent, après un jour de sel, à la préparation du petit salé.

L'*épaule*, levée par incision circulaire, sert aussi à faire des jambons. Elle donne, le plus souvent, la chair pour les saucisses et saucissons. Le *jambonneau* de devant, moins volumineux que celui de derrière, correspond au gîte de devant du bœuf.

Produits de la charcuterie. — La charcuterie est, à proprement parler, une branche de l'art culinaire qui s'applique exclusivement à l'utilisation du porc dans toutes ses parties et sous toutes les formes.

Une notable partie du porc est vendue à l'état frais, sans préparation. Ce sont : l'échinée et le filet, pour la préparation de côtelettes et de rôtis ; la panne et le ratis, pour le saindoux ou axonge (fondre au bain-marie) ; la couenne, le groin, la langue, les oreilles, la queue, les jambonneaux, les pieds, qui sont consommés de diverses manières, généralement après quelques jours de sel.

Le lard gras sert à la confection des bardes, lardons, etc. ; il est aussi salé.

Les *abats de porc* : cœur, poumons, rognons, foie, cervelle, langue, sont aussi vendus par le charcutier à l'état frais. Ce que nous avons dit précédemment sur les abats s'applique à la triperie porcine. Nous rappellerons que le cœur et la langue sont, dans la ladrerie, les ré-

1. Saucisses plates. — 2. Chipolatas. — 3. Saucisses longues. — 4. Saucisson de Paris. — 5. Andouillettes. — 6. Boudins de Nancy.
7. Saucisson de ménage, de Lyon. — 8. Andouille de Vire.

1. Veau braisé. — 2. Tripes à la mode de Caen. — 3. Jambon de Paris. — 4. Saucisson d'Arles. — 5. Choucroute garnie conservée. — 6. Pied truffé. — 7. Saucisson de Lyon.

1. Jambon roulé fumé. — 2. Jambonneau. — 3. Jambon roulé ordinaire. — 4. Pied Sainte-Menehould. — 5. Pâté parisien. — 6. Pâté veau et jambon. 7. Friand. — 8. Crosse de Bayonne.

gions où l'on trouve le plus abondamment les cysticerques; à la langue, ils font saillie sous la muqueuse.

Le foie du porc se reconnaît à sa surface grenue.

Le cochon de lait doit aussi être mentionné parmi les produits frais; il est rôti en son entier; d'autres fois, on le sale et on le fume.

Galantine truffée.

Parmi les produits manipulés, nous citerons :

Les *hachis*, simples ou assaisonnés; la *chair à saucisses*, fréquemment falsifiée au moyen de mie de pain ou de fécule; les *saucisses* de diverses sortes. Les saucisses ont pour enveloppe le menu (saucisses longues, chipolatas) ou la crépine (saucisses plates). Dans les saucisses allemandes, il entre du porc et du bœuf; ces viandes sont pétries, salées et fumées.

La qualité des *saucissons* tient essentiellement à la qualité de la viande employée dans leur fabrication et aussi au tour de main du praticien : c'est la partie la plus difficile du métier de charcutier. Dans le saucisson de Lyon, comme dans toutes les variétés de saucissons et

Hure aux pistaches.

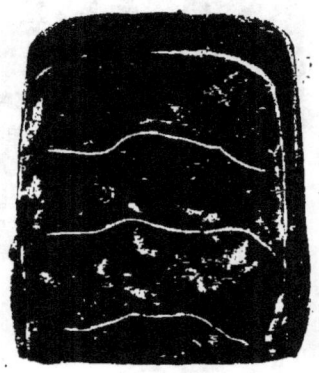

Fromage de tête.

contrairement à l'opinion admise, il ne doit entrer que de la chair de *porc* plus ou moins finement divisée et aromatisée, mélangée ou non de lard et contenue dans un intestin de bœuf (côlon ou « gros » de bœuf) ou de porc; la mortadelle a comme enveloppe une vessie de porc ou de bœuf.

Le saucisson bien fait et bien conservé doit être ferme, lourd, sec au toucher; sa coupe doit être nette, pleine, brillante; son odeur doit être agréable.

Les *cervelas* sont de fabrication plus grossière : il y entre fréquemment du bœuf, du taureau — qui leur donnent une coloration brune — voire même du cheval; dans ce cas, la coloration est encore plus foncée.

Tous ces produits sont fréquemment altérés et peuvent alors devenir dangereux (production de ptomaïnes, accidents du wurstgift). Un premier degré d'avarie, *piqué* ou échauffé, se reconnaît à l'odeur

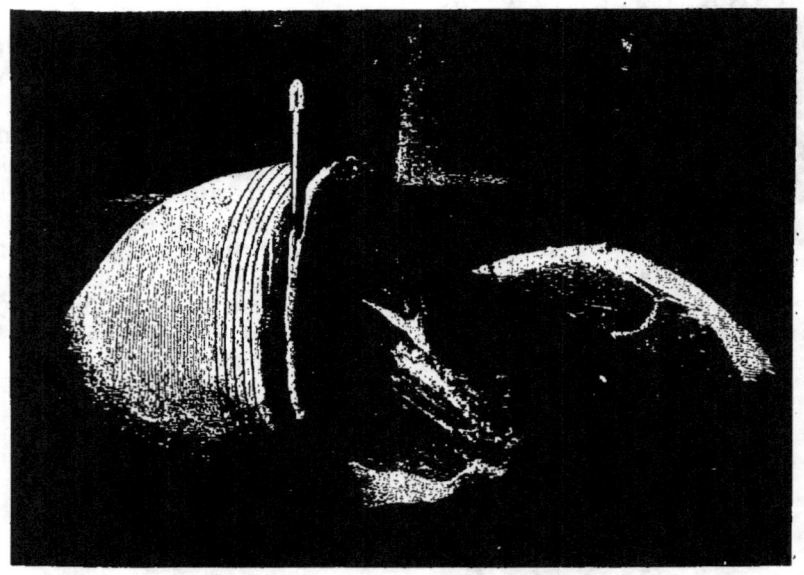

Découpage d'un jambon.
Photographie exécutée au Pavillon d'Armenonville, au bois de Boulogne.

forte, piquante, à la saveur spéciale qui prend à la gorge. Le saucisson se ramollit, sa coupe est terne, les morceaux de gras jaunissent ou verdissent. Puis se montrent les signes ordinaires de la putréfaction complète : surface visqueuse, odeur putride, etc.

On rencontre encore parfois à la surface et dans l'intérieur des saucissons avariés des moisissures, des acariens (dermestes du lard). Les moisissures superficielles s'observent très souvent sur des produits non altérés dans la profondeur (Cartier).

Les saucissons trop vieux se creusent de cavités analogues aux trous du pain; en même temps la viande se décolore, le lard rancit et, dans cet état, le produit a perdu toutes ses qualités, son goût est détestable (saucissons usés).

Les saucissons, saucisses, chair à saucisses et d'autres produits de la charcuterie sont souvent falsifiés au moyen de féculents. La présence de ces matières est une cause de fermentation et de décomposition rapide. La fraude peut être facilement reconnue en étalant à l'aide d'un pinceau un peu de teinture d'iode à la surface ou sur la coupe du produit suspect : la fécule prend alors une coloration violette très foncée et dessine un marbré caractéristique.

Une autre falsification non moins fréquente, c'est l'introduction de viande de cheval dans les saucissons. Lorsque la proportion est faible et le produit bien fabriqué, la fraude est difficile à découvrir pour un œil peu exercé ; elle est difficile encore à prouver. Mais quand la viande de cheval domine, la teinte foncée, l'aspect terne de la coupe, le retrait considérable que cette viande présente à la dessication, donnent au saucisson hippique une physionomie telle qu'il peut être facilement reconnu.

Les *andouilles* et *andouillettes* sont fabriquées avec le gros intestin et l'estomac du porc coupés en lanières et entremêlés de lardons. L'intestin du bœuf ne donne que des produits très inférieurs. Les andouilles sont salées et peuvent être longtemps conservées.

Les *boudins* sont préparés avec le sang de porc auquel on ajoute des morceaux de gras et des oignons ; le tout est entonné, après cuisson, dans un menu de porc (intestin grêle). On utilise quelquefois le sang de veau, plus rarement le sang de bœuf, qui donne un boudin sec et fade. Le boudin s'avarie assez facilement ; il devient mou, humide et dégage une odeur ammoniacale. Le boudin blanc se prépare avec de la chair de porc, quelquefois de volaille, broyée et cuite dans du lait (Cartier).

Nous nous bornerons à citer les diverses autres préparations ou « cuissons » de la charcuterie : le *fromage d'Italie* (à base de foie de porc), le *pâté de foie*, les *pâtés de veau* (mélange de porc et de veau), les *pâtés en croûte*, *friands* et *rissoles* (pâtés en croûte plus petits), les *terrines*, les *rillettes*, le *fromage de cochon* et la *hure* (tête de porc cuite, désossée et moulée), les *galantines*, les *pieds truffés*, le *veau piqué* (ordinairement préparé avec du jambon de porc), etc. Certains de ces produits sont servis avec une plus ou moins grande quantité de la gelée qui les enveloppe ; nous conseillons à nos lecteurs de refuser l'adjonction de cette gélatine, sans aucune valeur alimentaire et jouant dans la balance du charcutier le même rôle que la réjouissance du boucher.

L'état de fraîcheur de ces cuissons est facile à reconnaître ; au besoin, la sonde — petit stylet en os que l'on plonge dans l'épaisseur du morceau et qui rapporte à sa surface l'odeur des parties profondes — la sonde, disons-nous, donnera d'utiles indications ; c'est à l'aide de cet instrument que le charcutier surveille dans sa cave l'état de ses salaisons. Il nous reste à dire quelques mots de ces produits

Salaisons. — Le sel est un antiseptique à l'égard des agents de la décomposition des viandes; il agit encore en enlevant à la viande une assez grande proportion d'eau et de sucs et en en resserrant les tissus; par contre, la viande salée doit à ces modifications dans sa trame d'être de moins facile digestion.

Il y a deux modes de salaison : la salaison sèche (la viande est saupoudrée de sel) et la salaison à la pompe (la saumure fraîche est injectée dans l'épaisseur de la viande); nous ne donnerons aucun détail sur ces procédés, il nous suffira d'indiquer qu'on ajoute aux saumures du salpêtre et du sucre pour conserver à la viande sa couleur rouge et sa tendreté.

La viande à saler (jambons, jambonneaux, poitrines, lard gras, etc., on sale aussi du bœuf, du mouton et de la chèvre) doit provenir d'animaux sains et reposés; les porcs fatigués, malades ou mal engraissés donnent des viandes qui prennent mal le sel. Alors ces produits s'altèrent, se *piquent* très facilement, surtout au voisinage des os, en prenant une teinte verdâtre et dégageant une odeur nauséabonde. Ces signes, qui caractérisent l'avarie des viandes soumises à la salaison, atteignent aussi le lard; mais l'altération que l'on remarque le plus souvent sur ce produit consiste dans la *rancissure* (couleur jaune et odeur spéciale de rance).

Dans certains cas, on complète l'opération de la salaison par le *fumage*. La fumée du bois (rondins de chêne sans écorce) pénètre les couches superficielles de la viande et agit par la créosote et l'acide pyroligneux qu'elle contient. Les jambons de Bayonne, de Mayence, d'York sont fumés avec des plantes aromatiques. Les divers produits fumés (jambons, jambonneaux, langues, hures, poitrines, saucisses, cochons de lait, etc.) ne sont pas à l'abri de la putréfaction (*piqué*), qui leur communique une saveur âcre et une odeur repoussante.

Dr A. MOREAU,
du service vétérinaire sanitaire de Paris.

Une marchande de volailles aux Halles centrales, à Paris.

Phot. Paul Géniaux.

Pigeons à la broche, bridés et bardés.

LA VOLAILLE ET LE GIBIER

LA VOLAILLE

Sous la dénomination générale de « volaille », on comprend tous les oiseaux de basse-cour, poules, canards, dindons, oies, pigeons.

La Poule. — La poule est un comestible infiniment supérieur à toutes les autres volailles. On peut dire que de tous les oiseaux domestiques c'est le plus précieux, tant par l'abondance de ses œufs que par la délicatesse de sa chair.

Elle donne en outre un bouillon digestible excellent, qui est une ressource précieuse pour les malades.

Variétés. Les variétés de poules sont innombrables; aussi nous contenterons-nous d'indiquer les plus remarquables.

La poule *commune* française est de taille moyenne, à grosse tête ornée d'une crête rouge pendante. Son plumage est très variable.

La race de *Crèvecœur* est une des plus appréciées. Outre qu'elle pond une grande quantité d'œufs gros et excellents, elle est très facile à engraisser et possède une grande finesse de chair. Cette race est généralement huppée. Sa crête est bifurquée transversalement, et son plumage est indifféremment noir ou blanc.

Les poules de *Houdan* (Seine-et-Oise) sont bien établies sur leurs membres, quoique peu hautes sur pattes. Leur tête est ornée d'une huppe rejetée en arrière et s'épanouissant de droite et de gauche;

Coq commun.   Poule commune

les pattes sont gris bleuâtre; le plumage est de couleur extrêmement variable. La houdan est très recherchée. Ses œufs sont gros et d'un beau blanc. Sa chair est blanche et délicate.

La race du *Mans*, l'une des plus estimées parmi celles qui existent en France, est trop connue pour que nous la décrivions; c'est celle qui fournit cette belle volaille grasse renommée dans l'univers entier depuis plusieurs siècles.

Il existe une foule d'autres races de poules françaises : on peut dire que chaque contrée, chez nous, possède la sienne propre; nous citerons la cauchoise de Rennes, la solognote de Barbezieux, etc.

Le Poulet. — *Choix.* Ce que les ménagères nomment « poulet nouveau » est un poulet qui est dans sa meilleure forme, habituellement

LA VOLAILLE ET LE GIBIER. 163

Coq de Crèvecœur.   Poule de Crèvecœur.

Coq de Houdan.   Poule de Houdan.

Cuisson du poulet. — A la broche devant charbon de bois : 45 à 55 minutes.
Sur le fourneau, en fricassée à la casserole : 1 h. 30.

vers la fin d'avril ou le milieu de mai, ayant environ deux mois et demi ou trois mois.

Si on achète une volaille vivante, il ne faut jamais la tuer avant que sa digestion soit achevée; il est nécessaire de la laisser à jeun deux ou trois heures avant de lui couper la gorge; on l'abandonne ensuite pendant dix à douze heures au grand air, ou dans un endroit

Coq du Mans.   Poule du Mans.

à température assez basse, pour qu'elle se refroidisse, que la chair se masse, avant d'être accommodée.

Il faut une certaine expérience pour ne pas se tromper, ou pour ne pas être trompé, sur la qualité de la volaille et en particulier du poulet que l'on achète.

Les signes extérieurs qui font reconnaître un poulet jeune, de saison, de bonne qualité, sont les suivants : la peau doit être fine, souple au toucher, blanche avec une légère teinte bleuâtre; les pattes doivent être grosses, le cou fort. Chez les vieilles volailles les pattes sont maigres et rugueuses; les poulets jeunes, mais nourris insuffisamment, ont le cou mince, les pattes maigres, la chair des cuisses teintée de plaques verdâtres.

Puis, en vue d'un examen plus approfondi, on place le poulet sur le dos et, après avoir légèrement tâté le ventre et la poitrine pour s'assurer de leur souplesse et de leur fermeté, on prend entre le

CHOIX D'UNE VOLAILLE

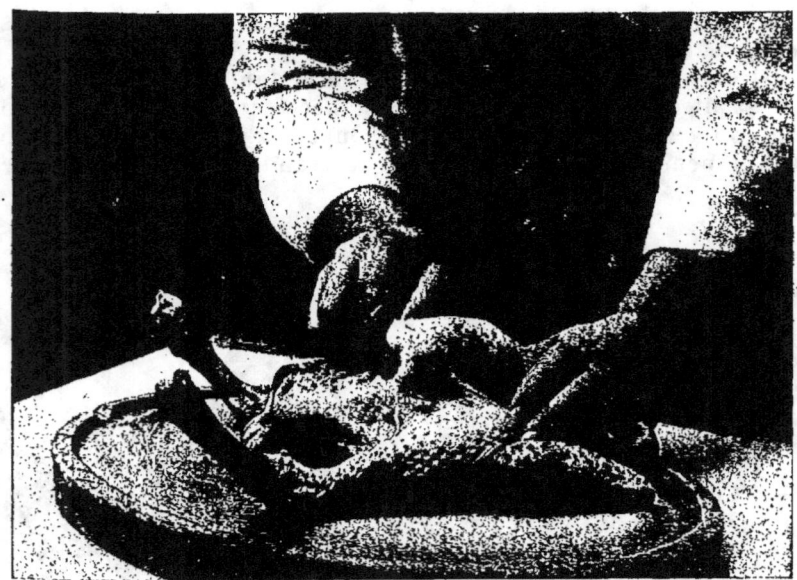

Quand la volaille est de bonne qualité, la pointe du bréchet, saisie de la main droite, doit obéir facilement aux mouvements qu'on lui imprime.

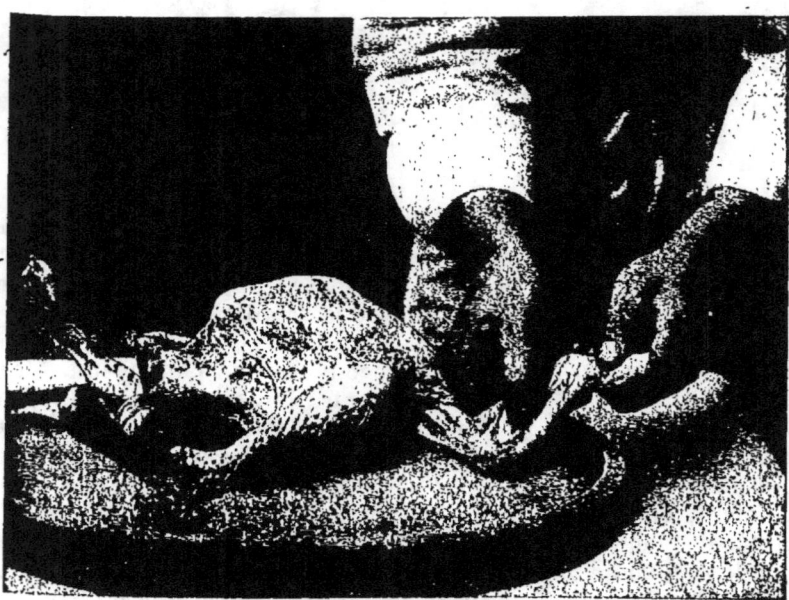

La chair de l'aileron doit être tendre : du doigt on s'assure du degré de fermeté des tendons intérieurs.

pouce et l'index de la main droite la pointe du bréchet, qui ferme la cage thoracique, et on le plie sans secousse, de droite à gauche et réciproquement; dès lors s'il obéit avec facilité, sans raideur, aux mouvements imprimés; si, d'autre part, la chair de l'aileron que l'on pince légèrement est tendre, et si les tendons intérieurs ne sont pas durs, le poulet est de bonne qualité.

Il va sans dire que la race, l'âge, la grosseur, l'état de graisse du poulet doivent être pris en sérieuse considération quand il s'agit de décider sous quelle forme on le servira. Le poulet gras est préféré pour rôt; le poulet maigre, au contraire, ne se met pas à la broche, mais entre dans la confection des ragoûts. Le poulet dit *à la reine*, qui a été engraissé avant d'avoir pris sa croissance, est le meilleur pour les fricassées. Si ce choix était possible, on ne devrait jamais consommer que des poulets ayant couru dans les champs et dans les bois avant l'engraissement; la chair en est un peu moins tendre, mais elle est plus délicate, plus savoureuse, et la graisse est de bien meilleure qualité. L'engraissement artificiel, pratiqué aujourd'hui sur une si large échelle, a été inspiré par une gourmandise mal entendue.

La Poularde. — La poularde n'est rien autre qu'une jeune poule que pour l'engraisser on a condamnée au repos dans une demi-obscurité en lui administrant une excellente nourriture.

L'engraissement des poulardes du Mans est une industrie fort ancienne; Le Mans était au siècle dernier en possession d'une telle réputation que, lorsque les éleveurs de La Flèche se mirent à lui faire concurrence, les Manceaux les traduisirent en justice et firent retentir de leur dispute « le sanctuaire des lois », comme dit Grimod de La Reynière. Mais la Bresse arriva bientôt, qui mit les plaideurs d'accord, non pas en croquant l'un et l'autre, mais en éclipsant la supériorité de leurs produits.

« On doit voir dans les poulardes, dit Grimod de La Reynière de ce ton solennel, pontifical qui lui est propre, l'un des plus beaux, des plus fins et des plus succulents rôtis qui aient jamais honoré la broche, et si, remplaçant leurs entrailles par d'excellentes truffes, nous les laissons tourner devant un feu clair, toute la maison sera embaumée d'un parfum délicieux. L'humble cresson pourra remplacer, au besoin, la truffe opulente, mais il faut l'aiguiser avec de fort vinaigre et n'en bourrer la poularde que lorsqu'elle est arrivée à sa dernière et glorieuse destination; ce serait offenser une poularde que de la piquer lorsqu'elle est destinée à la broche. Une bonne barde d'un lard gras et onctueux est l'habillement qu'elle préfère, et il faut avouer que c'est pour elle le plus convenable et le plus décent. Elle vaut tant par elle-même que c'est l'enlaidir que chercher à la parer; et c'est le cas de lui dire avec l'amoureux Orosmane :

L'art n'est pas fait pour toi, tu n'en as pas besoin. »

Choix. Le cuisinier reconnaîtra qu'une poularde est jeune ou vieille à son croupion ; lorsque celui-ci est rouge et fendu, on a affaire à une vieille poularde digne de la fricassée ou du pot-au-feu, mais non de la broche.

Le Dindon. — Les anciens ont certainement connu le dindon ; mais il ne fut acclimaté dans nos fermes que sous le règne de François Ier ; les Espagnols l'avaient trouvé domestiqué chez les Mexicains.

Les dindons ont la tête et le devant du cou dénudés, peints de nuances vives, munis de caroncules érectiles ; les pattes sont fortes, armées d'éperons chez les mâles ; leur plumage est bronzé ou doré ; la queue est large et, comme celle du paon, possède la faculté de s'étaler en forme de vaste éventail à la volonté de l'animal.

Choix. La femelle ou *dinde* est plus petite que le mâle, sa chair est plus délicate et plus tendre. Une bonne dinde doit toujours être bien fournie en graisse et d'une chair blanche, veloutée. Cette volaille est dans sa meilleure forme à six ou sept mois, et elle n'est comestible que jusqu'à l'âge de dix-

Dindon noir.
A la broche, devant charbon de bois : 2 heures.
En ragoût, dans le plat à sauter, au four : 2 h. 1/2.

huit mois ; jusque-là les pattes sont noires, ensuite elles deviennent rougeâtres, écailleuses. Il faut se garder des dindons ayant sur les cuisses des taches noirâtres, de ceux dont les poils sont longs ; on dit alors qu'ils ont « de la barbe ».

Le Canard. — Nombreuses sont les variétés de canards ; les plus usités en alimentation sont le canard *domestique* et le canard *sauvage* du bord de la mer, que l'on trouve aussi aux bords des étangs dans l'intérieur des terres, au moment de ses migrations.

Le canard domestique se distingue du canard libre par son bec jaunâtre, par les plumes assez courtes de la queue relevées en forme de crochet ; sa couleur est variable, la femelle est un peu plus petite, ses couleurs sont moins brillantes. Le canard se contente de la nourriture la plus commune, aime à barboter dans l'eau courante et les mares. On l'engraisse facilement, et c'est là une véritable industrie.

Lorsqu'on veut que le foie grossisse, pour en faire des pâtés, on place le canard dans un lieu sombre, on l'empêche de remuer et on le gave de nourriture.

Le canard domestique est plus que toutes les autres volailles sujet à certaines maladies, par suite de la malpropreté des lieux où il vit et de sa gloutonnerie, qui lui fait avaler toutes sortes de résidus.

Choix. Un canard est dans toute sa forme à la fin du troisième ou au commencement du quatrième mois. Pour s'assurer de son âge, on saisit le bec entre le pouce et l'index : la substance cornée ne doit pas résister aux mouvements qu'on lui imprime, les deux parties devant être assez flexibles; la graisse doit avoir une couleur gris perle; enfin on pince l'aileron pour voir si la peau est souple, si les tendons ne sont pas trop durs.

Canard de Rouen.
A la broche, devant charbon de bois : 1 heure.
En fricassée, dans plat à sauter, au four : 45 m.

L'Oie. — Les oies sont de gros oiseaux robustes, à bec haut, allant en se rétrécissant jusqu'à la pointe, terminée par une lamelle cornée. Elles ont le cou long, les ailes bien développées, les pattes de longueur moyenne et mieux conformées pour la marche que celles des canards. Aussi les oies sont-elles plus terrestres qu'aquatiques.

Variétés. On élève plus spécialement en France, pour l'alimentation, deux espèces d'oies : l'oie *commune* et l'oie de *Toulouse*. L'oie commune, dont le poids moyen peut atteindre 4 kilogrammes, n'est autre que l'oie sauvage cendrée, réduite à la domesticité. Le plumage des femelles est gris, celui des mâles est blanc.

L'oie de Toulouse, plus avantageuse au point de vue de l'engraissement, est de grande taille; son poids moyen est de 7 kilogrammes et peut atteindre 10 et 11 kilogrammes. Elle est plus basse sur pattes que l'oie commune; elle porte sous le ventre deux poches graisseuses nommées « fanons », qui traînent à terre. Le plumage est gris dans les deux sexes.

L'oie peut être considérée comme la volaille la plus avantageuse pour la ménagère. Elle peut utiliser en effet sa chair, sa graisse, son foie gras, ses plumes et son duvet. L'oie grasse est excellente en hiver; quand on fait rôtir l'animal, sa graisse est recueillie avec soin et sert à certaines fritures et préparations culinaires. Mais c'est le foie, quand il est gras, qui vaut à l'animal la réputation universelle dont il jouit près des gourmets. Certains foies, après un engraissement spécial, ou plutôt après un gavage ininterrompu de l'oie pendant vingt à trente jours, pèsent de 250 à 500 grammes. Strasbourg, Colmar, Nérac, etc., les utilisent pour confectionner ces pâtés de foie gras si renommés et si justement appréciés dans le monde entier.

Oie cendrée.   Oie de Toulouse.

A la broche, devant charbon de bois : 1 h. 50 à 2 heures.
En ragoût, dans plat à sauter, au four : 1 h. 1/2.

Choix. L'oie doit se choisir selon les mêmes procédés que l'on emploie pour le canard. Elle doit avoir de six à sept mois.

Le Pigeon. — La chair du pigeon est appréciée par les uns, dénigrée par les autres ; mais elle est tendre, nourrissante et d'assez facile digestion.

Variétés. Le pigeon *biset*, type primitif plié à la domesticité, mais ayant conservé un peu de son naturel sauvage, se partage en deux sous-races, le pigeon *fuyard*, appelé aussi pigeon *de roche*, et le pigeon *domestique*, que tout le monde connaît, plus gros, moins vagabond que le premier. Le pigeon *mondain* est aussi un des plus répandus et avec le précédent un des plus employés en cuisine.

Choix. Les jeunes pigeons ont la peau du dos et du ventre d'une teinte rosée ; les vieux ont la peau des mêmes endroits d'une teinte bleuâtre. Les jeunes pigeons, comme les jeunes poulets, ont les pattes et le cou assez gros ; les vieux, au contraire, ont le cou mince et les pattes maigres. Ce pigeon est comestible à partir de un mois et demi.

La Pintade. — La pintade commune, la seule dont nous nous occuperons, a le plumage noir, strié de gris cendré et entièrement parsemé de taches blanches, arrondies; la tête est nue, d'une couleur rouge mêlée de blanc et de bleuâtre, les tubercules ou barbillons de

Pigeon biset.
A la broche, devant charbon de bois : 25 m.
En crapaudine, dans plat à sauter, au four : 15 m.

Pintade grise.
A la broche, devant charbon de bois : 1 heure.

même couleur, mais bordés de rouge vif chez les mâles, entièrement rouges chez les femelles.

La pintade, même élevée en domesticité, conserve toujours plus ou moins son naturel sauvage. Sa chair tient de celle du faisan; elle est tendre avec un goût assez aromatisé. Les moyens pour reconnaître sa bonne qualité sont les mêmes que pour le poulet. Elle est en forme du cinquième au sixième mois.

Maladies des volailles. — Toutes les espèces de volailles sont sujettes aux mêmes maladies : apoplexie, aphtes, choléra, diarrhée, goutte, pépie, tuberculose. Aussi ne saurait-on examiner avec trop de soin les volailles que l'on achète plumées chez les marchands de comestibles, en se servant des moyens que nous avons préconisés à chaque espèce. Comme pour tous ses achats alimentaires, la ménagère doit connaître le marchand chez lequel elle se fournit quotidiennement.

PRÉPARATION DE LA VOLAILLE

Une fois plumé, le poulet doit être *vidé*, c'est-à-dire débarrassé de ses viscères, dont quelques-uns (le gésier, le foie, le cœur et les poumons) sont conservés comme étant comestibles.

Le poulet est ensuite *flambé*, c'est-à-dire présenté rapidement à la flamme, de façon à éliminer les petites plumes ou le duvet pouvant subsister.

Enfin il est *découpé* ou *bridé* suivant la façon dont on veut l'accommoder. Nous allons examiner en détail les différentes opérations.

COMMENT VIDER UN POULET

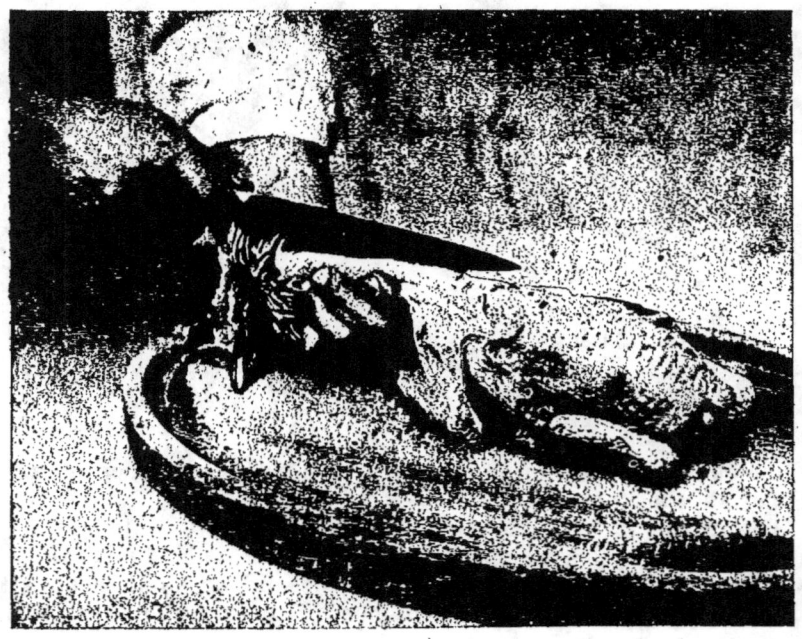

1° — Placer le poulet sur le ventre, inciser la partie supérieure du cou dans toute sa longueur.

Cette photographie et les suivantes ont été exécutées sous la direction de M. Mourier, propriétaire du Pré Catelan, du Pavillon d'Armenonville au bois de Boulogne, du Café de Paris.

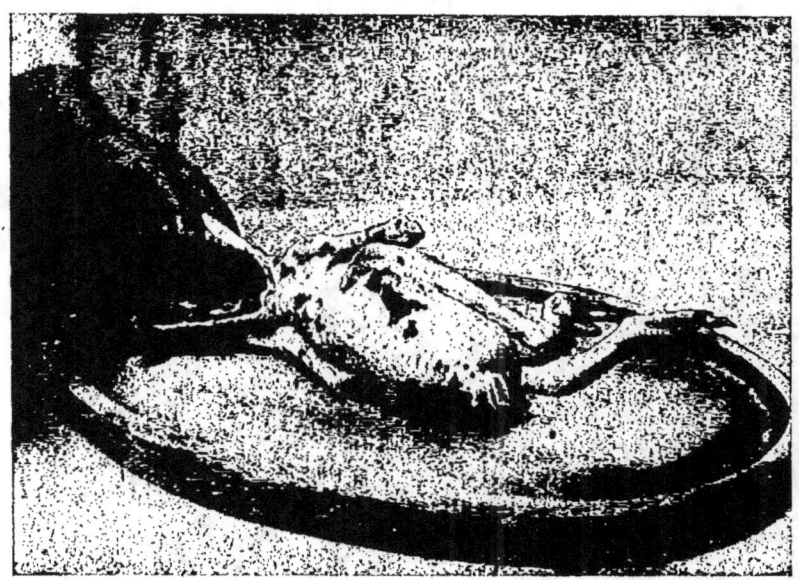
2° — Élargir l'incision précédente et dégager le jabot.

3° — Coucher le poulet sur le ventre, enlever le jabot.

4° — Retourner le poulet, le coucher sur le dos et inciser le dessous du croupion.

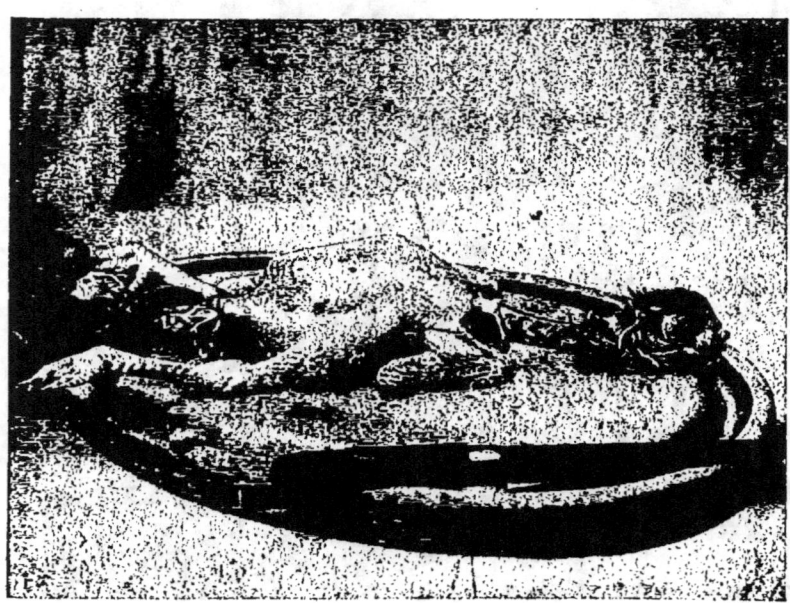

5° — Enlever les intestins et autres viscères.

COMMENT DÉCOUPER UN POULET CRU

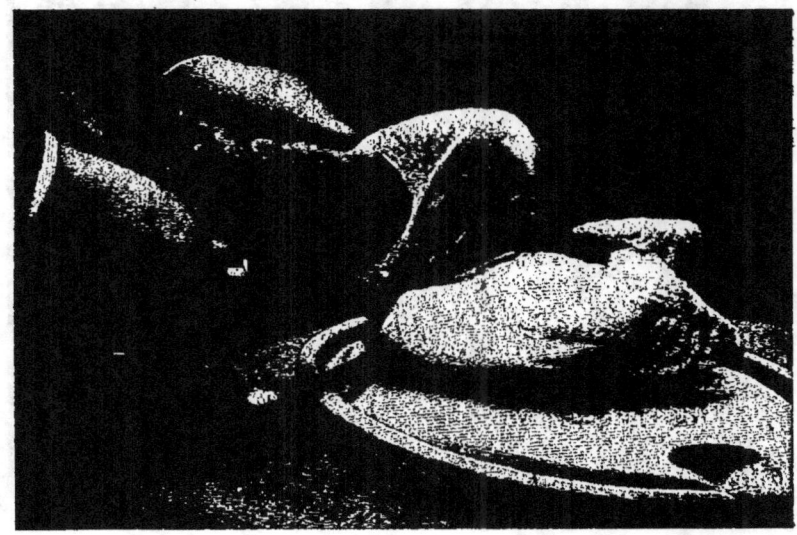

1° — Coucher le poulet sur le côté gauche, enlever la cuisse droite.

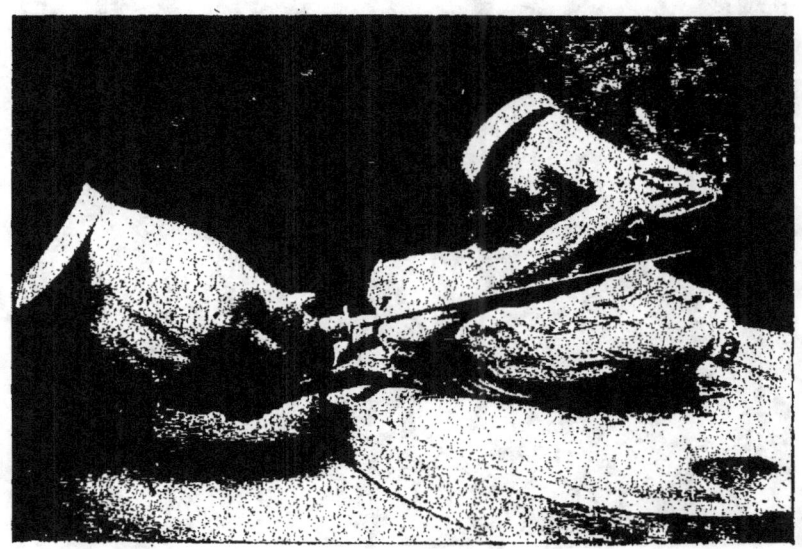

2° — Enlever l'aile droite.

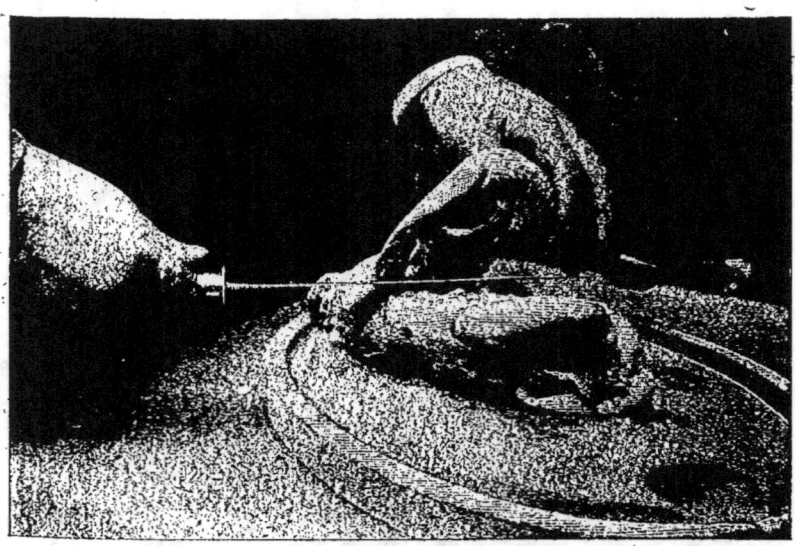

3° — Coucher le poulet sur le côté droit, enlever la cuisse gauche.

4° — Enlever l'aile gauche.

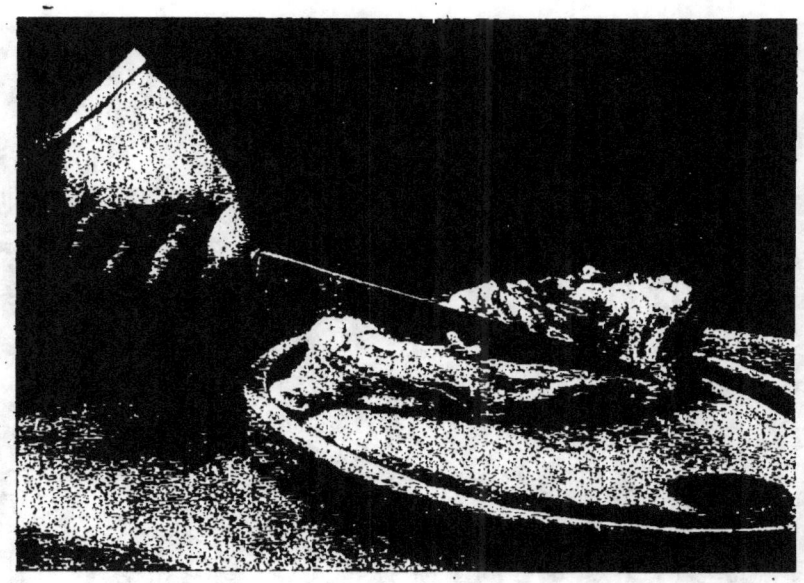

5° — Détacher les filets.

6° — Couper en deux la carcasse.

LA VOLAILLE ET LE GIBIER.

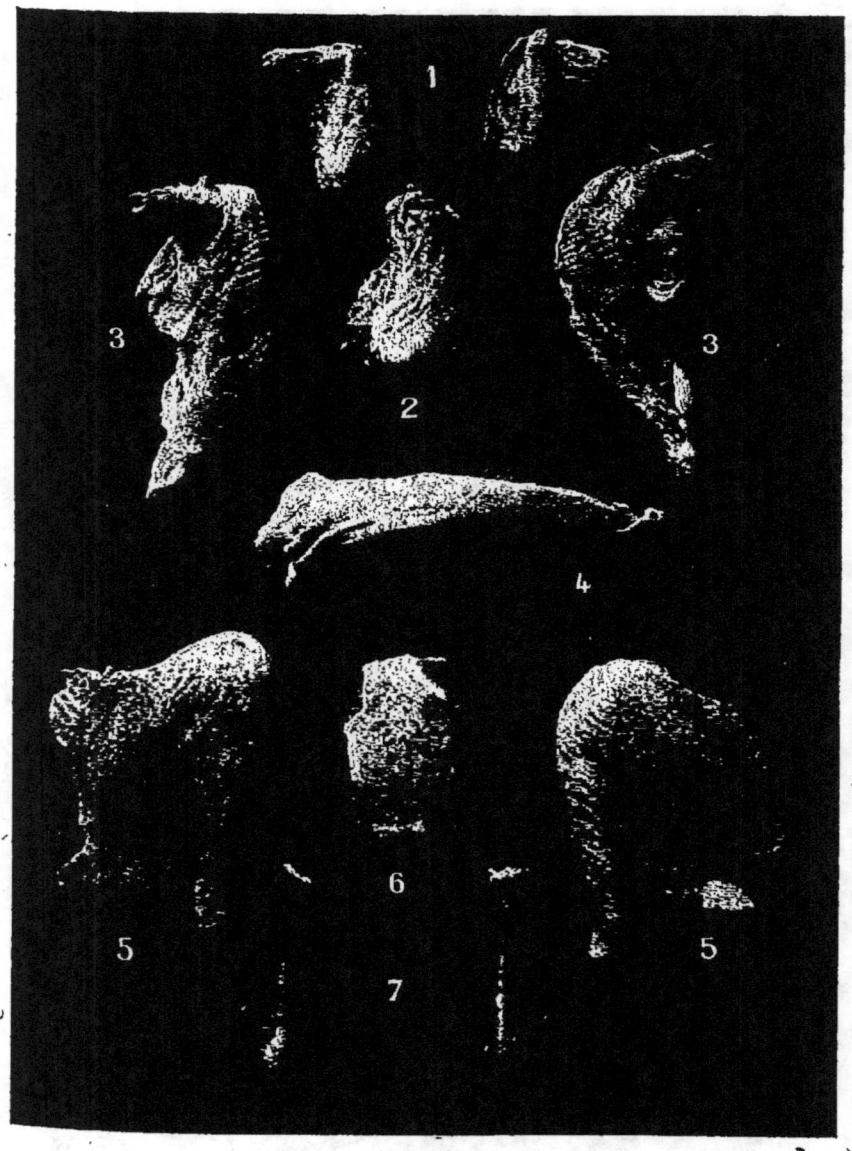

1. Ailerons. — 2. Partie antérieure de la carcasse. — 3. Ailes. — 4. Poitrine avec ses filets. — 5. Cuisses. — 6. Partie postérieure de la carcasse et croupion. — 7. Pattes.

Poulet entièrement découpé.

COMMENT BRIDER UN POULET

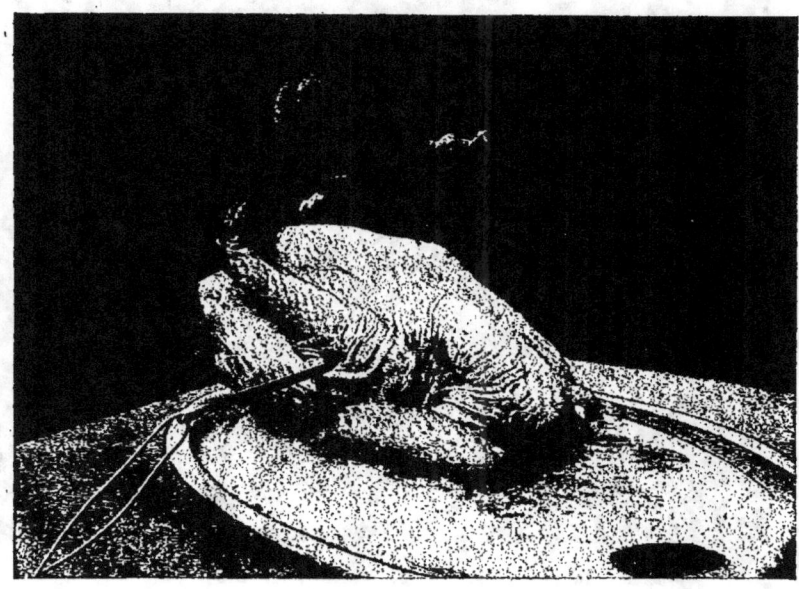

1° — Placer le poulet sur le dos; traverser avec la lardoire la cuisse gauche, le ventre et la cuisse droite.

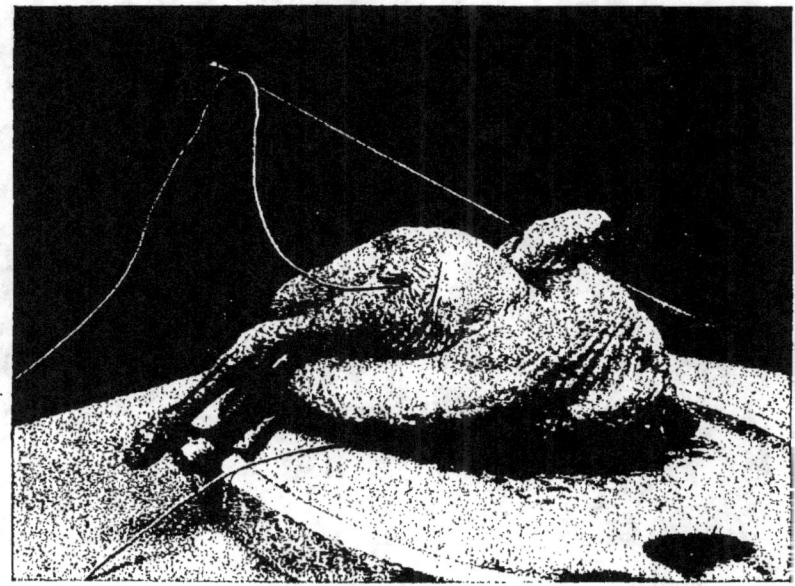

2° — Coucher le poulet sur le côté gauche, traverser l'aileron droit.

3° — Coucher le poulet sur le côté droit, traverser la chair du dos et l'aileron gauche.

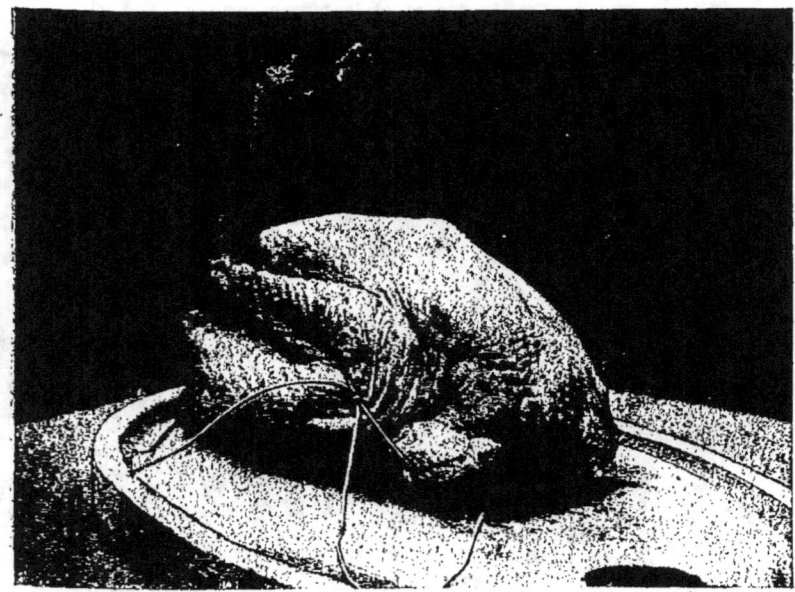

4° — Replacer le poulet sur le dos; tirer fortement sur les deux brins de la ficelle qui se trouvent bout à bout, les nouer, puis couper les brins extérieurs.

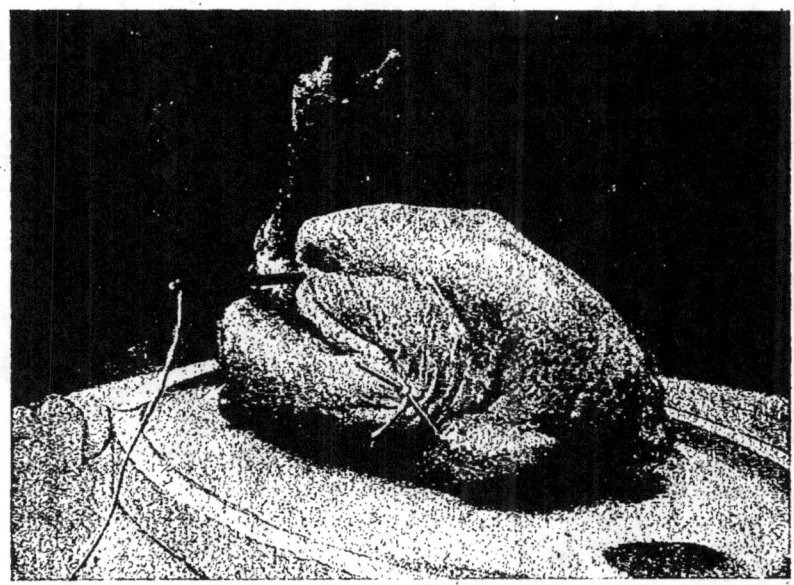

5° — Traverser avec la ficelle, enfilée à nouveau à la lardoire, le bas de la cuisse gauche, le bas-ventre et le bas de la cuisse droite.

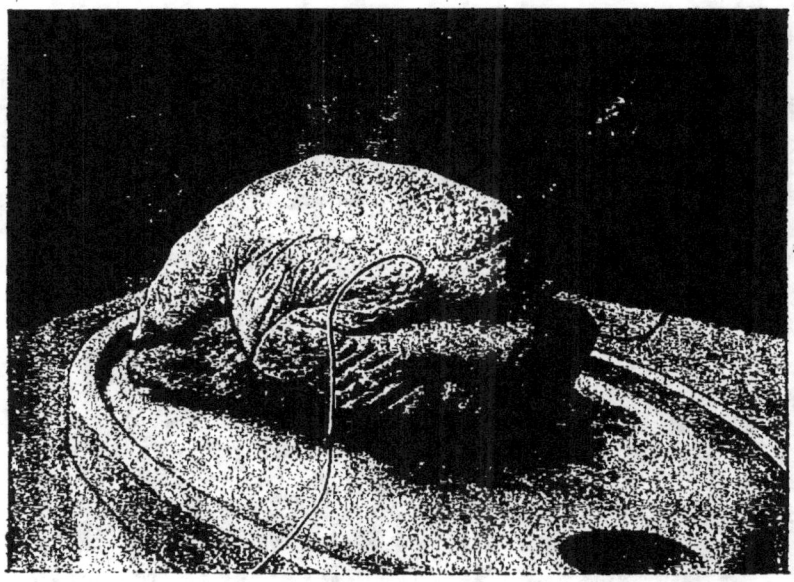

6° — Traverser ensuite en sens inverse la partie inférieure du corps.

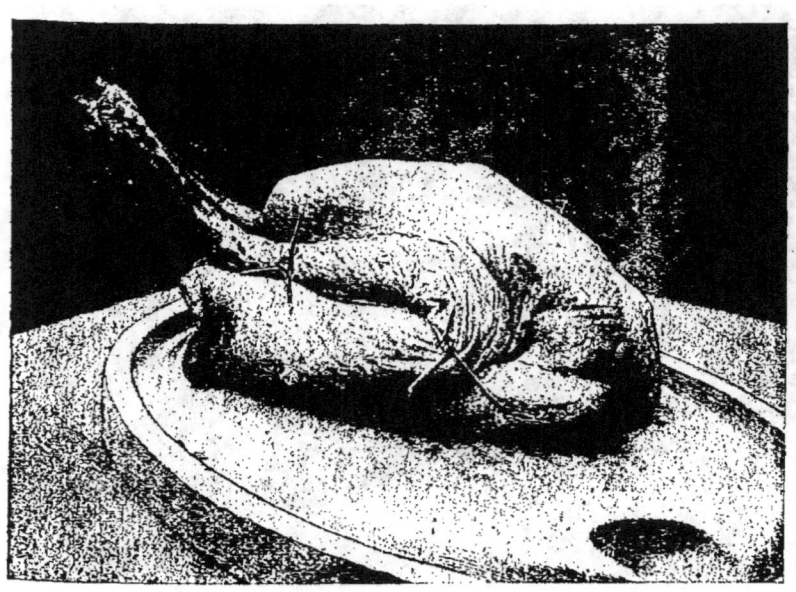

7° — Tirer les deux brins de la ficelle et les nouer solidement. Le poulet est ainsi complètement bridé.

8° — Le poulet, bridé, est bardé de lard et passé à la broche.

COMMENT DÉCOUPER UN POULET ROTI

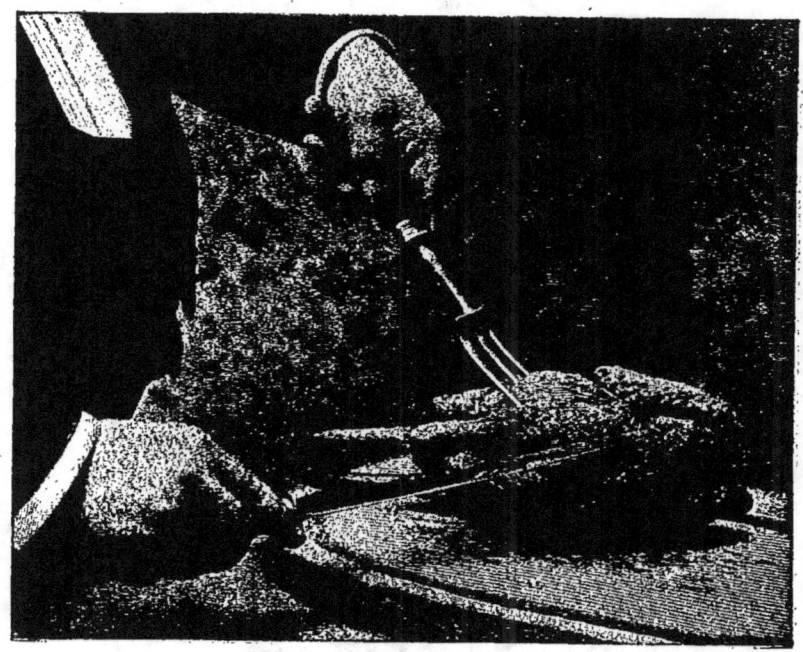

Premier mouvement.

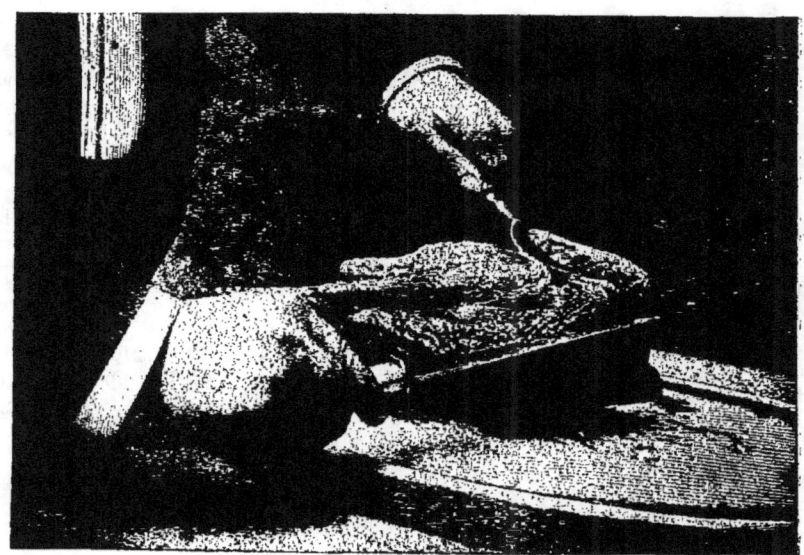

Deuxième mouvement.

Troisième mouvement.

1° *Découpage de la cuisse.* — Engager la fourchette dans la partie postérieure de la cuisse; peser verticalement sur la fourchette, formant levier, de façon à soulever le membre, tandis que le couteau glisse le long de la carcasse pour détacher les membranes; trancher les cartilages de la jointure.

2° *Découpage de l'aile.* — Engager la fourchette sous l'aile; chercher la jointure avec le couteau, par tâtonnements; trancher cette jointure; peser sur la fourchette, comme pour la cuisse, de façon à détacher l'aile, tandis que le couteau maintient le poulet sur le plat.

3° *Découpage de la carcasse.* — Placer le poulet sur le dos; le maintenir solidement au moyen de la fourchette plantée à la partie supérieure de la carcasse; avec le couteau, trancher cette carcasse dans sa longueur, le long du bréchet.

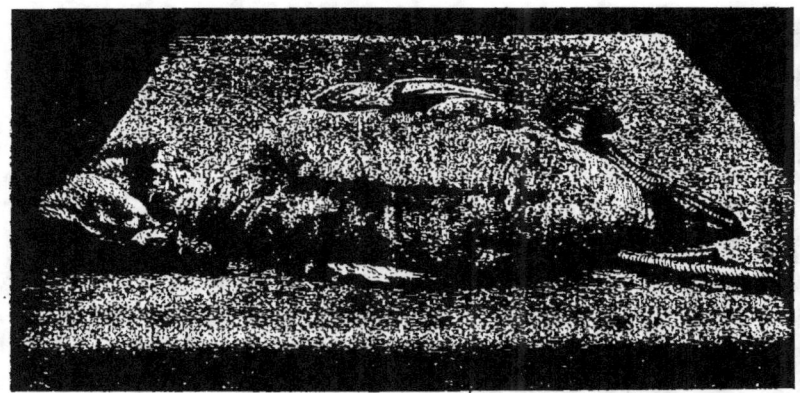

Canard de Rouen.

Les indications précédentes sur la manière de vider, découper et trousser un poulet peuvent s'appliquer aussi bien au canard. — Le canard *rôti* cependant se découpe d'une façon particulière.

COMMENT DÉCOUPER UN CANARD RÔTI

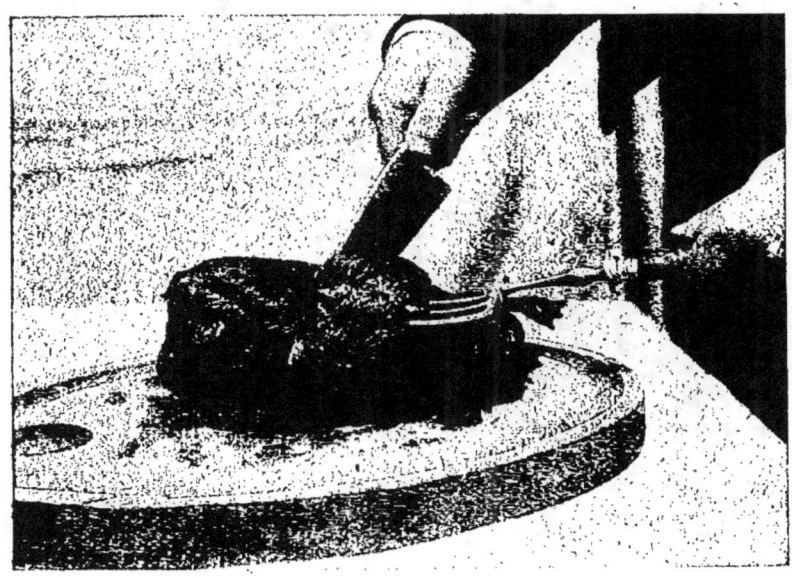

1° — Enlever les deux cuisses.

2° — Placer le canard sur le dos, inciser verticalement dans sa profondeur la chair du ventre de chaque côté du bréchet.

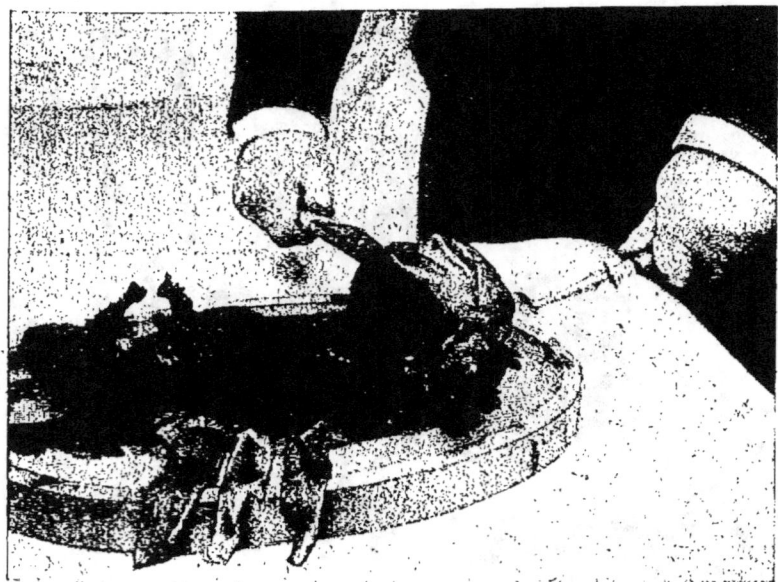

3° — Découper par incisions parallèles la chair du ventre selon sa longueur. Les tranches, faites aussi minces que possible, portent le nom d'*aiguillettes*.

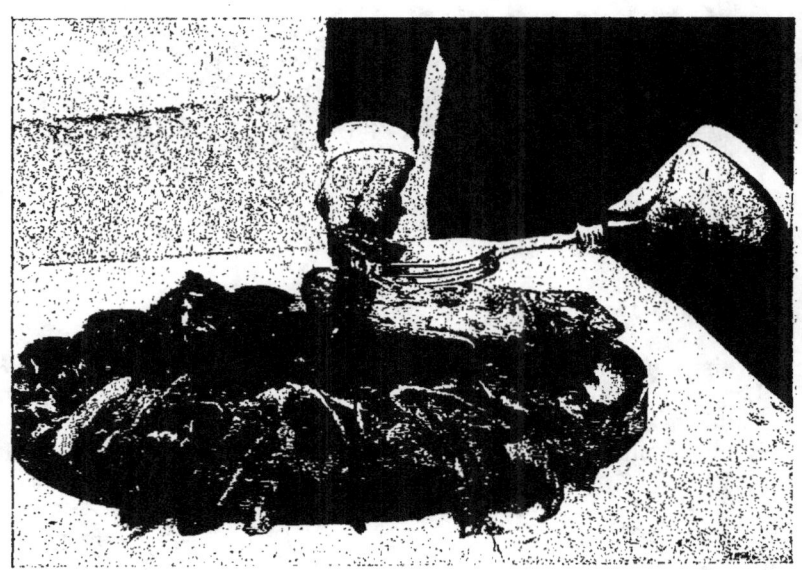

4° — La même opération se répète de l'autre côté du brechet.

5° — Détacher les ailes en dernier lieu.

LE GIBIER

On distingue, dans le gibier, le gibier *à poil* et le gibier *à plume*.
Le gibier à poil comprend : le lapin, le lièvre, le chevreuil, le daim, le cerf, le sanglier, l'ours.
Le gibier à plume ordinaire comprend : la perdrix, la caille, le

Lapins : 1° de garenne, 2° domestique, 3° bélier, 4° russe.
Moitié : à la broche devant charbon de bois : 30 à 35 minutes.
En civet, au four, dans le plat à sauter : 2 heures.

faisan, la bécasse, le râle de genêt, le coq de bruyère, l'oie sauvage, l'outarde, etc. Le menu gibier comprend : l'alouette, la grive, le pluvier, la tourterelle, etc.

Enfin le gibier d'eau comprend toutes les variétés de canards, la bécassine, le courlis, le vanneau, etc.

Le Lapin. — *Variétés*. La livrée du *lapin domestique* est tantôt blanche, tantôt grise, noire ou rousse; ces couleurs sont même quelquefois mélangées. Le lapin domestique a la chair fade et n'est bon que mangé en gibelotte.

Le *lapin de garenne* est le type du lapin sauvage, que l'on trouve presque partout, et dont la facilité de reproduction est souvent une cause de ruine pour les fermiers et les agriculteurs. Le lapin de garenne est moins gros que le lapin domestique, mais sa chair est bien plus délicate et plus aromatisée. Il est de bonne alimentation, même cuit à la broche; mais, comme le précédent, il est meilleur à la casserole.

Choix. Les jeunes lapins, de trois mois à trois mois et demi, se reconnaissent quand ils ont le cou court, le genou gros, quand les pattes de devant obéissent aux mouvements qu'on leur imprime et cassent même si ces mouvements sont trop brusques.

On distingue un lapereau d'un lapin adulte quand, en tâtant du doigt la jointure du milieu des pattes de devant, on sent sous la peau une petite éminence de la grosseur d'un petit pois.

Placé dans un endroit frais, le lapin se conserve aisément trois ou quatre jours.

Le Lièvre. — Le lièvre, comme le lapin, se trouve à peu près dans tous les pays. Les lièvres venant de contrées accidentées et boisées sont les meilleurs; ils sont d'une couleur uniforme, d'un gris plus ou moins fauve ou roux; ceux qui vivent en plaine ou dans des régions marécageuses sont dénommés, souvent à tort, « lièvres d'Allemagne »; ils sont plus gros, mais leur chair est fade et filandreuse. Le lièvre se mange en civet, composé du train de devant; le train de derrière ou râble, bien piqué de lard, est excellent servi en rôti.

Lièvre.
Moitié; à la broche devant charbon de bois : 30 à 35 minutes.
En civet, au four, dans le plat à sauter : 2 h. 1/4.

Choix. Le lièvre trois-quarts, c'est-à-dire dans toute sa force d'adulte, à sept ou huit mois, est préférable au levraut ou jeune lièvre, ainsi qu'au lièvre âgé ou capucin. La chair est de digestion assez difficile et l'abus en peut être nuisible pour l'estomac. Le meilleur moment de l'année pour manger du lièvre est l'hiver.

Par les temps chauds, le lièvre doit être mangé le lendemain ou le surlendemain du jour où il a été tué, sa chair se décomposant rapidement.

Les procédés pour choisir un lièvre de bonne qualité sont les mêmes que pour le lapin.

Cerf. Chevreuil. Daim. Sanglier. Ours. — On donne en terme général le nom de *venaison* à ce gros gibier à poil. Les trois premiers s'accommodent de la même façon ; la chair du chevreuil est bien plus estimée que celles des deux autres. Ils ne sont réellement bons à consommer que de l'âge de dix mois à deux ans et demi.

On distingue l'âge du *chevreuil* à ses andouillers. A un an il pousse au chevreuil deux petites dagues appelées « broches » ; à partir de ce moment le mâle est dit « broquart ».

Les femelles ont la chair plus tendre que celle du mâle.

Les parties les plus délicates du chevreuil sont le filet, le cuissot, les côtelettes ; l'épaule ne vient qu'ensuite. Il en est de même pour le cerf et le daim, qui sont loin d'être aussi estimés, quoique leur chair ait une certaine saveur et soit prisée par quelques gourmets.

Chevreuil.
Gigot ou filet, à la broche, devant charbon de bois : 45 minutes. Au four, dans le plat à sauter : 40 minutes.

Il faut toujours laisser reposer le chevreuil, et pendant ce repos prolongé, selon la température, depuis trois jusqu'à six, sept ou huit jours, mariner plusieurs fois par jour en le retournant.

Le *sanglier*, dont la chair est assez ferme, doit mariner plus longtemps que le chevreuil. Le *marcassin* ou jeune sanglier, plus tendre, est préparé en conséquence.

L'*ours* est peu commun sur nos tables de France, quelques grands restaurants seuls en servent à leurs clients, et ce mammifère plantigrade, accroché la tête en bas à l'extérieur du restaurant, est plutôt fait pour attirer l'attention des passants que pour contenter le goût des consommateurs. Les parties utilisées sont les jambons, les filets, les pattes. En Russie les charcutiers savent arranger l'ours de différentes manières et leur boutique en est presque toujours amplement fournie.

La Perdrix. Le Perdreau. — La *perdrix* se distingue des autres gallinacés par l'absence d'ergots, à leur place est une saillie tuberculeuse du tarse.

Le *perdreau* est une jeune perdrix, de deux mois environ, qui n'a pas encore fait sa première mue. Il a le bout des plumes élancé, le bec et le bréchet tendres, les couleurs moins vives que la perdrix. Sa chair est d'une délicatesse extrême.

Perdrix : *a*, grise; *b*, rouge.
A la broche, devant charbon de bois : 16 à 18 min.
Dans le plat à sauter, au four : 15 minutes.

Variétés. Il existe une grande variété de perdrix en France. Tout le monde connaît la perdrix *grise,* sociable, vivant en famille, qui prend si souvent place sur nos tables dès le jour même de l'ouverture de la chasse, et dont la chair rôtie ou cuite au four est si prisée pour son fumet délicieux et la facilité de sa digestion. La perdrix *rouge* se rencontre dans les régions boisées et surtout dans le Midi; elle est un peu plus grosse que la perdrix grise. La perdrix *bartavelle* ou « perdrix grecque » est encore plus grosse que la perdrix rouge; son plumage est plus cendré, elle porte un collier noir en sautoir descendant sur les côtés du cou; cette espèce se tient dans les montagnes du midi de l'Europe. La perdrix *rochassière* habite les endroits rocailleux du Dauphiné; son plumage contient moins de roux et plus de gris que celui de la perdrix rouge, et plus de roux que celui de la bartavelle; le blanc de la gorge est plus étendu que celui de la perdrix rouge. Enfin la perdrix *gambra* ou « perdrix de roche » habite les environs de la Méditerranée; elle porte un collier roux, marqué de taches blanches.

Choix. Mêmes procédés que pour le poulet; chez le perdreau le bec doit être tendre et relativement flexible, les pattes jaunâtres et lisses; les colorations du plumage sont moins accentuées que chez la perdrix. On doit tenir compte aussi de la grosseur de l'oiseau : le corps sera gras et rond, les chairs tendres au toucher.

Caille.
A la broche, devant charbon de bois : 11 à 14 minutes. Dans le plat à sauter, au four : 12 à 14 minutes.

Les perdreaux peuvent être consommés de suite ou se conserver dans un endroit frais deux, trois et quatre jours, parfois davantage, suivant le goût du consommateur.

La Caille. — La caille devient de plus en plus rare; cette pénurie vient de la guerre acharnée qu'on lui fait avec toute espèce d'engins, en Égypte, en Tripolitaine, en Algérie et aussi en Italie au moment du passage de cette succulente bestiole. De leur côté les habitants du midi de la France en abattent une grande quantité, si bien que fort peu arrivent dans le centre et le nord de la France.

La caille ressemble à la perdrix, mais est beaucoup plus petite; son bec est court, un peu recourbé; les yeux n'ont pas, comme chez la perdrix, d'espace dépourvu de plumes; la queue est très courte, les pieds ont des tarses lisses dépourvus d'éperon; le dos est brun varié de jaunâtre et de noir, la gorge est entourée de deux bandes d'un brun noirâtre, le ventre est blanchâtre.

Quand la caille est grasse, qu'elle a pu contenter son appétit vorace, sa chair est d'une délicatesse extrême; mais la digestion en est quelquefois difficile, par suite de la quantité de graisse qu'elle peut contenir. Elle est en pleine forme de deux à deux mois et demi.

La caille, mieux que le perdreau, peut être apprêtée presque aussitôt après avoir été abattue. La broche est la meilleure méthode de préparation, cette préparation est la même que celle du perdreau, ainsi que les procédés pour la choisir.

Le Faisan. — Le faisan peut être considéré comme le roi de notre gibier à plume. Qui ne connaît ce superbe animal, le mâle avec son étincelant plumage et sa longue queue, la femelle portant une livrée grise plus modeste? Pour apprécier toute la saveur de la chair du faisan, il faut le manger quand il est faisandé, c'est-à-dire six, sept, huit, neuf et même dix jours après qu'il a été tué, selon la température qu'il fait.

Mis à la broche au moment où le faisandage est bien à point, la chair du faisan est aromatique, tendre et facile à digérer, tout en étant stimulante.

Choix. Le meilleur faisan est celui qui est âgé de un an à quatorze mois. Pour choisir un faisan chez le marchand, les procédés sont les mêmes que pour choisir un bon poulet et un bon perdreau. Un faisan trop jeune a l'ergot peu développé. Une fois le faisan acheté, dès qu'il est pendu au clou, il faut observer la

Faisan.
A la broche, devant charbon de bois : 1 h. à 1 h. 10 m.

192   LA CUISINE ET LA TABLE MODERNES.

température de chaque jour : par les fortes chaleurs le faisan peut se faisander en quatre ou cinq jours ; par une basse température il peut, au contraire, se conserver une dizaine de jours ; il faut donc

Bécasse.

A la broche, devant charbon de bois : 8 à 11 minutes.

Bécassine.

A la broche, devant charbon de bois : 7 à 8 minutes.

Coq de bruyère (grand tétras).

A la broche, devant charbon de bois : 1 h. 20 à 1 h. 30.

Râle de genêt.

A la broche, devant charbon de bois : 12 minutes.

suivre les progrès du faisandage et ne jamais laisser la chair prendre une teinte bleuâtre ou verdâtre.

Bécasse et Bécassine. — La bécassine ne diffère de la bécasse que par ses moindres proportions ; les couleurs sont presque similaires, grisâtres, ternes. La bécasse et la bécassine, avec le perdreau et le faisan, comptent parmi les gibiers les plus estimés. Elles doivent avoir de un an à quatorze mois. Elles demandent à être faisandées comme le faisan ; on ne les sert qu'à la broche, sans les vider ;

LA VOLAILLE ET LE GIBIER.

leur chair est tendre, très nourrissante. On les choisit comme le poulet, la perdrix.

Le Râle de genêt. — Le râle de genêt est gros comme un pigeon, a les pattes élancées et maigres; son plumage est brun roux, à reflets

Tourterelle.
Chair tendre.
A la broche : 13 à 15 minutes.

Ramier.
Chair tendre et parfumée.
A la broche, devant charbon de bois :
13 à 15 minutes.

Gélinotte.
Chair délicate. — A la broche devant charbon de bois : 20 minutes.

Outarde.
Chair ferme, un peu lourde. — A la broche, devant charbon de bois : 1 h. 25 à 1 h. 30.

métalliques sur le dos; sa chair est délicate et fine, il ne se prépare que rôti, entouré de feuilles de vigne, de papier.

Le *râle d'eau*, vivant dans les marais, a un goût vaseux et n'est pas estimé.

Divers. — Le *coq de bruyère*, l'*oie sauvage*, l'*outarde*, la *petite outarde* ou *canepetière*, gros oiseaux assez rares sur les marchés et chez les marchands, et par suite sur nos tables, se choisissent et s'accommodent, le premier comme le faisan, les autres comme l'oie et le dindon.

Le menu gibier. — L'*alouette*, la *grive*, la *tourterelle*, le *pluvier* se choisissent et se préparent comme le pigeon.

Canard sauvage.
Chair ferme, possédant parfois un goût de poisson.
A la broche, devant charbon de bois : 25 à 30 minutes.

Sarcelle.
Chair tendre et parfumée, de digestion assez difficile. — A la broche : 15 ou 16 minutes.

Le gibier d'eau. — Tous les oiseaux d'eau, *canards, courlis, vanneaux*, ont un goût de poisson parfois assez prononcé et ne plaisent pas à tout le monde. La variété de canards du bord de la mer, des étangs, se prépare comme le canard commun; le courlis, comme le faisan ; le vanneau comme la bécasse, c'est-à-dire qu'on ne le vide pas.

CONSERVATION DU GIBIER

De nombreux moyens ont été proposés pour la conservation du gibier; le meilleur, à défaut d'engins frigorifiques spéciaux, consiste à le placer de suite à la cave ou dans un endroit très frais. Pour avoir des conserves de gibier que l'on puisse garder assez longtemps, on recourt au procédé Appert : on fait cuire le gibier, gros ou petit, à poil ou à plume ; on remplit de son jus, de sa sauce, de son assaisonnement des boîtes de fer-blanc, en ayant grand soin de ne laisser aucun vide ; on soude les boîtes hermétiquement fermées pour éviter toute entrée d'air, et on les fait bouillir trois heures au bain-marie.

Quand on ne veut conserver le gibier que quelques jours, on vide l'animal, on bouche soigneusement avec du papier toutes les ouvertures naturelles et celles que l'on a faites. Pour les gros oiseaux il faut de plus leur arracher les yeux et la peau du bec et de la gorge.

La bonne conservation du gibier demande qu'il soit tué récemment, aussi il est important, au moment de l'achat, de le flairer, pour s'assurer de sa fraîcheur, car le gibier, tout en présentant les autres qualités requises, peut avoir été tué depuis deux ou trois jours et plus.

PRÉPARATION DU GIBIER

En premier lieu le lapin, comme le lièvre, doit être dépouillé. Il est ensuite vidé; après quoi l'on procède au découpage. Nous indiquons ci-après les différentes phases de ces opérations.

COMMENT DÉPOUILLER UN LAPIN

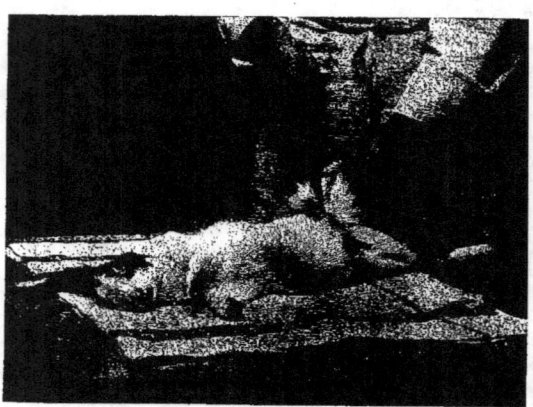

1° — Mettre le lapin sur le dos, inciser la peau de chaque cuisse à la naissance de l'abdomen.

2° — Dégager les deux cuisses.

Photographies exécutées par M. Mourier.

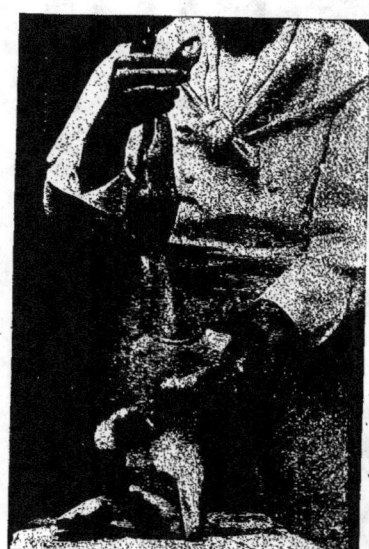 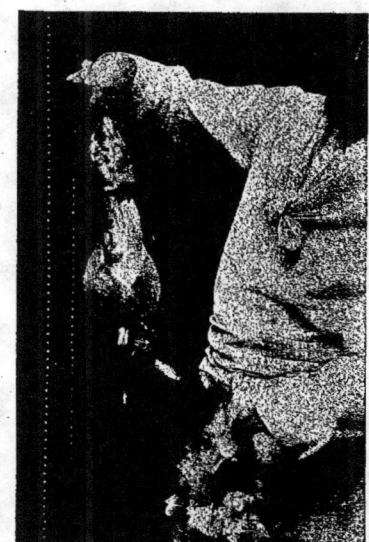

3° et 4° — Le lapin, maintenu de la main droite par les pattes de derrière, est dépouillé de sa peau, que l'on retire de la main gauche.

COMMENT VIDER UN LAPIN

1° — Placer le lapin sur le dos, inciser la peau du bas-ventre.

2° — Prolonger l'incision sur toute la longueur du ventre.

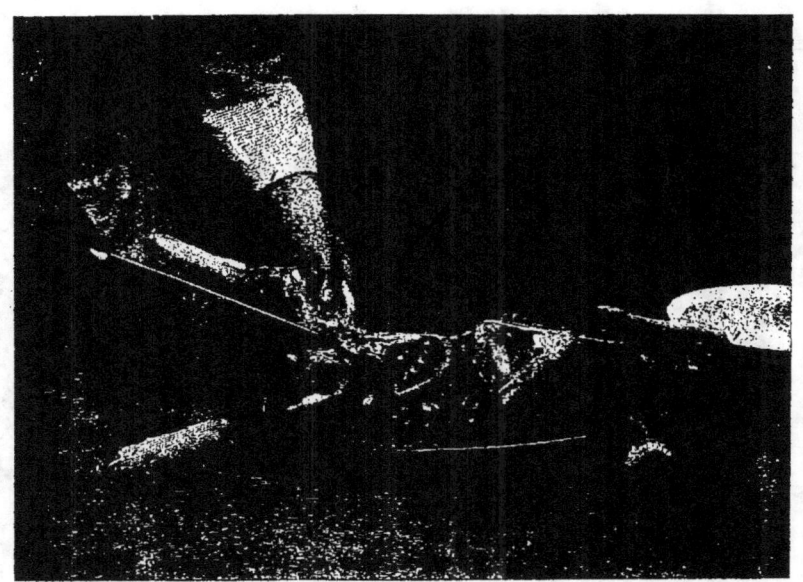

3° — Sectionner le bassin.

4° — Faire glisser les intestins dans un récipient *ad hoc*.

LA VOLAILLE ET LE GIBIER. 199

COMMENT DÉCOUPER UN LAPIN

1° — Coucher le lapin sur le côté gauche, détacher la patte droite de devant.

2° — Retourner le lapin, détacher la patte gauche de devant.

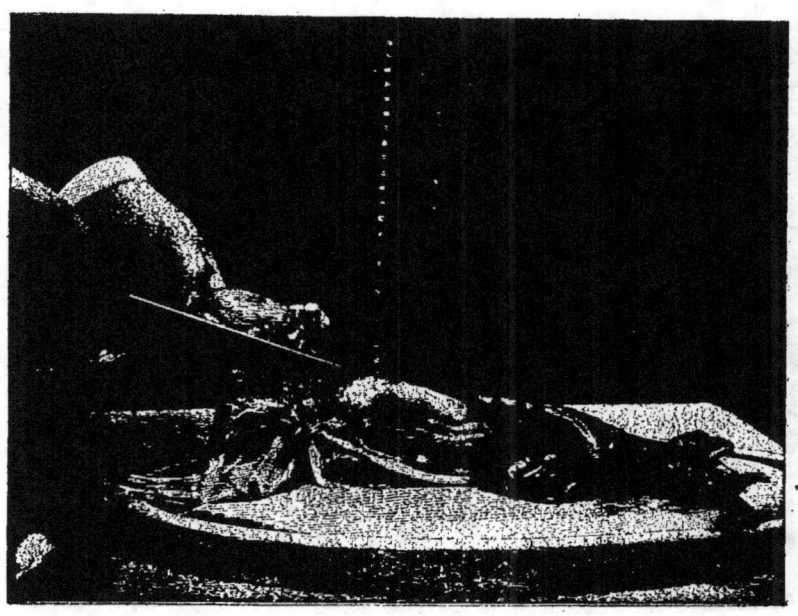

3° — Retourner le lapin, enlever la patte droite de derrière.

4° — Retourner le lapin, enlever la patte gauche de derrière.

5° — Détacher la partie antérieure du thorax, qui doit être rejetée.

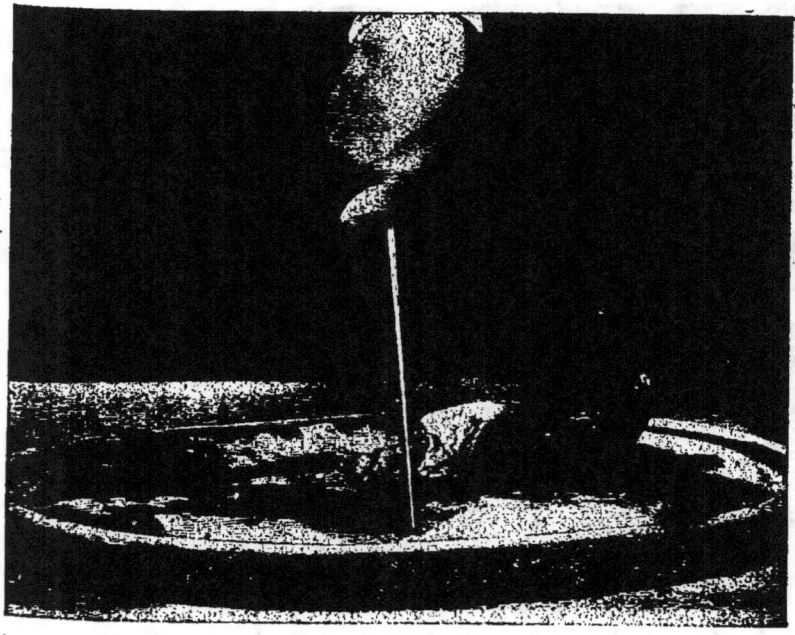

6° — Séparer le corps en deux.

7° — Couper en deux l'avant-train.

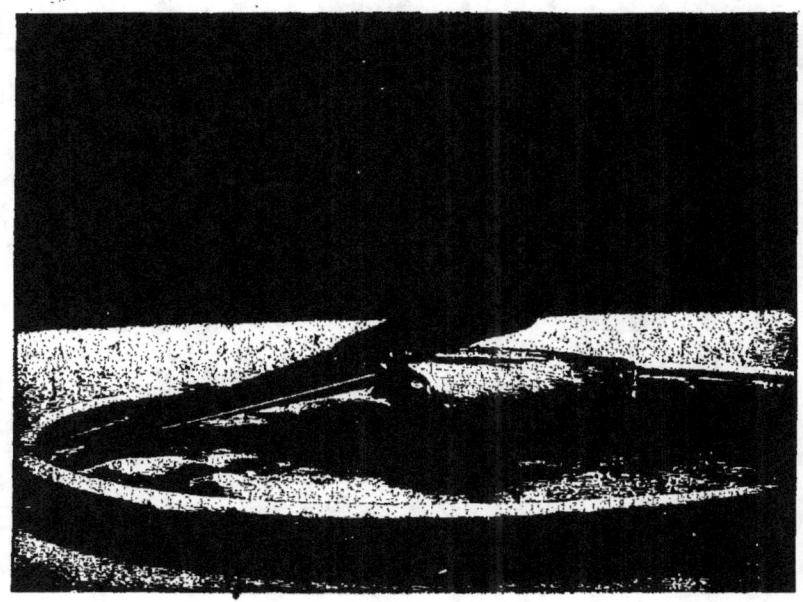

Le râble.

1. La tête. — 2. Le cou — 3. Partie antérieure du corps. — 4. Le râble.
5. Pattes de devant. — 6. Pattes de derrière.

Lapin entièrement découpé.

Une marchande de poisson aux Halles centrales, à Paris.
Phot. Géniaux.

Fac-similé d'une composition de Henri Rivière.

POISSONS, CRUSTACÉS, MOLLUSQUES

LES POISSONS

Marchand de poisson au XVIe siècle.
D'après Jost Amman.

Les poissons ont joué et jouent encore un rôle considérable dans l'alimentation d'un grand nombre de peuples, qui parfois en font leur nourriture exclusive, notamment en Chine, dans la mer des Indes, et même sur différents points des côtes européennes.

La consommation du poisson, surtout du poisson de mer, s'est considérablement accrue, par suite de la facilité et de la rapidité des communications. Le poisson est, en effet, une denrée dont l'altération est très rapide; il en résultait autrefois que les populations voisines de la mer ou d'un fleuve étaient approvisionnées abondamment et à très bon compte, tandis que dans les villes situées au loin dans les terres le poisson était considéré comme une denrée de luxe. La raie et les poissons salés, morue, hareng, étaient les seuls que connussent la grande majorité des Français. Par contre, les riverains des fleuves ont toujours eu à leur disposition en grande abondance les meilleurs poissons d'eau douce. A l'heure présente les plus modestes ménages ont la faculté d'avoir aussi fréquemment qu'ils le désirent du poisson, tant de mer que de rivière.

Pour être mangeable, le poisson doit être d'une fraîcheur absolue, c'est une condition *sine quâ non*.

S'il s'agit de poissons pêchés dans les étangs, comme la carpe, la tanche, etc., il faut les faire dégorger dans de l'eau fraîche courante pendant quarante-huit heures, pour leur enlever le goût de la vase.

Petits poissons servis à la brochette : disposition sur un plat long.

Le poisson se prépare d'une infinité de manières : bouilli, cuit dans son jus, frit au beurre, grillé, selon le genre de poisson et les préférences du consommateur. Un poisson a presque toujours besoin d'être accompagné d'une sauce ou relevé par des condiments, d'où le proverbe bien connu : « La sauce fait manger le poisson. » On préfère en général les poissons mâles, à cause de leur laitance ; les femelles ont pourtant la chair plus fine et plus tendre.

Choix. Pour reconnaître la fraîcheur d'un poisson, il faut du flair, posséder un bon nez ; c'est, en effet, l'odorat qui est le meilleur guide en cette matière. Les vieux poissons sont, de plus, faciles à distinguer des jeunes à la proportion plus considérable de leur corps et surtout à la dureté et à la grandeur de leurs écailles.

Les genres et les variétés de poissons sont innombrables ; aussi les diviserons-nous simplement en *poissons d'eau douce* et en *poissons de mer*, renvoyant le lecteur aux explications placées sous chaque gravure de ce chapitre.

Poissons d'eau douce. — Anguille, barbeau, brème, brochet, carpe, féra, goujon, gremille, lamproie, lavaret, loche, lotte, ombre, perche, saumon, truite, tanche, vandoise.

Poissons de mer. — Alose, anchois, bar, barbue, daurade, éperlan, esturgeon, hareng, limande, maquereau, merlan, mulet, plie, raie, rouget, sardine, sole, thon, turbot.

POISSONS D'EAU DOUCE

Anguille. — (Longueur maxima, 1ᵐ,50.)

Chair tendre, nourrissante, mais indigeste et lourde. — Dans du vin rouge ou blanc, à la casserole sur le fourneau : 12 minutes.

OBSERVATION. *Dans ces tableaux les temps de cuisson sont indiqués en supposant un feu moyen, bien soutenu.*

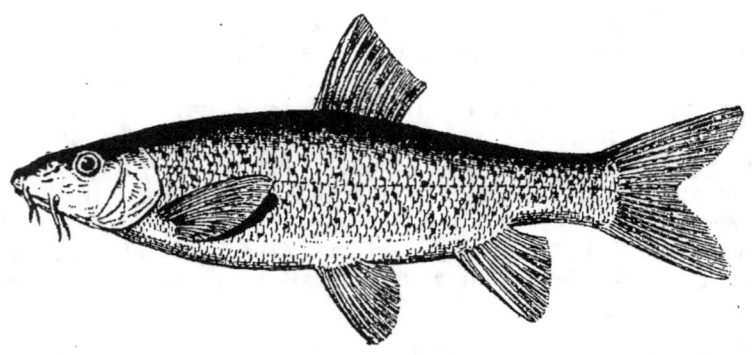

Barbeau. — (Longueur, 25 à 70 centimètres et plus.)

Chair médiocre, trop d'arêtes. — A l'eau, dans la poissonnière, sur le fourneau : 20 minutes.

ANGUILLE — BARBEAU

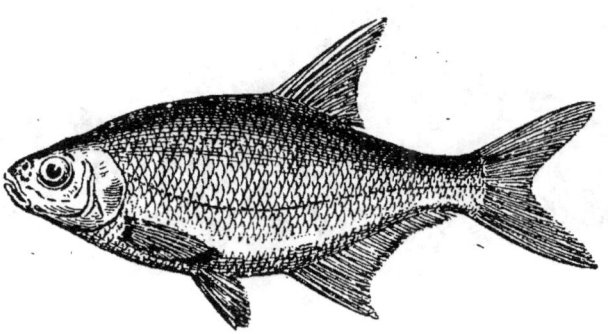

Brême. — (Longueur, 25 à 60 centimètres.)

Quand elle a été pêchée en eau courante, la chair est savoureuse.
Dans la poissonnière, sur le fourneau : 15 minutes.

Brochet. — (Longueur, 50 à 70 centimètres et plus.)

Chair blanche, ferme, assez estimée ; enlever la laitance et les œufs. — Dans la poissonnière,
sur le fourneau : 30 minutes.

BRÊME — BROCHET

POISSONS, CRUSTACÉS, MOLLUSQUES.

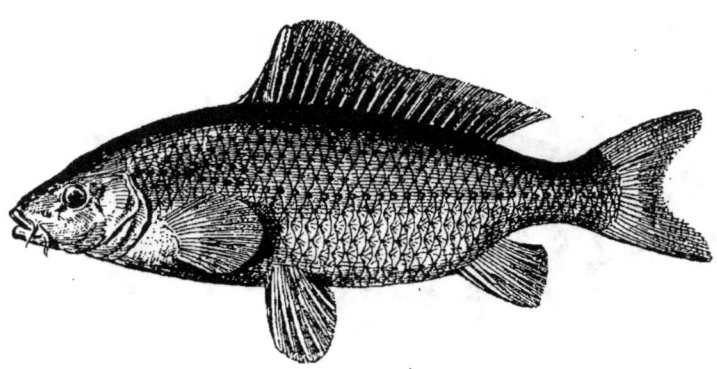

Carpe. — (Longueur, 30 à 60 centimètres.)
Les meilleures sont celles de rivière. — A l'eau ou au vin rouge, dans poissonnière, sur le fourneau : 30 minutes.

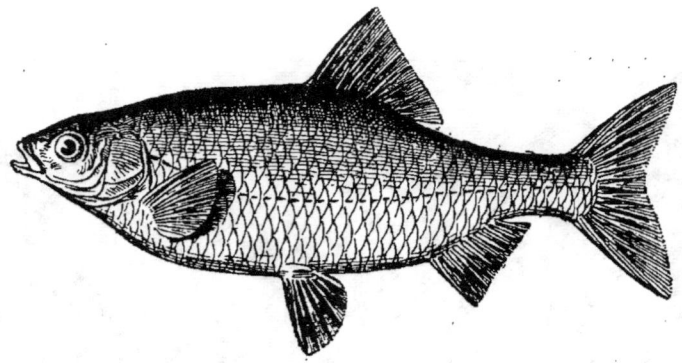

Gardon. — (Longueur, 15 à 25 centimètres.)
On ne le mange qu'en friture. A la poêle, sur le fourneau : 4 minutes.

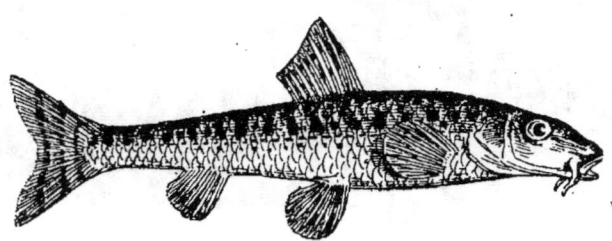

Goujon. — (Longueur, 10 à 18 centimètres.)
Chair très délicate. — En friture, à la poêle, sur le fourneau : 3 à 4 minutes.

CARPE — GARDON — GOUJON

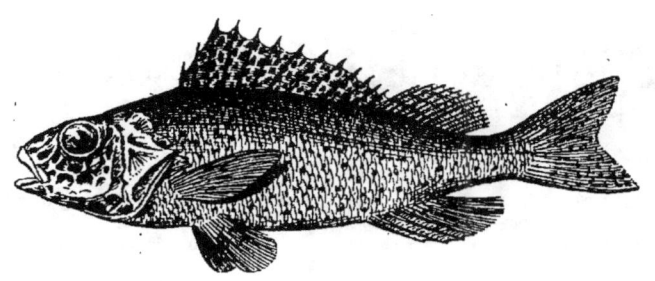

Gremille. — (Longueur, 12 à 20 centimètres.)
Chair estimée. — Friture, à la poêle, sur le fourneau : 4 minutes.

Lavaret. — (Longueur, 45 centimètres.)   **Féra.** — (Longueur, 50 centimètres.)
Chair rosée, très estimée. — Au beurre et à l'eau, poêle sur le fourneau : 15 à 18 minutes.   Chair blanche, tendre. — Dans poissonnière, sur le fourneau : 6 minutes.

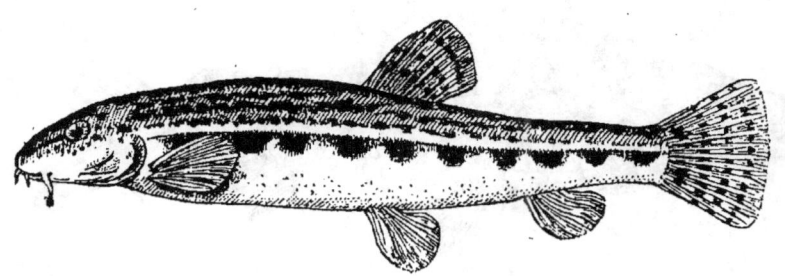

Loche de rivière. — (Longueur, 8 à 15 centimètres.)
Peu estimée. — Au beurre et à l'eau, poêle sur le fourneau : 20 minutes.

GREMILLE — LAVARET — FÉRA — LOCHE

POISSONS, CRUSTACÉS, MOLLUSQUES.

Lamproie.
(Marine : longueur, 60 centimètres à 1 mètre et plus ; fluviale : longueur, 10 à 50 centimètres.)
Chair estimée, mais lourde, difficile à digérer.
Eau, vin rouge ou blanc ; dans casserole, sur le fourneau : 30 minutes.

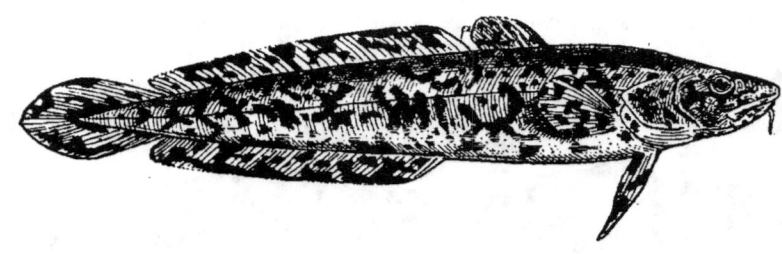

Lotte commune. — (Longueur, 35 à 65 centimètres.)
Chair blanche, facile à digérer ; foie volumineux, très estimé. — Au beurre,
poêle sur le fourneau : 16 à 20 minutes.

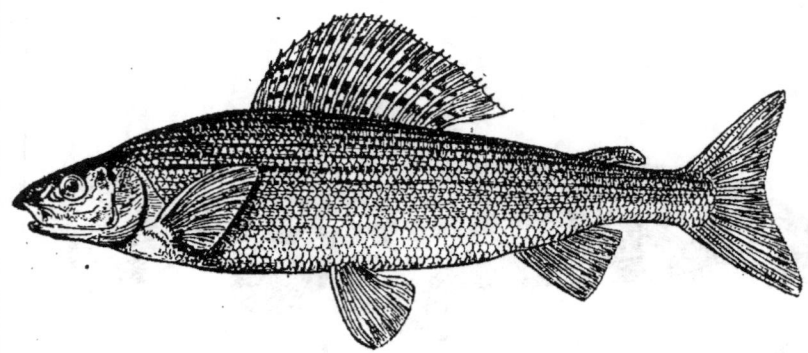

Ombre. — (Longueur, 60 à 70 centimètres.)
Chair blanche, excellente et savoureuse, de facile digestion. — Au beurre,
poêle sur le fourneau : 15 à 20 minutes.

LAMPROIE — LOTTE — OMBRE

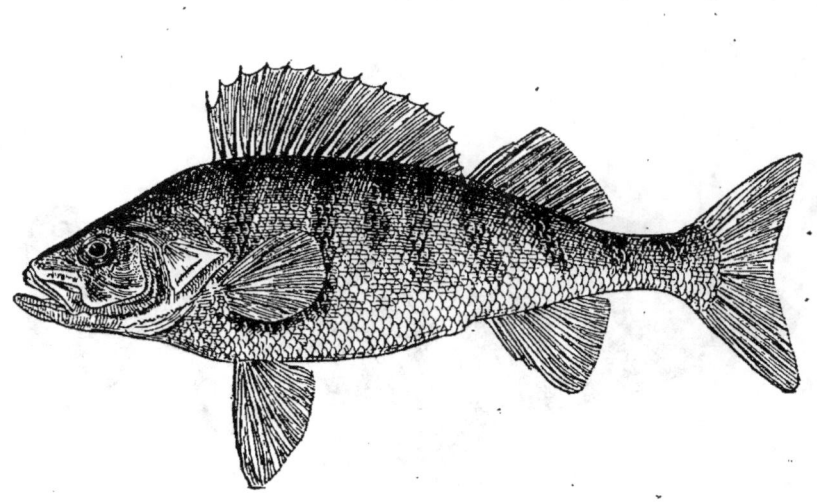

Perche. — (Longueur, 25 à 45 centimètres.)

Chair estimée, blanche, ferme, facile à digérer. — Au beurre, poêle sur le fourneau : 18 à 20 minutes.

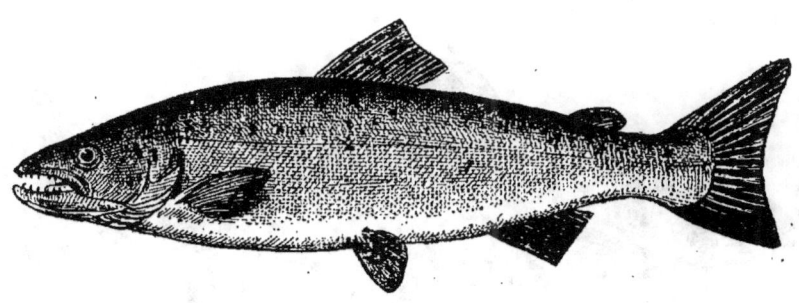

Saumon. — (Longueur, 80 centimètres à 1 mètre.)

Chair rosée, grasse, nourrissante, digestible, très estimée.
Saumon de 4 kilogr., à l'eau, dans saumonière sur le fourneau : 30 minutes.
 — — grillé, gril sur charbon de bois : 30 minutes en retournant.

PERCHE — SAUMON

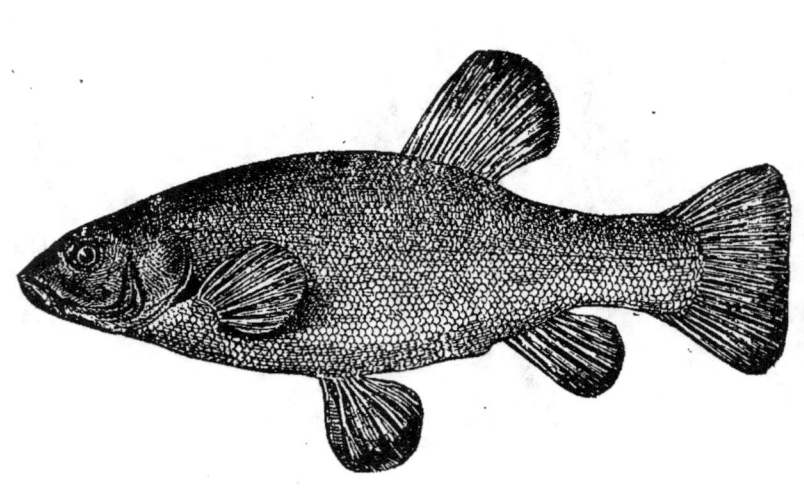

Tanche. — (Longueur, 20 à 35 centimètres.)

Chair fine et grasse. — Au beurre, poêle sur le fourneau : 15 minutes.
Au vin rouge ou blanc, casserole sur le fourneau : 15 minutes.

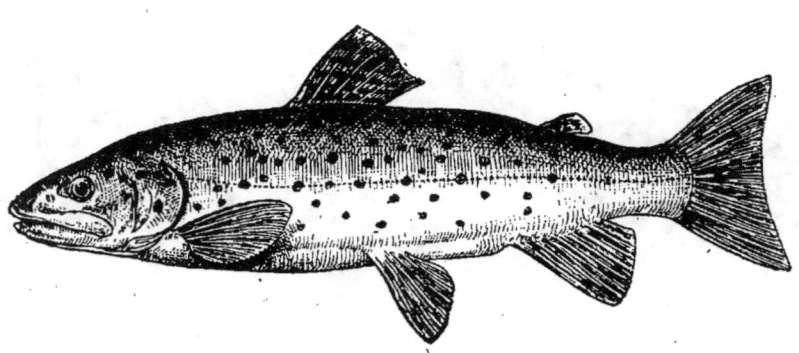

Truite commune. — (Longueur, 25 à 40 centimètres.)

Chair rosée, digestible, très estimée.
Truite de 2 kilogr., au beurre, à la poêle sur le fourneau : 20 minutes.
A l'eau, dans la saumonière sur le fourneau : 20 à 22 minutes.

POISSONS DE MER

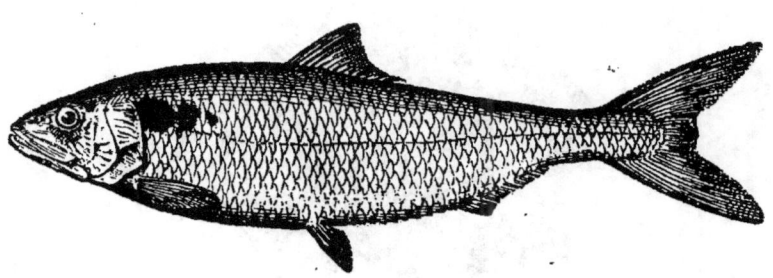

Alose. — (Longueur, 30 à 80 centimètres.)

Doit être mangée très fraîche; chair estimée. — Sur le gril, sur charbon de bois : 15 minutes

Anchois. — (Longueur max., 15 centimètres.)

Habituellement en conserve salée, comme hors-d'œuvre ; en friture, poêle sur fourneau : 3 minutes.

Hareng. — (Longueur max., 25 centimètres.)

Habituellement en conserve salée ; sur le gril sur charbon de bois : 8 à 10 minutes.

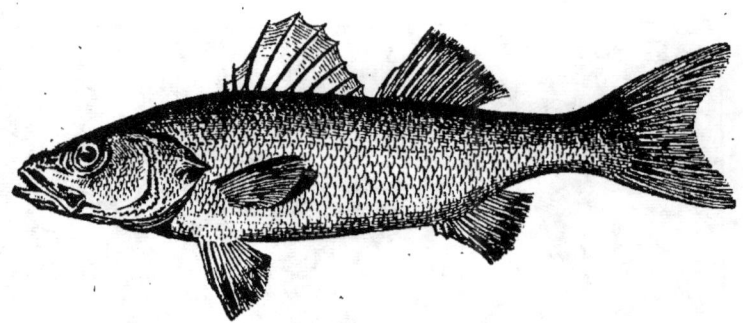

Bar. — (Longueur moyenne, 75 centimètres ; maxima, 1 mètre.)

Chair ferme estimée. — Au beurre ou à l'eau, dans la poissonnière sur fourneau : 20 minutes.

ALOSE — ANCHOIS — HARENG — BAR

POISSONS, CRUSTACÉS, MOLLUSQUES.

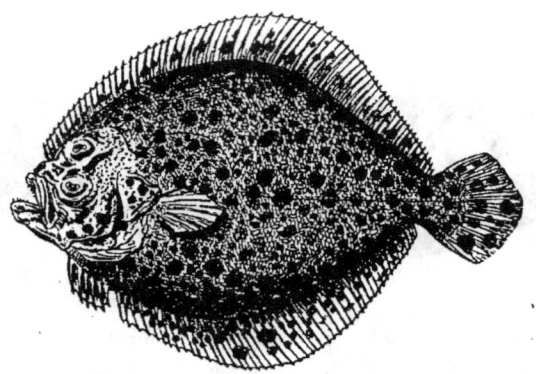

Barbue. — (Longueur maxima, 50 centimètres.)
Chair délicate, digestible. — Au beurre, dans la turbotière
sur fourneau : 16 à 18 minutes.

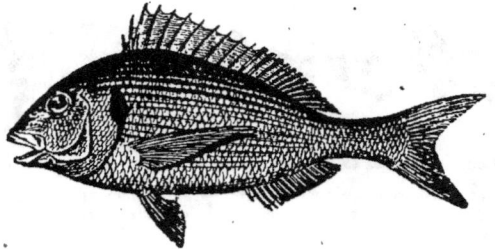

Daurade. — (Longueur maxima, 35 centimètres.)
Chair blanche, facile à digérer.
Grillée, sur charbon de bois : 15 minutes.

Congre. — (Longueur maxima, 2 mètres.)

BARBUE — DAURADE — CONGRE

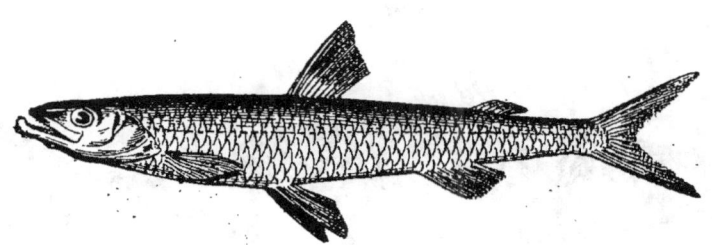

Éperlan. — (Longueur, 15 à 22 centimètres.)
Chair délicate, parfumée. — Friture, poêle sur fourneau : 3 minutes.

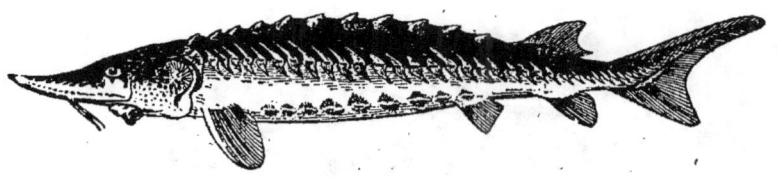

Esturgeon. — (Longueur, 1m,50 à 3 mètres et plus.)
Chair estimée, mais de digestion médiocre ; ses œufs servent à préparer le caviar.
A l'eau, dans la poissonnière sur fourneau : 20 minutes.

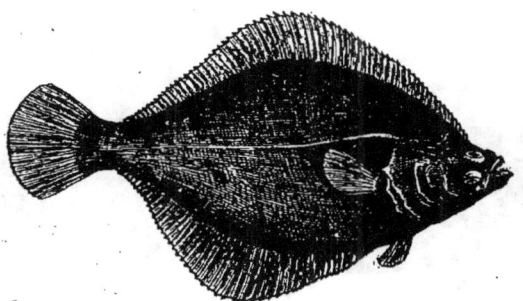

Limande. — (Longueur moyenne, 30 centimètres.)
Chair médiocre. — Au beurre dans la poêle sur fourneau : 10 minutes.

ÉPERLAN — ESTURGEON — LIMANDE

POISSONS, CRUSTACÉS, MOLLUSQUES. 217

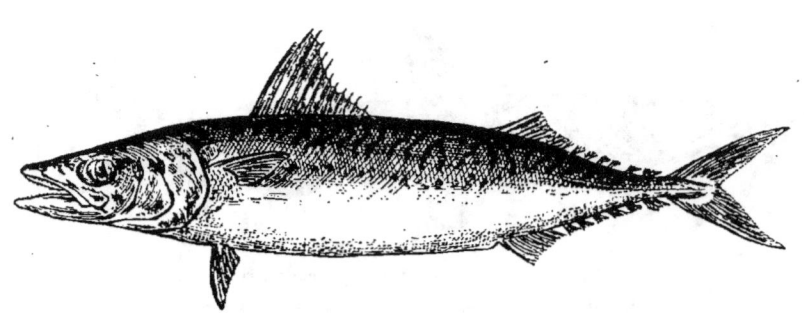

Maquereau. — (Longueur moyenne, 40 centimètres.)
Chair assez indigeste. — Sur le gril sur charbon de bois : 10 à 12 minutes.

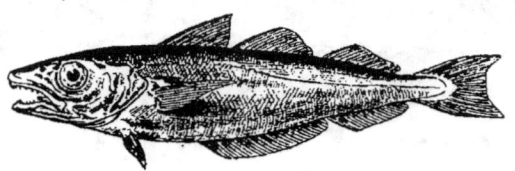

Merlan. — (Longueur moyenne, 30 centimètres.)
Chair médiocre, mais digestible. — Poêle sur fourneau : 10 minutes.

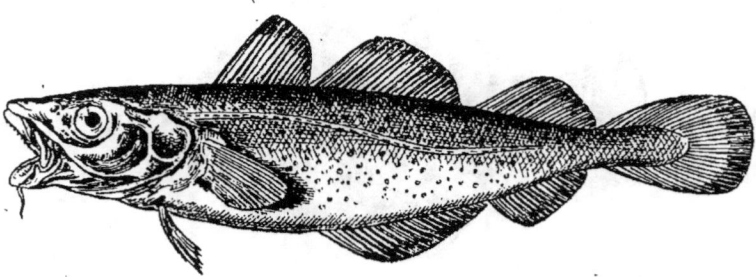

Morue franche. — (Longueur moyenne, 80 centimètres ; maxima, 1m,20.)
Chair blanche, assez savoureuse, se consomme surtout conservée par salaison.

MAQUEREAU — MERLAN — MORUE

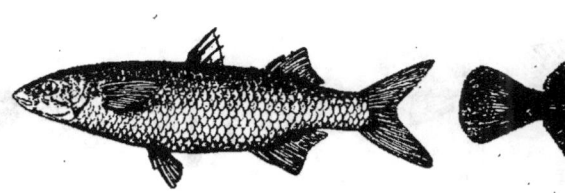

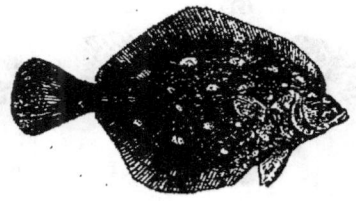

Mulet capiton. — (Longueur, 40 centimètres.)

Chair estimée. — A l'eau, dans la poissonnière sur fourneau : 15 minutes.

Plie. — (Longueur, 50 centimètres.)

Chair médiocre. — Au beurre, à la poêle sur fourneau : 12 à 15 minutes.

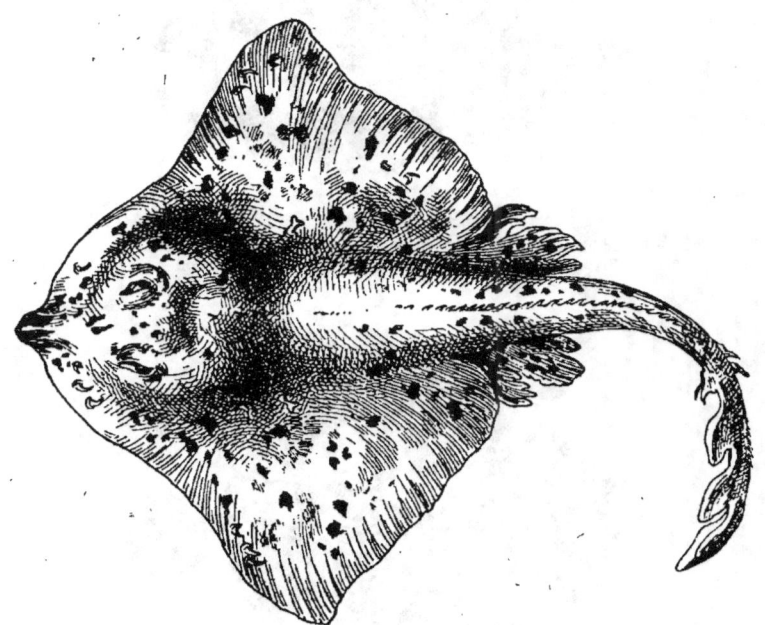

Raie bouclée. — (Longueur max., 3 mètres.)

Chair blanche, très nourrissante. — A l'eau, dans la casserole sur fourneau : 20 à 25 minutes.

MULET — PLIE — RAIE

POISSONS, CRUSTACÉS, MOLLUSQUES.

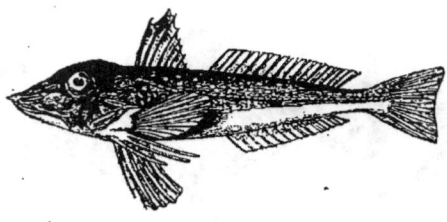

Rouget.
(Longueur, 25 à 35 centimètres.)
Chair très estimée. — Grillé au beurre, sur le gril
sur charbon de bois : 10 à 12 minutes.

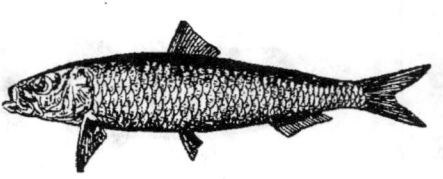

Sardine.
(Longueur maxima, 30 centimètres.)
En conserve à l'huile et en friture, ou grillée,
poêle ou gril : 4 à 5 minutes.

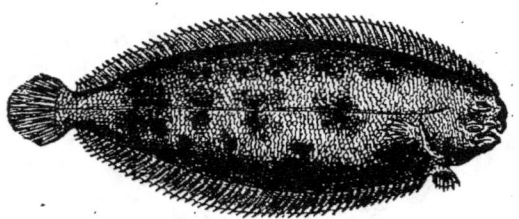

Sole. — (Longueur moyenne, 50 centimètres.)
Chair blanche, tendre, savoureuse, très digestible, très estimée.
Friture au beurre, à la poêle sur fourneau : 5 à 7 minutes.

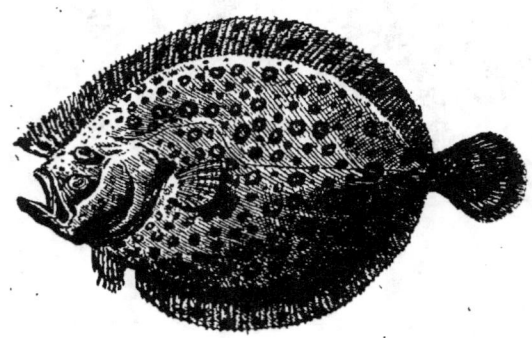

Turbot. — (Longueur max., 60 centimètres.)
Chair blanche, ferme, très estimée. — A l'eau, dans la turbotière
sur fourneau : 25 à 30 minutes.

ROUGET — SARDINE — SOLE — TURBOT

LES CRUSTACÉS

Les crustacés ont des paires de membres en nombre variable, s'élevant le plus communément à cinq, sans compter ceux qui se sont modifiés pour composer l'appareil masticateur. Ils ont plusieurs paires d'antennes, et leurs appendices latéraux se modifient souvent en nageoires, ainsi que le dernier segment de l'abdomen. Tous ont une carapace plus ou moins résistante et respirent par des branchies.

Les crustacés sont d'une grande ressource pour l'alimentation ; parmi les plus recherchés citons la langouste, le homard, l'écrevisse, la crevette, le crabe. Ces animaux ont la particularité de rougir à la cuisson ; cela tient à la couleur carminée qu'ils portent en eux-mêmes et qui au moment de la cuisson se répand dans les porosités de la carapace.

La *langouste* se distingue du homard par l'absence des pinces, par ses antennes plus longues que le corps, antennes recouvertes de poils et de piquants ; sa chair est plus tendre que celle du homard, plus savoureuse. Les œufs rouges de la femelle après la cuisson sortent de dessous la nageoire caudale ; ils sont employés comme colorants de coulis ou de fumets de crustacés.

Le *homard* a deux pinces inégales : l'une ovale, grande ; l'autre oblongue, plus petite. Sa couleur est d'un brun verdâtre ou bleuâtre, les antennes sont rougeâtres. Le rostre est recourbé vers le bout et armé de chaque côté de trois grosses dents coniques. Quand on achète deux homards vivants, il est prudent de leur attacher les pinces avec une ficelle pour les empêcher de se blesser l'un l'autre et même de s'entre-détruire.

On doit se méfier des langoustes et des homards achetés cuits, qui souvent sont mal préparés et datent de plusieurs jours ; il est préférable de les acheter encore vivants. Il faut les saisir alors par le milieu du corps et s'assurer de leur degré de vitalité.

Tous deux se préparent de la même façon.

L'*écrevisse* présente une grande analogie avec le homard ; celle que l'on trouve abondamment sur les marchés se distingue par son appendice ou pointe céphalique triangulaire. Le dernier anneau du thorax est mobile ; les pinces de la première paire sont fortes, renflées, et le premier anneau abdominal est muni d'appendices chez les mâles, dont la queue est plus étroite que chez les femelles ; ces dernières ont les œufs attachés sous le ventre.

L'écrevisse est habituellement servie en hors-d'œuvre ; sa chair est tendre, digestible et, comme celle de la langouste et du homard, assez excitante.

CRUSTACÉS

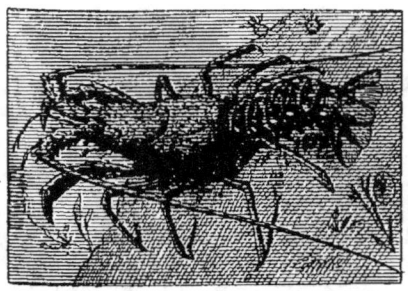

Langouste.
Chair très estimée, un peu lourde.
A l'eau, dans casserole sur fourneau : 25 minutes.

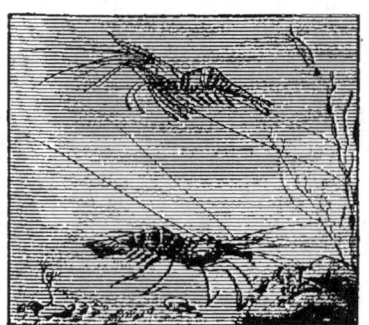

Crevette.
Chair très estimée.
A l'eau, sur fourneau : 3 minutes.

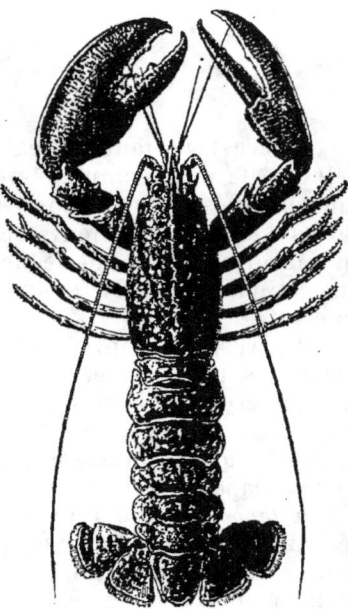

Homard.
Chair estimée, un peu indigeste. — A l'eau,
sur fourneau : 20 minutes.

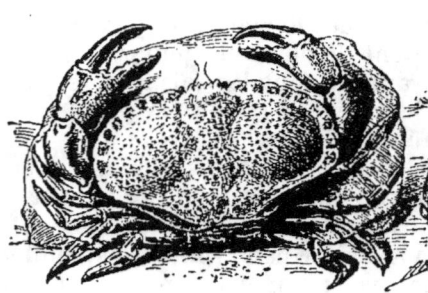

Crabe tourteau.
Chair médiocre. — A l'eau, sur fourneau : 10 minutes.

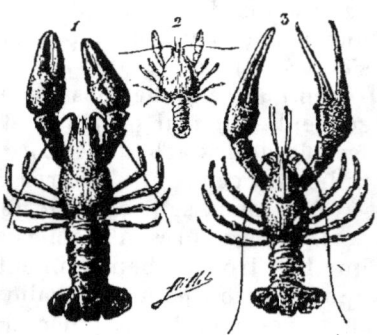

Écrevisses.
Chair estimée.
A l'eau, sur fourneau : 8 à 10 minutes.

CRABE — CREVETTE — ÉCREVISSE — HOMARD — LANGOUSTE

La *crevette* est le plus petit de nos crustacés de table; le corps est comprimé latéralement, le ventre gros, la carapace molle, faible à briser; les pattes sont longues et maigres. Il existe une grande variété de crevettes; la plus estimée est celle que l'on pêche sur les côtes de la Manche, principalement aux environs de Cherbourg; la crevette rose ou « bouquet », qui devient rouge à la cuisson, est la plus savoureuse; la crevette grise, qui reste de cette couleur après la cuisson, est infiniment moins prisée.

Les crevettes, comme les écrevisses, sont servies en hors-d'œuvre; leur chair est blanche et fine, mais la digestion en est difficile pour beaucoup d'estomacs. Les crevettes servent aussi à compléter les préparations de certains poissons, ainsi que les timbales.

Les *crabes* ne se mangent qu'au moment des villégiatures au bord de la mer; la plupart des espèces sont comestibles, la chair est blanche, assez savoureuse; les crabes ramassés sur les côtes près de l'embouchure des rivières, à proximité des villas, doivent être, comme les moules et les huîtres récoltées aux mêmes endroits, impitoyablement rejetés : leur ingestion a souvent donné lieu à des empoisonnements ou à des maladies graves.

LES MOLLUSQUES

Il a été parlé de l'*huître*, le plus répandu et sans conteste le plus réputé des mollusques comestibles, au cours du chapitre « les

Coquilles Saint-Jacques truffées.

Condiments et les Hors-d'œuvre », à la page 100. Nous y renvoyons le lecteur.

La *moule* a une chair grasse, savoureuse, surtout quand elle a été améliorée par la culture. La modicité de son prix la met à la portée de toutes les bourses; aussi l'appelle-t-on souvent « l'huître du pauvre ».

Ce mollusque offre l'avantage de devenir comestible au bout d'une seule année de culture, alors qu'il faut trois ans pour que l'huître puisse être livrée à la consommation.

Les moules occasionnent quelquefois des accidents qui ont une certaine analogie avec l'indigestion. Ramassées dans la vase, elles sont généralement nuisibles; il faut avoir grand soin de s'abstenir d'en manger à partir de la fin d'avril jusqu'au commencement de septembre. Pour éviter l'intoxication on recommande d'ajouter à l'eau de cuisson 3 à 4 grammes de carbonate de soude ou trois à quatre cuillerées à bouche de soude par litre d'eau.

Les *escargots*. Le plus recherché est l'escargot de vignes, principalement celui des vignes de Bourgogne. On doit le récolter l'hiver, alors qu'il sommeille et vit de sa propre substance. Il est d'une digestion assez difficile, et il demande toujours à être accompagné de forts condiments; sa valeur nutritive est presque nulle.

Des empoisonnements ont eu lieu par l'ingestion d'escargots préparés sans précaution; cela tient à ce qu'ils se nourrissent parfois de plantes vénéneuses; aussi doit-on avant de les consommer les laisser dégorger pendant plusieurs jours.

Un autre mollusque, la *coquille Saint-Jacques*, est également comestible; il demande des préparations culinaires particulières, n'ayant presque aucune valeur propre naturelle.

Un pêcheur de crevettes.

PRÉPARATION DU POISSON

COMMENT ENLEVER LA PEAU OU « TOILE » DE LA SOLE

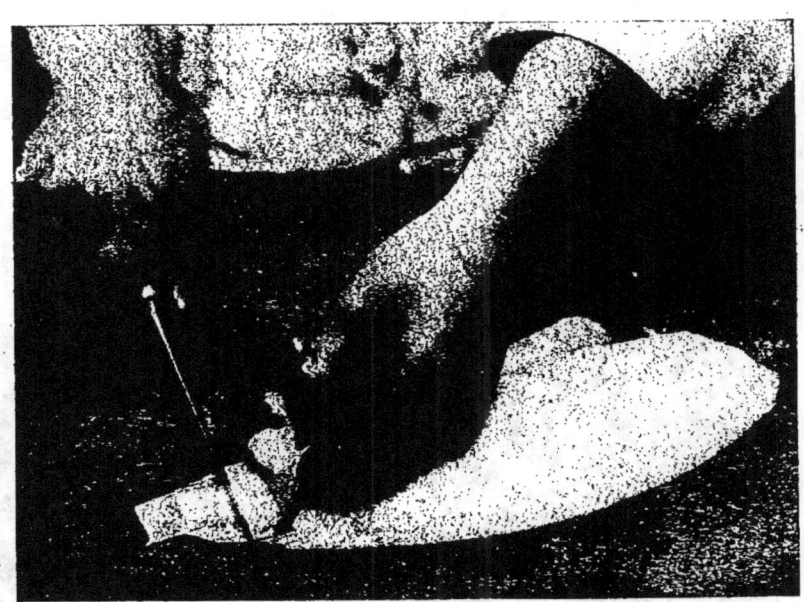

1° — Incision de la toile en bas du corps.

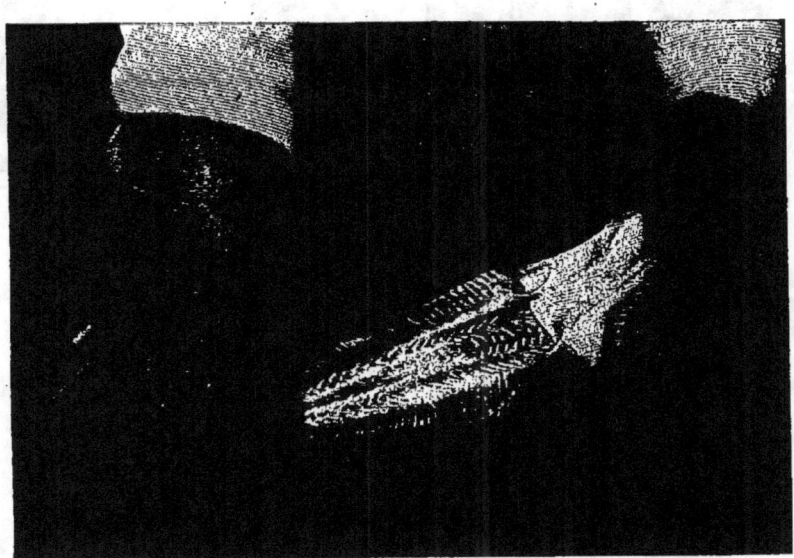

2° — Maintenir la sole de la main droite et tirer sur la toile de la main gauche.

Ces photographies et les suivantes ont été exécutées sous la direction de M. Mourier.

COMMENT DÉCOUPER LES FILETS DE LA BARBUE

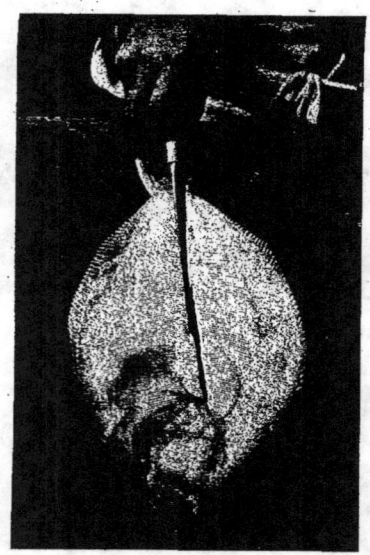

1° — Inciser dans sa longueur le corps de la barbue.

2° — Faire glisser le couteau le long des arêtes pour détacher le filet.

COMMENT DÉCOUPER LE SAUMON CRU

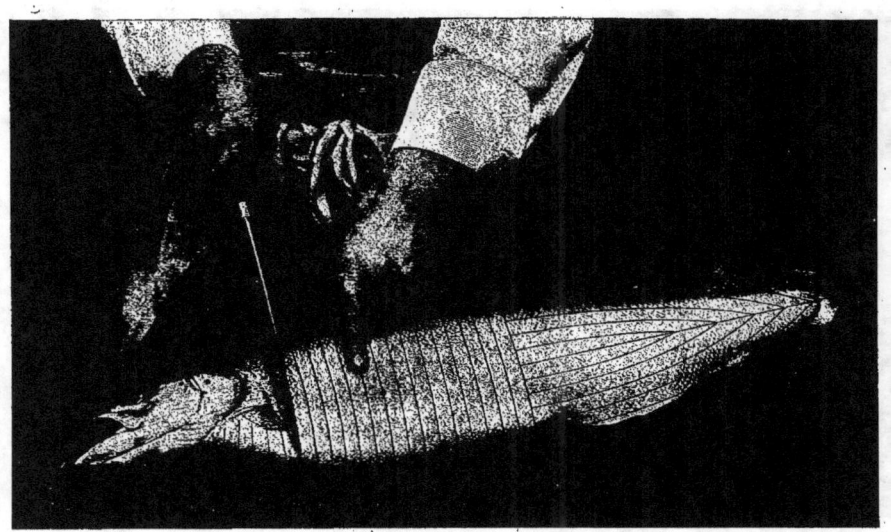

Les tranches jusqu'à la naissance du bas-ventre sont faites transversalement ; de la naissance du bas-ventre à l'extrémité de la queue, longitudinalement.

COMMENT DÉCOUPER LE SAUMON CUIT

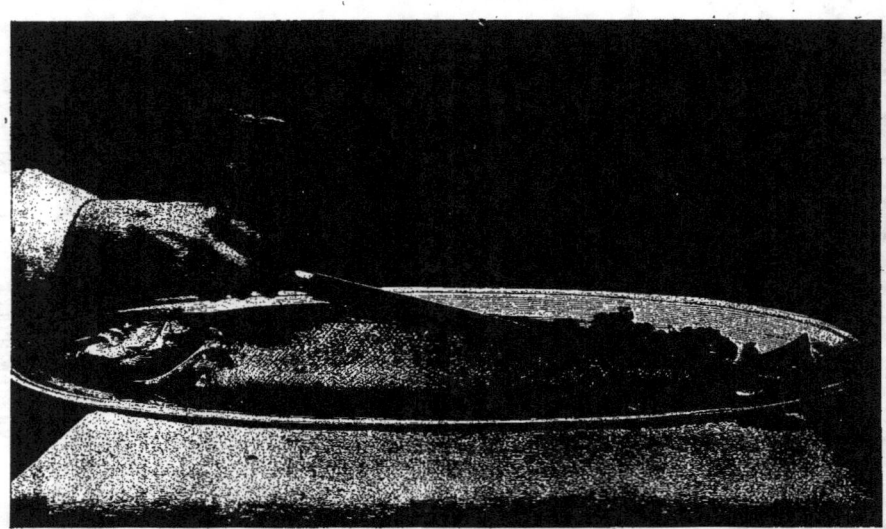

1ᵉ — Incision de la chair dans toute la longueur du saumon.

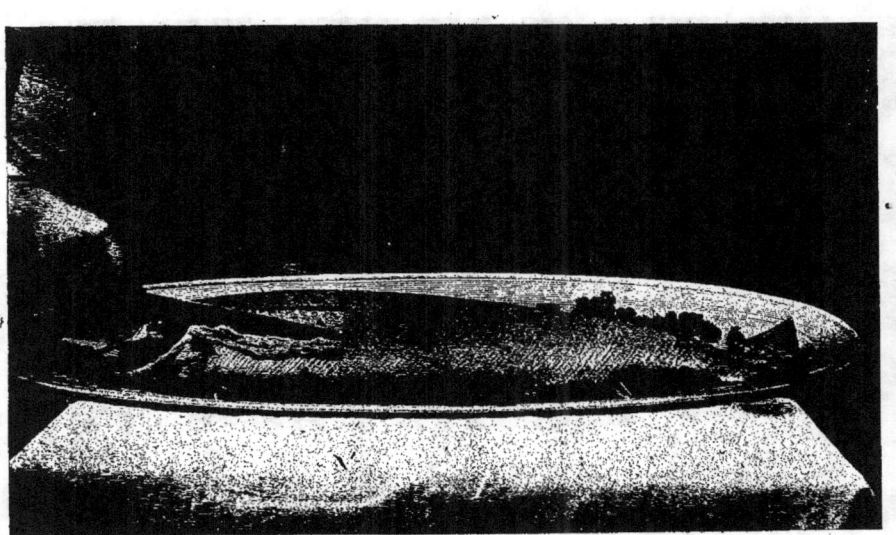

2° — Rabattre la peau de part et d'autre du corps.

5° — Sectionner la chair en autant de morceaux qu'il est nécessaire, enlever les morceaux à l'aide d'une fourchette.

COMMENT DÉCOUPER
LES FILETS DE LA SOLE

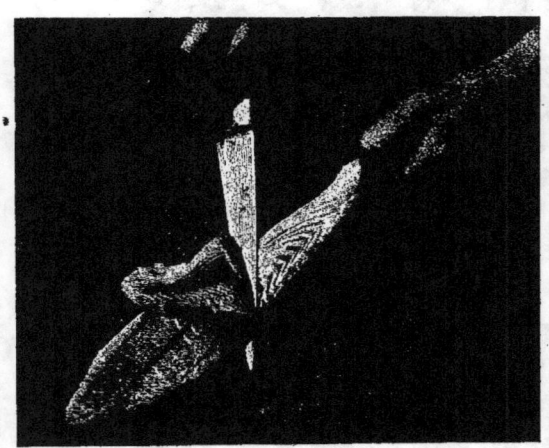

Première manière.

Deuxième manière.

Manières d'enlever les filets de sole.

COMMENT DÉCOUPER LES FILETS DU MAQUEREAU

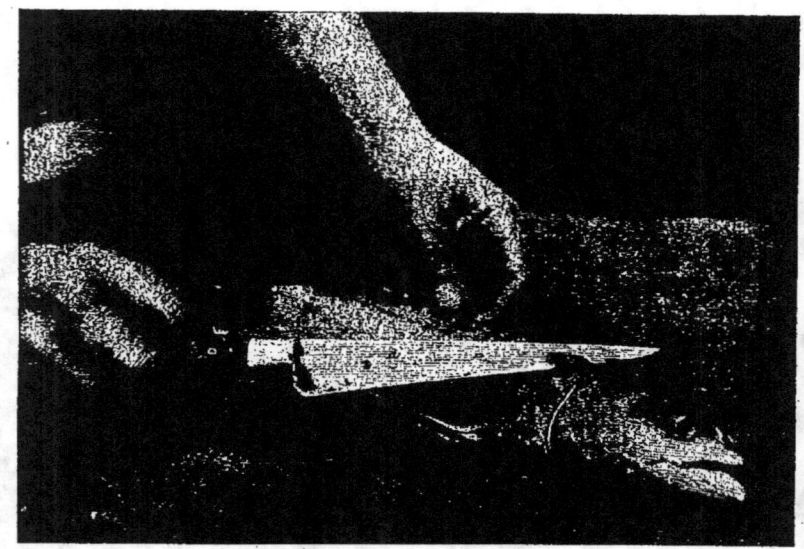

1° — Tracer au couteau les contours du filet.

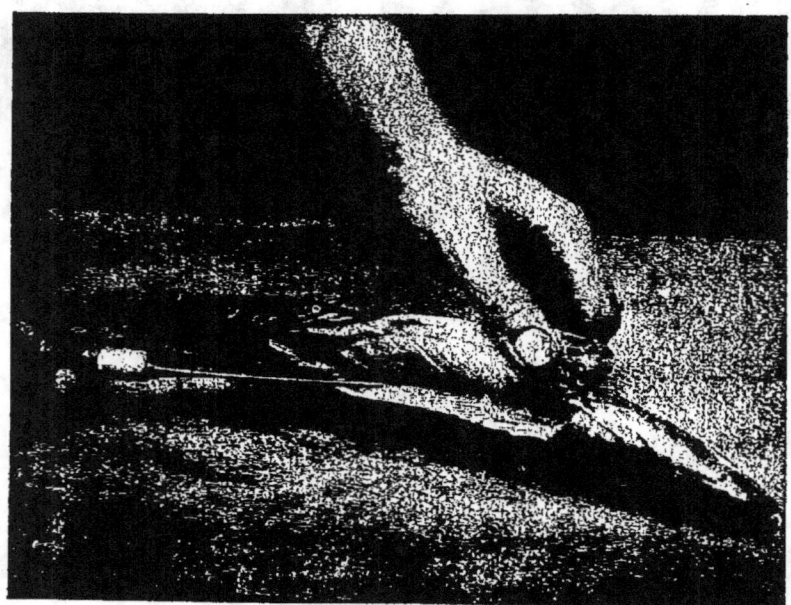

2° — Découper le filet en faisant glisser le couteau le long de l'arête dorsale.

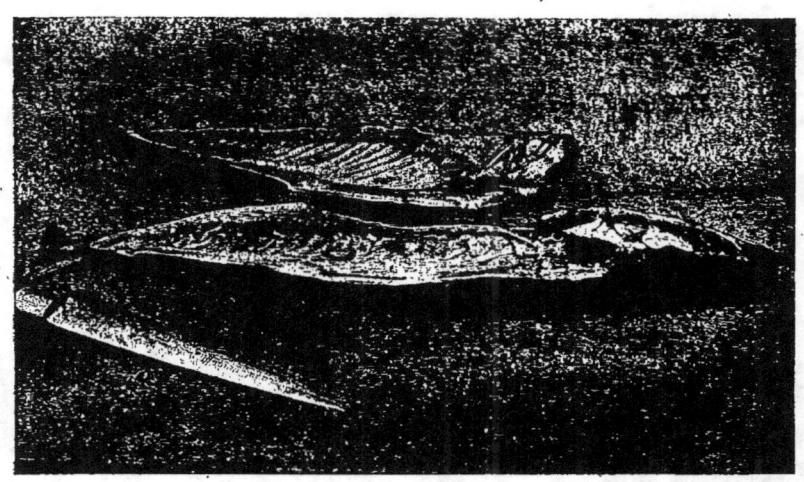

Le filet du maquereau complètement détaché.

COMMENT DÉCOUPER LE MERLAN

Tracé du découpage pour le merlan.

EPERLANS A LA BROCHETTE

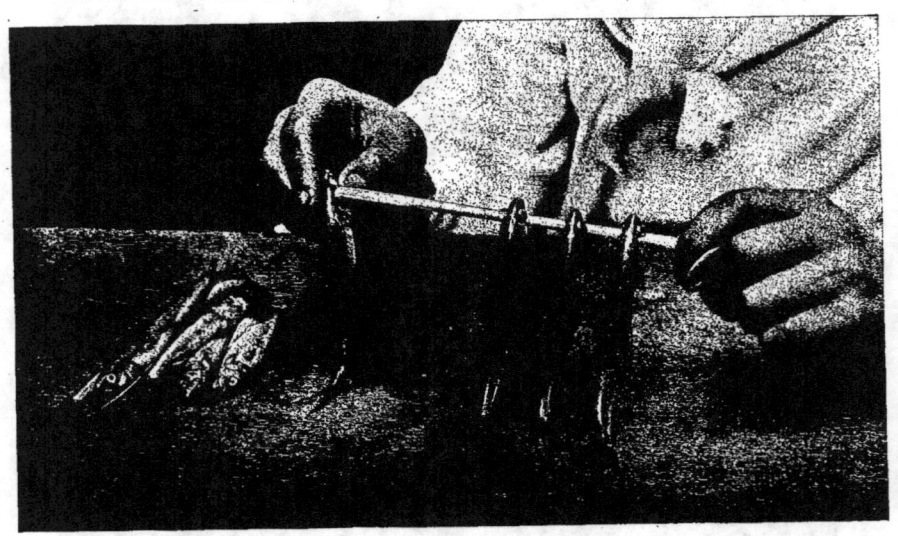

Passer la brochette au travers de la tête, à la hauteur de l'opercule, immédiatement au-dessous de l'œil.

COMMENT DÉCOUPER LE HOMARD

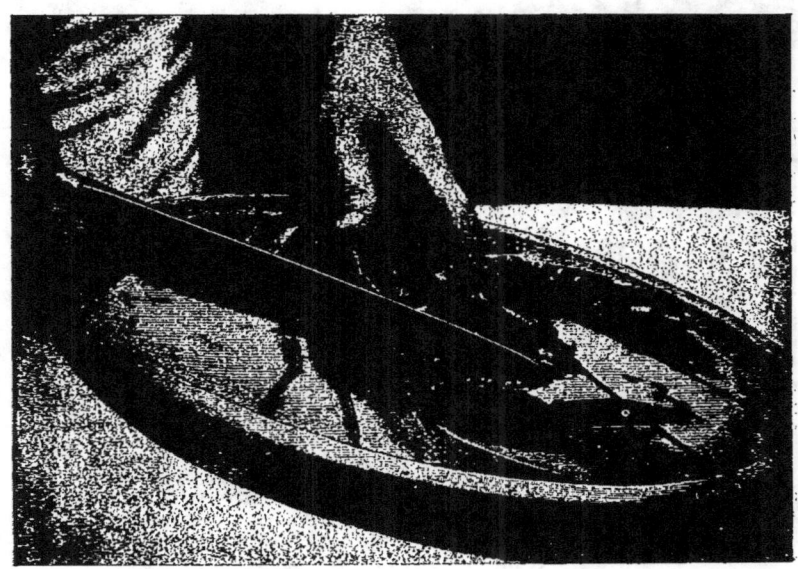

1° — Trancher la pince et les pattes droites.

2° — Trancher la pince et les pattes gauches.

POISSONS, CRUSTACÉS, MOLLUSQUES. 235

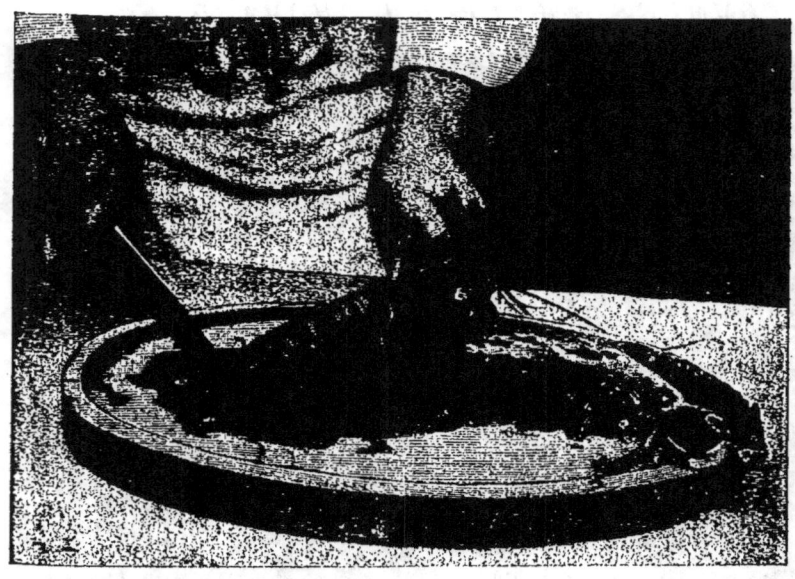

3° — Trancher les nageoires caudales.

4° — Diviser le corps en deux parties.

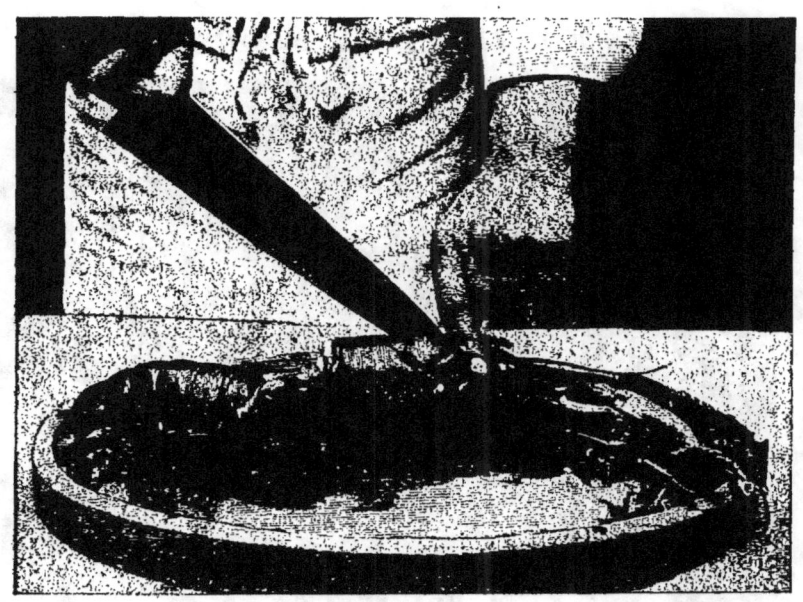

5° — Couper la tête en deux dans le sens de la longueur.

6° — Homard complètement découpé.

COMMENT OUVRIR LA LANGOUSTE

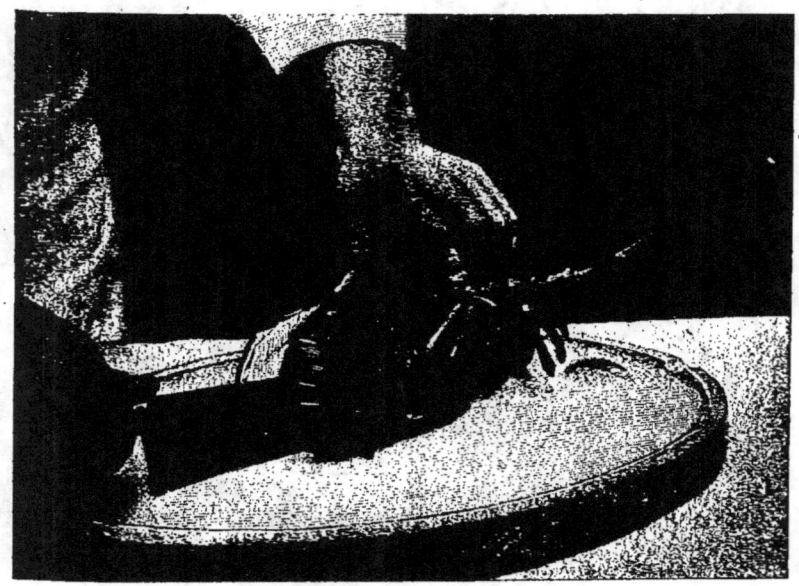

1° — Commencer par ouvrir la queue de la langouste.

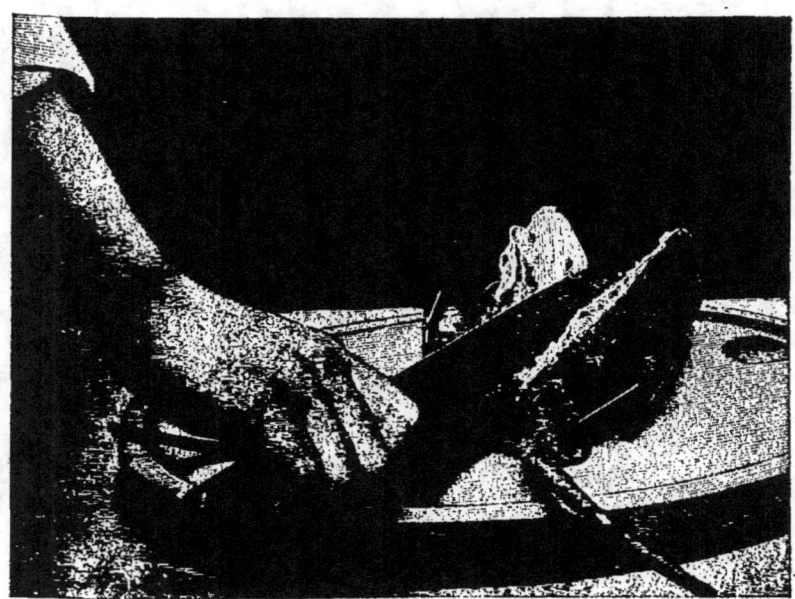

2° — Ouvrir ensuite la tête et le thorax.

Buisson d'écrevisses.

Moyen âge.   xviiie siècle.
Jetons de marchands fruitiers-regrattiers.

LES LÉGUMES

Quelquefois on confond sous le nom de « légumes » toutes les plantes potagères. Quelquefois aussi on ne comprend sous cette dénomination que les seuls végétaux potagers utilisés comme aliments véritables tandis qu'on en excepte ceux dont le rôle essentiel est d'exciter l'appétit ou de faciliter la digestion.

Parmi les légumes, les uns fournissent à la consommation la plante entière, d'autres seulement l'une de ses parties : racine, tubercule, bourgeon, feuille, fleur, graine, etc.

On distingue les *gros* légumes, tels que choux, courges, pommes de terre, etc., qui se cultivent souvent dans les champs, et les légumes *fins*, comme les asperges, petits pois et salades, que l'on ne trouve que dans les jardins potagers.

DES RADIX DES RAVES
Gravure de Ravenet, d'après Boucher (xviiie siècle).

Les légumes se classent encore en légumes *frais*, légumes *secs* et légumes *conservés*.

Légumes frais. — On divise les légumes frais en *primeurs* et *légumes ordinaires*.

Les primeurs viennent surtout de l'Algérie, du midi de la France et des environs de Paris, où grâce à des soins spéciaux ils devancent

Le carreau des Halles centrales, à Paris.

l'époque de leur maturité normale. Cette culture spéciale s'applique surtout aux asperges, haricots verts, petits pois, pommes de terre nouvelles, choux-fleurs, romaine, chicorée, radis rose. Vers la fin de janvier on voit arriver à Paris les petits pois de l'Algérie; puis les autres primeurs, qui viennent de Marseille, Bordeaux, Tours, Limoges.

Légumes secs. — Ce sont les haricots, la lentille, le pois, la fève, le pois chiche, etc. Il y a encore peu d'années on consommait beaucoup de ces légumes; cette consommation a beaucoup diminué depuis le développement des primeurs. La plupart de ces légumes ont pourtant une très réelle valeur alimentaire.

Légumes desséchés. — Un certain nombre de procédés permettent de dessécher les légumes verts et par suite de les conserver en les soumettant à l'action de l'air chaud et sec.

À Paris aussi bien qu'en province, un grand nombre d'industriels dessèchent les légumes; à Meaux, on dessèche la carotte; au Mans et à Bois-Colombes, la pomme de terre, le petit pois et l'oignon; à Dunkerque, le chou, l'épinard et la chicorée; à Rueil, les haricots verts, etc.

Légumes conservés. — Voir le chapitre des « Conserves alimentaires ».

On trouvera plus loin des indications sur les qualités de chaque légume et le temps de cuisson nécessaire à chacun d'eux; au chapitre des « Recettes culinaires » on donnera les préparations les plus usuelles.

LES ENTREMETS

On donne le nom d'*entremets* aux différentes préparations culinaires que l'on sert sur la table en même temps que le rôti, ou séparément à sa suite.

Actuellement on n'a guère conservé ce nom qu'aux *entremets sucrés*, dont le rôle, dans un repas ordonné, consiste à séparer le premier service du second.

Dans la pratique courante, les *entremets de légumes* se servent immédiatement après le rôti et la salade qui l'accompagne, tandis que les entremets sucrés précèdent le fromage et le dessert. Parmi les entremets sucrés les plus courants citons : les omelettes sucrées au rhum ou aux confitures, les soufflés, les œufs à la neige ou au lait, les crèmes solides ou liquides, les mousses, les charlottes, les croûtes aux fruits, les beignets divers, les gâteaux de féculents ou de fruits, les sorbets, etc. Voyez ces mots aux « Recettes culinaires ».

LÉGUMES

Artichaut gros vert de Laon.

Artichaut violet hâtif.

À l'eau, dans la casserole, sur le fourneau : 22 à 25 minutes. Au jus, dans la casserole, au four : 3 heures.

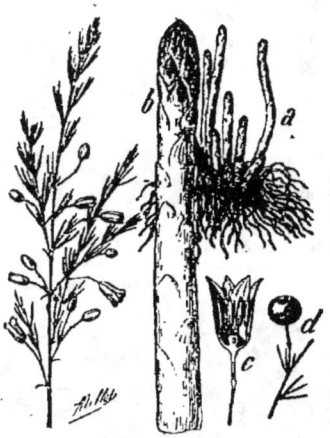

Asperge.

a, griffe ; *b*, tige comestible ; *c*, fleur ; *d*, fruit.

Peu nourrissante, très diurétique. À l'eau, dans la casserole, sur le fourneau : 20 à 22 minutes.

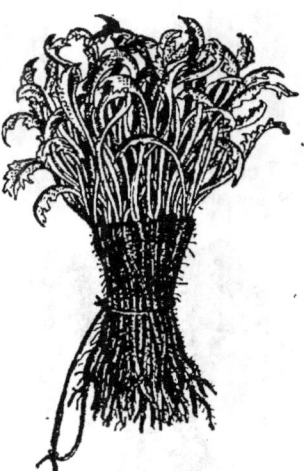

Barbe-de-capucin.

Les feuilles se consomment en salade.

ARTICHAUT — ASPERGE — BARBE-DE-CAPUCIN

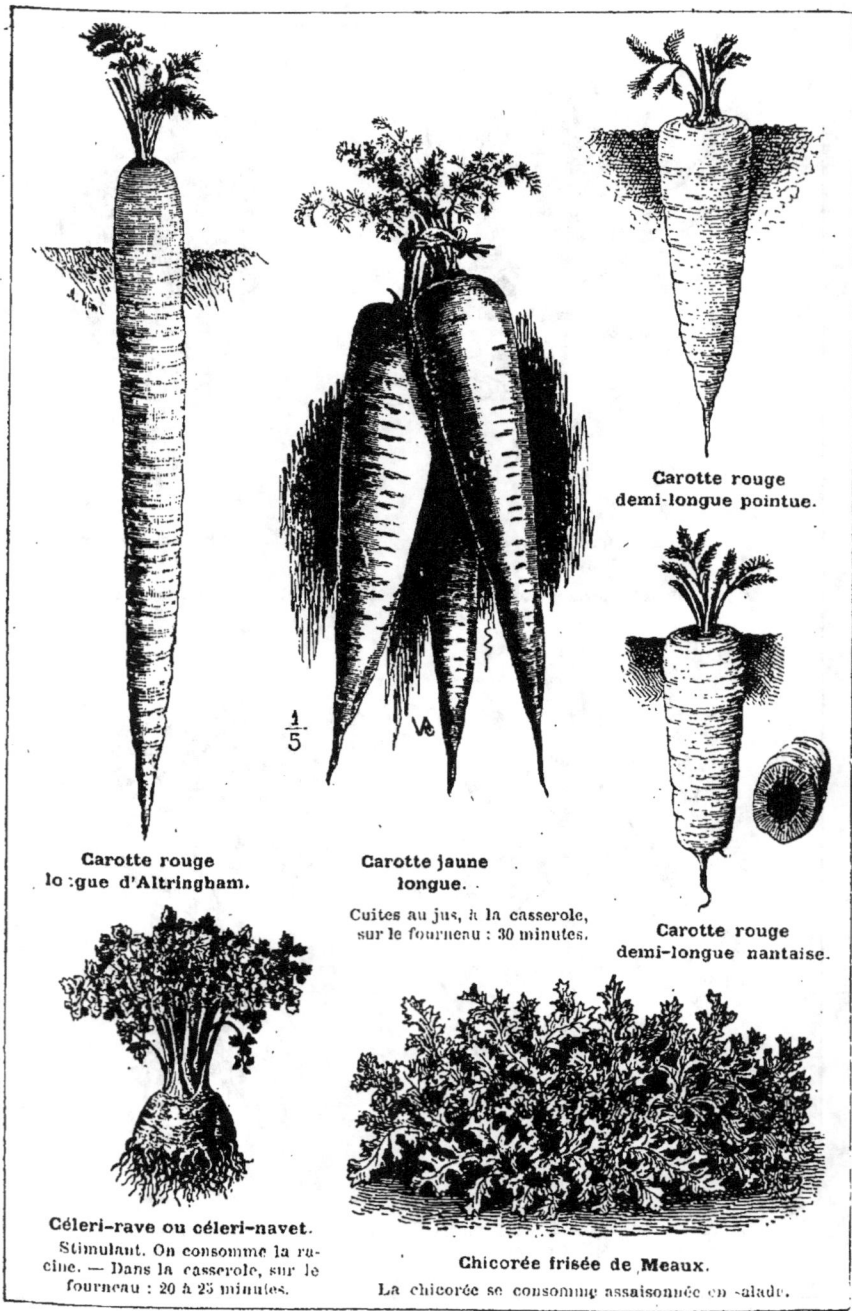

CAROTTE — CÉLERI-RAVE — CHICORÉE

Céleri plein blanc doré.

Céleri creux.

Dans la casserole, sur le fourneau : 20 à 25 minutes.

Chicorée frisée fine d'été.
Se consomme assaisonnée en salade.

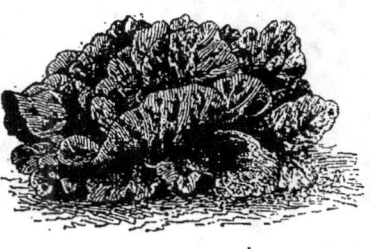

Chicorée sauvage améliorée.
Se sert assaisonnée en salade. On la prépare aussi hachée, cuite à l'eau, sur le fourneau : 25 minutes.

CÉLERI — CHICORÉE

LES LÉGUMES.

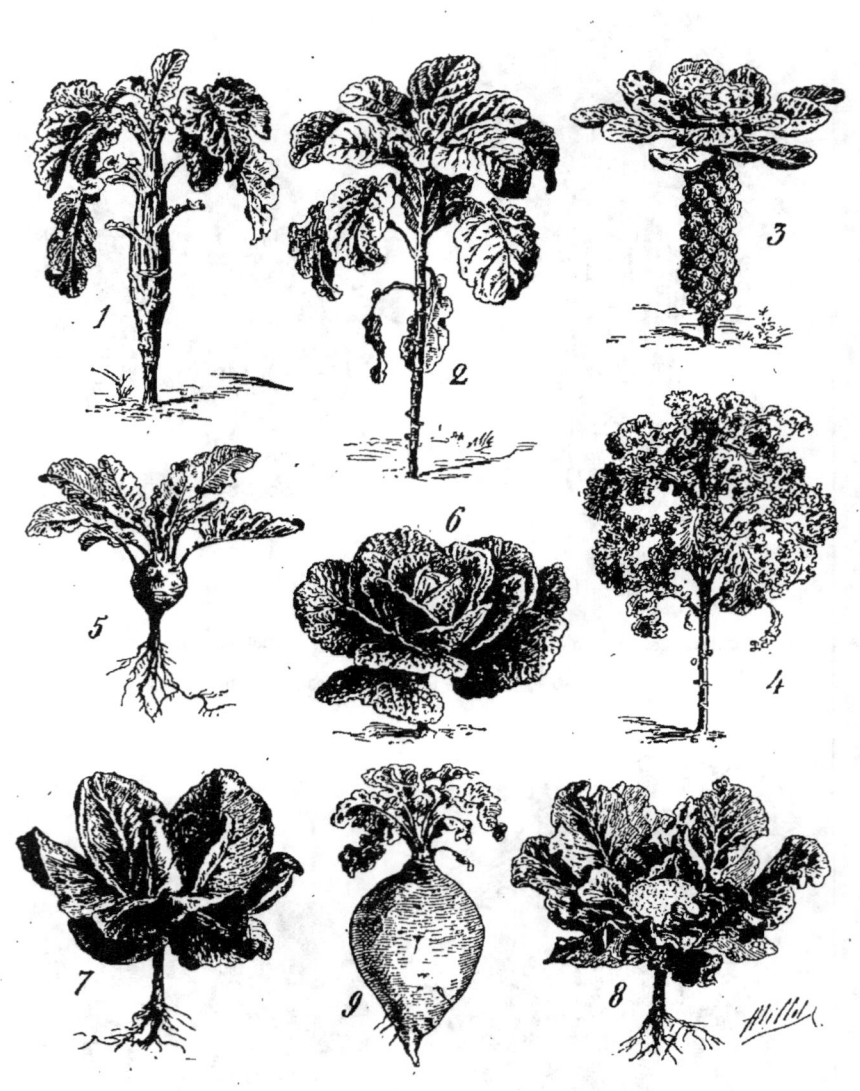

1. Chou moellier. — 2. Chou cavalier. — 3. Chou de Bruxelles. — 4. Chou frisé.
5. Chou-rave. — 6. Chou de Milan. — 7. Chou d'York. — 8. Chou-fleur. — 9. Chou-navet.

Choux de Milan, à la casserole, sur le fourneau : 1/2 heure.
Choux de Bruxelles, à la casserole, sur le fourneau : 20 à 25 minutes.
Chou-fleur à la casserole, sur le fourneau : 20 à 25 minutes.

CHOUX

Scarole blonde.
Se consomme surtout en salade.
A la casserole : 2 heures.

Cardon de Tours.
A la casserole, sur le fourneau : 4 heures.

Endive.
Très estimée.
A la casserole,
sur le fourneau :
30 minutes.

Épinard monstrueux de Viroflay.
Peu nourrissant, mais de digestion facile ; est laxatif. — A la casserole,
sur fourneau : 8 à 10 minutes.

CARDON — ENDIVE — ÉPINARD — SCAROLE

LES LÉGUMES.

Cresson de fontaine.
Consommé en salade à l'état frais ; stimulant, antiscorbutique.

Fève.
a, fleur ; *b*, graine.
A la casserole, sur le fourneau :
10 à 15 minutes.

| Haricot beurre ivoire. | Haricot blanc géant. | Haricot de la Val d'Isère. | Haricot zébré. | Haricot Émile. |

Haricots verts (avant maturité), faciles à digérer. — A la casserole, sur le fourneau :
20 à 25 minutes.

Haricots secs, assez indigestes. — A la casserole, sur le fourneau : 1 heure et demie.

CRESSON — FÈVE — HARICOT

Laitue Passion.

Laitue morine.

Laitue crêpe.

Laitue palatine.

Se consomment généralement en salade. Cuites au jus, à la casserole, dans le four : 1 heure 1/4.

Lentille.
a, fleur; *b*, fruit.
Très nourrissante — Dans la casserole, sur le fourneau : 4 heures.

Mâche à feuilles rondes.
Se mange fraiche en salade; très estimée.

LAITUE — LENTILLE — MACHE

LES LÉGUMES.

Navet long.
Dans la casserole, sur fourneau : 1 heure 1/4.

Navet jaune boule d'or.
Dans la casserole, sur fourneau :
2 heures.

Oseille de Belleville.
A la casserole, dans le four : 2 heures.

Poireau long d'hiver.

Poireau monstrueux de Carentan.

Sert comme assaisonnement ; assez indigeste. — A la casserole, sur fourneau : 1 heure 1/4.

NAVET — POIREAU — OSEILLE

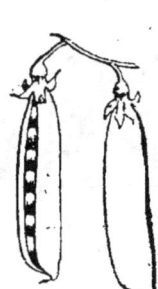
Pois Michaux.

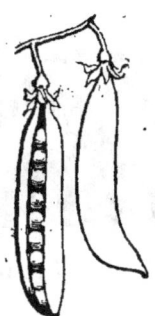
Pois serpette.

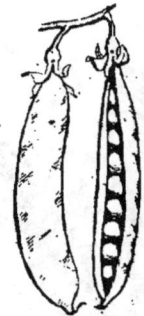
Pois sabre.

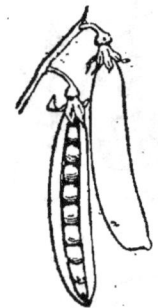
Pois de Clamart.

Pois corne-de-bélier.

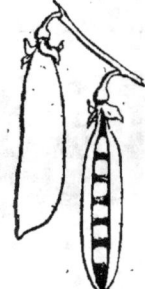
Pois nain vert.

Frais, de facile digestion ; moins quand ils sont secs. — A la casserole, sur fourneau : 30 minutes.

Romaine rouge d'hiver.

Romaine blonde maraîchère.

Se mange en salade. — Se fait aussi cuire au jus, à la casserole, dans le four : 1 heure 1/4.

LES LÉGUMES.

Pomme de terre Marjolin.

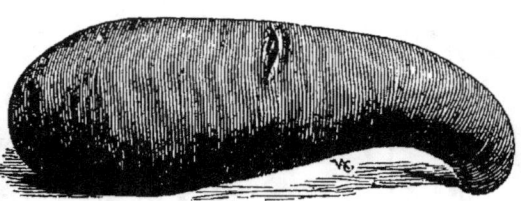

Pomme de terre rouge longue de Hollande.

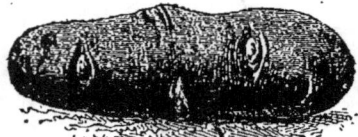

Pomme de terre pousse debout.

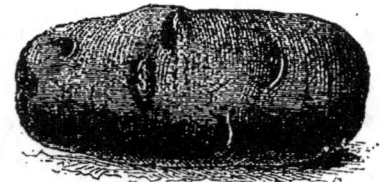

Pomme de terre magnum bonum.

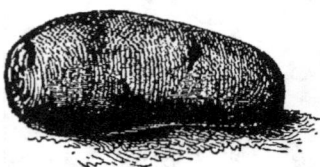

Pomme de terre quarantaine de Noisy.

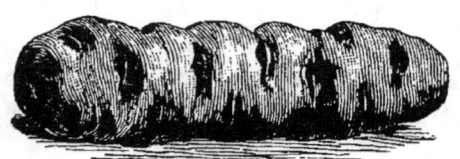

Pomme de terre vitelotte rouge.

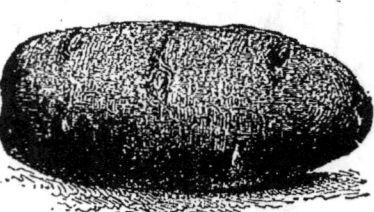

Pomme de terre saucisse.

Pomme de terre Shaw.

En robe de chambre, sur fourneau : 45 minutes. — Frites dans la poêle, sur fourneau : 10 minutes. — Soufflées dans la poêle, sur fourneau : 10 minutes. — A la maître d'hôtel, dans la casserole, sur fourneau : 35 minutes. — En purée, dans la casserole, sur fourneau : 30 minutes.

POMMES DE TERRE

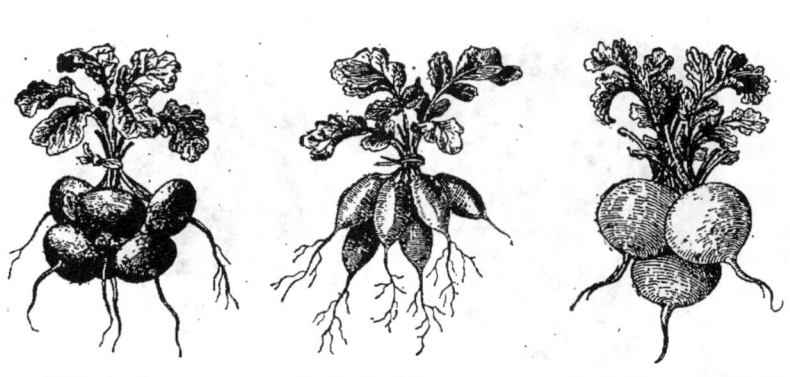

Radis rond rose.   Radis demi-long rose.   Radis blanc rond d'été.

Se mangent crus, accompagnés de beurre et de sel, au commencement du repas, comme hors-d'œuvre.

Salsifis.

Agréable, sain, nourrissant.
A la casserole, sur le fourneau : 4 heures.

Tomate rouge naine hâtive.

Est employée surtout pour les sauces.
Farcies dans plat à sauter sur le fourneau : 18 à 20 minutes.

RADIS — SALSIFIS — TOMATE.

LÉGUMES-FRUITS

Melon cantaloup d'Alger.

Melon cantaloup noir des Carmes.

Melon cantaloup Prescott fond blanc de Paris.

Melon cantaloup Prescott hâtif à châssis.

Melon de Honfleur.

Melon maraîcher rond de Paris.

Rafraîchissant ; se consomme cru, soit avec du sucre, soit avec du sel et du poivre ; tantôt au commencement du repas, tantôt à la fin du repas en guise de fruit.

MELONS

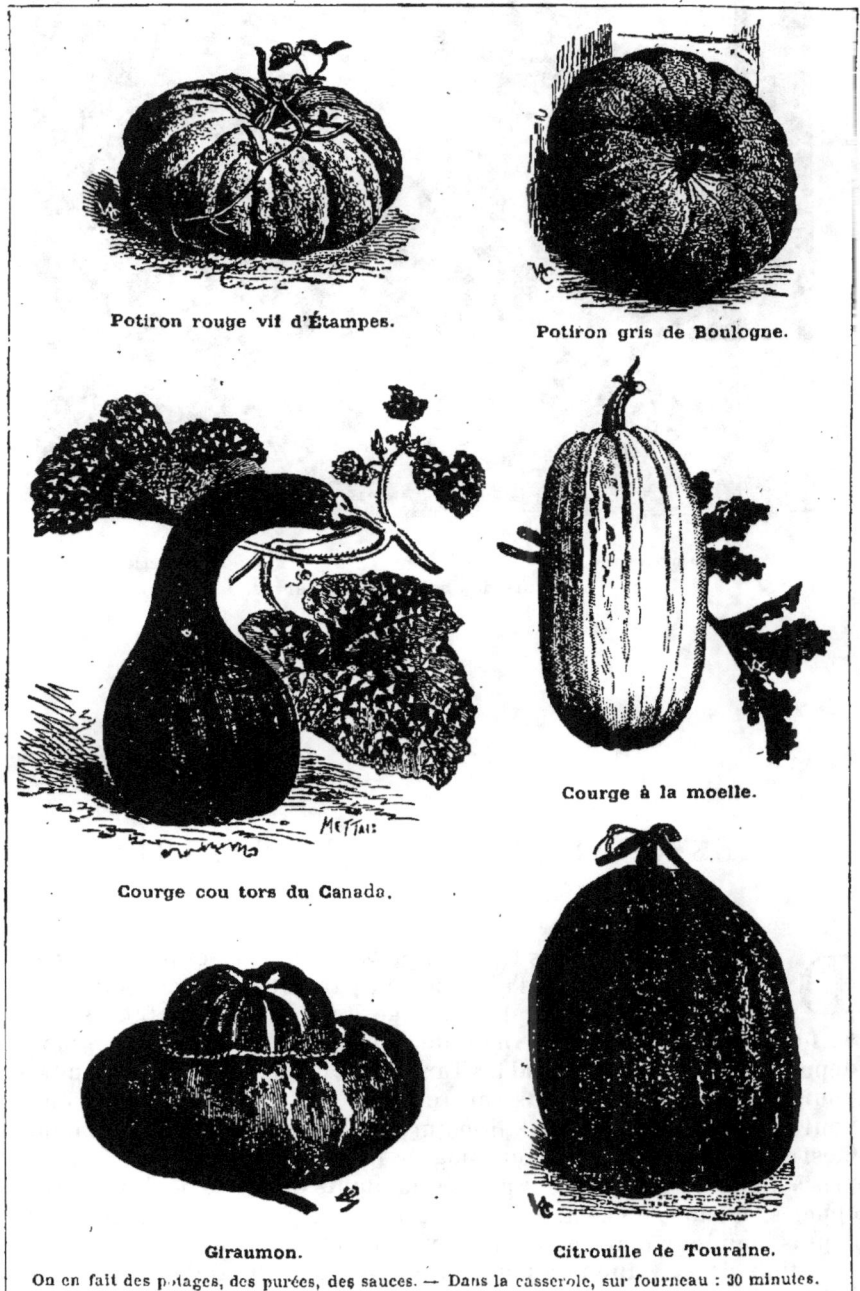

Potiron rouge vif d'Étampes. — Potiron gris de Boulogne. — Courge cou tors du Canada. — Courge à la moelle. — Giraumon. — Citrouille de Touraine.

On en fait des potages, des purées, des sauces. — Dans la casserole, sur fourneau : 30 minutes.

POTIRON — COURGE — CITROUILLE

Premier mouvement. 2ᵉ mouvement.
Ouverture des boîtes de conserves.

LES CONSERVES ALIMENTAIRES

DE tout temps et dans tous les pays l'homme a senti la nécessité de s'approvisionner d'aliments et, partant, de les conserver. Un grand nombre de peuples sauvages font, dans ce but, ou sécher ou fumer leur gibier et leur poisson. C'est le procédé qu'ont employé depuis un temps immémorial les Tartares et les Mexicains, les premiers pour garantir leurs aliments contre les effets de la gelée, les seconds pour en prévenir la fermentation qui résulterait de l'extrême chaleur. C'est ce qu'on nomme le « boucanage ». Il est pratiqué par certains peuples à demi civilisés, surtout par les habitants des côtes de l'Amérique, appelés, à cause de cela, « boucaniers ». Les peuples d'Occident ont, depuis bien longtemps déjà, employé un moyen analogue pour la conservation de la viande de porc, et notamment du jambon, dont il se fait un si grand commerce et une si grande consommation dans l'est et le midi de la France, en Angleterre et en Allemagne.

Mais ce procédé n'est déjà plus la dessiccation pure et simple. Dans les climats chauds, cette dessiccation est la chose du monde la plus facile, la plus certaine et la plus commode, sinon la meilleure. Les viandes, exposées à la chaleur du soleil pendant quelques jours, deviennent dures comme du bois, légères comme la plume. C'est une cuisson naturelle et économique. Volney, qui prit part à l'expédition d'Égypte, raconte qu'il vit dans ce pays le cadavre d'un chameau desséché ainsi au soleil, et il affirme qu'un homme aurait pu facilement le soulever, ce qui permet de croire qu'il avait perdu les huit dixièmes de son poids.

La dessiccation n'est pas seulement appliquée aux viandes, elle l'est aussi aux aliments végétaux, et longtemps avant qu'on ne songeât à exploiter d'une façon industrielle la conservation des substances alimentaires les habitants des campagnes employaient ce procédé pour un grand nombre de légumes, qu'ils faisaient dessécher, soit au four, soit sous le manteau des grandes cheminées d'autrefois. Ces légumes étaient ensuite mis en sacs, enfouis dans les buffets ou les bahuts. Au moment d'en faire usage on les mettait tremper dans l'eau tiède, pour qu'ils reprissent un peu de leur fraîcheur et de leur volume primitifs.

Mais ce moyen, appliqué d'ailleurs d'une façon élémentaire, enlevait aux légumes une partie de leur suc, presque toute leur saveur, et leur donnait un goût fade qui n'était pas sans analogie avec celui du foin.

Avant d'indiquer les procédés employés aujourd'hui pour la conservation des aliments, il est utile de dire un mot des causes de décomposition qu'ils subissent. Toutes les substances animales ou végétales sont des composés chimiques plus ou moins complexes, dont les éléments se combinent régulièrement et graduellement. Mais dès que cesse la vie qui entretenait dans ces substances un mouvement régulier de combinaisons, on voit apparaître un phénomène de décomposition chimique qu'on appelle la fermentation, et qui n'est autre chose qu'une transformation des éléments d'un corps en composés plus simples. Cette transformation a surtout lieu au contact de l'air, par l'action de l'oxygène qu'il contient, en présence de l'eau, et à une température de 0° à 100°. Les substances fortement azotées se décomposent plus rapidement au contact de l'air, parce que l'azote qu'elles contiennent a une très grande affinité pour l'oxygène. La fermentation, qui est en définitive une combustion, dégage de l'acide carbonique et produit de l'ammoniaque quand elle agit sur les matières azotées. Les moyens les plus élémentaires de conservation des aliments sont donc de les garantir complètement de ce contact ou de les ramener en quelque sorte à l'état de minéraux, en rendant la combinaison de leurs éléments à peu près stable; c'est ce que produit l'entière dessiccation, qui laisse se dégager les éléments volatilisables et cristallise en quelque sorte les autres, mais fait en mêm-

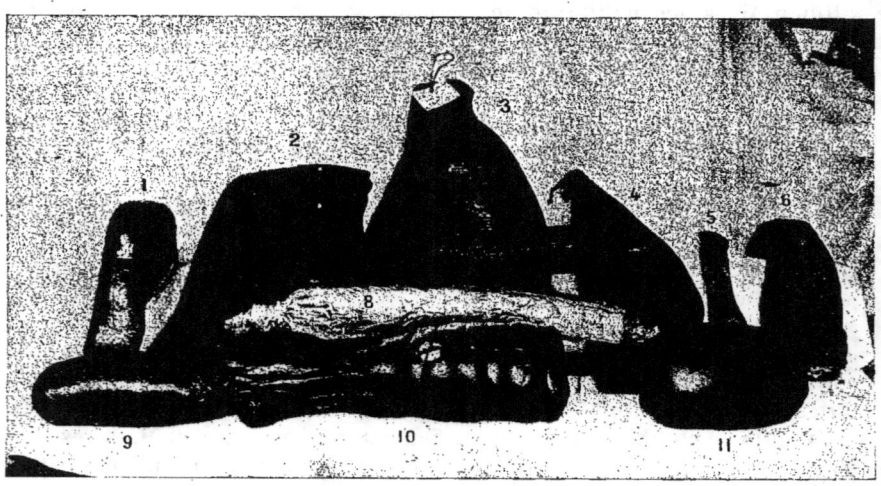

1. Langue fumée de Cambrai. — 2. Belly bacon (lard anglais à frire). — 3. Jambon irlandais — 4. Filet de bœuf de Hollande.

5. Langue fumée de renne de Laponie. 6. Langue fumée de Valenciennes — 7. Salami de Gotha. — 8. Saucisson de Lyon. —

9. Poitrine d'oie fumée de Poméranie. 10. Jambon de Mayence. — 11. Noix de veau de Strasbourg.

Viandes fumées.

Spécialités de la maison Gilot de Paris.

temps, par la modification moléculaire qui en résulte, perdre aux aliments presque toute leur saveur.

L'idéal, dans la conservation des matières alimentaires, est de leur laisser l'aspect qu'elles ont à l'état frais, afin d'éviter la répugnance plus ou moins justifiée du consommateur.

La *dessiccation* prive les ferments de l'humidité nécessaire à leur développement. Ce mode de conservation est moins coûteux, mais aussi d'un effet moins durable que les autres. On l'applique à la viande, aux légumes et aux fruits. La poudre de viande est fabriquée surtout dans la république Argentine. Les parties les plus charnues du bœuf, hachées mécaniquement et additionnées de sel, sont desséchées dans des étuves dont la température atteint progressivement 75 degrés. La chair séchée est ensuite réduite en poudre. C'est surtout en Angleterre et en Allemagne qu'on en fait usage. Dans certains États de l'Amérique du Nord, la conservation des fruits se fait en grand par la dessiccation, soit au soleil, soit à l'aide de machines spéciales.

On ne doit employer les légumes et les fruits secs qu'après leur avoir restitué leur humidité en les immergeant dans l'eau pendant un certain laps de temps.

La méthode de l'*ébullition* suivie de la fermeture hermétique des récipients, par le procédé Appert plus ou moins modifié, est appliquée à la conservation des matières alimentaires les plus diverses : petits pois, haricots verts, asperges, etc.; langoustes, homards, viandes américaines, australiennes, tripes à la mode de Caen, civet de lièvre, etc. Tous ces aliments sont chauffés au bain-marie, avec une certaine quantité d'eau pure ou salée, dans des boîtes de fer-blanc soudées. L'armée de terre et la marine consomment, en France et chez les puissances étrangères, de grandes quantités de viandes ainsi conservées.

Les sardines, les anchois, les maquereaux, le thon, etc., se conservent de la même manière, mais en remplaçant l'eau par de l'huile. On fait aussi des conserves de harengs, marinés dans du vin blanc additionné d'épices.

Dans cette catégorie rentrent encore les conserves de fruits à l'eau sucrée, qui peuvent être confectionnées dans les ménages, en remplaçant les boîtes soudées par des flacons en verre à fermeture hermétique. L'ébullition au bain-marie est maintenue pendant quinze minutes pour les fraises et les framboises, vingt minutes pour les cerises, les pêches et les prunes, trente minutes pour les coings, deux heures pour les ananas.

Les méthodes d'*enrobement*, par lesquelles on revêt les conserves de gélatine, de graisse ou de toute autre substance imperméable à l'air, et les méthodes *chimiques* sont encore l'objet de nombreux essais.

La *congélation*, qui stérilise les microbes et les germes de la putréfaction, permet d'importer en Europe, sous leur forme naturelle, les viandes étrangères utilisées jusqu'alors en Amérique et en Australie d'une façon peu rationnelle, et de constituer des réserves de poisson frais pour les jours où la pêche est peu productive. La viande en quartiers, ou les poissons, sont placés dans des chambres où des machines spéciales injectent de l'air à 8 ou 10 degrés centigrades au-dessous de zéro; l'eau s'élimine et la congélation rend la chair aussi dure que du bois. On congèle en une seule opération 30 tonnes de viande et on tient toujours en magasin un dépôt de 550 tonnes. Les bâtiments à bord desquels s'effectue le transport et les magasins qui reçoivent la viande à son arrivée en Europe sont pourvus d'installations analogues et de chambres où l'on dégèle la viande à mesure des besoins. Certaines sociétés de navigation ont fait subir à leurs navires les modifications nécessitées par l'installation frigorifique. Ces bâtiments peuvent charger, par exemple, un lot de 15 000 moutons à chaque voyage. Des établissements se sont installés en Australie pour congeler 450 000 moutons par an. Ces conserves jouissent d'une très grande vogue à Londres, qui en tire d'énormes quantités de l'Australie, de la Nouvelle-Zélande et de la Plata.

Ces importations peuvent s'écouler rapidement dans les pays où l'on absorbe des masses de viande sans trop regarder à la qualité; mais les viandes américaines et australiennes, fort aqueuses, ne peuvent rivaliser avec les produits indigènes et ne sont pas estimées du consommateur français, qui préfère la qualité à la quantité; en outre, elles doivent être consommées aussitôt après avoir été dégelées.

Les *antiseptiques* sont surtout employés en Allemagne et en Angleterre. Outre le sel de cuisine on adjoint encore aux conserves le salpêtre, l'acétate et le borate de soude, l'acide borique, etc. L'antisepsie permettant d'écouler des denrées en voie de décomposition, le public garde, avec juste raison, une certaine réserve envers ces aliments, car le dosage des réactifs qui y figurent est confié parfois à des mains peu compétentes, et tous ces réactifs sont toxiques, même à faible dose.

Le rôle des conserves dans l'alimentation n'est plus prépondérant que dans les contrées sans ressources et dépourvues de moyens de communication rapides. Il garde toute son importance dans les longs voyages d'exploration sur terre ou sur mer, ainsi que dans l'armée.

Malgré leur préparation soignée, les conserves prises de façon suivie pendant un temps assez long sont difficiles à supporter par certains estomacs. Elles demandent à être mariées à des aliments frais.

Modes d'emploi des conserves. — Pour être mangées bonnes, les conserves doivent être ouvertes et sorties de leurs boîtes plusieurs heures avant d'être employées.

Il suffit de réchauffer celles qui sont accommodées et d'accommoder au gré du consommateur celles qui sont au naturel.

Les bouillons et consommés, ainsi que le lait concentré, reçoivent une addition d'eau et se font bouillir promptement dans une casserole.

Les pâtés, conserves à la gelée, les viandes américaines se servent froids et tels qu'ils sont dans les boîtes, qui doivent être, surtout en été, rafraichies avant d'être ouvertes, soit à la glace, soit dans l'eau bien fraîche.

Certaines viandes, bœuf en daube, mouton ou veau braisé, peuvent se manger réchauffées ou froides, au goût du consommateur.

Les viandes de charcuterie, saucisses, andouillettes, etc., et autres conservées dans le saindoux sont retirées de la boîte avec précaution; pour cela, on met la boîte ouverte au bain-marie, pour liquéfier le saindoux, que l'on fait écouler; on retire l'aliment sans le briser et on le réchauffe sur le gril ou au four, après l'avoir enveloppé de papier d'office.

Les poissons à l'huile, sardines, thon, petits maquereaux, se mangent tels quels et se conservent quelques jours sans altération, en ayant soin qu'ils baignent complètement dans l'huile. Les sardines au beurre et à la tomate peuvent se servir froides, mais sont excellentes réchauffées à la poêle.

Les poissons au naturel doivent être bien égouttés et peuvent se manger froids, avec une mayonnaise ou une vinaigrette, ou réchauffés au bain-marie et accompagnés d'une sauce blanche ou autre.

Les légumes accommodés n'ont besoin que d'être réchauffés à feu vif en veillant à ce qu'ils ne brûlent pas.

Les cèpes à l'huile non accommodés et ceux au naturel sont essuyés au sortir de la boîte; puis on les fait sauter à l'huile ou au beurre avec un hachis composé d'ail ou d'échalote, queues de cèpes et persil frais, sel et poivre.

Les légumes au naturel, asperges, haricots verts, pois, artichauts, doivent, au sortir de la boîte, être passés dans l'eau fraîche, puis accommodés comme les légumes frais.

La choucroute et les tripes sont tout accommodées et doivent seulement être réchauffées.

Il est indispensable de préserver les boîtes de conserves de l'humidité, toute tache de rouille pouvant perforer la boîte et amener la détérioration du contenu.

LES FROMAGES

Historique. — En France l'industrie des fromages est connue depuis des siècles. Pline, au 1er siècle de notre ère, parle des fromages du Gévaudan et de Nîmes, très recherchés par les Romains, qui les faisaient venir à grands frais de leur lieu d'origine. Le poète Martial fait mention des fromages de Toulouse.

Les fromages de la Brie, de la Champagne étaient estimés dès le xie siècle; le brie surtout, si goûté de nos jours, est cité avec éloge par nos fabliers et conteurs anciens. Un peu plus tard, on mentionne les fromages de Lyon, de Béthune, de la Grande-Chartreuse, et surtout les angelots normands, en forme de cœur, qui étaient déjà renommés.

Cependant au xvie siècle les relations des ambassadeurs de Venise prétendent qu'on ne se donnait pas la peine de fabriquer de bons fromages en France, et que ceux qui avaient de la réputation étaient fabriqués par des Italiens. Après les guerres d'Italie (1486), les fromages parmesans et florentins avaient pénétré en France.

Malgré les affirmations de certains auteurs des xvie et xviie siècles, disant que le fromage était lourd pour l'estomac, l'usage ne s'en passa point, et sous Louis XIV le fromage fut même mêlé à la composition d'une infinité de mets, notamment dans la pâtisserie.

Depuis cette époque l'industrie concernant la fabrication des diverses variétés de fromages n'a fait que prospérer.

Dans certaines contrées de la France et de l'étranger, l'homme se nourrit presque exclusivement de pain et de fromage, ne mangeant que rarement de la viande. Le fromage est non seulement l'aliment du pauvre, mais aussi un mets très apprécié par les riches, étant presque toujours le complément indispensable d'un bon repas et permettant de mieux apprécier l'arome des vins généreux.

Confection. — On obtient le fromage par la fermentation du caillé, et celui-ci résulte de la coagulation du lait. Par l'addition de *présure*, substance que l'on trouve dans le quatrième estomac des jeunes veaux et qui est appelée *caillette*, ou de certains agents chimiques, comme l'alcool ou l'acide lactique, ou même de certains sucs végétaux, on sait que le lait se transforme en *caillé*. Découpé et soumis à certaines manipulations, le caillé se contracte et expulse de sa masse une partie de l'eau et des matières solubles qui s'y trouvent emprisonnées. Il prend une consistance de plus en plus ferme et, finalement, se trouve formé de la majeure partie des matières nutritives du lait : la presque totalité de la caséine, une forte proportion des globules de beurre, un peu de lactose, une certaine proportion de sels minéraux.

Le caillé est excessivement altérable : il ne tarde pas à subir la fermentation qui le transforme en fromage véritable. En d'autres termes, il se peuple d'une infinité de microrganismes qui vivent de sa substance et la modifient d'une manière profonde. La caséine se solubilise d'abord (c'est-à-dire se transforme en produits analogues, toutefois solubles et immédiatement digestibles), puis se décompose partiellement et donne naissance à des produits sapides et odorants, notamment à des sels ammoniacaux; la matière grasse, enfin, est saponifiée.

Il devient de jour en jour plus difficile de se procurer des fromages de choix, surtout parmi les bries et les camemberts. Pour les premiers, il semble que les fermiers, cherchant surtout le rendement au détriment de la qualité, abusent du tourteau et de la pulpe de betterave pour la nourriture des vaches. L'emploi de la présure artificielle en remplacement de la caillette de veau paraît avoir aussi une influence marquée sur la qualité des fromages.

Quant au camembert, fabriqué anciennement par les fermiers, il ne l'est presque plus aujourd'hui que par des industriels qui en produisent de grandes quantités. Or le lait recolté à plusieurs lieues à la ronde, ballotté, mélangé, ne donne que rarement le délicieux fromage d'antan, et sa réputation tend à se perdre de plus en plus.

Variétés. — En raison des analogies de fermentation et de fabrication, il est possible de rapporter la plupart des fromages à l'une de ces catégories : *fromages frais, fromages fermentés à pâte molle, fromages fermentés à pâte résistante, fromages de Roquefort ou analogues.*

Fromages frais. — La confection des fromages frais est simple. Le caillé étant obtenu, on le met à égoutter dans une « forme » en fer-blanc, percée de trous à la partie inférieure. Les *fromages blancs* et *fromages à la crème* ne sont pas obtenus d'autre manière. Toutefois la pâte des *fromages à la crème* est délayée et malaxée dans une certaine quantité de crème, ce qui la rend plus onctueuse.

Les fromages fabriqués dans le département de la Seine-Inférieure, à Gournay, à Neufchâtel-en-Bray, et appelés *bondon, suisse, gournay*, proviennent de lait pur additionné de crème. — Le petit fromage appelé *suisse* est semblable à ceux de Neuchâtel (Suisse).

Fromages fermentés à pâte molle. — On classe dans cette catégorie les fromages dont le caillé ne subit ni cuisson, ni pression extérieure. Les fromages de *Brie*, de *Coulommiers*, de *Camembert* en sont les types les mieux caractérisés ; d'autres fromages de cette catégorie ont leurs amateurs, tels le *pont-l'évêque*, le *livarot*, etc. Dans la fabrication de ces fromages, la coagulation du lait par la présure est déterminée, en un temps relativement long (trois heures), à une température relativement basse (30°). Ces conditions ne favorisent pas une contraction énergique du caillé, qui reste mou et spongieux. Comme les milieux acides sont favorables au développement des moisissures, on en voit bientôt qui couvrent la pâte d'une végétation abondante. Au développement des moisissures succède le développement de bactéries aérobies (c'est-à-dire ayant besoin d'air pour vivre), qui achèvent de mûrir le fromage.

Les détails de fabrication diffèrent nécessairement avec chaque espèce. Pour certains fromages, par exemple le camembert, on fait commencer la fermentation dans un haloir bien aéré. Elle demande plusieurs semaines et elle exige des soins continuels.

Fromages fermentés à pâte résistante. — Les fromages de cette catégorie sont : le *gruyère*, qui tire son nom du village de Gruyère (Suisse) et se fabrique en Suisse et en France sur les montagnes du Jura et des Vosges ; une variété, l'*emmenthal* (d'Emmenthal, vallée suisse), est de qualité supérieure ; le *hollande*, le *parmesan*, le *bourgogne*, et, d'une manière générale, les fromages dont la pâte est soumise à une pression extérieure.

Le caillé en est obtenu dans un temps relativement court et à une température relativement élevée. Dans ces conditions, il est plus cohérent et plus ferme que le caillé des fromages mous. Pour hâter l'expulsion du sérum, la pâte, disposée dans un vase de bois, est malaxée et pressée énergiquement avec les bras (cantal), ou bien elle est divisée avec soin, puis chauffée (hollande, 36°), ou même cuite (gruyère, parmesan, 50° à 60°). Dans la fabrication du fromage de Gruyère, le caillé, après la cuisson, est disposé à l'intérieur d'un grand moule circulaire et soumis à une pression progressive. Par l'effet de cette pression, le fromage prend la forme d'un grand cylindre aplati ; sa pâte est devenue résistante, presque impénétrable à l'air. Finalement on porte le fromage dans les caves, où il est salé et mis à fermenter.

Dans la fabrication du fromage de *Hollande*, du fromage de *Bourgogne* et des autres fromages à pâte ferme, les procédés mis en œuvre sont différents, la pression exercée est beaucoup moins considérable, mais le résultat auquel on vise est toujours le même : obtenir une masse solide, résistante, difficilement pénétrable à l'air. Aussi la pâte se peuple immédiatement de bactéries, surtout de bactéries anaérobies, qui la transforment et la mûrissent.

1. Gournay.
2. Coulommiers.
3. Camembert.
4. Petit camembert.
5. Livarot.
6. Suisse.
7. Pont-l'Evêque.
8. Bondon.
9. Brie de Melun.
10. Port-Salut.
11. Crème demi-sel.
12. Brie.
13. Cœur crème.

Variétés de fromages.

1. Roquefort.
2. Gruyère.
3. Hollande rouge.
4. Parmesan.
5. Bourgogne.
6. Hollande gras.

Variétés de fromages.

Fromage façon Roquefort. — Le fromage de *Roquefort* et ses analogues (*bleu d'Auvergne, gorgonzola*, etc.) sont à pâte ferme, c'est-à-dire que le caillé subit une pression, comme celui des fromages précédents, mais la maturation, comme celle des fromages mous, en est due à l'action d'une moisissure (le *penicillum glaucum*). Celle-ci végète à l'intérieur de la pâte, où elle dessine des marbrures verdâtres. Pour parvenir à ce résultat le caillé est ensemencé avec abondance de spores de la moisissure; la fermentation du fromage est opérée à très basse température, ce qui empêche le développement des espèces microscopiques rivales, surtout des bactéries; enfin, pour aérer la pâte, on la crible de trous verticaux.

Le tableau ci-contre, d'après M. Léon Nortier, un des marchands de fromages de Paris les plus connus, donnera les moyens de reconnaître aussi fidèlement que possible un bon fromage d'un mauvais, avec les saisons de l'année où il est préférable de les consommer.

Falsifications. — On falsifie assez souvent le fromage avec des fécules ou de la mie de pain; en ajoutant de l'eau iodée et en examinant au microscope on découvre facilement cette fraude sur le résidu dégraissé par le sulfure de carbone.

La falsification la plus courante consiste à ajouter au lait certaines matières grasses étrangères, du saindoux, de la margarine, qui remplacent ainsi le beurre dans les fromages fabriqués avec le lait écrémé. Cette falsification est facile à découvrir par l'examen de la matière grasse que le chimiste extrait et analyse.

Les fromages sont parfois colorés avec des couleurs végétales.

Enfin on a trouvé le moyen de substituer aux vrais fromages de Gruyère et de Roquefort des imitations. Il suffit d'examiner la croûte de ces fromages pour reconnaître la supercherie.

Un dernier conseil : on ne doit pas oublier que les fromages s'altèrent facilement, surtout quand la température est humide ou élevée. On remarque alors qu'ils sont couverts de croûtes moisies; ces moisissures sont presque toujours envahies par les larves d'une très petite mouche noire nommée *piophila casei*. Ces larves, absorbées par le consommateur, peuvent déterminer de violentes coliques d'intestin. A leur tour, ces larves sont combattues, alors qu'elles sont sur ces fromages, par un acarien appelé *mite du fromage* ou *tyroglyphus siro*. Cet acarien entre dans la croûte des fromages, où il reste sédentaire, et donne à certains fromages un goût âcre et amer, apprécié de certains palais, mais que le plus grand nombre des consommateurs ne peuvent supporter.

Dans tous les cas il est préférable de s'abstenir des fromages trop *faits*, car ils contiennent tous un grand nombre de moisissures, dues à des bactéries, comme nous l'avons montré plus haut.

Saisons et qualités des fromages.

	BONNE QUALITÉ	QUALITÉ DÉFECTUEUSE
Brie. Saison : du 1ᵉʳ octobre à fin avril.	Moelleux, tendre sous le doigt sans être coulant ; la pâte d'une couleur jaune pâle ; la croûte ni trop rouge, ni trop bleue, ni trop blanche, mais présentant un mélange de ces trois couleurs.	Refuser un fromage sec ou coulant et, de même, celui dont la croûte serait uniformément rouge, ce qui est un indice d'échauffement, ou trop noire et à pâte blanche.
Camembert. Saison : pas avant le 1ᵉʳ décembre et jusqu'à fin mars.	Moelleux, tendre sous la pression du doigt, sans être coulant ; la croûte bien ressuyée, mince et plutôt rougeâtre ; la pâte jaune pâle, bien lisse, sans yeux.	Sec ou coulant en eau, croûte épaisse noire ou bleue, pâte trop blanche.
Roquefort. Saison : de mars à juillet.	Pâte très grasse et veinée de bleu et d'une façon bien régulière, croûte grise bien ressuyée.	La pâte trop blanche est un indice que le fromage n'est pas fait, est sec et sans goût ; trop noire, il est trop avancé.
Gruyère emmenthal. Saison : de préférence juillet, août et septembre, époque où, ayant pris du sel et du goût, il n'est cependant pas encore trop fort.	Pâte jaune clair, grasse, ne s'émiettant pas entre les doigts. Les yeux grands, réguliers et cependant pas trop nombreux. Pas de choix à faire d'après la croûte, qui n'est jamais rougie par le fabricant, mais bien par quelques détaillants.	Pâte blanche et sèche, friable, indice d'un fromage de fabrication hivernale. Yeux petits, trop nombreux et s'étendant jusqu'au talon.
Hollande. Saison : de préférence en été.	Pâte jaune rougeâtre, bien grasse, tendre sous le doigt, sans trous.	Sec et petits yeux.

	BONNE QUALITÉ	QUALITÉ DÉFECTUEUSE
Port-Salut. SAISON : été.	Pâte grasse, jaune, bien moelleuse, lisse, sans yeux.	Sec, dur, pâte blanche et nombreux petits yeux.
Coulommiers. SAISON : printemps, été.	Croûte bien fleurie, blanche tirant légèrement sur le gris, onctueux au toucher, et pâte jaune d'or.	Croûte noirâtre et sèche, pâte blanche ou rougeâtre.
Gorgonzola. SAISON : printemps, été.	Pâte blanche et bien persillée sans l'être trop, croûte mince.	Croûte épaisse, pâte jaune et trop persillée.
Parmesan. SAISON : indistinctement en tout temps.	Belle couleur jaune d'or, légèrement pleureur, ce qui est un indice de vieillesse et de qualité.	Blanc, uni.
Livarot. SAISON : automne, hiver.	Croûte rouge bien vernie, moelleux, fait à cœur.	Sec, dur et pas fait.
Pont-l'Évêque. SAISON : été, automne.	Croûte grise, pas trop lisse, bien moelleux, et pâte légèrement jaune.	Croûte lisse, pâte blanche.
Bondon. — Gournay. Neufchâtel. SAISON : printemps, été.	Croûte bien fleurie, blanche tirant sur le bleu, pâte grasse et jaune.	Croûte noire, pâte blanche.
Crème. SAISON : printemps.	Jaune pâle.	Bleuâtre.

LES FRUITS

Récolte et expédition des fruits. — L'époque à laquelle on doit cueillir les fruits varie suivant les espèces, et aussi suivant certaines circonstances. Il importe de bien choisir le moment convenable ; mais il est à peu près impossible de tracer des règles sûres à cet égard. L'expérience et la pratique en apprennent plus sur ce point que toutes les explications. Certains fruits doivent se cueillir un peu avant leur maturité ; telles sont les poires sujettes à devenir molles ou cotonneuses, ainsi que les poires et les pommes tardives, seules ressources de l'arrière-saison, qui ne mûrissent que longtemps après avoir été cueillies. Il en est d'autres, au contraire, qui doivent acquérir toute leur maturité sur l'arbre qui les porte ; tels sont les fruits à noyau et les figues. Le parfum, la couleur, la facilité à se détacher de la branche sont autant de signes auxquels on reconnaît la maturité. Le tact est encore un bon guide ; mais il ne faut y recourir qu'en dernière analyse, et l'on doit s'y prendre avec beaucoup de délicatesse. En pressant trop fortement le fruit pour s'assurer qu'il cède sous le doigt, on peut occasionner une meurtrissure qui fait souvent pourrir la chair et lui communique un goût désagréable. Ces recommandations peuvent s'appliquer au choix et à l'achat du fruit chez le marchand.

La récolte des fruits d'automne doit se faire dans le courant de septembre, un peu plus tôt, un peu plus tard selon que l'année a été plus ou moins favorable. La récolte des fruits d'hiver se fait dans le courant d'octobre, un peu plus tôt, un peu plus tard aussi dans ce mois selon les influences atmosphériques et les climats. Le plus ordinairement on choisit le moment où il suffit de relever un peu le fruit pour que la queue ou pédoncule se détache bien de la bourse ou renflement auquel cette queue est attachée. La récolte aura lieu par un temps sec, après la rosée, de dix heures du matin à quatre heures du soir, par exemple. On saisira les fruits un à un, délicatement, et on les posera doucement dans un panier garni de foin ou de feuilles et peu élevé. Les mannes rondes et élevées ont l'inconvénient de fatiguer les fruits du fond sous la charge des couches supérieures.

Comme tous les fruits ne mûrissent pas en même temps, la cueillette doit être successive ; on doit laisser sur l'arbre ceux qui ne sont pas encore bons à cueillir et s'abstenir de secouer ou de gauler les branches, du moins pour les fruits de table. Si l'on est forcé, dans des circonstances exceptionnelles, de récolter les fruits par la pluie, on fera bien de ne pas les essuyer, mais de les étendre sur de la paille, dans une pièce sèche, en ayant soin de ne pas trop les rapprocher les uns des autres. Dans tous les cas, il est bon de laisser les fruits se ressuyer pendant quelque temps.

Les fruits cueillis sont destinés à être consommés ou employés immédiatement, ou expédiés à une distance plus ou moins grande, ou bien conservés pendant un temps plus ou moins long. Pour le transport, on les emballe dans des paniers de diverses formes, ou même dans des vases garnis de fougère, de mousse, de feuilles sèches, d'orties, etc. Les soins qui doivent présider à cet emballage, le mode de transport, la longueur du trajet, etc., varient suivant la nature plus ou moins délicate des fruits.

Fruits frais. — *Pommes* La plus grande partie des pommes qui arrivent à Paris vient des départements du Loiret, de la Sarthe, de Maine-et-Loire et de la Mayenne. On en expédie aussi de l'Aisne, de la Marne, de Seine-et-Oise et de Seine-et-Marne. Le trajet étant court, le débit rapide et les chances de fermentation presque nulles, l'emballage est insignifiant.

Sur plusieurs points du littoral des départements du Calvados, de la Manche et des Côtes-du-Nord il se fait un commerce important de pommes destinées à la fabrication du cidre. Elles appartiennent à des espèces non mangeables.

Poires. Les poires de dessert sont récoltées surtout dans l'Eure. En ce qui concerne la consommation de Paris, le commerce des poires s'y fait de la même manière et dans les mêmes conditions que celui des pommes.

Abricots. Les départements de l'Allier, du Rhône, du Cantal et du Puy-de-Dôme se font un revenu considérable par la vente de leurs abricots, qu'ils envoient à Paris par les chemins de fer. Ces fruits sont emballés avec des rognures de papier, dans des boîtes carrées, plates, très peu profondes.

Cerises. Les cerises sont cultivées sur un grand nombre de points du territoire. Plusieurs départements du Centre expédient à Paris les premières cerises avec les mêmes modes d'emballage et de transport que les abricots.

Dans les départements du bord de la Manche, toutes les cerises produites sont envoyées en Angleterre dans de grands paniers coniques, dont l'intérieur est garni de feuilles de châtaignier.

Raisin. Le raisin de table fait l'objet de transactions assez importantes. On l'expédie par quantités de 1 kilogr. 1/2 à 2 kilogrammes dans des paniers garnis à l'intérieur de fougère sèche et de papier. La fougère nécessaire pour cet emballage est employée en si grande quantité que les habitants des villages où se récolte le chasselas de Fontainebleau vont à la fougère jusque dans la forêt d'Orléans. Les départements du Midi envoient beaucoup de raisins de dessert à Paris, surtout à l'époque où celui des environs de cette ville n'est pas à maturité.

Pêches. Fraises. Les *fruits forcés*, tels que la pêche et le brugnon, viennent dans des serres dépendant des châteaux de grands propriétaires ou dans les vergers de grands cultivateurs fruitiers. Chaque année Paris reçoit pour des sommes importantes un certain nombre de ces primeurs délicates, artistement emballées dans des boîtes plates avec du papier joseph et des rognures de papier fin.

Paris est le centre du commerce des *fraises forcées*. Plusieurs maisons importantes expédient pendant tout l'hiver, en province et à l'étranger, de grandes quantités de ces fraises. Elles sont emballées dans de petits pots de grès ou de terre cuite, recouverts d'herbe fraîche et rangés dans de petites caisses de bois blanc.

Prunes et pruneaux. Les prunes les plus communes du commerce se récoltent dans l'ouest et surtout dans le sud-ouest de la France. Les départements du Tarn, du Lot et surtout du Lot-et-Garonne produisent les prunes d'ente, qui sont très estimées, et aussi la prune commune. Les départements de la Vienne, d'Indre-et-Loire et de Maine-et-Loire donnent des pruneaux rouges et noirs, et ces pruneaux de Sainte-Catherine ou pruneaux de Tours jadis si appréciés. La Moselle, la Meurthe, le Haut-Rhin, le Bas-Rhin, la Provence en fournissent diverses variétés.

Les prunes sèches se divisent en pistoles, brignoles, fleuret double et simple fleuret et prunes à noyau. Les *pistoles* tirent leur nom de leur forme et de leur couleur; elles sont plates, rondes, blondes et sans noyau. Les *brignoles* sont une réunion de morceaux irréguliers qu'on a élagués en choisissant les pistoles et qu'on a tassés ensuite les uns sur les autres jusqu'à la grosseur d'un œuf de pigeon; on les classe en *double fleuret* et *simple fleuret*, selon qu'elles sont plus ou moins blondes. Les *prunes à noyau* sont séchées au soleil sans passer par le feu.

Fruits secs — Le commerce des fruits secs était plus considérable autrefois qu'aujourd'hui. Les *quatre mendiants* de nos aïeux (amandes, noisettes, raisins, figues) ont été à peu près relégués chez les restaurateurs et sur les tables les plus modestes.

Amandes. Amande commune, amande à la dame, amande sultane, amande pistache, amande fine, amande demi-fine, amande dure, amande d'Espagne, amande de Chinon, amande de Millau, amande triée à la main, amande dite *flot de Provence*, amande de Provence.

Les amandes indigènes viennent surtout de Provence. On distingue les triées grosses, moyennes et petites; les flots gros, moyens et petits; les lisses grosses, moyennes et petites.

Avelines. L'aveline est une grosse variété de noisette. On trouve dans le commerce les avelines de la Cadière, près de Toulon, celles du Languedoc et celles du Piémont. Les premières sont les plus grosses et les plus chères.

Figues. On distingue les figues de Smyrne, de Calamata, de Dalmatie et d'Istrie, de la Pouille et de la Calabre, de Gênes, de France, d'Espagne, de Portugal.

Pistaches. Les pistaches viennent d'Alep, de Tunis, de Sicile.

Poires et pommes tapées. Ces fruits secs viennent en grande partie de Châtellerault et de Saumur. On fait sécher les fruits frais au four, avec ou sans la peau, en les plaçant sur des claies et en les exposant trois ou quatre fois à une chaleur suffisante pour les durcir sans les brûler. On les conserve ensuite dans des sacs.

Conservation. — *Fruiterie et fruitier.* Les fruits peuvent être conservés pendant un temps plus ou moins long suivant leur nature.

Les raisins peuvent se garder sur la treille, si on les a protégés par des toiles ou par des sacs de crin ou de papier. Les fruits secs tels que les châtaignes n'exigent d'autres soins que d'être préservés de l'humidité. On conserve encore les fruits par la dessiccation au soleil ou au four, par le procédé Appert, par l'immersion dans l'eau-de-vie, etc.

Le moyen le plus simple et le plus pratique, employé surtout pour les poires, les pommes, les raisins, etc., consiste à renfermer les fruits dans un local particulier, appelé *fruiterie*, établi dans les conditions les plus convenables pour atteindre le but qu'on se propose.

Une cave sèche et assez profonde pour que la température y soit à peu près invariable en toute saison constitue le meilleur emplacement. Une pièce au rez-de-chaussée, mais dont le sol soit un peu au-dessous du niveau du terrain environnant, convient aussi beaucoup. La fruiterie doit être éloignée des fours, des serres, des fumiers, des marais, etc. Il faut que les fenêtres n'y soient pas trop multipliées et qu'elles aient chacune un double châssis, des contrevents et des rideaux. La fruiterie doit être planchéiée, boisée, et son pourtour garni de tablettes espacées entre elles de $0^m,2$ à $0^m,4$; au milieu de la pièce est un autre corps de tablettes à double face. Ces tablettes, au lieu d'être en planches, sont souvent formées de claies ou de treillages à claire-voie, environnés d'un petit rebord et isolés des murs, afin d'empêcher la communication de l'humidité et permettre de circuler autour. Sur ces tablettes on met de la paille, de la mousse, de la fougère ou même du sable de rivière; le foin et le son doivent être employés le moins possible. C'est là qu'on range les fruits par catégories et en ayant soin qu'ils ne se touchent pas. On laisse la fruiterie ouverte pendant quelques jours, afin de laisser s'exhaler l'excès d'humidité; puis on la ferme exactement et on tire même les rideaux. Enfin, pour compléter ces précautions, il est bon d'avoir dans la fruiterie un poêle mobile, afin de prévenir, s'il y a lieu, les gelées.

Fruitier.

La fruiterie demande à être soigneusement entretenue. La plus grande propreté doit toujours y régner. On a soin de fermer la porte quand on y entre et de refermer le volet de la fenêtre avant d'en sortir. Il est bon cependant de renouveler l'air à certains intervalles, mais seulement lorsque la température extérieure est à peu près au même degré que celle du local et que l'air n'est point trop chargé d'humidité. Le plancher doit être recouvert d'une couche de sciure de bois mêlée de terre légère et sèche, et pour la nettoyer il vaut mieux se servir d'un petit râteau que d'un balai. Le soin de la fruiterie est confié à la garde de la ménagère, qui doit la visiter assez souvent pour enlever les fruits nécessaires à la consommation et ceux qui, étant gâtés, pourraient endommager les autres.

Faute de local particulier, on emploie, pour la conservation des fruits, des meubles spéciaux qu'on appelle *fruitiers*. Ce sont ou bien des espèces d'étagères construites très simplement avec montants de bois et des claies d'osier, ou bien des boîtes sans couvercle, à l'intérieur desquelles on place les fruits et qu'on dispose les unes au-dessus des autres, la boîte supérieure recouvrant exactement la boîte inférieure et lui tenant lieu de couvercle.

Préparations avec les fruits. — Pour les préparations culinaires avec les fruits, comme les compotes, les tartes, etc., voyez le chapitre « Recettes culinaires ».

FRUITS

Abricot.

Goût sucré, aromatique; légèrement laxatif.
Se mange frais; sert à faire des confitures, etc.

Amande.
A, fruit ouvert.

Goût légèrement amer. Se mange
fraîche ou sèche.

Ananas.
a, fruit.

Arome très fin, sucré. — Se mange frais;
sert à faire des confitures, etc.

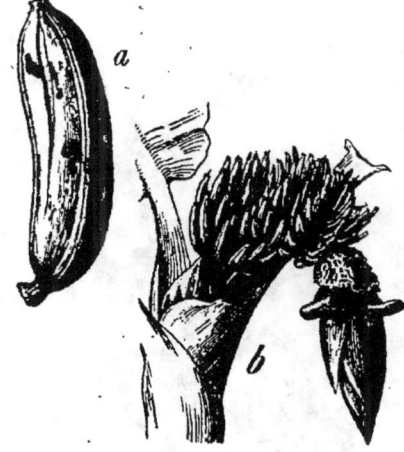

Banane.
a, fruit (réduit 4 fois); *b*, régime
de bananes.

Nourrissante, chair molle, saveur agréable.
Se fait cuire sous la cendre ou dans l'eau.
On coupe le fruit en tranches que l'on fait frire.

ABRICOT — AMANDE — ANANAS — BANANE

LES FRUITS.

Cédrat.

On l'emploie pour assaisonnement, comme le citron. Bien mûr, il sert à la confection de confitures, de conserves.

Cerises.

a, royale ; *b*, courte queue.

Rafraîchissantes. Ont des couleurs variables ; se mangent fraîches ou servent à faire des confitures, des conserves, etc.

Châtaigne.

a, fruit ; *b*, graine.

L'amande est excellente, très nourrissante.

Coing.

Odorant. Employé à la confection des confitures, des compotes, des sirops.

CÉDRAT — CERISES — CHATAIGNE — COING

Datte et Dattier.
a, fruit; b, fruit coupé.
Se mange fraîche ou sèche.

Noix de coco et Cocotier.
a, fruit (gros comme la tête);
b, coupe.

Figue.
Très adoucissante. — Se mange fraîche
ou sèche.

Framboise.
Parfumée. — Se mange fraîche
ou sert à confectionner des confitures,
des sirops, etc.

DATTE — COCO (Noix de) — FIGUE — FRAMBOISE

LES FRUITS.

Fraise belle de Meaux.

Fraise Jucunda.

Fraise Victoria.

Fraise docteur Morère.

Fraise docteur Nicaise.

Fraise Marguerite-Lebreton.

Parfumées, de digestion assez difficile. — Se mangent fraîches, accompagnées de sucre, de vin, de cognac ou de kirsch. Servent à faire des confitures, des sirops, etc.

FRAISES

Grenade.
a, coupe du fruit.
Du jus on fait un sirop réputé,
nommé *grenadine*.

Groseille à maquerea
Amère. — Se mange fraîche ;
on en confectionne aussi des confitures, etc.

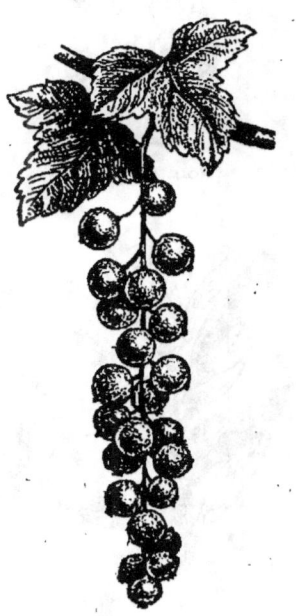

Cassis.
Variété de groseilles ; fruit noir.
On en fait une liqueur, le *cassis*.

Groseilles à grappes.
Blanches ou rouges.

GRENADE — GROSEILLES

LES FRUITS.

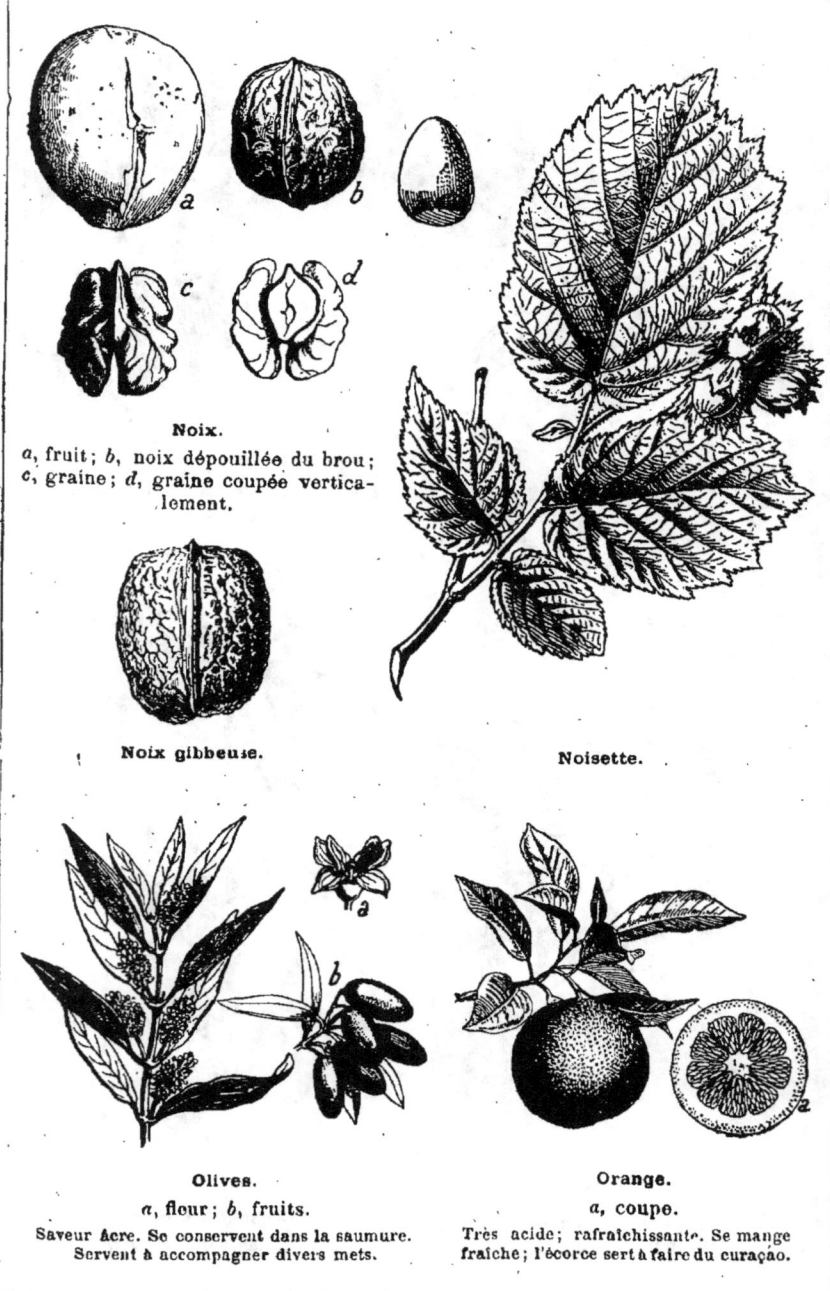

Noix.
a, fruit; *b*, noix dépouillée du brou; *c*, graine; *d*, graine coupée verticalement.

Noix gibbeuse.

Noisette.

Olives.
a, fleur; *b*, fruits.
Saveur âcre. Se conservent dans la saumure. Servent à accompagner divers mets.

Orange.
a, coupe.
Très acide; rafraîchissante. Se mange fraîche; l'écorce sert à faire du curaçao.

NOIX — NOISETTE — OLIVES — ORANGE

Très savoureuses et rafraîchissantes. Se consomment fraîches ou servent à faire des confitures, des conserves.

POIRES

Rafraîchissantes. — Comme les poires, se consomment fraîches ou servent à faire des confitures, des conserves.

POMMES

Pêche grosse mignonne. **Pêche violette hâtive.** **Brugnon.**

Savoureuses, sucrées; se mangent fraiches avec du sucre, du vin, du kirsch, etc.

Prune reine-Claude. **Prune mirabelle.**

Prune d'Agen. **Prune sainte-Catherine.**

Amères, sucrées; se mangent fraiches. Servent à faire des confitures, des conserves, etc.

PÊCHES — PRUNES

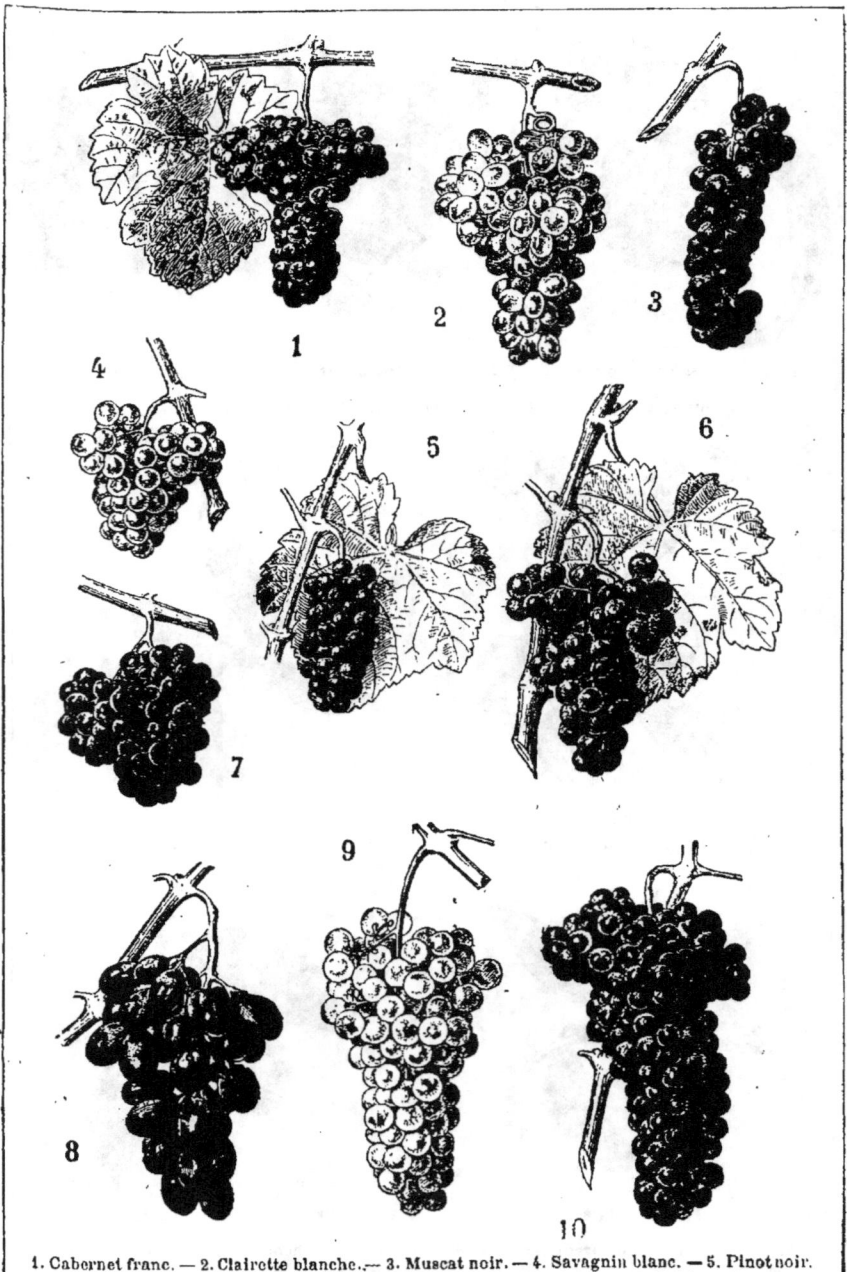

1. Cabernet franc. — 2. Clairette blanche. — 3. Muscat noir. — 4. Savagnin blanc. — 5. Pinot noir.
6. Côt. — 7. Gamay rond. — 8. Ribier. — 9. Chasselas doré. — 10. Robin noir.

RAISINS

TABLEAU DESCRIPTIF DES POIRES, DES POMMES ET DES PRUNES

Principales variétés de Poires (1).

NOMS	ÉPOQUES DE LA MATURITÉ	GROSSEUR ET FORME DU FRUIT	COULEUR ET TEINTE	QUALITÉ DU FRUIT
Belle angevine	D'avril en juin	Énorme, monstrueux, ventru	Vert d'eau, teinté de carmin	Cassant ; fruit d'apparat ou à cuire.
Bergamote Esperen	De mars en mai	Moyen, en forme d'oignon	Vert jaune, truité gris sépia	Presque fondant, aromatisé.
Beurré Bachelier	Novembre et décembre	Gros, elliptique, obtus	Vert pomme	Fondant, sucré.
Beurré Bretonneau	D'avril en juin	Moyen, ventru	Jaune ferme, lavé de rouge foncé au soleil	Chair blanc jaunâtre, assez grossière, cassante ; à cuire.
Beurré Clergeau	D'octobre à décembre	Gros, voûté	Jaune ocreux, teinté de lenticelles grises	Fondant, acidulé.
Beurré d'Amanlis	D'août en septembre	Gros	Vert sombre, nuancé rouge	Fondant, acidulé.
Beurré d'Hardenpont ou d'Aremberg	De décembre en février	Gros, en forme de coing	Vert d'eau	Fin, fondant, juteux ; exquis.
Beurré Diel	De novembre en janv.	Gros, piriforme, tronqué	Verdâtre, piqueté de roux	Ferme, mi-fondant.
Beurré Giffard	Juillet et août	Moyen, piriforme	Jaune blond, strié rose	Très fin, fondant, parfumé.
Beurré gris doré	Septembre et octobre	Gros, surface unie, renflé dans son milieu	Varie du gris au vert tendre et au jaune d'or	Chair blanche, fine, très fondant ; exquis.
Beurré Hardy	Septembre et octobre	Assez gros, obtus	Noisette, nuancé suroré	Très fin, fondant, aromatisé.
Blanquet à longue queue	Juillet et août	Très petit, en forme de toupie ou de bobine	Vert pâle, tiqueté de vert plus sombre	Fondant, un peu pierreux.
Blanquet gros	Juillet et août	Petit	Blanc d'ivoire mat	Demi-croquant, arome particulier.
Blanquet petit	Juillet	Très petit, bien formé	Blanc verdâtre	Cassant, musqué.
Bon-chrétien d'hiver	De février en mai	Moyen, ventru	Vert	Mi-cassant, fin, doux ; très recherché pour compote.
Bonne de Malines ou Bonne malinoise	Janvier et février	Moyen, turbiné, obtus ou arrondi	Jaune olivâtre, parsemé de gros points et marbrures ferrugineuses	Très fin, fondant, parfumé ; exquis.
Catillac	De janvier en mai	Gros, ventru	Blanc verdâtre, teinté de rose	Cassant, granuleux ; poire à cuire.

(1) Ces tableaux ont été dressés par M. Legros, de la maison Vilmorin-Andrieux et Cⁱᵉ.

Principales variétés de Poires (*suite*).

NOMS	ÉPOQUES DE LA MATURITÉ	GROSSEUR ET FORME DU FRUIT	COULEUR ET TEINTE	QUALITÉ DU FRUIT
Colmar d'Aremberg...	Octobre et novembre.	Gros, ventru, obtus............	Jaune avec taches et marbrures jaunes...	Assez fin, fondant; agréable.
Conseiller de la Cour..	D'octobre en décembre.	Moyen ou gros, piriforme.....	Jaune ou jaune verdâtre, lavé de rouge au soleil........	Très fondant, sucré, astringent.
Crassane........	Novembre et décembre.	Gros ou moyen, rond, déprimé..	Jaune terne, pointillé de taches fauves..	Beurré, très juteux, astringent, parfumé.
Délices d'Hardenpont..	Septembre et octobre.	Assez gros, allongé.........	Jaune pâle................	Très fin, fondant, relevé.
Directeur Alphand...	De janvier en mars..	Très gros, ventru...........	Vert jaunâtre, tacheté de roux.......	Chair blanche, ferme, dense, très sucrée.
Doyenné d'Alençon..	De janvier en avril...	Ovale, moyen, ventru, obtus...	Olivâtre, parsemé de taches couleur fauve.	Chair blanchâtre, fondante, sucrée.
Doyenné d'hiver.....	De décembre en avril.	Gros, obovale, renflé........	Vert.....................	Fondant, aigrelet, fin.
Doyenné du comice...	D'octobre en décembre.	Gros, sphérique............	Jaune pâle................	Très fin, fondant, sucré; délicieux.
Doyenné roux, Doyenné gris..........	D'octobre en novembre.	Moyen, arrondi............	Roux chamois..............	Très fin, fondant, neigeux, parfumé; exquis.
Doyenné Saint-Michel..	Octobre et novembre.	Moyen, ovoïde, arrondi, ventru..	Jaune citron ou blanchâtre.......	Chair très blanche, fine, très fondante.
Duchesse d'Angoulême.	D'octobre en décembre.	Gros, ventru..............	Vert clair, pointillé de roux........	Presque fondant.
Fondante des bois.....	Septembre et octobre.	Gros, ovalaire.............	Vert pâle, fouetté de rouge ponceau....	Fin, fondant, sucré.
Général Totleben.....	Octobre................	Gros, forme bon-chrétien......	Jaune doré, points roux.........	Fondant, à eau sucrée abondante.
Joséphine de Malines..	De décembre en février.	Petit, rond...............	Jaune verdâtre..............	Très fin, fondant, parfumé.
Longue-queue......	Juillet et août.....	Très petit, en forme d'oignon...	Gris......................	Poire à poiré.
Louise-bonne.......	Octobre et novembre.	Gros, allongé..............	Vert clair, pointillé de roux........	Très fin, fondant, demi-beurré, parfumé; délicieux.
Nouvelle-Fulvie.....	Décembre et janvier.	Gros, turbiné.............	Jaune, flagellé de gris et d'aurore.....	Fondant, juteux, aromatisé.
Olivier de Serres.....	De janvier en avril.	Moyen, forme d'une pomme légèrement bosselée........	Passe du vert sombre au jaune clair...	Chair blanche, fine, très fondante.
Passe-colmar.......	De décembre en février.	Moyen, turbiné............	Jaune serin, sablé de roux........	Fin, fondant, vineux; fumet délicieux.
Passe-crassane......	De janvier en mars...	Gros, rond, aplati..........	Jaune pointillé de roux.........	Très fin, fondant, acidulé.
Soldat laboureur....	D'octobre en décembre.	Moyen, turbiné............	Primevère claire, granité de fauve....	Fondant.
Suzette de Ravay.....	De février en avril..	Petit, forme d'orange........	Couleur d'orange.............	Mi-croquant; arome prononcé.
Triomphe de Jodoigne..	Novembre et décembre.	Gros, ventru..............	Vert, fouetté de rouge obscur......	Assez fondant, juteux.
William..........	Août et septembre...	Gros, long, bosselé..........	Jaune citron, jaspé de vermillon doré...	Très fin, fondant, neigeux; saveur musquée, exquise.

Principales variétés de Pommes.

NOMS	ÉPOQUES DE LA MATURITÉ	GROSSEUR ET FORME DU FRUIT	COULEUR ET TEINTE DU FRUIT	QUALITÉ DU FRUIT
Bonne-Nature	De décembre à fin fév.	Grosseur moyenne, variable	Gris, légèrement teinté de vert.	Chair ferme et serrée.
Calville blanc	De décembre en mai	Gros, large vers la queue	Peau fine, blanc d'ivoire, teinté vermillon.	Arome délicieux.
Calville rouge d'hiver	De novembre à fin mars	Assez gros, allongé, côtelé	Rouge pâle, fouetté rouge sombre	Chair rosée et tendre.
Grand Alexandre	De sept. à fin décembre	Très gros ou énorme	Rouge du côté du soleil, se dégradant au rose	Chair tendre ; assez bon fruit.
Hâtives d'été	Sous cette dénomination on comprend plusieurs variétés locales, non cataloguées et par conséquent non dénommées, que l'on commence à trouver dès août aux halles, ainsi que chez les marchands de fruits et primeurs.			
Rambour d'hiver	De novembre en mars	Gros, aplati	Vert clair, rayé de rouge sang	Bon cru et cuit.
Rambour d'été	Septembre et octobre	Très gros, plus large que haut	Jaune blanc, lavé de rouge clair	Excellent en compote.
Reine des reinettes	De déc. à fin mars	Moyen, allongé	Jaune citron, rosé au soleil, lisse.	Chair fine, excellente.
Reinette de Canada	De février à fin avril	Gros, souvent aplati ou allongé	Vert jaunâtre, parsemé de points bruns, rosé au soleil	Chair tendre, exquise.
Reinette de Caux	De novembre à février	Gros	Jaune grisâtre, marqué de roux.	Très bon cru et cuit.
Reinette dorée	De décembre à mars	Moyen, rond, très régulier	Jaune à taches ou reflets dorés	Chair ferme, juteuse ; très bon fruit.
Reinette de Granville	Décembre	Assez gros, plus haut que large, œil très enfoncé	Jaune piqueté de brun	Chair fine, serrée ; très bon fruit.
Reinette grise	De novembre à mars	Assez gros, aplati	Gris et rude au toucher, brillant au soleil.	Chair ferme ; bon fruit.
Reinette du Mans	De déc. à fin mars	Assez gros ou moyen, rond	Jaune, parfois pointillé de brun noir	Chair tendre ; bon fruit.
Transparente de Croncels	Septembre et octobre	Gros, large, œil très enfoncé	Blanc jaunâtre, cireux	Chair tendre, acidulée, juteuse ; bon fruit.

Principales variétés de Prunes.

NOMS	ÉPOQUES DE LA MATURITÉ	GROSSEUR ET FORME DU FRUIT	COULEUR ET TEINTE DU FRUIT	QUALITÉ DU FRUIT
Damas violet	Août	Moyen, ovale, arrondi	Violet rosé fleuri	Chair jaune, aromatisée.
Mirabelle petite	Août	Petit, presque rond	Jaune d'œuf, pointillé carmin.	Chair délicieuse.
Mirabelle grosse	Août, septembre	Assez petit, arrondi	Jaune terne nuancé, picoté ponceau.	Ambrée, fondante.
Mirabelle tardive	Octobre	Petit, aplati aux deux pôles	Jaune pâle sur fond verdâtre.	Chair un peu jaune et verte ; bon.
Prune d'Agen	Août, septembre	Moyen, piriforme	Violet rosé	Bon pour pruneaux.
Quetsche de Lorraine	Août, septembre	Moyen, allongé	Violet noir	Très bon pour pruneaux et tartes.
Reine-Claude	Août	Assez gros, arrondi, aplati aux pôles	Vert d'eau passant au jaunâtre, carminé.	Chair vert jaune ; délicieux.
Reine-Claude violette	Août	Moyen, rond, aplati	Violet rosé	Chair vert d'eau ; excellent.
Reine-Claude diaphane	Août	Assez gros, aplati	Jaunâtre, teinté incarnat	Chair ambrée, relevée.
Reine-Claude de Bavay	Septembre, octobre	Gros, ovale, arrondi	Vert jaunâtre, pointillé roux.	Chair ferme ; à conserver dans l'eau-de-vie.

On cultive en serre plusieurs variétés hâtives, parmi lesquelles on peut comprendre :

Prune Monsieur	Août, septembre	Gros	Violet foncé	Chair juteuse, sucrée ; très bon.
Favorite précoce	Août	Grosseur moyenne	Rouge ou noirâtre	Chair parfumée, bonne.

LA PATISSERIE

Historique. — L'art de la boulangerie donna naissance à l'art du pâtissier; aussi ne peut-on lui assigner aucune date et faut-il se borner à constater son antiquité. Les anciens ont eu leur genre de pâtisserie, leurs gâteaux dont les recettes ne sont pas venues jusqu'à nous, mais qui ne devaient pas différer essentiellement des nôtres, à cette exception près que le miel y remplaçait le sucre. Au moyen âge, on connaissait la galette, la fouace, ces friandises chères à nos aïeux. Quant aux pâtés, qui sont l'une des branches les plus importantes du commerce de la pâtisserie, ils sont d'invention relativement moderne et ne remontent guère au delà du XVIIe siècle.

Confection. — *Pétrissage.* La pâte ordinaire est composée de farine, d'eau, d'œufs, de beurre et de sel, bien délayés ensemble, puis pétris sur un tour à pâte, tablette de bois munie d'un rebord sur trois côtés pour maintenir la farine et les liquides qu'on y mêle; le côté qui n'a point de rebord est celui devant lequel se place le cuisinier ou la cuisinière, pour se livrer à la confection des pâtes. La pâte fine se travaille de la même façon que la pâte ordinaire, mais avec la plus pure farine de froment et avec le beurre le plus frais, ce qui constitue en partie la qualité et la supériorité de la pâte.

Tour à pâte et rouleau.

Préparation du beurre. Le beurre étant l'un des éléments constitutifs de la pâtisserie et l'un des plus importants, on ne saurait trop bien le préparer. Pour toutes les pâtes et particulièrement pour le feuilletage, il faut, s'il n'est pas pur et bien fabriqué, qu'il soit manié et lavé, surtout en été, pendant deux ou trois minutes, dans de l'eau

1. Savarin.
2. Brioche mousseline.
3. Amandes.
4. Printanier.
5. Brioche.
6. Pain de fèves.

Gâteaux divers.

de puits très froide, pour le dégager de son lait; on le presse ensuite pour en exprimer l'eau. On le conserve dans une cave très fraîche ou mieux encore en le renfermant dans un bocal solide, bien bouché, attaché dans un seau et descendu au fond d'un puits. Dès que la température est au-dessous de 10°, on doit broyer et manier à sec le beurre, pour le ramollir avant de l'employer dans la pâte; au-dessus de 15°, il faut travailler cette pâte dans un lieu très frais.

Pâte fine. Pour confectionner la pâte fine ordinaire, on prend 500 grammes de farine, que l'on dispose en un tas conique; on pratique dans le milieu un creux (ce qu'on nomme *fontaine*), on verse dans cette cavité 305 grammes de beurre, 15 grammes de sel, deux œufs et un verre d'eau chaude; on mêle bien ensemble le beurre, l'eau, les œufs et le sel; puis, quand le mélange est fini, on y incorpore la farine petit à petit, de façon à former une pâte que l'on pétrit avec les poings; si elle est trop ferme, on y ajoute un peu d'eau. On ne donne que deux pétrissages à la pâte, afin de n'en pas détruire le liant; néanmoins elle doit rester bien ferme.

Pâte feuilletée. La pâte feuilletée s'obtient à peu près de la même façon que la pâte fine, si ce n'est qu'on n'y met pas les blancs d'œufs et qu'on pétrit à l'eau froide. Pour bien confectionner cette pâte, on doit tenir compte de diverses circonstances : si la saison est chaude, on fait raffermir le beurre dans un seau d'eau de puits, et l'on se sert de la même eau pour détremper la pâte, en la travaillant sur une table de marbre dans un lieu frais. Si la température est trop froide, on détrempe la pâte avec de l'eau un peu tiède et dans un lieu tempéré.

On met sur la table ou tour à pâte un litre de farine tamisée; on fait un creux dans le milieu et on y dépose 10 grammes de sel fin, une petite quantité (gros comme une noix) de beurre et un verre d'eau; on détrempe avec les doigts et d'une seule main, puis on rassemble la pâte en boule et on la couvre d'un linge; au bout de vingt minutes, on farine légèrement la table, on y étend la pâte une fois plus longue que large, en la conservant molle. On égoutte et on aplatit d'une seule pièce, entre deux linges farinés, trois quarts de livre de beurre, que l'on pose sur la moitié de la pâte; on replie la pâte sur elle-même et par les bords, de manière à y enfermer le beurre. Il faut que le beurre et la pâte aient la même consistance pour qu'ils puissent s'étendre également ensemble dans le maniement. On abaisse de nouveau la pâte avec le rouleau en carré long et mince, on la plie en trois comme une serviette, c'est-à-dire en pliant l'un des bouts et ramenant l'autre bout dessus; c'est ce qu'on appelle *faire un tour*, et on recommence jusqu'à six fois en été et sept en hiver, de quart d'heure en quart d'heure, en saupoudrant légèrement de farine la table et la pâte. Elle est alors

1. Moka.   2. Religieuse.   3. Saint-Honoré.   4. Tarte aux cerises.
Gâteaux divers.

terminée, et on peut l'employer au bout de cinq minutes. Si on donne moins de tours et sans interruption, on obtiendra un feuilletage qui lèvera beaucoup moins et qui, avec moins de beurre, pourra servir à confectionner les gâteaux connus sous le nom de *gâteaux des rois*.

Moules. Enfin, pour donner aux pâtés et autres objets de pâtisserie la forme qu'ils ont et les dessins dont ils sont ornés, on les place dans des moules qui, pour les pièces rondes, s'ouvrent et se ferment à charnière. Consulter sur ce point le chapitre de la « Cuisine et son matériel ».

Dorage, glaçage, collage. Le *dorage* est une opération qui consiste à passer légèrement sur la surface des pièces un pinceau de plumes mouillé de jaune d'œuf délayé dans un peu d'eau, au moment d'enfourner, pour leur donner une couleur blonde qui ressemble assez à la dorure. Pour les macarons et massepains, on dore avec de l'eau seule.

Le *glaçage* ou vernis s'opère en retirant les gâteaux sucrés du four où ils ont été placés après le dorage et en les saupoudrant de sucre en poudre très fine; on les remet ensuite au four pour que le sucre, en brûlant, y prenne couleur. Un moyen plus simple est de faire un sirop d'eau sucrée; on recouvre légèrement le gâteau, à la sortie du four, avec un pinceau imbibé de ce sirop, et on laisse refroidir.

Le *collage* s'obtient en mouillant à deux fois avec de l'eau froide la pâte des deux parties qu'on veut faire adhérer ensemble.

Cuisson. Après le choix des matières employées, farine, beurre et œufs, et la manipulation de la pâte, la cuisson est une des opérations les plus délicates de la pâtisserie, celle dont dépendent dans une large mesure sa qualité et sa valeur. Le pâtissier se sert à cet effet d'un four de boulanger, mais de plus petites dimensions en général; le plancher doit être en briques bien maçonnées et on le chauffe avec des branches de grosseur médiocre et bien sèches. Un four peut avoir différents degrés de chaleur : le four est *chaud* lorsque la voûte est blanche et qu'un morceau de bois qu'on y frotte produit des étincelles; le four est *gai* une heure après le précédent; il est *doux* deux ou trois heures après le four chaud ; etc.

Aujourd'hui dans presque toutes les cuisines bourgeoises de quelque importance les fourneaux comportent un four spécial à pâtisserie (voir plus loin le chapitre sur la « Cuisine et son matériel »). D'autres fourneaux sont construits de manière à transformer instantanément le four ordinaire d'un fourneau en four à pâtisserie, grâce à une simple coulisse contiguë au foyer, par laquelle s'introduit une cloison qui empêche le rayonnement direct dans le four.

Pâtés froids. Pour les pâtés froids, on met sur le tour à pâte, pour un pâté de 0^m,18 de diamètre, un litre et un quart de farine, on pratique dans le milieu une fontaine, comme dans les pâtes précédentes, on y verse 185 grammes de beurre, deux œufs, 10 grammes de sel gris fin, un demi-verre d'eau fraîche en été, tiède en hiver; on détrempe d'abord le beurre avec l'eau et on le manie jusqu'à ce qu'il forme une bouillie; puis on commence à pétrir la farine en y ajoutant de l'eau. La pâte doit être ferme, et pour y parvenir on met d'abord moins d'eau, afin d'en ajouter s'il en faut, sans cependant faire une pâte trop claire qui exigerait une nouvelle addition de farine, ce qui changerait les proportions indiquées. La pâte étant bien liée et réunie en boule, on l'abat en la frasant un tour : on *frase* en foulant la pâte avec la paume des deux mains pendant qu'on la rassemble. En hiver, il faut fraser trois fois, et deux fois en été; la pâte trop foulée n'est plus liée, elle se casse quand on la dresse ou pendant la cuisson; elle doit donc être d'une bonne fermeté sans cesser d'être onctueuse, et pouvoir tenir debout quand on dresse le bord des pièces. On la remet ensuite en boule oblongue dans un linge humide pour la préserver de toute gerçure à l'action de l'air, lorsqu'elle ne doit pas être employée immédiatement. Cette pâte peut servir encore pour pâtés chauds, timbales de viandes, de macaroni, de nouilles, etc.

Pour les pâtés froids contenant trois livres de viande, il faut un litre et un quart de farine, qu'on pétrit comme il vient d'être indiqué; on abaisse la pâte à un ou deux doigts d'épaisseur, selon la grosseur du pâté; on la pose sur un papier beurré et sur une plaque de tôle; on marque avec le pouce le fond du pâté en refoulant la pâte sur les bords pour les élever; on la dresse ensuite en la tenant plus étroite du haut que du bas. On garnit l'intérieur de viandes crues ou cuites, selon la nature de ces viandes et la grosseur du pâté; mais les viandes qui n'ont pas eu à subir une cuisson préalable ont un goût beaucoup plus savoureux; on les assaisonne de sel, d'épices et de très peu de thym et de laurier en poudre; puis on fait le couvercle avec la même pâte, qu'on pose sur le pâté garni et qu'on colle après avoir replié en dedans ce qui déborde sur les côtés; on pratique enfin un trou ou cheminée au milieu pour que la vapeur sorte, on dore et l'on fait cuire dans un four gai pendant deux ou trois heures, selon la grosseur du pâté. Quand il est à moitié refroidi, on verse par la cheminée une gelée de viande ou du consommé très réduit et très cuit, additionné d'un petit verre d'eau-de-vie ou de madère.

Pâtés spéciaux. La pâtisserie est devenue une industrie qui a fait la richesse de certaines villes, dont la production est très développée et dont les produits, très estimés, s'exportent non seulement en France, mais encore à l'étranger.

De ce nombre sont : les *pâtés de Strasbourg*, confectionnés avec des

1. Montmorency.	5. Financier.	9. Fromage.	13. Macaroni.
2. Baba au rhum.	6. Duc.	10. Éclair au chocolat.	14. Tartelette aux fraises
3. Vol-au-vent.	7. Ambroisie.	11. Bûche.	15. Madeleine.
4. Chou à la crème.	8. D'Artois.	12. Éclair au café.	16. Mirliton.
			17. Moka.

Variétés de pâtisserie.

1. Tuile.
2. Macaroni.
3. Dé de nougat.
4. Moka.
5. Blida.
6. Petit financier.
7. Baba glacé.
8. Pompenette.
9. Macaron.
10. Couronne.
11. Miroir.
12. Petite bûche.
13. Madeleine.
14. Palais de Corinthe.
15. Gaufrette.

Variétés de petits fours.

foies d'oie cuits dans le saindoux et largement parsemés de truffes. Pour obtenir ces foies gras, développés outre mesure, on soumet les volailles à un système de nourriture abondante et azotée et à une claustration complète (voir le chapitre « la Volaille et le gibier »). Ces pâtés, qui jouissent d'une grande réputation, se conservent pendant quinze jours et sont expédiés en terrine dans tous les pays, où ils sont recherchés par les amateurs de la bonne chère ;

Les *pâtés d'Amiens*, inventés par un pâtissier d'Amiens, M. Degoud-Dupuis, qui ouvrit ainsi une nouvelle source de richesses pour sa ville natale. La croûte des pâtés d'Amiens est épaisse et dure ; on ne la mange point, mais on l'utilise en versant dedans, lorsqu'elle est vide, des viandes et des gelées qui forment un nouveau pâté ;

Timbale milanaise. Terrine de foie gras. Pâté long.
Terrine de lièvre. Petits pâtés. Bouchées.
Pâté de Bruxelles.
Pâtés, timbales.

Les *pâtés de Chartres* et *de Nogent-le-Rotrou*, faits avec des lièvres, cailles, perdrix, alouettes, qui abondent sur le marché de Chartres à l'époque de la chasse ; les pâtés de cette dernière ville surtout jouissent d'une réputation méritée ; la croûte est d'une pâte fine ;

Les *pâtés de Pithiviers*, qui, confectionnés avec des mauviettes, sont très délicats ; ils sont entourés d'une croûte excellente. La bonne saison pour ce genre de produits commence dans cette ville au mois d'octobre et finit au mois de janvier ;

Les *pâtés de Périgueux*, qui sont faits de perdreaux truffés et sont expédiés en terrines ou en croûtes. Les croûtes sont fabriquées avec des farines grossières de seigle et du carton broyé; c'est dire assez qu'elles ne se mangent point. Les pâtés de Périgueux se conservent pendant six ou huit mois;

Les *pâtés de Toulouse*, qui sont confectionnés avec du foie de canard et font concurrence aux pâtés de Strasbourg, avec lesquels ils ne peuvent pourtant rivaliser. Le foie de l'oie du Languedoc est moins ferme, plus onctueux, mais offre aussi une saveur moins fine que celui de sa congénère d'Alsace;

Les *pâtés de Rouen*, faits de poulardes désossées et piquées au jambon; mais ce qui particularise les produits de la capitale normande, c'est la mise en pâté du veau, dit *de rivière*, qu'on emploie pour les pâtés communs. Ce veau est élevé dans les belles prairies qui bordent la Seine, d'où lui vient le nom sous lequel on le désigne; l'herbe de ces prairies donne à la viande un goût tout particulier et très délicat qui la fait estimer. La croûte de ces pâtés est épaisse et d'une digestion difficile;

Les *pâtés de Montreuil-sur-Mer*, qui sont des pâtés de bécasses excellents, comme il ne s'en fait nulle autre part : ce produit appartient exclusivement à cette ville, qui l'expédie dans tous les pays et notamment en Angleterre.

Terrines. Mais les garnitures de pâtés ne s'enferment pas toujours dans des croûtes de pâte; on les confectionne aussi en *terrines*, d'où vient le nom donné à l'une des catégories des produits de la pâtisserie. Une terrine est un vase de terre à côtés droits, qui peut être placé sur le feu et qui sert à confectionner des pâtés sans croûte. Il y en a de rondes, de carrées, d'ovales et de longues pour les lièvres. On remplit les terrines de toutes les viandes qui servent à garnir les pâtés. gibier, volaille, veau, porc, etc., avec cette différence que, comme on ne craint pas que la croûte brûle, on ne fait ni cuire ni revenir à l'avance; il faut pourtant en excepter le jambon, qui doit être à moitié cuit. On garnit d'abord de bardes le dessous et le fond, puis on lute le bord du couvercle avec des bandelettes de papier collé, afin d'éviter l'évaporation pendant la cuisson, ce qui rendrait le pâté en terrine moins savoureux. Dans les terrines comme dans les pâtés, les canards, perdrix, faisans, pigeons, lapins, lièvres sont désossés; les cailles, grives, mauviettes et autres oiseaux ne le sont pas. Pour conserver longtemps une terrine, on comprime les viandes au moyen d'une plaque que l'on pose dessus, et que l'on surcharge d'un poids de 1 ou 2 kilogrammes, à la sortie du four; puis, le lendemain, on retire le tout en chauffant un peu la plaque; on recouvre de graisse, on pose le couvercle, et on recolle du papier sur les bords, comme pour la cuisson.

Les *terrines de Nérac, de Ruffec* et *d'Angoulême* sont composées de gibier et de foies de volaille; les produits de ces trois villes sont très appréciés; mais ceux de la première surtout peuvent être comparés aux pâtés de Strasbourg et sont d'un prix moins élevé.

Timbales. Les timbales se confectionnent de la même façon que les pâtés froids, en tenant la pâte plus mince, et les vol-au-vent de la même manière que les pâtés chauds, mais avec une pâte légère, très feuilletée, garnie, au gras, de ragoût de volailles, foies, crêtes et rognons de coq, cervelles, tronçons d'anguilles, mauviettes, quenelles, boulettes et écrevisses, et, au maigre, de filets de turbot, de limandes, de soles et autres poissons préparés à la sauce béchamel.

La pâtisserie comprend encore les crêpes, les gaufres, les beignets, les tartes de fruits, les flans, les tourtes, la galette, le pain d'épice, les darioles, les macarons et massepains, les biscuits et divers gâteaux.

Armes de la corporation
des pâtissiers-oubloyers (XVIIIe s.).

Les Buveurs, d'après Velazquez.   Musée du Prado, Madrid

LES BOISSONS

LE VIN

Les Vins de France. — La vigne est une des principales richesses de la France, et si l'on jette un coup d'œil sur la carte viticole on constate qu'elle y occupe une des premières places. La vigne n'a pourtant été introduite en ce pays que tardivement, et seulement après l'invasion romaine; en revanche, elle y prospéra très rapidement, et la réputation des vins de France, que les progrès de la culture et de la vinification n'ont fait qu'accroître, était déjà grande au moyen âge.

Mais s'il est facile de recueillir dans les chroniqueurs les détails qui prouvent un grand développement de l'industrie vinicole en France à cette époque, il le serait bien moins de se procurer des renseignements un peu précis sur les procédés de culture et de vinification, sur les chiffres de production, de consommation intérieure et d'exportation.

L'exportation ne dut jamais être bien grande, vu le manque presque absolu de voies de communication. Il serait plus difficile encore ou, pour mieux dire, il serait absolument impossible de classer les vins du moyen âge, car, en réalité, ces vins ne furent jamais classés. Les cépages, cultivés au hasard et sans choix, fournissaient des vins absolument indéterminés et qui n'avaient d'autres caractères que ceux qu'ils empruntaient au terroir et au mode de fabrication, fort élémentaire partout, mais néanmoins très divers. La culture et la fabrication rationnelles, qui ont fait de nos jours de si grands progrès, ont bien changé l'état de la question.

L'un des produits les plus raffinés de l'industrie vinicole, le *vin mousseux*, n'est pas absolument moderne, mais ne remonte pas bien loin. Le *vin blanc* lui-même est une invention relativement récente.

Vins de Bordeaux. — Les *vins de Bordeaux* (1) sont produits dans diverses parties du département de la Gironde qui sont classées le plus souvent de la façon suivante : Médoc; Graves et pays de Sauternes; région des Côtes, subdivisées en Libournais et Saint-Émilionnais, Fronsadais, Cubzadais, Bourgeais, Blayais et Bergeracois; région de l'Entre-deux-Mers; enfin les Palus.

Le Médoc est la région qui fournit les grands vins rouges du Bordelais. Une classification déjà ancienne les divise en *vins fins*, subdivisés en cinq classes : premiers, deuxièmes, troisièmes, quatrièmes et cinquièmes crus; vins *bourgeois* ou *demi-fins;* vins *artisans* et vins *paysans*. On y compte comme premiers crus : Château-Lafite, Château-Latour, Château-Margaux; puis, comme seconds crus, les Châteaux : Branne-Cantenac, Rauzan-Ségla, Rauzan-Gassies, Durfort-Vivens, Lascombes, Léoville-Lascases, Léoville-Poyféré, Léoville-Barton, Gruaud-Larose-Sarget, Gruaud-Larose-Faure, Ducru-Beaucaillou, Mouton-Rothschild, Pichon-Longueville, Pichon-Longueville-Lalande, Côs d'Estournel, Montrose; et ensuite de très nombreux troisièmes, quatrièmes et cinquièmes crus.

La région des Graves, surtout connue pour ses *vins blancs*, compte cependant *un premier cru rouge* rivalisant avec ceux du Médoc : Château-Haut-Brion ; puis, comme seconds crus, les Châteaux : la Mission, Pape-Clément, Haut-Bailly, Haut-Brion-Larrivet. Les *vins blancs* de choix sont produits plus spécialement dans le pays de Sauternes; on y trouve un *grand premier cru*, Château-Yquem; puis, comme premiers crus, les Châteaux : Guiraud, la Tour-Blanche, Peyraguey, Haut-Peyraguey, Vigneau, Rabaud, Suduiraut, Coutet, Climens, Bayle, Rieussec. Ensuite viennent les *vins blancs ordinaires*, produits principalement dans la région des petites Graves; les meilleurs sont ceux de Cérans.

Les vins des Côtes proviennent des côteaux argilo ou silico-calcaires qui bordent la Dordogne et la Gironde; ils sont un peu moins fins. On distingue dans cette région le Libournais et le Saint-Émilionnais, qui donnent les meilleurs vins de cette catégorie; ils sont plus alcooliques et se rap-

---

(1) Nous tenons à remercier M. le Ministre de l'Agriculture, qui, sur notre demande, nous a fait adresser, par l'Office de renseignements agricoles, sur les vins de Bordeaux, de Bourgogne et d'autres régions d'intéressantes notices, ici reproduites.

prochent des vins de Bourgogne : les plus réputés sont ceux de Pomerol et de Saint-Émilion, dont les meilleurs correspondent aux quatrièmes et cinquièmes crus du Médoc; puis le Fronsadais, dont les vins de Canon-Fronsac ont une réputation à peu près égale; ensuite le Bourgeais et le

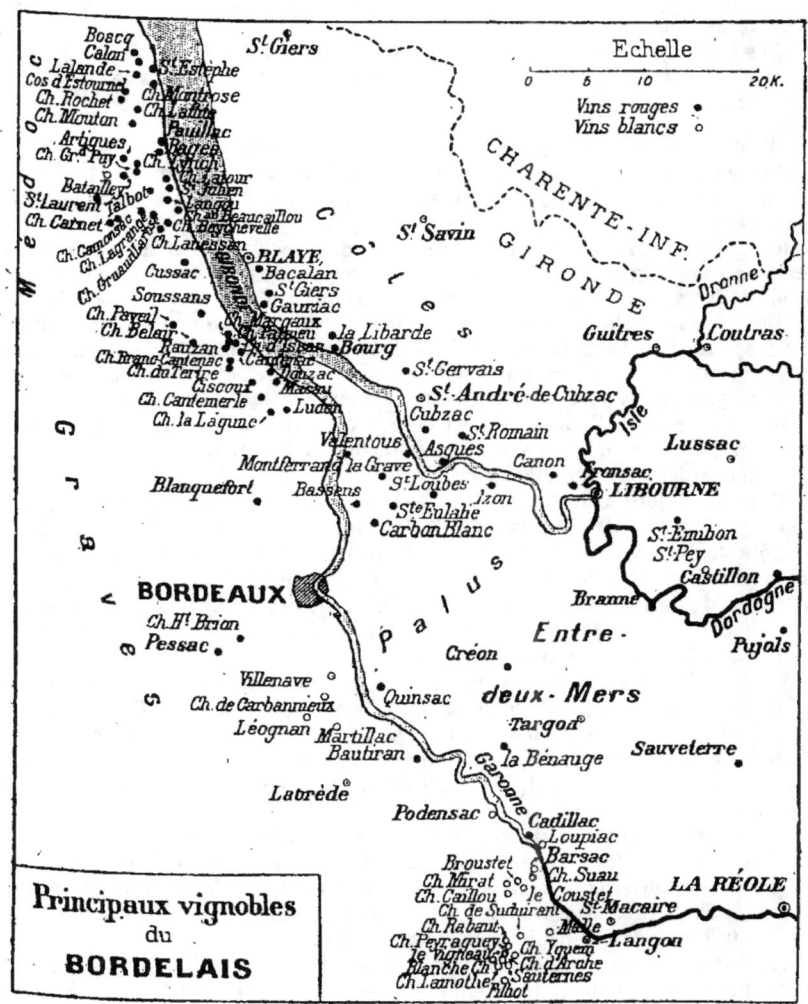

Principaux vignobles du BORDELAIS

Cubzadais donnent des vins rouges de grande solidité; dans le Blayais ils sont plus alcooliques, mais tous les vins de ces régions sont seulement mi-fins et pour la plupart des grands ordinaires. Le Bergeracois, sur les côtes de la Dordogne, produit des *vins rouges ordinaires*, mais aussi un *vin blanc* liquoreux, très réputé, le monbazillac, analogue au frontignan;

les meilleurs sont ceux de Saint-Laurent-des-Vignes, Pomport, Monbazillac et Rouffignac.

La région de l'Entre-deux-Mers, située entre la Garonne et la Dordogne, fournit des *vins rouges grands ordinaires* et de consommation courante, ainsi que des *vins de coupage* ; mais les meilleurs produits de cette région sont les *vins blancs* de Saint-Croix-du-Mont, Loupiac et Cadillac ; ils peuvent être considérés comme des seconds et troisièmes crus.

Les Palus sont les terres d'alluvion des vallées de la Garonne et de la Dordogne ; très fertiles, ils donnent en abondance des *vins communs* qui servent à la consommation très courante et surtout au coupage.

Vins de Bourgogne. — La région de la Bourgogne peut rivaliser avec la région de la Gironde pour l'importance et la qualité des vins sortant de ses nombreux vignobles. Cette région se subdivise en *haute Bourgogne*, la région des grands vins fins, et *basse Bourgogne*, la région des vins blancs grands ordinaires ; en *Chalonnais* ; en *Mâconnais*, qui se signale principalement par ses vins rouges grands ordinaires ; enfin on peut y joindre le *Beaujolais*, qui produit des vins fins et des vins rouges grands ordinaires.

Les vignobles de la *haute Bourgogne* sont répartis dans plusieurs régions : la Côte, l'Arrière-Côte, la Plaine, le Val-de-Saône, l'Auxois et le Châtillonnais. Mais la Côte est la seule région produisant les vins fins, et c'est là que sont situés tous les grands crus de la Bourgogne. Formée par les coteaux qui dominent la vallée de la Saône à l'ouest, elle est divisée en trois parties : au nord, la côte de Dijon, puis la côte de Nuits et au sud la côte de Beaune.

Voici la liste des principaux crus :

Côte de Dijon. Elle ne possède pas de tête de cuvée ; les principaux crus sont : les Marcs-d'Or, le Chapitre, la Perrière, Crébillon, le Clos-du-Roi.

Côte de Nuits. Cette région possède la plupart des *grands vins* de Bourgogne. Comme têtes de cuvée, on y trouve : Chamberlin, Clos-de-Bèze, Clos-de-Tart, Musigny, Clos-Vougeot, les Échézeaux, Romanée-Conti, Romanée, Richebourg, Saint-Georges, Didier-Saint-Georges, Forêt-Saint-Georges, les Corvées, la Tâche, Romanée-Saint-Vivant.

Côte de Beaune. Comme vins rouges, les têtes de cuvée : le Charlemagne, les Vergelesses, en partie blancs ; le Corton, les Rugiens, Cailleret, Clos-Saint-Jean ; comme vins blancs, un cru hors ligne : le Montrachet, rival du Château-Yquem, mais plus sec ; puis, comme tête de cuvée : Chevalier-Montrachet, Bâtard-Montrachet, les Perrières, les Charmes, les Genevrières, les Bouchères, les Gouttes-d'Or.

En dehors de ces grands vins fins viennent de très nombreux deuxièmes et troisièmes crus, principalement à Nuits, Chambolle-Musigny, Vosne-Romanée, Morey, Prémeaux-Flagny, dans la côte de Nuits ; et à Beaune, Pommard, Volnay, Santenay, Meursault, Aloxe-Corton, Chassagne-Montrachet, dans la côte de Beaune ; et ensuite des grands ordinaires.

La *basse Bourgogne* produit principalement des *vins blancs*, surtout dans les vignobles de Chablis, Dannemoine, Tonnerre, Milly, Chichée, Poinchy ; ce sont des vins de consommation courante et des grands ordinaires. Comme vins fins, le plus réputé est le vin sec si connu de Chablis ; les principaux crus sont : Moutonne, Vaudésirs, les Grenouilles, Mont-de-Milieu, Valmur, Chaplot ; ensuite Milly donne des vins très analogues dans les crus de la côte de Léchet, les Vaux-Goulin et les Vaux-Tarce.

Cette région ne donne guère comme *vins fins rouges* que des quatrièmes et cinquièmes crus ; ce sont, à Auxerre, les crus de la Chaînette, Boivin, Queu-

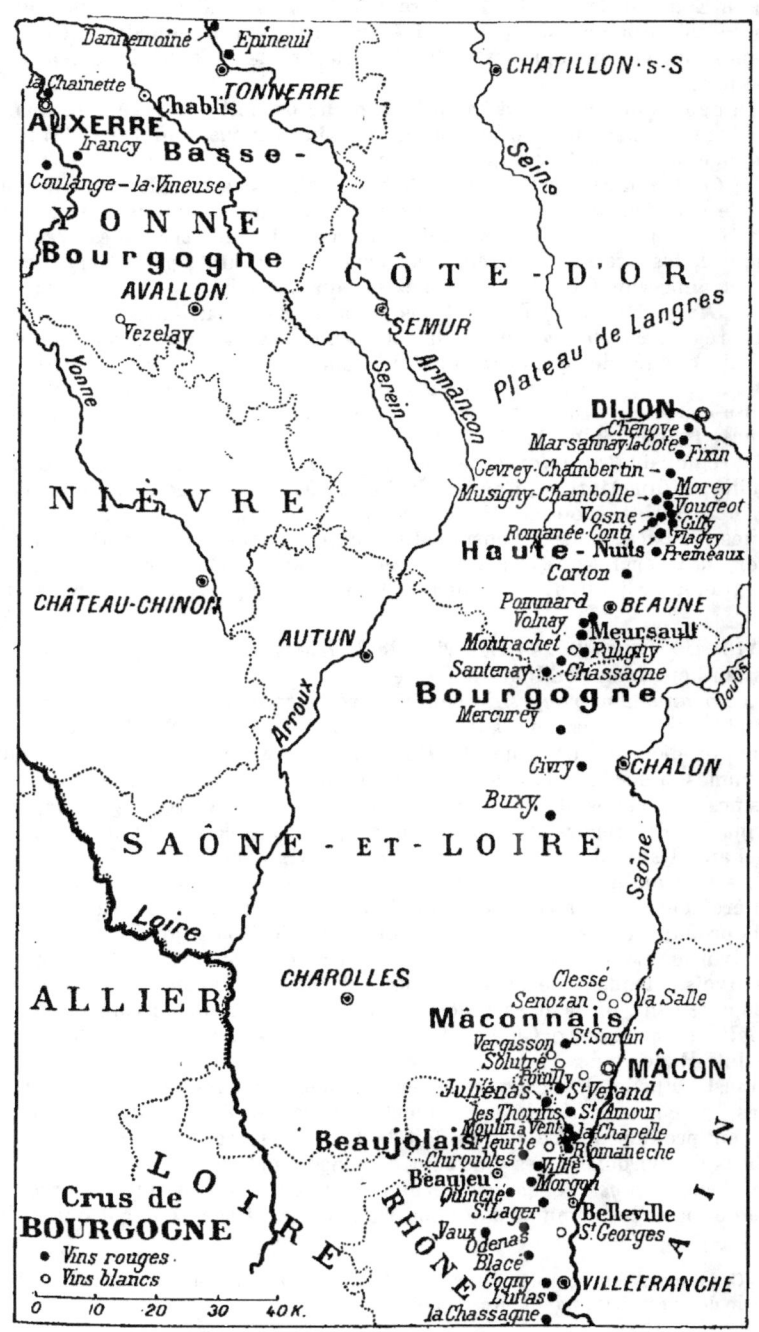

Principaux vignobles de la Bourgogne.

tard; à Épineuil, le cru des Perrières; à Dannemoine, le cru des Olivottes; puis le *vin rosé* de Joigny, dont le meilleur cru est celui de la Côte-Saint-Jacques; un vin analogue est celui des Riceys, dans l'arrondissement de Bar-sur-Aube.

En dehors de ces vins la basse Bourgogne produit des grands ordinaires et des vins de consommation courante; les plus connus sont ceux d'Irancy, de Coulange-la-Vineuse, Cravant, Vermenton.

Le *Chalonnais* fournit des vins fins et surtout des grands ordinaires et des vins de consommation courante. Les vins fins rouges sont ceux de Mercurey, deuxième cru; les meilleurs sont ceux des climats (crus) des Velays, les Mangues, les Crais, le Voyen, les Corvées, le Teurot; puis Givry, deuxième cru; comme vins fins blancs, il n'existe qu'un deuxième cru, Rully; ensuite Buxy, Givry, Mercurey donnent des troisièmes et quatrièmes crus.

La région du *Mâconnais* produit des *vins fins blancs;* ce sont les vins de Pouilly, Fuissé; des grands ordinaires blancs à Solutré, Viré, Vinzelles, Vergisson, Chaintré, et des grands ordinaires rouges à Leynes (climats de Creuse-Noire et de la Vernette), Saint-Amour (climat des Capitans), Davayé, Chânes, Prissé, Saint-Sorlin.

La région du *Beaujolais* produit des *vins fins rouges :* ce sont ceux de Fleurie, Brouilly, Villié-Morgon, Chénas, Julliénas, Jullié, auxquels on doit adjoindre ceux de Thorins, Moulin-à-Vent, à la limite du Mâconnais, qui sont les plus réputés (deuxièmes crus); ensuite Chiroubles, Lachassagne, le Peréon, Saint-Lager, la Chapelle-de-Guinchay, Saint-Étienne-des-Ouillières produisent des vins grands ordinaires; par contre, cette région ne produit pas de vins blancs.

Vins de Touraine. — Les vins de *Touraine* se limitent, à peu de chose près, au département d'Indre-et-Loire (1).

Les *grands vins rouges de bouteille* récoltés dans la région de Bourgueil sont obtenus du cabernet franc, le plus fin des cépages du Bordelais, appelé « breton » dans les environs de Chinon. Sont renommées principalement les communes situées sur la rive droite de la Vienne : Cravant, Beaumont, Avoine, Huismes; et celles de la rive gauche : Anché, Rivière, Ligré, la Roche-Clermault. En dehors de ces communes, on cite celles de : Cinais, l'Isle-Bouchard, Panzoult, Saint-Épain, Sazilly, Savigny-en-Véron.

Les vins moins nettement caractérisés que les précédents se récoltent particulièrement dans les communes de Joué et de Saint-Avertin. Le vin de Joué est le produit des « plants nobles » : pinot noir de Bourgogne, gris de meunier et malvoisie. Le côt peut y entrer en certaines proportions; le pinot noir et la malvoisie tendent de plus en plus à disparaître. Sur divers autres points du département, on peut parfaitement ranger dans la même catégorie les vins de Ballan, Chambourg, Cheillé, Esvres, Larçay, Montbazon, Montlouis, Monts et Sainte-Radegonde.

Il est difficile de désigner des communes pour les *vins rouges de table*, toutes les communes du département d'Indre-et-Loire et principalement du Midi en produisant. Le côt en fait la base, et le côt n'est lui-même que le malbeck du Bordelais; ces vins sont de consommation courante.

Les *vins rouges de commerce* dits *du Cher* sont, comme les précédents, issus de toutes les communes du département; c'est encore le côt qui en forme

---

1. Ces détails sont extraits de la *Viticulture tourangelle*, bulletin officiel de l'Union vinicole des propriétaires d'Indre-et-Loire.

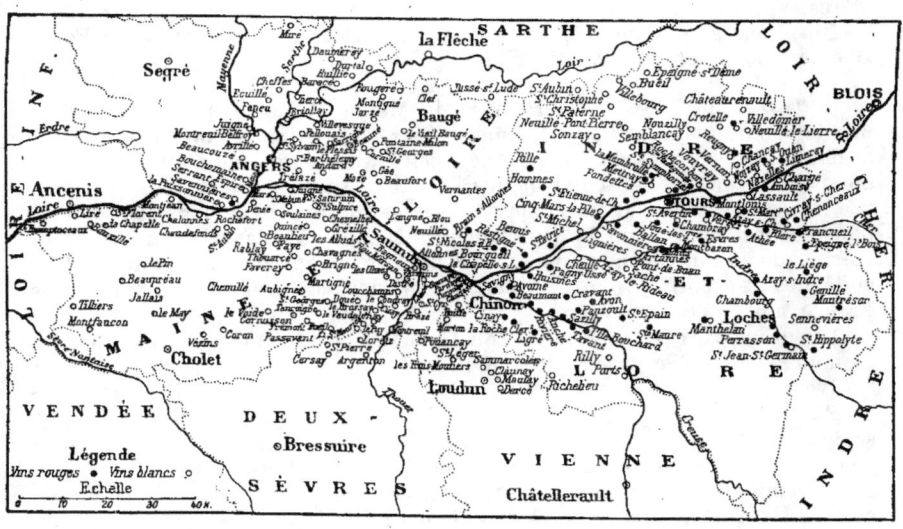

Principaux vignobles de la Touraine et de l'Anjou.

la base. Ils sont très recherchés pour le coupage et sont de consommation instantanée.

Les *vins rouges de commerce* dits *de Touraine* sortent principalement du nord du département d'Indre-et-Loire; la commune de Cinq-Mars peut être considérée comme le centre de cette production.

Les *grands vins blancs de Touraine*, communément appelés *vins de Vouvray*, sortent des coteaux de Vouvray, de Rochecorbon et Montlouis; ils tiennent à la fois du vin de liqueur, du vin sec, du sauternes et du vin de Champagne.

Les *vins blancs fins de bouteille* sont impossibles à localiser, sortant de tous les points du département.

Les *vins blancs de table* sont récoltés principalement dans les communes de : Artannes, Chambray, Cheillé, Crotelles, Nazelles, Neuillé-le-Lierre, Ports, Pont-de-Ruan, Rilly, Saché, Saint-Jean-Saint-Germain, Saint-Paterne, Sennevières, Véretz, Villedômer.

Quant aux *vins blancs de commerce*, ils sortent des cépages de la Folle-Blanche, dans la région de Richelieu et de la rivière de la Vienne.

Vins d'Anjou. — Le département de Maine-et-Loire a une réputation méritée pour la fabrication des *vins blancs mousseux*, qui ont une certaine analogie avec les vins de Champagne; pétillants comme ces derniers, ils n'en ont pourtant ni les indiscutables qualités ni la saveur délicate; ils n'en sont pas moins appréciés par un grand nombre de gourmets. Ces vins sont pour la plupart consommés dans le département même ou les départements les plus voisins; on en fait cependant une exportation assez considérable, malgré la difficulté des transports et de la conservation, principalement dans le nord de la France, ainsi qu'en Belgique.

Les principaux vignobles, les plus réputés, sont situés aux environs de Saumur, sur la rive gauche de la Loire, ainsi qu'aux environs d'Angers, sur la rive droite de ce fleuve. Les vins rouges sont peu nombreux; les communes de Parnay, de Souzay, de Turquant, à l'est du département, fournissent non seulement ces vins rouges, mais aussi des vins blancs qui les uns et les autres peuvent rivaliser avec certains de nos meilleurs crus bordelais.

Disséminées un peu partout dans le département, excepté au nord-est du côté de Noyant et au nord-ouest du côté de Segré, un grand nombre de localités fournissent des vins blancs et gris, dont beaucoup ont une réputation européenne.

Autres régions. — En dehors de ces grandes régions vinicoles, la France possède d'autres nombreux vignobles moins connus; la plupart sont des *grands ordinaires* et de consommation courante. Cependant en quelques endroits il est produit des *vins fins* très estimés; voici la liste des plus réputés:

Vins rouges. Premiers crus : l'Ermitage à Tain (Drôme); les deuxièmes crus sont les Mas du Meal, du Bessart et du Greffieux; Côte-Rôtie à Ampuis (Rhône); Condrieu (Isère), un peu moins estimé.

Troisièmes crus : Châteauneuf-du-Pape, la Nerthes, Sorgues (Vaucluse), dont les vins prennent avec l'âge une teinte pelure d'oignon; Jurançon (Basses-Pyrénées), un peu acide, n'existe plus guère; Crozes, Mercuol, Chanes, Séreus, Éromes (Drôme), analogues au vin de l'Ermitage.

Quatrièmes et cinquièmes crus : Cornas, Saint-Joseph, Sarras, Tournon, Sècheras, Saint-Jean-de-Musols (Ardèche); Coteau-Brûlé, Saint-Sauveur (Vaucluse); Banyuls, Collioure, Port-Vendres (Pyrénées-Orientales); Bergerac,

Ceysse (Dordogne); Tavel, Saint-Gilles, Lirac (Gard); Dallet, Chanturgue (Puy-de-Dôme); Arnice, Salins, Arbois (Jura); Montmélian (Savoie).

Les vins *rouges ordinaires* sont obtenus des crus inférieurs de toutes les régions déjà citées et aussi des vignobles du Gard, de l'Hérault : les plus estimés sont ceux de Saint-Georges, Murviell et Saint-Christol; de l'Aude, connus sous le nom de « vins de Corbières et de Narbonne »; des Bouches-du-Rhône, du Var, de l'Isère, de la Savoie, de l'Ain, du Tarn (Cordes), du Lot (vins de Cahors); de Lot-et-Garonne, des Landes, du Gers, de Maine-et-Loire, du Cher, de Loir-et-Cher et du Loiret; ces derniers, légers, connus sous le nom de « vins de l'Orléanais », sont assez estimés.

Vins blancs. Premiers crus : l'Ermitage à Tain (Drôme); Château-Grillet (Loire).

Seconds crus : Château-Chalon, Arbois, Pupillin (Jura) sont dits « vins jaunes ou de garde », de très longue conservation, très spiritueux; L'Étoile, Arbois, Salins (Jura) sont préparés en secs ou mousseux connus sous le nom de vins de L'Étoile; Condrieu (Isère) ; Clairac (Lot-et-Garonne); Saint-Peray (Ardèche), secs ou mousseux ; Jurançon, Gan, Uzos (Basses-Pyrénées), liquoreux, très peu étendus ; Cassis (Bouches-du-Rhône), presque complètement détruit par le phylloxera; Pouilly-sur-Loire (Nièvre), sec, goût de pierre à fusil; Pont-de-Vaux, Thoissey (Ain); Chavignol, Crésancy (Cher).

Les vins blancs ordinaires se trouvent particulièrement dans la région du Midi, où les plus connus sont la « blanquette » de Limoux, les vins de Gaillac dans le Tarn, les vins de Clairac dans le Lot; ils sont produits aussi dans l'Aude, les Bouches-du-Rhône, l'Ardèche, l'Ain, la Dordogne, le Puy-de-Dôme et toute la région de la Loire : Deux-Sèvres, Vendée, Loire-Inférieure, Maine-et-Loire, Indre-et-Loire, Loir-et-Cher, Cher.

Vins de Champagne. — La célébrité du *champagne* remonte au Xe siècle; mais c'est vers la fin du XVIIe seulement qu'un moine de l'abbaye d'Hautvillers, dom Pérignon, trouva le moyen de fabriquer ce vin tel qu'il se consomme aujourd'hui.

Principaux vignobles de la Champagne.

C'est la Marne, et en particulier trois arrondissements de ce département, qui fournissent le champagne : Reims, Épernay et une partie de celui de Châlons-sur-Marne. La contrée de production est partagée en deux régions. La première, dite *rivière de Marne*, se ramifie en trois branches : 1° la *rivière de*

Marne proprement dite, allant de Cumières à Mareuil-sur-Ay et renfermant les vignobles de Cumières, Hautvillers, Dizy, Ay et Mareuil-sur-Ay; 2° la *côte d'Épernay*, parallèle à la première et comprenant les vignobles d'Épernay, Pierry, Moussy et Vinay; 3° la *côte d'Avize*, avec Cramant, Avize, Oger, Mesnil-sur-Oger, Vertus, Cuis et Grauves.

La deuxième région, dite *montagne de Reims*, se subdivise en *haute* et *basse montagne*, et comprend les crus de Verzy, Verzenay, Sillery, Mailly, Ludes, Chigny et Rilly, puis Reims, Saint-Thierry, Hermonville et Bouzy.

Le sol de la Champagne est du calcaire recouvert d'une mince couche végétale, et les raisins qu'on y cultive sont tous des variétés de pinot appelées *plant doré d'Ay*, *plant vert doré*, *plant gris* (ce dernier n'est autre que le pinot gris ou *burot* de Bourgogne).

On récolte également en Champagne des vins rouges de table dans les vignobles de Dizy, Cumières, Hautvillers et Vertus.

Algérie. — La vigne réussit admirablement dans notre colonie, où elle est cultivée sur plus de 100 000 hectares et produit environ 2 millions d'hectolitres de vin. Les vignobles les plus estimés sont situés sur les coteaux du Tell et s'étendent aux environs de Mascara, Oran, Tlemcen, Médéa, Miliana, Bône, Bougie, Philippeville. Malheureusement plusieurs points des provinces d'Oran et de Constantine ont déjà beaucoup souffert du phylloxera. Les vins d'Algérie, mal fabriqués au début, se sont améliorés depuis la découverte récente des méthodes de vinification convenant aux pays chauds. Ces vins sont aujourd'hui entrés dans la consommation française : les expéditions d'Algérie en France augmentent régulièrement.

Les Vins étrangers. — *Italie.* — L'Italie vient après la France pour la production des vins, malgré la négligence des Italiens, lesquels, comme les Espagnols et les Portugais, ne savent pas suffisamment profiter des avantages de leur sol et de leur climat pour la culture de la vigne.

Les principaux centres de production sont : la Sicile, vignobles de l'Etna, de Syracuse, de Palerme, de Marsala; la Toscane, vignobles de Monte-Pulciano, Chianti; le Piémont, environs de Gênes, Coni, Montferrat, Asti et son muscat; la Lombardie, avec le *vino santo* de Castiglione et de Lonato; la Vénétie, aux environs de Vérone et de Trévise; la province de Bari; la Campanie, qui fournit le lacryma-christi des flancs du Vésuve, ainsi que les vignobles du Pausilippe, les muscats du Montefiascone et du Vésuve.

Espagne. — L'Espagne cultive plus de 2 millions d'hectares de vigne. Les vignobles, qui produisent surtout des vins liquoreux, sont principalement situés au sud et à l'est, aux environs de Grenade, Almeira, Malaga, Jaen, Cordoue, Séville et Cadix. Les vins de Xérès, Malaga, Alicante ont une réputation universelle. A citer aussi les val-de-peñas rouges et blancs, les manzanilla, les rioja; et encore le pajarete, le moscatel et le grenache, provenant de cépages particuliers cultivés un peu partout.

Dans les provinces du centre on récolte de bons vins de table, rouges et blancs, mais souvent mal faits et conservés dans des outres, ce qui leur communique un goût désagréable.

Portugal. — Le Portugal, également bien partagé comme sol et climat, fournit surtout des vins du Douro, des environs de Lisbonne et de Sétubal.

Le plus estimé de ses crus est le Porto, surtout consommé en Angleterre.

Madère et *les Açores* produisent des vins renommés, mais sujets à de nombreuses falsifications. La malvoisie de Madère occupe le premier rang parmi les meilleurs vins de liqueur que l'on connaisse.

Allemagne. — Moins favorisée par le climat, l'Allemagne, pour ses vins, en est à peu près réduite à la vallée du Rhin. Les vins du *Rhin* sont fort appréciés; les principaux crus sont : le Niersteiner, le Hochheimer, le Rudesheimer Berg, le Geisenheimer Rothenberg, le Liebfraumilch, le Marcobrunner et le Schloss Johannisberg. Ce dernier, le plus cher peut-être des vins connus, se vend jusqu'à 175 et 200 francs la bouteille. Les vins de la *Moselle*, quoique moins réputés, sont pourtant fort goûtés par un grand nombre de consommateurs; parmi ces vins, citons : le Piesporter, le Zeltinger, le Moselblumchen, le Berncasteler et le Sparkling Moselle.

Suisse. — La vigne est une des principales sources de revenu de ce pays. Elle est surtout cultivée dans la région des lacs de Genève et de Constance et sur les pentes du Jura. Parmi les meilleurs crus, citons ceux de Teufen et de Winterthur (Zurich), de Lavaux (Vaud), de la Côte et de Cortaillod (Neuchâtel).

Autriche-Hongrie. — L'Autriche-Hongrie produit une grande quantité de vins assez peu estimés; seule la Hongrie possède un vin réputé, le tokay.

Grèce et *îles de l'Archipel*. — La Grèce produit en moyenne 1 million 300 000 hectolitres de vin; ses crus de Phalère, de Parnès, de Malvoisie, ainsi que les vins sucrés de Corinthe sont estimés. Dans l'Archipel, les îles de Chio, Ténédos, Samos, Chypre possèdent des vins dont la réputation remonte à l'antiquité.

LE VIN A LA CAVE

Au mois d'octobre, à l'exception des années hâtives, où l'on vendange en septembre, voire même à la fin d'août, on cueille les raisins à la vigne et on les dépose dans des **récipients spéciaux** (cuviers, en bois le plus souvent, montés sur charrettes); de là, la vendange est amenée au pressoir ou à la cuve (1).

Le travail est divers selon le genre de vin qu'on veut obtenir : le vin de Champagne principalement demande des préparations particulières et compliquées.

Pour fabriquer les *vins blancs ordinaires*, on pressure le raisin immédiatement afin d'empêcher les sucs de fermenter et de jaunir, ce qui arrive assez souvent, lorsque le vigneron n'a pas eu la précaution d'arroser la vendange d'un peu d'eau fraîche; les *vins rouges*, au contraire, doivent être cuvés : on laisse fermenter

---

(1) Les parties de ce chapitre concernant les *opérations de cave* et les *maladies du vin* sont dues à M. Félix Moreau, de la maison Albert Cuvillier, de Bercy.

la vendange un certain temps, dont la durée est subordonnée à la température, à la qualité de la récolte et surtout aux conditions plus ou moins favorables de la cueillette. Ensuite on pressure.

La cave. — Pour recevoir le vin, le vigneron a fait la toilette complète de son cellier, en le balayant à fond, puis en l'aérant le plus possible. Certains blanchissent les murs à la chaux, ce qui est un très bon procédé d'assainissement. Les chantiers de bois ont été débarrassés de leur mousse et bien assujettis, à 20 ou 30 centimètres du sol, sur des traverses de bois, quelquefois de pierre ; de cette façon, l'air circulera librement sous les futailles et empêchera la moisissure des cercles.

Les tonneaux neufs ou ayant déjà servi auront été au préalable soigneusement échaudés à l'eau bouillante, puis rincés plusieurs fois à l'eau froide ; ils sont ensuite placés sur les chantiers, bonde dessus, éloignés au moins de 40 à 50 centimètres du mur, afin de pouvoir vérifier facilement l'état de leur fond postérieur.

Avoir soin de bien assujettir les fûts avec des cales, pour pouvoir retirer l'un d'eux sans que les autres soient exposés aux secousses, ce qui pourrait faire remonter la lie.

La cave ne demande pas une exposition particulière ; un vin sera bon dans un cellier exposé au nord ou au midi s'il a reçu tous les soins qu'il comporte.

Dans une grande ville, où la circulation est intense, il faut éviter qu'une cave soit exposée à des ébranlements occasionnés par le passage des voitures, ces secousses répétées pouvant déterminer l'ascension d'un peu de lie qui, mélangée avec le vin, suffirait à le faire aigrir.

Une cave doit être d'une propreté rigoureuse ; il ne faut jamais y laisser séjourner d'ordures, ni des légumes odorants (carottes, choux, oignons, navets), non plus que des fromages, des animaux de basse-cour, du gibier, ou encore des matières liquides : pétrole, essence minérale, etc. ; tous ces produits communiquent facilement au vin leur odeur *sui generis*, comme il a été observé maintes fois.

Premiers soins à donner au vin. — Aussitôt qu'il est dans les fûts, le vin se met en fermentation. Le fût doit donc être rempli au fur et à mesure que les matières étrangères sortent par le trou de la bonde, resté libre.

Lorsque ce travail du vin se ralentit, on commence par mettre une feuille de papier ou une feuille de vigne sur la bonde, de façon à ce que l'air pénètre moins facilement dans le fût. On continue doucement les remplissages et finalement, dans un laps de temps variant entre un mois pour les vins rouges et cinq semaines pour les vins blancs, on bonde le fût, qui a été rempli complètement, en ayant soin, pour obvier à tout inconvénient qui résulterait de la fermentation dernière, de donner de l'air au liquide, en pratiquant un trou étroit, avec la vrille, à côté de la bonde.

On soutire les vins nouveaux en décembre ou janvier, lorsqu'ils sont bien tombés. *Soutirer* un vin, c'est l'extraire du fût qui le contient soit à la main, soit à l'aide d'une pompe, et le transvaser dans un fût bien propre, bien frais et bien méché, pour opérer une sorte de décantation, dans le but d'aérer le liquide.

Mécher un fût, c'est brûler à l'intérieur une mèche soufrée pour détruire les germes et ferments qu'il peut encore contenir. Le méchage est indispensable, surtout pour les vins blancs; car il ne faut pas oublier que le gaz sulfureux agit comme décolorant; le méchage donne une légère astringence et a, en outre, la propriété de bien assainir la futaille.

On doit toujours mécher et boucher les fûts qui sont susceptibles de rester vides pendant un certain temps.

Il ne faut jamais se servir de fûts ayant contenu du cidre, du vermout, de l'absinthe ou autre liquide; le vin s'en ressentirait.

Le soutirage terminé pour le mieux, les fûts ont leur bonde et leur broche rasées. (La *broche* est une cheville servant à boucher le trou pratiqué pour l'introduction de la cannelle.)

Transport du vin. — Deux modes de transport se présentent : le chemin de fer et le bateau. Tous nos vins consommés à Paris, à part quelques exceptions (Bordeaux expédie assez souvent par eau), voyagent par les voies ferrées.

Paris reçoit par la ligne Paris-Orléans les vins du Bordelais, de l'Ouest, de la Touraine, du Saumurois, de l'Anjou; par la ligne Paris-Lyon-Méditerranée les vins de l'Aude, de l'Hérault, des Pyrénées-Orientales, du Var, de Vaucluse, du Beaujolais et du Mâconnais, et de la haute et basse Bourgogne. Enfin la ligne de l'Est lui amène les vins gris de Lorraine et les vins de Champagne.

Depuis plusieurs années, le Midi et quelques contrées du Sud-Est expédient leurs vins en wagons-réservoirs ou wagons-foudres. Ce sont des récipients ayant la forme d'immenses tonneaux (leur contenance varie entre 100 et 180 hectolitres) en fer ou en bois, seuls ou accouplés, montés sur des rails. Certains sont enfermés dans des wagons, ce qui protège le liquide qu'ils renferment contre les intempéries des saisons.

Il est bon de dire que les foudres en bois sont de beaucoup préférables à ceux en fer. Ces derniers, en effet, ont le grand inconvénient de donner au vin le goût du fer, s'ils n'ont pas été nettoyés avec tout le soin désirable. Ce moyen de transport a pris une grande extension et les wagons-réservoirs sont aujourd'hui nombreux. Il réalise certainement une sensible économie sur les envois en fûts, parce qu'il nécessite beaucoup moins de manutention. Il y a aussi très souvent gain de temps, si l'on admet que les liquides expédiés peuvent être transbordés en cours de route avant leur arrivée à destination.

Les wagons-réservoirs circulent sur toutes les lignes à voie normale.

Le transport par eau, pour les vins de France, est presque totalement abandonné, non parce qu'il est plus dispendieux, mais parce que le bateau transporte moins vite que le chemin de fer et qu'il offre moins de garanties pour l'acheteur. On a constaté plusieurs fois, au débarquement des fûts, de fortes vidanges dues aux libations de certains bateliers. Cette remarque est faite couramment pour les vins d'Algérie, d'Espagne, d'Italie, qui arrivent à Paris presque exclusivement par bateau.

Les vins fins destinés à l'exportation ou même devant être consommés en France sont mis dans un double fût ou « enchape », le tonneau soigneusement entouré de paille, de façon à isoler le liquide, en quelque sorte, de l'air ambiant. Il est rare qu'une expédition faite ainsi soit remise en mauvais état au destinataire.

SOINS A DONNER AU VIN CHEZ SOI

Une fois arrivé à destination, le vin doit être mis en place le plus vite possible. Il ne doit plus être touché avant le soutirage de mars. Pendant cet intervalle, on doit le surveiller de très près, car il est susceptible de subir des transformations dues à des microrganismes ou germes morbides qui sont en suspension dans le liquide ; aussi sera-t-il bon de le *coller*.

Collage du vin. — Il faut toujours *coller* le vin qui doit être mis en bouteilles.

Le *collage* a pour effet de donner au vin la limpidité : il précipite au fond du tonneau les matières solides que le liquide tient en suspension, matières qui engendrent les maladies dont nous parlons plus loin.

Pour *coller* une pièce de vin rouge contenant 225 litres, on emploiera quatre blancs d'œufs bien battus dans un litre de vin ; pour les vins blancs, une tablette de gélatine « Lainé » dissoute dans un demi-litre d'eau chaude pour un hectolitre.

La bonde enlevée, on retire, avec un tuyau en caoutchouc, ou une pompe aspirante spéciale ou siphon, cinq ou six litres de vin ; à défaut de ces ustensiles, on percera le fût avec une vrille pour retirer la quantité nécessaire de liquide ; on verse la colle dans le tonneau par la bonde ; puis, à l'aide d'un bâton rond, fendu en quatre à son extrémité, on agite vigoureusement le liquide pour bien mélanger la colle ; on verse ensuite dans le tonneau le vin qu'on en avait retiré ;

on en ajoute même si c'est nécessaire. On frappe le tonneau à coups redoublés pour faire tomber la mousse et chasser les bulles d'air, et on remet la bonde.

Laisser ensuite reposer le vin pendant une vingtaine de jours.

Age auquel les vins sont mis en bouteilles. — Selon leur provenance, les vins sont mis en bouteilles à différents âges.

Les *bordeaux*, qui sont des vins de race, riches en tanin et en alcool, forts en couleur, ont besoin d'attendre trois ou quatre ans.

Les *chablis* et les vins de la *haute Bourgogne* peuvent être mis en bouteilles au bout de dix-huit mois ou de deux ans. En général, il ne faut pas attendre qu'ils aient perdu leur bouquet, leur finesse et leur liqueur, qu'ils aient une teinte passée.

Pour les vins rouges, la couleur doit être légèrement jaunâtre; pour tous, il ne faut ni acidité, ni goût de nouveau.

Un vin mis en bouteilles dans ces conditions acquiert du bouquet et de la finesse.

Les bouteilles. Rinçage. — Les bouteilles, à quelques centilitres près, sont presque toutes de la même contenance; mais leur forme est différente selon les pays. Il est donc mieux de tirer chaque vin dans la bouteille de son pays d'origine.

Rinçage. — Premier mouvement.

Les bouteilles doivent être rincées à l'eau chaude, dans laquelle on aura fait dissoudre une certaine quantité de soude (10 kilogrammes pour 100 litres d'eau). Lorsqu'elles sont à moitié remplies de cette solution, on verse du petit plomb de chasse et on agite vigoureusement pour bien décrasser le verre.

Si le fond de la bouteille est très encrassé, on peut se servir d'un mince écouvillon, pour que toutes les parties soient bien nettoyées. On la passe ensuite à l'eau froide, on la retourne sur une planche percée de trous, appelée *planche à égoutter* ou sur un égouttoir en fer galvanisé.

Mise en bouteilles, bouchage, cachetage, capsulage. — La mise en bouteilles doit se faire de préférence en mars et septembre. On choisit pour cette opération un temps assez froid, sec, un jour que le vent souffle du nord ou de l'est. Éviter avec soin les temps orageux.

Il n'est pas nécessaire de soutirer le vin collé (voir plus haut) pour le mettre en bouteilles; mais auparavant il faut s'assurer s'il est absolument limpide, ce qui est très facile à constater en remplissant à moitié un verre du vin tiré du fût et en le mirant au grand jour.

Rinçage. — Deuxième mouvement.

On prend ensuite une cannelle en métal inoxydable ou en bois; puis on pratique un trou en bas du tonneau, juste au milieu, à l'aide d'un vilebrequin à peu près de la grosseur de la cannelle. Eviter avec soin de tomber sur un joint. On assujettit la cannelle de manière à ce qu'elle ne fuie pas; on place dessous un baquet bien propre, en bois, ou, à son défaut, un plat creux bien nettoyé, pour éviter qu'une certaine partie du vin ne se perde; on tire une ou deux bouteilles pour « faire clair », et on remplit ensuite les autres bouteilles jusqu'à épuisement complet du fût.

Le choix des bouchons a une très grande importance; ils doivent être d'un liège fin, moelleux, souple, pliant facilement sous les doigts et sans aucune tare. Avant de les employer, les mettre dans un récipient et les arroser d'eau bouillante. Cette opération a pour but non seulement de les rendre plus souples, mais surtout de faire rejeter au liège toutes les impuretés qu'il peut renfermer. On laisse égoutter les bouchons pendant une heure, sur un tamis, et enfin on les laisse baigner pendant dix à quinze minutes dans de l'alcool de

Mise en perce à l'aide du vilebrequin.　　　　Introduction de la cannelle.

bonne qualité, du cognac ou du vieux marc ayant perdu son arome.

Il est préférable de ne pas employer de vieux bouchons, ou de ne s'en servir que pour des vins ordinaires devant être consommés immédiatement.

On bouche les bouteilles tout de suite, pleines ou en laissant un petit espace libre sous le bouchon afin que, s'il est poussé violemment, le bouchon ne fasse pas éclater le goulot.

Dans les ménages, on se sert tout simplement de la *batte* pour

Mise en bouteilles.

boucher les bouteilles; on fait entrer les bouchons en frappant dessus avec la batte jusqu'à ce qu'ils soient entièrement enfoncés.

Dans les grandes maisons, les grands restaurants, etc., on se sert d'un appareil qui permet de boucher beaucoup de bouteilles en peu de temps, sans crainte de les casser. Ce travail est facile à exécuter: le bouchon baigne légèrement dans le vin, ce qui supprime la vidange; le liquide ne s'en porte que mieux, si, bien entendu, le bouchon est de bonne qualité et a été préparé avec les soins exigés.

Pour cacheter les bouchons, on fait dissoudre dans de l'eau chaude bouillante de la cire d'Espagne, que l'on trouve chez les marchands de couleurs, les épiciers; quand la cire est bien fondue, on tient la bouteille par le goulot de la main gauche, on prend de la main droite sa partie postérieure, on trempe l'extrémité du bouchon et une faible

Bouchage à l'aide de la machine à boucher. Cachetage.

partie du goulot dans la substance; on tourne légèrement la bouteille avec la main droite pendant un court espace de temps, de manière à bien enduire de cire le bouchon et la partie du goulot qui doit être cachetée; puis on place la bouteille debout.

Il est indispensable d'ajouter à la cire un peu de suif pour qu'elle soit moins cassante et, partant, plus adhérente.

La cire a pour but de préserver le bouchon de la moisissure et de l'empêcher d'être rongé par les insectes, qui sont toujours nombreux dans une cave.

Aujourd'hui il est de mode de substituer à la cire des *capsules en étain*, qui recouvrent le bouchon ou en partie ou complètement. Il en existe de toutes nuances et de différentes grandeurs. Les deux procédés se valent; le *capsulage* est élégant, mais il est plus coûteux, et il faut d'ailleurs, pour que ce travail soit fait convenablement, être expert en la matière et avoir à sa disposition une machine à capsuler, toujours d'un prix assez élevé.

Comment placer les bouteilles. — Généralement les bouteilles sont posées sur deux rangs, de cette façon : on place au fond une rangée de bouteilles, la partie postérieure tournée vers la muraille, le col en avant; puis on garnit le rang de devant en plaçant les bouteilles la partie postérieure tournée vers celui qui les place, le goulot de chacune de ces bouteilles s'emboîtant entre deux goulots de celles du fond. Sur ces rangées on empile successivement les autres de la même manière. Une mince bulle d'air doit se trouver bien au milieu de la panse de la bouteille une fois couchée, ce qui indique le bon aplomb. On évitera de cette façon le bris, qui est dû le plus souvent au manque de stabilité.

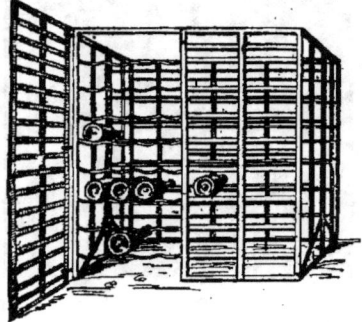

Porte-bouteilles.

Pour que ces bouteilles aient bien la position horizontale, et pour l'aplomb parfait de la pile, il est bon de poser des lattes sur chaque rangée de bouteilles du fond et de devant.

Il ne faut pas oublier qu'une pile de bouteilles, pour qu'elle soit irréprochable, surtout au point de vue de la solidité, doit être faite avec des verres de même dimension.

Pour une pièce de vin, mise dans des bouteilles de 75 à 78 centilitres, on construira un casier d'après les données suivantes : hauteur, 95 centimètres; largeur, 90 centimètres; profondeur, 70 centimètres.

Dans les ménages, à Paris en particulier, où la place est parfois très restreinte et où l'on est susceptible de déménager assez souvent, pour supprimer la peine et les dépenses occasionnées par la construction d'une cave à bouteilles telle que celle dont nous venons de parler, on a recours aux *casiers* portatifs en fer et à claire-voie que tout le monde connaît, casiers pouvant contenir, selon leur dimension, la valeur d'une demi-pièce, d'une pièce de vin et même plus. Ce moyen de caser les bouteilles est plus facile ; mais il est moins favorable à la conservation du liquide, lequel doit être exposé le moins possible à l'air et à la lumière.

LES MALADIES DU VIN

Le vin est sujet, comme toutes les denrées, à une foule de maladies. Nous nous bornerons à citer les plus communes, qui peuvent se manifester une fois le vin en cave, et à indiquer les moyens pour essayer de s'en préserver.

Une des précautions essentielles est d'*ouiller le vin,* c'est-à-dire de remplir le fût au fur et à mesure des pertes qu'y provoque la fermentation. On doit répéter les ouillages dans les caves sèches et trop aérées, surtout pour les vins nouveaux, qui fermentent toujours un peu, et qui sont dans des fûts neufs et secs. Toute négligence du côté de l'ouillage nuirait.

Le vin dont on se sert pour ouiller doit être franc de goût, autant que possible similaire à celui que contient le tonneau. On fera bien de remplir un vin riche en alcool avec un vin plus frais ; un vin vert et faible avec un vin plus moelleux et plus fort. Si l'on n'a pas de vin pareil à celui qui est dans le tonneau, il vaut mieux remplir avec n'importe quel vin plutôt que de ne pas remplir du tout.

Acescence. — Les vins qui ne sont pas ouillés convenablement sont vite atteints d'*acescence*. C'est une maladie très commune, due au ferment acétique qui donne naissance à du vinaigre. Ce ferment se développe plus favorablement dans les fûts en *vidange,* c'est-à-dire ayant un vide entre la partie supérieure du fût et le vin qu'il contient, et peut s'attaquer aux vins de bonne qualité, quoique s'attaquant principalement aux vins faibles, toutes les fois que ces vins sont exposés à la chaleur.

On évitera le développement du ferment en soutirant (voir plus haut), en tenant les tonneaux toujours pleins, bonde de côté, de manière à laisser pénétrer le moins d'air possible.

Un vin est *piqué* quand il est atteint du ferment acétique. Il est très difficile de guérir un vin piqué. On préconise plusieurs méthodes pour atténuer la *piqûre*. Le tartrate neutre de potasse supprime bien un peu le goût acétique, mais le vin ainsi traité doit être consommé immédiatement.

Pasteurisation. — Le moyen le plus sûr pour avoir un résultat appréciable est de *pasteuriser* le vin avarié. Chauffé au moyen d'un pasteurisateur, le vin se trouve débarrassé de tous les germes fermentescibles qui nuisent à sa bonne conservation. Il existe de nombreux systèmes de pasteurisateurs, tous disposés de la même manière, à cette différence près qu'on utilise, pour élever la température du liquide, soit l'eau chaude, soit la vapeur, soit l'air chaud, soit enfin le gaz.

Le vin à pasteuriser doit être collé et soutiré, et avoir une limpidité parfaite. Pour gagner du temps, on peut filtrer, puis chauffer à une température de 60° à 72° maximum. Recevoir le vin pasteurisé dans des tonneaux bien propres et méchés fortement, puis placer ces tonneaux immédiatement dans un endroit bien sain. Cette opération, faite avec soin, donne toujours un bon résultat.

La pasteurisation peut se faire en bouteilles. Celles-ci sont placées droites dans une chaudière à double fond et pleine jusqu'au goulot des bouteilles, dont l'une, qui sert de témoin, est emplie d'eau et munie d'un thermomètre servant à indiquer la marche de la température et le moment opportun pour arrêter le chauffage.

Il ne faut pas croire que la pasteurisation ramène à son état normal un vin fortement piqué ; mais elle a tout au moins pour résultat d'empêcher les ferments acétiques de se développer, ce qui permet de pouvoir employer le liquide. On a remarqué que des vins pasteurisés peuvent rester en vidange assez longtemps sans s'altérer.

La pasteurisation a aussi le grand avantage de vieillir les vins, en leur donnant une teinte « rancio », c'est-à-dire de vieux. Certains prétendent que cette opération bonifie le vin. Les avis sont partagés. Des expériences ont démontré le contraire, et on peut ajouter qu'il est pour ainsi dire impossible de reconnaître à la dégustation la pasteurisation d'un vin.

Goût d'évent. — Le vin mis dans un fût imparfaitement nettoyé, trop vieux ou mal bouché perd une partie de sa saveur et de son bouquet, prend un goût particulier appelé *goût d'évent*.

L'évent provient de l'affaiblissement du vin par suite de l'évaporation d'une partie de l'alcool qu'il contient. Il a pour effet de développer un ferment spécial ou « fleur » qui donne naissance à des vapeurs communiquant au vin une saveur très désagréable.

On fait disparaître le goût d'évent par un soutirage du vin avarié dans un tonneau bien frais, fortement méché. Si le goût est trop accentué, on mélange le vin éventé avec un autre vin plus alcoolisé. Ensuite il faut coller, et soutirer aussitôt que le vin est devenu clair et n'a plus son goût d'évent.

Vins tombant à l'amertume. — Un vin pauvre en alcool peut devenir *amer*. Le moyen le plus simple et le meilleur pour faire disparaître l'amertume est de mélanger ce vin avec un vin plus jeune.

Un vin qui a contracté le goût d'amertume en bouteilles peut se rétablir de lui-même, en peu de temps, si les bouteilles sont bien bouchées, empilées bien horizontalement et dans une cave convenablement distribuée. Dans le cas contraire, décanter les bouteilles dans un tonneau bien frais, bien méché, ajouter du vin plus jeune et coller.

Vins tournés. — Le vin tourne le plus souvent par suite de la mauvaise qualité de la vendange. On confond communément le vin *tourné* avec le vin *piqué*. Dans un fût, le vin commence à tourner par le bas, tandis que la piqûre se développe toujours à la surface.

Un vin *tourné* complètement se reconnaît par sa couleur louche; il est trouble comme de l'eau boueuse et dégage des odeurs de matières organiques en putréfaction; il n'a plus aucun des caractères du vin.

Il y a plusieurs remèdes pour guérir le vin tourné; le meilleur et le plus en usage est celui-ci : aussitôt qu'on s'aperçoit que le vin est tourné, on y ajoute de l'acide tartrique en quantité suffisante (60 grammes par hectolitre). La couleur rouge vif revient au bout de quelques jours. Puis, pour restaurer complètement le vin avarié, le mélanger par moitié avec un autre vin de bonne qualité et coller le mélange.

La pasteurisation, en cette occurrence, est aussi tout indiquée; on chauffe alors à une température de 60° à 70°.

Vins qui graissent et qui plombent. Vins qui jaunissent. — On dit d'un vin qu'il *graisse* quand il tombe au gras ou qu'il file comme de l'huile. Cette maladie est due au manque de tanin. Elle sévit plus particulièrement sur les vins blancs du Centre, mais elle attaque aussi les vins rouges faibles.

Un seul remède : employer le tanin à l'alcool à la dose de 10 grammes par hectolitre. Agiter le vin de temps en temps pendant deux ou trois jours, pour bien opérer le mélange, puis coller énergiquement.

Pour les vins blancs *plombés*, c'est-à-dire ayant une couleur grise semblable à de l'ardoise, on ajoutera au tanin du sel de nitre, à la dose de 5 à 6 grammes par hectolitre, et on collera de suite.

Les vins blancs qui deviennent *jaunes* sont également traités par le tanin et le sel de nitre; mais on a recours le plus souvent à un moyen plus simple, à la portée de tout le monde, et qui réussit toujours : coller le vin tombé au jaune avec du *sang de mouton le plus frais possible*, à la dose de 1 litre par feuillette. Soutirer quinze jours après.

Vins qui ont le goût de croupi et de moisi. — Il arrive souvent que les ustensiles qui ont servi à fabriquer le vin ont été mal nettoyés ou incomplètement séchés. On a laissé séjourner dans les cuves de l'eau qui a fini par croupir. Il est donc compréhensible que le vin ait de grandes chances de s'en ressentir.

Le vin sort le plus souvent indemne du pressoir ou de la cuve; mais s'il est mis dans des tonneaux moisis, le mauvais goût lui est vite communiqué. Pour le faire disparaître, on soutire le vin dans un tonneau bien propre et on y ajoute *un litre d'huile d'olive vierge*, en agitant fortement le fût. Bien ouiller ensuite. Quelques jours après, alors que l'huile est remontée à la surface, on soutire le vin. Si l'on veut éviter ce travail, on introduit par une sonde une certaine quantité de vin. Celui-ci prend la place de l'huile, qui se trouve expulsée en s'écoulant par la bonde.

Lorsqu'un vin qui est en bouteilles a contracté le *goût de bouchon*, dû à la mauvaise qualité du liège, il faut le remettre en fût et le traiter comme il est dit plus haut.

Vins qui cassent. — Les vins rouges qui *cassent* ont une couleur violette tirant sur le bleu et sont troubles. Les vins blancs qui en sont atteints sont laiteux et lourds.

Les changements brusques de température, un long voyage et aussi le manque de tanin et d'acidité contribuent à cette maladie. Pour les uns comme pour les autres la pasteurisation est tout indiquée.

Si l'on n'a pas l'outillage nécessaire, on ajoute au vin de l'*acide sulfureux* à doses variables, mais ne dépassant pas 10 grammes par hectolitre. On a recours, le plus souvent, à l'*acide tartrique* pour guérir les vins rouges atteints de la casse, à la dose de 30 grammes par hectolitre ; cela leur donne de l'astringence et une couleur rouge vif au bout de quelques jours.

S'il est de bonne constitution, un vin cassé peut se remettre tout seul, au bout de quelques jours, à condition qu'il soit placé dans une bonne cave ; le repos seul suffit.

Vins qui fermentent. — Les vins sont sujets à *fermenter* aux mois d'avril et de mai, époque à laquelle la vigne subit une poussée de végétation, et en août et septembre, alors que le raisin mûrit. Il faut soutirer les vins et les tenir dans une cave bien fraîche. Dans certains pays vignobles, on ajoute, en soutirant, un ou deux litres d'eau bien fraîche et bien filtrée par pièce ; cela amène très souvent un heureux résultat.

Il peut arriver aussi qu'un vin fermente en bouteilles. Cela est dû à plusieurs causes : vin incomplètement soigné ou trop jeune, trop chargé en sucre, ou bien mise en bouteilles dans de mauvaises conditions. Dans ce cas, le vin perd toute sa liqueur et rappelle, par son goût, l'eau de Seltz. La fermentation fait sauter les bouchons et le vin se perd.

Lorsqu'un vin commence à fermenter en bouteilles, il faut, pour éviter les accidents, le décanter dans un tonneau bien frais, le coller légèrement, puis le laisser au repos.

Certains vins, comme les vins d'Anjou, de Saumur, destinés à être consommés mousseux, doivent, pour obtenir cette qualité, fermenter en bouteilles. On les change de bouteille à nouveau, au mois de mars, un peu avant l'époque de la fermentation et après un léger collage. Il faut choisir des bouteilles assez fortes, capables de résister à la fermentation, et pour que le bouchon ne puisse partir, on adapte à celui-ci et au goulot de la bouteille une agrafe avec un mince mais résistant fil de fer.

Vins trop vieux. — Pour qu'un vin acquière du bouquet, il ne faut pas le mettre en bouteilles trop vieux.

Il ne faut pas attendre non plus qu'il ait perdu toutes ses qualités pour le boire. Un vin trop âgé en bouteilles n'a plus ni bouquet, ni finesse, ni principes alcooliques qui en font un aliment d'une valeur incontestable.

SERVICE DES VINS

Température. — *Vins blancs et mousseux*. Servir très frais. Le champagne a tout avantage à être servi frappé.

Vins rouges de Bourgogne. Servir frais; ne monter ces vins de la cave qu'au dernier moment, ou avoir soin, avant de les servir, de les tenir dans un endroit très sec et très frais.

Vins rouges de Bordeaux. Les sortir de la cave quelques heures avant le repas, les placer dans une pièce légèrement chauffée ou dans un coin de la salle à manger, les vins de Bordeaux exigeant, pour être parfaitement dégustés, que leur température soit un peu surélevée.

Lorsque les vins sont vieux ou déposent il est utile, de les servir avec de grandes précautions afin d'éviter de les troubler. Il est bon dans ce cas de coucher la bouteille,

Bouteille couchée dans un panier.

sitôt montée de la cave, dans un panier *ad hoc*, qui, maintenant celle-ci dans une position horizontale, permet de servir avec le minimum de secousses.

Pour les boissons servies très fraîches (eaux minérales, champagne frappé ou rafraîchi) on a coutume de les laisser durant le repas dans un seau à glace en métal argenté.

A la page suivante un tableau donne l'ordre généralement suivi pour la répartition des principaux vins pendant les différents services.

Tableau du service des vins.

AU POTAGE	AUX HORS-D'ŒUVRE ET ENTRÉES DE POISSON	AU 1ᵉʳ SERVICE	AU ROTI	AUX ENTREMETS A LA SALADE	AU DESSERT
		Bordeaux rouges	*Bourgognes rouges*		
Madère.	Barsac.	Château-Beychevelle.	Chambertin.	Ermitage blanc.	Alicante.
Marsala.	Chablis.	Château-Cos-d'Estournel.	Clos-Vougeot.	Montrachet.	Chypre.
Porto.	Château-Carbonnieux	Château-Lafite.	Corton.	Muscat.	Lacryma-christi.
Xérès.	Château-Yquem.	Château-Latour.	Ermitage rouge.	Vins du Rhin.	Malaga.
Zucco.	Graves.	Château-Margaux.	Musigny.		Malvoisie.
	Meursault.	Haut-Brion.	Nuits.		Muscatel.
	Montrachet.	Mouton-Rothschild.	Pomard.	AU FROMAGE	Porto.
	Pouilly.	Saint-Émilion.	Richebourg.	Vin rouge de Bordeaux ou de Bourgogne.	Syracuse.
	Sauternes.	Saint-Estèphe.	Romanée.		Ténedos.
	Vins de la Moselle et du Rhin.	Saint-Julien.	Volnay.		Xérès.
		Pichon-Longueville.			
		Pontet-Canet.	Champagne frappé.	Champagne frappé.	Champagne frappé.

D'après M. Mourier, propriétaire du Café de Paris, du restaurant Foyot à Paris et du Pavillon d'Armenonville, au bois de Boulogne.

LA BIÈRE

Historique. — La bière était en usage dans l'antiquité. Hérodote, Diodore de Sicile, Aristote la signalent en Égypte et en Grèce. Pline, Columelle nous apprennent aussi qu'elle fut préparée par les Romains, les Gaulois et les Germains. Il faut admettre cependant que la bière des peuples anciens ou « vin d'orge » différait quelque peu de notre bière actuelle. En France, la bière, longtemps fabriquée sans houblon, était appelée *cervoise*. Ce n'est qu'au ixe siècle sur le continent, et au xvie siècle, en Angleterre, que le houblon fut employé. La cervoise était aromatisée au gingembre, genévrier, comme certaines bières anglaises actuelles appelées *ginger-beer*. Au xviie siècle, l'art du brasseur prit une importance de plus en plus grande pour arriver, à notre époque, à être une grande industrie. La bière est devenue la boisson habituelle des peuples germaniques et scandinaves, des Belges, des Anglais, des Hollandais et des Américains du Nord. Elle remplace le vin dans les pays où la vigne refuse de croître, soit par excès, soit par défaut de chaleur. En France, le vin exclut la bière du Centre et du Midi. Le cidre étant la boisson des départements du Nord-Ouest, le fief de la bière comprend surtout les provinces du Nord et de l'Est.

Fabrication. — La bière est un liquide fermenté à base d'orge et de houblon. Elle n'existe réellement que pendant la fermentation. Toute bière qui a cessé de fermenter n'est plus potable, devient plate et se décompose. Sa composition chimique indique un aliment très nutritif et tonique par son principe amer.

Les matières premières qui servent à la fabrication de la bière sont au nombre de quatre :

1° Une matière transformable en alcool (matière sucrée ou matière amylacée) [c'est ordinairement l'amidon d'orge qui est employé];

2° Un principe amer. On se sert de la lupuline produite par les bractées femelles du houblon. Les principaux pays producteurs sont : la Bohême, la Bavière, la Belgique et l'Alsace;

3° Un ferment organisé, la levure, qui transforme la matière sucrée en alcool et acide carbonique;

4° De l'eau, qui doit être pure, douce ou peu calcaire. La fabrication comprend trois opérations : le maltage, le brassage, la fermentation.

Maltage de l'orge. — L'orge germée porte le nom de « malt ». La préparation du malt comprend plusieurs opérations : le *nettoyage* des grains, qui est obtenu au moyen de trieurs; puis le *mouillage*, qui consiste à immerger les grains dans de l'eau à 13°. La *germination* de l'orge mouillée se fait ensuite dans le germoir, cave dallée à une température de 15° à 22°. Pendant la germination, il se développe dans le grain un principe chimique, la diastase, qui transforme l'amidon en matière sucrée fermentescible. On utilise ordinairement soit des germoirs mécaniques, où l'on pratique des pelletages, soit des germoirs pneumatiques, où l'on fait circuler un courant d'air humide à température constante pour entraîner l'acide carbonique produit. Quand l'embryon de la graine a développé une radicule qui atteint les deux tiers de la longueur du grain, l'opération est terminée.

On procède alors à la *dessiccation* ou *touraillage*. Cette opération arrête la germination, assure la conservation du grain germé et détermine la formation de produits qui influencent la saveur de la bière. On dessèche à l'air chaud pendant trois jours, au moyen de tourailles. Ces appareils comprennent un foyer et une surface de dessiccation constituée par une toile métallique. Le malt touraillé a subi une sorte de torréfaction et renferme moins d'amidon et plus de sucre que le grain d'orge. L'orge touraillée est passée au nettoyeur, afin de faire disparaître les radicules. Ces débris sont utilisés en agriculture.

On opère la *mouture* du malt dans des concasseurs à cylindres unis qui ne déchirent pas le grain.

Brassage. — Il faut alors préparer le moût ou décoction aqueuse de malt et de houblon. On pratique pour cela la trempe et la cuisson.

L'*empâtage* ou *trempe* a pour but de dissoudre dans l'eau les principes solubles et d'achever la modification de l'amidon en dextrine, d'abord, puis en glucose. La trempe peut se faire par décoction ou par infusion.

La trempe par décoction (procédé bavarois et procédé d'Augsbourg) est usitée en Autriche, en Bavière et dans l'est de la France. Le malt est imbibé d'eau froide, puis d'eau chaude donnant un mélange à 35°. Après brassage et repos d'une heure, le tiers du contenu est chauffé à la chaudière, puis retourne à la cuve. On amène ainsi en trois fois le moût à 60°.

La trempe par infusion (procédé belge et anglais) se fait dans un récipient nommé *cuve-matière*. L'eau à 40° est versée sur le malt, puis on fait arriver de l'eau à 65°; le brassage est suivi d'un repos d'une heure. Le moût est décanté et on répète souvent une infusion à 75° et une à 80°. Le résidu insoluble est appelé *drèche;* c'est un produit nutritif, employé pour nourrir les bestiaux.

La *cuisson* se fait en portant le moût à l'ébullition; après addition de 250 à 1 500 grammes de houblon par hectolitre, on fait bouillir pendant quatre heures. Le liquide subit ensuite un refroidissement, et le liquide est décanté.

Fermentation. — Il reste à produire la fermentation alcoolique. On peut réaliser la méthode « par fermentation basse »: le moût à 12° est ensemencé de levure et se refroidit à 6°. La levure se dépose au fond. Après huit à quinze jours, on soutire, et l'on a une bière de débit qui peut se conserver en glacière. La méthode « **par fermentation haute** » est surtout employée par les brasseries à infusion : le moût porté à 25° est ensemencé, la fermentation est rapide et une écume monte tumultueusement. Après deux jours, on transvase le liquide dans des tonneaux, et on le clarifie par filtration ou par collage.

Composition et falsifications. — La bière renferme 0,10 à 0,40 pour 100 d'acide carbonique, 2 à 6 et même 8 pour 100 d'alcool, 4 à 6 et même 12 pour 100 d'extrait, 0,5 à 2 pour 100 de sucre non fermenté, 3 à 6 pour 100 de dextrine, 1 pour 100 d'azote, soit 6,4 de substances azotées, 0,108 à 0,270 pour 100 d'acidité totale en acide lactique, 0,100 à 0,255 pour 100 de glycérine, 0,12 à 0,35 pour 100 de cendres, dont 0,5 à 0,10 d'acide phosphorique.

Ces données peuvent servir de base pour reconnaître beaucoup de falsifications. L'emploi d'un succédané produit en effet une bière dont l'analyse révèle quelques pourcentages qui ne rentrent pas dans les limites indiquées ci-dessus, surtout pour l'azote, les cendres et l'acide phosphorique.

Les succédanés du malt sont : l'amidon, la fécule de pomme de terre, le glucose, la mélasse, etc. La glycérine est parfois ajoutée à la bière pour lui donner plus de douceur et comme agent de conservation. La saccharine donne de la douceur. Pour la conservation, on a employé les antiseptiques suivants : acide salicylique et salicylates, acide borique et borax fluoborate, et fluosilicate de potasse, l'acide sulfureux et les bisulfites alcalins, substances dont l'innocuité n'est pas parfaite. L'emploi du caramel pour colorer les bières foncées est aussi considéré comme une fraude. L'emploi frauduleux de succédanés du houblon est la falsification la plus fréquente (coloquinte, écorce de saule, racine de gentiane, acide picrique, gomme-gutte).

Altérations. — Les altérations de la bière sont dues à des ferments étrangers. La bière *aigre* est produite par le développement du ferment du vinaigre (*mycoderma aceti*) qui acidifie l'alcool. Les bières *plates* ou éventées se produisent dans les vases mal bouchés. La bière *filante* est causée par le ferment lactique. Elle est surtout fréquente dans les bières à base de froment ou dans les liquides peu houblonnés.

Pasteurisation. — Les nécessités de la conservation, surtout pour l'exportation, exigent que la bière soit privée de tous les genres possibles d'altération. Pour cela, on l'expose à une température de 55° à 60° pendant vingt minutes. Cette opération constitue la pasteurisation de la bière. Elle s'opère à l'aide d'appareils spéciaux, appelés « pasteurisateurs ».

Sortes commerciales. — Suivant les pays, les bières sont des produits très variables comme composition et comme goût.

En France, on opère généralement par fermentation haute, sauf pour les marques de l'Est (Nancy, Bar-le-Duc, Vosges) et celles de Lyon, Marseille. Les deux types principaux sont la bière du Nord, qui se rapproche des bières belges, et la bière de l'Est, qui rappelle les bières allemandes.

En Allemagne et en Autriche, les types de bière brune, blonde ou noire sont nombreux. Les centres de fabrication les plus importants sont : Munich, Cologne, Nuremberg, Augsbourg, Hambourg, Francfort, Strasbourg et Dantzig. Les brasseries autrichiennes les plus connues sont installées à Pilsen, Vienne, Prague, Liesing.

En Scandinavie, on consomme surtout des bières noires et épaisses, tandis qu'en Hollande ce sont des bières très claires, presque incolores (Rotterdam, Maëstricht, Amsterdam).

La Belgique fabrique par infusion et fermentation haute, avec l'orge et le froment par moitié (lambick, bière de mars, faro, Diest) ou avec l'orge seule (Louvain, Hitzel, brune de Flandre, de Hainaut). Les bières mixtes comprennent quelquefois même plus de froment que d'orge (bière blanche de Louvain). On trouve aussi en Belgique des bières très spiritueuses (bière des trappistes).

Les bières anglaises sont riches en alcool, amères, parfumées : bières pâles (*pale ale*), mousseuses, aromatiques ; sortes colorées qui doivent leur teinte brune à une torréfaction prolongée du malt. Signalons le *porter*, le *stout* et le *brown-stout*. Le *ginger-beer* doit ses propriétés au gingembre, qui remplace le houblon. La brasserie en Russie utilise des mélanges d'orge, de froment et d'avoine. Le principe amer est emprunté souvent aux bourgeons de sapin ou aux baies de genévrier.

LE CIDRE

Historique. — Originaire de basse Normandie, où on le signale depuis le XIIe siècle, l'usage du cidre s'étendit au delà de la Seine, puis en Angleterre. C'est vers la fin du XVe siècle que les plants de pommiers se multiplièrent dans le pays de Bray et dans le pays de Caux. On sait de source authentique que la cervoise, à Rouen, n'a été supplantée par le cidre que vers le XVe siècle ; à Évreux, au contraire, le cidre avait déjà la suprématie cent ans plutôt. La Normandie et la Bretagne sont les pays de production les plus importants, surtout dans les départements d'Ille-et-Vilaine, Manche, Calvados, Seine-Inférieure. Quoique plus de cinquante départements français fabriquent du cidre, son aire est limitée à peu près par une ligne qui irait de Nantes à Mézières, et de là à Boulogne-sur-Mer. En dehors de la France, il n'y a guère à citer que les États-Unis et l'Angleterre comme pays de production importante.

Fabrication. — Le cidre est une boisson résultant de la fermentation alcoolique du jus de pommes. De couleur ambrée, légèrement sucré et acide, souvent riche en acide carbonique et mousseux, c'est un breuvage sain et rafraîchissant, qui, cependant, est mal digéré par certains estomacs. La qualité est très variable et dépend des sortes de pommes mélangées, de la composition du sol, du mode de fabrication et de conservation de la boisson.

Les vergers doivent comprendre des variétés diverses de pommes, de façon à obtenir des mélanges de fruits favorables à la qualité ultérieure du cidre fabriqué. Récoltés de septembre à novembre, les fruits achèvent de mûrir dans un endroit sec. Après l'élimination des fruits blets, les autres, préalablement essuyés, sont écrasés dans des moulins analogues aux hache-paille, en évitant de broyer les pépins, qui renferment une huile à odeur désagréable. La pulpe, pelletée plusieurs fois, ne tarde pas à brunir. Le lendemain, elle passe au pressoir, où elle est étendue en couches superposées et séparées par de la paille ou par des toiles. La première pression donne, par hectolitre de fruits, 40 à 60 litres de jus ou *gros cidre*. Le marc non épuisé étant mis à macérer avec deux tiers de son poids d'eau de pluie ou de source, on obtient par une nouvelle pressée du *cidre ordinaire*. Un troisième coup de presse peut encore donner un *petit cidre* d'altération rapide. Le cidre du commerce est ordinairement un mélange des sortes précédentes en proportions diverses. Le premier jus seul donne les bonnes qualités. Il est mis en tonneaux dans des caves à 14° environ et subit rapidement la fermentation alcoolique tumultueuse. Un mois après, le cidre est fait. Soutiré et laissé au repos, ce *cidre doux* contient encore du sucre. Mis en bouteilles, il donne un cidre mousseux par suite de la fermentation de ce sucre résiduel ; mis en fût, ce n'est qu'après trois mois de repos que le cidre est *paré*, c'est-à-dire à fermentation achevée. Il est alors limpide naturellement, ou après collage au cachou (60 gr. par hectol.), et titre 5 à 7 pour 100 d'alcool.

Dans la préparation industrielle du cidre, on emploie souvent un procédé par lixiviation, lequel consiste à broyer les pommes plusieurs fois en les additionnant d'eau qui, après infusion, est soutirée pour subir ensuite la fermentation. Ce procédé imparfait donne le plus souvent des cidres médiocres.

Altérations. — Les altérations du cidre sont nombreuses. Par suite de l'insuffisance du tanin, le cidre devient *visqueux* ; on y remédie par l'addition de 30 grammes de noix de galle ou 6 grammes de tanin par hectolitre. En collant au cachou et en transvasant dans des tonneaux fortement soufrés, on évite la *pousse*, qui est due à une fermentation secondaire produite par une teneur en alcool trop faible. Dans les années humides, le moût est peu sucré et le liquide se *trouble*; pour y remédier, on soutire et on ajoute, par hectolitre, 160 grammes de cassonade dissoute dans 2 litres de cidre. Certains cidres noircissent quelques minutes après avoir été versés dans le verre ; on y remédie facilement en ajoutant un peu de tanin et 25 grammes d'acide tartrique par hectolitre.

En Bretagne, en Normandie et en Picardie, un grand nombre de cultivateurs, et même de simples propriétaires de vergers ou de champs où croissent des pommiers, fabriquent eux-mêmes leur cidre, qui est souvent excellent, même préférable à ceux des fabricants patentés.

VINS DE DESSERT, EAUX-DE-VIE, LIQUEURS

Vins de dessert. — La France produit des *vins liquoreux*, à saveur sucrée et très alcooliques; en dehors des vins de Sauternes, on connaît les vins de Rivesaltes (Pyrénées-Orientales), Frontignan et Lunel (Hérault), vins muscats; Collioure, Banyuls-sur-Mer donnent le vin de Banyuls; Saint-Laurent-des-Vignes, Montbazillac, Pomport (Dordogne) donnent le vin de Montbazillac, analogue aux sauternes.

L'étranger produit de nombreux vins liquoreux dont quelques-uns sont universellement renommés.

Eaux-de-vie. — Une partie des vins est utilisée pour la distillation afin de faire des *eaux-de-vie*. Cette fabrication a lieu principalement dans les Charentes, qui sont renommées pour leurs cognacs. Il n'existe pas de crus pour les eaux-de-vie, cependant on distingue plusieurs régions dont les produits sont classés d'après leur qualité ; ce sont la Grande-Champagne, la Petite-Champagne, Borderies, Fins-Bois, Bons-Bois, Bois-Ordinaires, Bois-Communs. Après les Charentes, les eaux-de-vie du Gers et des Landes, connues sous le nom d'*armagnacs*; les meilleures sont celles du bas Armagnac, produites dans la région de Nogaro, Cazaubon, Gabaret, analogues aux fins bois des Charentes. Dans l'Hérault on prépare l'eau-de-vie ordinaire ou trois-six; enfin dans le Lot-et-Garonne ce sont les eaux-de-vie de Marmande.

Liqueurs. — Sous le nom générique de *liqueurs*, on comprend toutes les boissons alcooliques sucrées destinées à être absorbées à petites doses. Les liqueurs de table sont obtenues soit par fermentation, soit par simple mélange de l'alcool avec le sucre et la substance aromatique et sapide.

Les variétés et les dénominations des liqueurs, contenant plus ou moins d'alcool, sont innombrables. Nous donnons plus loin la source de production et le degré en alcool de la plupart d'entre elles.

Tableau du degré d'alcool des eaux-de-vie et des liqueurs.

DEGRÉS	DÉNOMINATIONS ET PAYS D'ORIGINE
17	*Vermout*. Cette, Lyon, Montpellier.
20	*Cassis*. Dijon et autres régions.
21	*Liqueurs ordinaires*.
24	*Liqueurs demi-fines*.
25	*Tous fruits à l'eau-de-vie*.
26-27	*Anisette Marie-Brizard*.
30	*Anisette de Hollande*.
32-33	*Liqueurs extra-fines*.
35	*Cherry-Brandy* (eau-de-vie de cerises). Angleterre.
36	*Curaçao* (doux). La Hollande fournit le curaçao le plus réputé ; mais il se fabrique aussi en France.
37	*Chartreuse* (blanche). A la Grande-Chartreuse (Isère) jusqu'en 1903.
39-40	*Curaçao* (sec). Comme le curaçao doux.
40-41	*Amers*. — *Menthe verte*. — *Prunelle*. Se fabriquent un peu partout.
43	*Bénédictine*. Fécamp. — *Chartreuse (jaune)*. V. Chartreuse blanche.
45	*Bitters*. Allemagne, Hollande. — *Cognac*. Charentes, Gironde, Gers. — *Genièvre*. Le plus estimé est fabriqué en Hollande.
46	*Fine champagne* (vieille). Charentes, Gers, Gironde, etc.
47-48	*Armagnac* (vieux). Gers. — *Cognac* (vieux). Charentes, Gers, Gironde.
50	*Armagnac* (très vieux). Gers. — *Genièvre*. Hollande. — *Kirsch*. Forêt Noire, Allemagne et forêts des Vosges. — *Kummel*. Les plus estimés sont ceux de Breslau, Dantzig, Magdebourg, Riga.
52	*Eau-de-vie de marc*. Bourgogne.
54-55	*Rhum*. Le plus estimé est celui de la Jamaïque (nombreuses contrefaçons).
57	*Chartreuse verte*. (V. Chartreuse blanche.)
60	*Eau-de-vie de cidre*. Calvados.
65-66	*Absinthe*.
72	*Absinthe Pernod*. Jura.

LE FROID, LA GLACE

ET LES APPAREILS RÉFRIGÉRANTS

C'EST une croyance encore bien vivace dans l'esprit des ménagères que la glace est un article coûteux et superflu, qui rentre dans les dépenses de luxe que ne peuvent aborder de modestes bourses. Si l'on considère, d'une part, l'économie de boisson du fait de boire frais et, d'autre part, les facilités de conservation à basses températures des denrées alimentaires, on demeure convaincu qu'une dépense de quelques sous de glace par jour est une économie sur le budget du ménage.

A cette économie se joint une impression de bien-être due à l'absorption, pendant les grandes chaleurs, de boissons fraîches et de denrées alimentaires en parfait état de conservation.

Dans les pays chauds le froid et la glace sont des éléments indispensables à la bonne santé. Tout le monde connaît, en effet, l'influence de la température sur l'appétit : dans les pays tempérés, on est loin d'absorber la même quantité d'aliments l'été que l'hiver; sous les climats chauds, faute d'une nourriture suffisante provenant d'une sorte d'apathie de l'estomac, les tempéraments les plus solides ne tardent pas à s'anémier et à offrir prise à toutes les maladies. L'usage de la glace dans les boissons réveille l'estomac de cette apathie, et le plaisir de manger réapparaît. Nous pourrions citer plusieurs colonies possédant des appareils à fabriquer la glace qui, lors des arrêts un peu longs provoqués par des réparations, ont vu la mortalité augmenter d'une façon considérable dès que les distributions de glace cessaient.

Nous aurons expliqué le rôle du froid dans l'alimentation quand nous aurons dit qu'il atténue considérablement l'ardeur des microbes malfaisants, notamment de ceux qui provoquent la décomposition des denrées alimentaires; sans annihiler complètement leurs méfaits, il permet de les rendre moins rapides. Les produits qui peuvent supporter la congélation sans être détériorés, notamment les viandes, les volailles et les poissons, se conservent des mois, des années, par ce procédé; mais dès que la décongélation se produit, les agents de décomposition reprennent leur virulence.

Avec un froid de 0 à 4° au-dessus de zéro on peut conserver des denrées alimentaires un temps relativement considérable, pourvu toutefois qu'elles n'aient pas déjà subi un commencement de décomposition avant d'être soumises au froid. La viande de boucherie, la charcuterie fraîche, les volailles, le gibier non faisandé peuvent couramment se conserver huit à dix jours et souvent même douze à quinze.

En ce qui concerne les légumes et les fruits, nous avons vu des pois écossés se conserver un mois à une température de $+2°$, des fraises trois semaines, et des pêches deux mois et demi. Des fruits achetés aux Halles de Paris, après des manipulations qui les rendaient parfois visqueux et gluants, se sont affermis et ont pris un bien plus bel aspect avec un séjour relativement court dans le froid.

Quels services dans ces conditions le froid n'est-il pas appelé à rendre à l'alimentation! services qu'il rend déjà dans certains pays, par exemple en Amérique, où la glace se livre à domicile comme le charbon chez nous; pas un ménage dans ce pays qui n'ait sa glacière constamment approvisionnée et des meubles ou chambres frigorifiques pour les victuailles.

En disant que la glace se livre comme le charbon, la similitude entre ces deux produits nous saute immédiatement aux yeux. En effet, pour fondre et disparaître, la glace absorbe la chaleur aux corps environnants, par conséquent les refroidit; tandis que pour se volatiliser et disparaître le charbon cède du calorique aux corps environnants et par conséquent les chauffe.

Dans les grandes villes on trouve la glace à un prix relativement réduit et il est inutile de songer à se munir d'appareils fabriquant cette glace. Il est à remarquer à ce sujet que dans les pays grands consommateurs de glace ce produit se vend à très bas prix, et si chez nous il reste à des prix relativement élevés, c'est que la consommation en est assez réduite.

A la campagne, loin des centres, l'approvisionnement de glace est très difficile; les uns ont recours à des envois; d'autres, et c'est là une exception, car ce n'est pas à la portée de toutes les fortunes, ont des glacières à proximité de pièces d'eau et les remplissent l'hiver ou installent de véritables machines à produire la glace.

Glacières. — Les glacières à emmagasinement de glace ont aujourd'hui fait leur temps. Avec elles l'approvisionnement n'est assuré qu'autant qu'on se trouve dans un pays où l'on a tous les ans des gelées suffisantes afin que la glace ait assez d'épaisseur pour être mise en glacière avec la certitude d'en retrouver quand arrivera le moment de s'en servir. On n'est donc sûr, avec les glacières, de profiter du froid en été que lorsqu'il a fait suffisamment froid en hiver.

Aujourd'hui dans les châteaux de quelque importance on fait la glace comme on élève son eau et comme on s'éclaire à la lumière électrique. La machine à glace donne la facilité de ne faire de dépenses que lorsqu'on désire se servir de cette glace. Elle supprime la construction coûteuse de glacières et les dépenses d'emmagasinement, qui sont souvent perdues lorsqu'on se décide à passer la saison chaude ailleurs que dans son château. Enfin, et c'est là la raison d'être la plus importante des machines à glace, elles permettent d'obtenir une glace aussi pure que l'on veut en employant pour la faire des eaux propres et saines ou encore de l'eau impure que l'on peut stériliser par l'ébullition avant de la congeler. Dans les glacières, au contraire, on n'introduit en général que de la glace provenant d'étangs, voire même de mares, et par conséquent d'eaux stagnantes dont on ne songerait même pas à se servir pour l'usage externe.

Appareils à glace. — Nous n'entrerons pas dans la description des machines à faire la glace. Il en existe plusieurs types, et nous nous contenterons d'en représenter un très répandu qui se recommande par sa simplicité de construction et de fonctionnement. Les figures 1, 2 et 3 représentent des types d'appareils pouvant, selon les puissances, donner 2, 6, 12 ou 25 kilogrammes de glace à l'heure, quantités qui restent dans les limites de production généralement adoptées dans les châteaux. Ces quantités s'obtiennent avec les appareils marchant d'une façon continue, c'est-à-dire environ dix heures par jour; ils donnent de la glace en gros blocs.

On peut adjoindre à ces appareils, comme l'indique la figure 3, un dispositif permettant d'avoir très rapidement de la glace, en une demi-heure par exemple, sans être obligé de faire marcher l'appareil plusieurs heures de suite. Ce dispositif se recommande pour les châteaux où on ne désire faire fonctionner le moteur que pendant le temps, souvent assez court, où l'on fait fonctionner l'élévation d'eau ou la dynamo chargée soit de l'éclairage direct, soit du chargement des accumulateurs.

Ces appareils, comme nous l'avons dit, ne sont pas à la portée de toutes les fortunes, et il en existe de petits, dits « domestiques », qui permettent d'obtenir rapidement une certaine quantité de glace et qui sont d'un prix accessible à toutes les bourses. Les appareils à glace domestiques sont tous basés soit sur l'emploi de mélanges réfrigérants, soit sur l'évaporation de l'eau dans le vide.

Les mélanges réfrigérants les plus employés sont : 1° le sulfate de soude et l'acide chlorhydrique, 2° l'azotate d'ammoniac et l'eau.

C'est l'azotate d'ammoniac qui est la base des sels dits « reconstituants », du fait que l'on peut, après l'obtention de la glace, faire évaporer l'eau du mélange et reconstituer l'azotate d'ammoniac, tandis que le mélange de sulfate de soude et d'acide chlorhydrique ne sert qu'une fois et doit être jeté l'opération terminée.

Nous appelons l'attention sur ce que la reconstitution du sel, dans le procédé à l'azotate d'ammoniac, est plus théorique que pratique, car, en peu de temps ce sel se trouve mélangé à tous les produits en suspension ou en dissolution dans l'eau, de telle sorte que le pouvoir frigorifique diminue très rapidement. Pour pouvoir se servir du sel assez longtemps, il faudrait employer de l'eau distillée pour constituer le mélange. A notre avis les sels reconstituants sont intéressants seulement pour les explorateurs, les caravanes ou les troupes coloniales, qui ne peuvent se charger d'un gros approvisionnement de sulfate de soude et d'acide chlorhydrique. Nous conseillons donc pour l'emploi des glacières de ce genre aux usages domestiques des mélanges réfrigérants sans régénération des produits.

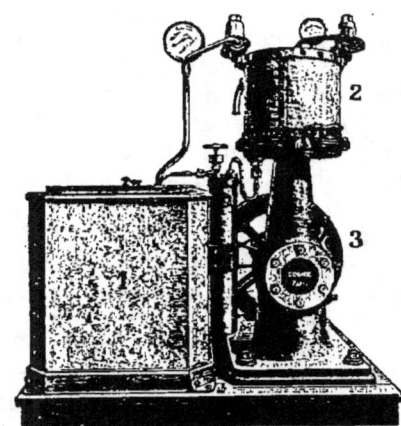

Figure 1.
1. Coffre où se fait la glace.
2. Appareil de régénération du liquide frigorifique. — 3. Volant permettant d'actionner l'appareil avec un moteur quelconque.

Figure 2.
1. Coffre où se fait la glace. — 2. Appareil de régénération du liquide frigorifique. — 3. Volant permettant d'actionner l'appareil avec un moteur quelconque.

On trouve aujourd'hui du sulfate de soude et de l'acide chlorhydrique aux prix de 8 à 9 francs les 100 kilogrammes, et dans ces conditions il est très facile d'avoir quelque part des approvisionnements de produits qui constituent comme de véritables approvisionnements de glace, sans avoir toutefois à craindre la fusion puisque cette glace

Figure 3.
1. Coffre où se fait la glace. — 2. Appareil de régénération du liquide frigorifique. 3. Dispositif permettant d'obtenir sans mise en train et rapidement une certaine quantité de glace. — 4. Récipient contenant l'eau dans laquelle on immerge le dispositif.

sera faite au fur et à mesure des besoins. En opérant ainsi, la glace ne revient pas plus cher qu'avec le sel reconstitué, surtout si on considère que ce sel est d'un prix plus élevé que le sulfate de soude et l'acide chlorhydrique, et qu'il exige après l'obtention de la glace une opération assez longue pour le reconstituer, opération qui est un gros ennui et une grande perte de temps, ce qui est surtout à considérer dans les ménages où on ne dispose pas d'une domesticité nombreuse et où on doit, par conséquent, simplifier le plus possible le service.

Un des types les plus répandus de ce genre de glacières à mélanges réfrigérants est celui dit « la Sibérienne », que nous avons représenté par la figure 4. Dans cette glacière, après avoir introduit dans le coffre cylindrique le mélange réfrigérant et un récipient contenant l'eau à congeler, on place le tout sur un petit chariot auquel on imprime un balancement pour que le mélange des produits se fasse dans de bonnes conditions. L'opération de bascule dure de 13 à 20 minutes, selon la quantité de glace produite par l'appareil. Il en existe quatre numéros, produisant respectivement 300, 600,

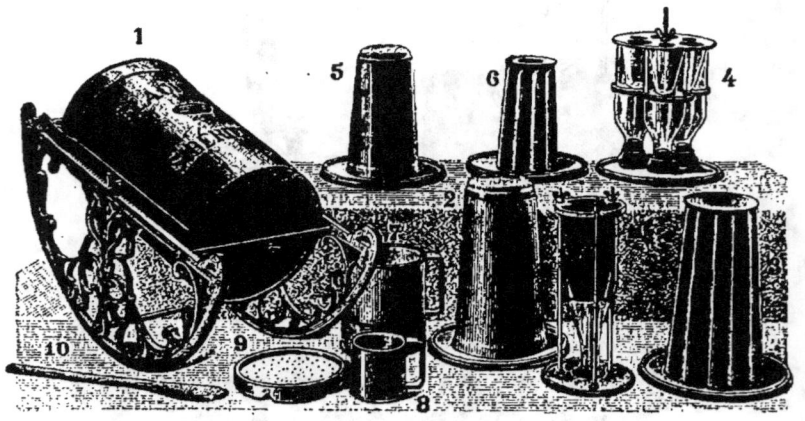

Figure 4.

1. Glacière, où l'on place soit les moules à glace 2, 3, 5, 6 ; soit les frappe-carafes 4 et 11. — 7 et 8. Mesures servant à doser les quantités de produits constituant les mélanges réfrigérants.

1 200 et 2 400 grammes de glace par opération. On peut aussi frapper, selon le numéro de l'appareil, une, deux ou trois carafes ou le même nombre de bouteilles de vin de Champagne. On peut également faire des sorbets, des crèmes et des fromages glacés. Partout où on peut se procurer de la glace facilement et à un prix réduit, on utilisera la Sibérienne comme sorbétière ou pour frapper des carafes et du vin en faisant un mélange réfrigérant de glace et de sel.

Comme type d'appareils produisant la glace par évaporation de l'eau dans le vide, nous signalerons « le Polaire », représenté par les figures 5 et 6, où, grâce à une pompe à vide mue à la main et un absorbeur de la vapeur d'eau par l'acide sulfurique du commerce, on fait évaporer l'eau d'une carafe ou d'un récipient. Le froid produit par cette évaporation est suffisant pour assurer la congélation de l'eau. Avec cet appareil, qu'un enfant peut faire tourner, on obtient une carafe frappée en cinq ou six minutes.

LE FROID, LA GLACE.

Emploi de la glace. — Nous voici en possession de la glace, soit que nous l'ayons achetée toute faite, soit que nous l'ayons emmagasinée, soit enfin que nous l'ayons fabriquée. A quoi allons-nous l'employer? D'abord, et c'est là généralement le besoin primordial que l'on a de la glace, à rafraîchir l'eau et les boissons; puis, comme charbon du froid, à réfrigérer des meubles ou locaux pour la conservation de denrées alimentaires.

Pour la réfrigération de l'eau et des boissons, il y a lieu de distinguer entre la glace naturelle et celle fabriquée par des usines qui en font le commerce d'une part, et, d'autre part, la glace fabriquée par soi-même, pour laquelle on a pu prendre toutes les précautions permettant d'en garantir la pureté. En effet, les deux premières peuvent être regardées comme toujours contaminées : il ne faudra donc jamais s'en servir pour réfrigérer l'eau ni les boissons par contact direct, mais bien plonger les récipients et les bouteilles contenant les liquides dans des récipients à glace, ou mieux encore les placer dans des meubles réfrigérés avec cette glace.

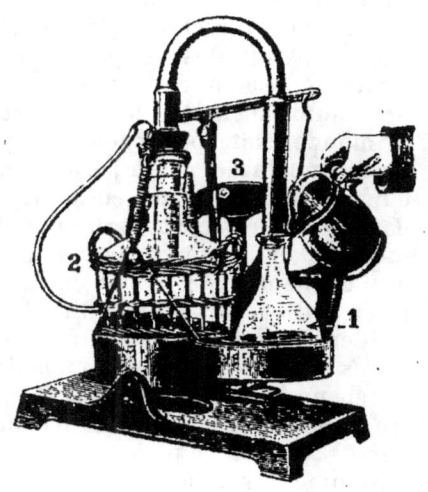

Figure 5.
1. Carafe renfermant l'eau à congeler.
2. Absorbeur à acide. — 3. Volant à manivelle, actionnant la pompe à vide.

Avec la glace pure, le moyen le plus simple d'avoir rapidement de l'eau froide est de mettre cette glace dans l'eau.

Pour les autres boissons, on peut opérer de même chaque fois qu'on ne craint pas de dénaturer le goût du produit par l'eau de fusion provenant de la glace. Il est certain que pour déguster un vin ou une liqueur qui demandent à être bus froids, il serait anormal de les mouiller avec l'eau de fusion de la glace.

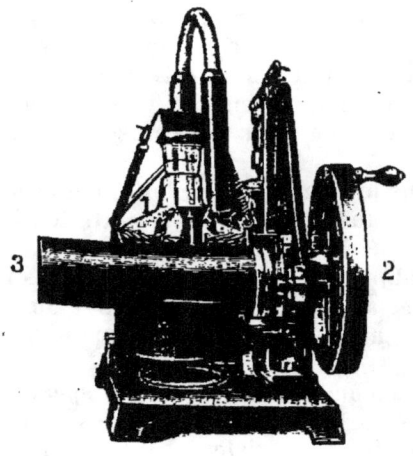

Figure 6.
1. Absorbeur à acide.
2. Volant à manivelle donnant la pression à vide.
3. Récipient contenant l'eau à congeler.

En ce qui concerne la réfrigération des denrées alimentaires, commençons par dire qu'il faut absolument exclure la réfrigération par contact direct avec la glace et n'employer que de l'air rafraîchi par les parois des récipients contenant la glace, de telle sorte que les denrées soient dans une atmosphère froide et jamais en présence de l'eau de fusion de la glace. Et cela se comprend facilement. Tout le monde sait, par exemple, qu'un fruit immergé dans de l'eau glacée ne tarde pas à perdre son suc et son parfum, qui se diluent dans cette eau; qui n'a eu la mésaventure d'un melon mis à rafraîchir dans l'eau froide et perdant toute saveur du fait que le suc de ce melon était remplacé par l'eau où il avait trempé!

Ce phénomène d'endosmose doit faire prohiber absolument la réfrigération par contact direct.

Certaines denrées, comme les poissons, sont un peu plus réfractaires à cet inconvénient; mais il ne faut pas se le dissimuler, l'usage si répandu pour l'expédition et la conservation du poisson de le mettre directement en contact avec la glace est funeste à la conservation de sa saveur, et ce poisson arrive lavé par l'eau de fusion de la glace, absolument comme si on l'avait tenu frais en faisant couler sur lui un filet d'eau douce froide.

Donc, pour les applications du froid à la réfrigération des denrées alimentaires, il faut employer des meubles-glacières et des locaux où on place les produits.

Meubles-glacières. — On donne aux meubles-glacières différentes dénominations, telles que : *timbres*, *buffets-glacières*, *armoires-glacières* ou simplement *glacières*, sans que chacune corresponde à un meuble bien déterminé. D'une façon générale, la glacière est la région ou le meuble en forme de coffre où l'on emmagasine la glace et où on puise au fur et à mesure des besoins. La figure 7 représente une de ces glacières.

On désigne ordinairement sous le nom de *timbre* tout meuble s'ouvrant par en dessus et qui sert le plus généralement à rafraîchir les bouteilles contenant les liquides que l'on débite dans les cafés.

En dehors de cela, tout l'ameublement en usage dans les cuisines, offices et restaurants peut être aménagé en meubles-glacières, notamment des buffets avec ou sans étagère, des comptoirs, des banquettes, etc.

Tout meuble-glacière doit être construit d'une façon spéciale et notamment doit avoir toutes ses parois isolées contre les rentrées de chaleur venant de l'extérieur. Il peut exister entre un meuble-glacière et un autre, présentant tous deux un aspect extérieur satisfaisant, autant de différence qu'il y a entre un simple poêle-cloche utilisant très mal le combustible et un appareil de chauffage bien conditionné où on consomme un minimum de charbon.

Une fois toutes les précautions prises par le constructeur pour

LE FROID, LA GLACE.

éviter les rentrées de chaleur par les parois, le meilleur meuble est celui qui consomme le plus de glace. Cela semble à première vue

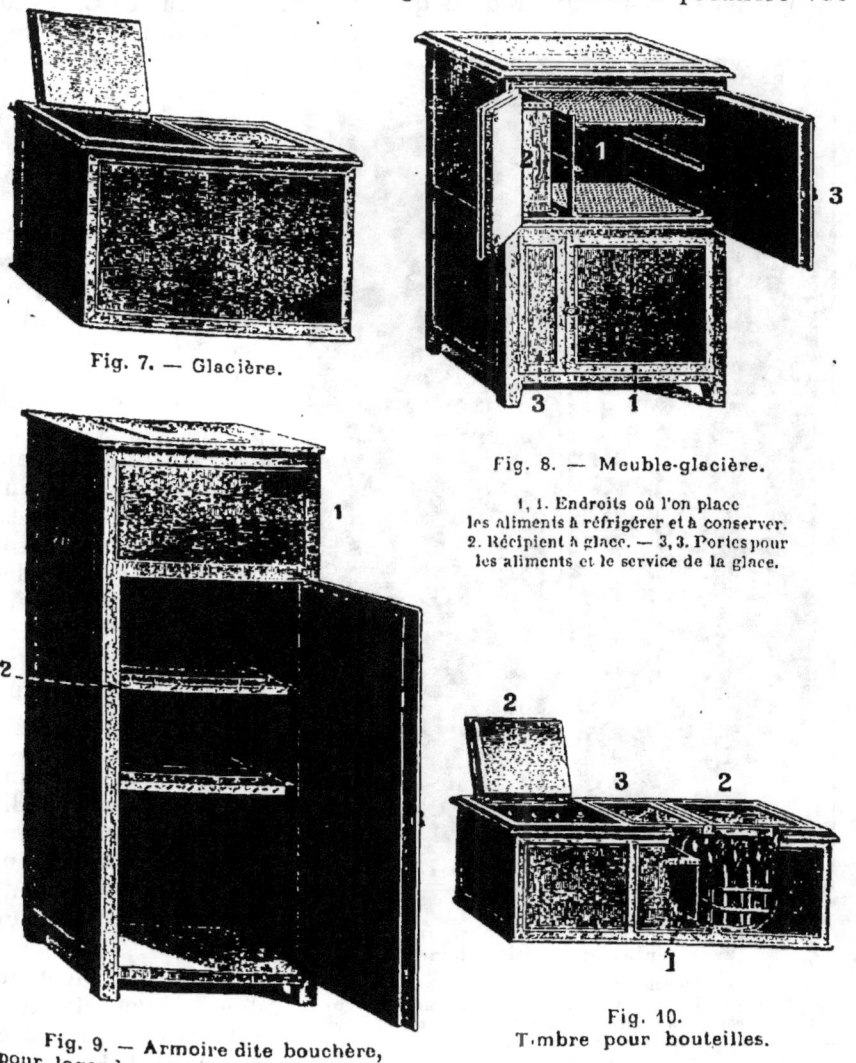

Fig. 7. — Glacière.

Fig. 8. — Meuble-glacière.
1, 1. Endroits où l'on place les aliments à réfrigérer et à conserver. — 2. Récipient à glace. — 3, 3. Portes pour les aliments et le service de la glace.

Fig. 9. — Armoire dite bouchère, pour loger les grosses pièces de viande.
1. Récipient à glace. — 2. Barres à dents de loup pour la suspension des viandes.

Fig. 10. Timbre pour bouteilles.
1. Récipient à glace. 2, 2. Portes pour entrer et sortir les bouteilles. 3. Porte pour le service de la glace.

un paradoxe; mais si on considère, comme nous l'avons déjà dit, que la glace en fondant enlève aux corps environnants la chaleur qui lui est nécessaire pour fondre et par conséquent rafraîchit ces corps, on voit que toute disposition prise dans un meuble-glacière pour faciliter cet échange de températures qui a pour résultat, et nous insistons sur cela, de faire fondre la glace, assure la réfrigération la plus rapide aux produits qui sont dans le meuble. Or, cette réfrigération est le but qu'il faut atteindre, et ce le plus rapidement possible pour arrêter tout commencement de décomposition.

La dépense de glace d'un meuble-glacière dépend de la plus ou moins bonne isolation des parois, de la nature, de la quantité et de la température des produits que l'on y loge, ainsi que de l'ouverture plus ou moins fréquente des portes. Bien entendu, à isolation égale, la dépense de glace sera supérieure lorsque le meuble sera placé dans un endroit plus chaud, car l'isolation ne peut jamais être parfaite : elle est plus ou moins bonne, c'est-à-dire diminue plus ou moins les rentrées de chaleur par les parois, mais ne les supprime pas en totalité.

Fig. 11. — Paroi de chambre froide avec garde-manger frigorifique.

1. Portes avec doubles vitres pour le service des casiers à victuailles. — 2. Une de ces portes ouverte, montrant les contre-poids qui pendant la fermeture font faire pression sur une feuillure, garnie d'étoffe pour assurer l'étanchéité. — 3. Poulie de transmission.

De tous les éléments dont dépend la consommation de glace, un seul est de la compétence du constructeur du meuble, c'est celui relatif à l'isolant ; et lorsque l'on s'est adressé pour l'acquisition d'un meuble-glacière à une bonne maison, on peut dire que la dépense de glace dépend uniquement de la façon dont on se sert du meuble.

Nous donnons quelques modèles de meubles-glacières (*fig.* 8, 9 et 10), mais nous insistons sur ce que certaines maisons construisent des meubles de toutes dimensions répondant aux exigences des emplacements dont on dispose sans se limiter à des types courants et de dimensions déterminées.

Locaux réfrigérés. — Souvent, au lieu d'un meuble-glacière acheté tout fait, on pourra tirer parti d'une région de son habitation pour y construire de toutes pièces une salle convenablement isolée que l'on réfrigérera soit avec la glace, soit avec un appareil frigorifique. Pour limiter les entrées de personnel dans ce local à celles qui sont nécessaires à l'introduction et à la sortie des gros quartiers de viande ou autres denrées, on peut aménager une des parois en garde-manger frigorifique, ainsi qu'il est indiqué à la figure 11.

Nous ferons remarquer que la réfrigération des meubles et des locaux par la glace ne permet pas de dépasser 4° au-dessus de zéro, et encore est-ce là une extrême limite et une température que l'on ne peut atteindre que le matin, après que l'on est resté sept à huit heures sans ouvrir l'armoire, sans y avoir introduit de nouvelles denrées, et à condition, bien entendu, qu'il y ait l'approvisionnement nécessaire de glace dans cette armoire.

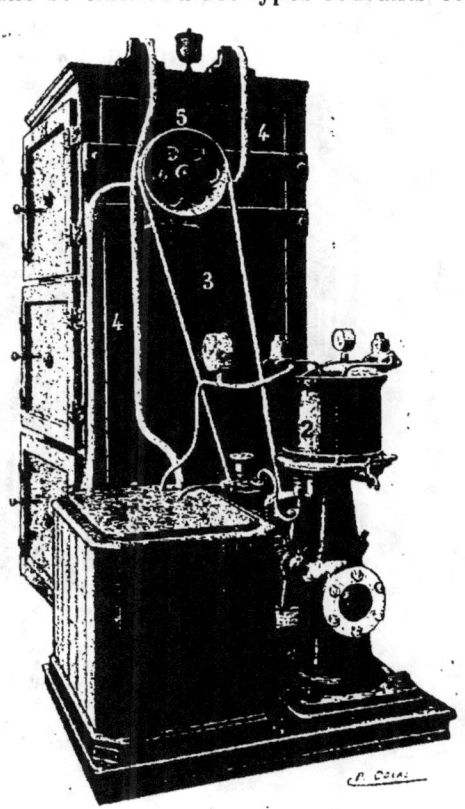

Fig. 12. — Armoire réfrigérée par un appareil frigorifique.

1. Coffre où se réfrigère un liquide de circulation et où l'on peut faire de la glace en même temps. — 2. Appareil de régénération du liquide frigorifique. — 3. Armoire. — 4, 4 Tuyaux de circulation du liquide glacé destiné à circuler dans l'irradiateur placé à la partie haute de l'armoire. — 5. Poulie donnant le mouvement à l'hélice de circulation du liquide dans l'irradiateur.

Dans la journée, par suite des introductions fréquentes des denrées alimentaires et l'ouverture des portes qui en est la conséquence, la température dans les armoires les mieux conditionnées ne descend guère plus bas que 7° ou 8° au-dessus de zéro, et même certaines de ces armoires atteignent des températures de 15°. Ce ne sont plus là alors de véritables meubles réfrigérants, et on est loin d'en retirer le profit que l'on en aurait si les températures oscillaient seulement entre 0° et 4°.

Nous dirons même qu'il y aurait intérêt à réfrigérer tous les produits jusqu'au point où ils commencent à congeler. C'est ainsi

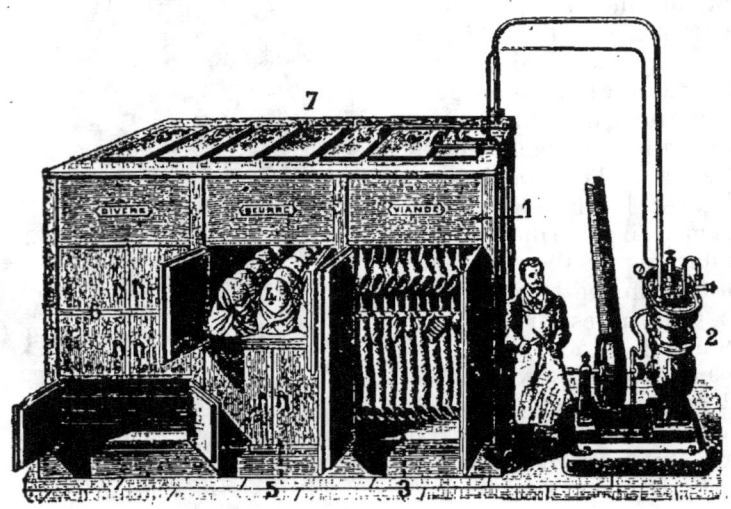

Fig. 13. — Armoire réfrigérée par un appareil frigorifique.

1. Endroit de l'armoire où se produit le froid. — 2. Appareil de régénération du liquide frigorifique. — 3. Endroit où l'on place les grosses pièces de boucherie ou de gibier. — 4. Endroit où se place le beurre, etc. — 5 Endroit pour volailles. 6. Divers. — 7. Panneaux permettant d'introduire des moules à faire la glace.

que nous avons obtenu les meilleurs résultats pour la conservation de certains fruits qui peuvent descendre jusqu'à 2 degrés au-dessous de zéro sans être congelés. A cette température, l'humidité de l'air se dépose à l'état de givre sur les parois des irradiateurs des locaux ou armoires, et on évite toute trace d'humidité sur les fruits et la formation de moisissures qui en seraient la conséquence.

Nous reproduisons (*fig.* 12, 13) des modèles de meubles-glacières et de locaux réfrigérés directement par des appareils.

DOUANE,
Ingénieur constructeur.

Une école de cuisine à Stockholm.

LA CUISINE ET SON MATÉRIEL

LA CUISINE MODERNE

Le local. — Le désir d'augmenter son bien-être et de posséder chez soi tout ce qui peut y contribuer, au point de vue de l'hygiène, fait qu'aujourd'hui on accorde à la cuisine, qui fut si longtemps le « coin » délaissé de la maison, la place qui lui est due, c'est-à-dire une des premières.

C'est à la cuisine que s'élaborent toutes les préparations culinaires qui vont ensuite prendre place sur notre table : il est donc naturel que le local où ces mets sont préparés soit l'objet de notre attention et de tous nos soins.

Dans les anciennes habitations l'emplacement de la cuisine a été presque toujours négligé, excepté dans certains hôtels princiers et ceux de la haute bourgeoisie. A l'heure actuelle on peut encore citer quantité de cuisines où jamais n'a pénétré un rayon de soleil, où l'air arrive à peine en quantité suffisante, ces cuisines étant reléguées dans un sous-sol humide ou dans un réduit grand comme une table de travail, et c'est là néanmoins que la cuisinière ou la ménagère passe une partie de la journée; on conçoit de suite quelles sont les conséquences d'un tel état de choses. C'est donc poursuivre un but humanitaire que travailler à le faire cesser, et c'est à quoi nous allons nous appliquer.

La question capitale, dans toute cuisine, c'est la « propreté ». La propreté ne peut s'obtenir qu'avec beaucoup de vigilance et de soins; nous allons en examiner les conditions essentielles.

Il est évident que toutes les habitations ne peuvent avoir comme cuisine une pièce aussi vaste que la salle à manger; mais encore faut-il qu'elle soit suffisamment spacieuse pour que la cuisinière puisse s'y mouvoir. Avant tout, l'air et la lumière doivent y circuler librement.

D'immenses progrès ont été réalisés dans ce sens depuis une dizaine d'années dans l'architecture et la distribution intérieure des maisons. Les principes d'hygiène ont pris une place prépondérante dans tout ce qui se rapporte à la vie courante. De larges voies ont éventré les villes; les sous-sols de ces villes ont été pourvus de moyens facilitant, en même temps que l'écoulement des eaux ménagères ou contaminées, l'éclairage des rues et des maisons, le chauffage des appartements, etc. Les eaux de sources situées à de grandes distances ont été détournées et savamment amenées aux endroits où leur débit pouvait être utilisé. L'eau, que tout le monde a présentement sous la main, qu'on se procure en tournant un simple robinet, cette eau, si indispensable à tous les usages, il fallait autrefois, pour en disposer, attendre l'arrivée du porteur d'eau ou aller la chercher à la fontaine ou aux puits les plus voisins. Elle est en effet l'élément essentiel et prédominant, non seulement pour la préparation des mets, mais encore pour la propreté de la cuisine, du matériel, des ustensiles.

Certains architectes n'ont pas hésité, dans des habitations modernes, lorsque les nécessités de la construction ne permettaient pas de faire prendre jour aux cuisines dans une cour assez spacieuse et éclairée, à placer les cuisines sur la façade même des immeubles, au risque de nuire à l'esthétique et à l'aspect décoratif de ces immeubles.

Éclairage. — Dans la journée, la lumière solaire doit seule pourvoir à l'éclairage de la cuisine; la plus petite cuisine doit donc toujours posséder une fenêtre et non pas une lucarne ou un vasistas, comme beaucoup en ont encore. Si la cuisine est en sous-sol et par conséquent sombre, le meilleur éclairage est certainement l'éclairage électrique, ce mode d'éclairage ne viciant pas l'atmosphère et donnant beaucoup moins de chaleur que le gaz et les lampes à pétrole.

Intérieur de cuisine flamande du XVIᵉ siècle.
Tableau attribué à Mostaert (musée de Bruxelles).

Ce tableau représente le *Miracle du crible*, épisode de la vie de saint Benoît. La mère de saint Benoît a emprunté un crible à une voisine et l'a crevé en s'en servant ; elle se lamente et pleure. Le saint, à genoux, prie Dieu de faire un miracle pour que sa mère puisse rendre le crible en bon état. Cet intérieur de cuisine est surtout remarquable par le soin avec lequel sont rendus tous les ustensiles, lèchefrite, tourne-broche, gril, poêlon, chaudrons, écumoire, pichet, pelle, pincettes et toute la vaisselle qui garnit les buffets.

	Lampe.	Cuisine principale. Buffet à pain.
Table à pâtisserie.		Nécessaire à outils.
Pilier avec mortier.	Table pour apprêter.	Fourneau pour marmites. Banc.
		Chambre des garçons.

Une cuisine au XVIᵉ siècle.

Dressoir.	Puits.	Chausse à passer les gelées.	Chambre proche la cuisine.
Confitures.		Travail de la pâte.	Fourneau maçonné.
			On passe les sauces.

Une cuisine au XVIᵉ siècle.

Ces deux gravures sont extraites de l'œuvre de messire Bartolomeo Scappi, maître queux secret du pape Pie V. (A Venise, chez Michel Tramozzino, 1570.)

CUISINE DE GRANDE MAISON. ON VA SERVIR UN DINER D'APPARAT DONT LE CYGNE, QUI SE DRESSE TOUT PRÉPARÉ, DANS UN PANIER, AVEC SES PLUMES, A DROITE DE LA CUISINIÈRE, SERA LA PIÈCE DE MILIEU. L'AMAS DE VICTUAILLES QUI FIGURENT AU PREMIER PLAN, GIBIER ET VOLAILLES DE TOUTE SORTE, BROCHETTES DE PETITS OISEAUX, GIGOT ÉNORME, POISSONS DE MER ET POISSONS D'EAU DOUCE, SANS COMPTER LA DOUZAINE DE POULETS ET DE DINDONS QUE, DANS LE FOND, LES MARMITONS FONT ROTIR, TÉMOIGNE DU ROBUSTE APPÉTIT DE NOS PÈRES.

Cuisine sous Louis XIII. — Tableau de David Teniers le jeune (musée de La Haye).

LE DÉJEUNER A ÉTÉ DESSERVI, LA VAISSELLE LAVÉE, LES CUIVRES BRILLANTS REMIS EN PLACE. AVANT DE S'OCCUPER DU DÎNER, LA CUISINIÈRE ET SON AIDE SE TROUVENT AVOIR QUELQUES MOMENTS DE LOISIR : ELLES LES OCCUPENT A DES RACCOMMODAGES ; L'ENFANT, AYANT ABANDONNÉ SA POUPÉE, JOUE AVEC UN CHAT. QUEL CALME PROFOND DANS CET INTÉRIEUR DE CUISINE OU TOUT EST NET ET RELUISANT, ET DONT LE PEINTRE ALSACIEN A RENDU TOUS LES DÉTAILS AVEC LE SOIN MÉTICULEUX PROPRE AUX MAITRES HOLLANDAIS !

Intérieur de cuisine (1820). — Tableau de Drolling (musée du Louvre).

Ventilation. — Aussi utile que la lumière, la ventilation doit être aussi large que possible. Outre la fenêtre dont nous avons parlé, il est indispensable d'avoir vers la partie supérieure de la cuisine un échappement pour la buée, la fumée et les mauvaises odeurs. On se sert pour cela de hottes avec trappes, ou bien de ventilateurs com-

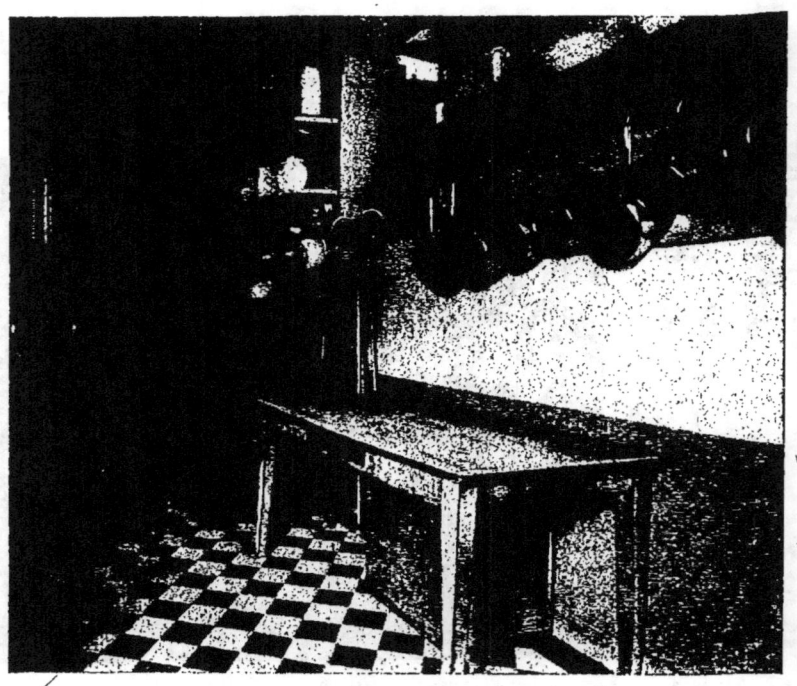

Cuisine bourgeoise moderne de moyenne importance.
Côté de la batterie.

muniquant soit avec le corps même de la cheminée, soit avec un conduit spécialement affecté à la ventilation.

Aménagement, entretien, nettoyage. — *Le parquet.* Pour faciliter le nettoyage du sol de la cuisine, on l'établit non pas avec du parquet de bois, qui risquerait de se tacher rapidement et se nettoierait difficilement, mais en carreaux céramiques, en mosaïque ou en ciment, qui peuvent être lavés à grande eau et facilement débarrassés des traces de charbon, de graisse ou de sang.

Les murs. Quant aux murs, le mieux est de les couvrir d'un revêtement de faïence, soit du haut en bas, soit en partie seulement. On utilise aussi depuis un certain temps la brique émaillée ou en-

LA CUISINE ET SON MATÉRIEL.

Cuisine bourgeoise de moyenne importance.

1. Hotte maçonnée. — 2. Bandeau de la hotte. — 3. Égouttoir à vaisselle. — 4. Tuyau de fumée du fourneau avec sa clé. — 5. Alimentation du gaz. — 6. Chaudière du fourneau. — 7. Plaque de coup de feu. — 8. Réchaud à gaz. — 9. Évier en grès émaillé. — 10. Grillade-rôtissoire au gaz. — 11. Four à rôtir. — 12. Étuve. — 13. Cendrier. — 14. Charbonnier. — 15. Revêtement en carreaux de faïence. — 16. Carrelage en damier.

Tous les modèles de ce chapitre sont empruntés à la maison Briffault, de Paris.

core l'opaline. L'avantage d'un tel aménagement est de permettre un nettoyage facile, ce qui est le principal objectif, et de laisser champ libre à toutes les conceptions imaginables au point de vue décoratif. Ce système, quoique coûteux en apparence, revient encore meilleur marché que la peinture, car il n'exige par la suite aucune réparation et, partant, aucun surcroît de dépense.

Si, au lieu d'avoir recours au carrelage, on veut enduire les murs

Grande cuisine bourgeoise.
Côté de la batterie.

d'une couche de peinture, il faut exécuter cette peinture soit à l'huile, soit au ripolin, lesquels ont l'avantage de supporter plusieurs lavages consécutifs. De toutes façons, il est indispensable d'avoir au-dessus du fourneau et de l'évier un revêtement en carreaux de faïence, sans quoi la peinture risquerait d'être rapidement abîmée, soit par la chaleur du fourneau, soit par les eaux jaillissant de l'évier.

L'*évier* est la partie de la cuisine qui demande à être nettoyée le plus fréquemment et avec le plus de soin. Toutes les cuisines où l'on respire une atmosphère fétide le doivent à leur évier, qui étant

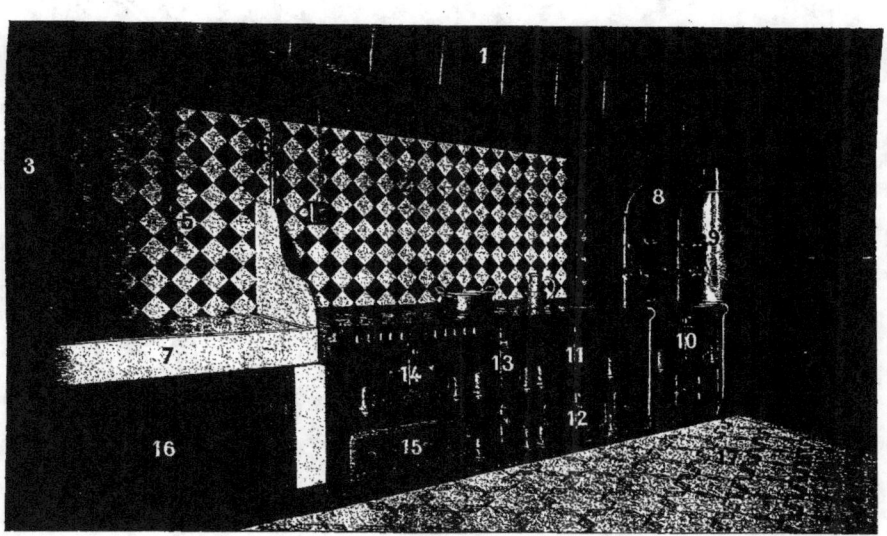

Grande cuisine bourgeoise, avec distribution d'eau chaude.

1. Hotte vitrée. — 2. Revêtement en carreaux de faïence. — 3. Poignée de manœuvre actionnant le ventilateur de la hotte. — 4. Robinet d'eau froide. — 5. Robinet d'eau chaude. — 6. Alimentation du gaz. — 7. Évier en pierre. — 8. Atre-rôtissoire. — 9, 10. Réservoir-cylindre assurant le service d'eau chaude au bouilleur du foyer. — 11. Four à rôtir. — 12. Étuve. — 13. Grillade-rôtissoire à feu dessus. — 14. Grillade rôtissoire à gaz. — 15. Charbonnier. — 16. Placard. — 17. Carrelage céramique.

mal établi, sans pente pour l'écoulement des eaux, ne peut être nettoyé comme il faut; ou bien, la vidange n'en étant pas bien assurée, l'odeur insupportable des eaux de vaisselle remonte par la bouche, dépourvue de bonde siphoïde. Le devoir de la cuisinière ou de la ménagère sera donc de veiller avec la plus grande attention à la propreté de cet évier et de ne pas craindre de le laver au savon noir, à grande eau, plusieurs fois par jour.

Il existe différents modèles d'éviers; on les fait en faïence, en fonte émaillée et en pierre, granit ou marbre de Comblanchien. Ceux en

Cuisine pour ferme ou maison de campagne.

faïence sont très faciles à entretenir propres, mais sont très fragiles. La fonte émaillée a aussi l'inconvénient d'être sujette à se casser facilement, l'émail disparaît souvent par endroits quand on laisse tomber un objet pesant et cela donne à l'évier un aspect tout à fait malpropre. Un autre inconvénient est que les eaux grasses altèrent beaucoup l'émail et il est alors très difficile de nettoyer l'évier convenablement. Les éviers en pierre sont les plus répandus et sans contredit les meilleurs; on emploie aussi l'ardoise, le grès ou le marbre. L'important est de choisir une matière qui ne soit pas poreuse et qui ne se creuse pas comme une éponge; c'est pourquoi le marbre de Comblanchien est si apprécié.

La hotte. Tout ce que nous avons passé en revue jusqu'ici confine en quelque sorte à la construction même de la cuisine. Nous aurons pourtant quelque chose à dire relativement aux hottes, dont l'usage tend à disparaître dans les nouvelles constructions, les hottes

Cuisine pour grand hôtel particulier.

1. Hotte. — 2. Bandeau. — 3. Âtre-rôtissoire. — 4. Écran pour feu. — 5. Tiroir à charbon. — 6. Grillade à braise. — 7. Four à pâtisserie. — 8. Robinet d'amenée de l'eau froide. — 9. Robinet de prise d'eau chaude. — 10. Four à rôtir. — 11. Étuve. — 12. Tuyau pour service d'eau chaude. — 13. Rondelles pour changements de foyer. — 14. Niche laissant le foyer en retrait de la façade. — 15. Four à rôtir. — 16. Étuve. — 17. Fourneau à gaz avec grillade. — 18. Égouttoir. — 19. Coffre à débarras sous l'évier. — 20. Carrelage céramique.

Type de cuisine avec fourneau à bouilleur, pour grande maison, hôtel particulier.

Grande rôtisserie mécanique — Grillade à tête. — Four à pâtisserie. — Fourneau à deux fours.

Type de cuisine pour hôtel, restaurant, etc.

Fourneau à trois fours, deux foyers, deux grillades jumelles. — Coffre à charbon. Chaudière avec copette. — Cylindre pour laver la vaisselle. — Rafraîchissoir.

LA CUISINE ET SON MATÉRIEL.

Type de cuisine pour grand hôtel, restaurant.

Fourneau à quatre foyers et bouilleur. — Rôtisserie monumentale. — Étuve chauffe-assiettes. Grillades. — Cylindre à vaisselle. — Rafraîchissoir.

Type de cuisine pour grand établissement, lycée, hôpital.

tenant trop de place, ôtant de la clarté à la cuisine et étant, de plus, presque toujours un véritable nid à poussière. Beaucoup de personnes se demandent si la hotte est utile, indispensable. Quoique les avis soient partagés sur ce point, nous pouvons répondre hardiment: *non*, mais à la condition d'avoir un ventilateur communiquant soit avec la cheminée du fourneau, soit avec un autre conduit spécialement réservé à la ventilation.

Ajoutons qu'il serait à désirer que tous les angles de la cuisine, c'est-à-dire les endroits où le parquet et le plafond se réunissent aux murs, fussent arrondis, courbes et non rectilignes : les poussières séjournent bien moins dans les endroits arrondis, et le nettoyage en est bien plus complet et facile.

LE FOURNEAU

L'appareil ou ustensile principal d'une cuisine est le *fourneau*.

Les petites cuisines comportaient jadis juste l'antique *potager* à charbon de bois, qui n'offrait bien souvent d'autre ressource que celle

Fourneau parisien
Avec chaudière, charbonnier. Petite cuisine.

Fourneau à charbonnier
Avec retour de flamme, four, charbonnier, chaudière à robinet, cendrier. Petite cuisine.

d'enfumer la pièce, sinon tout le logement, et de procurer de terribles migraines. Avait-on un rôti à faire, il fallait avoir recours au four du boulanger le plus voisin. Quant à la pâtisserie, on prenait la pâte du pâtissier, cette pâte fût-elle fraîche de huit jours. On était donc obligé de renoncer à mille bonnes douceurs, parce que l'ustensile indispensable manquait pour les préparer.

Le fourneau potager. — Pour cuire les aliments on se borna d'abord à utiliser la chaleur d'un foyer constitué par quelques briques, pour chauffer une plaque de fonte sur laquelle on pouvait poser les casseroles. Puis, modifiant et cherchant sans cesse, on arriva à établir

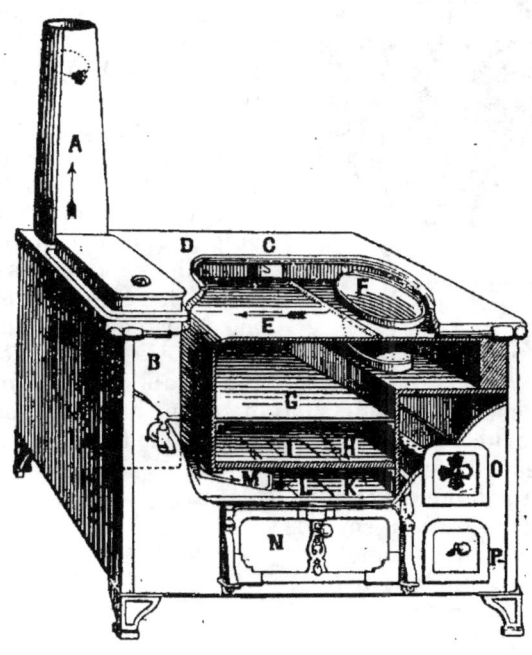

Vue intérieure d'un fourneau de cuisine ordinaire.

A. Mitre à clé pour le départ de fumée.
B. Chaudière.
C. Coulisse d'appel pour faciliter l'allumage.
D. Dessus en fonte.
E. Plaque de dessus du four.
F. Foyer fonte.
G. Étagère du four.
H. Plaque de dessous du four.
I. Tampon de ramonage.
K. Entrefond ou passage de fumée.
L. Coulisse de ramonage.
M. Chicane pour diriger la chaleur.
N. Étuve.
O. Cendrier trieur.
P. — ordinaire.

une sorte de petite construction dans la cuisine même, construction faite d'un assemblage de briques, de fer, de fonte et de cuivre. Le potager avait vécu. Un à un on vit anéantir ces vestiges des temps passés pour faire place au fourneau de construction, jusqu'à ce que celui-ci fût remplacé à son tour par le fourneau portatif.

Le fourneau de construction et le fourneau portatif.

— A l'heure actuelle, et malgré les perfectionnements multiples apportés chaque jour dans la fabrication des fourneaux portatifs, on rencontre encore un grand nombre de fourneaux de construction qui, comme l'ont fait, du reste, leurs aînés les potagers, s'obstinent à ne pas capituler devant le progrès, en s'appuyant sur cette utopie : qu'ayant été un perfectionnement à l'époque où ils ont paru, ils doivent continuer de l'être. C'est en effet un vulgaire préjugé qui fait que beaucoup de personnes croient le fourneau de construction supérieur au fourneau portatif. A tous les points de vue un fourneau portatif établi en bons matériaux est supérieur à celui de construction. Bien entendu, nous ne parlons pas de l'article à bon marché que l'on trouve dans les bazars.

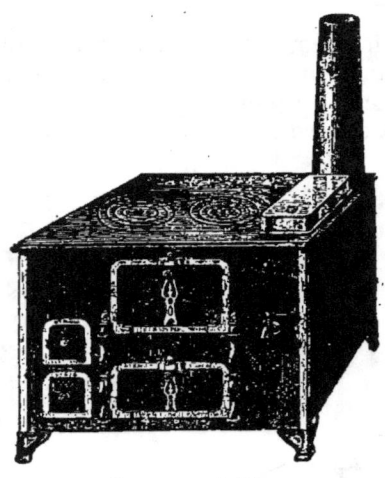

Fourneau à étuve avec retour de flamme.

Four, étuve, chaudière avec robinet, deux cendriers dont un trieur.

Le fourneau de construction est établi à demeure et ne peut être déplacé qu'à la condition d'être d'abord démoli, puis reconstruit sur le nouvel emplacement. S'il est vrai que le fourneau de construction se refroidit moins vite que le fourneau portatif, il est, par contre, beaucoup plus long à chauffer et exige une plus grande quantité de combustible ; enfin, il ne dure pas plus longtemps qu'un bon fourneau portatif, tout en demandant deux fois plus de frais d'établissement et de réparations. Comme on le voit, les avantages du fourneau portatif sont nombreux : légèreté relative, facilité d'être déplacé, réparations et nettoyages faciles, consommation réduite de com-

Fourneau à deux réchauds, à ceinture et charbonnier avec retour de flamme.

Four, chauffe-assiettes, charbonnier sur galets, chaudière avec robinet, deux réchauds à charbon de bois, deux cendriers dont un trieur.

bustible, et chauffage pour ainsi dire instantané. En outre il se prête admirablement à toutes les modifications imaginables, tant au sujet du confort qu'à celui du luxe; aussi beaucoup de ces fourneaux, tout en étant moins encombrants, sont-ils devenus de véritables meubles de luxe, décorés, nickelés, émaillés, et la cuisine elle-même s'est trouvée transformée en une pièce pouvant rivaliser avec la salle à manger et même avec... le salon! La maîtresse de maison peut la montrer avec orgueil, et la cuisinière ne craint plus que l'on vienne admirer son empire, où tout est en ordre, à sa place, propre et brillant.

Fourneau à grillade-rôtissoire à feu dessus avec retour de flamme.

Ceinture, charbonnier, four, étuve, chaudière avec robinet, grillade-rôtissoire, deux réchauds, poissonnière, cendrier.

Composition d'un fourneau portatif. — Il est nécessaire de faire une distinction en ce qui concerne la disposition, car il y a fourneau et fourneau. Le fourneau en fonte de fer vient d'abord; c'est le meilleur marché, mais aussi le plus fragile; c'est celui que l'on voit couramment dans les petites cuisines ouvrières; très souvent même il est installé dans la salle à manger, où il joue à la fois le rôle d'appareil culinaire et celui d'appareil de chauffage. Puis vient le « tôle et fonte ». Cette appellation s'est tellement généralisée qu'on ne lui donne plus d'autre nom. Dans un tôle et fonte, tous les inconvénients des fourneaux précédents sont écartés, alors qu'au contraire

Fourneau mixte au gaz et au charbon.

Four à rôtir au charbon, étuve, réservoir à eau chaude, deux cendriers, four à rôtir au gaz avec lèchefrite, réchaud double à gaz formant poissonnière.

tous les avantages s'y trouvent réunis. Sont en fonte les pièces soumises strictement à l'action du feu et devant chauffer soit par contact, soit par rayonnement, tels que le foyer et sa grille, le dessus et ses rondelles, les plaques intérieures du four. Tout le restant est en tôle; c'est-à-dire léger, robuste, résistant et économique. Avec de tels avantages on s'explique la rapidité avec laquelle ce fourneau fit son chemin. Comme solidité, commodité et élégance, c'est certainement la fabrication parisienne qui détient le record : il importe toutefois de prendre toujours un fourneau dont la *carcasse* (c'est le terme qui désigne la tôlerie) a été planée au marteau, c'est-à-dire frappée à coups de marteau, de choisir une carcasse en *tôle d'acier* de préférence à une carcasse en tôle de fer. A part les parties essentielles déjà citées, voici ce dont se trouve composé le plus simple fourneau portatif : une carcasse en tôle d'acier, un dessus de fonte, un foyer, un four, et tout le restant, étuve, cendriers, réchauds, grillades, chauffe-assiettes, chaudière, constitue des adjonctions ou des modifications appropriées aux besoins et aux goûts des particuliers. Dans certains fourneaux il existe à l'intérieur du four ordinaire, et contiguë au foyer, une coulisse où s'introduit une plaque qui empêche le contiguë rayonnement direct du foyer quand il s'agit de cuire la pâtisserie.

Fourneau à une marmite avec retour de flamme.

Four à rôtir, marmite, chaudière avec robinet, deux cendriers dont un trieur. Pour ferme, hospice.

Il est bien entendu que chaque cuisine demande un type de fourneau selon son importance : il est tout naturel qu'une cuisine de maison bourgeoise exige un fourneau plus important que celle d'un simple ménage d'ouvriers ou de petits employés. De là s'ensuit une diversité notable, tant dans la grandeur que dans l'aspect extérieur des fourneaux.

On trouvera dans ce paragraphe des gravures représentant différents types de fourneaux. Tous ces types sont établis avec un foyer permettant l'emploi de la houille ou charbon de terre comme combustible. Ils peuvent néanmoins être aménagés pour permettre l'emploi du bois, du coke, de l'anthracite. De tous les combustibles, c'est certainement le charbon de terre qui réunit le plus grand nombre de suffrages, parce qu'il est le plus répandu et aussi le moins coûteux, tout au moins dans les villes. A la campagne, dans les contrées boisées, on peut avoir avantage à employer le bois.

Fourneau à deux fours et grillade avec retour de flamme.

Deux fours, deux étuves, deux registres à manivelle pour régler la chaleur, chauffe-assiettes, grillade, poissonnière, chaudière avec robinet, cendrier dont un trieur. Grande cuisine.

LES COMBUSTIBLES

Le charbon. — Le meilleur charbon est le charleroi, parce qu'il brûle en produisant très peu de fumée et très peu de cendres et que, par conséquent, il n'encrasse pas les passages de fumée. Malgré son prix un peu élevé, le charleroi est pour ces raisons le plus économique des charbons. Pour les cuisines de petites dimensions, on emploie une qualité de charbon appelée « tête de moineau » : c'est du charbon concassé en morceaux de la grosseur d'un œuf à peu près. Pour les fourneaux de plus grande importance on le prend en plus gros morceaux.

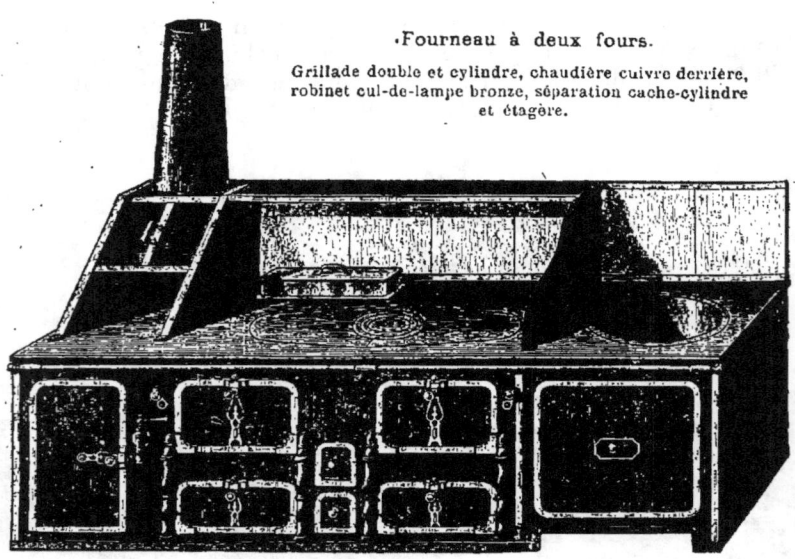

Fourneau à deux fours.

Grillade double et cylindre, chaudière cuivre derrière, robinet cul-de-lampe bronze, séparation cache-cylindre et étagère.

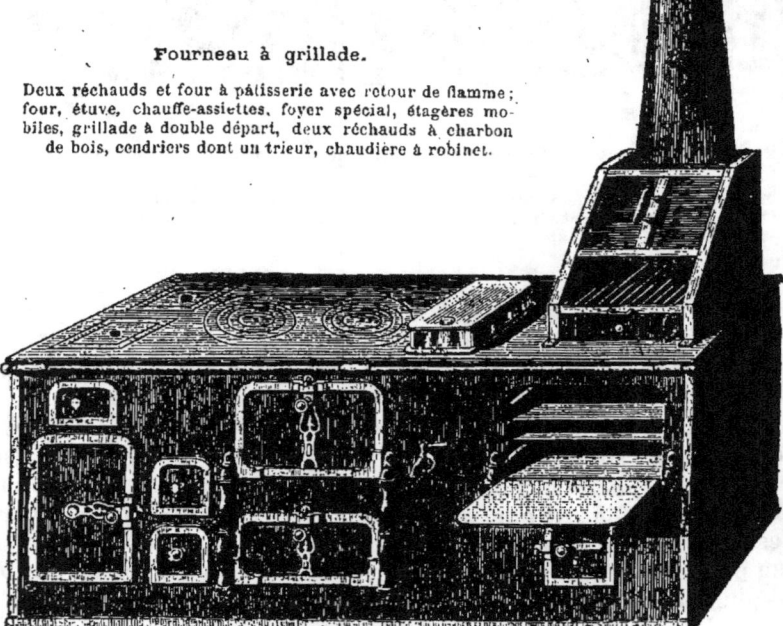

Fourneau à grillade.

Deux réchauds et four à pâtisserie avec retour de flamme; four, étuve, chauffe-assiettes, foyer spécial, étagères mobiles, grillade à double départ, deux réchauds à charbon de bois, cendriers dont un trieur, chaudière à robinet.

Fourneau mixte, gaz et charbon.

Avec âtre-rôtissoire breveté, four à pâtisserie, étuve, réservoir à eau chaude, cendriers, four avec lèchefrite, réchaud double à gaz, poissonnière, grille mobile pour brûler bois ou charbon, tournebroche, etc.

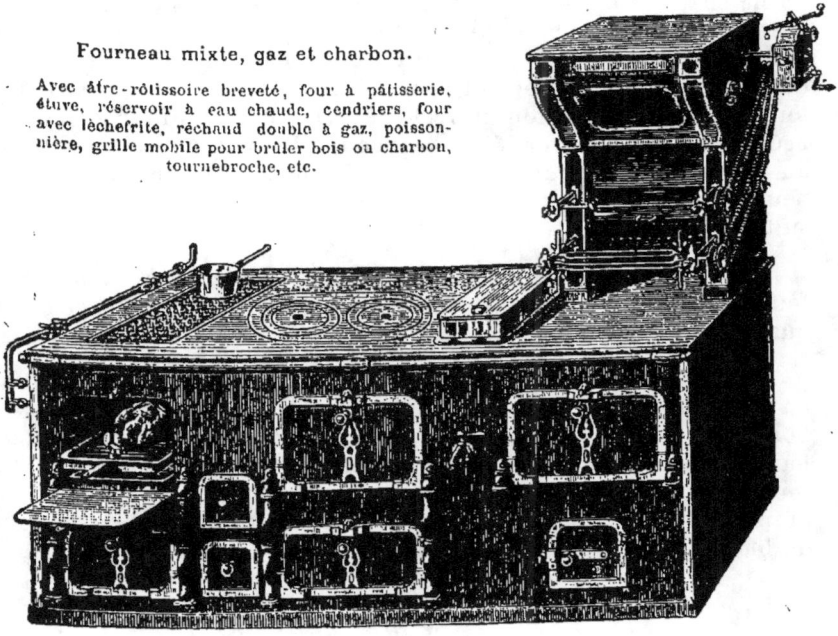

Fourneau pour cantine, hospice, ambulance.

Le coke. — D'un prix inférieur au charleroi, le coke lui est également inférieur comme rendement calorifique; comme la chaleur dégagée par sa combustion ne se propage pas avec autant d'activité que celle du charbon, il s'ensuit une élévation de température très intense au foyer, élévation qui est cause que dans un fourneau où l'on brûle du coke le foyer s'use beaucoup plus vite que si l'on se sert du charbon. Pour cette raison on mélange souvent en proportions à peu près égales le coke et le charbon, ce qui donne d'excellents résultats.

L'anthracite. — L'anthracite s'emploie très peu dans les foyers des fourneaux, car il convient plutôt aux appareils de chauffage à combustion lente.

Le bois. — A part les cas particuliers, comme, par exemple, quand on doit employer les fours à pâtisserie, on se sert très rarement du bois pour les fourneaux; cependant, comme nous l'avons dit plus haut, le bois est souvent le seul combustible dans les pays boisés; les fourneaux sont alors aménagés avec des foyers plus profonds et plus grands, munis d'une porte en façade pour permettre l'introduction de bûches d'assez grande dimension.

INSTALLATION DES FOURNEAUX

Souvent une cuisinière veut allumer son feu et constate que ce feu, tout en produisant énormément de fumée, se refuse absolument à « prendre ». A tort bien souvent on impute ce défaut au fourneau alors que tout provient de la cheminée. Sans vent un moulin ne peut tourner, sans tirage un fourneau ne peut fonctionner; or ce tirage, on le doit à la bonne construction de la cheminée. Établi dans d'irréprochables conditions, le tirage sera bon et le fourneau fonctionnera; mal établi, le tirage sera nul ou insuffisant et le fourneau s'obstinera à ne pas « marcher ».

La fumée et les gaz chauds issus de la combustion tendant à s'élever verticalement, il importe de conserver à la cheminée une direction verticale, de façon à n'opposer aucune résistance à cette ascension. Si pourtant les nécessités de la mise en place exigent de s'écarter de la direction verticale, il faut éviter à tout prix des parcours de tuyaux horizontaux et observer avec soin d'avoir toujours, au contraire, une pente ascendante; ne jamais employer de coudes à angle droit, en atténuer au besoin l'inconvénient en employant, si faire se peut, des coudes arrondis. Il faut veiller à ce que le tuyau d'un fourneau soit toujours d'un même diamètre et placé dans la cheminée parallèlement à l'axe de celle-ci, qu'il n'y pénètre jamais perpendiculairement. Boucher soigneusement l'ouverture tout autour du tuyau pour éviter les rentrées d'air froid qui diminueraient le

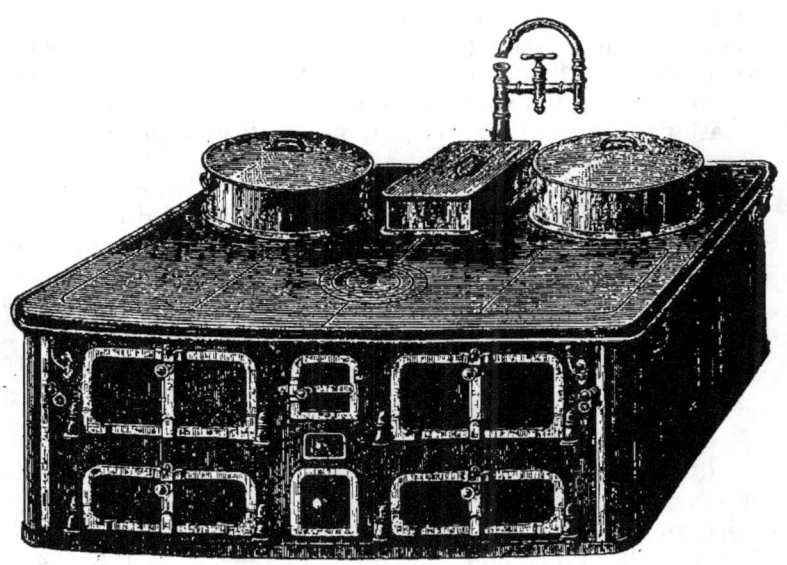

Fourneau de milieu, pour collège, hôpital.

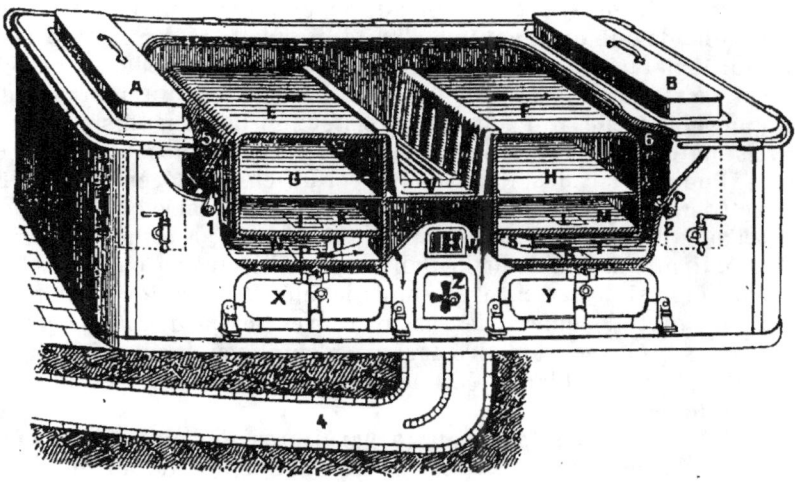

Vue intérieure d'un fourneau de milieu, pour grande installation.

1, 2. Manivelles de manœuvre. — ↓ Plongeants. — 4. Conduit au sol. — 5, 6. Registres de réglage. A, B. Chaudières. — E, F. Plaques de dessus de four. — G, H. Étagères mobiles. — I Tampon de ramonage. — K. Plaque de fond de four. — L. Tampon de ramonage. — M. Plaque de fond de four. — N. Passage de fumée. — O. Chicane. — P. Coulisse de ramonage. — R. Tampon de ramonage. — S. Chicane. — T. Passage de fumée. — V. Barreaux constituant la grille du foyer. W. Coulisse d'aération. — X, Y. Étuve. — Z. Cendrier.

tirage. Enfin, à la partie supérieure, veiller à ce que le tuyau dépasse toujours le faîtage; il est généralement terminé par un chapeau ou champignon destiné à empêcher la pluie de pénétrer à l'intérieur de la cheminée et à diminuer l'effet de la force du vent, qui occasionne souvent des tourbillons et des refoulements de fumée dans la cheminée.

Une dernière recommandation très importante : une même cheminée ne peut servir qu'à un même fourneau; il est utile de rappeler que les règlements de police interdisent l'emploi d'une seule cheminée pour plusieurs fourneaux à la fois; aussi en cas d'incendie les compagnies d'assurances ne manquent-elles pas de profiter de cette occasion pour refuser le payement des dégâts.

ENTRETIEN D'UN FOURNEAU

Nous venons d'envisager les causes qui empêchent assez souvent, et sans qu'on s'en doute, un fourneau de marcher. Un fourneau exige un nettoyage journalier; ces soins éviteront à la cuisinière une fatigue très appréciable; il vaut mieux consacrer chaque jour quelques minutes à l'entretien du fourneau que de le négliger, le laisser s'encrasser, pour être obligé ensuite de perdre une journée, souvent deux, à son nettoyage.

Pour le dessus du fourneau, on emploie simplement un chiffon imbibé de quelques gouttes d'huile; on frotte légèrement le dessus du fourneau éteint, c'est-à-dire quand il est encore tiède, avec le chiffon. On essuie ensuite et l'on frotte au besoin avec un morceau de toile émeri les taches qui peuvent persister; on fait ainsi disparaître toutes les matières étrangères : sauces renversées, taches de rouille, etc.

Pour les façades, il faut employer un chiffon légèrement imbibé de pétrole, essuyer ensuite avec un linge bien sec, faire briller les ferrures à l'aide de papier de verre ou de toile émeri; astiquer les cuivres au tripoli, mieux à l'aide de brillantine, que l'on trouve chez tous les quincailliers; si les garnitures sont nickelées, n'employer ni papier de verre, ni toile émeri; les essuyer avec la peau chaque jour. Si les parties nickelées ont des taches, n'employer, pour les faire disparaître, que le blanc d'Espagne mouillé avec un peu d'alcool ou d'huile d'olive.

La tôlerie des fourneaux à garnitures nickelées, étant généralement glacée au feu, s'entretient très facilement au moyen d'encaustique et d'un chiffon de laine.

Les fourneaux à façade émaillée sont les plus aisés à entretenir; les parties émaillées se nettoyant simplement avec une éponge humide, il suffit tout bonnement d'essuyer ensuite avec la peau les parties nickelées.

Pour qu'un fourneau marche bien, il ne faut jamais fermer

complètement la ou les clés, ni fermer tout à fait le cendrier placé sous le foyer, ne pas non plus laisser les cendres s'accumuler dans ce cendrier, les jeter chaque jour.

Il faut, enfin, avoir grand soin de ne jamais remplir complètement le foyer, de le remplir seulement aux deux tiers de sa hauteur : c'est ainsi qu'il donne le meilleur rendement, au point de vue calorifique comme au point de vue durée ; et n'y jamais mettre ou laisser séjourner des poussières ou des cendres mouillées.

LES APPAREILS A GAZ

Le principal avantage des appareils à gaz, à part leur propreté, est la facilité avec laquelle on peut modérer la consommation; c'est pourquoi les réchauds à gaz sont si appréciés pour la cuisson des poissons au court-bouillon, et celle des pot-au-feu, qui demandent à cuire lentement, à petit feu.

A proprement parler, les appareils à gaz ne jouent qu'un rôle secondaire dans la cuisine ; ils sont en quelque sorte les auxiliaires du fourneau à charbon de terre. Ils se composent essentiellement d'un bâti en fonte, d'un ou plusieurs brûleurs également en fonte, et d'une rampe d'alimentation en cuivre avec ses robinets.

Ces appareils sont d'une grande simplicité et aussi d'une très grande commodité; pour la facilité de l'entretien on les fait le plus souvent avec le bâti en fonte émaillée. En été, dans les cuisines de petites dimensions, ces appareils sont fort appréciés et rendent de très réels services; le seul reproche que l'on pourrait leur adresser, c'est celui d'être un peu encombrants, et encore, cela était vrai il y a quelques années, mais depuis que d'ingénieux fabricants ont eu l'idée de placer les réchauds à gaz dans le corps même du fourneau à charbon, cette critique n'a plus de raison d'être. Les modèles que nous insérons représentent deux types de fourneaux dans lesquels une place spéciale a été réservée au gaz.

Les appareils à gaz peuvent se grouper en trois catégories : 1º les réchauds; 2º les appareils à griller; 3º les appareils à rôtir. Sur l'utilité de cette dernière catégorie, les avis sont partagés; d'aucuns prétendent que les rôtis faits au gaz ont une saveur désagréable, alors que d'autres, voire des cuisiniers, disent le contraire. Ce que l'on peut dire avec certitude, c'est qu'un rôti à la broche devant un feu de bois, ou même cuit au four, est supérieur en tout point à celui fait au gaz.

On reconnaît qu'un appareil à gaz est bien construit lorsque le gaz y brûle avec une flamme bleue, presque verdâtre ; ce résultat est obtenu à l'aide des injecteurs d'air; il importe, en effet, pour que le chauffage soit prompt, et par suite économique, de mélanger au gaz une grande quantité d'air, ce dernier jouant le rôle de comburant;

on a alors une flamme bleue, d'une température excessivement élevée, et l'on réduit en même temps la quantité de gaz consommée.

Pour éviter tout accident, il est prudent, quand on veut allumer un fourneau à gaz, de s'assurer au préalable que toutes les clés sont bien fermées et de n'ouvrir ensuite que la clé de la partie que l'on veut allumer, enfin fermer cette clé dès que la cuisson est achevée. Beaucoup d'accidents seraient évités si les cuisinières et les ménagères prenaient toujours ces précautions, ainsi que celle de fermer la clé du compteur chaque soir, la besogne terminée.

Le nettoyage d'un fourneau à gaz est des plus simples : on brosse le bâti s'il est en fonte noire, on le lave s'il est émaillé; on nettoie fréquemment les brûleurs ou champignons avec une brosse un peu dure et bien sèche, et l'on veille à ce que rien ne reste à l'intérieur.

L'ÉLECTRICITÉ DANS LA CUISINE

Ce chapitre ne serait pas complet, si nous ne disions quelques mots de la cuisine à l'électricité.

Beaucoup de personnes s'étonnent encore que l'on puisse utiliser l'énergie électrique pour produire la chaleur nécessaire à la cuisson des aliments; « Comment! disent-elles, cela chauffe donc, l'électricité! » Mais parfaitement, la meilleure preuve c'est qu'à l'heure actuelle on construit des fourneaux électriques, aussi complets que peut l'être un fourneau à charbon ou à gaz. A l'Exposition de 1900, le restaurant La Féria avait toute sa cuisine faite à l'électricité, et lors du voyage en France du cirque Barnum chaque buffet était muni d'un potager électrique.

Le dessin que nous donnons ci-contre représente un type de fourneau électrique tout à fait complet : plaques chauffantes, fours à rôtir, étuve, chaudière, rien n'y manque. Puis, voici un gril électrique qui n'a rien à envier à nos anciens grils.

Il est certain qu'à tous les points de vue — hygiène, propreté, commodité, rapidité — le fourneau électrique est supérieur à tout ce qui a été fait jusqu'à ce jour. Mais, hélas! un point noir se dresse devant nos yeux éblouis par tant d'avantages : c'est la question d'économie.

En général, à part les contrées où l'on exploite la force hydraulique pour la production du courant, on paye l'énergie à un taux trop élevé. Cependant, étant donné les avantages spéciaux que font les secteurs des villes pour ce cas particulier, on voit peu à peu se développer le chauffage électrique, et nous ne croyons pas trop anticiper sur l'avenir en disant que la cuisine électrique aura son heure à une époque assez prochaine.

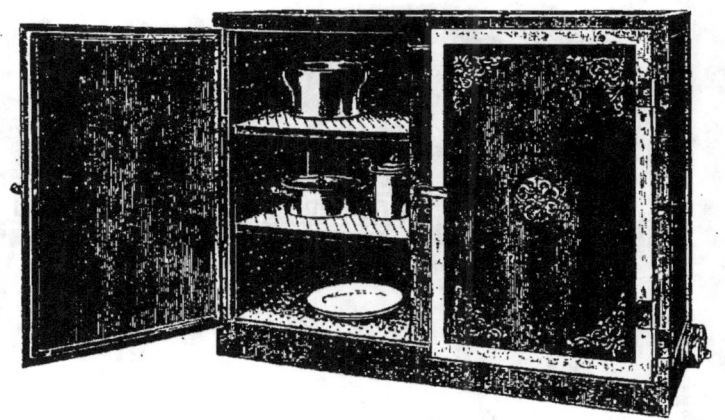

Étuve électrique en tôle d'acier et fonte de fer.

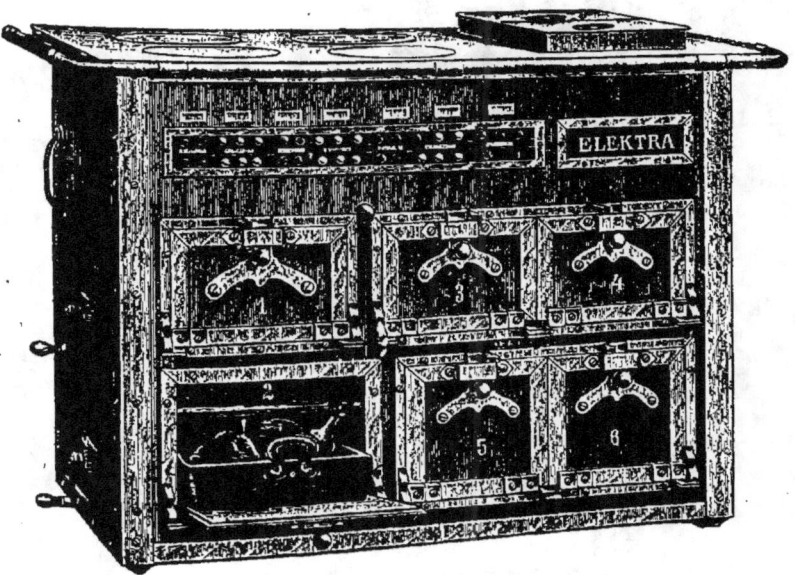

Fourneau électrique en tôle d'acier et fonte de fer, complet, à plaque de chauffe, chaudière à eau chaude, jours multiples ; chaque partie peut fonctionner isolément, de façon à limiter la consommation.

Cuisine à l'électricité.

Fourneau électrique, potager en fonte nickelée, à deux boucles, plaques.

Fourneau électrique en tôle d'acier à deux boucles, plaques, four ; chaque partie fonctionnant isolément.

Cuisine à l'électricité.

LA CUISINE ET SON MATÉRIEL.

Gril électrique en acier pour hôtel, restaurant.

Chauffe-plat électrique en fonte nickelée, usage domestique.

Poêle à frire électrique en aluminium.

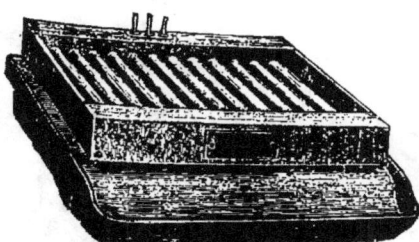

Gril électrique en acier, usage domestique.

Réchaud rond électrique en fonte nickelée.

Chauffe-plats rectangulaire électrique en fonte nickelé, pour hôtel, restaurant.

Cuisine à l'électricité.

Poêle électrique à frire en acier.

Casserole électrique en cuivre nickelé.

Cafetière électrique à bascule en cuivre nickelé.

Cafetière électrique en cuivre nickelé, avec socle en porcelaine.

Samovar électrique en cuivre nickelé.

Théière électrique en cuivre nickelé, avec support.

Cuisine à l'électricité.

LA CUISINE ET SON MATÉRIEL.

Bouillotte électrique
en cuivre nickelé.

Bouillotte et réchaud
en cuivre nickelé.

Bouillotte
en cuivre nickelé.

Marmite électrique en cuivre nickelé,
pour pommes de terre, etc.

Casserole électrique en cuivre nickelé.

Théière électrique en cuivre
nickelé avec réchaud mobile.

Four électrique en fer et fonte à rôtir.

Théière électrique en cuivre nickelé
avec réchaud fixe.

Cuisine à l'électricité.

BATTERIE DE CUISINE

On ne saurait contester que, si dans une cuisine, le fourneau a une très grande importance, il en est de même de tout le reste, car les accessoires sont à celle-ci ce que sont les instruments dans un laboratoire. Pour ce motif le détail et le choix des accessoires demandent à être étudiés d'assez près.

Tout d'abord une distinction s'impose . parmi les accessoires de la cuisine, il en est qui sont en bois, d'autres en métal et d'autres en verre, en porcelaine, même en tissus, etc.

Objets en bois. — Parmi les objets en bois, les uns sont fixes, les autres mobiles. Comme accessoires en bois fixes, nous devons citer d'abord les étagères, puis les planches fixées le long des murs et sur lesquelles sont posées ou accrochées les différentes pièces de la batterie. Puis viennent les tables; la meilleure essence de bois à employer pour leur construction est le hêtre, que l'on peut nettoyer très facilement, soit en le lessivant, soit en le grattant ; le chêne s'emploie aussi, mais il est plus difficile à entretenir, car il est beaucoup plus filandreux que le hêtre.

Viennent ensuite les escabeaux, planches à hacher, planches à couteaux, cuillers en bois, dont l'entretien est des plus faciles, puisqu'il suffit de laver ces pièces, le plus souvent à grande eau, de préférence de l'eau chaude où l'on aura fait dissoudre un peu de cristaux de soude. Pour les planches fixées au mur et contre lesquelles viennent s'appuyer les casseroles, le chêne s'emploie le plus souvent, ou bien on prend du bois blanc que l'on revêt d'une couche de peinture.

Objets en verre et en porcelaine. — Le nombre de ces objets n'est pas considérable et ne vaut pas que l'on s'y arrête, tout le monde les connaissant et sachant comment procéder à leur nettoyage.

Objets en métal. — Quel que soit le nom du métal entrant dans la composition d'une batterie de cuisine, celle-ci doit comporter différents vaisseaux dont la présence dans la cuisine est indispensable et dont le nombre et les dimensions sont proportionnés à l'importance du service.

On peut, pour la batterie de cuisine comme pour le fourneau, établir une sorte de classification :

1° La batterie de cuisine pour petit ménage.

2° La batterie de cuisine pour maison bourgeoise, comportant un service journalier de six personnes et éventuellement dix à douze convives.

3º La batterie de cuisine pour maison où il y a plusieurs maîtres et domestiques, aussi bien que pour un hôtel particulier ou un château.

4º La batterie de cuisine pour une habitation princière, où, outre les maîtres, il y a presque chaque jour des convives, ou bien des dîners de cérémonie fréquents; c'est le cas pour un ministère, une ambassade, un grand château.

5º La batterie de cuisine pour grand hôtel ou restaurant.

1º Batterie de cuisine pour petit ménage. — Le nombre des pièces de cette batterie est généralement assez restreint; cependant, pour être complète, cette batterie devrait comporter ce qui suit :

4 casseroles de différentes grandeurs, par exemple : 13 — 16 — 18 — 20.
4 couvercles pour ces casseroles.
2 sauteuses 14 — 24.
1 plat rond et 1 plat ovale pour les gratins.
1 plat pour faire les rôtis au four. Il existe un système de plat qui nous paraît très pratique. Il est monté sur des pieds, ne touche pas le fond du

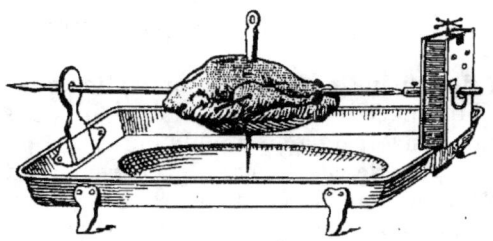

Plat et tournebroche.

four, de sorte que le jus ne peut s'y dessécher, et il est en outre muni d'une broche actionnée par un tournebroche de dimensions assez réduites pour pouvoir entrer complètement dans le four.

1 bouillotte, contenance : 1 litre.
1 moule à charlotte : 13 centimètres environ.
1 poissonnière de 50 à 53 centimètres.
1 braisière de 30 centimètres, pouvant à l'occasion servir de boîte à asperges.
1 égouttoir muni de sa garniture, soit : une cuiller à pot, une écumoire, une cuiller à ragoût, une cuiller à arroser et un grappin.
1 boîte à lait.
1 boîte à épices.
1 passoire à gros trous et 1 à trous fins.
1 passe-bouillon à toile métallique.
1 grande bassine à laver la vaisselle.
1 marmite de 8 à 10 litres.
1 bassine à ragoût.
1 gril à côtelettes.

1 gril à poisson.
1 bassine à friture.
1 écumoire à friture.
1 presse-purée ou un pilon.
1 hachoir.
1 couperet.
3 ou 4 couteaux de différents modèles, pour éplucher les légumes et couper les viandes.
1 ciseau à poisson.
1 ou 2 petits plats ronds pour cuire les œufs.
5 ou 6 boîtes de différentes tailles pour contenir les ingrédients employés : farine, sucre, sel, poivre, etc.

2° **Batterie de cuisine pour maison bourgeoise.** — Maison particulière comportant un service moyen de six personnes. La nomenclature des pièces est à peu près la même que ci-dessus, sauf toutefois que leur nombre est augmenté ; ainsi, par exemple, au lieu d'une série de quatre casseroles, il en faudra huit, dont deux plus petites et deux plus grandes que celles déjà indiquées. Les sauteuses également seront augmentées : on en aura trois ou quatre pour pouvoir faire face à tous les besoins. Le nombre des plats sera aussi augmenté, et une turbotière sera ajoutée à la poissonnière.

3° **Batterie de cuisine pour hôtel particulier ou château.** — Sans que cela soit d'une nécessité absolue, il est bon, dans une cuisine de cette importance, d'avoir déjà en double toutes les pièces d'un grand usage, afin de pouvoir, le cas échéant, préparer la cuisine d'un grand nombre d'invités, ou pouvoir en distraire une partie pour l'envoyer en réparation sans que le service se trouve exposé à en souffrir.
Il faut compter au moins sur ce qui suit :

18 casseroles.
6 sauteuses.
12 couvercles.
2 marmites à bouillon, une petite et une grande.
2 bassines à ragoût.
1 bassine à friture.
2 poissonnières, une moyenne et une grande.
1 turbotière de 50 centimètres au moins.
1 bassine à blancs de 35 centimètres.
3 plats ovales, 30 — 35 — 40.
3 plats ronds, 24 — 28 — 32.
1 bassine à confitures de 40.
1 écumoire à confitures.
3 bouillottes, 1 litre, 1 litre et demi et 2 litres.
2 moules à charlotte, 13 — 16.
2 moules à biscuit, 12 — 14.
2 moules à gelées, 13 — 16.
2 moules à bordure, 17 — 20.

LA CUISINE ET SON MATÉRIEL.

1 plaque à pâtisserie rectangulaire.
1 plaque à pâtisserie ronde.
1 boîte à asperges.
1 braisière.
2 grils, un pour les poissons, l'autre pour les viandes rouges.
1 égouttoir de cuisine avec sa garniture complète, comme dans la batterie précédente.
1 râpe à fromage.
2 plats à rôtir pour les fours.
6 boîtes pour ranger les épices.
1 poêlon d'office à douille, de 16 à 18 centimètres.
2 bassines de grande taille, 45 à 50 centimètres, pour le lavage de la vaisselle.
1 bassine de 45 centimètres pour le nettoyage des légumes.
1 tamis de 35 centimètres de diamètre, à toile métallique étamée.
1 tamis de Venise de 30 à 35 centimètres.
1 jeu complet de couteaux pour légumes, viandes, etc.
1 série d'aiguilles à brider, de lardoires.
1 jeu de cuillers à légumes.
2 ou 3 pinces à pâtes.
1 glacière pour le sucre en poudre.
1 corne à ramasser.
1 planche à hacher.
1 batte à côtelettes.
2 couperets de cuisine.
1 hachoir ou, mieux, une machine à hacher.
3 bains-marie avec leur caisse.
2 bouilloires, une de 4 et une de 6 litres.
2 entonnoirs.
2 moules à pâtés, ovale, rond.
2 boîtes à lait, 3 et 6 litres.
1 ciseau à poisson.
2 couteaux à boîtes à conserves.
1 panier à salade.
3 poêles à frire ou à omelettes.
1 presse à jus de viande.
1 mortier avec son pilon à deux têtes.
1 moulin à café.
1 machine à glace.
1 balance avec série de poids.
2 fouets à blancs ou à sauces.
1 douzaine de petits moules assortis pour les tartelettes, bouchées, croquettes, etc.

4° **Batterie pour habitation princière.** — C'est la cuisine d'un chef d'État, d'un ministre, d'un ambassadeur ou d'un haut personnage, où, à part le service courant déjà chargé, il y a fréquemment de grands dîners. Dans ce genre de cuisine, le personnel est généralement nombreux ; ce n'est plus le cordon bleu traditionnel qui remue les casseroles : chefs, aides et mitrons, en nombre plus ou moins grand, s'agitent, vont et viennent de la cuisine au garde-manger, du garde-manger à la glacière ou à l'office. Maniés par des mains plutôt robustes, et sujets, en raison de leur emploi fréquent, à une usure plus rapide, les ustensiles demandent à être établis d'une façon beaucoup plus résistante que dans les cuisines qui précèdent; on nomme ces ustensiles des « pièces fortes ».

La batterie comporte les mêmes ustensiles que ceux décrits précédemment, mais en plus grand nombre encore, et l'on voit en outre apparaître des formes nouvelles : casseroles creuses, casseroles russes, sautoirs évasés, braisières à filets, casseroles à pommes anna, marmites à robinet pour potages ou cafés, spatules, cuillers à deux fins, chinois pointus ou tronqués.

5° **Batterie de cuisine pour grand hôtel, casino, hospice.** — Ici la batterie de cuisine est un véritable outillage; confiée à des ouvriers, elle demande à être tout à fait renforcée, car toute pièce qui n'a pas une épaisseur suffisante est appelée à être anéantie en très peu de temps. L'importance d'une cuisine de ce genre fait qu'elle se trouve divisée et que chaque partie a son chef; c'est ainsi que l'on a le rôtisseur, le saucier, l'entremettier, etc. Chacun de ces personnages a son outillage propre : le rôtisseur, qui très souvent s'occupe des fritures, a sa rôtisserie monumentale avec son arsenal de broches, broches ordinaires, broches à gibier, broches à panier pour les filets, accompagnées des accessoires indispensables, fourneau à friture, bassines à friture, écumoires, cuillers à arroser, fourches à viandes, pinces à débrocher. Le saucier, lorsqu'il n'a pas un bain-marie spécial, chauffé à la vapeur ou à l'eau chaude, se tient souvent à l'une des extrémités du fourneau avec des bains-marie, etc.

Pour ces diverses raisons, il est fort difficile de fixer une nomenclature pour une cuisine de cette importance, le nombre des pièces pouvant d'ailleurs varier à l'infini.

C'est dans une de ces grandes cuisines qu'apparaissent ces pièces monstrueuses qui évoquent à l'esprit le souvenir des repas fantastiques décrits dans les scènes pantagruéliques. Ainsi on voit y figurer des poissonnières monstres de $1^m,20$ à $1^m,50$ de longueur, des marmites de 100 à 150 litres où un enfant pourrait se tenir debout, des plaques à rôtir où pourrait cuire un mouton entier.

A part ces pièces tout à fait extraordinaires, les autres ustensiles restent ce qu'ils sont dans les autres cuisines, mais en bien plus grand nombre.

MÉTAUX DIVERS ENTRANT DANS LA COMPOSITION D'UNE BATTERIE DE CUISINE

Le fer. — *Fer poli.* Pour certains ustensiles le fer s'emploie à l'état naturel; ainsi sont faits les grils, les poêles à frire, les poêles à omelettes. — Le nettoyage de ces pièces se fait à l'aide de grès ou de savon minéral et d'un peu d'eau chaude ; on emploie aussi parfois du gros sel au lieu de grès.

Fonte. Beaucoup de petites cuisines l'emploient, en raison de son prix modique. La fonte sert à faire des marmites à bouillon ou bien des bassines à ragoût vulgairement appelées « cocottes ». On y fait de bonne cuisine ; toutefois il est bon, pour éviter la rouille, de n'y jamais laisser refroidir les aliments, lesquels prennent alors un goût assez accentué.

La meilleure qualité de fonte à employer est la fonte bleue, dite inoxydable ; on recommande aux ménagères, la première fois qu'elles se servent d'une marmite ou d'une casserole en fonte, d'y faire cuire d'abord des légumes destinés à être jetés, par exemple de vieilles pommes de terre, cela afin d'enlever à la fonte le goût qu'elle a toujours au début. Son principal désagrément, c'est d'être sujette à casser ; néanmoins, on voit des pièces en fonte durer assez longtemps. — Comme pour les pièces en fer poli, le nettoyage se fait à l'aide d'eau chaude et de savon minéral ou de grès.

Pour éviter aux aliments de prendre le goût du fer, on a eu recours à deux procédés : l'étamage et l'émaillage.

Fer étamé et fer battu. — En passant, nous établirons la différence qu'il y a entre le fer-blanc et le fer battu étamé, que beaucoup de personnes confondent. Les objets en *fer-blanc* sont des objets fabriqués avec la tôle de fer généralement mince et étamée avant que d'être découpée ; il en résulte que sur les bords où est l'endroit des agrafures, très souvent la rouille apparaît. Les objets en fer battu sont, au contraire, fabriqués le plus souvent en tôle de fer, parfois en tôle d'acier, et sont étamés ensuite. On conçoit facilement l'avantage qui en résulte : toutes les parties de l'objet étant recouvertes par l'étamage, la rouille est plus longue à s'y fixer.

A part les boîtes de conserves et quelques ustensiles à usages tout à fait restreints, le fer-blanc ne se rencontre que très peu dans la cuisine.

Le *fer battu*, au contraire, est assez employé. Moins cher que tous les autres métaux servant à la cuisine, il devient pourtant assez coûteux à la longue, en raison des étamages fréquents et des remplacements qu'il exige. Cependant à cause de son prix d'achat réduit, il est employé dans presque tous les petits ménages. Il a l'avantage de ne pas présenter de danger lorsque l'étamage en a été fait avec soin, mais il a l'inconvénient de rouiller lorsqu'on y laisse refroidir les aliments, l'étamage sur le fer ne se comportant pas de la même façon que sur le cuivre. Soumise à un service ordinaire, une casserole en fer battu demande environ deux étamages par an, parfois plus : cela dépend de l'usage qui en est fait. La cause principale de l'usure de l'étamage vient de ce que celui-ci fond lorsque la casserole est placée sur un feu trop vif, et on le voit alors se former en boules au fond de la pièce ; puis, il faut le dire aussi, les aliments s'attachent dans le fer avec une très grande facilité, ce qui est dû à la façon inégale dont la chaleur s'y propage.

Le nettoyage des pièces en fer battu se fait à l'aide d'eau chaude où l'on a fait dissoudre quelques cristaux; rincer ensuite les pièces à l'eau froide et les essuyer avec un torchon bien sec : la moindre trace d'humidité les exposerait à rouiller.

Pour faire briller les objets en fer battu sans les rayer, comme les rôtissoires, les poissonnières, etc., on les frotte le plus souvent à l'aide d'un chiffon sur lequel on a étalé du blanc d'Espagne à sec finement pulvérisé.

Fer battu émaillé. — Voulant supprimer l'oxydation des pièces en fer battu et les étamages fréquents qu'il nécessite, on a eu l'idée de les recouvrir d'une couche d'émail. Si l'on a atteint ce but, l'expérience a malheureusement démontré qu'en voulant éviter un inconvénient on était tombé dans un danger plus grand. Nous nous bornerons donc, sans entrer dans de plus grands détails, à conseiller de renoncer à l'emploi d'objets émaillés dans ce qui touche à l'alimentation.

Le cuivre. — De l'avis de tous les cuisiniers, le cuivre est le roi des métaux pour la cuisine et, il faut le reconnaître, c'est le plus employé, quoiqu'il soit susceptible de former, avec les principes acides contenus dans les aliments, des composés dangereux.

Ce qui a fait choisir le cuivre depuis si longtemps pour la cuisine, c'est, outre la facilité avec laquelle on le façonne, sa bonne conductibilité de la chaleur, qui fait que, placée sur un fourneau, une casserole de cuivre ne chauffe non pas seulement au fond, mais tout entière, parce que le calorique se propage d'une façon égale au travers de toute la pièce.

Pour exclure le danger pouvant résulter de la formation des oxydes de cuivre, on étame l'intérieur de chaque pièce. Comme cet étamage est en quelque sorte le seul préservatif contre tout danger, on conçoit son importance. Pour être bien fait, l'étamage neuf doit être brillant et ne pas avoir l'apparence terne et mort d'une glace dépolie; dans ce dernier cas, on peut être certain que l'étamage n'est pas pur et qu'une grande quantité de plomb l'accompagne; et c'est pourtant ce que l'on reproche souvent à des chaudronniers assez peu scrupuleux pour faire de l'étamage à bon compte, en dépit des règlements de police. L'étamage fait dans de telles conditions est aussi à craindre que le cuivre lui-même, car s'il ne peut plus se former à l'intérieur des composés d'oxyde de cuivre, il peut s'y former des composés d'oxyde de plomb, plus pernicieux encore que les premiers. Il y a donc lieu de veiller avec le plus grand soin à l'étamage. Pour les ustensiles dont l'emploi n'est pas fréquent, un étamage par an est suffisant; mais il ne faut pas craindre de faire étamer deux fois et même plus souvent chaque année les objets d'un usage journalier.

Pour le nettoyage de la batterie de cuivre, on emploie de l'eau chaude où l'on a fait dissoudre quelques cristaux de carbonate de soude; ceci pour l'intérieur. A l'extérieur, le cuivre peut se nettoyer avec tous les produits, pâtes ou poudres destinées au nettoyage des métaux : rouge anglais, brillant belge, brillantine, etc.

Dans les cuisines de ménage ou de maisons bourgeoises, les cuisinières mettent un certain orgueil à exposer des objets en cuivre bien astiqués et bien brillants; pour le coup d'œil, cela est magnifique; mais, pour être parfait, il faut que l'intérieur des pièces soit, comme propreté, à l'unisson avec l'aspect extérieur.

Dans les cuisines d'hôtels ou de restaurants, on nettoie les pièces de batterie en cuivre en les rinçant à l'eau chaude d'abord, puis à l'eau froide et, pour économiser le temps, les « plongeurs » se bornent à frotter l'extérieur avec des chiffons enduits de grès; si cela ne donne pas aux pièces le poli fin obtenu avec les poudres ou pâtes à métaux, cela les rend du moins aussi propres. Un bon conseil : pour ne pas trop user les étamages, ne jamais se servir d'une fourchette ou de la pointe d'un couteau pour remuer le contenu d'une pièce en cuivre étamée à l'intérieur, ne se servir que de cuillers en bois.

Enfin, de tous les objets en cuivre, ceux façonnés au marteau doivent être choisis; dans ceux-là seuls les fonds ont une épaisseur suffisante pour garantir à la pièce une longue durée.

Le nickel. — A l'état de métal pur, le nickel a été reconnu absolument inoffensif pour l'économie; à cet effet, il n'est pas superflu de citer ici un fragment du rapport des Drs Laborde et Riche présenté le 3 janvier 1888 à l'Académie de médecine de Paris : « En définitive, et c'est la conclusion qui se déduit de la première comme de la seconde partie de nos recherches, le nickel, dans les applications usuelles, notamment dans l'outillage pharmaceutique ou *alimentaire*, peut et doit être considéré comme dépourvu de tout danger pour la santé (1). »

On voit par là que le nickel peut être employé en toute sécurité dans la cuisine. A cet immense avantage il joint celui d'être économique dans le sens propre du mot; comme prix d'achat, une batterie en nickel coûte certainement plus cher qu'une batterie en cuivre étamé ou en fer battu; mais, comme par la suite elle ne demande aucun étamage et ne nécessite aucune réparation, le nickel étant un métal très résistant, elle arrive, après quelques années de service, à être en définitive moins coûteuse que celle-ci.

Une autre qualité du nickel, c'est de chauffer très vite, et les objets en double ou de remplacement, qui sont nécessaires pour l'étamage dans une batterie de cuivre ou de fer battu, deviennent inutiles quand on emploie le nickel. — Quant au nettoyage des articles de nickel

---

1. *Bulletin officiel de l'Académie de médecine*, janvier 1888.

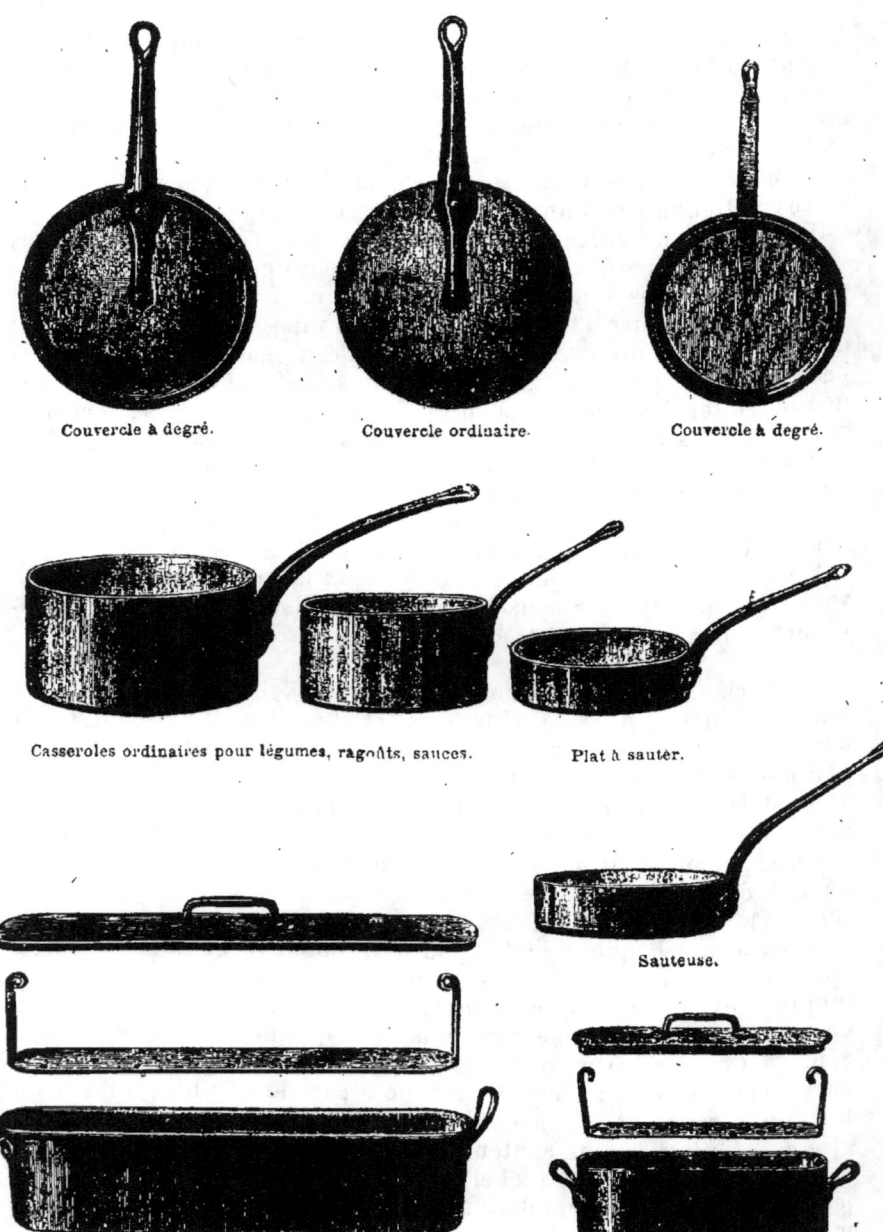

Couvercle à degré. Couvercle ordinaire. Couvercle à degré.

Casseroles ordinaires pour légumes, ragoûts, sauces. Plat à sauter.

Sauteuse.

Poissonnière. Braisière à filets.

Ustensiles en cuivre.

LA CUISINE ET SON MATÉRIEL.

Casserole spéciale
pour pommes de terre anna-beurre, etc.

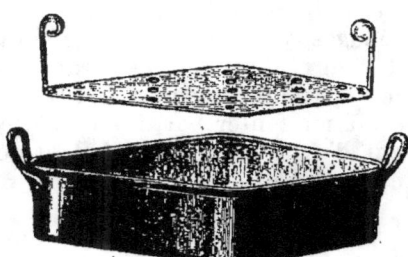

Turbotière à grille.

Braisière.

Bain-marie à sauces.

Marmite à ragoût.

Marmite pour bouillon.

Casserole russe pour consommé de viande.

Braisière pour glacer.

Ustensiles en cuivre.

pur, le blanc d'Espagne ou la poudre ordinaire en usage dans tous les ménages, y suffisent parfaitement.

Pour réaliser tous ces avantages, il est indispensable que le nickel employé soit *pur;* aussi nous conseillons à nos lecteurs de ne pas se laisser tenter par des objets en nickel à bas prix qui, faits souvent d'un alliage de nickel et de cuivre, sont aussi dangereux que ce dernier lui-même.

L'aluminium. — Obtenu pour la première fois par le chimiste Wohler, en 1827, ce n'est guère que depuis quelques années que ce métal a été employé en France pour la confection des ustensiles de cuisine, alors qu'à l'étranger il avait pris une place prépondérante.

L'aluminium est un métal terne, de densité très légère et tout à fait inoffensif. Léger, robuste et résistant, très bon conducteur de la chaleur, insensible à l'action des acides qui se rencontrent dans les aliments, parfaitement inoffensif et hygiénique, telles sont les multiples qualités de l'aluminium employé à l'état *pur* dans la fabrication des ustensiles de cuisine.

A tous ces avantages l'aluminium pur joint celui d'être éminemment pratique et économique, d'abord en raison de son faible poids, ensuite parce qu'il supprime totalement, comme le nickel, l'étamage indispensable à la batterie de cuisine ou de fer battu, prévenant ainsi toutes sortes d'accidents. Le seul reproche que l'on pourrait adresser à ce métal, c'est de s'user plus vite que le cuivre, le fer ou le nickel; on remédie à ce défaut en donnant aux pièces une plus grande épaisseur. Comme il est excessivement léger, on arrive, malgré ce surcroît d'épaisseur, à obtenir des objets légers et par conséquent maniables. L'aluminium, étant d'un prix plus réduit que le cuivre et le nickel, est donc tout indiqué pour les cuisines des petits ménages et est appelé à un grand avenir dans la cuisine. Il convient parfaitement pour les cantines d'explorateurs, et le choix qui en a été fait par toutes les armées d'Europe confirme parfaitement ce que nous venons d'en dire.

Le nettoyage en est des plus simples: de l'eau chaude tout bonnement et, au besoin, un peu de savon minéral.

Il est recommandé de ne pas employer des cristaux de carbonate de soude ou de potasse, qui font noircir l'aluminium.

Les métaux plaqués. — Toujours pour éviter l'étamage indispensable avec le cuivre ou le fer battu, et soucieux cependant de conserver aux ustensiles d'une batterie leur aspect primitif tout en se maintenant dans la limite des prix abordables, certains industriels ont eu l'idée d'accoler, par des procédés spéciaux, le fer avec le nickel, le cuivre avec le nickel, ou bien l'aluminium avec le cuivre, ou encore l'argent avec le cuivre. Chaque produit a reçu un nom particulier; ainsi le cuivre accolé au nickel a été baptisé sous le nom de « parfait métal » et le cuivre plaqué argent, « bi-métal ». Tous ces produits con-

LA CUISINE ET SON MATÉRIEL. 389

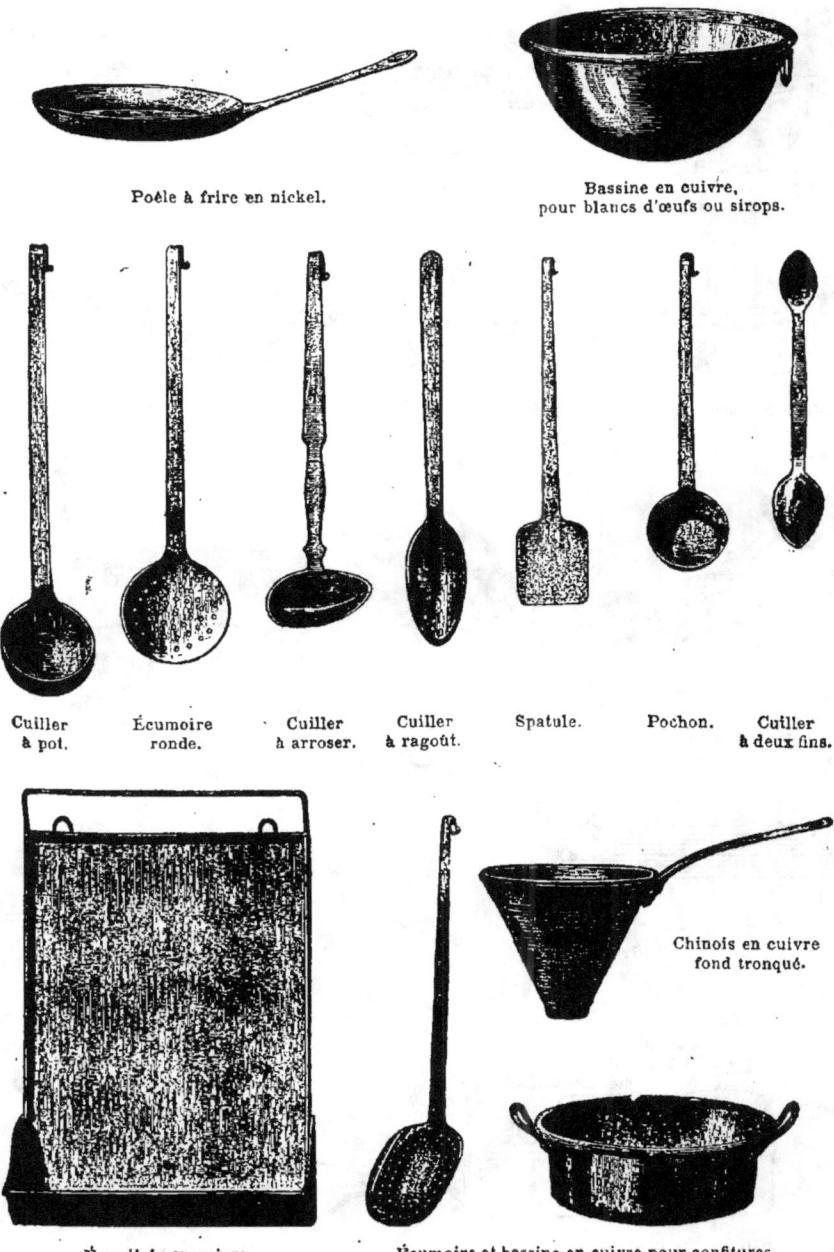

Poêle à frire en nickel. — Bassine en cuivre, pour blancs d'œufs ou sirops. — Cuiller à pot. — Écumoire ronde. — Cuiller à arroser. — Cuiller à ragoût. — Spatule. — Pochon. — Cuiller à deux fins. — Égouttoir en cuivre. — Chinois en cuivre fond tronqué. — Écumoire et bassine en cuivre pour confitures.

Ustensiles de cuisine.

390   LA CUISINE ET LA TABLE MODERNES.

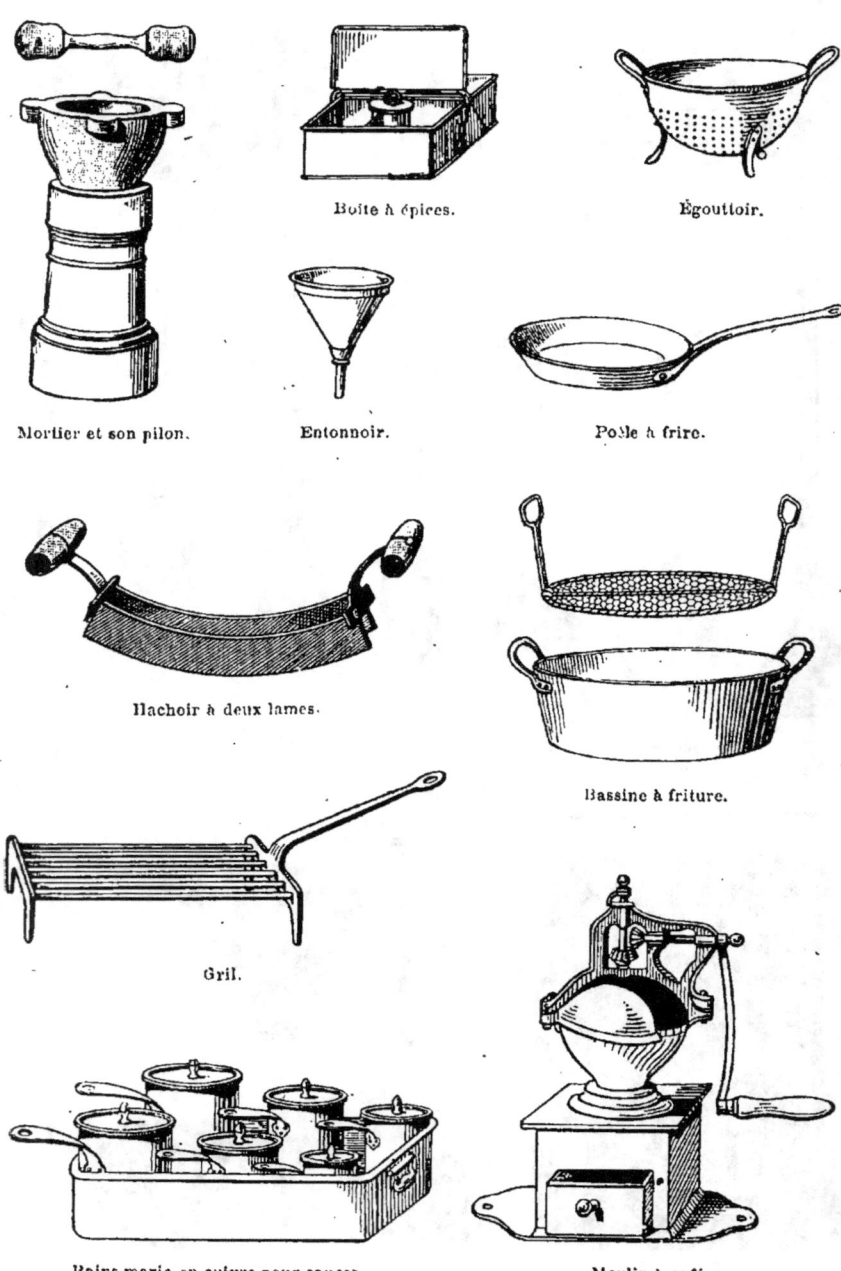

Ustensiles de cuisine.

Théière en nickel.

Bouilloire en cuivre à anse.

Théière en nickel.

Cafetière à filtre en nickel.

Cafetière russe en nickel.

Bouillotte en cuivre.

Verseuse en nickel.

Boîte en nickel pour épices.

Fait-tout en nickel ou casserole à anse.

Marmite en cuivre pour pommes de terre.

Marmite en nickel pour ragoût.

Marmite à café en cuivre, avec robinet.

Ustensiles de cuisine.

Moules en cuivre pour biscuits, babas, crèmes, etc.

Moule à charlotte.   Moule à bordure pour crèmes, babas.   Bombe à glace.   Moule rond pour pâté (cuivre).

Plaques en cuivre pour pâtisserie.
Rectangulaire.   Ronde.

Plats non bordés.
Rond.   Ovale.

 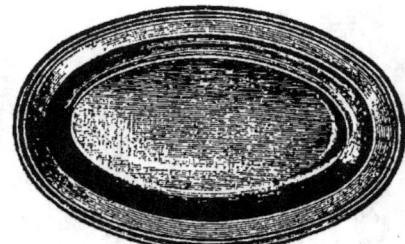

Plats d'office.
Rond.   Ovale.

Ustensiles de cuisine.

servent leur caractère propre, et l'aspect extérieur seul en étant modifié, ce qui a été dit précédemment pour chacun d'eux nous paraît suffisant. Il y a pourtant lieu d'accorder ici une mention spéciale au dernier, le bi-métal.

Le bi-métal. — Composé, comme son nom l'indique, de deux métaux, cuivre rose au dehors et argent vierge de tout alliage à l'intérieur, il réalise, au point de vue hygiénique comme au point de vue de propreté, le véritable idéal; aussi, malgré son prix relativement élevé, son emploi s'est-il rapidement généralisé, surtout dans les hautes classes de la société.

En autres avantages, le bi-métal a celui de chauffer très vite, presque instantanément, et, particularité qui lui est propre, aucun aliment, même le lait ou le chocolat, ne prend au fond dans une casserole de bi-métal.

Ce que nous avons dit du cuivre au sujet du nettoyage s'applique au bi-métal pour les parties extérieures. Les surfaces argent de l'intérieur se nettoient à l'aide de blanc d'Espagne humecté d'un peu d'alcool.

Tringles de cuisine. — Nous croyons devoir signaler les tringles de cuisine, dispositif ingénieux pour la suspension des différentes pièces de la batterie de cuisine.

Comme on le voit à la gravure, les clous ont été remplacés par des crochets mobiles coulissant sur une tringle également mobile, fixée par des supports à vis sur les planches. Les tringles et les crochets sont en cuivre jaune poli ou nickelé.

MÉTZGER,
de la maison Briffault, de Paris.

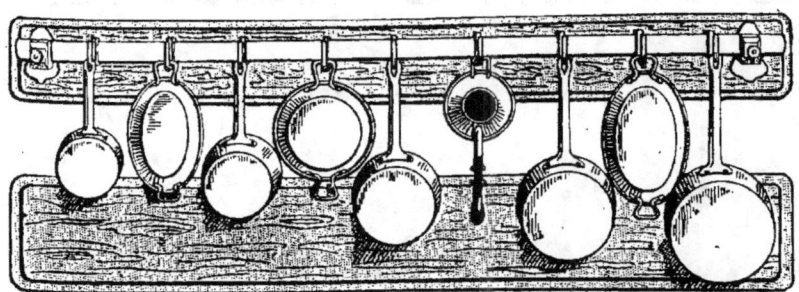

Tringles de cuisine.

Cuisine du restaurant du « Palais d'Orsey », à Paris.

Faïences de Nevers.

LE SERVICE DE LA TABLE

Le service de la table comprend les fonctions que remplissent, suivant les cas, la ménagère, la femme de chambre, le valet de chambre, le maître d'hôtel, en un mot toutes les personnes chargées de mettre le couvert, d'assurer le service des mets, de changer les assiettes, couteaux, fourchettes, cuillers, de verser les boissons, etc.

Chez les gens peu fortunés, c'est la ménagère qui veille elle-même au service de la table, service fatigant, par suite du va-et-vient de la table à la cuisine, surtout lorsque les convives sont au nombre de six ou huit.

La personne qui sert à table doit toujours offrir les mets à la gauche du convive

Chez les personnes d'une situation plus aisée, quand ce n'est pas la cuisinière, c'est la femme de chambre ou le valet de chambre, assez souvent même l'un et l'autre à la fois, qui assurent ce service. Dans les maisons grandement montées, enfin, on a recours à des valets de pied placés sous les ordres d'un ou de deux maîtres d'hôtel. Ceux-ci sont, en outre, à la tête des services de la cuisine, de l'office et de la cave.

La façon de disposer un couvert varie à l'infini : tout dépend de la position sociale, de la fortune des maîtres de maison, et, par suite,

Couvert de quatre personnes pour famille ou par petites tables.

de l'importance de leur service de table, de leur argenterie et du repas qu'ils donnent. Quoi qu'il en soit, les mêmes règles générales doivent toujours être observées, car c'est d'elles que dépendent la bonne ordonnance et l'harmonie d'une table. Même chez des personnes ne possédant que des ressources restreintes, les couverts doivent toujours être placés avec ordre et symétrie, et les convives occuper la place que leur assigne leur âge ou leur rang dans la famille.

Les détails qui règlent la composition d'un couvert ordinaire sont si connus qu'il est inutile de nous étendre sur ce sujet. Pour les repas de quelque importance, pour les grands dîners, les dispositions générales peuvent se modifier au goût de chacun relativement à l'aspect que la table peut présenter aux yeux; mais la place des assiettes, fourchettes, couteaux, cuillers ne varie pas notablement.

Table de dix couverts servie à la russe. Restaurant du Pavillon d'Armenonville.

Le luxe d'un couvert peut se manifester chez les uns par les réchauds d'argent et la vaisselle plate, chez les autres par les surtouts de fleurs en faïence de prix qui garnissent le centre de la table. Aux deux bouts se dressent les compotiers chargés de fruits, les assiettes de bonbons, fruits glacés et gâteaux, tandis que les fleurs jonchent la nappe ou courent en guirlandes autour des assiettes à dessert.

Tout dépend donc du goût, des préférences de la maîtresse de maison ; les ménages en possession d'une argenterie de famille ai-

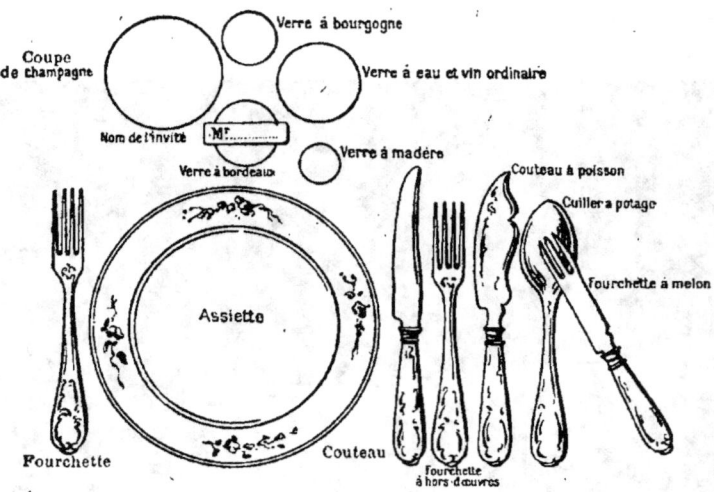

Détails d'un couvert de grand dîner.

ment ordinairement à l'utiliser dans les grandes circonstances ; les autres cherchent à séduire leurs convives par la profusion ou plutôt par l'harmonieuse disposition des fleurs de toutes sortes. Aux dîners offerts au dehors, chez les restaurateurs en renom ou dans les grands hôtels, les fleurs ont toujours droit de cité sur les tables.

Le couvert est souvent complété par les raviers ou coquilles à hors-d'œuvre. Cette méthode a le désavantage de surcharger la table ; aussi est-il préférable de faire servir ces hors-d'œuvre sur un plateau, qu'un domestique présente successivement à la gauche de chaque convive.

Dans tous les cas, et quelle que soit la façon dont la table est garnie, les convives doivent être à l'aise, avoir les coudées libres ; les assiettes et les verres ne doivent pas être trop rapprochés ; la fourchette se place à gauche ; le couteau et la cuiller à droite ; les couverts à dessert sont tantôt placés devant chaque convive, tantôt apportés sur

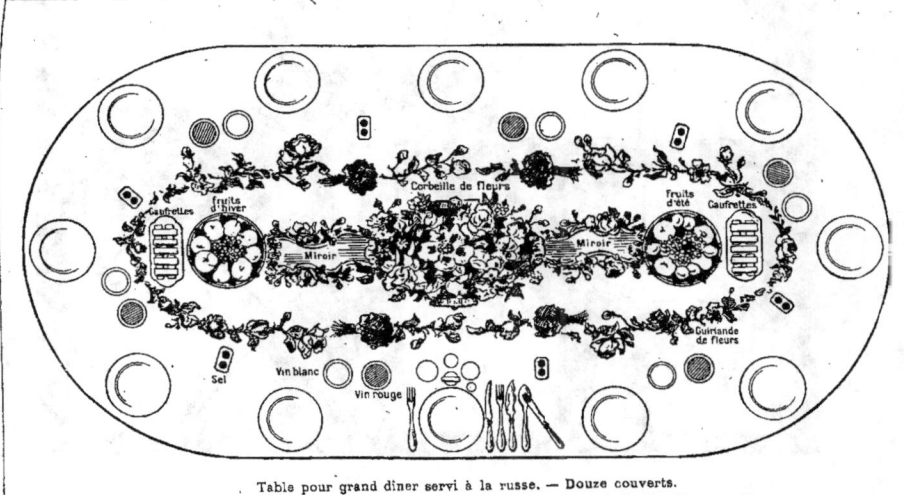

Table pour grand dîner servi à la russe. — Douze couverts.
Restaurant du Pavillon d'Armenonville.

une assiette aussitôt le dernier service achevé. Les verres ne doivent pas être trop nombreux : un verre ordinaire, un verre à madère, un verre à bordeaux et, au besoin, un verre à bourgogne sont amplement suffisants; le verre à champagne, encombrant et fragile, ne devrait être placé qu'avec le couvert à dessert.

Les serviettes doivent être pliées simplement et ne pas présenter

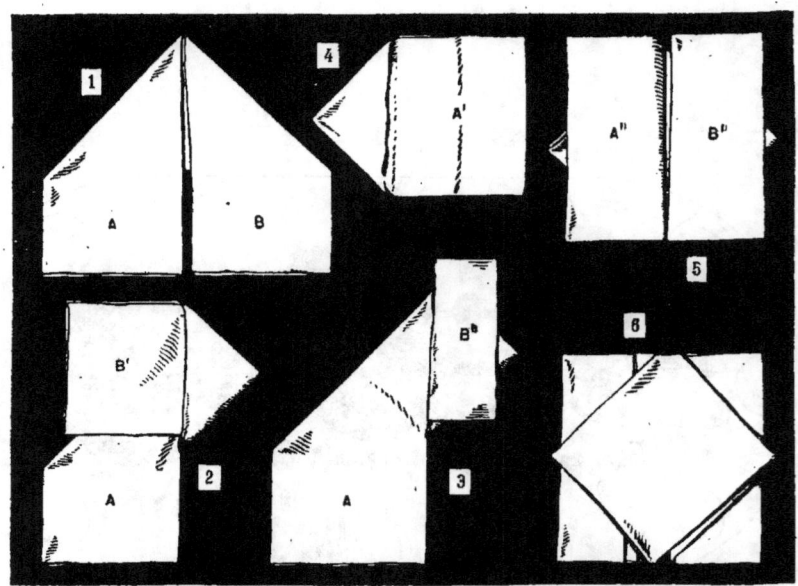

Pliage de la serviette.

1. La serviette étant pliée de façon à former une bande et le milieu étant pris, rabattre en A et B les deux parties extérieures, qui doivent être égales. — 2. Rabattre le côté B sur le côté A, en B'. — 3. Rouler, ou plier plusieurs fois sur elle-même la partie B', de façon à former B''. — 4 Procéder pour le côté A de la serviette comme il vient d'être dit pour le côté B : rabattre A (*fig.* 3) en A' (*fig.* 4) de façon à couvrir complètement B''. — 5. Rouler ou plier plusieurs fois sur elle-même la partie A' de façon à former A''. — 6. Retourner la serviette sens dessus dessous.

ces formes fantaisistes qui déparent la table la plus élégamment dressée.

Depuis plusieurs années, le service dit *à la française* a été abandonné presque partout pour le service dit *à la russe*.

Le premier consistait à placer sur la table, durant un service, les mets du service suivant, et à les laisser ainsi sous les yeux des convives, pour leur permettre d'en apprécier *de visu* l'engageante physionomie et la préparation savante. De là la nécessité des réchauds pour en empêcher le refroidissement, mais aussi l'inconvénient d'a-

Couverts de table.

1. Service à hors-d'œuvre. — 2. Fourchette à huîtres. — 3. Pelle double à asperges. — 4. Louche. — 5. Cuiller à sauce. — 6. Service à poisson. — 7. Service à découper. — 8. Service à salade.

Ces modèles et les suivants sont de la maison Christofle, à Paris.

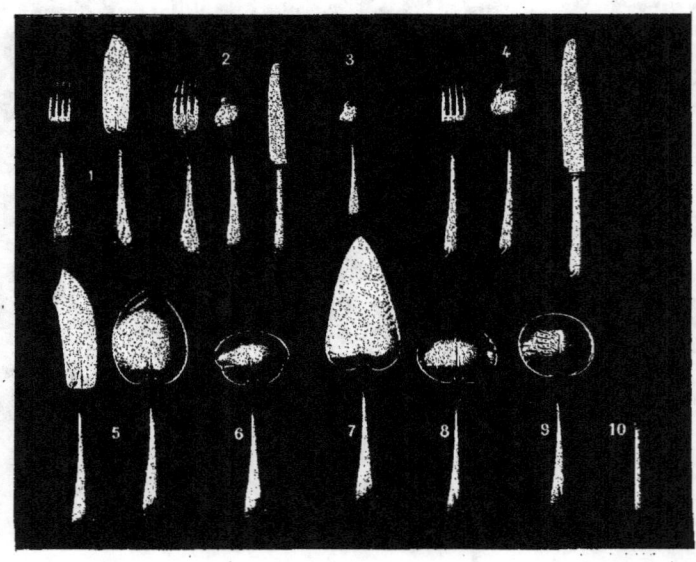

Couverts de table.

1. Couvert à poisson. — 2. Couvert et couteau à dessert. — 3. Cuiller à café. — 4. Couvert et couteau de table. — 5 Couteau et pelle à glace. — 6. Cuiller à compote. — 7. Pelle à tarte. — 8. Cuiller à fraises. — 9. Cuiller pour sucre en poudre. — 10. Couteau à fromage.

LE SERVICE DE LA TABLE.

Soupière ovale.   Saucière à deux becs.

Terrine ovale à pâté.

Salière.   Huilier.   Moutardier.

voir à tenir ces mets « à réchauffer » pendant un temps assez long, ce qui leur enlève beaucoup de leurs qualités.

Dans le service à la russe, on opère différemment: les mets sont

Cafetière.
Sucrier.

Théière.
Pot à crème.

simplement présentés aux convives avant d'être découpés et servis. Le maître d'hôtel ou le valet de chambre, tenant le plat du bras droit, le passe entre la maîtresse de maison et son voisin de droite, de manière à le bien faire voir de tous les convives, puis il l'emporte pour

Service à dîner faïence, décor grands oiseaux sous émail. — Service cristal taillé.

Service de table à dessert, porcelaine ajourée. — Service cristal taillé et décoré or poli.

Modèle de la maison « l'Escalier de Cristal », Paris.

le découpage. Les réchauds placés sur la table n'ont dès lors plus de raison d'être, mais rendent encore d'importants services sur les tables à découper.

Ainsi débarrassée de cet accessoire encombrant, le réchaud, que remplacent avantageusement les fleurs, la table présente un aspect plus léger et plus harmonieux; les convives, quelle que soit la distance qui les sépare, peuvent se voir aisément, et, par suite, la con-

Service à thé, porcelaine décorée.

versation gagne en animation. Ce sont tous ces avantages qui ont décidé de l'adoption du service à la russe.

Sans avoir la prétention de donner des conseils de savoir-vivre, nous ne pouvons nous empêcher de déplorer les habitudes d'inexactitude d'un grand nombre de personnes, lorsqu'elles se rendent à un dîner. Que le repas soit un repas ordinaire de famille ou qu'il soit donné à l'occasion d'une circonstance exceptionnelle, qu'il ne comporte que trois ou quatre convives ou qu'il en réunisse une quinzaine, il est absolument nécessaire que chacun d'eux arrive à l'heure fixée; les mets les mieux choisis, les mieux préparés, perdent la moitié de leurs qualités quand la ménagère, la cuisinière ou le chef doivent attendre et, ne sachant que faire, les enlèvent et les remettent sans cesse sur le fourneau ou devant la broche. De plus, cette inexactitude des convives est presque toujours un supplice pour la maîtresse de maison, elle qui met son point d'honneur dans la parfaite ordonnance de son repas. Quoi de plus blessant, en effet, pour son amour-propre que de voir servir, par la faute d'un malencon-

Réchaud dessus de table.

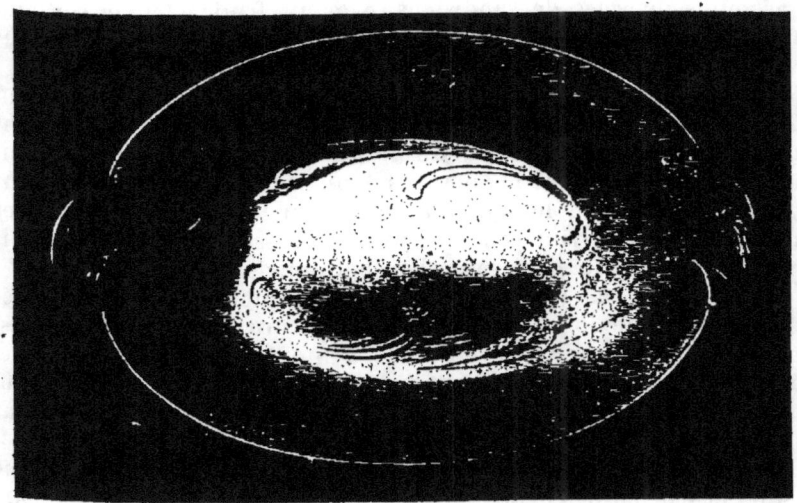

Panier à pain.

treux retardataire, des viandes desséchées, carbonisées, alors que, partie dès l'aurore, elle s'était mise en frais pour retenir chez ses fournisseurs les morceaux les plus tendres et les plus savoureux ?

Si l'exactitude est désirable de la part des invités, elle est, à plus forte raison, absolument indispensable de la part des cuisinières ou chefs, et doit être exigée avant toute chose.

Que le service soit fait par une ou plusieurs personnes, le changement des couverts, des mets, tout ce qui concerne ce service en général, doit être exécuté sans bruit, sans heurts, avec soin et diligence, de façon à passer pour ainsi dire inaperçu des invités.

Dans des cas particuliers, grands dîners, fêtes mondaines, mariages, la mode est au service par petites tables de quatre à six couverts. La liberté et l'intimité sont ainsi plus complètes et le concert général, bien difficile à réaliser, n'en souffre pas ; par contre, ce genre de repas nécessite un personnel très nombreux, plusieurs tables devant être servies à la fois.

Pour les réceptions qui suivent généralement la plupart des cérémonies du mariage, soit à la maison des parents d'un des conjoints, soit dans un établissement public, hôtel ou restaurant, il est d'usage de servir une collation (*lunch*) qui se prend debout devant une table dressée au fond de l'une des pièces de l'appartement, table qui prend le nom de *buffet*. Le nombre des servants qui se tiennent au buffet varie selon l'importance du lunch. Généralement, tous les mets sont froids (on sert cependant parfois du bouillon chaud, du chocolat et du punch chaud) ; les convives se servent eux-mêmes, puisant dans les assiettes chargées de sandwichs, gâteaux, fruits, etc. Les servants font passer les viandes froides, galantine, jambon, volailles, ainsi que les boissons.

Dans ces cas de grands dîners ou de lunchs à l'occasion de fiançailles, mariages, le mieux est de s'adresser à un grand restaurateur, à un confiseur ou au gérant d'un grand hôtel, qui, après s'être entendu pour le menu avec les maîtres de maison, se chargent de fournir le service de table au complet, de dresser le couvert, de procurer toutes les sortes de vins et les servants nécessaires. Certaines maisons ont la spécialité de ces repas exceptionnels.

Dans tous les cas, le menu d'un dîner de quelque importance demande de la réflexion, et lorsqu'on est encore inexpérimenté il est bon de ne le préparer qu'avec l'aide d'une cuisinière ou d'un chef compétents. Dans tous les livres de cuisine, des pages entières sont consacrées aux menus; il y en a pour toutes les occasions et pour tous les goûts : choisir est affaire de tact.

Le service bien fait est le complément indispensable d'une bonne cuisine, et les bonnes maisons se reconnaissent à l'ordonnance parfaite de ces deux arts : chacun d'eux demande un sérieux apprentissage et de grandes qualités de propreté, d'adresse et de diligence.

Gustave Voulquin.

CALENDRIER GASTRONOMIQUE

VIANDES DE BOUCHERIE

Toute l'année. — Bœuf, mouton, veau.
— *moins juillet, août.* — Porc.
— *moins juillet, août, septembre.* — Agneau.

VOLAILLES

Janvier. — Canard, dinde, oie, pigeon, pintade, poularde, poulet.
Février. — Canard, dinde, pigeon, pintade, poularde.
Mars. — Canard, pigeon, poularde.
Avril. — Canard, pigeon, poularde, poulet.
Mai et juin. — Canard, dinde, oie, pigeon, poularde, poulet.
Juillet à décembre. — Canard, dinde, oie, pigeon, pintade, poularde, poulet.

GIBIER

Janvier. — Lièvre, lapin de garenne, chevreuil, perdrix, caille, faisan, bécasse, bécassine, coq de bruyère, canard sauvage, courlis, gelinotte, pluvier, sarcelle, etc.
Février et mars. — Lapin de garenne, bécasse, bécassine, coq de bruyère, canard sauvage, courlis, gelinotte, pluvier, sarcelle, etc.
Avril. — Bécasse, bécassine, coq de bruyère, canard sauvage, courlis, gelinotte, pluvier, sarcelle, etc.
Mai à août. — Coq de bruyère, gelinotte, pluvier, sarcelle, etc.
Septembre à décembre. — Lièvre, lapin de garenne, chevreuil, perdrix, caille, bécasse, coq de bruyère, canard sauvage, courlis, gelinotte, pluvier, sarcelle, etc.

(D'après M. Mermet, négociant, à Paris.)

POISSONS

Janvier. — **Poisson de rivière** : anguille, barbillon, brème, carpe, perche, saumon, tanche. — **Poisson de mer** : bar (rare), barbue, cabillaud, carrelet, dorade (rare), éperlan, esturgeon, rouget-grondin, hareng, limande, maquereau (rare), merlan, morue, mulet, raie, sardines, sole, truite saumonée (rare), turbot.

Février. — **Poisson de rivière** : anguille, goujon, perche, saumon. — **Poisson de mer** : bar (rare), barbue, cabillaud, carrelet, dorade (rare), éperlan, esturgeon, rouget-grondin, hareng, limande, maquereau (rare), merlan, morue, mulet, raie, sardines, sole, truite saumonée (rare), turbot.

Mars. — **Poisson de rivière** : anguille, goujon, saumon. — **Poisson de mer** : bar (rare), barbue, carrelet, dorade, éperlan, esturgeon, rouget-grondin, hareng, limande, maquereau (rare), merlan, morue, mulet, raie, sardines, sole (rare), truite saumonée (rare), turbot.

Avril. — **Poisson de rivière** : anguille, goujon, saumon, truite de rivière. — **Poisson de mer** : alose, bar, barbue, carrelet, dorade, éperlan (rare), esturgeon, rouget-grondin, limande, maquereau, merlan, morue, mulet, raie, sardines, sole (rare), truite saumonée, turbot.

Mai. — **Poisson de rivière** : anguille, goujon, saumon, truite de rivière. — **Poisson de mer** : alose, bar, cabillaud, dorade, éperlan (rare), rouget-grondin, limande, maquereau, merlan, mulet, raie, sardines, sole (rare), thon, truite saumonée, turbot.

Juin. — **Poisson de rivière** : anguille, goujon, tanche, saumon (rare), truite de rivière. — **Poisson de mer** : alose, bar, cabillaud, carrelet, dorade, éperlan (rare), rouget-grondin, maquereau, mulet, plie, raie, sardines, sole (rare), thon, truite saumonée, turbot. — **Grenouille.**

Juillet. — **Poisson de rivière** : anguille, brochet, goujon, tanche, truite de rivière, saumon (rare). — **Poisson de mer** : alose, bar, cabillaud, dorade, éperlan (rare), rouget-grondin, maquereau, plie, raie, sardines, sole (rare), thon, truite saumonée, turbot. — **Grenouille.**

Août. — **Poisson de rivière** : anguille, brème, brochet, carpe, ombre, perche, tanche, truite de rivière. — **Poisson de mer** : bar, barbue, cabillaud, dorade, éperlan (rare), rouget-grondin (rare), maquereau, plie, raie, sardines, sole (rare), truite saumonée, turbot.

Septembre. — **Poisson de rivière** : anguille, brème, brochet, carpe, ombre, perche, tanche, truite de rivière. — **Poisson de mer** : bar, barbue (rare), cabillaud, dorade, éperlan, rouget-grondin (rare), plie, raie, sole, truite saumonée, turbot (rare).

Octobre. — **Poisson de rivière** : anguille, barbillon, brème, brochet, carpe, goujon, ombre, perche, tanche, truite de rivière (rare). — **Poisson de mer** : bar (rare), barbue (rare), cabillaud, dorade (rare), éperlan, rouget-grondin (rare), hareng, limande, morue, plie, raie, sole, truite saumonée (rare), turbot (rare).

Novembre. — **Poisson de rivière :** anguille, barbillon, brème, brochet, carpe, goujon, ombre, perche, tanche. — **Poisson de mer :** bar (rare), barbue, cabillaud, dorade (rare), éperlan, rouget-grondin, hareng, limande, merlan, morue, plie, raie, sole, truite saumonée (rare), turbot (rare).

Décembre. — **Poisson de rivière :** anguille, barbillon, brème, brochet, carpe, goujon, ombre, perche, tanche. — **Poisson de mer :** bar (rare), barbue, cabillaud, carrelet, dorade (rare), éperlan, esturgeon, rouget-grondin, hareng, limande, merlan, morue, mulet, plie, raie, sole, truite saumonée (rare), turbot.

CRUSTACÉS

Janvier, février, mars. — Homard, langouste.
Avril et mai. — Homard, langouste, crabe, crevette, écrevisse.
Juin, juillet et août. — Crabe, crevette, écrevisse.
Septembre. — Homard, langouste, crabe, crevette, écrevisse.
Octobre, novembre et décembre. — Homard, langouste.

MOLLUSQUES

Janvier, février, mars, avril, septembre, octobre, novembre, décembre (c'est-à-dire les mois dans le nom desquels il entre un *r*). — Escargots, huîtres, moules.

(D'après la maison Potron, de Paris.)

LÉGUMES

Janvier. — Ail blanc ou commun, artichauts de Provence (poivrade, primeur), asperges forcées (primeur très rare et très chère), asperges (aux petits pois). — Betterave à salade (toute cuite). — Cardon de Tours, carottes demi-longues, céleri en branches et céleri-rave, cerfeuil, cerfeuil bulbeux (cher), champignons (de couche), chicorée frisée et scarole, chicorée sauvage améliorée (petites rosettes) et chicorée sauvage (barbe-de-capucin), chicorée dite endive ou witloof (cette endive est le produit des racines d'une sorte de chicorée sauvage à grosse racine dite de Bruxelles), choux cabus pommés et choux de Milan frisés, choux de Bruxelles, choux-fleurs de Bretagne et du Midi, choux-navets et raves; cresson de fontaine, crosnes du Japon. — Échalote. — Haricots importés (primeur), haricots secs. — Ignames de la Chine (racines de goût analogue à la pomme de terre). — **Laitues de couche** (primeur), laitues romaines du Midi (primeur), lentilles sèches. — Mâches. — Navets-raves et navets longs. — Oignons jaunes, oseille. — Panais ronds et longs, persil commun, persil à grosse racine (rare), pissenlits blancs améliorés, poireaux longs de Paris, poireaux très gros de Rouen et de Carentan, poirée à carde, pois verts d'Algérie (primeur), pois cassés, pommes de terre anciennes, pommes de terre nouvelles d'Algérie (primeur), potirons jaunes et rouges. — Radis de couche, ronds et demi-longs (primeur), radis noir d'hiver, raifort sauvage (racines). — Salsifis blanc, salsifis noir ou scorsonère, scolyme d'Espagne (sorte de salsifis) [rare]. — Tomates (importées, primeur), truffes.

Février. — Ail blanc ou commun, artichaut de Provence (poivrade, primeur), asperges forcées (primeur très rare et très chère). — Betterave rouge à salade (toute cuite). — Céleri (en branches), céleri-rave, cerfeuil, cerfeuil bulbeux, champignons (de couche), chicorée frisée et scarole, chicorée sauvage améliorée (petites rosettes), chicorée barbe-de-capucin, chicorée dite endive ou witloof, choux cabus pommés et de Milan frisés, choux rouges, choux de Bruxelles, choux-fleurs (de Bretagne et du Midi), choux-navets et choux-raves, cresson de fontaine, crosnes du Japon. — Échalote, épinards. — Haricots verts (importés, primeur), haricots secs. — Ignames de la Chine (racines de goût analogue à la pomme de terre). — Laitues (de couche), laitues romaines du Midi (primeur), laurier-sauce, lentilles sèches. — Mâches. — Navets-raves et navets longs. — Oignons jaunes, oseille (chère). — Panais ronds et longs, persil commun, pissenlits améliorés forcés et blancs, poirée à carde, pois verts (importés), pois cassés, poireaux longs de Rouen et de Carentan, pommes de terre anciennes, pommes de terre nouvelles d'Algérie (primeur). — Radis ronds et demi-longs (primeur), radis noirs d'hiver, raifort sauvage (racines). — Salsifis blanc, scorsonère ou salsifis noir. — Tomates importées (primeur), topinambours.

Mars. — Ail commun ou blanc, artichauts du Midi (poivrade et à cuire), asperges (en branches ou aux petits pois, chères), asperges forcées (moins chères qu'au mois précédent). — Betterave rouge à salade (toute cuite). — Carottes rouges, dites grelot (primeur), céleri (en branches), céleri raves, cerfeuil, champignons (de couche), chicorée frisée et scarole, chicorée sauvage (dite mignonnette), chicorée (barbe-de-capucin), chicorée sauvage améliorée (rosettes), chicorée endive ou witloof, choux cabus et de Milan tardifs, choux rouges, choux de Bruxelles, choux-fleurs, choux-navets, concombres verts et blancs, crosnes du Japon. — Échalote, épinards. — Haricots verts importés (primeur), haricots secs. — Laitues et laitues romaines (de couche), lentilles sèches. — Mâches, melons (importés et de couche, chers). — Navets-raves, navets longs. — Oignons jaunes, oseille. — Panais ronds et longs, persil commun, pissenlit vert (des champs), pissenlit blanc (forcé), poireaux longs de Rouen et de Carentan, pois verts importés (primeur), pois cassés, pommes de terre anciennes, pommes de terre nouvelles d'Algérie (primeur), potirons jaunes et rouges, potirons et giraumons. — Radis ronds et demi-longs (primeur), radis noirs. — Salsifis blanc, scorsonère ou salsifis noir. — Thym, tomates importées (primeur), topinambours, truffes.

Avril. — Ail blanc ou commun, artichauts de Provence et d'Algérie, asperges (cours normal). — Carottes anciennes et nouvelles, céleri (en branches), cerfeuil, champignons (de couche), champignons et morilles (chers), chicorée sauvage (mignonnette), chicorée sauvage améliorée, chicorée endive ou witloof (devient plus rare), choux cabus pommés tardifs, choux cabus nouveaux, choux de Milan tardifs, choux de Bruxelles (c'est la fin), choux-fleurs (de toutes provenances), choux-fleurs brocolis, ciboule et ciboulette, concombres verts et blancs, crambé maritime ou chou marin, cresson de fontaine. — Échalote (c'est la fin), épinards, estragon. — Haricots secs. — Laitues et laitues romaines, laurier-sauce, lentilles sèches. — Mâches (c'est la fin), melons (primeur, chers). — Navets demi-longs blancs (primeur). — Oignons jaunes et blancs nouveaux, oseille nouvelle. — Panais (c'est la fin), persil commun et frisé, pissenlits verts des champs, pissenlits blancs forcés (deviennent rares), poireaux longs et gros de Rouen, pois verts importés (primeur), pois mange-tout (primeur), pois cassés, pommes de terre anciennes et nouvelles. — Radis ronds et demi-longs (primeur), raiforts (racines). — Scorsonère ou salsifis noir (c'est la fin). — Thym, tomates importées (primeur), topinambours.

Mai. — Artichauts (de Provence, d'Algérie et de Bretagne), asperges d'Argenteuil (hâtives). — Basilic (toute la plante aromatique, condiment). — Carottes nouvelles, champignons (de couche), champignons, morilles et cèpes, cerfeuil, chicorées frisée et sauvage (mignonnette), choux d'York et cœur de bœuf, choux-fleurs et brocolis, ciboule et ciboulette, concombres verts et blancs, cornichons du Midi, crambé maritime ou chou marin, cresson de fontaine. — Épinards, estragon. — Haricots verts (du Midi et d'Algérie), haricots secs. — Laitues pommées d'été et romaines blondes et vertes, laurier-sauce, lentilles sèches. — Melons importés (primeur). — Navets blancs demi-longs (primeur). — Oseille. — Perce-pierre, persil commun et frisé, poireaux (c'est la fin), pois verts (du Midi et d'Algérie), pois cassés, pommes de terre nouvelles (pour les anciennes, c'est la fin). — Radis ronds et demi-longs (primeur), raifort (racines), rhubarbe (pétioles, pour compotes et confitures). — Thym, tomates importées.

Juin. — Ail (nouveau), arroche belle-dame (feuilles à manger comme les épinards), artichauts de Provence et de Bretagne, artichauts de Laon (deuxième quinzaine), asperges d'Argenteuil (hâtives). Basilic (toute la plante aromatique, condiment). — Carottes hâtives (nouvelles de pleine terre), cerfeuil, champignons (de couche), chicorée frisée, cèpes et giroles, choux d'York et cœur de bœuf, choux-fleurs, ciboules et ciboulettes, concombres et cornichons, cresson de fontaine. — Échalote nouvelle, estragon. — Fèves de marais. — Haricots verts du Midi et d'Algérie, haricots secs. — Laitues et romaines (abondantes), laurier sauce, lentilles sèches. — Melons (de couche et du Midi). — Navets (de pleine terre). — Oignons blancs (de pleine terre), oseille. — Panais nouveaux, perce-pierre, persil commun et persil frisé, poireaux nouveaux, pois cassés, pois verts (hâtifs), pommes de terre nouvelles (de pleine terre), pourpier vert. — Rhubarbe (pétioles, pour compotes et confitures). — Thym, tomates (importées).

Juillet. — Ail (nouveau), arroche belle-dame (feuilles à manger comme épinards), artichauts verts de Laon et camus de Bretagne, asperges tardives (c'est la fin), aubergines. — Basilic (toute la plante aromatique, condiment). — Carottes hâtives (de pleine terre), champignons (de couche), cèpes et giroles, cerfeuil, concombres, cornichons, chicorée frisée, choux pommés d'York et cœur de bœuf, choux-fleurs, cresson de fontaine, cresson alénois. — Estragon. — Fèves de marais. — Haricots verts de Bagnolet dit *petit gris* et autres, haricots mange-tout, haricots à écosser frais, haricots secs. — Laitues pommées d'été et romaines, laurier-sauce, lavande et romarin, lentilles sèches. — Melons cantaloups et autres. — Navets longs et navets-raves. — Oignons blancs, oseille. — Panais nouveaux, persil commun et frisé, piments importés ou du Midi, poireaux (nouveaux d'été), pois verts fins, pois gros ridés sucrés, pois cassés, pommes de terre nouvelles (de pleine terre), pourpier vert et doré (pour salade). — Radis ronds et demi-longs de tous mois. — Tétragone cornue (épinard de la Nouvelle-Zélande), thym, tomates du Midi.

Août. — Ail, arroche belle-dame, artichauts verts de Laon, artichauts gros camus de Bretagne, aubergines. — Carottes rouges courtes et demi-longues, cerfeuil, champignons, cèpes de Bordeaux, chicorée frisée et scarole, choux de Milan frisés (hâtifs), choux cabus (de deuxième saison), choux-fleurs, choux-raves, ciboules et ciboulettes, concombres et cornichons, cresson de fontaine, cresson alénois. — Échalote, estragon. — Haricots verts (de toutes sortes), haricots à écosser frais, haricots mange-tout, haricots verts, haricots secs. — Laitues et romaines, laurier-sauce, lentilles sèches. — Macre ou châtaigne d'eau, melons cantaloups et autres. — Navets longs, navets-raves. — Oignons jaunes, oseille. — Panais longs et ronds, piments, poireaux d'été ou poireaux courts, pois cassés, pois de Clamart et autres, pois gros ridés sucrés, pois mange-tout, pommes de terre hâtives (mûres), pourpier vert et doré (pour salade). — Sarriette annuelle. — Thym, tomates, tétragone cornue (épinard de la Nouvelle-Zélande).

Septembre. — Ail rose, artichauts de Laon, aubergines. — Carottes rouges courtes et demi-longues, céleri à couper, cerfeuil, champignons (de couche), cèpes et giroles, chervis (sorte de salsifis), chicorée frisée et scarole, choux cabus et de Milan frisés, choux-fleurs, ciboules et ciboulettes, concombres et cornichons, courges hâtives, cresson de fontaine, cresson alénois. — Haricots verts, haricots mange-tout, haricots à écosser frais (blancs et de couleurs), haricots secs. — Laitues pommées et romaines, laurier-sauce, lentilles sèches. — Macre ou châtaigne d'eau, melons d'eau ou pastèques. — Navets longs et navets-raves. — Oignons jaunes, oseille. — Panais, persil commun et frisé, piments, poireaux nouveaux, poirée à carde, pois tardifs et ridés sucrés, pois mange-tout, pois cassés, pommes de terre (mûres), pourpier vert et doré (pour salade). — Radis longs et demi-longs. — Scolyme d'Espagne (sorte de salsifis). — Thym, tomates (de pleine terre), tétragone cornue (épinard de la Nouvelle-Zélande).

Octobre. — Ail, artichauts de Laon, aubergines. — Carottes rouges courtes, demi-longues et longues, céleri (en branches), céleri-rave, champignons (de couche), cèpes et giroles, chervis (sorte de salsifis), cerfeuil, chicorée frisée et scarole, chicorée sauvage (barbe-de-capucin), chicorée dite endive ou witloof, choux pommés et de Milan frisés d'automne, choux-fleurs, ciboules et ciboulettes, courges diverses, cresson de fontaine, épinards. — Échalote, épinards. — Haricots verts, haricots mange-tout, haricots à écosser frais (blancs et de couleurs), haricots secs. — Laitues pommées diverses, laitues romaines blondes et vertes, lentilles sèches. — Mâches, macre ou châtaigne d'eau, melons cantaloups et autres. — Navets longs et navets-raves. — Oignons jaunes, oseille. — Panais, persil commun et frisé, piments, pissenlits des champs, poireaux, poirée à carde, pois verts, pois à gros grains ridés sucrés, pois cassés, pommes de terre de toutes sortes, potirons et giraumons. — Radis longs et demi-longs de tous mois, radis noirs d'hiver, raifort (racines), raiponce (petites racines blanches se consommant avec les feuilles). — Salsifis blancs, salsifis noir ou scorsonère, scolyme d'Espagne (sorte de salsifis). — Thym, tomates.

Novembre. — Ail, artichauts verts de Laon (rares). — Betterave rouge (toute cuite). — Cardons, carottes rouges demi-longues et longues, céleri (en branches), céleri rave, cerfeuil, champignons (de couche), chervis (sorte de salsifis), chicorée frisée et scarole, chicorée dite endive ou witloof (produit de la chicorée sauvage à grosse racine de Bruxelles), choux cabus pommés et de Milan frisés d'automne, choux de Bruxelles, choux-fleurs (tardifs), choux navets et choux-raves, cresson de fontaine, crosnes du Japon. — Épinards. — Haricots verts, haricots mange-tout, haricots à écosser frais, haricots secs. — Laitues et romaines, lentilles sèches. — Mâche. — Navets longs et ronds. — Oignons jaunes, oseille. — Panais ronds et longs, persil commun et frisé, poireaux, poirée à carde, pissenlit des champs, pommes de terre de toutes sortes, pois cassés, potirons, courges et giraumons. — Radis ronds et demi-longs (de tous mois), radis noirs d'hiver, raiponce (petites racines blanches se consommant avec les feuilles). — Salsifis blanc, scorsonère ou salsifis noir. — Thym, tomates (importées), truffes.

Décembre. — Ail, asperges forcées (très rares et très chères, primeur). — Betterave à salade (toute cuite). — Carottes rouges demi-longues et longues, céleri (en branches), céleri-rave, cerfeuil, cerfeuil bulbeux, chicorée frisée et scarole, chicorée sauvage (barbe-de-capucin), chicorée dite endive ou witloof, choux cabus pommés, choux de Milan ou frisés, choux de Bruxelles, choux-fleurs (tardifs), choux-navets, ciboules et ciboulettes, cresson de fontaine, crosnes du Japon. — Échalote, épinards, haricots secs, haricots verts (importés, rares, primeur). — Laitues d'hiver (rares et chères), lentilles sèches. — Mâches. — Navets longs et ronds. — Oignons jaunes, oseille sous châssis. — Panais, persil commun et frisé, pissenlits blancs (forcés), poirée à carde, pois cassés, pommes de terre (de toutes sortes), potirons et giraumons. — Radis (de couche), raifort (racines), raiponce. — Salsifis blanc, salsifis noir ou scorsonère. — Thym, tomates (importées, rares), truffes.

(D'après M. LEGROS, de la maison Vilmorin-Andrieux, de Paris.)

FROMAGES

Janvier et février. — Brie, camembert, livarot, parmesan.
Mars. — Brie, camembert, parmesan, roquefort.
Avril. — Bondon, brie, coulommiers, crème, gorgonzola, gournay, neufchâtel, parmesan, roquefort.
Mai. — Bondon, coulommiers, crème, gorgonzola, gournay, neufchâtel, parmesan, roquefort.
Juin. — Bondon, coulommiers, crème, gorgonzola, gournay, hollande, neufchâtel, parmesan, pont-l'évêque, port-salut, roquefort.
Juillet et août. — Bondon, coulommiers, gorgonzola, gournay, gruyère, hollande, neufchâtel, parmesan, pont-l'évêque, port-salut.
Septembre. — Gruyère, hollande, livarot, parmesan, pont-l'évêque.
Octobre et novembre. — Brie, livarot, parmesan, pont-l'évêque.
Décembre. — Brie, camembert, livarot, parmesan.

(D'après M. NORTIER, négociant, à Paris.)

FRUITS

Janvier. — **Poires à couteau** : bergamote Esperen, beurré d'Aremberg, bonne de Malines, doyennés d'Alençon et d'hiver, Joséphine de Malines, Nouvelle Fulvie, Olivier de Serres, passe-colmar.
Pommes : bonne nature, calvilles blanche et rouge, reine des reinettes, reinette dorée, reinette du Mans.
Raisin : chasselas de Fontainebleau et frankenthal.
Divers : amandes sèches, bananes, citrons, châtaignes et marrons (dits de Lyon), fraises forcées à gros fruits (très rares et très chères), noix et noisettes sèches.

Février. — **Poires à couteau** : bergamote Esperen, doyennés d'Alençon et d'hiver, Joséphine de Malines, Olivier de Serres, passe-colmar, passe-crassane, Suzette de Bavay.
Poires à cuire : bon-chrétien d'hiver, catillac.
Pommes : bonne nature, calvilles blanche et rouge, reine des reinettes, reinette dorée, reinette du Canada, reinette du Mans, reinette grise.
Raisin : chasselas de Fontainebleau et frankenthal.
Divers : amandes sèches, ananas, châtaignes et marrons (dits de Lyon), citrons, dattes, fraises forcées à gros fruits (très rares et très chères), noix et noisettes sèches, oranges et mandarines.

Mars. — **Poires à couteau** : bergamote Esperen, Directeur Alphand, doyenné d'Alençon, doyenné d'hiver, Joséphine de Malines, Olivier de Serres, passe-colmar, Suzette de Bavay.
Poires à cuire : belle angevine (ornement des tables), bon-chrétien d'hiver.
Pommes : calvilles blanche et rouge, rambour d'hiver, reine des reinettes, reinette de Caux, reinette dorée, reinette du Mans, reinette du Canada, reinette grise, reinette franche.
Raisin : chasselas de Fontainebleau (très cher) et frankenthal (très cher).
Divers : amandes sèches, ananas, bananes, châtaignes et marrons (dits de Lyon), dattes, fraises (rares et chères), noix et noisettes sèches, oranges et mandarines.

Avril. — **Pêches** du Cap (très rares et très chères).
Poires à couteau : bergamote Esperen, doyenné d'Alençon, doyenné d'hiver, Olivier de Serres, passe-crassane.
Poires à cuire : belle angevine (pour l'ornementation des tables), beurré bretonneau, bon-chrétien d'hiver.
Pommes : calville blanche, rambour d'hiver, reinette de Caux, reinette du Canada, reinette grise.
Raisin : chasselas de Fontainebleau et frankenthal.
Divers : Amandes sèches, ananas, bananes, cerises, dattes, fraises (assez rares, assez chères), noix et noisettes sèches, oranges et mandarines.

On trouve chez les horticulteurs, pépiniéristes, des cerisiers cultivés en serre et chargés de fruits. Ces petits arbustes sont placés sur les tables au moment du repas, et les fruits servent au dessert.

CALENDRIER GASTRONOMIQUE.

Mai. — **Abricots** d'Espagne et d'Algérie.
Raisin : chasselas de Fontainebleau et frankenthal.
Divers : amandes sèches, ananas, bananes, cerises du Midi et de serre, dattes, fraises du Midi, framboises de serre, noix et noisettes sèches, oranges, pêches du Cap et forcées en serre (rares et chères).

Juin. — **Abricots** du Midi, d'Espagne et d'Algérie.
Raisin de serre, blanc et noir.
Divers : amandes fraîches d'Algérie, ananas, bananes, cerises du Midi, bigarreaux et guignes, fraises à gros fruits, oranges, pêches du Midi, d'Algérie et de serre.

On trouve chez des forceurs de fruits de petits pêchers portant des fruits mûrs. Ces petits arbres sont placés sur les tables au moment du repas, et les fruits servent au dessert.

Juillet. — **Abricots** du Midi.
Pêches du Midi et de serre, hâtives Amsden ; brugnons du Midi.
Poires : blanquette, beurré Giffard et autres.
Prunes de serre, de plein air, de Monsieur violette.
Raisin : blanc et noir.
Divers : amandes fraîches, ananas, bananes, cerises de toute provenance, fraises à gros fruits, framboises, figues, groseilles, oranges.

Août. — **Abricots** des environs de Paris et du Nord.
Pêches du Midi, variétés hâtives du centre de la France et de Paris, brugnons du Midi.
Poires à couteau : beurré d'Amanlis, bon-chrétien, Williams et autres, hâtives.
Prunes de mirabelle, de Monsieur violette, prunes-pêches.
Raisin de toutes provenances, surtout du Midi et du centre.
Divers : amandes fraîches, ananas, bananes, cerises du Nord, figues fraîches, fraises à gros fruits remontants et des quatre saisons à petits fruits, framboises, groseilles, noisettes fraîches du Midi, noix en cerneau, oranges, ronces ou fausses mûres des haies à fruits noirs, pour confitures ou compotes.

Septembre. — **Abricots** : deviennent rares et chers; ceux de Paris et du Nord sont les meilleurs.
Pêches de Montreuil et du Midi ; brugnons.
Poires à couteau : beurré gris, beurré Hardi, fondantes des bois, Louise bonne d'Avranches, etc.
Pommes : Grand Alexandre, reinette d'Angleterre, rambour d'été, transparente de Croncels.
Prunes : reine-Claude, mirabelle et autres.
Raisin noir et blanc de toutes provenances, chasselas de Fontainebleau en abondance.
Divers : amandes fraîches, ananas, bananes, figues fraîches, fraises à gros fruits remontants et des quatre saisons à petits fruits, framboises des quatre saisons, mûres vraies du mûrier, noisettes et noix nouvelles, oranges, ronces ou fausses mûres des haies pour confitures ou compotes.

Octobre. — **Pêches** : tardives de Montreuil.
Poires d'automne : beurré gris, colmar d'Aremberg, Conseiller de la

cour, délices d'Hardempont, doyenné du comice, doyenné Saint-Michel, duchesse d'Angoulême, général Tottleben, Louise bonne d'Avranches, etc.

Pommes : Grand Alexandre, rambour d'été, reinette d'Angleterre, transparente de Croncels, etc.

Prunes : reine Claude et autres (c'est la fin).

Raisin : blanc et noir, chasselas, œillade et muscat.

Divers : amandes, ananas, bananes, figues fraîches, fraises à gros fruits remontants et des quatre saisons à petits fruits, noisettes nouvelles, noix fraîches, oranges.

Novembre. — **Pêches** de Montreuil et de serre.

Poires d'automne : beurré Bachelier, beurré Clairgeau, beurré Diel ou Magnifique, colmar d'Aremberg, Conseiller de la cour, doyenné du comice, doyenné Saint-Michel, duchesse d'Angoulême, soldat-laboureur, triomphe de Jodoigne.

Pommes d'automne : Grand Alexandre, reinette d'Angleterre, etc.

Prunes : quetsche de Lorraine.

Raisin : chasselas, œillade noir et autres.

Divers : amandes sèches, ananas, châtaignes et marrons (dits de Lyon), coings, figues fraîches, fraises à gros fruits remontants (rares), kakis du Japon (que l'on mange lorsque les fruits sont mous ou blets), nèfles, noisettes et noix nouvelles, oranges.

Décembre. — **Poires d'automne** : beurré Bachelier, beurré Clairgeau, beurré Diel ou Magnifique, Conseiller de la cour, crassane, doyenné du comice, duchesse d'Angoulême, passe-Colmar, triomphe de Jodoigne, etc.

Pommes d'automne et d'hiver : bonne nature, calvilles blanche et rouge, Grand Alexandre, reine des reinettes, reinette d'Angleterre, reinette dorée, reinette de Granville, reinette du Mans, reinette du Canada, reinette grise.

Raisin : noir et blanc (rare et cher).

Divers : amandes sèches, bananes, châtaignes et marrons (dits de Lyon), coings, dattes, kakis du Japon, mandarines, nèfles, noisettes et noix.

LEGROS,
de la maison Vilmorin-Andrieux, de Paris.

LES MENUS

Œufs en cocotte.

Goujons frits.

Côtelettes d'agneau.

Pommes de terre soufflées.

Perdreaux rôtis.

Endives au jus.

Crème chocolat.

Fruits.

Vins : Graves. Clos-Vougeot. Chambertin.

Champagne.

Pour composer un menu, choisir dans chaque colonne le plat préféré en ayant égard à sa valeur alimentaire et à sa digestibilité.

CONFECTION RAPIDE DES MENUS QUOTIDIENS
Mémorandum synthétique.

(Pour les recettes de chaque mets, voir le *Dictionnaire-index*.) (Pour le choix suivant les saisons, voir le *Calendrier gastronomique*.)

POTAGES	ŒUFS — OMELETTES HORS-D'ŒUVRE	POISSONS CRUSTACÉS	VIANDES ET CHARCUTERIE	VOLAILLES	GIBIER	LÉGUMES	FROMAGES FRUITS
Potages, soupes :	Œufs :	Poisson d'eau douce :	Bœuf :	Poulet :	Lapin :	Artichauts :	Fromages :
ordinaires,	*sur le plat*,	Anguille,	Au gratin.	— aspic.	— en gibelotte.	— à la barigoule.	Bondon. Brie. Camembert. Coulommiers. A la crème. Gorgonzola. Gournay. Gruyère. Livarot. Neufchâtel. Parmesan. Pont-l'Évêque. Roquefort.
Croûte au pot.	— ordinaires.	— frite.	Au miroton.	— ballotines.	— sauté chasseur.	— à la sauce blanche.	
A la julienne.	— à la Bercy.	— en matelote.	A la mode, chaud, froid.	— blanquette.	— rôti.	— farcis.	
Soupe à l'oignon.	— au beurre noir.	— à la tartare.		— cassolette.		— en garniture.	
Panade.	— à la Meyerbeer.	Bar.	A la Richemond.	— chaud-froid.		— nature.	
Aux pâtes d'Italie.	— à la Nantua.	Barbeau.	Bouilli.	— en fricassée.	Lièvre :	— à la vinaigrette.	
A la paysanne.	— à la Rossini.	Brochet.	Cervelle.	— au karis.		Asperges.	
Pot-au-feu.	— à la tripe.	Carpe,	Cœur.	— rôti.	— civet.	Aubergines :	
Printanier.	— à la turque.	— à la Chambord.	Côtes.		— rôti.	— farcies.	
Au riz.		— frite.	Culotte braisée.	*braisé*,	Râble.	— frites.	Fruits :
A la semoule.	*pochés*,	— grillée.	Émincé de filet.	— au riz.		— à la Sydney.	Abricots.
Au tapioca.	— ordinaires.	Fé-a.	Entrecôtes.	— à l'estragon.	Chevreuil :	Cardons :	Amandes.
Au vermicelle.	— à la bourguignonne.	Gardons.	Faux-filet.	— à la crème.		— au jus.	Ananas.
	— en cocotte.	Goujons.	Filet rôti.		Côtelettes.	— au gratin.	Bananes.
Potages crème.	— à la comtesse.	Grémille.	— chasseur.	*sauté*,	Cuissot.	— à la moelle.	Cerises.
D'artichauts.	— aux épinards.	Lamproie.	Langue.	— à l'Armenonville.	Épaule.	Carottes :	Châtaignes.
De champignons.	— à la florentine.	Lavaret.	Queue au hochepot.	— à la Beaulieu.		— à la crème.	Coings.
D'oseille.	— à la Mirabeau.	Lotte.	Rognons.	— au blanc.	Perdreau :	— au jus.	Coco (noix de).
De volaille ou à la reine.	— à la Mornay.	Ombre.	Tournedos.	— à la bordelaise.	— aspic.	Céleri :	Dattes.
	— à l'oseille.	Perche.		— au chasseur.	— cassolette.	— en branches.	Figues.
	— à la princesse.	Saumon.	Mouton :	— en cocotte.	— chaud-froid.	— au jus.	Fraises.
Potages purée.	— à la sans-gêne.	Truite.	Cervelle.	— à la grecque.	— aux choux.	— en purée.	Grenades.
Aux ambassadeurs.	— à la vénitienne.		Côtelettes.	— Marengo.	— en crapaudine.	Champignons :	Groseilles.
A la bretonne.	*divers*,	Poisson de mer :	Épaule.	— à la niçoise.	— farci.	— cuits à l'ordinaire.	Mandarines.
A la Condé.	— à la béchamel.	Alose.	Gigot, rôti et braisé.	— à la Parmentier.	— en salmis.	— farcis.	Noisettes.
A la Conti.	— brouillés.	Anchois.	Hagoût ou navarin.	— printanier.	— rôti.	— à la provençale.	Noix.
A la Crécy.	— à la Chimay.	Barbue,	Rognons à la brochette ou sautés.	— à la Richemond.		— sautés au beurre.	Olives.
A la Fontanges.	— frits.	— au gratin.	Pieds à la poulette.		Chicorée :	Oranges.
A la Lamballe.	— à la Georgette.	— à la Mornay.	Poitrine.	Poularde :	— au jus.	Pêches.
A la Longchamp.	— à la Mornay.	Carrelet.		— à la financière.	— à la crème.	Poires.
A la Parmentier.	— mollets.	Congre.	Agneau :		Caille :	Choux :	Pommes.
A la Saint-Germain.	— à la neige.	Daurade.	Blanquette.		— en cocotte.	— ordinaires.	Prunes.
De pois.	— à la Toupinel.	Éperlans.	Carré.		— à la financière.	— de Bruxelles.	Raisin.
Veloutée.		— frits ou au gratin.	Cassolette.		— rôtie.	— chou-fleur au gratin.	
Garbure.		Esturgeon.	Chez-soi.		— à la Souvaroff.	Concombres :	
		Hareng.	Côtelettes diverses.			— en hors-d'œuvre.	
		Limande.				— à la poulette.	
		Maquereau.					

Mémorandum synthétique (Suite)

POTAGES	ŒUFS — OMELETTES HORS-D'ŒUVRE	POISSONS CRUSTACÉS	VIANDES ET CHARCUTERIE	VOLAILLES	GIBIER	LÉGUMES	PÂTISSERIE DESSERT
divers :	OMELETTES :	POISSON DE MER *(suite)*	AGNEAU :	DINDE :	FAISAN :	*Endives :*	*Baba* au rhum, au kirsch.
Bisque d'écrevisses.	— ordinaire.	*Merlan,*	Épaule.	— sautés.	— farci.	— à la crème.	*Beignets* divers.
Bortsch-Polonais.	— à la paysanne ou fermière.	— frit.	Épigramme.	— en daube.	— rôti.	— au jus.	*Biscuits.*
A la Germiny.		— à la dieppoise.	Gigot.	— farcie.		*Épinards :*	*Brioches.*
Queue de bœuf.	*soufflées,*	— au gratin.	Selle.	— rôtie aux truffes.	BÉCASSE :	— à la crème.	*Charlotte russe.*
De santé.	— au citron.	— à l'anglaise.			— aspic.	— au jus.	*Crêpes.*
Soupe au fromage.	— au rhum.	— aux câpres.	VEAU :	CANARD :	— chaud froid.	— au sucre.	*Compotes diverses.*
	— à la vanille.	*Morue,*	Blanquette.	— aux navets.	— froide farcie.	*Fèves :*	*Confitures diverses.*
		— au beurre fondu.	Blond.	— aux olives.	— rôtie.	— à la crème.	*Croûtes diverses aux fruits.*
	HORS-D'ŒUVRE :	— au beurre noir.	Carré.	— aux petits pois.	— en salmis.	— en macédoine.	*Crèmes :* café, chocolat, vanille.
	Anchois.	— à l'espagnole.	Côtelettes diverses.	— à la presse.	— aux truffes.	*Haricots blancs et rouges :*	*Crème renversée.*
	Artichauts crus.	— à la Mithridate.	Épaule.	— rôti.		— à la bretonne.	*Prunes divers.*
	— à la poivrade.	*Mulet.*	Escalope.	— au sang.	BÉCASSINE :	— en purée.	*Fruits confits.*
	Champignons farcis.	*Plie.*	Foie.		— rôti.	— à l'anglaise.	*Galettes diverses.*
	Concombre en salade.	*Raie.*	Fraise.	CANARD SAUVAGE :	— en salmis.	*Haricots verts :*	*Gâteaux divers.*
	Crevettes.	*Rouget.*	Fricandeau.	— rôti.	— préparée comme la bécasse.	— à l'anglaise.	*Gelées diverses.*
	Escargots.	*Sardines.*	Longe.	— en salmis.		— en lyonnaise.	*Glaces :* café, chocolat, vanille, etc.
	Harengs marinés.	*Sole,*	Mou.		— à la bonne femme.	— en purée.	*Macarons.*
	Huîtres.	— à la Colbert.	Noix.	OIE :		*Laitue :*	*Macédoine de fruits.*
	Langue fumée.	— filets, à la Orly.	Oreille.	— cassoulet.	COQ DE BRUYÈRE.	— au jus.	*Mâche.*
	Melon glacé.	— aux fines herbes.	Poitrine.	— cuisses confites.		— à la crème.	*Marmelades :* de pommes, poires, prunes, etc.
	Olives.	— au gratin.	Quasi.	— farcie.	MORILLES.	*Lentilles.*	
	Radis.	— à la normande.	Quenelles.	— rôtie.	GÉLINOTTE.	*Navets :*	*Meringues diverses.*
	Rillettes.	— au vin blanc.	Ris.	— à la Souvaroff.		— à la crème.	*Mousses diverses.*
	Sardines.	*Turbot,*	Tête.		GRIVE.	— au jus.	*Nougats.*
	Saucisson (ronds de).	— au court bouillon.	PORC et CHARCUTERIE :	PIGEON :	MAUVIETTE.	— en purée.	*Oseille.*
	Thon mariné.	— coquilles.	Andouillettes.	— en crapaudine.	RÂLE.	*Poireaux.*	*Pains d'épice.*
		CRUSTACÉS et MOLLUSQUES :	Boudin.	— aux olives.		*Pois (petits) :*	*Petits fours divers.*
	divers :	*Crabes.*	Côtes et côtelettes.	— aux petits pois.	SARCELLE.	— à l'anglaise.	*Pets de nonne.*
	Bouchées à la reine.	*Écrevisses.*	Galantine.	— rôti.		— à la française.	*Plum-pudding.*
	Terrines.	*Escargots.*	Gras-double.		ORTOLAN.	*Pommes de terre :* à l'eau, anna, château, crème, croquettes, frites, hongroises, lyonnaises, maître-d'hôtel, paillés, purée, sautées, soufflées, savoyardes.	*Soufflés divers.*
	Timbales.	*Homard,*	Jambon.	PINTADE :			*Tartes.*
	Vol-au-vent.	— à l'américaine.	Pieds à la Sainte-Menehould.	— en salmis.	RAMIER.		*Tartelettes diverses.*
		— pilau.	Pieds truffés.	— rôtie.	TOURTERELLE.		
		— au Thermidor.	Saucisses.				
		Huîtres.	Saucissons.				
		Langouste.	Tripes à la mode de Caen.			*Potiron.*	
	PÂTES ALIMENTAIRES :	*Moules.*	*Hures.*			*Salades* de saison.	
	Macaroni.	BATRACIENS :	*Pâtés de foie gras.*			*Salsifis* frits.	
	Nouilles.	*Grenouilles.*	Terrines.			*Tomates* farcies.	
			Viandes fumées.				

MENUS POUR 10, 12, 16 COUVERTS

Dressés par M. Mourier.

Janvier.

DÉJEUNER

Huîtres de Marennes.
Omelette paysanne.
Côtelettes d'agneau aux petits pois.
Filet de bœuf financière.
Perdreaux et cailles.
Courgettes farcies. Tartes aux pêches.

Vins : Chablis. Graves. Mouton-Rothschild. Champagne.

DINER

Huîtres d'Ostende.
Potage crème d'artichauts.
Truite saumonée au vin du Rhin.
Baron de Pauillac parisienne.
Escalopes de ris de veau maréchale.
Sorbets au kirsch.
Faisans flanqués de perdreaux.
Salade Danicheff.
Glace Armenonville.
Cigarettes.
Corbeille de fruits.

Vins : Chablis et Médoc en carafes. Château Haut-Brion. Richebourg. Champagne.

Février.

DÉJEUNER

Huîtres de Marennes.
Saumon sauce verte.
Croustades à la russe.
Quartier de bœuf braisé aux racines.
Selle de chevreuil sauce venaison.
Purée marrons.
Poularde rôtie au cresson.
Salade. — Fonds d'artichauts à l'italienne.
Glace prince de Galles. — Gaufrettes.

Vins : Chablis. Château-Carbonnieux. Château-Margaux. Pomard. Champagne.

DINER

Huîtres d'Ostende.
Potages : Crème de volaille, Consommé pâtes d'Italie.
Saumon sauce verte.
Agneau de Pauillac sarladaise.
Canetons de Rouen au sang.
Cœurs de romaine.
Endives au jus.
Glace Prince de Galles.
Fruits.

Vins : Cos d'Estournel. Champagne.

Mars.

DÉJEUNER

Huîtres d'Ostende.
OEufs sur le plat au jambon.
Langouste sauce rémoulade.
Escalopes de veau à la milanaise.
Entrecôtes pommes paille.
Poularde truffée.
Carottes nouvelles à la crème.
Croûtes à l'ananas.

Vins : Chablis. Château-Latour. Clos-Vougeot. Château-Yquem. Champagne.

DINER

Huîtres de Marennes.
Potages : Petite marmite, Crème de laitue.
Truite saumonée au vin du Rhin.
Selle d'agneau sauce Foyot.
Pommes Armenonville.
Canetons de Rouen au sang.
Salade de chicorée.
Petits pois à la française.
Glace Saint-James.
Pailles feuilletées.
Fruits.

Vins : Barsac-Médoc. Pontet-Canet. Champagne.

Avril

DÉJEUNER

Huîtres d'Ostende.
Omelette savoyarde.
Karis de veau à l'indienne.
Filet rôti.
Poulet sauté chasseur.
Asperges nouvelles.
Poires crassane.

Vins : Graves. Pontet-Canet. Pomard. Champagne.

DINER

Melon.
Potages : Oxtail soup, Germiny.
Filets de barbue au vin de Pomard.
Poularde sautée Armenonville.
Selle d'agneau Marie-Jeanne.
Pommes Bagatelle.
Sorbets Montmorency.
Canetons de Rouen au sang.
Cœurs de romaine.
Asperges.
Glace Prince de Galles.
Friandises.
Fruits.

Vins : Xérès. Piesporter. Château-Montrose. Champagne.

Mai.

DÉJEUNER

Cantaloup.
OEufs sur le plat au jambon.
Langouste sauce rémoulade.
Escalopes de veau à la milanaise.
Terrines de foie gras.
Carottes nouvelles à la crème.
Croûtes à l'ananas.

Vins : Chablis. Clos-Vougeot. Château-Yquem. Champagne.

DINER

Melon.
Potages : Crème Châtillon,
Consommé Monaco froid.
Homards Mac Kinley.
Noisettes d'agneau à la Renaissance.
Petites taquinées par des marquis.
Cœurs de romaine.
Suprême de dindonneaux
à la Jeannette.
Asperges.
Glace Pompadour.
Gaufrettes.
Fruits.

Vins : Château-Yquem. Château-Latour. Musigny. Champagne.

Juin.

DÉJEUNER

Hors-d'œuvre.
Truite saumonée à la gelée
de champagne.
Bouchées à la Montglas.
Quartiers de Pauillac sarladaise.
Rouennais à la presse.
Timbales.
Asperges. — Petits pois.
Glaces Armenonville.
Pailles feuilletées.

Vins : Chablis. Graves. Pichon-Longueville. Chamberlin. Champagne.

DINER

Melon.
Potages : Crème de volaille,
Oxtail soup.
Hors-d'œuvre.
Truite de rivière au vin du Rhin.
Noisettes de filet de bœuf
Armenonville.
Poularde de la Flèche à la broche.
Cœurs de laitues.
Canetons de Rouen à la gelée de porto.
Petits pois à la française.
Fonds d'artichauts au gratin.
Glace Héricart.
Pailles feuilletées.
Fruits.

Vins : Sauternes. Saint-Julien. Cos d'Estournel. Corton. Champagne.

Juillet.

DÉJEUNER

Hors-d'œuvre.
Truite saumonée sauce verte.
Poulet sauté Armenonville.
Sorbets au kirsch.
Selle de béhague à la broche.
Salade romaine.
Asperges sauce mousseline.
Glace Viviane.
Gaufrettes.
Fruits.

Vins : Madère. Chablis. Pomard. Médoc. Champagne.

DINER

Melon rafraîchi.
Potages : Tortue, Crème favorite.
Croustades de laitance de carpe.
Truite saumonée à la gelée
    de Liebfrauen-Milch.
Suprême de volaille à l'ancienne.
Selle de pré-salé à la Talleyrand.
Sorbets au porto Commendador.
Cailles flanquées d'ortolans.
Cœurs de romaine.
Canetons de Rouen Armenonville.
Gratins de queues d'écrevisses
    à la Nantua.
Pointes d'asperges à la crème.
Champignons de rosée
    à la parisiennne.
Glace Saint-James.
Poires crassane.
Friandises.

Vins : Xérès Domecq des Tuileries. Tisane de champagne. Montrachet. Château Lafite. Clos-Vougeot. Château-Yquem. Champagne.

Août.

DÉJEUNER

Melon.
Filets de soles Armenonville
Ris de veau Marie-Jeanne.
Selle de béhague aux primeurs.
Sorbets au kirsch.
Canetons de Rouen au sang.
Salade romaine.
Langouste à la parisienne.
Haricots verts au beurre d'Isigny.
Glace.
Gaufrettes.
Fruits.

Vins : Pichon-Longueville. Graves. Pomard. Champagne.

DINER

Potage crème Windsor.
Barquettes d'écrevisses à la Nantua.
Truite saumonée au vin
    de Chambertin.
Baron d'agneau de Pauillac
    aux morilles.
Salmis de gelinottes au xérès.
Foie gras frais à la Souvaroff.
Sorbets au kummel.
Spooms au sherry-brandy
Poulardes truffées.
Canards de Rouen à l'archiduc.
Salade gauloise.
Petits pois nouveaux à la française.
Timbale de fruits glacés à l'orange.
Glace Viviane.
Feuilleté aux amandes.
Dessert.

Vins : Madère. Château-Yquem. Château Haut-Brion. Château-Mouton-Rothschild. Clos-Vougeot. Champagne.

Septembre.

DÉJEUNER

Œufs à la Toupinel.
Anguille tartare.
Civet de lièvre à la française.
Romsteck pommes sautées.
Perdreaux sur croustades.
Salade laitue.
Omelette soufflée.

Vins : Chablis. Sauternes. Cos d'Estournel. Champagne.

DINER

Potage poule au pot Henri IV.
Gratin de queues d'écrevisses à la Nantua.
Poulet sauté à l'archiduc.
Maïs à la crème.
Salmis de perdreaux au xérès.
Spooms au sherry-brandy.
Selle de béhague à la broche.
Cailles à l'Armenonville.
Cœurs de romaine à la parisienne.
Haricots verts à la crème.
Glace pavillon.
Sacristain.
Fruits.

Vins : Porto Commendador. Tisane de champagne. Château-Yquem. Château Haut-Brion. Chambertin. Musigny. Champagne.

Octobre.

DÉJEUNER

Œufs cocotte à la crème.
Merlans dieppoise.
Sauté d'agneau paysanne.
Pigeon grillé sauce Dick.
Faisan à la gelée.
Haricots verts.
Pêches cardinal conservées.

Vins : Barsac. Romanée-Saint-Vivant. Champagne.

DINER

Huîtres Marennes.
Potage Saint-Germain.
Carpes à la Chambord.
Noisettes de pré-salé Masséna.
Ris de veau régence.
Perdreaux flanqués de cailles.
Salade mâche et céleri.
Glace pistaches.
Fruits.

Vins : Chablis. Listrac. Meursault. Château-Léoville. Champagne.

Novembre.

DÉJEUNER

Melon frappé.

Œufs pochés à la Mornay.

Homard Thermidor.

Perdrix aux choux.

Tournedos à la Foyot.

Laitue braisée au jus.

Omelettes aux confitures.

Vins : Graves. Pontet-Canet. Champagne.

DINER

Huîtres Ostende.

Potage crème de laitue.

Filets de soles à la Orly.

Tournedos à la Rossini.

Poulardes sautées aux cèpes.

Râble de lièvre sauce venaison.

Haricots verts.

Glace Vintimille.

Fruits.

Vins : Sauternes. Château-Margaux. Volnay. Champagne.

Décembre.

DÉJEUNER

Huîtres Ostende.

Œufs pochés Sans-Gêne.

Filets de barbue grand-duc.

Râble de lièvre poivrade.

Poularde sauce fonds d'artichauts.

Terrine de gibier.

Céleri braisé.

Crème renversée.

Gaufrettes.

Vins : Sauternes. Saint-Émilion. Saint-Julien. Champagne.

DINER

Huîtres Côtes-Rouges.

Potage croûte au pot.

Turbot sauce câpres.

Filet sauce madère.

Poularde truffée.

Salade.

Sorbets au kirsch.

Cuissot de chevreuil sauce venaison.

Carottes à la crème.

Glace vanille.

Fruits.

Vins : Graves. Montrachet. Château Pichon-Longueville. Corton. Champagne.

MENUS POUR DINERS DE 30 A 40 COUVERTS

Dressés par M. Marguery.

I

Huîtres d'Ostende.

Potages : Crème d'Argenteuil,
Tortue.

Beurre, radis, champignons farcis,
thon mariné, etc.

Barbue à la russe.

Selle de béhague Renaissance.

Poularde du Mans truffée.

Truffes serviette.

Sorbets à la malvoisie.

Perdreaux rouges entourés
de becfigues.

Salade de saison.

Pâté de bécasses en croûte.

Petits pois.

Bombe glacée.

Desserts variés.

VINS

Meursault.

Listrac vieux.

Tisane de champagne.

Château-Latour.

Musigny.

Champagne.

Café. Liqueurs.

II

Huîtres Zélande.

Potages : A la bisque,
Poule au pot.

Truite de roche à la Chambord.

Râble de chevreuil,
sauce grand veneur.

Aiguillettes de canetons
à la périgourdine.

Sorbets au porto.

Faisans et perdreaux.

Salade de saison.

Pâté de foie gras en gelée.

Haricots verts.

Bombe noisette.

Desserts variés.

VINS

Chablis Moutonne.

Médoc en carafes.

Château-Léoville.

Beaune Hospice.

Champagne.

Café. Liqueurs.

III

Huîtres Côtes-Rouges.

Potages : A la bisque,
Tortue.

Beurre, crevettes, caviar,
harengs russes, olives.

Sole à la maréchale.

Noisettes d'agneau, avec crème
de champignons.

Poularde du Mans truffée.

Sorbets de fine champagne.

Bécasses à la broche.

Truffes serviette.

Salade de saison.

Chaud-froid de cailles en gelée.

Asperges nouvelles sauce mousseline.

Écrevisses vosgiennes.

Corbeille de fruits glacés.

Desserts variés.

VINS

Tisane champagne en carafes.
Montrachet.
Gruaud-Larose.
Romanée Conti.
Château-Rieussec.
Champagne.

Café. Liqueurs.

IV

Huîtres de Marennes.

Potages : A la bisque,
Petite marmite.

Sole à la Joinville.

Noisettes d'agneau crème printanière.

Cailles à l'anglaise,
avec truffes serviette.

Laitance de carpe sauce suprême.

Granités au porto.

Bécasses et perdreaux.

Salade de saison.

Pâté de foie gras.

Asperges sauce mousseline.

Bombe Nesselrode.

Desserts variés.

VINS

Graves et Chablis.
Saint-Émilion.
Tisane champagne.
Château Haut-Brion.
Clos-Vougeot.
Champagne.

Café. Liqueurs.

MENUS OFFICIELS

DINER

OFFERT AU PALAIS DE L'ÉLYSÉE

PAR

M. LE PRÉSIDENT DE LA RÉPUBLIQUE

en l'honneur de

S. M. L'EMPEREUR DE RUSSIE NICOLAS II

6 octobre 1896.

Huîtres de Marennes.
Potages : Consommé aux nids de salanganes, Crème volaille,
Carpes de la Creuse glacées sauce française.
Selle de faon aux graines de pin.
Suprême de poularde aux truffes de Périgord.
Terrines de homard toulousaine.
Barquettes d'ortolans des Landes.
Oranges de Nice gratinées.
Faisans flanqués de perdreaux rôtis sur croustades.
Truffes au champagne.
Foie gras à la parisienne.
Salade Francillon.
Aubergines farcies à la fermière.
Cœurs d'artichauts à la créole.
Abricots et reines-Claude Montmorency.
Glace aux avelines.
Gaufres Condé.
Dessert.

VINS

Xérès goutte d'or.	Château-Yquem 1876.
Château-Lagrange en carafes.	Château-Lafite 1875.
Sauternes en carafes.	Clos-Vougeot 1874.
Champagne rosé en carafes.	Rœderer frappé.

DINER

OFFERT AU PALAIS DE COMPIÈGNE

PAR

M. LE PRÉSIDENT DE LA RÉPUBLIQUE

A

S. M. L'EMPEREUR DE RUSSIE NICOLAS II

20 septembre 1901.

Potages : Tortue claire à la française, Crème du Barry.
Rissoles Lucullus.
Caisses de laitance dieppoise.
Barbues dorées à la Vatel
Selle de chevreuil Nemrod.
Poulardes du Mans Cambacérès.
Terrines d'huîtres Joinville.
Cailles de vigne braisées parisienne.
Citrons granités à l'armagnac.
Faisans de Compiègne truffés rôtis.
Truffes au champagne.
Suprême de foies gras de Nancy
Salade Potel.
Pains de pointes d'asperges à la crème.
Turbans d'ananas de Versailles.
Glaces Fidelio.
Dessert.

VINS

Amontillado sec.	Château-Yquem 1874.
Sauternes en carafes.	Château-Lafite 1875.
Saint-Émilion en carafes.	Corton grand vin 1868.
Perrin-Jouet en carafes.	Moet et Chandon Dry Impérial 1869.

DINER

OFFERT AU PALAIS DE L'ÉLYSÉE

PAR

M. LE PRÉSIDENT DE LA RÉPUBLIQUE

A

LEURS MAJESTÉS LE ROI ET LA REINE D'ITALIE

14 octobre 1903.

Crème de volaille à l'ancienne.
Consommé à la royale.
Petites bouchées à la Nantua.
Turbot au vin de Bourgogne.
Médaillons de filet Sman Bayeldi.
Ris de veau à la régence.
Timbales de canard Rossini.
Punch à la romaine.
Granité à la mandarinette.
Faisans dorés truffés flanqués d'ortolans.
Poulardes à la parisienne.
Salade Monselet.
Bouquets de pointes d'asperges.
Fonds d'artichauts à l'italienne.
Poires crassanes glacées.
Friandises.
Dessert.

VINS

Grand Porto 1848.	Château-Yquem 1871.
Pontet-Canet, Chablis Moutonne.	Château-Latour 1875.
Champagne en Carafes.	Romanée-Conti 1874.

Pommery et Greno 1892.

DICTIONNAIRE-INDEX

RECETTES
Termes de cuisine

Les MOTS *auxquels il est renvoyé sont ceux de cet Index; les chiffres sont les pages de l'ouvrage.*

Les temps de cuisson ont été évalués en supposant un feu moyen, mais bien soutenu.

A

Abaisse. Morceau de pâte qui a été *abaissé*, c'est-à-dire sur lequel on a passé le rouleau pour en diminuer l'épaisseur. L'abaisse forme la croûte de dessous d'un grand nombre de pâtisseries et s'emploie encore de diverses autres manières.

Abatis. Cou, tête, pattes, ailerons, gésier du poulet, de la dinde, etc.
— *De dinde aux navets*. Couper les abatis de la dinde. Séparer l'aileron, la cuisse, l'estomac en deux parties. Faire revenir au beurre, comme pour un ragoût. Mouiller au fond blanc. Couper en gousse d'ail sept ou huit navets. Les glacer. Faire de même pour une douzaine de petits oignons. Mêler le tout; laisser cuire une bonne heure.
— *De dinde à la chipolata*. Procéder comme plus haut; remplacer les navets et oignons par autant de marrons et de petites saucisses.

Abats, 18, 145; — de porc, 152.

Abricots, 270, 274.
— *En compote*. Faire un sirop à 23 degrés. Couper les abricots en deux. Faire cuire 3 à 5 minutes. Retirer; dresser sur compotier.
— *A la Condé*. Servir avec un riz au sucre, et dresser avec garniture de cerises glacées et d'angélique.
— *Pulpe d'abricots*. Passer les abricots au tamis. Mettre 200 grammes de sucre par 500 grammes d'abricots. Laisser cuire 25 minutes, jusqu'à ébullition.
— *Beignets d'abricots*. V. BEIGNETS.

Acescence *du vin*, 321.

Acétimètre. V. VINAIGRE.

Agneau : *Blanquette*. V. BLANQUETTE.
— *Carré*. V. CARRÉ.
— *Cassolette*. V. CASSOLETTE.
— *Chez-soi*. Couper les bas morceaux en gros dés. Prendre une quantité

égale de pommes de terre coupées de même. Faire revenir au beurre sec. Cuire sans jus. Au moment de servir, jeter un salpicon (v. ce mot) d'ail, échalote. Cuisson, 22 à 25 minutes.

— *Côtelettes grillées, nature.* Sur le gril.

— *Côtelettes grillées, avec épigrammes.* Couper les poitrines. Les braiser une heure. Mettre en presse. Laisser refroidir. Couper en forme de côtelettes. Paner. Griller. Servir en même temps que les côtes. Cuisson, 15 minutes.

— *Epaule.* V. ÉPAULE.

— *Épigramme d'agneau.* Braiser deux poitrines d'agneau ou de mouton. Quand elles sont bien cuites, en extraire les os; les mettre en presse (v. ce mot) entre deux linges; surcharger la partie supérieure de la presse d'un poids assez lourd pour leur donner une forme très plate. Laisser refroidir. Découper en cœur de la grosseur d'une côte d'agneau. Tremper dans un œuf battu. Chapelurer. Griller. Alterner une côte d'agneau avec un morceau de poitrine : le tout forme l'épigramme. Garniture à volonté.

— *Gigot.* Rôtir. Servir avec une garniture quelconque. V. aussi GIGOT.

— *Au karis.* V. KARIS.

— *Persillé.* Mettre le morceau dans un plat à rôtir, avec sel, poivre, beurre. Un quart d'heure avant de servir, le tirer du four et le saupoudrer de chapelure persillée. Glacer et servir. Cuisson, 45 à 50 minutes.

— *Selle.* Rôtir et servir avec une garniture. Cuisson, 45 à 50 minutes.

Aiguillettes. Chair du ventre d'une volaille que l'on découpe en minces tranches. — Découpage des aiguillettes, 185. V. FILET.

Ail, 95.

Ailloli. Coulis d'ail et d'huile d'olive en usage surtout dans le midi de la France.

Réduire des gousses d'ail en pâte fine en les pilant dans un mortier. Ajouter un peu d'huile d'olive, goutte à goutte, en tournant le mélange toujours dans le même sens. Quand il devient consistant, augmenter, mais toujours très lentement, la quantité d'huile; mettre du sel, une cuillerée à bouche d'eau froide, un bon jus de citron et, si l'on veut, une noix de mie de pain trempée dans du lait, ou deux jaunes d'œufs. L'ailloli bien réussi prend l'aspect d'une mayonnaise.

Albumine, 6, 38, 58, 59.

Alimentation. 63.

Aliments : Physiologie de l'alimentation, 1. — La machine animale et les aliments, 2. — Aliments simples et composés, 3. — Comparaison des aliments d'origine animale et d'origine végétale, 37. — Avantages et inconvénients des aliments d'origine végétale et animale, 46 à 49. — Rations alimentaires selon les conditions de la vie, 57. — Composition d'un régime pour les trois repas quotidiens, 74. — Types de menus adaptés à diverses conditions sociales, 76.

Allemande (*Sauce*). V. SAUCE veloutée.

Alose, 214.

— *Grillée.* Gratter, nettoyer. Couper en tronçons. Griller. Servir avec un beurre à la maître d'hôtel. Cuisson, 15 minutes.

— *A l'oseille.* Procéder de même, et servir sur un lit d'oseille fondue.

— *A la sauce hollandaise.* V. SAUCE.

Alouettes, 194.

— *A la bonne femme.* Croûtons, petit lard, petites pommes de terre, le tout coupé en dés. Faire revenir ensemble. Déglacer avec un peu de madère. Cuisson, 10 à 12 minutes.

— *En chaud-froid.* V. CHAUD-FROID.

— *Farcies en pâté.* Désosser. Mettre à cru en deux abaisses de feuilletage. 40 minutes de cuisson.

— *Rôties.* 10 minutes de cuisson. Dresser sur croustades. Jus à part.

Aloyau, 123.

— *A la Godard.* Braiser 45 minutes. Servir avec sauce madère, crêtes de coq, truffes et champignons.

— *Rôti.* Un morceau pour quatre personnes demande 25 minutes de cuisson. Déglacer le fond avec un peu de bouillon; à défaut de bouillon, un peu d'eau et de sel.

— *A la sauce piquante.* V. SAUCE.

— *A la sauce Robert.* V. SAUCE.

Altérations : des viandes de boucherie, 114 et suivantes; — des fromages, 267; — du vin, 321; — de la bière, 329; — du cidre, 331.

Aluminium dans la batterie de cuisine, 388.

Amandes, 272, 274.
— *Gâteau.* Échauder 1 kilogramme d'amandes. Enlever la peau. Piler les amandes avec 500 grammes de sucre, un peu de crème (V. crème). Mettre entre deux abaisses de feuilletage et faire cuire au four 30 minutes, à feu tempéré.

Ananas, 274.
— *Beignets d'ananas.* V. beignets.
— *Compote d'ananas.* Couper en tranches de 2 centimètres d'épaisseur. Faire cuire dans un sirop à 18 degrés. Aromatiser l'ananas avec kirsch, marasquin, orange, etc. Cuisson, 30 minutes.
— *Croûte aux ananas.* On peut se servir de la préparation ci-dessus. V. croute aux fruits.

Anchois, 214. — En général se consomme conservé, comme hors-d'œuvre.
— *Beurre d'anchois.* V. beurre.
— *Canapé d'anchois.* Couper de minces tranches de mie de pain. Faire griller. Etaler sur chaque tranche du beurre d'anchois. Placer deux, trois ou quatre anchois sur le beurre. Garnir les intervalles entre chaque anchois d'œufs hachés, d'un côté le blanc, de l'autre le jaune; persiller légèrement. Servir en rangeant les anchois les uns sur les autres.
— *Salade d'anchois.* Couper les anchois en petits filets de la grosseur d'une allumette. Assaisonner selon le goût.

Andouillettes, 153, 158.
Ne se prépare que grillée nature, accompagnée habituellement d'une purée de pommes de terre. Cuisson, 15 minutes.

Anglaise (*Sauce*). V. sauce anglaise.

Anguille, 207.
— *A la tartare.* Dépouiller, puis couper en tronçons longs de 8 centimètres. Cuire 8 ou 10 minutes, trempée dans la valeur d'une bouteille de vin rouge, avec oignons, thym, laurier, ail, persil. Sortir de la cuisson, rouler dans un œuf battu. Paner et mettre sur le gril. Servir avec persil frit et sauce tartare (V. sauce). Cuisson, 30 minutes.
— *En matelote.* Cuire de la même façon que ci-dessus. Couper les morceaux moitié plus petits. Faire réduire la cuisson. Lier au beurre mariné. Garnir avec oignons, champignons et croûtons. Cuisson, 30 à 35 minutes.
— *Frite.* Procéder de même. Rouler dans de la farine. Jeter de la graisse bouillante. Servir sauce tomate à part. Cuisson, 3 à 4 minutes.

Anthracite, 368.

Appareils : réfrigérants, 333; — à glace, 335; — à gaz, 371; — à l'électricité, 373.

Appétit : Influence de l'appétit sur la digestion, 39.

Argenterie : de table, 398, 401 et suiv. — Nettoyage. V. nettoyage.

Artichauts, 242.
— *Nature.* Parer les feuilles. Ficeler. Faire cuire 40 minutes dans eau salée.
— *A la barigoule.* Blanchir l'artichaut. Extraire le foin. Remplir le vide avec un hachis composé de champignons et de jambon. Braiser 1 h. 1/2, couvert d'une bande de lard. Servir.
— *A la sauce blanche.* V. sauce.
— *A la sauce vinaigrette.* V. sauce.
— *Farcis.* Enlever la feuille crue en dépouillant complètement le fond. Faire cuire le fond dans une cuisson composée d'une cuillerée à soupe de farine, du jus d'un citron, eau et sel, pendant 25 minutes. Egoutter. Placer dans le fond une farce de barigoule. Gratiner au four. Cuisson, 1 heure.
— *Garniture d'artichauts.* Procéder de même, en mettant une garniture quelconque dans le fond.

Asperges, 242.

Aspic. Sorte de gelée faite avec du jus de viande, de gibier, de la graisse, etc. Les cuisinières s'en servent parfois à chaud pour améliorer les sauces. Mais le plus souvent on fait prendre ces gelées à froid, en y introduisant des filets de volaille ou de poisson, des truffes, des rognons, etc., et on leur donne, au moyen de moules spéciaux, les formes les plus variées.
Le meilleur procédé est de napper (v. ce mot) l'intérieur d'un moule, sim-

ple ou à côtes, avec de la gelée de volaille, de poisson, selon ce que l'on veut servir. Décorer aux œufs et aux truffes. Garnir l'intérieur et entourer de glace. Laisser reposer 5 ou 6 heures avant de démouler.

Aubergines.
— *Farcies.* Couper en deux. Ciseler. Faire frire cinq minutes pour pouvoir en extraire la chair. Hacher avec une quantité égale de champignons. Bien assaisonner, remplir l'enveloppe. Saupoudrer de chapelure (V. ce mot). Huiler et faire gratiner.
— *Frites.* Couper en rouelles. Passer à la farine, et jeter à friture bouillante. Servir avec persil frit. Cuisson, 10 minutes.
— *A la Sydney.* Faire revenir trois aubergines coupées en rouelles et trois tomates coupées de même avec un petit verre d'huile d'olive et un morceau de beurre gros comme une prune, jusqu'à complète cuisson. Jeter une bonne poignée de fromage. Verser dans un plat à gratin. Saupoudrer de fromage et faire gratiner.

Avelines, 272.

B

Baba, 296, 298.
Prendre 1 litre de farine, 9 œufs, 15 centigrammes de levure, 200 grammes de beurre, 100 grammes de sucre. Travailler le tout ensemble. Incorporer 25 grammes de raisin de Corinthe, 25 grammes de raisin de Smyrne. Mouler dans de petits moules. Laisser monter un peu. Cuire lentement, pendant 15 à 20 minutes.

Bacon (pron. béconn'), 257. Lard anglais grillé, utilisé surtout dans la préparation des rognons.

Bain-marie, 390.
Manière de chauffer certains aliments sans les exposer à des coups de feu. Elle consiste à plonger les vases qui les contiennent dans un liquide (de l'eau le plus souvent) que l'on chauffe directement.

Bain-marie.

Ballotine.
Mets froid composé de plusieurs petites galantines (v. GALANTINE) réunies, dont l'ensemble forme la ballotine.
— *De poulet.* Désosser les parties les plus en chair. Bien énerver. Préparer une bonne farce (v. ce mot); l'incorporer dans la partie désossée. Lui donner la forme de la moitié d'un œuf en l'enveloppant et la ficelant dans un linge léger. La faire pocher dans un bon fond 25 minutes. La développer et la saucer avec une sauce brune ou blanche, faites durant la cuisson. Pour le poulet froid, on se sert de la cuisson pour faire une bonne gelée. Napper et décorer selon le goût de l'exécutant.
— *De gibier.* En général désosser; cailles, perdreaux ou mauviettes, en entier. Procéder comme pour le poulet.

Banane, 274.

Bar, poisson, 214.
Ebarber. Ecailler. Faire pocher eau et sel. Servir avec sauces à l'huile ou au beurre fondu, sauce hollandaise, sauce câpres, ou sauce vin rouge. (V. SAUCE.) Cuisson, 20 minutes.

Barbe-de-capucin, 242.

Barbeau, poisson, 207.
Même préparation que le bar.

Barbue, 215.
— *Entière.* Pocher eau et sel. Sauces comme pour le bar et le barbeau. Cuisson, 18 à 20 minutes.
— *Au gratin.* Faire pocher au vin blanc. Hacher quelques champignons. Faire réduire par cuisson légèrement liée. Saucer et gratiner au four. Cuisson, 16 à 18 minutes.
— *A la Mornay* V. SAUCE.

Barder.
Couper de minces tranches de lard d'une largeur proportionnée à la grosseur de la volaille ou du gibier. Appliquer ce lard sur le ventre de la volaille ou du gibier et maintenir avec de la ficelle.
Poulet bridé et bardé, 181.

Barigoule.
Farce composée d'un peu d'oignon, de champignons, de jambon, le tout haché très menu. Proportions : 250 grammes de champignons pour deux oignons.
— *Artichauts à la barigoule.* V. ARTICHAUT.

Barquette. Petite croustade en feuilletage, ayant la forme de barque.

Bateau. Petit plat en forme de bateau, pour servir des hors-d'œuvre.

Batterie de cuisine, 378. — Pour petit ménage, 379 ; — pour maison bourgeoise, hôtel particulier, château, 380 ; — pour habitation princière, 381 ; — pour grand hôtel, casino, hospice, 382. — Métaux entrant dans la composition d'une batterie de cuisine : le fer, 381 ; — le cuivre, 384 ; — le nickel, 385 ; — l'aluminium, 388 ; — métaux plaqués, 388.

Bavaroise.
— *A la vanille.* Faire une anglaise (v. SAUCE) avec 1 litre de lait, 200 grammes de sucre, 6 jaunes d'œufs, 1 gousse de vanille, un peu de gelée. Mélanger avec 1 litre de crème fouettée. Mouler dans de petits moules à la bavaroise. Faire prendre en pleine glace.
De même pour les bavaroises au café, au chocolat.

Bavette *d'aloyau*, 126.

Bécasse, 192.
— *Chaud-froid de bécasse.* V. CHAUD-FROID.
— *Froide, farcie.* Farcir avec foie gras et truffes. Faire pocher dans un bon fond. Laisser refroidir. Avec le fond, faire une gelée un peu relevée et napper.
— *Rôtie.* Plumer. Flamber. Avoir soin de n'enlever que le gésier, tout le reste donnant un arome agréable pour l'amateur. Barder. Rôtir 12 minutes et dresser sur croustades.
— *En salmis.* Même procédé. Mettre à la broche. Dès qu'elle est à moitié cuite, la détailler en cinq parties. Hacher et broyer toutes les parties restantes. Faire une réduction avec un bon verre de bordeaux, une échalote hachée, une feuille de laurier, une branche de thym. Avec la partie hachée faire un petit bouillon en y joignant une demi-douzaine de champignons. Dresser le tout sur un croûton.
— *Aux truffes.* Procéder de même, en remplaçant les champignons par des truffes.

Bécassine, 192.
Procéder comme pour la bécasse, mais avec moins de temps de cuisson, la bécassine étant plus petite.
— *A la bonne femme.* Faire revenir avec lard coupé en dés, oignons, champignons. Déglacer avec vin blanc et madère. Servir en cocotte.

Béchamel (*Sauce*). V. SAUCE.

Beignets.
— *De pommes.* Faire une pâte très légère avec 125 grammes de farine, 4 œufs, un verre de fine champagne. Enlever le cœur des pommes avec le vide-pomme, les couper en rouelles ; les tremper dans la pâte, légèrement adhérente. Jeter à friture chaude. Égoutter. Saupoudrer de sucre. Glacer au four. Cuisson, 12 minutes.
— *D'abricots, d'ananas, de pêches.* Même procédé.
— *Soufflés.* V. PETS DE NONNE.

Bélier (*Viande de*), 134.

Betteraves.
— *A la crème.* Blanchir. Couper en gousses d'ail. Faire cuire, avec 1 litre d'eau, un morceau de beurre. Faire avec cette cuisson une sauce blanche. Y incorporer 1/2 litre de crème double et rouler les betteraves. Cuire 30 minutes à l'eau, 5 minutes dans la crème.

Beurre, 25.
— *Falsifications et essai du beurre.* Le beurre est fréquemment falsifié avec des graisses étrangères et surtout avec de l'*oléo-margarine*, dite *margarine* du commerce. La recherche de ces falsifications est fort difficile ; nous devons observer toutefois qu'elles sont le plus souvent le fait non pas des producteurs, mais des intermédiaires. Voici un moyen très simple de reconnaître le beurre naturel du beurre artificiel : on chauffe une prise d'essai entre 150 et 160 degrés dans un tube à réaction. Sous l'action de la chaleur, le beurre naturel donnera naissance à une mousse abondante et à une coloration brune uniforme dans toute la masse sans qu'il y ait production de soubresauts prononcés. Par contre, le beurre artificiel ne donnera qu'une mousse insignifiante et il se produira une ébullition irrégulière avec soubresauts violents ; la coloration brune ne s'étendra qu'à la partie caséeuse seule, qui s'attache aux parois du vase.

— *A la maître d'hôtel.* Se fait avec fines herbes, jus de citron et sel.
— *A la portugaise.* Mélanger 150 grammes de beurre, 3 jaunes d'œufs durs, 1 décilitre de tomates en purée. Passer au tamis.
— *A la russe.* Mélanger 150 grammes de beurre, 50 grammes de caviar, 4 jaunes d'œufs durs. Passer au tamis.
— *Beurre manié.* Beurre mélangé à la main avec de la farine, sans cuisson, pour la préparation des sauces.
— *Beurre mariné.* V. MARINADE.
— *Beurre noir à la poêle.* Avec un filet de vinaigre.
— *Beurre d'anchois.* Piler quatre anchois dans un quart de beurre. Mélanger.
— *Beurre de crevettes.* Piler 125 gr. de crevettes grises. Passer au tamis avec 250 grammes de beurre. Colorer légèrement.

Beurrer. Couvrir ou oindre de beurre. On ne doit ajouter du beurre à une sauce qu'après sa cuisson complète.

Bière. Historique, fabrication, 327; — composition, falsifications, 328; — altérations, sortes commerciales, 329.

Bifteck, 123, 124, 133; — piqué, 127.
Le bifteck doit être aussi nature que possible et se cuire sur le gril, 15 minutes.
— *A l'anglaise.* Servir avec beurre fondu et pommes de terre cuites nature.
— *A la béarnaise.* V. SAUCE.
— *A la bordelaise.* V. SAUCE.
— *A la maître d'hôtel.* Beurre avec fines herbes hachées, jus de citron, sel.
— *Aux pommes de terre sautées, soufflées,* etc. V. POMMES DE TERRE.

Bi-métal (le) dans la batterie de cuisine, 393.

Bischof. Boisson anglaise.
Pour six personnes : une bouteille de vin rouge ou blanc, 4 cuillerées de sucre en poudre, un citron coupé en lames, 2 petits verres de rhum.
Se boit à la glace aussi bien que chaud, selon le goût ou la saison.

Bisque *d'écrevisses.* V. POTAGES.

Blanchir. *Blanchir un mets,* c'est lui enlever son amertume en le plaçant dans de l'eau très chaude, salée ou non. On blanchit ainsi la viande, les légumes et les fruits, ces derniers pour les confire.

Blanquette. Ragoût de viandes accommodées au blanc.
— *De veau.* Pour quatre personnes : choisir un morceau de tendron, un morceau de sous-noix. Couper en quartiers. Cuire avec oignons, bouquet garni. Jeter deux gousses d'ail. Mouiller 1 h. 1/2 avec moitié eau, moitié bouillon blanc. Egoutter. Faire un petit roux blond. Mouiller avec cuisson. Laisser cuire 3/4 d'heure. Lier avec quatre jaunes d'œufs, un morceau de beurre. Rouler le tout dans la sauce. Additionner de quelques oignons et champignons. Cuisson, 1 heure.
— *D'agneau.* Prendre les bas morceaux, poitrine, collier, épaule. Couper en gros dés. Mouiller au fond blanc. Garnir avec carottes, oignons, bouquet garni. Laisser cuire une demi-heure. Faire avec ce fond une sauce blanche, ajouter deux petits oignons liés avec deux jaunes d'œufs et servir.
— *De poulet.* Comme pour le veau.

Blond de veau. Prendre un jarret de veau, quelques carcasses de volaille. Blanchir. Mouiller à l'eau une carotte, deux oignons, une tranche de céleri. Cuire 2 heures et lentement pour ne pas troubler.

Bœuf : Bœuf nivernais, 106; — Viande de bœuf, 121; — qualités, 122; — vue extérieure, 123; — demi-bœuf, 125; — épaule, 131.
— *Bouilli.* V. POTAGE, *pot-au-feu.*
— *Cervelle au beurre noir.* Blanchir la cervelle avec sel et vinaigre. La couper en escalopes. Jeter dessus beurre noir et persil frit. Cuisson, 30 minutes.
— *Cervelle à la poulette.* Préparer et cuire sauce blanche, avec champignons, oignons. Mélanger le tout. Cuisson, 30 minutes.
— *Cœur.* Procéder comme pour le bœuf à la mode.
— *Côtes.* Rôties ou grillées au beurre. Cuisson, 16 minutes.
— *Culotte braisée.* Foncer une daubière avec oignons, carottes, bouquet garni. Faire pincer légèrement. Placer la culotte dans la daubière sur le lit de légumes avec 1 kilogr. d'os et un pied

de veau. Mouiller avec un demi-litre de vin blanc, trois verres de cognac, une louche de consommé blanc. Faire braiser pendant 3 heures à feu doux. Dégraisser le fond et servir avec garniture à volonté : pois, carottes, céleri, pommes de terre, épinards, etc.

— *Émincé* de filet de bœuf. V. ÉMINCÉ.

— *Entrecôtes*. Même préparation que les côtes de bœuf, avec accompagnement de sauces diverses.

— *Faux filet*. Comme le filet.

— *Filet rôti*. Piquer au lard. Garnir avec pommes, carottes, oignons. Garniture financière (v. GARNITURE). Cuisson, 30 minutes.

— *Filet sauté chasseur*. Faire revenir au beurre, avec champignons émincés. Hacher une échalote. Mouiller avec un peu de vin blanc et un peu de sauce brune. Saucer. Cuisson, 10 à 12 minutes.

— *Filet sauté portugaise*. Prendre tomates farcies et pommes château. Saucer le filet avec son déglaçage, où il a cuit légèrement. Tomater. Cuisson, 10 à 12 minutes.

— *Filet sauté forestière*. Se fait avec des cèpes.

— *Garnitures de filet*. V. GARNITURE.

— *Au gratin-miroton*. Couper trois gros oignons. Faire revenir. Mouiller avec un verre de bouillon, un filet de vinaigre. Une cuillerée à café de moutarde. Cuire cette sauce un quart d'heure. Couper le bœuf en tranches dans un plat en terre. Verser la sauce dessus. Saupoudrer de chapelure. Gratiner au four. Cuisson, 35 minutes.

— *Langue*. V. LANGUE.

— *A la mode, chaud*. Proportions pour quatre personnes : une pointe de culotte de 2 kilogr., un pied de veau, un morceau de jarret de veau, quelques couennes de lard, six carottes, quatre oignons, deux clous de girofle, deux petits verres de cognac, 3 verres de vin blanc, deux décilitres de sauce tomate. Faire revenir la pointe de culotte. Mouiller. Ajouter tout ce qui est dit en commençant. Cuire 5 h. 1/2 à 6 heures. Retirer la viande. Dégraisser le fond et servir avec garniture carottes et oignons. La pointe de culotte doit avoir été proprement et soigneusement piquée au lard.

— *A la mode, froid*. Procéder de la même façon que ci-dessus. Placer le bœuf dans une terrine. Dépouiller le fond. Lier légèrement à la fécule. Verser sur le bœuf.

— *Noix*. Faire légèrement revenir. Faire un petit roux brun ; y ajouter vin blanc, bouillon, bouquet garni, oignons, sel, poivre. Cuire 2 heures à petit feu.

— *Queue en hochepot*. Couper la queue en morceaux. Faire revenir avec demi-livre de lard. Couper en dés. Mouiller moitié vin blanc, moitié consommé. Garnir de petites carottes, de céleri coupé, de chipolata. Laisser braiser 2 heures.

— *A la Richemond*. Avec morilles et truffes.

— *Rognons à la bordelaise*. Faire une réduction de cinq minutes avec une échalote hachée et un oignon ; un verre de vin rouge. Incorporez un beurre manié. Un peu de fines herbes. Sauter le rognon à part pour qu'il ne durcisse pas. Mélanger le tout. Cuisson, 4 à 5 minutes.

— *Rognons sautés*. Couper le rognon. Sauter à la poêle avec échalote et fines herbes. Cuisson, 4 à 5 minutes.

— *Tournedos de bœuf*. Prendre un petit morceau de filet ; le bien tailler de la largeur d'une pièce de cinq francs, épais de 3 centimètres et sans graisse. Pour l'assaisonnement, prendre tout ce qui pourra se faire avec le filet. Avec garnitures. Cuisson, 4 à 5 minutes.

Bois, comme combustible, 368.

Boissons, 301 ; — pendant et entre le repas, 67.

Bondon, fromage, 268.

Bouchage des bouteilles, 316.

Bouchées. Petits pâtés en feuilletage dont on garnit diversement l'intérieur.

— *Aux huîtres*. Champignons, huîtres avec sauce normande (v. SAUCE). Cuisson, 18 à 20 minutes.

— *A la Montglas*. Même garniture que les bouchées à la reine (v. plus loin) ; mais saucer à brun.

— *A la Nantua*. Queues d'écrevisses dans purée d'écrevisses.

— *A la princesse*. Champignons, pointes d'asperges, truffes, sauce suprême (v. SAUCE).

— *A la reine*. Faire des croustades en feuilletage (v. ces mots) avec volaille, quenelles, champignons, truffes. Couper le tout en dés. Mélanger avec sauce suprême (v. SAUCE).

— *Saint-Hubert*, Gibier coupé avec truffes, champignons, dans une purée de gibier.

Boudin, 153, 158. Se cuit sur le gril. Cuisson, 20 à 25 minutes.

Bouillabaisse. Mets provençal, composé de poissons cuits dans de l'eau ou du vin blanc épicé.

Le fond de la bouillabaisse est formé d'un poisson un peu gros, de préférence bar, grondin, homard, langouste, auquel on ajoute plusieurs poissons plus petits. Couper par morceaux. Faire revenir 2 poireaux, 2 oignons, 5 gousses d'ail, le tout haché très fin, dans un verre d'huile. Y placer le poisson. Mouiller avec vin blanc et fond de poisson obtenu avec les têtes des poissons employés. Ajouter force poivre et sel, une grosse pincée de safran, une tomate coupée en tranches. Mêler jusqu'à ce que tout ait pris la couleur du safran, et poser la casserole sur un feu très vif. Lorsque ce mélange a bouilli de 8 à 10 minutes, verser le bouillon dans un grand plat sur des tranches de pain préparées à l'avance, et servir le poisson à part.

Bouilli, 15.

Bouillon, 15 ; — valeur alimentaire, 16.

Bouquet. Brins de persil liés ensemble en forme de petit bouquet, que l'on jette dans un ragoût pour en compléter la saveur.

On appelle *bouquet garni* ce même bouquet auquel on a joint de l'ail, du laurier, du thym.

Bourride. Potage aux poissons originaire de la Provence méditerranéenne, où il est fort apprécié et vient immédiatement après la bouillabaisse.

La bourride se fait avec divers poissons, mais plus particulièrement avec l'esturgeon, coupé en tranches, le loup ou les sardines fraîches. Faire revenir légèrement le poisson dans une ou deux cuillerées d'huile d'olive, saler, poivrer, assaisonner d'un bouquet et d'une tête d'ail non épluchée, en couvrant d'eau. D'autre part, confectionner un ailloli (v. ce mot) très consistant, dont, au moment de servir, on délaye une partie dans le bouillon un peu refroidi. Tremper les tranches de pain dans la soupière ; et le poisson se mange à part, soit en salade, soit avec le reste de l'ailloli.

Bouteilles : Bouchage, cachetage, capsulage, 316.

Braiser. Faire cuire à feu doux, sans évaporation, de manière que les viandes conservent tout leur suc.

Brandade *de morue*. Cuire un morceau de morue, le débarrasser de toutes ses arêtes, ne pas en laisser une seule, si petite qu'elle puisse être. Piler au mortier. Mettre dans un plat sur une légère couche d'huile d'olive tiède ; placer ce plat sur le coin du fourneau de façon à ce que cela ne tourne pas. On obtient ainsi une sauce très compacte que l'on relève légèrement au poivre de Cayenne.

Brebis, 134.

Brechet. Os de la poitrine chez les volailles.

Brème, 208.

Bridage *du poulet*, 178.

Brider. Passer avec la lardoire une ficelle dans les cuisses et les ailes d'une volaille à rôtir pour les assujettir.

Brie (*fromage de*), 267.

Brioche.

— *Ordinaire*. Dans 1 litre de farine, vider 10 œufs. Jeter une livre de beurre ; mêler. Ajouter 30 grammes de beurre avec levure, 15 grammes de sel et sucre. Cuisson, 10 minutes pour les petites brioches, 1 heure pour les grosses.

— *Brioche-biscuit*. Dans 1 litre de farine, jeter 16 jaunes d'œufs, 500 gr. de sucre. Travailler le tout avec une cuiller de bois. Monter les 16 blancs d'œufs en neige. Mélanger le tout. Cuire à feu doux, 10 minutes.

Brochet, 208.
— *Au court-bouillon*. Ecailler, vider. Servir avec sauce blanche, beurre fondu ou hollandaise. V. SAUCE. Cuisson, 16 à 18 minutes.
— *Grillé*. Se mange avec sauce maître d'hôtel et pommes de terre à l'anglaise. Cuisson, 25 minutes. V. SAUCE et POMMES DE TERRE.

Brochette. Petite broche qui sert à enfiler les éperlans, les rognons, les foies de volaille. [V. ces mots.] — Manière de passer les éperlans à la brochette, 233.

Buisson *d'écrevisses*, 238. V. ÉCREVISSE.

C

Café. — *Variétés*. Il existe diverses variétés de café, dont les noms rappellent les pays d'origine. Le café *moka* est le plus estimé; mais, consommé en majeure partie en Asie Mineure et en Perse, il en arrive peu en France. Le moka a un grain petit et comme parcheminé; on le remplace souvent par le moka-zanzibar, qui présente le même aspect. Outre le moka, on recherche en France le *bourbon*, dont le grain est pointu, un peu gris, et le *martinique*, à gros grains verts. En général, on consomme surtout des mélanges; l'un des meilleurs est le suivant : 250 grammes de moka-zanzibar, 250 grammes de bourbon et 500 grammes de martinique. Le mélange à parties égales de bourbon et de martinique est aussi fort prisé.

Avant de servir à l'alimentation, le café subit plusieurs opérations : la torréfaction, la pulvérisation et l'infusion.

La *torréfaction* se fait dans des brûloirs; le grain de café, par un dispositif spécial, n'est pas en contact direct avec les parois chauffées, de telle sorte que sa température ne dépasse jamais 200°. Dans cette opération, le volume du grain augmente d'environ un quart, et le poids diminue de 13 à 20 p. 100. La composition varie aussi : il se forme de la caféine et de la caféone. Les analyses suivantes indiquent bien ce changement de composition :

	Café vert.	Café brûlé.
Eau	10,13	1,81
Substances azotées	11,84	12,20
Caféine	0,93	0,97
Matières grasses	12,21	12,03
Gommes et matières sucrées	11,84	1,01
Matières extractives	9,54	22,60
Cellulose	38,18	44,57
Matières minérales	5,33	4,81

La *pulvérisation*. Après la torréfaction, le café est moulu, puis infusé.

L'infusion. La meilleure infusion s'obtient en mélangeant à parties égales le café moka et le café bourbon, brûlés séparément et non caramélés. 1° Ne réduire les graines en poudre très fine qu'au moment même de faire l'infusion; 2° mettre dans une cafetière-filtre en porcelaine 60 grammes de cette poudre de café, sans la tasser, et verser dessus une demi-tasse (c'est-à-dire 100 grammes) d'eau bouillante à 100°; cette quantité d'eau sert à rendre le café plus apte à être épuisé; 3° verser sur ce même café trois tasses (600 grammes) d'eau bouillante, de manière à obtenir 6 demi-tasses ou 600 grammes d'infusion, qui se trouve ainsi à 55° ou 60°, température ordinaire à laquelle on boit le café.

Il faut 15 grammes de café pour une tasse, qui contient par suite 26 centigrammes de caféine.

Falsifications. Le café est soumis à un grand nombre de sophistications, même à l'état de grains. On cherche à donner aux grains, soit cueillis trop tôt, soit altérés, l'aspect, la couleur des grains des espèces recherchées. — On fabrique parfois, par moulage, les grains de toute pièce avec les graines ou les racines de différentes plantes. — Les racines de chicorée, la coque de café, les glands, les châtaignes, les figues, le maïs, etc., donnent, après grillage, une infusion brune, possédant l'amertume et un goût de brûlé rappelant le café. — Mouillés, par introduction d'eau dans le brûloir, un peu avant la fin de la torréfaction, les cafés augmentent de poids, l'eau volatilisée pénétrant facilement dans les graines. — L'enrobage consiste à ajouter dans le brûloir des graisses, du sucre, de la mélasse; pendant la torréfaction, les grains se recouvrent d'une couche légère de ce mélange et leur poids en est augmenté.

Cafetière, 391.

Caille, 190.
— *En cocotte*. Faire revenir au beurre avec petit lard, pommes de terre, champignons. Très peu de jus. Cuisson, 14 à 15 minutes.
— *A la financière*. Faire revenir au beurre. Mijoter dans une financière 8 minutes. Servir en timbale. V. FINANCIÈRE.
— *Rôtie*. Plumer. Barder. Rôtir 8 minutes. Dresser sur croustades.
— *A la Souvaroff*. Farcir avec foie gras et truffes. Dresser en entrée. Mouiller avec madère. Bon fond de glace de viande. Se sert aussi froid avec sa gelée.

Caillé (*Lait*), 262.

Calendrier gastronomique, 409.

Calorie. Dépenses en calories chez l'homme, 53 à 63.

Camembert, fromage, 267.

Canapé. Tranche de pain frite dans le beurre, sur laquelle on dispose des filets d'anchois, et diverses garnitures qui se mangent d'ordinaire avec ce poisson. V. ANCHOIS.

Canard, 167; — comment le vider, 184; — découpage, 184 et suiv.
— *Aux petits pois*. Plumer. Dresser en entrée. Faire revenir au beurre avec 100 grammes de lard coupé en dés. Mouiller au fond blanc, un litre de petits pois, deux laitues coupées en deux, un bouquet garni. Faire cuire 1 h. 1/2.
— *Aux olives*. Même procédé. Remplacer la garniture ci-dessus par des olives noires tournées.
— *Aux navets*. Même procédé. Mais avec navets, petits oignons.
— *Rôti*. Il y a lieu de distinguer le *canard nantais*, qui doit être bien cuit (35 à 45 minutes), et le *canard rouennais*, qui doit être servi saignant (18 à 25 minutes). Déglacer pour jus.
— *Au sang*. 18 minutes de cuisson. Couper le filet en aiguillettes. Presser la carcasse et jeter le sang dessus sans faire bouillir. Bien relever.

— *A la presse*. Procéder de même que ci-dessus. Faire avec les foies hachés et deux verres de fine champagne une petite sauce liée. Napper le canard.

Canard sauvage.
— *Rôti*. 15 à 18 minutes de cuisson.
— *En salmis*. Rôtir 12 minutes. Détailler en quartiers coupés en cinq parties. Faire avec les carcasses un hachis. Réduire avec un verre de vin rouge, thym, laurier, échalote. Lier avec un peu de sauce brune. Mettre un peu de truffes et de champignons. Laisser mijoter 5 minutes.

Capilotade.
— *De volaille*. Quartiers de volaille cuits qu'on laisse mijoter dans une sauce brune, composée d'échalote hachée avec un quart de champignons. Cuisson, 20 à 25 minutes.

Câprier, 95.

Capsulage *des bouteilles*, 316.

Capucine, 95.

Caramel. Sucre privé de son eau de cristallisation et en partie décomposé par l'action du feu, ce qui lui donne une couleur brun foncé et une odeur aromatique.

Caraméliser. Faire fondre du sucre en poudre dans une petite casserole. Remuer doucement. Prendre un petit pinceau allongé, le tremper dans le sucre; passer légèrement une couche de ce sucre fondu sur les compotes, les entremets, le fricandeau, etc.

Cardons, 246.
— *Au jus*. Cuire les cardons avec un peu de farine délayée avec 1 litre 1/2 d'eau, un peu de sel, un peu de graisse de bœuf. Égoutter. Faire un bon jus et saucer avec. Cuisson, 1 heure à 1 h. 15.
— *Au gratin*. Même procédé de cuisson. Saucer avec une sauce Mornay. Fromager et gratiner au four. Cuisson, 1 heure à 1 h. 15.
— *A la moelle*. Faire une bonne sauce brune moelle hachée. Dresser avec des lames de moelle persillées. Cuisson, 1 heure à 1 h. 15.

Carottes, 243.
— *A la crème*. Cuire pendant 45 minutes, avec sel et sucre. Rouler dans une sauce blanche faite avec cette cuisson. Ajouter un peu de crème.

— *Au jus.* Même procédé. Faire un bon jus de veau bien nourri.

Carpe, 209.
— *A la Chambord.* Écailler. Vider. Pocher au vin rouge, oignons, thym, laurier, ail. Garnir avec truffes, champignons, crevettes, petits oignons, laitance, écrevisses, croûtons. Dresser le tout selon le goût de l'exécutant. Saucer avec une bonne sauce de vin rouge faite avec la cuisson. Cuisson, 16 à 18 minutes.
— *Frite.* Procéder comme plus haut. Rouler dans de la farine. Frire à friture très chaude. Servir avec sauce tomate ou rémoulade. Cuisson, 16 à 18 minutes.
— *En matelote.* Couper la carpe en tronçons. Faire revenir au beurre avec petits oignons. Lier à la farine. Mouiller au vin blanc ou rouge, selon le goût. Laisser cuire 15 à 20 minutes et beurrer.

Carré : De veau, 142.
— *De porc frais.* Rôtir. Parer. Enlever l'échine et servir avec une sauce Robert ou piquante (V. SAUCE). Le porc doit toujours être très cuit. Cuisson, 1 h. 1/4.
— *De veau.* Procéder de même que pour le porc. Se sert avec garniture : épinards, oseille, petits pois, purée de pommes de terre. Cuisson, 1 heure.
— *D'agneau.* De même; mais avec persillade, chapelure de mie de pain, échalote, persil haché. Saupoudrer 10 minutes avant de retirer du four. Cuisson, 25 minutes.

Carrelet.
— *Frit.* Écailler. Vider. Tremper dans de la farine; friture bouillante et persil frit. Cuisson, 15 minutes.
— *Au gratin.* Préparer comme ci-dessus. Champignons. Hacher échalote. Faire une réduction de vin blanc, fumet (v. ce mot) assez compact. Napper le carrelet. Gratiner au four 10 minutes. Pocher le poisson auparavant.

Cartes *des principaux vignobles :* Bordeaux, 303 ; — Bourgogne, 305 ; — Touraine et Anjou, 307; — Champagne, 309.

Cassis, 278.

Cassolette. Petit moule en porcelaine ou en papier.
— *De ris d'agneau.* Préparer une financière (v. ce mot) coupée en dés. Ajouter 500 grammes de ris d'agneau. Dresser dans des cassolettes en porcelaine ou en papier.
— *De volaille.* Même procédé; mais faire une sauce suprême. V. SAUCE.
— *De poisson.* Champignons, crevettes, moules et filets de soles. Rouler. Sauce normande. V. SAUCE.

Cassoulet. Ragoût languedocien. V. OIE.

Cave, 311 et suiv.

Caviar. Mets très estimé dans le nord de l'Europe, en Russie notamment, et composé principalement d'œufs d'esturgeon pressés et salés. Ce mets est originaire de Russie, où il est connu sous le nom d'*ikra* (œufs) et où il est l'objet d'un commerce important.

Il existe plusieurs sortes de caviar : 1° Le caviar grenu, destiné à être mangé frais. On le prépare en nettoyant les œufs dans un crible et en les laissant séjourner 1 heure dans la saumure (v. ce mot); après quoi on les fait égoutter sur un tamis. 2° Le caviar compact se prépare de même; pendant que les œufs sont dans la saumure, on les pétrit avec la main, puis on les met dans des sacs de toile, que l'on tord fortement pour faire égoutter la saumure avant de les placer dans les barils. 3° La troisième espèce de caviar s'obtient en salant les œufs tels qu'ils sortent du poisson et en les laissant sept à huit mois dans les barils ; ensuite, on les sale de nouveau et on les fait sécher au soleil. 4° Le caviar rouge se fait avec les œufs de deux poissons : le mulet gris et une espèce particulière de carpe.

On emploie principalement le caviar pour canapés. V. ce mot.

Cédrat, 275.

Céleri, 95, 243, 244.
— *En branches, au jus.* Prendre céleri ordinaire. Laver. Éplucher. Couper le pied en deux. Cuire avec oignons, lard, thym, laurier. Bouillon blanc. Braiser 1 h. 1/2. Avec ce fond lier avec un bon jus de veau et saucer.
— *En purée.* Prendre céleri-rave. Marquer avec bouillon blanc, deux oignons, deux pommes de terre; lier le tout. Passer au tamis. Assaisonner avec beurre et crème, comme pour

purée de pommes de terre. Cuisson, 30 minutes.

Céréales, 29.

Cerf, 189.

Cerfeuil, 96.

Cerises, 270, 275.

Cervelas, 157.

Cervelle, 148.
— *De mouton ou de veau.* Émonder. Blanchir à l'eau, sel et vinaigre. Couper en escalopes. Hacher fines herbes. Jeter un beurre noir, légèrement vinaigré. Cuisson, 15 à 16 minutes.
— *A la poulette.* Blanchir de même. Rouler dans une bonne sauce blanche avec champignons et oignons légèrement persillés. Cuisson, 15 à 16 minutes.

Champignons.
— *Cuits ordinaires.* Pelurer. Décorer. Jeter dans une cuisson d'eau, avec du sel, un fort jus de citron. 5 minutes d'ébullition.
— *Farcis.* Préparer une farce avec un peu de chair à saucisses et champignons. Hacher. Remplir les vides des champignons. Chapelurer et gratiner au four. Cuisson, 15 minutes.
— *Provençale.* De même, en y ajoutant une pointe d'ail.
— *Sautés au beurre.* Pelurer et jeter à la poêle dans un beurre chaud, avec sel, persil. Cuisson, 15 minutes.

Chapelure. Partie de la croûte qu'on enlève de dessus le pain en le chapelant. On fait sécher au four la croûte du pain, on la pile et on la passe au tamis. On s'en sert surtout pour saupoudrer les gratins.

Chapon.
— *Rôti.* Plumer. Vider. Barder. Rôtir. Cuisson, 1 heure.
— *Farci.* En général, farci avec des marrons. Bonne farce avec 1 litre 1/2 de marrons. Cuisson, 1 h. 1/4. V. POULET.

Charbon, combustible, 365.

Charcuterie, 103; — produits, 152.

Charlotte. Entremets consistant en marmelade de pommes, entourée de morceaux de pain grillé et frit.

— *Aux pommes.* Foncer (v. ce mot) le moule avec des lames de pain de mie trempées dans le beurre. Garnir avec une marmelade de pommes. Faire cuire 1 heure et servir avec un sirop d'abricot.
— *Russe.* Foncer un moule avec biscuit à la cuiller. Remplir ce moule avec une sauce anglaise mélangée avec des blancs fouettés ou une crème fouettée, légèrement gélatinés. Mettre dans la glace. Démouler.
— *Victoria.* Même procédé, en y incorporant des fruits glacés ou frais.

Châtaigne, 275.

Chaud-froid.
— *De poulet.* Faire cuire le poulet dans un bon fond blanc. Le détailler par membres. Faire avec le fond blanc une sauce bien dépouillée, légèrement gélatinée. Napper les membres de façon à ce qu'ils soient bien enveloppés. Dresser avec goût sur croûtons. Décorer aux truffes ou aux crêtes de coq, selon le goût de l'exécutant.
— *De perdreaux, de bécasses.* Même façon de procéder, avec base de vin rouge, et farcir légèrement les parties vides de gibier. Décorer avec truffes et champignons.
— *D'alouettes.* Désosser. Farcir. Napper à la sauce chaud-froid (v. SAUCE). Dresser sur croustades au pain de mie.

Chèvre, 134.

Chevreuil, 189.
— *Cuissot.* Dépouiller. Piquer. Mettre dans une marinade de vin blanc composée de carottes, oignons, ail, thym, laurier, sel, poivre. Laisser mariner cinq jours. Arroser plusieurs fois par jour le cuissot avec la marinade au moyen d'une cuiller. Rôtir. Servir avec sauce poivrade ou venaison (v. SAUCE). Cuisson, 1 h. 1/2.
— *Epaule. Selle.* Même façon. Cuisson, 1 h. 1/2.
— *Côtelettes.* Détailler. Parer. Sauter à l'huile, servir sur un croûton. Saucer avec poivrade; servir purée de marrons en même temps. Cuisson, 7 à 8 minutes.

Chicorée, 243, 244.
— *Au jus.* Laver. Blanchir. Hacher. Laisser braiser 1 heure. Assaisonner avec un morceau de beurre et un bon jus de veau.

— *A la crème.* Procéder de même. Lier avec un bol de crème.

Chipolata, charcuterie, 153.
— *Abatis de dinde* à la chipolata. V. ABATIS.

Chocolat. Fondre, un quart d'heure de cuisson.

Choix : d'un poulet, 162 ; — d'une volaille, 165 ; — d'une poularde, 167 ; — d'une dinde, 167 ; — d'un canard, 168 ; — d'une oie, 169 ; — d'un pigeon, 169 ; — d'un lapin, 188 ; — d'un lièvre, 188 ; — d'un perdreau, 190 ; — d'un faisan, 191 ; — d'un poisson, 206 ; — des poires, pommes, prunes, 284 et suiv.

Choucroute. Mélange de choux hachés qu'on a mis fermenter dans le sel.

Cet aliment, qui compte beaucoup de partisans en France, se prépare surtout en Allemagne, en Alsace et en Lorraine. On emploie le chou cabus, qui, après

 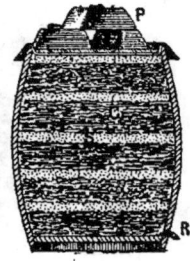

Appareil à râper les choux. — Tonneau à choucroute.

épluchage et enlèvement de la partie centrale correspondant au prolongement de la tige, est découpé en petites lanières en faisant usage d'un rabot de forme spéciale, muni de lames légèrement inclinées. On empile les choux dans une sorte de trémie T, à laquelle on imprime un mouvement de va-et-vient d'A en A. Les lames L divisent ces choux en lanières, qui tombent dans un récipient placé au-dessous de la trémie. On dispose dans un tonneau des couches alternatives de sel de cuisine S et de lanières de choux C, et l'on comprime fortement le tout à l'aide de poids, P. Il faut avoir soin de laisser écouler de temps en temps par un robinet R la saumure (v. ce mot) qui

s'est produite, le sel ayant fondu au contact de l'eau contenue dans les choux. Au fur et à mesure on remplace cette saumure, qui a une odeur fétide, par de la saumure fraîche. Il faut une vingtaine de jours pour, avec ce procédé, obtenir une choucroute parfaite.

Pour la choucroute fabriquée ordinairement dans les ménages, quand le chou a été bien fermenté, bien lavé, on ajoute sel, poivre, oignons, clous de girofle, du genièvre, une demi-bouteille de vin blanc, une demi-livre de saindoux. Laisser braiser au moins 2 heures.

Choucroute garnie conservée, 154.

Choux, 245.
— *Ordinaires.* Laver. Couper. Braiser avec lard. Cuire dans une marmite 1 h. 1/2.
— *De Bruxelles.* Laver. Blanchir. Sauter au beurre dans la poêle. Cuisson, 30 minutes.
— *Chou-fleur.* Laver. Blanchir. Cuire à l'eau et sel. Égoutter. Servir avec sauce blanche faite avec sa cuisson. Bien beurrer. Cuisson, 30 minutes.
— *Chou-fleur à la poêle.* Procéder de même, mais ne pas trop le blanchir pour qu'il ne s'écrase pas. Secouer légèrement.
— *Chou-fleur au gratin.* Préparer une sauce béchamel (v. SAUCE) un peu légère. La fromager. Napper le chou déjà cuit. Chapelurer. Gratiner au four. Cuisson, 15 à 16 minutes.

Ciboule, ciboulette, 96.

Cidre : Historique, fabrication, 330 ; — altérations, 331.

Ciseler. Inciser en plusieurs endroits la peau d'un fruit, la chair d'un poisson pour qu'à la cuisson sa chair ne se déchire pas.

Citron, 96.

Citrouille, 254.

Civet *de lièvre.* V. LIÈVRE.

Clarifier. Rendre limpides certaines substances en les plaçant sur un feu doux.

Clouter. Couper des truffes en gros clous carrés et les entrer droit dans les foies gras.

Coco (*Noix de*), 276.

Cocotte. Petite casserole sans queue, en fonte et parfois en terre ou en porcelaine, fermée par un couvercle.
— *Œufs en cocotte.* V. ŒUFS.

Cœur de bœuf, 148. V. aussi BŒUF.

Coing, 275.
— *Gelée de coing.* V. GELÉE.

Coke, combustible, 368.

Collage *du vin,* 314.

Collet *de mouton,* 140.

Collier *du bœuf,* 130.

Colorer. Arroser avec une sauce a volaille, le gibier, et laisser dorer au four.
Recouvrir un aliment de caramel ou d'une sauce à l'aide d'un pinceau.

Combustibles : La houille, 365 ; — le coke, l'anthracite, le bois, 368.

Composition : des viandes de boucherie, 13 ; — de la viande des volailles et du gibier, 19 ; — de la chair des poissons, 20 ; — des crustacés, mollusques, 20 ; — des conserves de viandes, 21 ; — des différents laits, 24 ; — du beurre, 25 ; — des fromages, 26 ; — de l'œuf, 28 ; — du pain, 31 ; — des pâtes, 32 ; — des légumineuses, 32 ; — des racines et tubercules, 33 ; — des légumes, 35 ; — des fruits, 36, 37 ; — des principaux aliments, 38, 74.

Compotes. Règle générale, sirop à 25 degrés. Faire un bouillon et servir.
— *D'abricots. — d'ananas. — de poires, — de pruneaux.* V. ces mots.

Concasser. On concasse des carottes, des tomates, etc., en les coupant en dés. V. DÉ.

Concombres.
— *A la poulette.* Blanchir et préparer une sauce blanche bien crémeuse.
— *En hors-d'œuvre.* Dégorger avec sel. Laver et assaisonner comme une salade.

Condiments, 39 ; — simples, 93 ; — composés, 94 ; — tableau, 95 et suiv.

Confitures. Fruits cuits avec du sucre, que l'on conserve un certain temps.
— PROCÉDÉS GÉNÉRAUX. Les fruits exigent des préparations spéciales. Prendre une bassine *en cuivre non étamé,* pour empêcher la formation de vert-de-gris, y placer les fruits, après les manipulations exigées par chacun d'eux comme il est dit ci-dessous ; mettre sur le feu ; ajouter du sucre cristallisé, ou préparé d'avance ; cuire selon les temps indiqués ; ne pas abandonner la cuisson ; égoutter fréquemment, avec une spatule en bois, ou une écumoire *en cuivre non étamé ;* remuer, pour que les fruits profitent de la même chaleur : le temps de cuisson achevé, retirer la confiture ; la placer dans des pots en verre ; recouvrir de papier, qui aura été préalablement trempé dans une assiette remplie d'eau-de-vie ; recouvrir cette première feuille d'une deuxième ; ficeler, en ayant soin que le pot soit hermétiquement fermé ; poser dans un endroit sec ; laisser refroidir.
— *D'abricots.* Choisir des abricots bien mûrs ; enlever les noyaux ; conserver les amandes ; placer sur un feu modéré, jusqu'à ce que les abricots soient bien cuits ; ajouter du sucre cristallisé ; 3 kilos de sucre pour 5 kilos de fruits ; bouillir 20 à 25 minutes ; égoutter ; remuer ; dans les intervalles, couper les amandes en morceaux, les ajouter à la préparation ; laisser mijoter 6 à 8 minutes ; procéder ensuite comme il est dit plus haut.
— *De cerises.* Prendre des cerises bien mûres ; enlever les queues, les noyaux ; mettre dans la bassine le même poids de sucre et de cerises ; laisser mijoter une heure, sur feu doux ; écumer ; remuer, etc.
— *De coings.* Blanchir les coings à l'eau bouillante ; laisser refroidir ; couper en quartiers ; remettre dans l'eau, les y laisser 24 heures ; insérer dans la bassine 500 grammes de sucre pour autant de coings ; placer sur un feu un peu ardent ; bouillir 10 à 12 minutes ; avant que le sirop ne se forme, ajouter les quartiers de coings ; laisser mijoter sur feu modéré 50 à 55 minutes ; écumer ; remuer ; une fois dans les pots, recouvrir d'une couche de sirop, etc.
— *De fraises.* Choisir de préférence des fraises de moyenne grosseur. Cuire 500 grammes de sucre ; attendre qu'il

s'épaississe; ajouter 500 grammes de fraises; bouillir 15 à 16 minutes; écumer, etc.

— *De framboises.* Employer des fruits très mûrs; enlever les queues; mettre dans la bassine 600 grammes de sucre pour 450 ou 500 grammes de framboises, qui auront été légèrement pressées au tamis en crin, pour en faire tomber les grains; bouillir 15 à 20 minutes, etc.

— *De groseilles.* Prendre de grosses groseilles rouges; enlever avec un petit objet pointu les pépins, sans abimer la peau; bouillir au boulé (fondre dans un récipient 500 grammes de sucre par demi-litre d'eau) pendant 3 à 4 minutes 2 kilos de sucre pour 1 kilo de groseilles; le sucre étant bouillant, ajouter les groseilles; bouillir à nouveau 3 minutes; bien égoutter; remuer; laisser un espace libre en haut des pots.

— *De pêches.* Les pêches de plein vent sont préférables, étant moins humides que celles d'espalier. Enlever les noyaux, les amandes, conserver ces dernières; bouillir au boulé (v. plus haut) durant 35 minutes 300 grammes de sucre pour 500 grammes de pêches; 6 minutes avant la fin de la cuisson ajouter une gousse de vanille et les amandes qui auront été coupées en morceaux; avant de recouvrir les pots, laisser refroidir 24 heures, en mettant dessus un journal pour empêcher la poussière de s'insérer.

— *De poires.* Les poires Rousselet sont les meilleures. Peler; couper en quartiers; enlever les pépins, le cœur; éplucher; mettre tremper une heure dans de l'eau fraiche filtrée; essuyer avec un linge propre; placer sur feu modéré, avec un peu de nouvelle eau fraîche; laisser mijoter; retirer et égoutter les poires sur un tamis; cuire au boulé (v. plus haut) 400 grammes de sucre pour 500 grammes de poires; remettre sur feu doux une 1/2 heure; placer le tout dans une terrine; laisser refroidir 24 heures; replacer dans la bassine et laisser cuire 15 minutes; écumer, etc.

— *De prunes.* Les prunes reines-Claude, mirabelles, sont préférables. Mettre dans la bassine 3 kilos de sucre en poudre pour 5 kilos de prunes; cuire à petit bouillon pendant 25 à 30 minutes; écumer; remuer très souvent; insérer dans les pots, etc.

Congre, 215.

Conservation *du gibier*, 194.

Conserves: de viandes, composition, 20, 21. — Les conserves alimentaires, 258; — ouverture des boîtes, 255; — modes d'emploi, 259.

Consommé. Extraction du jus d'une viande qui est mise à bouillir dans une petite proportion d'eau. V. BOUILLON, 15, 16.

Coq.
— *Crêtes.* Blanchir. Cuire avec sel, un peu de farine et un jus de citron. Ainsi préparées, elles servent à différentes garnitures.

Coq de bruyère, 192.
Plumer. Vider. Barder. Rôtir, 1 h. 20 à 1 h. 30.
On ne le prépare pas autrement.

Coquilles.
— *Saint-Jacques*, 222. On s'en sert habituellement, après les avoir ouvertes, vidées et bien nettoyées, pour servir certains mets spécialement préparés.
— *De turbot.* V. ce mot.
— *Coquilles Lucullus.* V. PATÉS ALIMENTAIRES.

Cornichons, 96.
— *Conserve.* Passer au sel. Essuyer. Mettre en pot avec petits oignons, estragon, échalote, piment et ail en petite proportion. Mouiller au vinaigre. Boucher hermétiquement.
Pour les conserver plus verts, on peut les échauder au vinaigre bouillant avant de les mettre en pot.

Côte: de bœuf, 127; — de mouton, 139. V. BŒUF, MOUTON.

Côtelettes, 133, 135, 136, 143.
— *De mouton ou d'agneau, grillées, nature.* Paner. Rouler dans de la chapelure (v. ce mot). Cuisson, 15 minutes.
— *D'agneau avec épigrammes.* V. AGNEAU.
— *De porc frais.* Procéder de même que pour le mouton, avec sauce au choix et garniture. Cuisson, 18 minutes.
— *De chevreuil.* V. CHEVREUIL.
— *De veau en papillote.* Faire griller une côte de veau du poids de 200 gr. Préparer une sauce composée de champignons, de jambon haché et fines her-

29

bes un peu relevées. Deux tranches de jambon passées au beurre. Couper une feuille de papier blanc en forme de cœur; huiler légèrement ce papier pour l'empêcher de prendre feu; placer une

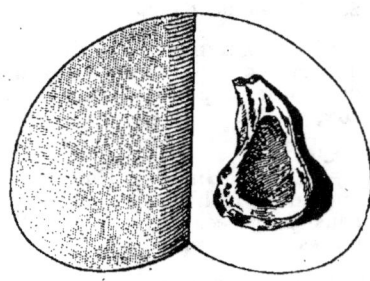

Côtelette dans la papillote ouverte.

Papillote fermée.

des tranches de jambon sur la dernière feuille; verser un peu de sauce. Mettre sur ce lit la côte de veau, puis dessus la seconde tranche de jambon; verser à nouveau un peu de sauce. Fermer hermétiquement les feuilles de papier pour empêcher l'air d'entrer. Faire cuire au four 3 minutes pour donner à la papillote le temps de se souffler.

Coulis. Sauce légère, non compacte.

Coulommiers, fromage, 268.

Courge, 254.

Courlis, 194.

Court-bouillon. Sorte de bouillon généralement composé de vin blanc ou simplement d'eau, avec poivre, sel, carottes, oignons, persil, thym, laurier. On s'en sert pour cuire les poissons.

Couvert : de quatre personnes, 396; — de douze personnes, 397 à 399; — de table en argenterie, 401, 402.

Crabe, 221, 222. Se cuit dans un court-bouillon et se mange avec une sauce mayonnaise (v. SAUCE). Cuisson, 16 minutes.

Crème : Fromage à la crème, 268.
— *Crème renversée à la vanille.* Un litre de lait, 125 grammes de sucre, un peu de vanille, quatre jaunes d'œufs, deux œufs entiers. Fouetter le tout. Passer dans un moule uni et pas trop haut. Faire pocher 3/4 d'heure. Laisser refroidir. Renverser sur un plat creux. De même pour toutes les autres crèmes, en changeant le parfum.
Pour la crème au caramel, on mettra dans le moule un sucre caramélisé.

Crémomètre. V. LAIT.

Crêpes.
Un demi-litre de farine, deux œufs, un verre de lait, sel, sucre, un peu de sirop d'orgeat et un petit verre de fine champagne. Bien mélanger le tout. Faire sauter les crêpes trois ou quatre fois, en les retournant, dans la poêle.

Crépinettes. Saucisses plates préparées par le charcutier. Elles sont enveloppées de *crépine* de porc.

Cresson, 247.

Crevettes, 221, 222.
Se servent en hors-d'œuvre, après avoir été cuites dans de l'eau bouillante. Cuisson, 3 minutes.
— *Beurre de crevettes.* V. BEURRE.

Croquembouche. On donne ce nom à des pièces de pâtisserie montées avec des fruits trempés dans le sucre cuit ou cassé.

Croquettes, 132.
— *De pommes de terre.* Faire une purée de pommes bien sèche. Lier aux jaunes d'œufs. Paner. Chapelurer. Frire. Servir avec un peu de persil frit. Cuisson, 10 à 12 minutes.
— *De riz.* Cuire du riz dans du lait, avec une gousse de vanille, un peu de sucre. Lier avec quatre jaunes d'œufs et procéder comme pour les croquettes de volaille, en servant à part un sirop d'abricots. V. SIROP.
— *De volaille.* Couper en dés un demi-poulet, quatre champignons, une ou deux truffes, un peu de jambon. Lier le tout avec une sauce suprême et quatre jaunes d'œufs. Réduire sur le feu un quart d'heure. Laisser refroidir. Donner la forme que l'on veut. Tremper dans un œuf battu. Chapelurer. Frire au beurre à friture pas trop chaude. Cuisson, 15 à 16 minutes.

— *De veau.* Même procédé que le précédent.

Crosses : du gîte de derrière, 124 ; — du gîte de devant, 132 ; — de Bayonne, 155.

Croustades. Petites croûtes de pâtisserie pour les petites garnitures.

Croûtes.
— *Aux champignons.* Elles sont faites avec des flûtes de pain vidées. Passer au four. Dresser les champignons dessous et saucer avec sauce suprême.
— *Aux fruits ou au madère.* Faire une torsade avec du savarin non sirôté. la placer autour d'un mets. Garnir le vide avec des fruits assortis. Décorer et saucer de sirop d'abricots. Aromatiser avec marasquin. V. SAVARIN.

Crustacés, 220.

Cuisine : La cuisine et son matériel : le local, 345 ; — éclairage, 346 ; — ventilation, aménagement et nettoyage, 352. — Cuisine flamande 347 ; au XVIe siècle, 348 ; — sous Louis XIII, 350 ; — en 1820, 351. — Cuisine bourgeoise moderne : de moyenne et de grande importance, 352 à 355 ; — pour ferme, maison de campagne, 356 ; — pour grand hôtel particulier, 357 ; — pour hôtel, restaurant, 358, 359 ; — pour grand établissement : lycée, hôpital, 359 ; — du restaurant du Palais d'Orsay, à Paris, 394.

Cuisses *d'oie confites.* V. OIE.

Cuisson. Action de cuire ou de faire cuire ; état de ce qui est cuit.

Cuissot : de veau, 142, 143 ; — de chevreuil. V. CHEVREUIL.

Cuivre dans la batterie de cuisine, 384.

Culotte, 124.
— *De bœuf braisée.* V. BŒUF.

D

Daim, 189.

Datte, 276.

Daube. *En daube ou à la braisé.* V. BRAISER.

Daurade, 215. La daurade se trouve dans la Manche, sur les côtes de Normandie ; il ne faut pas la confondre avec la dorade qui se trouve dans la Méditerranée.
Écailler. Vider. Cuire au court-bouillon. Manger avec sauce au beurre fondu ou hollandaise (v. SAUCE). Cuisson, 15 minutes.
— *Grillée.* On la mange à la sauce maître-d'hôtel.

Décanter. Transvaser un liquide au fond duquel il s'est fait un dépôt.

Découpage : du lard, 128 ; — du filet cuit, 130 ; — du gigot, 138 ; — des côtelettes, du contre-filet, 144 ; — du jambon, 157 ; — du poulet cru, 174 et suiv. ; — du poulet cuit, 182, 183 ; — du canard rôti, 184 et suiv. ; — du lapin, 199 et suiv. ; — des filets de la barbue, 225 ; — du saumon cru, 226 ; — des filets de la sole, 230 ; — du maquereau, 231 ; — du merlan, 232 ; — du homard, 234 et suiv.

Déglacer. Une viande quelconque étant retirée de la casserole, on *déglace* la viande du fond de la casserole en enlevant et en conservant la matière qui restait au fond. V. FUMET.

Dégorger. Laisser tremper dans de l'eau froide une viande, un poisson pour les débarrasser du sang ou impuretés qu'ils contiennent. Pour enlever aux légumes les matières impures qu'ils peuvent contenir, on se sert du même procédé.

Demi-glace. Faire un roux délayé au consommé. Cuire avec mirepoix et sauce tomate, 4 heures.

Démouler. Retourner un moule pour faire tomber le mets qui était dedans et auquel on a voulu donner une forme particulière.

Dépouiller. Pendant la cuisson d'une sauce, quand le beurre ou la graisse apparaissent à la surface, pour rendre la sauce plus nette, on la dépouille en enlevant le beurre ou la graisse.

Dés *(Couper en).* Couper les carottes, etc., en forme et de la grosseur de dés à jouer.

Détailler. Découper une viande, une volaille, un gibier par morceaux.

Digestibilité : des viandes et des graisses, 21 ; — du lait, 25 ; — du beurre, 26 ; — des fromages, 26 ; — des œufs, 28 ; — du pain, 31 ; — des pâtes, 32 ; — des légumineuses, 33 ; — des racines et tubercules, 34 ; — des légumes, 35.

Digestion : Influence de l'appétit sur la digestion, 39.

Dinde.
— *Abatis de dinde*. V. ABATIS.
— *Rôtie*. Plumer. Vider. Brider. Cuire à feu doux pendant 1 h. 1/2.
— *En daube*. Couper les membres, faire revenir avec lard, oignons et cham-

leur des mets, soit de la glace pour les tenir frais.

Dresser. Mettre un mets sur un plat de manière à ce qu'il se présente agréablement aux yeux.

E

Eau-de-vie, 331 ; — degrés en alcool, 332.

Ébarber. Enlever les barbes d'un poisson avec des ciseaux ou un couteau.

Manière de couper les légumes en dés.

3⁰ mouvement.   2ᵉ mouvement.   1ᵉʳ mouvement.

pignons. Mouiller avec vin blanc, bouillon, un bouquet garni. Laisser cuire 2 heures. Mettre dans une terrine en terre et manger froid.
— *Farcie aux marrons*. Cuire les marrons. Les rouler dans une chair à saucisses, en bourrer la dinde. Cuisson, 1 h. 1/2.
— *Aux truffes*. Faire une farce fine. Remplacer les marrons par des truffes. Servir avec sauce Périgueux. V. SAUCE.

Dindon, 167.

Dindonneau.
— *Rôti à la provençale*. Faire sauter avec cèpes, ail. Mouiller au vin blanc et cognac. Cuisson, 1 h. 1/4.

Double-fond. Ustensile possédant un double-fond, où l'on met soit de l'eau chaude pour conserver la cha-

Écailler. Enlever les écailles d'un poisson en grattant la peau avec un couteau.
Ouvrir des huîtres.

Échalote, 97.

Échauder. Tremper quelques instants un animal dans l'eau bouillante pour en enlever plus facilement les plumes ou les poils.

Écrevisse, 220, 221.
— *En buisson*, 238. Cuire dans un litre de vin blanc un demi-verre de vinaigre, trois oignons émincés, thym, ail, laurier, persil. Bien relever en poivre. Dresser en buisson. Cuisson, 15 à 18 minutes.
— *Bisque*. V. POTAGE.

— *A la bordelaise.* Faire revenir les écrevisses au beurre. Mouiller avec cognac et vin blanc. Verser une cuillerée à soupe de sauce tomate. Y jeter une petite mirepoix hachée. Monter au beurre un peu relevé.

— *Au court-bouillon.* Vin blanc, oignons, ail, persil, et faire cuire à feu vif.

— *Queues d'écrevisses à la Nantua.* Préparer des barquettes en feuilletage. Rouler les queues d'écrevisses dans une sauce Nantua (v. SAUCE). Garnir les barquettes. Cuisson, 15 minutes.

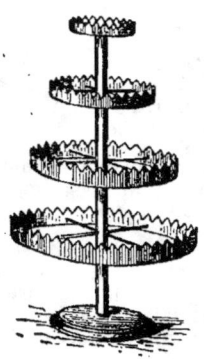
Porte-écrevisses.

Écumer. Enlever avec une écumoire l'écume blanche que la cuisson fait monter à la surface du bouillon, de la sauce, etc.

Égoutter. Placer sur un tamis des légumes en état de cuisson pour les débarrasser de l'eau qu'ils contiennent.

Électricité (L') à la cuisine, 372 et suiv.

Émincé.
— *De filet de bœuf ou de chevreuil.* Cuire les viandes. Les émincer très fin. Chauffer légèrement sans bouillir. Saucer avec sauce piquante ou poivrade (v. SAUCE). Cuisson, 40 minutes.

Émincer. Couper une viande en tranches très minces.

Émonder. Enlever la peau qui recouvre les cervelles de mouton ou de veau.

Se dit aussi des amandes dont on enlève l'enveloppe.

Endive, 246.

Énerver. Enlever les nerfs d'un aloyau, d'une volaille, pour éviter leur déformation à la cuisson.

Entrecôte. V. BŒUF.

Entrée. Mets qu'on sert au commencement d'un repas, avant le rôti.

Entremets, 241. V. aussi BABA, BRIOCHE, CRÈME, etc.

Épaule : de bœuf, 131 ; — de mouton roulée, 139 ; — de veau, 145.
— *D'agneau ou de mouton, rôtie ou farcie.* Désosser. Faire une bonne farce ; la rouler. Braiser avec oignons, carottes, bouquet garni. Saucer avec son fond. Cuisson, 1 heure.
— *De veau ou de chevreuil, braisée ou rôtie.* Entière, avec garniture épinards, oseille ou purée de marrons. Cuisson, 1 h. 10.

Éperlans, 216 ; — à la brochette, 233.
— *Frits.* Fariner. Jeter à friture bouillante. Servir avec persil frit. Cuisson, 3 à 4 minutes.
— *Au gratin.* Les ranger sur un plat beurré. Verser une cuillerée à soupe de vin blanc. Préparer un hachis de champignons, une bonne sauce brune et un peu de persil. Saucer les éperlans. Chapelurer. Gratiner au four. Cuisson, 3 à 4 minutes.

Épices : *Quatre épices.* On donne le nom de « quatre épices » aux quatre condiments suivants : cannelle, clou de girofle, muscade et poivre. Le myrte piment réunit à lui seul ces quatre propriétés condimentaires.

Épigramme d'agneau. V. AGNEAU

Épinards, 246.
— *A la crème.* Bien laver les épinards. Les hacher. Les mettre avec un morceau de beurre et bien chauffer. Incorporer à la dernière minute deux ou trois cuillerées à soupe de crème. Cuisson, 12 à 13 minutes.
— *Au sucre.* Ajouter une cuillerée de sucre.
— *Au jus.* Procéder de même ; mais remplacer la crème par un bon jus de veau.

Éplucher. Enlever la pelure, l'enveloppe des légumes, des fruits.

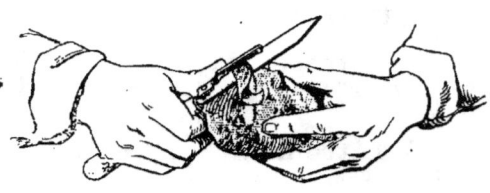

Manière d'éplucher les pommes de terre.

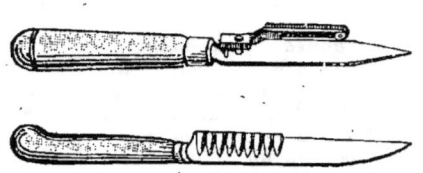

Couteaux à éplucher.

Escalope, 143.
— *De veau.* Couper les morceaux sur la noix. Faire sauter au beurre. Choisir la garniture que l'on préfère : légumes verts, champignons, tomates, etc. Cuisson, 8 minutes, 4 de chaque côté.

Escaloper. Couper en minces tranches la chair d'une viande, d'un poisson. Servir avec la garniture que l'on préfère.

Escargots, 223.
— *A la bourguignonne.* Dégorger dans de l'eau salée. Cuire à la casserole avec la valeur d'une bouteille de vin blanc, ail, laurier, thym, persil. Les sortir de la coquille. Laisser égoutter. Nettoyer ces coquilles, y remettre les escargots.
Préparer préalablement un beurre avec 250 grammes d'échalote, deux gousses d'ail, une poignée de persil. Hacher le tout très fin. Mélanger. On bouchera alors légèrement la coquille des escargots ; on les mettra chauffer. Cuisson, 4 heures.

Estouffade à *la bourguignonne.* Faire revenir des quartiers de bœuf choisis dans la culotte un peu grasse, avec oignons et 500 grammes de lard. Couper en dés pour une quantité de 1 kilogr. 500 de bœuf. Fariner légèrement comme pour un ragoût. Mouiller avec un litre de bourgogne et un demi-litre de consommé. Laisser cuire 2 h. 1/2 et servir avec quelques croûtons passés au beurre.

Estragon, 96.

Esturgeon, 216.
Ébarber. Nettoyer. Cuire 18 à 20 minutes au court-bouillon. Servir avec sauce blanche.

Étaminer. Faire passer une sauce au travers d'un tissu léger appelé *étamine.* (V. fig., p. 455.)

Étouffée (*A l'*). Mode de cuisson qui consiste à mettre sur le feu les viandes et les légumes dans des vases bien clos et qui ne laissent échapper que le moins de vapeur possible. On dit aussi *à l'étuvée.*

Étuve électrique, 373.

Étuvée (*A l'*). V. ÉTOUFFÉE (*A l'*).

Event (*Goût d'*), 322.

Extrait de viande : Valeur alimentaire, 16.

F

Faïence : de Nevers, 395. — Services à dîner en faïence, 405.

Faisan : Choix, 191.
— *Rôti.* Plumer. Vider. Barder. Rôtir. Cuisson, 1 heure.
— *Farci.* 250 grammes de foie gras. 150 grammes de truffes. Braiser avec un verre de madère et un peu de fond blanc. Étant préparé de cette façon, on peut le manger froid en faisant une gelée avec son fond.

Faisander, 191. Donner au gibier en le gardant quelque temps un certain fumet que prend le faisan en se mortifiant.
Se dit également de toute viande qu'il est utile de garder avant de l'apprêter.

Farce. Une farce n'est autre chose que la viande d'un animal de boucherie ou d'un poisson qui a été hachée et à laquelle on a mêlé des condiments. Il en existe une grande variété.

— *De poisson*. Faire une petite farce bien cuite, composée de 50 grammes de beurre, un demi-litre d'eau, un peu de sel ; incorporer 50 grammes de farine. Travailler le tout sur le feu. Prendre des filets de barbue, de sole, de merlan, de turbot, au choix. Hacher. Piler le tout ensemble dans le mortier en y ajoutant deux œufs. Avec cette farce on peut faire aussi des quenelles.
— *De volaille, de gibier*. Procéder de même que pour le poisson, en remplaçant la chair de poisson par la chair de volaille ou de gibier.

Farcin, maladie, 119.

Farcir. Remplir l'intérieur d'une volaille, le creux d'un artichaut, d'un champignon, d'une tomate, etc., avec une farce. V. ce mot.

Farine, 29.

Fariner. Saupoudrer légèrement de farine, viandes, rognons, etc., ou les rouler dans la farine.

Faux-filet, 124, 127 ; — bardé, 133.
Se cuit comme le filet. V. BŒUF.

Fer, dans la batterie de cuisine, 382.

Féra, poisson, 210.

Feuilletage. On donne ce nom aux pâtes qui servent à la confection du vol-au-vent, etc.

Fèves, 247.
— *A la crème*. Cuire à l'eau et au sel. Rouler avec un morceau de beurre et deux cuillerées de crème. Cuisson, 15 minutes.
— *En macédoine*. Prendre carottes, navets, les couper de la grosseur d'une fève. Ajouter haricots verts, petits pois. Assaisonner avec beurre, sel, un peu de sucre.

Figues, 272.

Filet, 123, 127 ; — piquage, 129 ; — piqué et bardé, 133.
— *De bœuf*. V BŒUF.
— *De volaille ou aiguillettes*. Plumer. Vider. Trousser. Barder. Braiser. Laisser refroidir et lever les filets en aiguillettes très fines. Coucher sur un lit de champignons ou de navets. Saucer avec sauce suprême (V. SAUCE). Cuisson, 25 à 30 minutes.
— *De canard*. Rôtir au lieu de braiser. Procéder comme ci-dessus en changeant la garniture, qui doit être purée de marrons. Sauce salmis, ou le sang seulement. Cuisson, 25 minutes.
— *De maquereau*, 231. Lever les filets. Pocher et saucer avec n'importe quelle sauce du filet de sole (v. SOLE). Cuisson, 20 minutes.
— *De maquereau à la vénitienne*. Réduction de vin blanc, estragon, une pincée d'épinards. Monter au beurre et saucer.
— *De merlan*, 232. Procéder de même que pour les filets de sole et de maquereau.
— *De mouton braisé*. Désosser. Rouler. Carottes, oignons, bouquet garni. Cuire 1 h. 1/2. Garnir avec épinards, oseille ou toute autre purée de légumes.
— *De sole*. V. SOLE.

Financière et Sauce financière.
Mettre dans une casserole du beurre, quelques morceaux de jambon maigre, une cuillerée de farine ; faire prendre couleur, mouiller avec bouillon et vin blanc sec (par moitié) ; ajouter des champignons, un peu de laurier, du thym, du poivre, du sel ; laisser mijoter et réduire à point ; tout cela constitue la sauce. On enlève alors le laurier, le thym, et l'on ajoute les morceaux de volaille que l'on veut utiliser, coupés en carrés, puis une cervelle coupée en morceaux et des olives ; après quelques minutes de douce cuisson, on verse dans un plat creux en dressant des écrevisses par-dessus.

Fines herbes. Les fines herbes sont le cerfeuil, l'estragon, le persil, et aussi la ciboulette et la ciboule.

Flamber. Après l'avoir plumée, passer rapidement une volaille, une pièce de gibier à plumes au-dessus de la flamme d'un feu ardent, en les tournant, pour enlever le duvet.

Flan.
— *Aux pommes*. Faire une pâte de tarte bien beurrée. Couper les pommes en lames. Les diviser harmonieusement. Cuire 3/4 d'heure. Saucer avec sirop d'abricots.
— *Aux abricots, aux pommes*, etc. Même procédé.

1° Passage d'une sauce épaisse à l'aide de deux cuillers en bois.

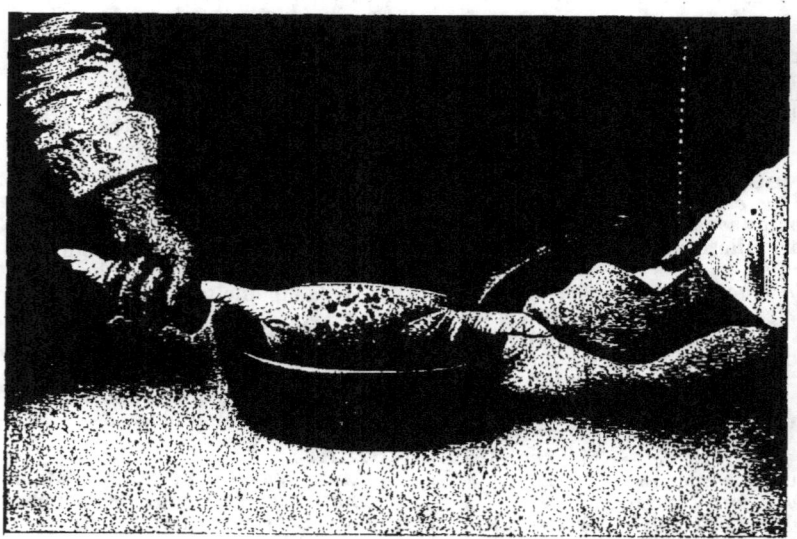

2° Passage par torsion d'une sauce claire, d'un jus.

PASSAGE DES SAUCES A L'ÉTAMINE

Flanchet, 125.

Foie : de bœuf, de veau, de mouton, 148.
— *De veau*. Couper en tranches très minces. Sauter au beurre avec un jus de citron, un peu de fines herbes. Cuisson, 6 à 8 minutes.
— *De volaille en brochettes*. Sauter au beurre. Embrocher en intercalant un morceau de lard et un champignon. Griller 6 minutes. Dresser sur un beurre à la maître d'hôtel.

Foie gras. *Pâté de foie gras*, 295 et suiv.
— *Foie gras à la Rimini*. Escaloper le foie de la volaille. Passer à la farine. Sauter au beurre. Déglacer avec un peu de madère. Servir avec sauce brune et truffes coupées en lames.
— *Foie gras à la Souvaroff*. Clouter le foie. Le braiser en entier avec deux verres de porto, un peu de foie de veau. 12 minutes de cuisson. Servir avec son fond.
— *Pain de foie gras*. Hacher. Passer au tamis. Faire une petite farce légère avec porc frais gras et maigre. Mélanger le tout. Incorporer un peu de glace de viande avec un peu de madère, deux blancs d'œufs pris en neige. Verser dans un moule. Cuire au bain-marie 30 minutes. Renverser, étant refroidi, sur un plat.
On procède de même pour les pains de volaille, de gibier, etc.

Foncer. Garnir le fond d'une casserole avec carottes, navets, oignons, etc.
On *fonce un moule* en le garnissant d'une pâte, d'une crème.

Fond. Coction d'une viande, d'une volaille, d'un gibier avec de la graisse, du beurre, des condiments. V. FONCER.

Fouetteur. Ustensile qui sert à battre les œufs, les crèmes, etc.

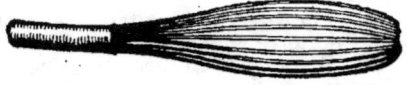

Fouetteur, pour battre les œufs, les omelettes.

Fourneau : Différents modèles, 360 et suiv.; — potager, 361; — de construction et portatif, 362; — entretien, 370; — fourneaux électriques, 372 et suiv.

Fraise de veau. Membrane qui enveloppe les intestins du veau.
Blanchir. Faire cuire à l'eau et au sel 30 à 35 minutes. Servir avec une sauce vinaigrette.

Fraises, 271, 277.
— *Au champagne*. Mettre dans une timbale à double fond. Arroser de champagne et de sucre. Remplir le double fond de glace.
— *Glacées*. Macérer dans le marasquin. Rouler dans une glace.

Framboise, 276.

Frapper. Soumettre une boisson à l'action d'un réfrigérant, de la glace.

Frémir. Se dit d'un liquide dont on entend le bouillonnement alors qu'il est sur le feu.

Friand, pâté, 155.

Fricandeau : piqué, 142.
Piquer la noix de veau. Braiser pendant 1 h. 1/2. Servir dans son jus. Garnir avec oseille, épinards ou purée de navets.

Fricassée. V. POULET *en fricassée*.

Friture, 18.
— *D'ablettes, de goujons, d'éperlans*. Jeter dans la friture bouillante, laisser 10 à 12 minutes. Servir avec persil frit.

Froid (*Le*) et les appareils réfrigérants, 333.

Fromages : Catégories, 26; — composition, digestibilité, 27; — de charcuterie, 158. — Historique, confection, 261; — variétés, 262; — frais, 262; — fermentés, 263. — Tableau des fromages, 264, 265. — Falsifications, 266. — Saisons et qualités, 267, 268.

Fruitier, fruiterie, 272.

Fruits : Composition, 35, 36; — variétés, récolte et expédition, 269; — frais, 270; — secs, 271. — Conservation, 272.
— *Croûte aux fruits*. V. CROUTE.

Fumet. C'est le jus d'une pièce que l'on a fait braiser ou rôtir et qui est tombé au fond de la casserole. On obtient un fumet en recueillant le jus de l'aliment que l'on prépare.

Foncer une casserole avec carottes, oignons, les couper en rouelles. Pincer légèrement avec carcasse de perdreau ou autre gibier. Mouiller à fond blanc. Cuire 1 h. 1/2.

Même procédé pour les fumets de *volaille*, etc.

G

Galantine, 156.

— *De volaille*. Désosser un beau poulet sans déchirer la peau. Enerver le mieux possible. Faire une farce composée de 200 grammes de volaille, 200 grammes de veau, 300 grammes de porc. Etaler cette farce en intercalant des truffes au milieu des morceaux de volaille. Rouler dans une serviette en liant fortement les deux bouts. Marquer avec oignons, carottes, bouquet garni, un fond. Ajouter la carcasse du poulet. Laisser cuire 2 heures. Mettre en presse en laissant refroidir, et se servir du fond pour faire une bonne gelée.

— *De gibier*. Même procédé.

Galette.

— *De ménage*. Pour 500 grammes de farine passée au tamis, prendre 250 grammes de beurre, 2 décilitres d'eau, une bonne pincée de sel. Manipuler le tout. Laisser reposer une demi-heure avant de cuire.

Garbure. Mets des provinces du midi de la France. C'est une soupe composée de légumes cuits ensemble : carottes, navets, choux, petits pois, haricots verts, pommes de terre, pois cassés; on y ajoute du salé d'oie, du jambon et du lard. Bien beurrer. Cuisson, 1 h. 1/2.

Gardon, poisson, 209.

Garniture. On nomme *garniture* une substance alimentaire qui sert à accompagner, à « garnir » une autre substance. Il existe d'innombrables variétés de garnitures. Les légumes servent à garnir, à entourer les viandes. Les crustacés, les mollusques accompagnent souvent les gros poissons et différents mets.

— Pour entrées. *Bouquetière*. Fonds d'artichauts garnis de carottes, de petits pois, de haricots verts, de pointes d'asperges, de choux-fleurs.

— *Dauphine*. Pommes de terre en purée liées aux jaunes d'œufs, dressées en forme de brioches, et frites.

— *Duchesse*. Même procédé, mais cuisson au four.

— *Flamande*. Choux farcis, carottes, navets, pommes de terre nature.

— *Financière*. Crêtes de coq, champignons, truffes, quenelles; madère et sauce brune.

— *Godard*. Même recette que la financière, mais ajouter pour les grosses pièces des quenelles décorées aux truffes.

— *Hongroise*. Pommes de terre émincées avec oignons braisés; servir en bouquet.

— *Italienne*. Macaroni lié au fromage, avec légumes moulés dans des moules à baba. Intercaler la garniture.

— *Lyonnaise*. Pommes de terre sautées avec moitié d'oignons.

— *Milanaise*. Macaroni lié au fromage, additionné d'une julienne, de jambon, de truffes, de champignons.

— *Moderne*. Tomates farcies et pommes de terre fondantes.

— *Nivernaise*. Choux braisés et pommes de terre fondantes.

— *Renaissance*. Pommes de terre duchesse, macédoine de légumes en bouquet, choux-fleurs nappés de sauce. Bouquet de pointes d'asperges.

— *Richelieu*. Laitue braisée, pommes de terre fondantes, tomates farcies, champignons farcis.

— *Richemond*. Morilles et truffes.

— *Toulousaine*. Cèpes, aubergines et tomates farcies.

— Pour filets et tournedos. *Armenonville*. Fonds d'artichauts tombés au beurre, coupés avec un peu de feuilles d'artichauts, tomates concassées au beurre.

— *Choron*. Sauce béarnaise concassée et fonds d'artichauts garnis de petits pois.

— *Cussy*. Jambon coupé en dés et olives tournées.

— *Forestière*. Cèpes farcis et pommes de terre château.

— *Foyot*. Sauce béarnaise sans fines herbes, additionnée de glace de viande et pommes de terre noisette.

— *Henri IV*. Pommes de terre paille et sauce béarnaise.

— *Marie-Stuart*. Julienne de jambon et épinards en bouquet.

— *Marinette.* Pommes de terre lorette, champignons et truffes.
— *Massenet.* Pommes de terre anna et pointes d'asperges.
— *Masséna.* Fonds d'artichauts avec moelle.
— *Mirepoix.* Carottes, oignons, thym, laurier. Hacher le tout très fin. Ce hachis sert seulement à donner du goût aux sauces. Avant de saucer, passer à l'étamine.
— *Mirabeau.* Beurre, filets d'anchois, pommes de terre paille.
— *Orientale.* Champignons, aubergines et tomates farcies.
— *Parisienne.* Laitue braisée et pommes de terre croquettes.
— *Portugaise.* Tomates farcies et pommes de terre château.
— *Provençale.* Tomates farcies avec ail; courges farcies, haricots verts.
— *Rachel.* Pointes d'asperges et fonds d'artichauts.
— *Rossini.* Foie gras et truffes sauce madère.

Gâteau : Divers, 291, 293.
— *D'amandes, de riz.* V. ces mots.

Gaz (*Appareils à*), 371.

Gelée. Suc de viande qui en se refroidissant s'est épaissi et a pris une consistance molle et élastique.
— *De viande.* Foncer une casserole avec oignons, thym, carottes, ail. Faire pincer légèrement 2 kilogr. de veau, un bout de jarret, 1 kilogr. de bœuf bien maigre, 500 grammes de couenne de lard. Prendre les carcasses de volaille dont on pourra disposer. Laisser cuire pendant 2 heures, lentement pour éviter de troubler. Passer et ajouter huit feuilles de gélatine par litre. Clarifier aux blancs d'œufs.
Même procédé pour la *gelée de gibier*, remplaçant la volaille par un perdreau, un faisan, etc.
— *De kirsch* (entremets). Un litre d'eau, 300 gr. de sucre, 30 grammes de gélatine, deux petits verres de kirsch clarifié avec un blanc d'œuf. Manipuler.
Même procédé pour les autres gelées, *de citron, d'orange, coing*, etc.

Gelinotte, 193. Plumer. Vider. Barder. Rôtir 20 minutes. Servir sur croustades.
— *A la paysanne.* Faire revenir au beurre, y adjoindre des croûtons de pain, champignons et lard.
— *Au genièvre.* Même procédé, en y ajoutant une pincée de grains de genièvre.

Gibelotte *de lapin.* V. LAPIN.

Gibier : Composition des viandes du gibier, 19; — variétés, 187 et suiv. — Gibier d'eau, 194. — Conservation, 194. — Pâté, terrine, timbale, 295 et suiv. V. aussi LAPIN, LIÈVRE, etc.

Gigot, 133, 136. — Découpage, 138.

Manches à gigot.

— *Rôti* (de mouton ou d'agneau). Piquer à l'ail si on aime ce condiment. Saler. Faire rôtir 40 à 45 minutes pour gigot ordinaire.
— *Braisé à l'anglaise.* Pocher dans une marmite bien garnie de légumes, pendant 40 minutes. Servir avec des pommes de terre nature et des navets à l'anglaise.
— *De chevreuil.* V. CHEVREUIL (*Cuissot de*).

Gingembre, 97.

Girofle (*Clous de*), 97.

Gîte à la noix, 124, 127, 133.

Glace et appareils réfrigérants, 333 et suiv. — Emploi de la glace, 339.
— *A la vanille.* Un litre de lait, dix jaunes d'œufs, 350 grammes de sucre en poudre, une gousse de vanille. Faire cuire le tout à feu doux. Travailler et placer dans une sorbetière.
— *Au chocolat, au café.* Mêmes procédés.

Glace de viande. Se fait avec des fonds très corsés en viande, mais sans sel. Faire réduire jusqu'à ce que cela vienne à l'état de sirop.

Glacer. Recouvrir les viandes piquées et rôties d'un jus de viande, avec un pinceau.

Recouvrir d'une légère couche de sucre râpé les beignets, etc.
Préparer des entremets à la glace.

Glacière, 335, 341 et suiv.

Gorgonzola, fromage, 268.

Goujons, 209.
— *Frits.* Passer à la farine. Jeter dans friture bouillante. Servir avec jus de citron et persil frit. Cuisson, 4 minutes.
Ce poisson ne s'accommode pas autrement.

Gournay, fromage, 268.

Graisses, 6; — digestibilité, 21.

Gras-double. Partie la plus grasse, la plus épaisse des intestins du bœuf.
On doit d'abord laver le gras-double à l'eau bouillante; puis on le laisse tremper longtemps dans l'eau fraîche, que l'on renouvelle souvent. Après quoi on le fait cuire à l'eau pendant 4 ou 5 heures, avec assaisonnement ; et afin qu'il reste blanc on ajoute une cuillerée de farine.
Il y a plusieurs manières de préparer le gras-double, mais on doit toujours le couper en petits carrés.
— *Ordinaire.* Émincer le gras-double. Ajouter même proportion d'oignons. Sauter à la poêle. Saler, poivrer et laisser rissoler 10 à 15 minutes. Y joindre un filet de vinaigre.
— *Tripes à la mode de Caen.* Tripes crues, pieds de veau, oignons, un litre de vin blanc. Placer le tout dans une terrine fermée hermétiquement. Laisser cuire 6 heures au four.

Gratiner.
Pour gratiner viande, poisson, légumes, on assaisonne au beurre ou à l'huile, en y joignant un hachis de fines herbes, champignons, échalotes; on sale, on poivre, on saupoudre de chapelure (v. ce mot) et l'on met gratiner avec feu dessus et de sous.

Gremille, poisson, 210.

Grenade, 278.

Grenouilles.
— *Frites.* Passer à la farine. Jeter dans friture bouillante. Servir avec persil frit et sauce tomate. Cuisson, 10 à 12 minutes.
— *A la poulette.* Blanchir dans une cuisson de champignons. Faire une petite sauce blanche avec cette cuisson, accompagnée de champignons, oignons. Cuisson, 10 à 12 minutes.
— *Sautées au beurre.* Passer à la farine. Cuire à la poêle avec beurre, fines herbes, jus de citron, 10 à 12 minutes.

Gril double. Gril permettant de placer du charbon de bois sur le dessus. On évite ainsi de retourner le bifteck, la côtelette. S'emploie surtout pour faire griller le pain.

Gril double.

Grillage *des viandes*, 14.

Grives, 194.
— *Rôties.* Barder et servir sur croustades. Cuisson, 15 minutes.

Grog.
— *Au rhum.* Les 3/4 d'un verre d'eau chaude, un verre de rhum, une tranche de citron, un morceau de sucre.
— *Américain.* Rhum additionné de sirop dans la proportion d'un tiers. Une tranche de citron.

Groseilles, 278.
— *Confitures.* 1 kilogr. de jus de groseilles, 2 kilogr. de sucre. Laisser cuire 45 minutes.
— *Gelée.* V. ce mot.

H

Habiller. Bien trousser une volaille.

Hachis, 156.

Hampe *du bœuf*, 125, 126.

Hareng, 214.

Haricots blancs, 247.
— *A l'ordinaire.* Cuire à l'eau et au

sel; bien beurrer; ajouter fines herbes. Cuisson, 1 h. 10 à 1 h. 20.
— *En purée.* Même procédé. Passer au tamis.
— *A l'anglaise.* Cuire et servir comme les ordinaires, mais beurre à part.
— *A la bretonne.* Hacher des oignons, ajouter tomates, mélanger le tout avec les haricots.

Haricots verts :
— *A l'ordinaire.* Blanchir à l'eau et au sel. Sauter au beurre. Cuisson, 20 à 25 minutes.
— *A la lyonnaise.* Oignons émincés sautés à la poêle; mélanger le tout avec les haricots verts.
— *En purée.* Passer au tamis, avec petite sauce béchamel; bien beurrer.

Hochepot: *Queue en hochepot.* V. BŒUF.

Hollande, fromage, 267.

Homard, 220, 221; — découpage, 234 et suiv.
Se cuit au court-bouillon avec sel, vinaigre. Se sert chaud avec beurre fondu ou sauce hollandaise. Cuisson, 25 à 30 minutes. Le homard servi froid est accompagné d'une sauce verte ou d'une mayonnaise V. SAUCE.
— *A l'américaine* (pour 4 personnes). Faire une mirepoix bordelaise avec oignons, carottes, laurier, un peu de thym. Hacher très fin. Assaisonner de poivre et de sel. Cuire au beurre, à feu doux, 20 minutes. — Découper le homard : séparer les pattes en les cassant; couper la queue en cinq, la carapace en deux. A l'intérieur de la carapace se trouve une substance grisâtre appelée *corail* que l'on retire et met de côté sur une assiette. Une fois découpé, mettre le homard sur un plat à sauter avec 100 grammes de beurre. Faire revenir à feu vif 4 à 5 minutes. Mouiller avec un verre à bordeaux de cognac que l'on fait flamber. Ajouter deux verres de vin blanc, tomates hachées, persil, cerfeuil, estragon, la mirepoix préparée comme il a été dit plus haut, et un peu de sauce tomate. Laisser cuire 18 à 20 minutes. — Une fois cuit, retirer le homard et dresser sur le plat que l'on veut servir. Faire cuire la sauce jusqu'à réduction. Y ajouter le corail préalablement travaillé avec 50 grammes de beurre. Faire cuire encore 1 ou 2 minutes. Retirer du feu Ajouter 300 grammes de beurre en petits morceaux et un peu de citron. — Saucer le homard et servir.
— *Pilau de homard.* V. PILAU.
— *Thermidor.* (Recette inédite) : Fendre le homard vivant. Le cuire au four, avec huile et beurre, 18 à 20 minutes. Préparer une réduction ainsi composée : un verre de vin blanc, estragon haché, une cuillerée de fumet de poisson. Monter le tout avec deux cuillerées de moutarde anglaise et une cuillerée de sauce. Vider la carapace. Hacher le homard. Garnir la carapace avec une couche de sauce, sur laquelle on place le homard. Recouvrir avec le reste de la sauce. Fromager et glacer au four.
— *Mac-Kinley.* (Recette inédite) : Faire cuire le homard dans fumet de poisson, vin blanc, carottes et oignons coupés en rouelles. Désosser le homard. Escaloper. Dresser sur un plat en conservant la carapace de la tête, que l'on place au bout du plat. Réduire cette composition en y incorporant une grosse truffe coupée en lames, un peu de sauce de poisson, et napper avec le tout. Cuisson, 12 à 20 minutes.

Hors-d'œuvre, 100.
HORS-D'ŒUVRE (*Bateaux de*) : *De hareng saur.* Mariner dans huile d'olive légèrement vinaigrée et petits oignons.
— *De jambon.* Couper en minces tranches, garnir d'un peu de gelée.
— *De langue.* Procéder de même.
— *De rosbif.* Procéder de même.
— *De saumon fumé.* Dresser avec persil.
— *De thon.* Dresser avec persil.

Huîtres : Ouverture, 101; — digestibilité, 102.
— *A la portugaise.* Un peu de sauce tomate. Chapelurer et glacer au four.

Hure.
— *Aux pistaches,* 156.

Hydrates *de carbone,* etc., 6.

Hygiène *de l'alimentation,* 1.

I J

Intestins : du bœuf, du mouton, du porc, 149.

Jambe *de bœuf,* 124.

Jambon, 152; — de Paris, 154; — fumé, roulé, 155. — Découpage, 157.
Cuire à l'eau un quart d'heure par livre. Servir avec sauce madère et épinards, ou bien petits pois jardinière.

Jambonneau, 152, 155, 159.
Joue du bœuf, 126.
Jumeaux du bœuf, 132.

K

Karis. Condiment jaune venant de l'Inde, dans lequel se trouve du piment, de la coriandre et du curcuma. Pour le composer, on mêle au poivre de Cayenne de nos jardins du safran et on pulvérise le tout. Cela est très échauffant.
— *Poulet au karis.* Faire sauter un poulet. Détailler comme à l'ordinaire. Déglacer avec un verre de vin blanc, une cuillerée de karis, un morceau de glace de viande. Monter à la crème double. Servir en même temps un riz pilau préparé au karis.
— *Agneau au karis.* Couper en gros dés. Faire revenir légèrement. Passer à la farine. Mouiller au fond blanc et vin blanc. Servir à part le riz au karis
Kirsch (*Gelée de*). V. GELÉE.

L

Ladrerie des viandes, 117.
Lait, 22. — Composition, 24 ; — inconvénients et avantages, 24 ; — digestibilité, 25.
— *D'amandes* Faire bouillir un litre de lait, jeter au moment où il commence à entrer en ébullition 100 gr. d'amandes hachées, deux petits verres de sirop d'orgeat. Passer le tout et servir.
— *De poule.* Deux jaunes d'œufs, les fouetter avec un demi-litre de lait. Faire chauffer au point de bouillir. Aromatiser avec un peu de fleur d'oranger.
Laitue, 248.
— *Au jus.* Bien laver les feuilles. Les blanchir. Les ficeler. Les mettre braiser avec oignons, carottes, bouquet garni et barde de lard. 1 h. 1/2 de cuisson. Faire réduire la préparation, y ajouter un peu de glace de viande.
— *A la crème.* Même préparation. Mais éviter de laisser prendre couleur. Finir le fond avec de la crème double.
— *Farcie.* Blanchir. Ouvrir. Mettre au centre une farce fine à base de champignons. Braiser comme la laitue au jus.

— *Salade aux œufs.* Durcir les œufs et les couper en rouelles dans la sauce.
Lamproie, 211.
— *Frite.* Rouler dans la farine et mettre à friture bouillante. Cuisson, 15 minutes.
Langouste, 220; — Découpage, 237.
— *Au court-bouillon.* Carottes, oignons, thym, ail, laurier, vinaigre, sel, poivre. Faire cuire à gros bouillons. 25 minutes de cuisson par kilogramme. Servir avec sauce mayonnaise ou rémoulade. V. SAUCE.
— *Au cardinal.* Faire cuire entière dans vin blanc. Fendre la langouste. Escaloper les chairs. Préparer une bonne sauce béchamel réduite, et y incorporer un fort beurre d'écrevisses. Garnir le fond de la carapace d'une cuillerée de cette sauce, y coucher les morceaux de langouste. Recouvrir avec le reste de la sauce. Saupoudrer de fromage. Faire glacer au four.
— *A la Xavier.* Même préparation que la précédente, mais ne pas mettre de beurre d'écrevisses. Ajouter des lames de truffes et des champignons.
Langue, 133, 148.
— *De bœuf à l'italienne.* Blanchir. Enlever la peau. Braiser avec fond blanc, vin blanc et cognac, oignons, carottes, thym, laurier. Hacher une demi-livre de champignons. Les mouiller avec le fond de la langue. Servir en sauçant la langue qui a été coupée en lames. Puis faire blanchir, 1 heure. Laisser mijoter une demi-heure.
— *Au gratin.* Procéder de même, en tenant la sauce plus serrée. Saupoudrer de chapelure, Gratiner au four.
— *En papillote.* Préparer la sauce de même que pour le gratin. Escaloper la langue ; la placer entre deux cuillerées de cette sauce. Couper une double feuille de papier blanc en forme de cœur. Y placer la préparation. Replier les deux feuilles l'une sur l'autre, en ayant soin que l'air y passe. Faire souffler au four. Huiler le papier pour éviter qu'il brûle.
— *Soubise.* Braiser et couvrir avec une sauce Soubise. V. SAUCE.
Lapin : Variétés, 187 ; — choix, 188.
— Comment dépouiller un lapin, 195 ; — le vider, 197 ; — le découper, 199, 203.

— *En gibelotte.* Découper avec soin en morceaux. Faire revenir avec un peu de lard et une pincée de farine. Mouiller moitié vin blanc et eau. Joindre bouquet garni, oignons, champignons et même quelques pommes de terre. Laisser cuire une heure et demie.

— *Sauté chasseur.* Dépouiller. Vider. Détailler. Faire revenir avec moitié huile et moitié beurre. Préparer une livre de champignons. Escaloper. Jeter trois échalotes hachées. Mettre au feu vif sans laisser pincer. Mouiller avec deux verres de vin blanc, un verre de cognac, un peu de fond blanc, persil haché au moment de servir et une cuillerée de sauce tomate. Cuisson, 1 h. 1/4.

Même procédé pour le lapereau.

— *Rôti.* Dépouiller. Vider. Brider. Mettre à la broche. Cuisson, 1 h. 1/4.

Larder. Traverser la viande à intervalles égaux avec la lardoire, au bout de laquelle est un petit morceau de lard.

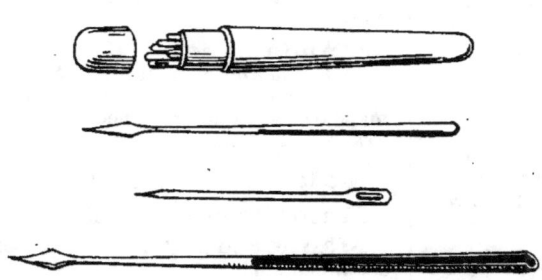

Lardoires.

Lard gras : Découpage, 128, 152.

Laurier commun, 97.

Lèchefrite. Ustensile servant à recevoir le jus ou la graisse d'un rôti.

Lavaret, poisson, 210.

Légumes : Composition, digestibilité, 35. — Les légumes, 239; — frais, 240; — secs, desséchés, conservés, 241. V. aussi au nom de chacun d'eux.

Légumineuses : Composition, 32; — digestibilité, 33.

Lentilles, 248.

— *A l'eau.* Tremper deux ou trois heures. Cuire 1 h. 10 m. avec oignons et bouquet garni.

— *Au lard.* Couper le lard en dés. Faire revenir au beurre. Jeter le lard dans les lentilles. Cuisson, 1 h. 10 m.

— *A la maître d'hôtel.* Se sert accompagné d'un beurre persillé. Cuisson, 1 h. 10 m.

Liaison. Opération qui a pour but de rendre les sauces onctueuses,

Manière de faire une liaison.

savoureuses, en mélangeant tous les éléments de l'assaisonnement de façon que toutes ces matières ne forment pour ainsi dire qu'un tout complet, délicat au goût. On se sert principalement des jaunes d'œufs pour faire les liaisons ; mais on lie aussi parfois à la fécule.

— *Au beurre.* Manier une quantité égale de beurre et de farine, et jeter le tout dans la sauce que l'on veut lier.

— *Aux jaunes d'œufs.* Mélanger lentement ces jaunes d'œufs avec la sauce.

— *Au roux.* Faire revenir du beurre. Y jeter la farine. Mouiller en ayant soin de bien fouetter en mélangeant.

— *Au sang.* Faire très vite cette liaison, telle que pour un civet, en évitant de la faire bouillir, le sang se coagulant aussitôt.

Lier. Faire une liaison. V. ci-dessus.

Lièvre : Choix, 188.

— *Civet de lièvre.* Dépouiller. Conserver le sang. Couper en morceaux. Faire revenir avec lard. Fariner légèrement. Mouiller moitié vin rouge, moitié bouillon blanc. Additionner des petits oignons et des champignons. Laisser cuire 2 h. 1/2. Au moment de servir, lier avec la sauce et deux verres de fine champagne.

— *Râble.* Piquer. Rôtir. Servir avec sauce venaison ou poivrade (V. SAUCE). Cuisson, 2 h.

Limande, 216.
— *Frite.* Vider. Fariner à friture bouillante. Vin blanc ou gratin. Cuisson, 15 minutes.

Limonade.
Se fait avec sucre et soda ou eau de Seltz, additionnés de jus de citron.

Limoner. Après avoir mis les poissons à échauder (v. ce mot), on leur enlève avec un couteau les écailles et le limon qu'ils peuvent avoir sur la peau ; cela s'appelle *limoner.*

Liqueurs, 331 ; — tableau du degré en alcool des eaux-de-vie et liqueurs, 332.
— *Fraîches.* Se fait avec de la glace pilée, orange ou citron pressés. Consommer en aspirant lentement avec un chalumeau.

Livarot, 268.

Loche, 210.

Longe de veau, 142, 143.
— *Rôtie ou braisée.* Désosser. Garnir avec garniture jardinière ou autre. Cuisson, 45 à 50 minutes.

Lotte, 211. Poisson qui se mange habituellement sauté à la poêle ou poché au gros sel, avec sauce hollandaise, beurre fondu. Cuisson, 16 à 20 minutes.

M

Macaroni.
— *A l'italienne.* Pocher 20 minutes. Égoutter. Lier avec 250 grammes de fromage râpé et un morceau de beurre.
— *Au gratin.* Préparer comme ci-dessus. Mettre dans un plat à gratin, en alternant le macaroni avec 3 à 4 couches de fromage râpé. Chapelurer et mettre au four. Cuisson, 20 minutes.
— *A la napolitaine.* Même procédé ; ajouter sauce tomate.
— *A la milanaise.* Même procédé ; joindre julienne de jambon, langue, truffes, champignons.

Macarons.
Pâte d'amandes. Coucher à la poêle en petites boules. Cuire à feu doux. Pistacher avec café ou chocolat.

Macédoine.
— *De légumes.* Carottes, navets, petits pois, haricots verts, flageolets, pointes d'asperges, choux-fleurs liés au beurre. Crème double.
— *De fruits.* Quartiers d'oranges, cerises, abricots, prunes, pêches, noisettes. Macérer dans un sirop à 23°. Aromatiser selon le goût.

Macérer. Tremper pendant un certain temps une substance dans un liquide jusqu'à ce que les parties solubles soient dissoutes.

Mâche, 248.

Macreuse. Variété de canard sauvage. La chair de la femelle est inférieure à celle du mâle. Se prépare comme le canard. Cuisson, 45 à 55 minutes.

Mandarines.
— *En compote.* Avec sirop à 25°.
— *En glace.* Passer la chair de douze mandarines. Mélanger avec une glace. Frapper. V. GLACE.

Maladies du vin, 321.

Mamelle *de vache,* 150.

Maquereau, 217 ; — découpage des filets, 231.
— *Grillé* à la maître d'hôtel. V. SAUCE *maître d'hôtel.*
— *Filets.* V. FILET.

Marinade. Liquide dans lequel on a mis un grand nombre de condiments, de légumes, et où on laisse tremper un aliment pendant plusieurs heures ou plusieurs jours.
Les condiments et les légumes ordinairement employés sont : oignons, carottes, thym, laurier, persil, sel et beaucoup de poivre. Comme liquides, vin blanc et un peu d'huile d'olive.

Mariner. Placer un aliment dans une marinade. V. ce mot.

Marmelade.
— *De pommes.* Pelurer. Enlever les pépins. Émincer. Ajouter en sucre la moitié de la valeur des pommes, une gousse de vanille ou un zeste de citron. Faire cuire en remuant jusqu'à ce que les pommes soient réduites en marme-

lade. Fouetter pour que cette marmelade devienne lisse et consistante. Eviter de la passer, afin qu'elle ne devienne pas noire.

Pour les autres fruits, procéder de même en tenant compte du sucre que contient le fruit.

Marquer. Préparer au mieux un aliment avant de le faire cuire.

Mouiller un aliment avec une sauce, préparée au préalable avec un petit roux. V. ROUX.

Marrons.
— *Grillés.* Fendre légèrement la pelure pour que le marron n'éclate pas. Mettre dans une poêle percée. Cuire 40 minutes en remuant de temps en temps.
— *Bouillis.* Les fendre. Cuire à l'eau sans sel, 30 minutes.
— *En compote.* Cuire à l'eau et au sucre pendant 50 minutes. Les peluger. Les sécher. Rouler dans un sucre à 23°.

Masquer. Recouvrir un mets d'une substance quelconque : sauce, sirop, sucre, etc.

Matelote. V. ANGUILLE.

Mauviettes.
— *Rôties.* Plumer. Vider. Barder. Dresser avec croustades. Cuisson, 12 à 14 minutes.
— *En pâté.* Désosser. Faire une bonne farce de gibier (v. ce mot) et intercaler entre les mauviettes deux abaisses de feuilletage.

Mayonnaise. V. SAUCE.
— *De poulet.* Escaloper un poulet cuit. Le dresser sur un fond de laitue hachée. Le couvrir d'une sauce mayonnaise (v. SAUCE). Décorer avec filets d'anchois, olives, câpres, œufs durs et quelques cœurs de laitues.
— *De poisson.* Procéder de même, en faisant pocher à l'eau et au sel.

Melon, 253.
— *Nature.* Servir toujours glacé.
— *En confiture.* Prendre une demi-livre de sucre pour une livre de melon. Ecraser. Cuire 45 minutes.

Menus : Types adaptés à diverses conditions sociales, 76 et suiv. ; — pour petits, moyens, grands déjeuners et dîners, 419. — Confection des menus quotidiens, 420 ; — menus divers, 424, — menus officiels, 432.

Meringues. Prendre six blancs d'œufs montés en neige. Mélanger avec 250 grammes de sucre en poudre. Coucher à la poche pas trop gros. Cuire à feu doux 20 à 25 minutes.

Merlan, 217 ; — découpage des filets, 232.
— *Filets.* V. FILET.
— *Frit.* Fariner et cuire à friture bouillante, 15 minutes.
— *A la dieppoise.* Pocher au fumet de poisson. Garnir avec moules aux crevettes et champignons. Saucer avec sauce normande. V. SAUCE.
— *Au gratin.* Comme la barbue. V. ce mot.
— *A l'anglaise.* Au court-bouillon. Beurre fondu et pommes de terre nature.
— *Aux câpres.* Sauce vin blanc avec câpres.

Métaux employés pour la batterie de cuisine, 382 ; — plaqués, 388.

Meubles-glacières, 340 et suiv.

Mijoter. Laisser cuire longtemps sur un feu doux.

Mire-œufs. V. ŒUFS.

Mirepoix. V. GARNITURE.

Mise en bouteilles *du vin*, 315.

Mitonner. Même chose que *mijoter* (V. ce mot), mais s'applique plutôt à un aliment liquide (*une soupe mitonnée*).

Mollusques, 222.

Montglas. V. GARNITURE.

Morceaux : de viande, tels que le boucher doit les donner à la ménagère, 127, 132, 139, 143 ; — tête de veau, 146 ; — ris piqué, 146.

Morille. Sorte de champignon.
— *Au beurre.* Bien laver. Jeter à l'eau bouillante. Egoutter au bout d'une minute à la poêle à beurre noisette, sel et fines herbes. Cuisson, 8 à 10 minutes.
— *A la poulette.* Blanchir. Mettre dans un bon velouté fait avec fond blanc et cuisson de champignons.

30

Mortadelle. Gros saucisson d'Italie.
Émincer en lames très fines. Dresser en bateau avec pincées de persil.

Morue, 217.
— *Au beurre fondu.* Cuire sans sel. Servir avec pommes de terre nature. Cuisson, 16 à 18 minutes.
— *Au beurre noir.* Chauffer et jeter le beurre avec persil frit.
— *A l'espagnole.* Faire sauter avec mi-partie tomate, mi-partie piment.
— *A la Mithridate.* Intercaler la morue avec une poignée de fromage. Remplir un plat à gratin de cette composition. Glacer au four. Cuisson, 15 à 18 minutes.
— *Brandade de morue.* V. BRANDADE.

Mou de veau.
— *A la bourguignonne.* Couper le mou en gros dés. Faire revenir au beurre. Fariner légèrement. Mouiller au vin rouge, thym, ail, oignons, carottes. Laisser cuire 1 h. 1/2.
On peut y adjoindre des pommes de terre une demi-heure avant de servir.

Mouiller. Verser doucement un liquide sur un mets pendant sa cuisson.

Moules, 222.
— *A la marinière.* Bien laver. Hacher deux oignons. Prendre un bon morceau de beurre, persil haché, jus de citron. Mettre les moules avec le tout dans l'eau. Cuisson, 4 à 5 minutes.
— *A la poulette.* Procéder de même, en y adjoignant au moment de servir une bonne cuillerée de sauce de poisson pour lier.

Mousse. Crème fouettée, légère et mousseuse.
— *A la vanille.* Préparer une petite anglaise avec six jaunes d'œufs, un demi-litre de lait, 150 grammes de sucre, une gousse de vanille. Faire prendre sur le feu. Mettre deux feuilles de gélatine. Laisser refroidir. Incorporer la valeur d'un litre de crème fouettée. Dresser dans de petits moules. Faire une pleine glace.
Même procédé pour les autres parfums. Pour chocolat, ne pas trop forcer en parfum.

Moutarde, 97.

Mouton : Vue extérieure, 134 ; — qualités, coupe, catégories, 135, — demi-mouton, 137. — Cervelle, côtelette, épaule, gigot, ragoût, pied, poitrine. V. ces mots.

Mulet, 218.
— *Poché au court-bouillon.* Servir avec sauce hollandaise et beurre fondu. Cuisson, 15 minutes.
— *Grillé.* Se sert avec sauce maître d'hôtel.
— *En matelote au vin blanc.* Comme l'anguille (v. ce mot) en remplaçant le vin rouge par du vin blanc.

N

Napper. Recouvrir d'une sauce assez compacte un morceau de viande, une volaille.

Navet, 249.
— *Au jus.* Pelurer. Blanchir à l'eau et au sel. Servir avec un bon jus de veau. Cuisson, 30 minutes.
— *A la crème.* Faire avec le fond où ils viennent de cuire une bonne sauce blanche. Rouler les navets additionnés d'un morceau de beurre.
— *En purée.* Cuire sans trop mouiller. Passer au tamis. Assaisonner avec beurre et crème double.

Neige (*Blancs d'œufs en*). Fouetter les blancs d'œufs pour les monter en neige.

Nettoyage des ustensiles de cuisine, fourneaux, etc. :
— *Aluminium* (*Ustensiles en*). Eau chaude avec un peu de savon minéral.
— *De l'argenterie.* Placer après le repas l'argenterie dans de l'eau bouillante, puis dans de l'eau froide ; essuyer d'abord avec un linge fin, puis avec un morceau de peau.
Pour nettoyer complètement l'argenterie, ce que l'on doit exécuter au moins deux fois par an, on délaye un peu de blanc d'Espagne dans un peu d'eau ou mieux un peu d'eau-de-vie, on frotte l'argenterie d'abord avec des morceaux de linge fin, puis avec un morceau de peau.
Pour donner à l'argenterie son éclat et son brillant, mélangez, en parties égales, du blanc d'Espagne, de la crème de tartre ; ajoutez un quart d'alun pulvérisé ; mouillez le tout, frottez et essuyez comme précédemment, laissez sécher.

L'eau où l'on a fait cuire des pommes de terre est bonne pour faire disparaître les teintes noirâtres que les œufs donnent à l'argenterie. Un peu de suie détrempée dans l'eau-de-vie donne le même résultat.

— *Des couteaux, des fourchettes,* etc. On frotte les couteaux, en les retournant alternativement sur une face et sur l'autre, au moyen d'un bouchon de liège, avec de la cendre mouillée, du sablon, de la brique anglaise. Les couteaux et fourchettes doivent être nettoyés dès qu'on s'en est servi ; on frotte les fourchettes avec des morceaux de peau, en faisant passer la peau entre les dents des fourchettes, puis on essuie.

Les couteaux, fourchettes, cuillers doivent toujours être enfermés dans leurs boîtes.

— *De la cuisine.* V. page 352.

— *Cuivre (Ustensiles en).* A l'intérieur, eau bouillante dans laquelle on a fait dissoudre quelq es cristaux de carbonate de soude, nettoyer, bien essuyer. A l'extérieur, le cuivre peut se nettoyer avec différents produits : rouge anglais, brillant belge, brillantine, etc.

— *Fer (Ustensiles en).* Le nettoyage du *fer poli* se fait à l'aide de grès ou de savon minéral et d'un peu d'eau chaude ; on emploie aussi parfois du gros sel au lieu de grès.

Beaucoup d'ustensiles sont en *fonte* ; il est bon, la première fois qu'une ménagère se sert d'une casserole ou d'une marmite en fonte, d'y faire cuire d'abord des légumes destinés à être jetés, par exemple de vieilles pommes de terre, afin d'enlever à la fonte le goût qu'elle donne la première fois à l'aliment. Le nettoyage se fait comme pour le fer poli.

Le nettoyage du *fer battu* se fait à l'aide d'eau chaude où l'on a fait dissoudre quelques cristaux ; rincer ensuite les pièces à l'eau froide, les essuyer avec un torchon bien sec : la moindre trace d'humidité les exposerait à rouiller. Pour faire briller sans les rayer les objets en fer battu, comme les rôtissoires, les poissonnières, etc., on les frotte avec un chiffon sur lequel on a étalé du blanc d'Espagne à sec et finement pulvérisé.

Pour le fer battu *émaillé*, on y a presque renoncé aujourd'hui, vu ses nombreux inconvénients, voire même ses dangers.

— *Des fourneaux.* V. ENTRETIEN D'UN FOURNEAU, 370.

— *Des marbres.* Eau de potasse, savon noir ; frotter avec brosse légère, essuyer.

— *Métaux plaqués, parfait métal, bi-métal.* Comme le cuivre pour les parties extérieures. A l'intérieur, blanc d'Espagne humecté d'un peu d'alcool.

— *Des meubles vernis.* Partie égale d'huile d'olive ou de lin et d'alcool.

— *Des meubles polis.* Avec de l'encaustique, de la cire ou de l'huile siccative.

— *Nickel (Ustensiles en).* Blanc d'Espagne, poudre ordinaire.

— *Des tables.* Eau très chaude dans laquelle on a fait fondre 40 ou 50 gr. de cristaux de soude.

— *Des vases en terre, en porcelaine.* Avec de la cendre ou du sablon très fin, légèrement humecté. On peut aussi se servir de l'eau de soude ou de potasse.

— *Des verres et objets en verre.* Eau chaude.

Nettoyer. Laver, gratter avec un couteau. V. ÉBARBER.

Neufchâtel, fromage, 268.

Nickel dans la batterie de cuisine, 385.

Noisettes, 279.

Noix, 279.

Noix de coco, 276.

Noix de veau.

— *A l'oseille.* Parer. Piquer de lard une noix de veau. Foncer une casserole avec oignons, carottes, bouquet garni, deux gousses d'ail. Faire revenir légèrement. Mouiller avec deux verres de madère, 5 décilitres de fond de veau. Laisser cuire 2 heures. Dégraisser le jus. Passer au *chinois* ou *passoire*. Servir avec oseille à part.

Normande (*Sauce*). V. SAUCE.

Nougat.

Cuire une livre de sucre aux boulets. Y jeter 1 livre 1/4 d'amandes hachées. Travailler le tout à chaud. Mouler selon le goût particulier.

Nouilles.

— *Manière de les fabriquer.* Prendre 200 grammes de farine, 10 grammes de beurre, trois œufs entiers. Jeter une pincée de sel et un verre d'eau. Mélanger le tout et en faire une pâte que l'on pétrit bien. L'étendre au rouleau en une feuille mince ; tenir au frais un quart d'heure, puis émincer en petites lanières que l'on saupoudre de farine pour les empêcher d'adhérer entre elles. Comme assaisonnement, au beurre après les avoir blanchies à l'eau et au sel.

— *A la milanaise*. Avec fromage et garniture jambon, truffes et champignons coupés en julienne. Cuisson, 50 minutes.

O

Œufs : Composition, digestibilité, 27, 28.

— CHOIX. L'œuf frais est lourd ; il tombe au fond s'il est frais, flotte dans le liquide s'il a quelques jours, surnage franchement s'il est altéré ou s'il a plus de cinq jours. Ce mode d'essai ne donne plus d'indications lorsque les œufs ont été conservés dans un liquide, de l'eau de chaux par exemple.

— *Mirage*. Le mirage consiste à regarder les œufs par transparence en les plaçant dans un endroit sombre entre la flamme d'une bougie et l'œil de l'observateur. On trouve également dans le commerce des appareils construits pour mirer les œufs ; tels sont le *mire-œufs* Lagrange et l'*ovoscope* Roullier.

La lumière traverse uniformément le blanc des *bons œufs* ; le jaune présente une teinte homogène ; on distingue nettement la chambre à air, dont le volume augmente avec l'âge de l'œuf.

On aperçoit au travers des *œufs ge-*

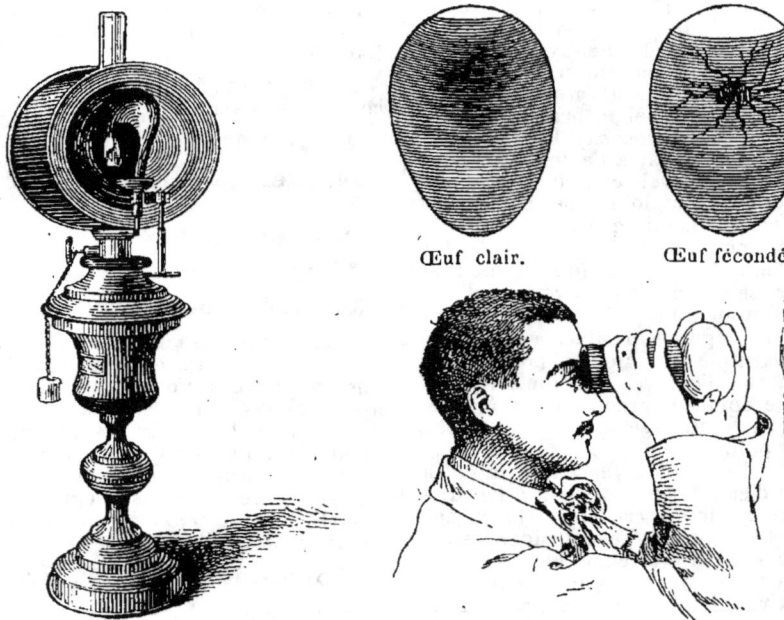

Œuf clair.   Œuf fécondé.

Ovoscope Roullier.   Emploi du mire-œufs Lagrange.

paraît plein lorsqu'on l'agite, mais par suite de la porosité de la coquille l'eau qu'il renferme s'évapore et lui fait perdre par jour près d'un gramme de son poids. Il en résulte que, plongé dans une solution à 10 pour 100 de sel marin, il *lés* une fente longitudinale de la membrane testacée.

Un trouble général du jaune distingue les *œufs couvis*.

Le jaune est déplacé et adhère à la coquille dans les *vieux œufs* ; il détermine alors, en un point de l'œuf, une tache plus ou moins foncée.

— *Conservation*. Pour conserver les œufs on emploie les procédés suivants : les enduire d'un vernis ou de vaseline ; les mettre par couches dans une caisse contenant du sel fin ; les placer debout dans de l'eau de chaux.

— A LA COQUE. Choisir œufs très frais. Les mettre dans eau bien bouillante. Les laisser dans cette eau une minute et demie sur le feu et une minute et demie hors du feu. Les œufs seront ainsi mollets, le blanc formant un liquide laiteux.

— SUR LE PLAT : *Ordinaires*. Placer dans un plat en porcelaine qui est sur le feu un bon morceau de beurre. Laisser fondre. Casser deux, quatre ou six œufs selon le nombre des convives, en ayant soin que des morceaux de coquille ne tombent pas en même temps dans le plat. Jeter pincées de sel, poivre. La cuisson varie de 5 à 10 minutes, selon le feu et le goût.

— *A la Bercy*. Même procédé ; joindre une saucisse et un cordon de tomate.

— *Au beurre noir*. Même procédé. Laisser cuire le beurre jusqu'à ce qu'il devienne noir. Casser les œufs. Verser dessus une ou deux cuillerées de vinaigre, selon leur nombre.

— *A la Meyerbeer*. Ajouter aux œufs un ou deux rognons grillés et sauce Périgueux.

— *A la Nantua*. Ajouter aux œufs des queues d'écrevisses et sauce Nantua. V. SAUCE.

— *A la Rossini*. Ajouter aux œufs une lame de foie gras revenu au beurre, et cordon de sauce Périgueux. V. SAUCE.

— DURS : *A la tripe*. Durcir six œufs. Les couper en rouelles. Les rouler dans une sauce ainsi composée : deux oignons émincés que l'on jette dans un beurre blond, deux cuillerées de sauce béchamel. Faire réduire. Monter au beurre. Passer à l'étamine.

— *A la turque*. Même procédé, avec un bouquet de foie de volaille revenu au beurre et cordon de tomate.

— *A la béchamel*. Durcir les œufs. Les couper en deux. Napper avec une sauce béchamel. V. SAUCE.

— *A la Chimay*. Faire cuire durs. Fendre en deux ; enlever le jaune, en faire une farce avec un hachis de champignons. Remplir de cette farce les moitiés d'œufs. Saucer avec une béchamel fromagée, et gratiner au four.

— BROUILLÉS : *Ordinaires*. Casser les œufs dans un saladier. Les fouetter avec un bon morceau de beurre. Les mettre sur un feu doux. Les remuer constamment jusqu'à ce qu'ils prennent corps. A ce moment les fouetter vigoureusement en y incorporant de nouveau un peu de beurre. Servir avec une garniture selon le goût : truffes, pointes d'asperges, tomates, champignons, fromage, etc.

— *En cocotte*. Procéder de même, mais placer les œufs brouillés dans de petites cocottes en porcelaine que l'on a au préalable beurrées. Cuisson au bain-marie, 3 minutes.

— FRITS. Mettre dans la poêle trois cuillerées à soupe d'huile. Pencher la poêle pour que l'huile se réunisse d'un seul côté et ne s'étale pas au fond. Quand l'huile est bouillante, casser un œuf. Faire en sorte que le jaune soit recouvert par le blanc. Sel, poivre. Egoutter de suite. Renouveler selon le nombre d'œufs que l'on désire.

— MOLLETS. Faire cuire 7 minutes. Pelurer. Verser sauce béchamel.

— POCHÉS : *Au jus*. Remplir à peu près complètement d'eau un plat à sauter. Ajouter une ou deux cuillerées de vinaigre, sel. Laisser bouillir. Casser les œufs. Fermer hermétiquement le plat à sauter avec son couvercle. On reconnaît que les œufs sont cuits quand le blanc enveloppe le jaune d'une couche assez épaisse. Egoutter. Dresser dans un bol accompagné d'un bon fond de veau.

— *A la comtesse*. Même procédé et sauce truffes et croûtons.

— *Aux épinards*. Procéder de même ; placer les œufs sur un lit d'épinards ; jeter un cordon de jus.

— *A la bourguignonne*. Avec une sauce de vin rouge bien réduite, bien beurrée.

— *A la florentine*. Placer les œufs sur un lit d'épinards.

— *A la Mirabeau*. Placer les œufs sur croûtons, avec filets d'anchois en anneau, une olive. Recouvrir d'une sauce anchois.

— *A la Mornay*. Recouvrir d'une sauce Mornay et glacer au four.

— *A la princesse*. Même procédé. Sauce suprême et bouquet de pointes d'asperges.

— *A la sans-gêne*. Placer les œufs sur un fond d'artichaut recouvert d'une sauce bordelaise et d'un rond de moelle.

— *A la vénitienne.* Même procédé. Sauce vénitienne et lame de truffe.
— *A la Georgette.* Cuire au four quatre pommes de terre de Hollande. Les fendre, les vider sur le côté, y introduire une cuillerée de sauce Nantua. Coucher l'œuf. Garnir avec six queues d'écrevisses. Recouvrir et servir bien chaud.
— *A la toupinel.* Préparer de même les pommes de terre. Une bonne sauce crème; jambon haché. Coucher l'œuf. Saupoudrer de fromage et glacer au four. Laisser bouillir.
— *A la neige.* Battre huit blancs en neige, puis ajouter 100 grammes de sucre en poudre. Se munir d'une cuiller et prendre de cette neige la valeur d'un œuf, et pocher dans un litre de lait bouillant et sucré. Égoutter. Faire avec le lait qui reste et les jaunes une petite sauce anglaise vanillée. Servir en nappant les œufs.

Œufrier. 1. Vase circulaire contenant plusieurs alvéoles destinés aux

coquetiers faits pour recevoir les œufs à la coque qu'on sert à table.
2. Ustensile de cuisine en fil de fer contenant plusieurs alvéoles dans lesquels on met les œufs qu'on veut faire cuire à la coque et que l'on trempe dans l'eau bouillante.

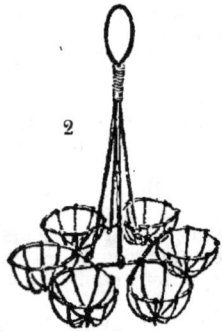

Œufriers : 1, en faïence; 2, en fil de fer.

Oie, 168.
— *Cassoulet d'oie.* Couper en quartiers comme pour un ragoût. Faire revenir avec oignons, carottes. Mouiller au fond blanc. Mettre à cuire avec 500 gr. de lard maigre, un saucisson ordinaire. Cuisson, 1 h. 1/4. A ce moment y ajouter un litre et demi de haricots blancs qui auront été cuits à part. Laisser mijoter ensemble 25 à 30 minutes, et servir en coupant, en tranchant lard et saucisson.
— *Cuisses d'oies confites* (plat toulousain). Faire saler pendant 24 heures; puis faire cuire à feu doux 3 heures, avec un peu de graisse d'oie. Rôtir légèrement. Mettre avec graisse et conserver dans des pots en terre.
— *Farcie aux marrons ou aux truffes.* Procéder comme pour la dinde. V. ce mot.
— *Farcie aux oignons.* Faire cuire au four un 1/4 d'heure. Vider à moitié. Garnir avec chair à saucisses et champignons. Hacher. Mélanger. Gratiner au four. Un petit cordon de sauce brune autour.
— *Rôtie.* Plumer. Vider. Brider. Rôtir : 50 minutes ou 1 heure.

Oignons, 98.
— *En ragoût.* Faire revenir avec lard. Couper en morceaux; les rouler dans un peu de farine. Jeter les oignons. Laisser cuire 20 à 25 minutes.

Olives, 279.

Ombre, poisson, 211.

Omelette. — *Ordinaire.* On casse des œufs dans un saladier, on ajoute un bon morceau de beurre; avec une fourchette on bat rapidement et assez longtemps. Quand tout est bien mêlé, un peu mousseux, on verse dans la poêle, où l'on a fait fondre préalablement un bon morceau de beurre sur feu vif. Laisser prendre pendant une ou deux minutes, puis à l'aide d'une fourchette soulever l'omelette de place en place pour l'empêcher de s'attacher au fond de la poêle. Quand elle est à point on la verse sur un plat en lui donnant la forme d'un chausson aux pommes. Avant de la renverser, on place sur le plat, au centre, la garniture que l'on désire : fines herbes, champignons, truffes, tomate, fromage, lard, jambon, cèpes, rognons coupés en petits morceaux.
Pour les omelettes *aux queues d'écrevisses, de crevettes,* on entoure l'omelette d'un léger cordon de sauce crevettes.
— *A la paysanne ou fermière.* On fait cette omelette aussi plate que possible, avec oseille, petits morceaux de lard et de pommes de terre.

— *Au rhum.* Procéder comme pour l'omelette ordinaire. Remplacer le sel par du sucre. Retourner l'omelette en poudrant légèrement au sucre râpé. Arroser de rhum. Allumer.

— *Soufflée à la vanille.* Prendre quatre jaunes d'œufs, une pincée de moelle de vanille. Remuer avec une cuiller de bois, jusqu'à ce que tout devienne blanc. Prendre ensuite huit blancs d'œufs en neige. Mélanger. Dresser sur un plat long. Mettre au four, surveiller, et glacer au sucre pour colorer. Cuisson, 9 à 10 minutes.

— *Au citron.* Faire tomber le jus du citron. Sucrer légèrement.

Onglet du bœuf, 125, 126.

Orange, 279.

Oreilles.

— *De veau.* Blanchir et cuire avec un peu de farine et jus de citron. Cuisson, 30 minutes.

— *En tortue.* Servir sauce financière en y adjoignant une infusion de madère, sauce, romarin et basilic.

— *A la Sainte-Menehould.* Chapelurer, griller, et servir avec une sauce maître d'hôtel.

Orly. — *Sole à la Orly.* V. SOLE.

Ortolans.
Enlever seulement le noyau du gésier. Embrocher les ortolans en les intercalant avec un petit croûton. Cuire rapidement, 5 minutes.

— *En caisse.* Faire revenir rapidement au beurre. Placer dans des petites caisses en papier, en les garnissant de légère financière.

Oseille, 249. Laver. Eplucher. Faire fondre avec beurre et sel. Passer au tamis. Cuisson, 1 h. 1/4.

— *Au gras.* Avec un bon jus de veau, et cuire 1 heure.

— *Au maigre.* Prendre un bon morceau de beurre et trois œufs battus rapidement. Une cuillerée de crème. Cuisson, 1 heure.

Ours, 189.

Outarde, 193.

P

Paillasse ou *flanchet.* V. FLANCHET.

Pain : Composition, digestibilité, 30, 31. — Historique, 87 ; — fabrication, 88 ; — variétés, 89. — Tableau des différents pains, 90. — Une boulangerie moderne, 91.

Pain de foie gras. V. FOIE GRAS.

Pain de mie, 90.

Paleron, 130.

Panais, 99.

Paner. Saupoudrer de poudre de mie de pain les aliments que l'on fait cuire.

Papillote. — *Côtelette de veau en papillote.* V. CÔTELETTE.

Parement *d'un contre-filet,* 144.

Parer. Bien préparer les viandes. Enlever tout ce qui est inutile à l'alimentation et à la préparation.

Parfait au café. Café additionné de crème fouettée, que l'on place dans un appareil à glace.

Parmesan, 268.

Passe-purée. Ustensile servant à presser les pommes de terre et autres légumes pour les réduire en purée.

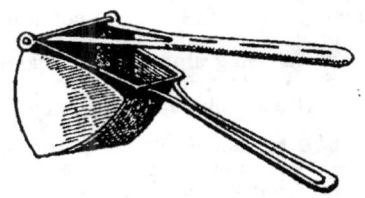

Passe-purée.

Passer (*Faire*) : *Faire passer au beurre ou à l'huile.* Autrement dit, faire revenir. V. REVENIR (*Faire*).

Pasteurisation *du vin,* 321.

Pâte.

— *A pâté.* Prendre 500 grammes de farine, 250 grammes de beurre, 2 décilitres d'eau, 40 grammes de sel. Manipuler le tout ensemble. Laisser reposer une demi-heure. Se servir de la pâte pour foncer au moule ou simplement pour envelopper : poisson, volaille, gibier bien préparés.

— *A frire.* Une poignée de farine, un peu de sel, une cuillerée de sucre en poudre, deux jaunes d'œufs, une cuillerée d'eau-de-vie, une cuillerée d'huile d'olive. Délayer petit à petit avec un peu d'eau tiède et bien travailler le tout. Additionner la pâte, au moment de s'en servir, de deux blancs d'œufs fouettés en neige.

Pâtes feuilletées. Proportions : 200 grammes de farine, 500 grammes de beurre, 2 décilitres d'eau, 10 grammes de sel. Réunir d'abord la farine, l'eau et le sel. Abaisser ensuite, y mettre le tout après l'avoir remué convenablement. Replier les côtés de la pâte. Aplatir au rouleau. Laisser reposer 10 minutes. Recommencer la même opération quatre ou cinq fois, à intervalles réguliers.

Pâtes alimentaires. Pâtes sèches, faites de farine, auxquelles on donne différentes formes, et dont on fait des potages, des ragoûts et des garnitures. Les unes (*vermicelle, semoule, tapioca, macaroni, coquilles Lucullus, nouillettes Lucullus*) s'achètent chez les fabricants de pâtes alimentaires ; les autres, comme *les nouilles*, peuvent se préparer aisément à la maison. (V. NOUILLES, MACARONI, POTAGES, etc.)

— COQUILLES LUCULLUS. Faire cuire une boîte de coquilles dans du bouillon gras ; lorsqu'elles sont réduites à point, y introduire 250 grammes de fromage de gruyère coupé ; beurrer, saler et poivrer ; mettre au four un quart d'heure.

Pâtés : Veau et jambon parisien, 155 ; — confection, 295 ; — pâtés d'Amiens, de Chartres, de Périgueux, 298 et suiv.

Pâtisserie : Historique, confection, 290. — Gâteaux divers, 291, 293. — Variétés de pâtisserie, 296 ; — de petits fours, 297.

Pêches, 271, 282.
— *A la Condé.* 200 grammes de riz cuit au lait ; y joindre un bâton de vanille et deux jaunes d'œufs. Mouler ce riz ou le dresser sur un plat. Cuire les pêches dans un sirop léger. Dresser ensuite les pêches autour du riz. Décorer avec angélique, cerises ou autres fruits. Saucer avec un sirop d'abricots.
— *En compote.* Pocher les pêches dans un sirop à 23°. Servir nature.
— *Beignets.* V. ce mot.

Perche, 212.
— *Grillée à la maître d'hôtel.* Ebarber. Bien huiler. Servir avec beurre, persil et citron. Cuisson, 30 minutes.
— *Au court-bouillon.* Avec sauce au beurre ou blanche. V. SAUCE. Cuisson, 16 à 18 minutes.

Perdreau, Perdrix : Variétés, choix, 190.
PERDREAU : *Rôti.* Plumer. Vider. Flamber. Barder. Rôtir 16 à 18 minutes. Dresser sur croustades.
— *Chaud-froid.* V. CHAUD-FROID.
— *En crapaudine.* Fendre le perdreau en partant des ailes pour arriver à la bague. L'aplatir pour lui donner la forme d'un crapaud. Le griller. Le chapelurer à feu doux avec une sauce diable. Cuisson, 15 minutes.
— *Farci.* Faire une petite farce fine à base de foie gras. Mettre un morceau de foie gras nature et une petite truffe. Braiser avec fond de veau et madère. Servir avec ce fond. Cuisson, 50 minutes.
— *En salmis.* Cuire 10 minutes pour l'avoir saignant. Dépecer et éplucher les membres, les placer sur un plat. Faire revenir ces débris avec un oignon, une carotte. Mouiller avec un verre de vin rouge, deux petits verres de fine champagne. Laisser réduire. Ajouter une cuillerée de sauce brune. Passer à l'étamine. Ajouter truffes et champignons. Faire mijoter les quartiers du perdreau, sans bouillir, 10 à 15 minutes.
PERDRIX : *Aux choux.* Piquer de lard sur l'estomac. Faire revenir au beurre. Mettre à cuire avec un chou blanchi, un saucisson, un morceau de lard maigre. Cuire 1 heure 1/2 et dresser en garnissant avec carottes, saucisson, lard.

Persil, 99.

Petits fours, 297.

Pets de nonne.
5 décilitres d'eau, 40 grammes de beurre, une pincée de sucre, une de sel. Faire bouillir. Peser 150 grammes de farine tamisée. Jeter la farine dans cette préparation et travailler à la cuiller de bois. Incorporer cinq œufs un par un. Faire des boules de la grosseur d'une bille et jeter à la friture bien chaude. Cuisson, 10 à 12 minutes.

Pieds, 149; — truffés, 154.
— De mouton, *frits.* Faire une pâte à frire (v. pâte), y jeter les pieds à friture bouillante. Cuisson, 30 minutes.
— *A la poulette.* Désosser. Flamber. Cuire 35 minutes avec eau, sel, un peu de farine, deux jus de citron. Faire une bonne sauce blanche avec fond de veau et cuisson de champignons. Lier avec deux jaunes d'œufs; un morceau de beurre; y incorporer cinq ou six champignons. Rouler les pieds dans cette préparation et servir très chaud.
— De porc, *à la Sainte-Menehould.* Cuire d'abord les pieds dans une saumure (v. ce mot). Les passer, puis les griller 30 minutes.

Pigeon : Bridé et bardé, 161. — Variétés, 169.
— *Rôti.* Plumer. Vider. Flamber. Barder. Cuisson, 25 minutes.

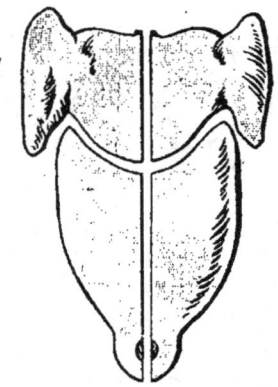

Comment on découpe un pigeon.

— *En crapaudine.* Comme perdreau.
— *Aux petits pois.* Plumer. Vider. Flamber. Faire revenir au beurre avec lard, oignons. Mouiller à l'eau. Mettre un litre de petits pois frais. Cuisson, 45 minutes.
— *Aux olives, ou à la financière.* De même. Remplacer les petits pois par des olives ou par une financière.

Pilau.
— *De homard.* Faire revenir un oignon haché très fin. Jeter 125 grammes de riz caroline. Sauter une minute et mouiller moitié fond blanc et moitié eau; deux fois la quantité de riz. Couvrir hermétiquement. Mettre au four et laisser cuire 30 minutes à bon feu. Chauffer des escalopes de homard au beurre; les mélanger avec le riz. Servir une sauce crevettes en même temps. V. sauce.

— *De poulet.* Procéder de la même façon, en remplaçant le homard par du poulet, et servir une sauce tomate.

Piment, 99.

Pincer. Cuire très légèrement la viande que l'on prépare, pour lui donner de la couleur.

Pinces. Instruments servant à saisir facilement certains aliments : *pince à asperges, pince à côtelette.*

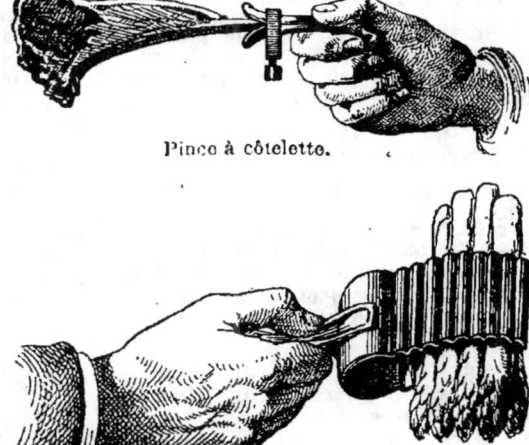

Pince à côtelette.

Pince à asperges.

Pintade, 170.
— *Rôtie.* Vider. Flamber. Rôtir 35 minutes.
— *En salmis.* Comme le perdreau. V. perdreau.

Piquage : du filet, 129; — du fricandeau, 142; — des rognons, 147.

Piquer. Traverser un morceau de viande avec la lardoire, à laquelle est enfilé un morceau de lard, morceau qu'on laisse dans les trous pratiqués par la lardoire.

Pistacher. Mettre des pistaches dans une hure, une galantine, une terrine, etc.

Pistaches, 272 : Hure aux pistaches, 156.

Plat de côtes, 126.

Plum-pudding. Proportions : 500 grammes de graisse de bœuf hachée très fine, 600 grammes de mie de pain, 50 grammes de farine, dix œufs. Raisins de Smyrne, Malaga, Corinthe ; cédrat, amandes et oranges confites ; le tout dans la proportion de 150 à 200 grammes de chacun. Un peu de sel, un peu de sucre. Mélanger le tout avec un demi-litre de rhum. Laisser macérer 2 ou 3 heures. Verser dans un torchon préalablement beurré. Rassembler les quatre coins du torchon. Ficeler fortement. Faire cuire 6 heures à pleine eau bouillante. Démouler sur un plat. Arroser de rhum. Flamber.

Pluvier, 194.

Pocher. Mettre sur le feu une casserole remplie d'eau, y jeter du sel ; placer œufs, ou poissons, ou quenelles ; les y laisser jusqu'à ce qu'ils soient bien cuits, « pochés ».

Pointe ou *derrière de paleron*, 130.

Poireau, 249.

Poires, 270, 280, 284, 286.
— *Compote.* Faire un sirop à 23°. Couper les poires en tranches. Les mettre 5 minutes dans la cuisson. Retirer. Dresser sur compotier.

Pois, 250.
Pois cassés. Servent à confectionner la *purée Saint-Germain* : cuire 2 heures avec une mirepoix.
Petits pois : *A l'anglaise.* Les jeter dans de l'eau bouillante. Laisser cuire 45 minutes. Servir avec beurre à part.
— *A la française.* Manipuler les pois avec un bon morceau de beurre, trois morceaux de sucre, une pincée de sel, sept ou huit petits oignons, deux laitues coupées en deux, un bouquet seulement de persil. Cuire à feu rapide en mouillant à l'eau juste à la hauteur des pois. Cuisson, 30 minutes.
Même préparation pour petits pois *au lard*, en y ajoutant seulement le lard.

Poissons : Composition de la chair des poissons, 20 ; — variétés, 20 ; — choix, 20 ; — préparation, 224. V. aussi à chaque nom de poisson.
— *Mayonnaise.* V. ce mot.

Poitrine : de mouton, 140 ; — de veau, 145.
— *De mouton grillée.* Braiser 1 heure dans une marmite. Sortir. Désosser. Mettre en presse (v. ce mot). Chapelurer et faire griller 10 minutes. Servir avec une sauce béarnaise. V. sauce.
— *De veau braisée.* Faire revenir. Mouiller avec fond blanc. Braiser 1 h. 1/2. Mettre carottes, pois ou salsifis.

Poivre. Le poivre employé comme épice dans les cuisines et sur les tables est le *poivre noir* ; le *poivre blanc* est le même fruit soumis à une macération, puis séché. Quant au *poivre de Cayenne*, appelé aussi « piment enragé », c'est une sorte de *poivre long*, âcre et aromatique, employé en cuisine comme condiment.

Pommes (*fruit*), 270, 281, 288.
— *Au beurre.* Peler. Couper en quartiers. Faire cuire dans un sirop de 20°. Dresser sur un plat. Décorer avec fruits confits et croûtons au beurre. Saucer avec sirop d'abricots.
On peut aussi enlever seulement le cœur de la pomme avec le vide-pomme et remplir le trou ainsi formé d'un peu de sucre en poudre et d'un morceau de beurre. Dresser sur croûtons au beurre. Une cuillerée de gelée de groseille sur chaque pomme.
— *Beignets.* V. beignets.
— *Flan.* V. flan.

Pommes de terre, 251.
— *A l'eau.* Laver. Mouiller dans de l'eau salée. Cuisson, 40 minutes.
— *Anna.* Emincer en rouelles très fines. Foncer une sauteuse épaisse d'un demi-centimètre de beurre clarifié. Placer les pommes symétriquement jusqu'à la hauteur de la moitié de la casserole. Cuire dessus et dessous 40 minutes. Bien colorer. Démouler sur un plat comme un pâté.
— *Château.* Choisir de petites pommes de terre. Tourner sur leur forme. Les cuire entières au beurre, 30 minutes.
— *Crème.* Cuire à l'eau. Emincer en rouelles. Mouiller avec un demi-litre de lait. Ajouter beurre et crème. Cuisson, 15 à 17 minutes.

— *Croquettes.* V. croquettes.
— *Frites.* Eplucher. Couper chaque pomme en longueur en sept ou huit morceaux. Faire fondre un morceau de graisse sur feu vif. Jeter ces morceaux de pommes de terre dans la friture. Remuer légèrement avec une écumoire. Quand elles sont d'un jaune brillant, égoutter. Saupoudrer de pincées de sel.
— *Hongroises.* Emincer des pommes de terre crues; autant d'oignons. Mouiller au consommé un morceau de beurre, du persil. Laisser cuire ensemble 40 minutes.
— *Lyonnaise.* Procéder comme pour les pommes sautées. Ajouter un oignon bien émincé et sauter en même temps.
— *Maître d'hôtel (à la).* Comme crème, avec fines herbes.
— *Pailles.* Procéder comme pour les pommes frites, en coupant les pommes de terre en forme de brins de paille. Laver et éponger avant de jeter dans la friture.
— *Purée.* Eplucher. Couper en morceaux. Cuire à l'eau salée. Ecraser dans une passoire, ou passer au presse-purée. Sécher un peu au four. Ajouter lait et beurre. Cuisson, 16 à 17 minutes.
— *Sautées.* Cuire à l'eau avec la pelure. Retirer. Eplucher. Emincer. Mettre sauter à la poêle avec beurre et fines herbes. Cuisson, 45 minutes.
— *Savoyarde.* Comme Anna, en intercalant entre chaque couche de pommes de terre du fromage de Gruyère râpé.

mètre. Mettre dans une friture assez chaude jusqu'à cuisson, sans laisser sécher. Retirer les pommes de terre. Les placer dans une seconde friture bouillante. Remuer. Retirer. Egoutter. Cuisson, 15 minutes.

Porc: Viande, 150; — vue extérieure, qualités, 150. — demi-porc, 151; — coupe, 152; — produits, 152 à 156.
— *Carré.* V. ce mot.
— *Côtelette.* V. ce mot.
— *Pied.* V. ce mot.

Port-salut, fromage, 268.

Potages et Soupes.

Consommés :
— *Pot-au-feu à l'ancienne.* Pour quatre personnes : choisir 2 kilogrammes de viande au 2/3 maigre, de préférence un morceau de culotte ou plat de côtes ou paleron. Mettre ce morceau dans 3 litres d'eau. Faire écumer. Saler de 100 gr. de sel. Garnir de deux carottes ordinaires, un navet, trois poireaux, un oignon; piquer de deux clous de girofle, deux gousses d'ail. Laisser cuire 4 heures tout doucement.
— *Petite marmite.* Comme le pot-au-feu, mais en plus petit, avec, selon le goût, rondelles de saucisson, petits morceaux de lard, de bœuf. Servir des rondelles de pain à part sur une assiette.
— *Croûte au pot.* Consommé garni

Manière de disposer sur une serviette les pommes de terre soufflées.

— *Soufflées*, 18.
Couper les pommes sur leur longueur, de l'épaisseur d'un demi-centi-

de légumes coupés en dés. Lames de pain. Cuisson, 4 heures.
— *Julienne.* Carottes, navets, oi-

gnons, choux, poireaux, coupés en longueur. Tomber au beurre et mouiller au consommé. Cuisson, 1 heure.

— *Paysanne*. Mêmes légumes que pour la julienne; les couper en rouelles. Cuisson, 1 heure.

— *Printanier*. Couper les légumes en dés. Cuisson, 1 heure.

— *Germiny*. Dans un bon consommé, mettre oseille liée avec deux jaunes d'œufs par personne, beurrer; puis faire prendre à feu doux 5 à 6 minutes.

— *Au riz*. Blanchir 5 minutes et mouiller au consommé. Cuisson, 30 minutes.

— *A la semoule*. Jeter sur la semoule du consommé bouillant et pocher 10 minutes.

— *Tapioca*. Une cuillerée de tapioca par personne, dans le consommé en ébullition. Cuisson, 8 minutes.

— *Vermicelle*. Même procédé. Un 1/4 d'heure de cuisson.

— *Pâtes d'Italie*. Consommé dans lequel on jette les pâtes. Cuisson, 10 minutes.

— Crèmes :

— *De volaille ou à la reine*. Faire un velouté avec 100 grammes de beurre et 100 grammes de farine que l'on fait revenir à feu doux environ 10 à 12 minutes et que l'on mouille au consommé blanc. A ce velouté ajouter un poulet moyen.
Procéder de même pour tous les potages crème. Toujours lier aux jaunes d'œufs. Cuire en général 2 heures.

— *De volaille au riz*. Même procédé que pour le précédent; mais au lieu de farine, lier avec du riz qu'on a laissé cuire au préalable 4 à 5 heures. Ajouter un poulet que l'on mouille au consommé blanc. Passer à l'étamine. Lier aux jaunes d'œufs.

— *De champignons*. Même velouté que le potage de volaille avec 500 grammes de champignons.

— *D'oseille*. Même velouté, avec 500 grammes d'oseille dedans.

— *D'artichauts*. 125 gr. de beurre, 150 grammes de farine. Mouiller au consommé blanc. Cuire 2 heures avec quatre artichauts effeuillés. Passer à l'étamine. Couper un fond d'artichaut comme garniture. Lier avec quatre jaunes d'œufs.

— Purées :

— *Saint-Germain frais*. Cuire deux litres de pois frais avec vert poireau et quatre laitues. Egoutter. Passer et mouiller avec l'eau de cuisson ou du bouillon. Beurrer.

— *Ambassadeurs*. Faire un saint-germain lié avec jaune d'œuf et lait (ou crème). Ajouter 25 grammes d'oseille et 25 grammes de riz préalablement cuits à l'eau.

— *Fontanges*. Faire un saint-germain. Ajouter 25 grammes d'oseille. Lier le tout. Faire pocher du tapioca que l'on ajoute au moment de servir.

— *De pois*. 1 litre de pois cassés. Laver. Mouiller avec 1 litre d'eau, 1 litre de consommé, une carotte, un oignon. Faire cuire 2 heures. Passer à l'étamine. Beurrer. Servir avec des croûtons. Passer au beurre.

— *Lamballe*. Moitié purée de pois, que l'on fait cuire 2 heures, moitié tapioca poché ajouté au moment de servir.

— *Longchamp*. Petits pois, oseille, cuits 2 heures. Ajouter vermicelle au moment de servir.

— *Crécy*. Six carottes, 125 grammes de riz, deux oignons. Mouiller au consommé. Laisser cuire 2 heures. Passer à l'étamine. Beurrer et servir avec croûtons.

— *Veloutée*. Comme purée Crécy, mais avec tapioca. Cuisson, 35 minutes.

— *Parmentier*. Pommes de terre en purée, avec trois oignons. Passer et beurrer. Cuisson, 45 minutes.

— *Condé*. Haricots rouges. Cuisson, 4 à 5 heures.

— *Conti*. Lentilles. Cuisson, 3 à 4 heures.

— *Garbure*. Purée de toutes sortes de légumes cuits ensemble. Passer le tout. — V. aussi GARBURE.

— Divers :

— *Aux herbes*. Hacher des herbes, les faire bouillir dans de l'eau salée à plusieurs reprises. Mettre beurre, trois jaunes d'œufs, puis tranches de pain grillées. Cuisson, 1 heure.

— *Au fromage*. Dans du bouillon mettre oignons ou choux; placer une couche de pain coupé fin; râper une demi-livre de fromage de Gruyère. Laisser cuire 1 heure. Faire mitonner quelque temps. On peut gratiner ensuite, si l'on veut.

— *A l'oignon.* Faire revenir deux oignons. Emincer. Mouiller à l'eau ou au consommé. Cuisson, 10 minutes. Ajouter fromage râpé.

— *Panade.* 200 grammes de pain, deux verres d'eau, 50 grammes de beurre. Laisser mijoter 25 à 30 minutes. Bien fouetter, et incorporer un jaune d'œuf battu.

— *Queue de bœuf* (ou *oxtail*). Une queue de bœuf coupée en quartiers, revenue au beurre, avec carottes, oignons, bouquet garni, céleri. Mouiller au consommé blanc. Laisser cuire 4 à 5 heures. Faire une infusion de madère (deux petits verres), une feuille de sauge, un peu de romarin. Jeter le tout dans la queue de bœuf. Lier avec une cuillerée de fécule. Passer le tout. Servir avec les morceaux de queue et quelques carottes tournées à la cuiller.

— *Santé.* Oseille revenue au beurre. Mouiller au consommé, deux cuillerées de purée de pommes, deux jaunes d'œufs, une pincée de cerfeuil. Cuisson, 25 minutes.

— *Bisque d'écrevisses.* Pour six personnes: vingt-cinq écrevisses avec une mirepoix, thym. Passer au beurre. Mouiller avec un verre de vin blanc, deux petits verres de cognac. Cuire le tout 1/4 d'heure. Egoutter les écrevisses, en décortiquer la moitié et piler le reste au mortier, y incorporer 200 grammes de riz cuit au consommé blanc. Mouiller de façon à obtenir une sorte de crème. Passer à l'étamine. Faire chauffer et monter au beurre. Servir avec les queues décortiquées comme croûtons.

— *Bortsch polonais.* Faire une julienne avec betterave, poireaux, oignons, chou et céleri; le tout pour six personnes. Mouiller au consommé blanc. Ajouter 1 kilogr. de poitrine de bœuf, 500 grammes de lard maigre, un bouquet garni, un petit canard et quelques cèpes séchés. Laisser cuire 2 h. Ecumer. Retirer les viandes, les couper en morceaux. Lier avec trois cuillerées de crème aigre, une pincée de fenouil, et servir avec les légumes.

Potiron, 254.

Poularde, 166.
— *Rôtie.* Plumer. Vider. Flamber. Barder. Rôtir: 40 à 50 minutes.
— *A la financière.* Faire poêler. Garder le fond. Ajouter une garniture financière. V. GARNITURE.
— *Au chasseur.* V. POULET.

Poule: Variétés, 161 et suiv.

Poulet, 162; — choix, 165; — vidage, 171. — Découpage du poulet cru, 174 et suiv. — entièrement découpé, 177; — bridage, 178 et suiv.; — bridé et bardé, 181. — Découpage du poulet cuit, 182, 183.

NOTA. — Quand on vide un poulet, on en retire les intestins, le foie, le cœur et le gésier. Ne jeter que la vessie et les intestins. Débarrasser le foie de la vésicule qui lui est attachée, sans la crever, car le *fiel* qu'elle contient donnerait un goût détestable au poulet. Fendre en deux le gésier dont on retire le gravier et les matières non digérées. Réunir le cœur, les poumons, le foie et le gésier ainsi préparés et les remettre dans le corps du poulet par la fente inférieure, que l'on recoud.

— *Rôti.* Plumer. Vider. Flamber. Trousser. Mettre à la broche. Cuisson, 45 à 55 minutes.

— *En fricassée.* Découper avec soin le poulet. Cuire avec un peu de bouillon blanc, un bouquet garni et oignons. Faire une sauce blanche (V. SAUCE) avec cette cuisson. Servir avec oignons et champignons. Cuisson, 1 h. 30.

— *A la crème.* Détailler le poulet comme pour une fricassée. Mouiller avec un litre de consommé blanc, un demi-litre de cuisson de champignons. Faire cuire pendant 3/4 d'heure. Dresser le poulet naturellement. Lier le fond du poulet qui aura réduit avec 200 grammes de beurre, un demi-litre de crème, sans bouillir.

— *Ballotine.* V. ce mot.
— *Blanquette.* V. ce mot.
— *Chaud-froid.* V. ce mot.
— BRAISÉ: *Au riz.* Trousser. Barder en entier. Braiser avec 250 grammes de riz. Egoutter. Conserver le fond. Lier le riz avec deux jaunes d'œufs. Garnir autour et saucer avec un bon fond de veau. Cuisson, 1 h. 30.

— *A l'estragon.* Procéder comme ci-dessus. Faire avec la cuisson un jus d'estragon. Lier à la fécule. Servir avec estragon sur le ventre.

— *A l'Armenonville.* Tomates et fond d'artichaut.

— *A la Beaulieu.* Olives. Cèpes et tomates.

Poulet à l'estragon.

— Sauté: *Chasseur.* Détailler le poulet. Faire sauter au beurre. Le dresser sur un plat avec les ailes debout. Jeter dans le plat à sauter où le poulet est revenu six champignons escalopés, une échalote hachée. Eviter que l'échalote pince. Mouiller avec 5 décilitres de vin blanc, un petit verre de cognac, deux cuillerées de fond de veau, deux de tomate. Laisser réduire 5 minutes. Saucer. Eviter de faire bouillir le poulet, pour qu'il ne durcisse pas. Cuisson, 1 heure.

— *Marengo.* Découper. Sauter à l'huile et beurre. Une pointe d'ail, tomates, vin blanc et une cuillerée de demi-glace, champignons. Cuisson, 1 heure.

— *Au blanc.* V. plus haut : *en fricassée.*

— *Au karis.* V. KARIS.

— *Printanier.* Procéder comme pour le poulet sauté chasseur; mais, comme garniture, préparer à part petites carottes, navets, pommes de terre, haricots verts, petits pois ; dresser par petits bouquets autour du poulet. Saucer avec le déglaçage même du poulet. Supprimer les champignons.

— *A la bordelaise.* Fond d'artichaut et pommes.

— *En cocotte.* Trousser en entrée. Déglacer au madère un bon fond de veau. Mettre en cocotte de porcelaine et ajouter la garniture qui plaît, soit

bonne femme, pommes, lard et oignons.
— *A la grecque*. Aubergines sautées au beurre et tomates.
— *A la Mascotte*. Tomates, pommes, truffes et fonds d'artichauts.

Poulet incrusté de truffes.

— *A la niçoise*. Tomates, oignons et olives.
— *A la Parmentier*. Pommes de terre.
— *En pilau*. V. PILAU.
— *A la Richemond*. Morilles et truffes.

Poumons, 148.

Presse (*Mettre en*). Placer entre deux minces morceaux de bois : ris de veau, poitrine de mouton, etc., pour les aplatir.

Presse-citron. Ustensile dont on se sert pour extraire le jus du citron, en pressant ce fruit.

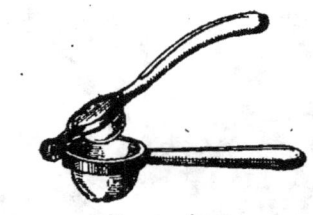
Presse-citron.

Presse-jus.

Presse-jus. Instrument qui sert à extraire le jus des viandes. On place la viande entre les deux mâchoires de l'instrument et l'on presse pour en extraire le jus.

Presse-purée. V. PASSE-PURÉE.

Présure, 261, 262.

Pré-salé. V. AGNEAU et MOUTON pour garnitures.

Pruneaux, 271.
— *Compote*. Tremper 2 heures un demi-kilo de pruneaux dans un litre d'eau. Verser ensuite un demi-litre de vin rouge. Incorporer 125 grammes de sucre. Cuire 1 heure.

Prunes, 271, 282, 284, 286, 288.
— *Fraîches*. Cuire 10 minutes dans un sirop à 23°.
— *A l'eau-de-vie*. Comme ci-dessus, et les mettre dans de la bonne eau-de-vie.

Pudding. V. PLUM-PUDDING.

Pudding de cabinet. Briser quelques gâteaux, biscuits, brioches, macarons. Réunir. Verser sur le tout une anglaise de cinq œufs, d'un demi-litre de lait, une gousse de vanille. Mélanger le tout. Remplir ou un moule à baba ou un moule à charlotte. Faire pocher au bain-marie 40 minutes. Renverser et servir avec un sabayon.

Punch. Deux verres de rhum dans trois verres d'eau, un citron coupé en rouelles.

Q

Quasi de veau, 142.
Faire revenir au beurre dans une cocotte en fonte. Couvrir hermétiquement. Son propre jus suffit, sans mouiller. Comme garniture, on peut y adjoindre carottes, petits pois, haricots verts, jardinière ou nouilles et macaroni. Cuisson, 1 heure.

Quenelles.
— *De veau*. 500 grammes de veau, 250 grammes de panade bien desséchée; le tout pilé au mortier. Demi-œuf, une pincée de sel, 300 grammes de beurre; bien travailler ensemble. Faire les quenelles de la grosseur du petit doigt et pocher à l'eau bouillante. Cuisson, 20 minutes.
— *De volaille*. Même proportion, en remplaçant le veau par de la volaille. Cuisson, 15 minutes.
— *De gibier*. Même procédé.

Queue.
— *De bœuf.* V. BŒUF.
— *Potage.* V. POTAGE *queue de bœuf*.

R

Râble, 202.
— *De lièvre, de chevreuil ou de lapereau.* Parer. Piquer. Embrocher. Cuire 1 heure. Servir avec sauces poivrade, piquante, venaison, au choix.

Racines : Composition, 33 ; — digestibilité, 34.

Radis, 252.

Ragoût.
— *De mouton aux pommes de terre ou légumes.* Prendre une moitié de poitrine de mouton, une moitié d'épaule. Couper chacune en quartiers. Faire revenir au beurre. Jeter une poignée de farine, une cuillerée de sauce tomate. Mouiller à l'eau trois gousses d'ail, un bouquet garni. Laisser cuire 1 heure. Passer la sauce de manière à empêcher les débris de s'y mêler. Incorporer pommes de terre et oignons. Laisser cuire 1 heure au moins à nouveau.

— *A l'anglaise.* Prendre les mêmes morceaux. Mettre légumes et viande ensemble sans faire revenir. Mouiller et laisser. On peut y joindre un chou coupé en quatre.

Raie, 218.
— *Au beurre noir.* Nettoyer. Cuire 20 minutes au sel et vinaigre. Egoutter. Gratter légèrement la peau avec un couteau. Mettre sur un plat. Jeter du beurre noir légèrement persillé. V. BEURRE.

Raifort, 99.

Raisin, 271, 283.

Râle de genêt, 192, 193.

Ramier, 193.

Rate, 149.

Ration : Ration normale, 52 ; — selon les conditions de la vie, 57 ; — quotidienne, 71 ; — selon les conditions sociales, 76 et suiv.

Recettes culinaires, 435.

Réduction (*Faire une*). V. RÉDUIRE.

Réduire. Épaissir plus ou moins une sauce.

Manière de réduire une sauce.

DICTIONNAIRE-INDEX. — RECETTES CULINAIRES.

Régime : lacté, 24 ; — normal, 41 ; — végétal, 46 ; — animal, 49 ; — mixte bien compris, 50. — Influence du climat, de la saison, de l'âge, 60. — Réalisation pratique du régime adopté, 72.

Reins, 149.

Relevé. Nom donné aux grosses pièces qui suivent le potage et les hors-d'œuvre.

Rémoulade. V. SAUCE *tartare*.

Remouiller. Ajouter du consommé ou de l'eau à une sauce pour qu'elle soit moins compacte.

Repas, 63 ; — règles à observer pendant et après le repas, les boissons pendant et entre les repas, 67 ; — répartition de la ration entre les repas, 71. — Tableau de trois repas quotidiens, 74 ; — selon les diverses conditions sociales, 76 et suiv.

Revenir (*Faire*). Quand des viandes cuisent dans une casserole, pour les empêcher de se coller au fond et les enlever plus facilement on jette dans la casserole un morceau de beurre ou de graisse ; puis on remue légèrement avec une cuiller.

Rinçage *des bouteilles*, 315.

Ris de veau, 146, 149.
Faire blanchir. Couper le cornet et le mettre en presse 1 heure. Larder. Piquer. Faire cuire 30 minutes avec un fond de veau, une carotte, un oignon et bouquet garni. Comme garniture : oseille, épinards, petits pois, pointes d'asperges, financière ou jardinière. V. GARNITURE.

Rissole. Entremets frit.
— *Au gras ou au maigre*. Mettre entre deux abaisses de feuilletage de la largeur d'une pièce de deux francs soit des épinards, soit une farce de poisson, de gibier, selon le goût. Jeter à friture bouillante. Servir avec une sauce tomate ou Périgueux.

Rissoler. Griller légèrement un mets, une substance.

Riz.
— *Croquettes*. V. CROQUETTES.
— *Au gras*. Laver. Faire revenir 250 grammes de riz avec beurre et 20 grammes de lard. Mouiller avec consommé blanc. Laisser cuire 35 minutes.
— *Au karis*. V. KARIS.
— *Au lait*. Laver. Faire cuire avec un litre de lait, une gousse de vanille, 50 grammes de sucre.
— *Gâteau*. Cuire 250 grammes de riz au lait avec sucre, une gousse de vanille. Mélanger avec trois jaunes d'œufs et trois blancs pris en neige. Verser le tout dans un moule uni. Pocher au bain-marie. Renverser sur un plat creux avec un sabayon vanillé. Cuisson, 1 heure.

Rognons : Ouverture, piquage, 147.
— GRILLÉS : *Nature*. Fendre par le milieu. Embrocher. Griller pendant 10 minutes. Passer au beurre maître d'hôtel.
— *Au vert pré*. Même procédé, avec garniture pommes de terre paille et cresson.
— *Saint-Germain*. Même procédé, avec petits pois et haricots verts.
— *A l'anglaise*. Même procédé, avec bacon grillé et pommes de terre nature.
— SAUTÉS : *Au madère*. Escaloper. Sauter au beurre. Déglacer avec madère. Un peu de demi-glace et beurrer. Éviter de faire bouillir. Cuisson, 4 à 5 minutes.
— *A la bordelaise*. Même procédé, mais déglacer au vin rouge.
— *A la Carvalho*. Même procédé, avec truffes et cèpes.
— *A la fermière*. Comme les rognons au madère ; égoutter pour les empêcher de durcir ; ajouter petites pommes de terre, champignons, un peu de fines herbes.
— *A la Turbigo*. Même procédé que pour le précédent, avec chipolata et champignons.

Romaine, 250.

Romsteck, 124, 127. V. BIFTECK.

Roquefort, 267.

Rôtissage : *des viandes,* 14.

Rouelles (*Couper en*). Couper oignons, carottes transversalement en rondelles.

Rouget, 219.
— *Grillé à la maître d'hôtel*. Écailler. Nettoyer. Bien huiler et mettre sur le gril. Servir avec une sauce maître d'hôtel. Cuisson, 15 minutes.

— *du beurre d'anchois.* Anchois pilés et beurre mélangés.
— *A la Mirabeau.* Avec beurre d'anchois garni d'olives et filets anchois.

Roux (*Faire un*). Cuire de la farine avec du beurre et remuer légèrement.

S

Sabayon. Sauce destinée à accompagner des entremets et qui demande à être préparée au moment de servir.
Pour 5 personnes, prendre 5 œufs entiers, 350 grammes de sucre, 2 verres à madère de vin blanc (ou de madère). Fouetter le tout. Cuire au bain-marie. Continuer de fouetter jusqu'au moment de servir.

Safran, 99.

Salade, 242-252.
— *D'anchois.* V. ANCHOIS.
— *Danicheff.* Fonds d'artichauts, truffes, pommes de terre, queues d'écrevisses, champignons, céleri.
— *Gauloise.* Pommes de terre, truffes, champignons, céleri et sauce mayonnaise.
— *De légumes.* Petits pois, haricots verts, flageolets, pommes de terre, carottes, choux-fleurs.
— *Russe.* Petits pois, haricots verts, flageolets, truffes, pommes de terre, jambon émincé, champignons, langue, chou-fleur et sauce mayonnaise.
— *De volaille.* Hacher des laitues, les mettre au fond du saladier. Dresser une poularde escalopée dessus. Garnir avec œufs durs coupés en quatre. Filets d'anchois, olives et câpres. Assaisonner et ajouter une cuillerée de sauce mayonnaise.

Salaisons, 159.

Salmis. V. BÉCASSE, CANARD, PERDREAU.

Salpicon. Champignons, truffes et volaille (ou jambon), hachés ou coupés en petits dés.

Salsifis, 252.
Gratter. Laver. Faire cuire avec une pincée de farine, de l'eau et un jus de citron. Cuisson, 1 h. 1/2 à 2 heures.
— *Frits.* Tremper dans une pâte à frire et mettre dans friture bouillante. Cuisson, 7 à 8 minutes.

— *A la poulette.* Bonne sauce crème. Bien beurrer. Rouler les salsifis dans la sauce. Cuisson, 15 minutes.

Samorie, 151, 152.

Sanglier, 189. Pour la préparation, V. CHEVREUIL.

Sandwichs : *Jambon, rosbif ou foie gras.*
Entre deux lames de pain mie coupées en triangle, beurrées, salées, moutardées, mettre une tranche ou de rosbif ou de jambon, ou foie gras écrasé.

Sarcelle, 194. Pour la préparation, V. CANARD.

Sardines, 219.
— *Grillées.* Griller avec beurre et fines herbes. Cuisson, 4 minutes

Sauce.
— *Allemande.* V. SAUCE *veloutée.*
— *Anglaise.* Se fait avec du lait et des jaunes d'œufs.
— *Blanche.* La sauce blanche est la même chose que la sauce veloutée, dont la recette est donnée plus loin.
— *Béarnaise.* Réduction. Un petit verre de vinaigre, une échalote hachée, une pincée d'estragon, deux jaunes d'œufs, 150 grammes de beurre. Monter comme une sauce hollandaise.
— *Béchamel.* Faire un roux blond composé de 200 grammes de farine, 100 grammes de beurre ; mouiller le tout avec deux litres de lait. Un bouquet garni, deux oignons, une pincée de poivre en grains, légèrement salé. Cuire 2 heures.
— *Bordelaise.* Un verre de vin rouge, échalote hachée, thym, laurier, demi-glace et moelle. Passer à l'étamine. Puis ajouter un bon morceau de beurre et fines herbes.
— *Bourguignonne.* V. SAUCE *vin rouge.*
— *Brune.* Faire cuire à feu doux des débris de diverses viandes (veau, gibier, volaille) avec carottes, oignons, thym, clou de girofle, sel, poivre et un verre d'eau. Quand la viande a pris une belle couleur blonde, mouiller avec bouillon chaud ; ajouter bouquet garni et cuire à petit feu 3 heures. Ecumer, dégraisser, passer, et mettre en réserve pour ajouter à d'autres sauces.
— *Câpres.* La sauce câpres n'est qu'une sauce blanche à laquelle on a joint des câpres.

— *Chasseur.* Comme la sauce madère, en y incorporant deux champignons. Escaloper une échalote hachée. Faire revenir le tout au beurre.
— *Chaud-froid blanc.* Une allemande ou veloutée mouillée avec une gelée de volaille. Laisser dépouiller. Incorporer trois ou quatre cuillerées de crème double, trois feuilles de gélatine. Passer à l'étamine. (V. ÉTAMINER.)
— *Chaud-froid brun.* Faire réduire un quart de litre de demi-glace. Mouiller au fond de veau quatre feuilles de gélatine. Passer à l'étamine; ajouter un petit verre de porto.
— *Crevettes.* Comme la sauce normande, en y additionnant un beurre de crevettes.
— *Diable.* Vinaigre, vin blanc, échalote hachée. Sauce demi-glace. Pointe de cayenne accentuée.
— *Demi-glace.* Se prépare comme la sauce espagnole (v. ci-après), mais remouillée avec fond ou consommé et dépouillée.
— *Espagnole.* Faire un roux composé de 150 grammes de farine, 100 gr. de beurre clarifié. Mouiller avec fond de veau (v. ci-après, *fond de veau*). Laisser cuire 2 heures. Passer à l'étamine.
— *Financière.* V. ce mot.
— *Fond de veau.* 1 kilo de jarret de veau, 1 kilo maigre de bœuf, carottes, oignons, couennes de lard, bouquet garni, le tout légèrement pincé. Mouiller et laisser cuire 2 heures.
— *Grand veneur.* Comme la sauce venaison (v. plus loin), ajouter raisin de Corinthe.
— *Hollandaise.* Faire réduire un petit verre de vinaigre avec autant d'eau et une pincée de sel. Jeter quatre jaunes d'œufs. Fouetter vigoureusement pour bien faire prendre les jaunes. Monter avec 250 grammes de beurre fondu, comme une mayonnaise (v. plus loin).
— *Madère.* Deux verres de madère réduit, une cuillerée de demi-glace et un peu de tomate.
— *Maître d'hôtel.* Dans le beurre, jeter fines herbes, jus de citron.
— *Marengo.* Se prépare comme la sauce chasseur, avec des champignons entiers et une pointe d'ail.
— *Mayonnaise.* Mettre dans un saladier deux jaunes d'œufs, une pincée de sel. Fouetter et monter avec 200 gr. d'huile d'olive en y incorporant de temps en temps une goutte de vinaigre.
— *Mornay.* Sauce béchamel, fromagée. Ordinairement servie avec les filets de barbue.
— *Moutarde.* Moitié sauce hollandaise, moitié sauce poisson, en y ajoutant une cuillerée de moutarde.
— *Nantua.* Sauce béchamel réduite, montée au beurre d'écrevisses. Est servie avec un poisson.
— *Normande.* Se fait avec une réduction de fumet de poisson, additionné de velouté bien beurré et réduit.
— *Périgueux.* Truffes hachées tombées dans madère, demi-glace, une cuillerée de fond de veau.
— *Piquante.* Deux champignons, une échalote, trois cornichons, quelques câpres; hacher le tout. Réduire au vinaigre. Mouiller deux cuillerées demi-glace et un peu de sauce tomate légèrement beurrée.
— *Poisson.* Toute sauce à base de fumet (v. ce mot) de poisson est une sauce poisson.
— *Poivrade.* A une mirepoix ajouter du céleri et des débris de chevreuil. Faire revenir le tout. Déglacer avec deux verres de vinaigre qu'on laisse réduire. Ajouter : une bouteille de vin rouge, demi-glace, glace de viande, sauce tomate, bouquet garni avec ail, poivre en grains écrasé. Cuire 2 heures. Passer au chinois et faire dépouiller. Laisser réduire jusqu'à ce que la sauce soit compacte. Au moment de servir ajouter un peu de graisse.
— *Ravigote.* Faire une réduction vinaigre, échalote, cerfeuil, estragon. Ajouter une cuillerée de veloutée. Monter au beurre.
— *Rémoulade* (ou *rémolade*). V. ci-après, *sauce tartare*.
— *Robert.* Un oignon haché que l'on fait revenir au beurre, une cuillerée de demi-glace, une cuillerée de tomate, un filet de vinaigre, une cuillerée de moutarde.
— *Smitane russe.* Oignons hachés; faire tomber au beurre. Mouiller avec un verre de vin blanc, un peu de fond de veau et deux cuillerées de crème aigre.
— *Soubise.* Purée d'oignons, 125 gr. de riz, 5 gros oignons. Mouiller au fond blanc. Laisser cuire 1 h. 1/2. Passer à l'étamine; beurrer légèrement.
— *Suprême.* Même procédé que la

sauce veloutée, mais mouiller au fond de volaille. Bien dépouiller. Lier avec quatre jaunes d'œufs.

— *Tartare*. Prendre quatre jaunes d'œufs. Hacher très fin une gousse d'ail, cerfeuil, ciboule, échalote. Saler, poivrer. Délayer avec de la moutarde, huile, vinaigre. Ne verser l'huile que doucement en tournant. Éviter que la sauce soit trop épaisse, en versant encore un peu d'huile si le cas se présente.

— *Tortue*. Une branche de romarin, une pincée de basilic, un verre de madère, une cuillerée de demi-glace. Cuire une 1/2 heure. Passer à l'étamine.

— *Tomate*. Faire une mirepoix composée d'une carotte, deux oignons, thym, laurier, une gousse d'ail revenue légèrement au beurre, une pincée de farine écrasée. Mettre 2 kilos de tomates dans cette préparation, avec sel, poivre. Laisser cuire 2 heures. Passer à l'étamine, beurrer.

— *Veloutée* ou *allemande* (on dit aussi *un velouté*). Faire un roux blond avec 150 grammes de farine, 100 grammes de beurre clarifié. Mouiller avec fond de veau. Cuire 2 heures. Passer à l'étamine.

— *Venaison*. Comme la sauce poivrade (v. plus haut), avec une cuillerée de groseille.

— *Vénitienne*. Vin blanc additionné de fines herbes, estragon, verts d'épinards.

— *Verte* (froide). Faire une mayonnaise additionnée de cerfeuil, câpres, estragon, cornichons, le tout haché très fin. Ajouter un petit verre de sauce anglaise.

— *Vin rouge* (ou *bourguignonne*). Faire réduire un demi-litre de vin rouge avec carottes, oignons, thym, ail, laurier. Lier avec un petit beurre et une cuillerée d'essence d'anchois pour poisson.

— *Vinaigrette*. Huile, vinaigre, poivre, sel. On peut varier selon le goût les condiments que l'on y ajoute. Dans tous les cas on doit hacher ces condiments.

Saucer. Verser une sauce sur une volaille, un poisson, etc.

Saucisses, 153, 156.

— *Au vin blanc*. Faire revenir au beurre. Mouiller avec un peu de vin blanc, une cuillerée de fond blanc, un peu de demi-glace. Dresser sur un

Manière de passer les sauces au chinois à l'aide du fouetteur.

croûton frit au beurre. Cuisson, 10 minutes.

Saucisson, 153, 154, 158.

Saumon, 212; — découpage, 226 et suiv.

— *Au court-bouillon*. Vinaigre et sel

DICTIONNAIRE-INDEX. — RECETTES CULINAIRES. 485

Avec sauce au choix. Cuisson, 25 minutes.

— *A la Chambord*. Cuire au vin rouge. Faire la sauce avec la cuisson et garnir avec bouquet de truffes, crevettes, champignons, laitance, croûtons et écrevisses. Cuisson, 25 minutes.

Saumure. Liquide salé servant à imprégner ou à conserver certaines substances alimentaires.

— *Saumure aromatisée*. Cette saumure sert à conserver les légumes et les poissons; elle se prépare de la façon suivante : on fait bouillir, dans 15 litres d'eau, 1 kilogramme de sel gris, dix feuilles de laurier, 8 grammes de coriandre, 4 grammes de macis (écorce intérieure de la noix muscade), une poignée de plantes aromatiques et un peu de gingembre; on écume; au bout d'une demi-heure d'ébullition, on laisse refroidir, on passe au linge.

— *Saumure russe*. Cette saumure sert à la préparation des jambons, des hures, etc. Pour 60 livres de chair, on prend :

Sel.	4 livres.
Sucre brun	3 —
Bonne mélasse. . . .	1 —

On fait dissoudre le tout dans autant d'eau qu'il en faut pour couvrir la viande.

— *Saumure liquide ordinaire*. Elle se compose de :

Eau.	90 parties.
Sel	10 —

Cette saumure sert à laver les poissons, à faire dégorger les viandes, à les mortifier, surtout si l'on veut les conserver plusieurs jours.

La saumure liquide *anglaise* se compose comme il suit :

Eau.	1 000 parties.
Sel de cuisine. .	30 —
Cassonade. . . .	20 —
Salpêtre	5 —

On fait bouillir le tout pendant une heure, en ayant soin d'écumer. Cette saumure s'emploie froide; elle peut servir trois ou quatre fois, en y ajoutant chaque fois une petite quantité des substances qui ont servi à la confectionner.

Sauter. Saisir une casserole par le manche, lui donner de légères secousses pour remuer l'aliment qu'elle contient. On fait surtout sauter les crêpes, les omelettes, les noix de veau, le poulet découpé qui cuit dans la casserole.

Savarin. Pâte à brioche très légère dont on se sert pour les babas. 500 grammes de farine, 400 grammes de beurre, 10 grammes de levure. 10 grammes de sel, 10 grammes de sucre, dix œufs bien battus. Travailler le tout assez longtemps.

Scarole, 246.

Sel : Pourquoi nous salons nos aliments, 8; — avantages et abus, 9.

Selle : de gigot, 139. V. AGNEAU.

Semoule (*Gâteau de*). Pratiquer comme pour gâteau de riz. V. RIZ.

Service : de la table, 395; — à la russe, 397, 399, 404; — à la française, 400. — Service à dîner, en faïence, 405; — à thé, en porcelaine, 406; — en argenterie, 401, 402 et suiv. — Service des vins, 325, 326.

Serviette : pliage, 400.

Singara ou **Zingara**. Julienne de truffes, champignons et jambon, avec sauce madère.

Sirop. En général, sucre et eau, et laisser cuire jusqu'à 18° ou 30° selon les besoins.

Sole, 219; — découpage des filets, 230.

De quelque manière qu'on fasse cuire la sole, il est nécessaire d'enlever la peau noire du dos et la peau du ventre quand on ne doit pas la retourner une fois cuite.

— *A la Colbert*. La sole nettoyée et préparée, on fait une incision depuis les ouïes jusqu'à 4 cent. de la queue: on brise, au talon du couteau, l'arête du haut en bas, on passe la sole à l'œuf et on la fait frire, après quoi on enlève l'arête par l'incision et l'on met dans l'ouverture une sauce maître d'hôtel. Le poisson se sert avec du persil frit et la moitié d'un citron. Cuisson, 7 à 8 minutes

— *Aux fines herbes*. On nettoie, on pare la sole comme à la Colbert et on la met dans le plat ovale avec un morceau de beurre, du sel, du poivre, le jus d'un citron et un demi-verre d'eau. On fait cuire avec feu dessus et feu dessous pendant dix minutes. Tandis qu'elle cuit, on prépare une sauce comme pour la sole au vin blanc

(v. plus loin); on met le poisson dans un plat; à la sauce mêlée avec la cuisson on ajoute 60 grammes de beurre manié avec du persil haché; on fait fondre le beurre en remuant avec la cuiller, hors du feu, et on arrose la sole. Cuisson, 15 minutes.

— *Frite*. Le poisson nettoyé et incisé, comme il a été dit (v. plus haut, *à la Colbert*), est entièrement couvert de farine des deux côtés; si on veut le rendre plus fin, on le fait tremper préalablement dans du lait 10 minutes environ. On met ensuite la sole dans une friture, qu'il faut chauffer graduellement jusqu'à ce que la sole ait pris une belle couleur blond doré. On l'égoutte proprement, on la saupoudre de sel, et on la sert avec du persil frit et un citron coupé en deux. Cuisson, 6 minutes.

— *Au gratin*. On débarrasse la sole de ses ouïes, de ses intestins et de sa peau grise; on écaille la peau blanche; on lave le poisson, on l'essuie et l'on fait, sur le côté dépouillé, une incision de 5 millimètres de profondeur de chaque côté de l'arête; le poisson est ensuite ébarbé et placé sur le feu dans un plat ovale avec un morceau de beurre, un verre de vin blanc, deux pincées de sel et un peu de poivre. Au bout de 5 minutes, on verse dessus une sauce italienne et une couche de chapelure, après quoi on couvre le plat avec le couvercle de tôle, on fait un feu modéré dessus et dessous pendant 1/4 d'heure.

— *Normande*. Le poisson nettoyé et préparé, on détache les chairs de l'arête; on beurre un plat; on le saupoudre d'oignons hachés très fin et blanchis. La sole, salée et poivrée, est mise dans ce plat avec un peu de vin blanc; pendant qu'elle cuit, on prépare un velouté, auquel on ajoute de l'eau des moules, de la garniture et l'eau de cuisson de la sole, lorsque celle-ci est cuite; on fait réduire cette sauce et on la lie avec deux jaunes d'œufs et 100 grammes de beurre. Garnir la sole avec huîtres, moules, crevettes et champignons. Passer au four pour que le tout soit bien chaud, et saucer. Une fois saucée, garnir avec croûtons, goujons frits, écrevisses, lames de truffes et un cardon de glace de viande.

— *Au vin blanc*. Mise dans un plat ovale avec les mêmes ingrédients que pour la sole au gratin, mais accompagnée de deux verres de vin blanc au lieu d'un, la sole doit cuire avec feu dessus et feu dessous pendant 8 à 10 minutes. Dans une casserole, on met 25 grammes de beurre et 25 grammes de farine avec un peu de sel et de poivre; on mêle bien le tout, on y ajoute un grand verre d'eau et on fait bouillir en tournant. La sole étant suffisamment cuite, on la place dans un plat, et sa cuisson est mêlée à la sauce ci-dessus. Cuisson et sauce sont mises sur le feu jusqu'à un premier bouillon. On y ajoute alors 30 grammes de beurre manié avec du persil haché; on retire du fourneau, on remue à la cuiller de bois jusqu'à ce que le beurre soit fondu, et l'on en arrose la sole dans le plat.

— FILETS *de sole*. Les cuire au fumet de poisson ou les saucer avec une joinville garnie de crevettes, ou une normande avec moules et crevettes. Cuisson, 5 à 6 minutes.

Les filets de sole servent souvent à garnir un vol-au-vent; voici alors comment on les prépare. On passe au beurre des oignons blancs coupés en tranches, et l'on a soin de ne pas leur laisser prendre couleur; on ajoute dans la casserole les filets, salés, poivrés et arrosés d'un jus de citron; la cuisson a lieu à très petit feu, de façon que les filets restent blancs. Quand ils sont cuits, on les retire pour les tailler en forme de carrés longs et en garnir le vol-au-vent, sur une béchamel ou une sauce allemande, avec champignons, truffes, fonds d'artichaut, etc.

— *A l'Armenonville*. Lever les filets, les plier en deux. Farcir l'intérieur. Introduire le bout le plus mince du filet dans une coque d'écrevisse vidée et farcie. Faire cuire 25 minutes avec cognac, vin blanc, tomates et fines herbes. Tirer les filets. Les dresser en torsade. Faire réduire la sauce. Monter au beurre et saucer.

— *A l'archiduc*. Saucer avec une sauce poisson (v. SAUCE) qui aura été réduite avec du wisky.

— *A la Chauchat*. Pommes de terre coupées en rouelles sur les filets. Saucer crème et glacer.

— *Au grand-duc*. Garnir les filets de truffes et de pointes. Même sauce.

— *A l'indienne*. Saucer avec une sauce poisson liée au karis et une torsade de riz pilau au karis.

— *A la Montreuil*. Garnir avec des pommes de terre à l'anglaise. Saucer vin

blanc et un cordon de sauce crevettes.
— *A la Mornay.* Servir avec une sauce Mornay (v. SAUCE). Fromager. Glacer au four.
— *A la Orly.* Filet frit et servi avec sauce à part. On lève le filet, on lui donne une forme régulière; on le laisse mariner 2 heures dans du jus de citron salé et poivré, auquel on ajoute de l'oignon coupé en lames et du persil en branches; on essuie les filets, on les trempe dans la pâte à frire, on les fait frire et on les sert sur du persil frit, avec une sauce tomate dans la saucière.
— *Au petit duc.* Garnir les filets de champignons et de pointes d'asperges. Sauce crème. Glacer.
— *Thermidor.* Réduction de vin blanc, échalote, estragon, une cuillerée de sauce de poisson et une cuillerée de moutarde anglaise. Glacer au four.
— *Au vin rouge ou au vin blanc.* Cuire au vin rouge ou blanc avec thym, laurier. Faire réduire. Une cuillerée de sauce brune. Un peu d'essence d'anchois et beurrer.

Sorbet. Diffère de la glace en ce qu'il est moins sucré et contient une certaine quantité de liqueur alcoolique, un cinquième environ. Se prépare comme les glaces, dans la sorbetière. On remplit la sorbetière aux deux tiers environ avec la composition à glacer (par ex. : rhum, sirop à 30°, arome à volonté). On plonge la sorbetière dans le seau contenant le mélange réfrigérant et on tourne rapidement à l'aide de la manivelle. Avec une cuiller en bois, agiter souvent la composition afin de l'empêcher de se prendre en glaçons.

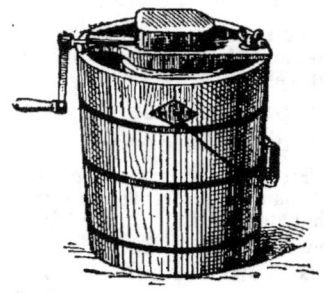

Sorbétière dans le seau à glace.

Sorbetière. Vase cylindrique en métal servant à la confection des sorbets et des glaces.

Soufflés.
— *A la vanille.* Cuire, dans un demi-litre de lait, 200 grammes de sucre en poudre, une gousse de vanille. Lier avec quatre jaunes d'œufs. Prendre dix blancs en neige. Mélanger et cuire au four lentement. Glacer au sucre de minute en minute pour lui donner du brillant. Cuisson, 1/4 d'heure.
On procède de même façon pour le café, le chocolat.

Soupe. V. POTAGES.

Suprême.
— *De fruits.* Ce sont des abricots, pêches, poires, etc., préparés avec un sirop clair.
— *Sauce.* V. SAUCE *suprême.*

Surlonge, 125.

T

Table : Service, 395; — douze couverts servis à la russe, 397 à 399.

Talon de collier, 130.

Tamis. Instrument qui sert à passer des matières pulvérisées, avec ou sans l'aide d'un pilon.

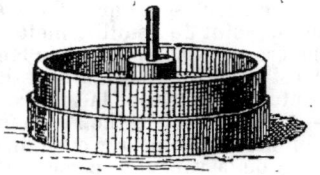

Tamis avec son pilon.

Tanche, 213.
Écailler. Vider. Passer à la farine et jeter à friture bouillante, 15 minutes.
On peut aussi la manger *en matelote*, comme l'anguille. V. ANGUILLE.

Tarte. V. FLAN.

Tende de tranche, 124.

Tendrons, 115.
Couper. Braiser avec carottes, oignons, bouquet garni. Mouiller au fond de veau et garnir selon la garniture que l'on préfère. Cuisson, 1 heure. V. GARNITURE.

Terrine : Confection, 299.
— *De volaille.* Faire une bonne farce avec chairs de volaille et de veau. Dé-

couper et lever tous les blancs d'une belle volaille. Prendre une terrine allant bien au feu. Barder cette terrine de lard gras; placer la farce au fond, dessus une couche de blancs de volaille. Remplir ensuite la terrine en y intercalant le reste de la farce et de la volaille; y ajouter quelques truffes. Assaisonner le tout aux quatre épices (v. ÉPICES). Couvrir hermétiquement. Cuire 2 heures au four.

Tête de veau, 145; — morceaux, 146.
Dépouiller. Couper en quartiers. Faire cuire dans de l'eau. Jeter sel, une ou deux pincées de farine délayée avec un verre de vinaigre. Mouiller largement. Cuisson, 1 h. 1/2. Servir avec vinaigrette.
— *En tortue.* V. SAUCE *tortue.* Comme garniture : champignons, olives, œufs frits et croûtons.

Thé. Manière de procéder pour confectionner un bon thé :
1° Ayez soin que l'eau soit fraîche ;
— 2° faites bouillir l'eau rapidement, afin de ne pas en expulser la totalité de l'air par une évaporation prolongée ;
— 3° chauffer la théière en y passant un peu d'eau bouillante ou bien en la plaçant près du feu ; — 4° quand votre eau est sur le point de bouillir, mettez dans la théière, préalablement chauffée comme il est dit ci-dessus, la quantité de thé voulue et maintenez la théière chaude ;
— 5° versez sur le thé l'eau dès qu'elle commence à bouillir, c'est-à-dire au moment où la vapeur s'échappe avec force de la bouilloire ; — 6° baissez le couvercle de la théière et maintenez-la chaude en la laissant près du feu ou en la couvrant d'un couvre-théière ouaté ;
— 7° laissez infuser les feuilles de thé dans la théière 3 à 4 minutes et versez ; ou bien servez dans un second récipient préalablement chauffé. On peut également se servir d'une théière pourvue à l'intérieur d'un appareil à infuser; dans ce cas, on retire les feuilles aussitôt l'infusion faite. — Si on emploie une théière ordinaire, on obtiendra une belle couleur en remuant à la cuiller au moment de servir, — avoir soin de recouvrir la théière immédiatement afin d'éviter toute perte d'arome. — Dans aucun cas on ne doit faire une deuxième infusion avec les mêmes feuilles.

Thon. Se mange fumé, ou en conserve.

Thym, 99.

Timbale : Variétés, 298, 300.
— *Maigre.* Faire une pâte à foncer. Remplir de cette pâte un moule de la grandeur d'un pâté ordinaire. Placer dans le vide haricots ou lentilles. Cuire au four, 4 heures. Les autres cuissons dépendent de ce que l'on met dedans.
— *Bontoux.* Même procédé, mais quenelles de volaille, champignons, crêtes de coq, rognons additionnés d'une sauce suprême. On peut y joindre du macaroni ou des nouilles. Le tout légèrement compact.
— *A la financière.* Même procédé que la timbale Bontoux, mais sauce brune.
— *A la milanaise.* Avec macaroni coupé en gros morceaux; ajouter une julienne de truffes (truffes coupées en long), jambon, champignons.
— *Aux nouilles.* Lier les nouilles avec du fromage et une sauce légèrement tomatée.

Tomates, 252.
— *Farcies.* Couper en deux. Garnir d'une farce composée de champignons et chair à saucisses. Hacher. Remplir. Chapelurer. Gratiner au four. Cuisson, 20 minutes.

Tomber. Laisser cuire un mets dans son jus.

Tournebroche, 379.

Tournedos. Petits filets pris dans le cœur du filet et dont on se sert pour garnitures.
— *De bœuf.* V. BŒUF.

Tourner. Donner différentes formes aux légumes employés comme garnitures.

Tourterelle, 193.

Train de côtes, 125.

Travailler *une sauce.* Fouetter une sauce vigoureusement pour l'empêcher de s'épaissir, afin qu'elle reste bien claire.

Trichinose (*Viande atteinte de*), 118.

Tringles *de cuisine,* 393.

Tripes. V. GRAS DOUBLE.

Triperie et abats, 145, 154.

Trousser *une volaille.* Ficeler les membres d'une volaille contre le corps, pour les empêcher de pendre pendant la cuisson.

Truffes.
— *Serviette de truffes.* Un verre de madère, une pointe de poivre de Cayenne, un peu de glace de viande. Servir en coquille sous serviette. Cuisson, 10 à 12 minutes.
— *Sous la cendre.* Envelopper dans une pâte à pâté et faire cuire à feu doux au moins 1 heure.

Truite, 213.
TRUITE DE RIVIÈRE.
— *A la meunière.* Ciseler la truite. Assaisonner de poivre et de sel. Passer à la farine. Mettre sur le feu dans une poêle avec 50 grammes de beurre. Quand ce beurre est presque couleur noisette, retourner la truite. Laisser cuire 8 à 10 minutes. Ajouter du persil haché et du citron au moment de servir.
TRUITE DE LAC OU TRUITE SAUMONÉE.
— Se cuit et se prépare comme le saumon. V. SAUMON.

Tubercules, 34.

Tuberculose : chez le bœuf, le veau, 119.

Turbot, 219.
— Se cuit et se prépare comme la barbue. V. BARBUE.
— *Coquilles de turbot.* Cuire les meilleures parties du turbot découpé. Préparer une sauce béchamel (v. SAUCE). Couvrir les parties du turbot placées dans les coquilles avec cette sauce. Fromager et gratiner (v. ces mots) au four. Cuisson, 3 à 4 minutes.

U

Ustensiles *de cuisine :* électriques, 374 et suivantes ; — batterie de cuisine, 378 et suivantes ; — casseroles, braisière, poissonnière, etc., 386 et suiv.

V

Vache : charolaise, nivernaise, 106.

Vanneau, 191.

Veau : Vue extérieure, qualités, catégories, morceaux, 140 et suivantes ; — demi-veau, 141.
— *Blanquette, blond, carré, côtelette, épaule, escalope, foie, fraise, fricandeau, longe, noix, oreille, poitrine, quasi, quenelles, ris, tête.* V. ces mots.

Végétarisme, 42 ; — avantages et inconvénients, 46.

Ventilation *de la cuisine,* 352.

Vermicelle. V. POTAGE *vermicelle.*

Viandes : de boucherie, 12 ; — composition, 13 ; — rôtissage, grillage, 14 ; — ébullition, 15. — Extrait de viande, 16 ; — de volaille et gibier, 19. — Digestibilité, 21. — Conseils sur la viande de boucherie, 103. — Origine, 105 ; — préparation, 108 ; — conservation, 109 et suivantes. — Caractères de la viande saine, qualités, catégories, 111 et suivantes ; — Viandes insalubres, inspection vétérinaire, 113. — Viandes non alibiles, 116 ; — répugnantes, 117 ; malades, 117. — Maladies virulentes, 119. — Viandes par espèces animales, 121 ; — de bœuf, 121 ; — de mouton, 132 ; — de veau, 140 ; — de porc, 150 ; — fumées, 257.

Vidage : du poulet, 171 ; — du lapin, 197 et suivantes.

Vider. Retirer les intestins, les viscères d'une volaille, d'un gibier, d'un poisson, etc. V. POULET.

Vignobles, 303 et suivantes. V. CARTES DES VIGNOBLES, 303, 305, 307, 309.

Vins : de France, 301 ; — de Bordeaux, 302 ; — de Bourgogne, 304 ; — de Touraine, 306 ; — d'Anjou, 308 ; — d'autres régions, 308 ; — de Champagne, 309 ; — d'Algérie, 310. — Etrangers, 310.
Le vin et la cave, 311 ; — premiers soins, 312 ; — transport, 313 ; — collage, 314 ; — mise en bouteilles, rinçage, 315 ; — bouchage, cachetage, capsulage, 316 ; — mise en perce, 317. — Maladies, 321. — Service des vins, 325, 326.

Vinaigre.
Le vinaigre de vin est celui qui est le plus recherché, celui qui a le plus de

valeur; les principales falsifications de ce produit consistent donc à faire passer pour tel des mélanges de vinaigres d'alcool, de glucose, de cidre, etc. On vend aussi dans le commerce des parfums artificiels pour donner au vinaigre d'alcool l'arome des vinaigres de vin.

Parfois aussi on remonte frauduleusement la force des vinaigres insuffisamment riches en acide acétique par l'adjonction d'acides minéraux, tels que acide chlorhydrique ou sulfurique, à petites doses; de tels produits sont dangereux. On reconnaît facilement la présence de ces acides en faisant bouillir le vinaigre pendant vingt minutes avec un peu d'amidon et ajoutant dans la liqueur refroidie de la teinture d'iode étendue d'un tiers de son volume d'eau. Si le vinaigre *n'est pas* additionné d'acides minéraux, l'amidon se colore en bleu; au contraire, si la falsification précitée a eu lieu, il n'y a pas de coloration, car les acides minéraux à l'ébullition transforment l'amidon en dextrine.

La direction des contributions indirectes et des douanes utilise, pour évaluer la richesse acide des vinaigres, *l'acétimètre de O. Réveil et Salleron*.

Volaille, 161; — choix, 162, 163. — Composition de la viande, 19. — Maladies, 170. — Comment vider, 171; — découper, 174, 184; — brider, 178; — barder, 181. V. POULET, CANARD, etc.
— *Croquettes.* V. ce mot.
— *Filets.* V. ce mot.
— *Foie.* V. FOIE.
— *Galantine.* V. GALANTINE.
— *Quenelles.* V. QUENELLES.
— *Salade.* V. SALADE.
— *Crème.* V. CRÈME.

Vol-au-vent.
Deux fortes abaisses de feuilletage. Couper le centre à l'emporte-pièce. Cuire 1 heure au four modéré. Comme garniture, V. TIMBALE.

Les recettes culinaires ont été faites par M. Bedot, chef de cuisine du restaurant du Pavillon d'Armenonville, au bois de Boulogne.

La Soupe.   Tableau de Roll.

Paris. — Imp. LAROUSSE, 17, rue Montparnasse.

Conservation PARFAITE des ŒUFS
par les
COMBINÉS BARRAL

(Procédé reconnu le plus simple et le plus efficace par des milliers de clients)

5 COMBINÉS BARRAL
pour conserver 500 ŒUFS,
franco à domicile : 8 francs.

Adresser les commandes avec un mandat-poste dont le talon sert de reçu à

MM. Paul et Pierre RIVIER
Directeurs de la société des COMBINÉS BARRAL
12, rue Lecuirot, PARIS (14e)

Pour la bibliothèque de la femme

Pour élever les nourrissons
Par le Dr GALTIER-BOISSIÈRE. Guide pratique à l'usage des jeunes mères. Un vol. in-8°, 62 gravures. Broché, 3 fr. 50 ; relié. 4 fr. 25

Coupe et Confection
Par Mme TAPHOUREAU-LAUNAY, professeur de coupe. Règles de la coupe et de la confection ; directions pour faire les différentes pièces de la lingerie et du vêtement. Un volume in-8°, illustré de 311 gravures dont 160 modèles de patrons. Broché, 5 fr. ; relié . . . . . . 8 francs

Mémento Larousse
Petite encyclopédie de la vie pratique, contenant en un seul volume toutes les connaissances usuelles. Un beau volume in-8° de 730 pages, 900 grav., 82 cartes dont 50 en coul. Cart., 15 fr. ; rel. toile. 17 fr. 50

En vente chez tous les libraires
et Librairie Larousse, 13-17, rue Montparnasse, Paris (6e)
(Ajouter 10 % pour envoi franco)

M^{on} GILOT

FONDÉE EN 1785

Rue des Petits-Champs, 87 — PARIS

Téléphone : CENTRAL 30-93

COMESTIBLES ÉTRANGERS

Salaisons — Épiceries et Vins fins

Caviar et Concombres — Salés de Russie

....

Saumons fumés
Harengs salés et fumés de Hollande

....

Garbanzos chorizos et Olives d'Espagne

....

Jambons de Prague
Poitrines d'Oies fumées — Pâtés de foies gras
Choucroute, Lard, Jambons
Saucissons et Langues de Strasbourg

....

Jambons d'York — Langues fumées
Sauces et Pickles d'Angleterre

....

Saucissons de Lyon, d'Arles et de Bayonne

EXPÉDITIONS

Provisions pour la Campagne et les Voyages

.... ENTREPOT HORS PARIS ....

CATALOGUE SUR DEMANDE

Fabrique de Conserves alimentaires

G<small>RAND</small> E<small>NTREPOT DE</small> V<small>INS</small>, 15-17, rue de Dantzig

Téléphone : SÉGUR 10-33

POUR L'HYGIÈNE DE L'ALIMENTATION

La science moderne a montré que la plupart de nos maladies provenaient d'une alimentation mal comprise. C'est donc pour les maîtresses de maison un devoir essentiel de s'éclairer sur une question aussi importante. Les ouvrages ci-dessous, signés de spécialistes autorisés, seront pour elles de précieux guides.

Précis d'alimentation rationnelle

Par le Dr PASCAULT. Ce qu'il faut manger ; combien il faut manger ; comment il faut manger. Broché . . . . 3 fr. 50
Relié toile souple . . . . 4 fr. 25

La Cuisine hygiénique

Par Mme Cl. FAURE, avec introduction du Dr GUILLERMIN. Menus au jour le jour ; 180 recettes de cuisine simple et hygiénique. Broché . . . . 3 fr. 50

La Nourriture de l'Enfance

Par le Dr Henri LEGRAND. Quantités et natures d'aliments qui conviennent aux différentes périodes de l'enfance ; recettes simples et pratiques pour les préparer. Broché . . . . 3 fr. 50
Relié toile souple . . . . 4 fr. 25

En vente chez tous les libraires
et Librairie LAROUSSE, 13-17, rue Montparnasse, Paris (6e)
(Ajouter 10 % aux prix marqués pour envoi franco)

ENTREPOT D'IVRY

Maison de Confiance fondée en 1850

LIVRAISON  MÊME

en pour

Sacs plombés UN SAC

CHARBONS Ire QUALITÉ
pour cuisine et chauffage

Spécialité de Charbon de Bois
*La Cuisine au Charbon de Bois
est la meilleure et la moins chère*

Expéditions directes des Mines
de tous charbons pour cuisines,
chauffage central, serres, etc.

Demander les tarifs en cours

ENTREPOT D'IVRY
Place de la Trinité (59, rue de Châteaudun)
PARIS

Téléph. : TRUDAINE 00-15 — 00-16

Dans toute famille il doit y avoir un LAROUSSE

C'est le livre indispensable par excellence, auquel on a recours dans tous les cas embarrassants, qui vous renseigne sur tout, qui vous procure d'inépuisables distractions et où on trouve des ressources inappréciables pour l'instruction des enfants.

Éditions pour toutes les bourses,
en un volume, deux volumes, treize volumes

Voyez-les chez votre libraire ou demandez prospectus détaillés à la LIBRAIRIE LAROUSSE
13-17, rue Montparnasse, Paris (VIe)

www.ingramcontent.com/pod-product-compliance
Lightning Source LLC
Chambersburg PA
CBHW071720230426
43670CB00008B/1069